Lili Marleen hatt' einen Kameraden

AF286891

Waxmann Verlag GmbH
Steinfurter Straße 555, 48159 Münster
info@waxmann.com

Populäre Kultur und Musik

Herausgegeben von Michael Fischer im Auftrag
des Zentrums für Populäre Kultur und Musik
der Universität Freiburg und Nils Grosch im Auftrag
der Universität Salzburg

Band 29

Heike Frey

Lili Marleen hatt' einen Kameraden

Musik in der Wehrmacht-Truppenbetreuung 1939–1945

Waxmann 2020
Münster • New York

Diese Arbeit wurde 2018 an der Carl von Ossietzky Universität Oldenburg als Dissertation angenommen.

Gedruckt mit freundlicher Unterstützung der Geschwister Boehringer Ingelheim Stiftung für Geisteswissenschaften in Ingelheim am Rhein sowie der Mariann Steegmann Foundation.

Bibliografische Informationen der Deutschen Nationalbibliothek
Die Deutsche Nationalbibliothek verzeichnet diese Publikation in der Deutschen Nationalbibliografie; detaillierte bibliografische Daten sind im Internet über http://dnb.dnb.de abrufbar.

Populäre Kultur und Musik, Band 29

ISSN 1869–8417
Print-ISBN 978-3-8309-4254-2
E-Book-ISBN 978-3-8309-9254-7

© Waxmann Verlag GmbH, Münster 2020

www.waxmann.com
info@waxmann.com

Umschlaggestaltung: Pleßmann Design, Ascheberg
Umschlagabbildung: Sophia Rovecchio: Auszeichnung
Satz: MTS. Satz & Layout, Münster

Gedruckt auf alterungsbeständigem Papier,
säurefrei gemäß ISO 9706

Dank

In das Textgewebe dieses Buchs sind viele Stimmen eingeflossen, kollegiale und freundschaftliche, mit thematischen, arbeitsorganisatorischen oder stilistischen Anmerkungen – wertvolle Anregungen, für die ich sehr dankbar bin! Einigen gebührt mein Dank ganz besonders:

Meiner Doktormutter Freia Hoffmann danke ich herzlich für die Annahme des Themas, ihr stetes Interesse, die kundige, hilfreiche Begleitung und sagenhafte Aufmunterung, die ich immer wieder erfuhr. Ebenso sei meinem Zweitgutachter Peter Schleuning und seinem kritischen Blick für Details gedankt.

Unschätzbare Unterstützung erhielt ich von den Mit-Doktorand*innen und Berater*innen bei den Treffen des UFOs, dem Unabhängigen Forschungskolloquium für musikwissenschaftliche Geschlechterstudien – eine großartige Einrichtung, die, wenn es sie nicht schon gäbe, dringend erfunden werden müsste!

Zufälle und manchmal verschlungene Wege sind interessante Nebenaspekte eines wissenschaftlichen Projekts – Silke Berdux und Rebecca Wolf brachten mich dazu, das Thema Truppenbetreuung, das schon länger in meinem Hinterkopf spukte, wirklich aufzugreifen. In wechselnden Distanzen begleiteten beide die Arbeit mit wichtigen Kommentaren. Stephan Hörner hatte mit seinem Kenntnisreichtum immer ein offenes Ohr und gewährte Einblick in das Schatzkästchen seines Familienarchivs. Bernhard Jugel übernahm vor der Drucklegung einen Korrektur-Lesegang – vielen Dank dafür! Cornelie Müller verdanke ich Jahre des Austauschs und dazu noch Unterkunft bei den Rechercheaufenthalten in Berlin. Sophia Rovecchio sagte ohne Umschweife zu, ihre Abschlussarbeit an der Bildhauerei-Klasse der Akademie der Bildenden Künste München für den Buchumschlag nutzen zu dürfen.

Mein ganz besonderer Dank gilt meinem Mann Matthias Frey und unseren Töchtern Hanna Sophie und Clara – die Begleitung der Arbeit faltete ein herzerfrischendes Spektrum auf von Skepsis bis zu Rückhalt, Rat & Tat und überaus reicher inhaltlicher Auseinandersetzung! Und den schönsten Doktorhut aller Zeiten gab es auch noch.

Michael H. Kater danke ich für die Erlaubnis, die Transkripte der Interviews und die Korrespondenzen einsehen zu können, die er 1986–90 im Rahmen seiner Forschungen mit Zeitzeug*innen aus dem Jazz-Bereich geführt hatte. Die Sammlung befindet sich in den Clara Thomas Archives & Special Collections an der York University in Toronto.

Sehr viel verdanke ich der Mariann Steegmann Foundation, sie bezuschusste die Recherchereise nach Kanada und die Druckkosten für dieses Buch, zudem ermöglicht sie das UFO-Forschungskolloquium durch finanzielle Förderung. Mein herzlicher Dank gilt auch der Geschwister Böhringer Ingelheim Stiftung für Geisteswissenschaften, die den Großteil der Druckkosten übernahm.

Ebenso gebührt mein Dank der Unterstützung durch die Mitarbeiter*innen der weiteren von mir genutzten Archive: das Bundesarchiv Berlin, das Bundesarchiv – Militärarchiv Freiburg, das Institut für Zeitgeschichte München, das Feldpostarchiv des Museums für Kommunikation Berlin sowie das Staatsarchiv München.

Daniela Langer und Melissa Hauschild vom Waxmann Verlag haben mich freundlichst, schnell und umsichtig betreut – herzlichen Dank für diese gute Zusammenarbeit! Vielen Dank auch den beiden Herausgebern Michael Fischer und Nils Grosch für die Aufnahme der Arbeit in die Reihe Populäre Kultur und Musik.

Ein besonderes Moment ergibt sich, wenn ein Forschungsprojekt unerwartet bislang nicht bekannte Familiengeschichte kreuzt. Dass meine Violine 1944 in Truppenbetreuungs-Veranstaltungen eingesetzt worden war, erfuhr ich erst, nachdem ich bereits einige Jahre mit diesem Thema befasst war. Das Instrument gehörte zuvor der (bereits 1969 verstorbenen) Mutter meines Manns. Sie hatte am Mozarteum in Salzburg sowie in Weimar Geige und Gesang studiert und war, wie unlängst aufgetauchte Dokumente aus der Verwandtschaft ergaben, im Juli/August 1944 mit ihrem Streichquartett für vier Wochen zu einer Wehrmacht-Tournee dienstverpflichtet worden.

Inhalt

1. Einleitung

Als erste Assoziation zum Thema Wehrmacht-Truppenbetreuung stellt sich heutzutage „Lili Marleen" ein – ein singuläres Phänomen, um das sich einige Mythen herauskristallisierten und das die Bedeutung, die Musik im Erfahrungsraum[1] Zweiter Weltkrieg einnahm, erhellt. Die Begeisterung für das Lied vermochte alle Fronten zu umspannen und ging von den Wehrmachtsoldaten auf die gegnerischen Truppen über. Das Hören von „Lili Marleen" wurde zu einem allabendlich inszenierten Ritual,[2] dem nachgerade sakrale Qualität zugewachsen war.[3] Dieses einzigartige Geschehen verweist zugleich auf die zentrale Rolle, die das noch neue Medium Rundfunk als Unterhaltungs- und Informationsquelle während der Kriegsjahre einnahm. Darüber hinaus entwickelte das Senden von „Lili Marleen" als ritualisierter „sozialer Akt"[4] eine Jahrzehnte übergreifende Persistenz, steht doch mittlerweile das Lied jeden Abend um kurz vor 22 Uhr auf dem Sendeplan von Radio Andernach, dem Soldatenrundfunk der Bundeswehr.[5] Aber abgesehen von „Lili Marleen" als prominentem Erinnerungsort[6] hat die Truppenbetreuung im deutschsprachigen Raum keinen Platz im kollektiven Gedächtnis.[7]

---

1   Zum Konzept des Erfahrungsraums vgl. Koselleck, Reinhart: „‚Erfahrungsraum' und ‚Erwartungshorizont' – zwei historische Kategorien", in: ders.: *Vergangene Zukunft: Zur Semantik geschichtlicher Zeiten*, Frankfurt/Main (Suhrkamp) 2010, S. 349–375; Kauppert, Michael: „Der Erfahrungsraum", in: ders.: *Erfahrung und Erzählung. Zur Topologie des Wissens*, Heidelberg (Springer) 2010, S. 189–210.

2   Ritual verstanden als eine menschliche Handlungsabfolge, die durch Standardisierung der äußeren Form, Wiederholung, Aufführungscharakter, Performativität und Symbolizität gekennzeichnet ist und elementare sozial strukturbildende Wirkung besitzt; vgl. Stollberg-Rilinger, Barbara: *Rituale*, Frankfurt/Main (Campus) 2013, S. 9.

3   Mehr zum Phänomen „Lili Marleen" im Kapitel „Rahmung".

4   Fischer-Lichte, Erika: *Ästhetik des Performativen*, Frankfurt/Main (Suhrkamp) 2004, S. 32.

5   Vgl. hierzu den Abschnitt „Späte Nebel" im Kapitel „Ausblick: Nachkriegsstrategien".

6   Erinnerungsorte werden im Anschluss an Pierre Noras *Les Lieux de mémoire* (Paris (Gallimard) 1984) als Kristallisationspunkte kollektiven Gedächtnisses verstanden; vgl. François, Etienne; Schulze, Hagen: „Einleitung", in: dies. (Hg.): *Deutsche Erinnerungsorte*, 3 Bde, München (C. H. Beck) 2001, hier Bd. 1, S. 9–24. Zur Kritik an Noras Konzept des Erinnerungsorts, das die kulturell hegemoniale und dezidiert bürgerliche Vorstellung eines kollektiven Gedächtnisses aufrief, das auf einem homogenen, integrierten und nationalen Wir-Entwurf beruhte, vgl. Kaschuba, Wolfgang: „‚Turns' und ‚Tunes': Zur Historizität ethnologischen Wissens", in: *Zeitschrift für Volkskunde*, 109. Jg., Heft 1, 2013, S. 1–27, hier S. 21 sowie Berger, Steffen; Seiffert, Joana (Hg.): *Erinnerungsorte. Chancen, Grenzen und Perspektiven eines Erfolgskonzeptes in den Kulturwissenschaften* (Veröffentlichungen des Instituts für soziale Bewegungen, Schriftenreihe A: Darstellungen, Bd. 59). Essen (Klartext) 2014.

7   Kollektives Gedächtnis verstanden als kulturelles Wissen, das von Personen abgekoppelt in der Kultur objektiviert ist und von Generation zu Generation weitergereicht wird, als „intentionale, äußerst organisierte und größtenteils institutionalisierte mnemotechnische Manifestation"; vgl. Levy, Daniel: „Das kulturelle Gedächtnis", in: Gudehus, Christian; Eichenberg, Ariane; Welzer, Harald (Hg.): *Gedächtnis und Erinnerung. Ein interdisziplinäres Handbuch*,

Überblick über die Arbeit

Mit den Chiffren „Lili Marleen" und „Ich hatt' einen Kameraden" markiert der Titel dieser Arbeit zwei unterschiedliche Aspekte musikalischer Truppenbetreuung innerhalb der Wehrmacht,[8] die hier reflektiert werden: zum einen die Unterhaltung der Soldaten durch externe künstlerische Kräfte, die auf Gastspielreisen durch die Kriegsgebiete vor Truppeneinheiten auftraten – dies stellte einen umfangreichen Arbeitsmarkt für Musiker*innen dar – sowie zum anderen die ‚Selbstversorgung' der Wehrmacht, die Musik einsetzte, um Vergemeinschaftungsprozesse innerhalb der Truppe zu generieren bzw. zu verstärken und propagandistisch zu nutzen – hier stand der Soldatengesang an erster Stelle, daneben die Unterhaltung durch die Militärmusikkorps und weitere musikalische Aktivitäten in Eigenregie.

Die Arbeit versteht Musikgeschichte als Teil der Kulturwissenschaften. Mit Ansätzen der Populärkultur-Forschung untersucht sie musikbezogenes kulturelles Handeln auf der Grundlage historisch-archivalischer Quellenforschung.[9] Dabei fokussiert sie die kulturellen Praktiken in akteurszentrierter und gendersensibler Perspektive und fragt nach Art, Inhalt und performativer Praxis musikalischer Truppenbetreuung. Im Gegensatz zu Literatur oder Bildender Kunst eignet Musik ein kommunikativer Charakter; diese „sozialintegrative Wirkung"[10] verlieh ihr entscheidende Bedeutung im Rahmen der Truppenbetreuung. Betrachtet werden musikalische Kohäsionsphänomene innerhalb des Militärs in Bezug auf die Soldaten sowohl als Rezipienten von Truppenbetreuungs-Programmen wie auch als musikalisch Aktive. Dabei zielt die Untersuchung nicht darauf, ob Truppenbetreuung „gelungen" ist und „funktioniert" hat, sondern welche Wirkungen mit den verschiedenen Maßnahmen intendiert wurden, welche Aushandlungsprozesse und Konfliktfelder sich in ihrem Zusammenhang eröffneten.

Stuttgart (J. B. Metzler) 2010, S. 93–101, hier S. 93; vgl. auch die grundlegenden Arbeiten von Halbwachs, Maurice: *Das kollektive Gedächtnis*, Frankfurt/Main (Fischer) 1985; Assmann, Aleida: *Erinnerungsräume: Formen und Wandlungen des kulturellen Gedächtnisses*, München (C. H. Beck) 2006³; Assmann, Jan: „Kollektives Gedächtnis und kulturelle Identität", in: ders.; Hölscher, Tonio (Hg.): *Kultur und Gedächtnis*, Frankfurt/Main (Suhrkamp) 1988, S. 9–19.

8   Die Waffen-SS, die eine eigene Truppenbetreuung organisierte, wird in diese Arbeit nicht einbezogen; vgl. zur Truppenbetreuung in der Waffen-SS das Aktenkonvolut BArch, NS 19/1616.

9   Vgl. z.B. Maase, Kaspar: *Populärkulturforschung. Eine Einführung*, Bielefeld (Transcript) 2019; Engelmann, Jan (Hg.): *Die kleinen Unterschiede. Der Cultural Studies-Reader*, Frankfurt/Main, New York (Campus) 1999; Daniel, Ute: *Kompendium Kulturgeschichte. Theorien, Praxis, Schlüsselwörter*, Frankfurt/Main (Suhrkamp stw) 2001; Hecken, Thomas: *Theorien der Populärkutur*, Bielefeld (Transcript) 2007; Warneken, Bernd Jürgen: *Die Ethnographie populärer Kulturen. Eine Einführung*, Wien, Köln, Weimar (Böhlau) 2009.

10 Vgl. Müller, Sven Oliver; Osterhammel, Jürgen: „Geschichtswissenschaft und Musik", in: *Geschichte und Gesellschaft, Zeitschrift für historische Sozialwissenschaft*, 38/2012, Heft 1: Musikalische Kommunikation, S. 5–20, hier S. 6.

Truppenbetreuung diente als Stimmungsmodulator, um für Ablenkung und Unterhaltung der Soldaten zu sorgen, eine positive Atmosphäre zu fördern, neue Gesprächsthemen anzubieten und damit Gleichgültigkeit oder Zynismus zu vermeiden – es galt, die Truppenmoral aufrecht zu erhalten. Dabei waren vor allem die Darbietungen von Tournee Ensembles Momente der zivilen Welt im militärischen Kosmos und zugleich auch Versprechen auf zukünftige Vergnügungen und Freizeit-Gepflogenheiten nach Ende des Kriegs. Darüber hinaus wurden sie als wichtige Symbole der „Einheit von Heimat und Front" inszeniert. „Wir sind bei Euch, Ihr seid bei uns"[11] beschworen die Künstler*innen bei jedem Auftritt, wenn sie die „Grüße aus der Heimat"[12] überbrachten – mit Truppenbetreuungsveranstaltungen wurde die Überführung der ‚Volksgemeinschaft' in eine ‚Kampfgemeinschaft' performiert, wie auch das OKW[13] erkannte:

> „Nicht umsonst ist das Wort Betreuung von Treue abgeleitet. Truppenbetreuung ist ein Akt der Treue der Heimat gegenüber ihren Soldaten, ihren Beschützern; und so wie die Heimat von dem Beschützer erwarten kann, daß er nach bester Einsicht und unter letztem Einsatz diesen Schutz durchführt, so kann umgekehrt der Soldat erwarten, daß die Heimat die Betreuung ebenso durchführt [...]."[14]

Damit kommen neben den Wehrmachtsoldaten die in der Truppenbetreuung tätigen Künstlerinnen und Künstler in den Blick und die Frage, welche Rollen und Bedeutungen ihnen im Vektorfeld der Gefühlslagen zugewiesen wurden. Zudem werden ihre Arbeitsbedingungen untersucht: Wie gestaltete sich ihr Alltag, welche Reputation genossen sie? Es wird ein Erwerbszweig beleuchtet, der enorme Ausmaße annahm; die Truppenbetreuung zeitigte einen bis dahin ungeahnten Bedarf an künstlerischer Betätigung und stellte ein zentrales Auftritts- und Verdienst-Feld während des Zweiten Weltkriegs dar. Dabei werden auch Aspekte aufgegriffen, die sich unter den von Sönke Neitzel geprägten Begriff der „Banalität des Kriegsalltags"[15] subsumieren lassen – Belange wie Transport, Versicherung, erforderliche Doku-

---

11 So lautet auch der Titel eines illustrierten kleinen Taschenbuchs (hgg. v. K. B. Metzmacher, erschienen 1941 bei der Verlagsgesellschaft Pfälzische Presse, Kaiserslautern), das in mehreren Hunderttausend Exemplaren an der Front verteilt wurde, es versammelt launige und sentimentale Geschichten aus dem Landserleben, Fotos von vielen weiblichen und einigen männlichen Filmstars sowie Cartoons; vgl. auch den Abschnitt ‚Mediale Nutzung des Wunschkonzert-Erfolgs' im Kapitel ‚Rundfunk in der Truppenbetreuung'.

12 Hinkel, Hans: „Zum Geleit", in: ebd.

13 Abkürzungsverzeichnis s. Anhang.

14 Hauptmann Werneke, OKW/Inland, zit. n. Vossler, Frank: *Propaganda in die eigene Truppe. Die Truppenbetreuung in der Wehrmacht 1939–1945 (Krieg in der Geschichte, Bd. 21)*, Paderborn (Ferdinand Schöningh) 2005, S. 46.

15 Neitzel, Sönke: „Die Banalität des Kriegsalltags. Anmerkungen zu den Wahrnehmungen und Deutungen deutscher Soldaten im Totalen Krieg", in: Konrad, Helmut; Botz, Gerhard; Karner, Stefan; Mattl, Siegfried (Hg.): *Terror und Geschichte (Veröffentlichungen des Clusters Geschichte der Ludwig Boltzmann Gesellschaft, Bd. 2)*, Wien, Köln, Weimar (Böhlau) 2012, S. 161–167.

mente, Unterbringung, Verpflegung und Entlohnungsfragen. Ein weiterer Gegenstand der Untersuchung ist die Arbeit der für die Wehrmacht-Truppenbetreuung zuständigen staatlichen und parteizugehörigen Institutionen RMVP und KdF, die, in Konkurrenz zueinander stehend, oft dysfunktional operierten.

Die Ensembles agierten auf ihren Tourneen nicht nur in der Nähe der Frontlinien, sondern ebenso im Hinterland, in der Etappe. Sie hatten Teil am Besatzungsleben, vor allem bei Auftritten im rückwärtigen Heeresgebiet in einiger Entfernung zur Front sowie bei Vorstellungen, die sich an Wehrmachtangehörige und einheimisches Zivilpublikum richteten. Damit waren sie Bestandteil der Kultur der Besatzer und deren hegemonialen Machtdemonstrationen, die darauf zielten, den Soldaten immer wieder zu vermitteln, auf der ‚richtigen‘ Seite zu kämpfen und gemäß nationalsozialistischer Ideologie die Überlegenheit der germanischen Rasse über den ‚zivilisationsgeschädigten‘ Westen und die ‚Untermenschen‘ im Osten durchzusetzen und zu vollziehen.[16] Dies geschah im Osten durch demütigende, brutale Unterdrückung und Vernichtung, in West- und Nordeuropa wurde hingegen darauf gesetzt, das Wohlwollen der Bevölkerung zu gewinnen und sie von der kulturellen Hegemonie Deutschlands zu überzeugen.[17]

Welche ideologische Aufladung und Bedeutungszuschreibung erfuhr Musik, der als „deutscheste[n] der Künste“[18] besonderes Gewicht beigemessen wurde, in der Truppenbetreuung? Die Arbeit leistet anhand von Beispielen[19] eine Darstellung von Umfang und Gestaltung musikalischer Truppenbetreuung bei der Wehrmacht. Sie zeigt das soziokulturelle Handeln im Bereich Musik und die Funktion, die Musik in der Wehrmacht zukam, auf.

Die musikalischen Präferenzen der Soldaten, die mehrheitlich populäre Musik anglo-amerikanischer Prägung favorisierten,[20] standen quer zu der propagandisti-

---

16   Vgl. Kolland, Dorothea: „Faust, Soldatenlieder und ‚Wunschkonzert‘. Deutsche Frontbetreuung“, in: dies. (Hg.): *FrontPuppenTheater. Puppenspieler im Kriegsgeschehen*. Begleitbuch zur gleichnamigen Ausstellung im Puppentheater Museum Berlin, November 1997 bis Januar 1998, Berlin (Elefanten Press) o.J., S. 33–55, hier S. 44.

17   Vgl. hierzu „Exkurs: Hegemoniale Strategien der Kulturpolitik in den besetzten Ländern“ im Kapitel „Stosstrupp der Freude‘ – Spielgruppen der Wehrmacht“. Hiervon ausgenommen war bekanntlich die jüdische Bevölkerung in allen Kriegs- und Besatzungsgebieten, deren Deportation und Vernichtung wesentlicher Bestandteil der rassistischen Ideologie war.

18   Potter, Pamela M.: *Die deutscheste der Künste. Musikwissenschaft und Gesellschaft von der Weimarer Republik bis zum Ende des Dritten Reichs*, Stuttgart (Klett-Cotta) 2000.

19   Vollständigkeit in der Darstellung musikalischer Truppenbetreuung wäre angesichts der unübersehbaren Menge von Veranstaltungen weder möglich noch hinsichtlich des Erkenntnisgewinns sinnvoll, zudem ist die Überlieferung aufgrund von Kriegsverlusten sehr lückenhaft.

20   Vgl. hierzu die Abschnitte „Das Bedürfnis nach ‚leichter‘ und ‚gefühlvoller‘ Musik“ und „Jazz im Rundfunk“ im Kapitel „Rundfunk in der Truppenbetreuung“.

schen Überhöhung ‚deutscher' Kunstmusik.[21] Dieser Befund bedeutet nicht, dass die Ideologeme kultureller Überlegenheit, die auf der Superiorität der Werke Bachs, Mozarts, Beethovens und Wagners gründeten, nicht trotzdem in der Wehrmacht verankert waren, aber de facto wurden sie durch die musikalischen Vorlieben und Bedürfnisse der Truppe unterlaufen und nötigten das Regime zu Anpassungen und Korrekturen seiner kulturpolitischen Postulate.[22]

Die Auseinandersetzung mit der Truppenbetreuung ist zudem von einem Interesse geleitet, das an die Komplexität auffaltende, kulturwissenschaftlich erweiterte Zeitgeschichtsforschung seit dem *cultural turn* anschließt und eine akteurszentrierte Perspektive einnimmt.[23] Neue Ansätze und Forschungen haben Erkenntnisse erbracht, die die NS-Diktatur in Bezug auf die zur ‚Volksgemeinschaft' Zählenden „in höherem Maße konsensual und partizipatorisch, […] weniger propagandistisch und weniger totalitär"[24] erscheinen lassen: Die Matrix des Alltags im ‚Dritten Reich' war geprägt von Verhaltenserwartungen, die das Regime etabliert hatte,[25] sie bestand aber nicht nur aus top-down gesteuerten Repressionsandrohungen, sondern ebenso aus Aushandlungsfeldern, Angeboten und Anreizen.[26] Die neuen Forschungsergeb-

---

21   Bekanntlich ist im deutschsprachigen Raum die Dichotomisierung von wertvoller ‚Hochkultur' und minderwertiger Unterhaltung stark ausgeprägt und ideologisch befrachtet. In dieser Arbeit benutze ich zur Kennzeichnung der musikalischen Bereiche die Begriffe Kunstmusik und populäre Musik – freilich im Bewusstsein der Unmöglichkeit einer trennscharfen Separierung und ohne mir die damit einhergehenden Wertungen zu eigen zu machen.

22   Vgl. hierzu die Abschnitte „Ideologische Aufrüstung von Musik" im Kapitel „Rahmung", sowie „Das Bedürfnis nach ‚leichter' und ‚gefühlvoller' Musik" und „Jazz im Rundfunk" im Kapitel „Rundfunk in der Truppenbetreuung".

23   Dabei stellt *cultural turn* den Sammelbegriff für eine Reihe von neuen, einander überlappenden Denkbewegungen dar wie den *linguistic*, den *performative*, den *spatial*, *visual* und *practice turn*, die insgesamt einen „Wechsel der Blickrichtung vom Was auf das Wie" (Daniel, Ute: „Geschichte schreiben nach der ‚kulturalistischen Wende'", in: *Archiv für Sozialgeschichte* 43/2003, S. 576–599, hier S. 577) anstießen.

24   Hürter, Johannes; Raithel, Thomas; Zarusky, Jürgen: „Podium Zeitgeschichte: *Cultural Turn* und NS-Geschichte. Einführung", in: *Vierteljahreshefte für Zeitgeschichte* 65/2017, Heft 2, S. 219–221, hier S. 220. Vgl. auch die Beiträge im Sammelband Harvey, Elizabeth; Hürter, Johannes; Umbach, Maiken; Wirsching, Andreas (Hg.): *Private Life and Privacy in Nazi Germany*, Cambridge (University Press) 2019, denen vor allem die Ergebnisse des Forschungsprojekts „Das Private im Nationalsozialismus" am Institut für Zeitgeschichte München – Berlin zugrundeliegen.

25   Vgl. hierzu auch Fritz Bauer Institut; Konitzer, Werner; Palme, David (Hg.): *„Arbeit", „Volk", „Gemeinschaft". Ethik und Ethiken im Nationalsozialismus (Jahrbuch zur Geschichte und Wirkung des Holocaust)*, Frankfurt/Main (Campus) 2016; Schanetzky, Tim: *„Kanonen statt Butter". Wirtschaft und Konsum im Dritten Reich (Die Deutschen und der Nationalsozialismus)*, München (C.H. Beck) 2015.

26   Vgl. hierzu den Ansatz, Herrschaft als Kräftefeld zu untersuchen, das nicht dichotomisch Herrscher und Beherrschte unterscheidet, sondern in dem die Akteure in vielfältiger Weise in Beziehung zueinander stehen; vgl. Lüdtke, Alf: „Funktionseliten. Täter, Mit-Täter, Opfer? Zu den Bedingungen des deutschen Faschismus", in: ders. (Hg.): *Herrschaft als soziale Praxis*.

nisse liefern Einsichten – als Stichwort möge „Ganz normale Männer"[27] dienen –, die die retrospektiv grotesk erscheinende Diskrepanz zwischen der Monstrosität der Verbrechen, der millionenfachen Vernichtung von Menschenleben, der Zerstörung von Siedlungen und Artefakten, Landschaften und Natur und der trivialen Geschäftigkeit der gleichzeitig im Dienst dieses Geschehens agierenden Unterhaltung zumindest ansatzweise verstehbar werden lassen.

Zum Forschungsfeld

Innerhalb des breiten Spektrums wissenschaftlicher Literatur über den Zweiten Weltkrieg auch „jenseits der Schlachten"[28] nimmt das Thema Wehrmacht-Truppenbetreuung ein schmales Segment ein. Für den deutschsprachigen Raum liegen bislang vier wissenschaftliche Publikationen zur Truppenbetreuung vor. Eine umfassende, gründliche Darstellung, die sich ausführlich dem System der Truppenbetreuung sowie deren Wirkungsabsichten und Ergebnissen widmet, ist *Propaganda in die eigene Truppe. Die Truppenbetreuung in der Wehrmacht 1939–1945*[29] des Historikers Frank Vossler, erschienen 2005. Der Monografie liegt die Mainzer Dissertation des Autors zugrunde. Der Historiker Alexander Hirt wurde 2006 in Göttingen mit *„Die Heimat reicht der Front die Hand". Kulturelle Truppenbetreuung im Zweiten Weltkrieg 1939–1945. Ein deutsch-englischer Vergleich*[30] promoviert. Hirt breitet eine Fülle an Quellen aus, begibt sich jedoch immer wieder in die Logik des Untersuchungsgegenstands, wenn er sein Material daraufhin auswertet, ob Truppenbetreuung „geklappt" habe.[31] Zuvor hatte Hirt bereits in einem Aufsatz in der *Militärgeschichtlichen Zeitschrift* einen ersten Überblick über Entstehung, Organisation, Finanzierung und Intention von Truppenbetreuung gegeben.[32] Die Wiener Theaterwissenschaftlerin Erika Kaufmann setzte sich in *Medienmanipulation im Dritten Reich. Ziele und Wirkungsabsichten mit dem Einsatz von Theater und Fronttheater* (phil. Diss. Wien 1987) mit der Tätigkeit von KdF im Bereich Bühnenschauspiel auseinander. Wolfhard Buchholz' Dissertation *Die Nationalsozialistische Gemeinschaft „Kraft durch Freude": Freizeitgestaltung und Arbeiterschaft im Dritten Reich* (phil. Diss. München 1976) legt Organisationsstrukturen und Arbeit von KdF

Historische und sozialanthropologische Studien, Göttingen (Vandenhoeck & Ruprecht) 1991, S. 559–590.

27   Browning, Christopher R.: *Ganz normale Männer. Das Reserve-Polizeibataillon 101 und die „Endlösung" in Polen*, Reinbek bei Hamburg (Rowohlt) 1993. Vgl. hierzu auch Kühl, Stefan: *Ganz normale Organisationen. Zur Soziologie des Holocaust*, Berlin (Suhrkamp) 2014.

28   Schulte, Regina: *Die verkehrte Welt des Krieges. Studien zu Geschlecht, Religion und Tod*, Frankfurt/Main, New York (Campus) 1998, Klappentext.

29   Band 21 der Reihe *Krieg in der Geschichte*, Paderborn (Ferdinand Schönigh).

30   https://ediss.uni-goettingen.de/bitstream/handle/11858/00-1735-0000-0006-B49C-A/hirt. pdf?sequence=1 [Aufruf am 25.1.2018].

31   Beispielsweise ebd., S. 9f.

32   „Die deutsche Truppenbetreuung im Zweiten Weltkrieg: Konzeption, Organisation und Wirkung", in: *Militärgeschichtliche Zeitschrift* 59/2000, S. 107–134.

unter Einbeziehung der Truppenbetreuung dar, wobei seine bisweilen unkritische Wiedergabe von Einschätzungen und Argumentationsmustern auffällt, die in ihrer machtpolitisch motivierten Oppositionsstellung von KdF gegenüber dem RMVP zu reflektieren wären.[33] Eine neue Arbeit über KdF hat Julia Timpe vorgelegt: *Nazi-Organized Recreation and Entertainment in the Third Reich*[34] behandelt in einigen Abschnitten auch das Thema Truppenbetreuung.

FrontPuppenTheater. Puppenspieler im Kriegsgeschehen[35] lautet der Titel des Begleit-bands zur gleichnamigen Ausstellung, die von November 1997 bis Januar 1998 im Puppentheater-Museum Berlin gezeigt wurde. Der sehr informative Sammelband bietet neben Überblicksdarstellungen zu Kriegsalltag und Truppenbetreuung im Zweiten Weltkrieg vor allem Aufsätze zum Einsatz von Marionettentheater bei der Wehrmacht sowie den alliierten Truppen.

Die Journalistin Geerte Murmann veröffentlichte 1992 mit *Komödianten für den Krieg. Deutsches und alliiertes Fronttheater*[36] eine populär gehaltene, anekdotenge-sättigte Beschreibung der Truppenbetreuung im Zweiten Weltkrieg.

Künstlerinnen und Künstler handeln in ihren Memoiren die Erfahrungen in der Wehrmacht-Truppenbetreuung zumeist nur nebensächlich oder in exkulpatori-scher Diktion ab.[37]

Auftrag, Aufbau und Einsatz der Propagandakompanien der Wehrmacht, die u. a. mit der Zuständigkeit für Filmeinsatz, Frontzeitungen und Soldatensender auch Be-reiche der Truppenbetreuung abdeckten, hat der Historiker Daniel Uziel in seiner Dissertation *The Propaganda Warriors. The Wehrmacht and the Consolidation of the German Home Front*[38] dargestellt. Die Propagandakompanien setzten sich aus Film-,

---

33 Vgl. beispielsweise Buchholz, KdF, S. 315f.

34 Reihe *The Holocaust and its Contexts*, London (Palgrave Macmillan) 2017.

35 Kolland, FrontPuppenTheater.

36 Düsseldorf (Droste) 1992.

37 Vgl. hierzu das Kapitel „Nachkriegsstrategien". Im angelsächsischen Sprachraum ist das an-ders, den Darstellungen zur Truppenbetreuung wohnt gern ein heldenhafter Ton inne; vgl. z. B. Dietrich, Marlene: *Ich bin, Gott sei Dank, Berlinerin. Memoiren*, Frankfurt/Main, Berlin (Ullstein) 1987, v. a. das Kapitel „Der Krieg" S. 267–308; dies.: *Nehmt nur mein Leben ... Re-flexionen*, München (Goldmann) 1979, v. a. S. 149ff.; Dean, Basil: *The Theatre at War*, London (Harrap) 1956; Fawkes, Richard: *Fighting For a Laugh. Entertaining the British and American Forces 1939–1946*, London (Macdonald and James' Publishers) 1978; Hughes, John Graven: *The Greasepaint War. Show Business 1939–45*, London (New English Library, Barnard's Inn, Holborn) 1976; Taylor, Eric: *Showbiz Goes to War*, London (Hale) 1992; Merriman, Andy: *Greasepaint and Cordite. The Story of ENSA and Concert Party Entertainment during the Second World War*, London (Aurum Books) 2013; Lebovic, Sam: "'A Breath from Home': Soldier Entertainment and the Nationalist Politics of Pop Culture during World War II", in: *Journal of Social History*. 47/2013, Heft 2, S. 263–296; Sullivan, Jill M.: *Bands of Sisters. U.S. Women's Military Bands during World War II*, Lanham (Sarecrow) 2011.

38 Bern (Peter Lang) 2008; vgl. zu den Propagandakompanien auch Schmidt, Wolfgang: „Die Mobilisierung der Künste für den Krieg. Maler in Uniform", in: Czech, Hans-Jörg, Doll, Ni-

Foto-, Zeitungs-, Radio- und Werbefachleuten sowie Zeichnern zusammen. Neben Propagandamaßnahmen gegenüber den feindlichen Truppen[39] und der Zivilbevölkerung in den besetzten Gebieten bestand die Hauptaufgabe dieser Kompanien darin, Kriegsbegeisterung förderndes Propagandamaterial für die ‚Heimatfront' zu erstellen: Wochenschau-Beiträge sowie Berichte, Fotomaterial und Zeichnungen für Zeitungen und Illustrierte.[40]

Neben einer Fülle an Untersuchungen zu Musik und Musikpolitik im Dritten Reich[41] sind mittlerweile auch einige kulturwissenschaftliche Studien über Musik und Krieg

kola (Hg.): *Kunst und Propaganda im Streit der Nationen 1930–1945*, Katalog zur gleichnamigen Ausstellung im Deutschen Historischen Museum Berlin, 26. Januar bis 29. April 2007, Dresden (Sandstein) 2007, S. 284–297.

39   Vgl. hierzu auch Buchbender, Ortwin: *Das tönende Erz: Propaganda gegen die Rote Armee im Zweiten Weltkrieg*, Stuttgart (Seewald) 1978.

40   Uziel bemerkt dazu: „The main business of the German military propaganda machine was, after all, the creation of images – and images are lasting things." (S. 24) Es ist wichtig zu reflektieren, dass es sich bei einem Großteil der seit Jahrzehnten verwendeten Film- und Bilddokumente aus dem Zweiten Weltkrieg um in affirmativer Intention gestaltetes Material der Wehrmacht-Propagandakompanien handelt. Vgl. hierzu auch Rother, Rainer; Prokasky, Judith (Hg.): *Die Kamera als Waffe. Propagandabilder des Zweiten Weltkriegs*, München (Richard Borberg) 2010.

41   Die früheste Veröffentlichung nach dem Zweiten Weltkrieg hierzu war Wulf, Joseph: *Musik im Dritten Reich. Eine Dokumentation*, Gütersloh (Mohn) 1963; daran schloss an Prieberg, Fred K.: *Musik im NS-Staat*, Frankfurt/Main (Fischer) 1982. Priebergs Opus Magnum ist die als CD-ROM erschienene Sammlung seiner Forschungen *Handbuch Deutsche Musiker 1933–1945*, Auprès de Zombry, 2004. Des Weiteren sind zu nennen Heister, Hanns-Werner; Klein, Hans-Günter (Hg.): *Musik und Musikpolitik im faschistischen Deutschland*, Frankfurt/Main (Fischer) 1984; Dümling, Albrecht (Hg.): *Das verdächtige Saxophon. „Entartete Musik" im NS-Staat. Dokumentation und Kommentar*, Begleitband zur gleichnamigen Ausstellung, Stiftung Berliner Philharmoniker und Tonhalle Düsseldorf 1988; Drechsler, Nanny: *Die Funktion der Musik im deutschen Rundfunk 1933–1945 (Musikwissenschaftliche Studien, Bd. 3)*, Pfaffenweiler (Centaurus) 1988; Grull, Günter: *Radio und Musik von und für Soldaten. Kriegs- und Nachkriegsjahre 1939–1960*, Köln (Wilhelm Herbst) 2000; Koch, Hans-Jörg: *Das Wunschkonzert im NS-Rundfunk (Medien in Geschichte und Gegenwart, Bd. 20)*, Köln, Weimar, Wien (Böhlau) 2003; ders.: *Wunschkonzert. Unterhaltungsmusik und Propaganda im Rundfunk des Dritten Reichs*, Graz (Ares) 2006; Jockwer, Axel: *Unterhaltungsmusik im Dritten Reich*, phil. Diss. Konstanz 2004; ders.: „Ein ‚Wunschkonzert' zwischen Popularität und Politik: Was charakterisiert Unterhaltungsmusik im Dritten Reich?", in: Crivellari, Fabio; Kirchmann, Kay; Sandl, Marcus; Schlögl, Rudolf (Hg.): *Die Medien der Geschichte. Historizität und Medialität in interdisziplinärer Perspektive*, Konstanz (UVK) 2004, S. 465–496; Sonntag, Brunhilde; Boresch, Hans-Werner; Gojowy, Detlef (Hg.): *Die dunkle Last. Musik und Nationalsozialismus (Schriften zur Musikwissenschaft und Musiktheorie, Bd. 3)*, Köln (Bela) 1999; Geiger, Friedrich: „Deutsche Musik und deutsche Gewalt: Zweiter Weltkrieg und Holocaust", in: Riethmüller, Albrecht (Hg.): *Geschichte der Musik im 20. Jahrhundert: 1925–1945*, Laaber (Laaber) 2006, S. 243–268; Heister, Hans-Werner: „Maskierung und Mobilisierung. Zur Rolle von Musik und Musikern im Nazismus", in: Sarkowicz, Hans (Hg.): *Hitlers Künstler. Die Kultur im Dienst des Nationalsozialismus*, Frankfurt/Main, Leip-

bzw. Militär[42] erschienen. Zu Musik und Exil während und nach der NS-Zeit[43] sowie zum Thema Musik in Konzentrationslagern[44] liegt eine Reihe von Arbeiten vor.

In seinen beiden Monografien zu Musik im Nationalsozialismus *Gewagtes Spiel. Jazz im Nationalsozialismus*[45] und *Die mißbrauchte Muse. Musiker im Dritten Reich*[46] geht der kanadische Historiker Michael H. Kater teilweise auf die Truppenbetreuung ein. Kater kommt das große Verdienst zu, im Rahmen seiner Recherchen mit zahlrei-

---

zig (Insel) 2004, S. 313–345; Zinner-Frühbeis, Carola: *Wir waren ja die Größten. Deutsche Jazz- und Unterhaltungsmusiker zwischen 1920 und 1950*, Frankfurt/Main (Eisenbletter und Naumann) 1991.

42 Neueren Datums sind z. B. Firme, Annemarie; Hocker, Ramona (Hg.): *Von Schlachtenhymnen und Protestsongs. Zur Kulturgeschichte des Verhältnisses von Musik und Krieg*, Bielefeld (Transcript) 2006; Zalfen, Sarah; Müller, Sven Oliver (Hg.): *Besatzungsmacht Musik. Zur Musik- und Emotionsgeschichte im Zeitalter der Weltkriege (1914–1949)*, Bielefeld (Transcript) 2012 sowie Moormann, Peter; Riethmüller, Albrecht; Wolf, Rebecca (Hg.): *Paradestück Militärmusik. Beiträge zum Wandel staatlicher Repräsentation durch Musik*, Bielefeld (Transcript) 2012; Grant, Morag J.; Stone-Davis, Férdia J. (Hg.): *The Soundtrack of Conflict: The Role of Music in Radio Broadcasting in Wartime and in Conflict Situations*, Hildesheim (Olms) 2013; Fauser, Annegret: *Sounds of War: Music in the United States During World War II*, New York (Oxford University Press) 2013; dies.: "Cultural Musicology: New Perspectives on World War II", in: *Zeithistorische Forschungen/Studies in Contemporary History*, 8/2011, Heft 2, S. 262–268; Bade, Patrick: *Music Wars 1937–1945. Propaganda, Götterfunken, Swing: Musik im Zweiten Weltkrieg*, Hamburg (Laika) 2015; Rode-Breymann, Susanne (Hg.): *1914: Krieg. Mann. Musik (Jahrbuch Musik und Gender, Bd. 9)*, Hildesheim (Olms) 2017; die Sammelbände der Schriftenreihe *Militärmusik im Diskurs* des Musikdiensts der Bundeswehr, 2006ff. Eine gründliche Studie zur Frühen Neuzeit bietet Wenzel, Silke: *Lieder Lärmen, 'L'homme armé'. Musik und Krieg 1460–1600 (Musik der Frühen Neuzeit, Bd. 4)*, Neumünster (von Bockel) 2018.

43 Pasdzierny, Matthias: *Wiederaufnahme? Rückkehr aus dem Exil und das westdeutsche Musikleben nach 1945*, München (Edition Text + Kritik) 2014; Arbeitsgruppe Exilmusik Hamburg: *Lebenswege von Musikerinnen im „Dritten Reich" und im Exil*, Neumünster (von Bockel) 2000; *Lexikon verfolgter Musiker und Musikerinnen der NS-Zeit (LexM)*, Universität Hamburg, 2005–2017, https//:www.lexm.uni-hamburg.de [Aufruf am 30.1.2018].

44 John, Eckhard: „Musik und Konzentrationslager. Eine Annäherung", in: *Archiv für Musikwissenschaft*, 48/1991, Heft 1, S. 14–36; Kuna, Milan: *Musik an der Grenze des Lebens. Musikerinnen und Musiker aus böhmischen Ländern in nationalsozialistischen Konzentrationslagern und Gefängnissen*, Frankfurt/Main (Zweitausendeins) 1993; Knapp, Gabriele: *Das Frauenorchester in Auschwitz. Musikalische Zwangsarbeit und ihre Bewältigung*, Hamburg (von Bockel) 1996; Fackler, Guido: *„Des Lagers Stimme" – Musik im KZ. Alltag und Häftlingskultur in den Konzentrationslagern 1933 bis 1936. Mit einer Darstellung der weiteren Entwicklung bis 1945 und einer Biblio-/Mediographie*, Bremen (Temmen) 2000; Probst-Effah, Gisela: „Das Lied im NS-Widerstand. Ein Beitrag zur Rolle der Musik in den nationalsozialistischen Konzentrationslagern", in: Nauck-Börner, Christa (Hg.): *Musikpädagogik zwischen Traditionen und Medienzukunft (Musikpädagogische Forschung, Bd. 9)*, Laaber (Laaber) 1989, S. 79–90.

45 Köln (Kiepenheuer & Witsch)1995.

46 München, Wien (Europa) 1998.

chen Zeitzeug*innen aus dem Jazzbereich ausführliche Interviews geführt zu haben, die auch von ihren Erfahrungen in der Truppenbetreuung berichten.[47]

Zum Thema Musik in der Truppenbetreuung sind bislang nur zwei Aufsätze in Sammelbänden erschienen.[48] Mit der hier vorgelegten Arbeit führe ich diese Forschungsansätze weiter zu einer ersten ausführlichen Darstellung musikbezogenen kulturellen Handelns in der Wehrmacht-Truppenbetreuung, die den Schwerpunkt weg von Organisationen, Institutionen und Strukturen hin zu den auf diesem Gebiet Agierenden lenkt: die Soldaten, Musikerinnen und Musiker sowie die staatlichen und parteizugehörigen Ämter und Dienststellen.

Zum Quellenmaterial

Die Arbeit stützt sich auf die Auswertung von archivalischen Primärquellen verschiedener Ämter und Dienststellen aus den Jahren 1939 bis 1945. Den Ausgangspunkt meiner Recherchen bildeten dabei die Maßnahmen zur Truppenbetreuung der KdF und des RMVP mit den zahlreichen künstlerischen Tournee-Ensembles,[49] im Laufe des Quellenstudiums wurde jedoch deutlich, welches Gewicht sowohl quantitativ als auch in Bezug auf die Vielfalt der Angebote der innerhalb der Truppen geleisteten Betreuung zukam.[50] Neben der Förderung des Gesangs in der Truppe waren die Militärmusikkorps von großer Bedeutung, die in variablen Formationen den Hauptteil der musikalischen Unterhaltung bestritten – die beiden Kapitel über Soldatengesang und Militärmusikkorps greifen historisch weiter aus, um die ideologisch überformte traditionsgesättigte Einbindung von Gesang und „klingendem Spiel" in die Wehrmacht deutlich zu machen. Hinzu kam die Versorgung der Soldaten mit Musikinstrumenten, Noten, Rundfunkgeräten und Grammophonen nebst Zubehör – hierbei handelt es sich um Quellen, die bislang noch nicht wissenschaftlich ausgewertet worden sind.

Alle zitierten Quellen sind diplomatisch genau wiedergegeben, ‚originelle' Interpunktion, Grammatik oder Rechtschreibung werden nicht durch [sic] gekennzeichnet, sondern belassen, um den Lesefluss nicht zu unterbrechen. Auslassungen, Zusätze und Bemerkungen der Verfasserin in Zitaten sind durch eckige Klammern

---

47   Die Sammlung Michael H. Kater, Clara Thomas Archives & Special Collections, York University Toronto umfasst Korrespondenzen mit 32 Musiker*innen bzw. Jazzspezialist*innen und Transkriptionen von Interviews mit 47 Gewährspersonen aus den Jahren 1986 bis 1990. Ich bin Michael H. Kater zu großem Dank verpflichtet, der mir Einsicht in die Sammlung gestattete!

48   Frey, Heike: „Und jeden Abend ‚Lili Marleen'. Zur Truppenbetreuung im Zweiten Weltkrieg", in: Moormann, Paradestück, S. 125–150; dies.: „… ‚aber es war mal eine Abwechselung'. Truppenbetreuung im Spiegel von Feldpostbriefen", in: Didczuneit, Veit; Ebert, Jens; Jander, Thomas (Hg.): *Schreiben im Krieg – Schreiben vom Krieg. Feldpost im Zeitalter der Weltkriege*, Essen (Klartext) 2011, S. 419–428.

49   Vgl. die Kapitel unter „4. Fremdversorgung. Externe Truppenbetreuung".

50   Vgl. die Kapitel unter „3. Selbstversorgung. Wehrmachtinterne Truppenbetreuung".

kenntlich gemacht. Bei foliierten Archivalien wird die jeweilige Blattnummer mit „fol." angegeben. Bei unfoliierten Originalakten entfallen diese Angaben.

Im Bundesarchiv Berlin habe ich die überlieferten Bestände der mit Truppenbetreuung befassten Abteilungen des RMVP, weitere Dokumente aus dem Büro Hans Hinkel sowie der beim RMVP angesiedelten RKK mit ihren Unterabteilungen RTK und RMK, der Rundfunkabteilung und mit den genannten Abteilungen korrespondierende Dokumente der Personal- und Haushaltsabteilung herangezogen. Hinzu kamen Akten des RMVP im Institut für Zeitgeschichte München, wobei einige Bestände identisch sind mit Archivalien aus dem Bundesarchiv Berlin.

Unterlagen der Berliner Zentrale von KdF sind nicht erhalten, da das Schriftgut durch mehrfache Bombentreffer im Jahr 1943 vollständig vernichtet wurde.[51] Einen Einblick in die Arbeit von KdF boten mir jedoch Dokumente der sogenannten Gaudienststellen von KdF in Oberbayern, die sich im Staatsarchiv München befinden. Sie betreffen die Organisation von Veranstaltungen in Oberbayern für die Zivilbevölkerung und dort stationierte Truppen.[52]

Aus den Beständen des Bundesarchivs Militärarchiv Freiburg fügte ich Dokumente der Wehrmacht wie Erlasse und Weisungen des OKW, die Kriegstagebücher einzelner Divisionen und die an das jeweilige Armeeoberkommando abzugebenden monatlichen oder vierteljährlichen Tätigkeitsberichte der Ic-Offiziere zum Materialkorpus hinzu. Diese Archivalien machen das höchst ungleiche Mengenverhältnis zwischen den innerhalb der Wehrmacht gestalteten Aktivitäten und den Darbietungen externer Kräfte in der Truppenbetreuung deutlich.

Aufgrund von Bombenschäden sind zahllose Archivalien aus Berliner Ministerien und den Zentralen parteieigener Institutionen aus der Zeit bis 1944 vernichtet.[53] So ergibt sich ein Archiv-Datenbestand, der Umfang und Vielfalt der Truppenbetreuung im Verlauf der Kriegsjahre verzerrt spiegelt: Dokumente über Truppenbetreuungsmaßnahmen aus den letzten 15 Monaten des Kriegs, als die Wehrmacht in Osteuropa bereits auf dem Rückzug war und die Verhältnisse in Bezug auf Unterbringung, Transport, Versorgung mit Lebensmitteln und die Situation der Verkehrswege zunehmend chaotisch wurden, liegen in größerem Umfang vor und gewähren detailliertere Einblicke als das überlieferte Material aus den ersten Kriegsjahren.

Bei diesen Archiv-Beständen handelt es sich um Quellen von Behörden und Institutionen, die ihre amtlichen Sichtweisen wiedergeben und mithin historisches

---

51 BArch R 55/10372 Schreiben des DVD [Deutscher Veranstaltungsdienst] Berlin vom 30. November 1943; vgl. auch Buchholz, KdF, S. 5.

52 StA München, Bestand NSDAP.

53 BArch R 56 III/358 Vermerk der Rechtsschutzstelle für Gefolgschaftsmitglieder vom 22. Januar 1944 sowie vom 12. Juni 1944 über die Vernichtung der Aktenbestände u. a. der Reichstheaterkammer; BArch R 55/10368 Schreiben der Personalabteilung vom 13. Juli 1944 an Wehrbezirkskommando Köln I.

Geschehen mit dem Blick „von oben", aus der Sicht der Herrschafts- und Verwaltungspraxis staatlichen, institutionellen und militärischen Handelns vermitteln.

> „In jedweder Gesellschaft ist die Dokumentationslage dem Wesen nach verzerrt, da die Herstellung der Dokumente nur durch eine Machtposition ermöglicht wird, was von vornherein ein Ungleichgewicht bedeutet."[54]

Deshalb stelle ich als Perspektivwechsel, Ergänzung und Korrektiv mit Feldpostbriefen (vor allem aus den Beständen des Feldpostarchivs im Museum für Kommunikation Berlin) dem ‚Amts'-Blick solche Quellen zur Seite, die die schriftlich überlieferten subjektiven Wirklichkeiten von Soldaten als Akteure und Rezipienten und ihr musikbezogenes kulturelles Handeln dokumentieren. Feldpostbriefe sind in ihrer vermeintlichen Authentizität kritisch zu würdigen,[55] sie unterlagen der offenen Zensur, was Mitteilungen politisch und militärisch verfänglicher oder gar ‚defätistischer' Gedanken riskant machte bzw. unterband. Daneben konnte aber auch eine intrinsisch motivierte Zurückhaltung eine Rolle spielen, sowohl um die Empfänger*innen mit unverfänglichen Berichten vor der Kriegswirklichkeit zu schonen als auch aus Gründen des Selbstschutzes[56] – Feldpost war zugleich durch äußere wie auch durch innere Zensur bestimmt.[57]

Viele Soldaten und deren Familienangehörige waren im Briefeschreiben ungeübt und neigten dazu, eher floskelhaft-unbeholfen allgemeine Themen wie Wetter und Essen zu behandeln. Vorgeblich um diesem Mangel abzuhelfen, erschienen in den ersten Kriegsmonaten in Publikumszeitungen und den sogenannten Tornisterschriften des OKW, die an die Truppe verteilt wurden, Anleitungen für das ‚richtige' Abfassen von Briefen. Diese Ratgeber-Artikel verfolgten jedoch vor allem den Zweck, hüben wie drüben für Feldpost voller Siegesgewissheit zu sorgen, die Kampfmoral

---

54 Ginzburg, Carlo: „Mikro-Historie. Zwei oder drei Dinge, die ich von ihr weiß", in: *Historische Anthropologie*, 1. Jg., Heft 2, 1993, S. 169–192, hier S. 180.

55 Zur Auseinandersetzung mit Feldpost vgl. Buchbender, Ortwin; Sterz, Reinhold: *Das andere Gesicht des Krieges. Deutsche Feldpostbriefe 1939–1945*, München (C. H. Beck) 1982; Löffler, Klara: *Aufgehoben. Soldatenbriefe aus dem Zweiten Weltkrieg. Eine Studie zur subjektiven Wirklichkeit des Krieges (Regensburger Schriften zur Volkskunde, Bd. 9)*, Bamberg (WVB) 1992; Brücker, Eva/Verein für kritische Geschichtsschreibung e. V. (Hg.): *Feldpostbriefe (WerkstattGeschichte, Bd. 22)*, Hamburg (Ergebnisse) 1999; Golovchansky, Anatoly u. a. (Hg.): *"Ich will raus aus diesem Wahnsinn". Deutsche Briefe von der Ostfront 1941–1945 aus sowjetischen Archiven*, Wuppertal (Hammer) 1991; Hammer, Ingrid; zur Nieden, Susanne (Hg.): *„Sehr selten habe ich geweint". Briefe und Tagebücher aus dem Zweiten Weltkrieg von Menschen aus Berlin*, Zürich (Schweizer Verlagshaus) 1992; Didczuneit, Schreiben im Krieg.

56 Vgl. Humburg, Martin: „,Jedes Wort ist falsch und wahr – das ist das Wesen des Worts'. Vom Schreiben und Schweigen in der Feldpost", in: Didczuneit, Schreiben im Krieg, S. 75–85, hier S. 79.

57 Vgl. hierzu auch Paulus, Julia; Röwekamp, Marion (Hg.): *Eine Soldatenheimschwester an der Ostfront. Briefwechsel von Annette Schücking mit ihrer Familie (1941–1943), (Forschungen zur Regionalgeschichte Landschaftsverband Westfalen-Lippe, Bd. 76)*, Paderborn (Ferdinand Schöningh) 2015, S. 38.

und Durchhaltewillen förderte. So wurden der Zivilbevölkerung unter der Überschrift „Verzagte Briefe schreibt man nicht: Die Front erwartet Zuversicht!" gereimte Anweisungen gegeben, die Frontsoldaten mit Sorgen des heimatlichen Kriegsalltags zu verschonen:

> „Drum unterlaßt im Frontbrief euer Klagen, beschwert ihn nicht mit Alltagsnot und Zagen und werft nicht Feldpostbriefe in den Kasten, die auf dem Kämpfenden wie Alpdruck lasten."[58]

Und neben der Zeichnung zweier Briefe schreibender Frauen – die eine blond und fröhlich, die andere dunkelhaarig und schlecht gelaunt – stand:

> „Schreibt Liese einen Feldpostbrief, dann ist der Inhalt positiv, voll Liebe und Vertrauen. Ein Brief aus Mieses Horizont kann dem Soldaten an der Front die Stimmung nur versauen!"[59]

Damit wurden die ‚Volksgenoss*innen‘ gezielt dazu angehalten, ihre Briefe system- und kriegsstabilisierend abzufassen.

Diese Aspekte sind beim Umgang mit Feldpost zu bedenken, sie bedeuten jedoch nicht, dass Feldpost als Quellenmaterial wertlos wäre, die Briefe bleiben aufschlussreiche autobiografische Dokumente, die Auskunft über subjektive Deutungen und Verarbeitungsstrategien der Kriegssituation bieten.

Darüber hinaus habe ich das Spektrum der für diese Arbeit herangezogenen Quellen um die Transkripte der Interviews erweitert, die der Historiker Michael H. Kater mit Musikerinnen und Musikern führte: Erfahrungsberichte und lebensgeschichtliche Erzählungen von Künstler*innen, die während der Kriegsjahre teilweise auch in der Truppenbetreuung aktiv waren; dieses Material zählt zu den Beständen der Sammlung Michael H. Kater, Clara Thomas Archives & Special Collections der York University in Toronto, Kanada.

Publizierte Egodokumente wie (auto-)biografische Darstellungen in Memoiren von Künstler*innen und biografische Literatur sowie weitere in Sekundärliteratur enthaltene Erlebnisberichte ergänzen die Quellen. Dieses Material ist auf seine „apologetischen Vorzeichen"[60] hin zu befragen,[61] womit freilich nicht einer Argumentation von „wahr" oder „falsch" das Wort geredet werden soll: Es geht um eine Kontextualisierung von Erinnerungen, denn jedes Erinnern – wie die neuropsychologische

---

58   Zit. n. Schmitz-Köster, Dorothee: *Der Krieg meines Vaters. Als deutscher Soldat in Norwegen*, Berlin (Aufbau) 2004, S. 211.

59   Zit. n. Marßolek, Inge: „„Ich möchte Dich zu gern mal in Uniform sehen'. Geschlechterkonstruktionen in Feldpostbriefen, in: *WerkstattGeschichte, Bd. 22*, S. 41–59, hier S. 41.

60   Vossler, Propaganda, S. 14.

61   Vgl. hierzu das Kapitel „Ausblick: Nachkriegsstrategien".

Forschung belegt – ist selektiv, fragil und situationsbedingt anfällig für Veränderungen.[62]

Bei der Rezeption der Goebbels'schen Tagebücher[63] ist zu beachten, dass sie von vornherein für eine spätere Veröffentlichung angelegt waren. Sie haben Geltung als wichtige Quelle für das Gefüge des nationalsozialistischen Machtapparats, Goebbels verfolgte jedoch auch stets den Zweck, seine eigene Bedeutung im Hinblick auf eine spätere Geschichtsschreibung herauszustreichen.[64]

Außerdem habe ich zeitgenössische Periodika ausgewertet: musikologische Zeitungen und Zeitschriften, aber auch Publikumsblätter wie die wöchentlich erscheinende Illustrierte „Das Reich", ein von Goebbels unmittelbar gesteuertes und auch im Ausland erhältliches Hochglanz-Journal mit prestigeheischenden Berichten vom Dasein im nationalsozialistischen Staat, zudem die vom OKW als Tornisterschriften herausgegebenen „Soldatenblätter für Feier und Freizeit", die in hoher Auflage verteilt wurden – alles dies Publikationen, deren mehr oder weniger offene ideologische Zurichtung zu würdigen ist. Das gleiche gilt für die „Meldungen aus dem Reich", die geheimen innenpolitischen Lageberichte des Sicherheitsdienstes des Reichsführers-SS,[65] die sich mit unterschiedlicher Frequenz auch dem Thema Truppenbetreuung widmeten. Diese Lageberichte sollten die Stimmung in der Bevölkerung zu aktuellen Themen zusammenfassend repräsentieren, sie sind in ihrem Quellenwert jedoch in erster Linie deshalb interessant, weil die jeweiligen Materialsammlungen auf mehreren Stufen redigierenden Eingriffen unterlagen: Dem Kreis der Empfänger innerhalb der Staats- und Parteiführung wurde als Meinung und Stimmung der Bevölkerung übermittelt, was dem Sicherheitsdienst opportun oder im Hinblick auf den Versuch politischer Einflussnahme geboten erschien.[66]

Diese vielfältigen und disparaten, aus dem soziokulturellen Gefüge der Kriegsgesellschaft stammenden Dokumente ermöglichen eine Annäherung an musikbezogenes kulturelles Handeln in der Truppenbetreuung als ein Geflecht, das „Resultat der Interaktionen zahlloser […] Strategien"[67] war: eine historiographische Darstellung, die

---

62 Vgl. Unseld, Melanie: „Auf dem Weg zu einer memorik-sensibilisierten Geschichtsschreibung", in: Herr, Corinna; Woitas, Minoka (Hg.): *Musik mit Methode. Neue kulturwissenschaftliche Perspektiven (Musik – Kultur – Gender, Bd. 1)*, Köln (Böhlau) 2006, S. 63–74.

63 Fröhlich, Elke (Hg.): *Die Tagebücher von Joseph Goebbels*, 32 Bde., München (K. G. Saur), 1993–2008.

64 Vgl. Longerich, Peter: *Goebbels. Biographie*, München (Siedler) 2010, S. 15.

65 Boberach, Heinz (Hg.): *Meldungen aus dem Reich 1938–1945. Die geheimen Lageberichte des Sicherheitsdienstes der SS, Bd. 1–17*, Herrsching (Pawlak) 1984.

66 Vgl. Boberach, Heinz: „Überwachungs- und Stimmungsberichte als Quellen für die Einstellung der deutschen Bevölkerung zur Judenverfolgung", in: Büttner, Ursula (Hg.): *Die Deutschen und die Judenverfolgung im Dritten Reich*, Frankfurt/Main (Fischer) 2003, S. 47–68.

67 Ginzburg, Mikro Historie, S. 191.

mit sprachlichen Mitteln Fragen an ihr Material stellt und so versucht, „eine kleine Welt" zu erschaffen, die „die Quellen zur Äußerung anregt".[68]

---

68   Maase, Kaspar: „Das Archiv als Feld. Überlegungen zu einer historischen Ethnographie", in: Eisch, Katharina; Hamm, Marion (Hg.): *Die Poesie des Feldes. Beiträge zur ethnographischen Kulturanalyse (Untersuchungen des Ludwig-Uhland-Instituts der Universität Tübingen, Bd. 93)*, Tübingen (Tübinger Vereinigung für Volkskunde) 2001, S. 255–271, hier S. 262.

2. Rahmung

Dieses Kapitel stellt als Bezugsrahmen einige übergeordnete Aspekte zum Thema der Arbeit dar. Zunächst werden in geraffter Form Bedeutung und Wirkungsabsichten, Umfang, Organisation und Finanzierung der sogenannten kulturellen Truppenbetreuung der Wehrmacht erläutert. Daran schließt ein Abschnitt, der sich der ideologischen Aufladung von Musik und musikalischer Truppenbetreuung widmet, gefolgt von Betrachtungen zum Phänomen „Lili Marleen": Als das Lied des Zweiten Weltkriegs schlechthin vermag es den Stellenwert, den Musik einzunehmen vermochte, verdeutlichen. Weitere Abschnitte reflektieren das Thema Geschlechterhierarchien im Nationalsozialismus und damit zusammenhängend die Situation von Frauen in der Wehrmacht sowie die Rolle von Künstlerinnen vor der Truppe.

Truppenbetreuung – Bedeutungszuweisung und Umfang[1]

Einer planvollen, umfassenden Truppenbetreuung als Teil der geistigen Kriegführung wurde von Wehrmacht und nationalsozialistischem Regime hohe Bedeutung beigemessen, waren doch Kriegsmüdigkeit und eklatante Zerfallserscheinungen innerhalb der Streitkräfte als maßgebliche Ursachen für die Niederlage im Ersten Weltkrieg ausgemacht worden, die nach übereinstimmender Einschätzung mit psychosozialer Betreuung und gezielter ideologischer Ausrichtung hätten vermieden

---

1 Im Rahmen dieser Arbeit werden Organisation und Struktur der Truppenbetreuung überblicksartig dargestellt, für eine detaillierte Analyse vgl. v. a. Vossler, Propaganda. Zum Bereich der Truppenbetreuung zählten auch die Wehrmachtbordelle, die dem Sanitätsdienst des Militärs unterstanden (vgl. hierzu Vossler, Propaganda, S. 351–358; Neitzel, Sönke; Welzer, Harald: *Soldaten. Protokolle vom Kämpfen, Töten und Sterben (Schriftenreihe der Bundeszentrale für politische Bildung, Bd. 1139)*, Lizenzausgabe Frankfurt/Main (Fischer) 2011, S. 217–229). Mit einer kontrollierten Infrastruktur von Bordellen zielte die militärische Führung darauf, die sexuellen Bedürfnisse der Soldaten überwachbar und regulierbar zu machen. Kontakte mit Straßenprostituierten und der Besuch einheimischer Bordelle sollten verhindert werden, um die Gefahr von Geschlechtskrankheiten zu minimieren. Auch galten homosexuelle Beziehungen zwischen den Soldaten als vermeidbar, wenn Wehrmachtbordelle für die sexuellen Bedürfnisse zur Verfügung standen. In den besetzten Gebieten wurde das Thema sexuelle Kontakte zu Frauen unterschiedlich geregelt. Während in Norwegen Beziehungen zu einheimischen Frauen ausdrücklich gebilligt wurden (vgl. hierzu den Abschnitt „Skandinavien" im Kapitel „Skandinavien und Sowjetunion – zur Truppenbetreuung in ,zweierlei Weltkriegen'"), wurden die Wehrmachtsoldaten in Frankreich davor gewarnt, sich mit französischen Frauen einzulassen und in Süd- und Osteuropa war der Kontakt zu einheimischen Frauen verboten. 1942 verfügte die Wehrmacht über rund 500 Bordelle, in denen vor allem in Osteuropa Zwangsprostituierte arbeiteten. In Paris existierten während der gesamten Besatzungszeit 40 Bordelle unter der Aufsicht der Wehrmacht, davon sechs ausschließlich für Offiziere.

werden können.[2] Folglich äußerte Joseph Goebbels nicht lange nach Beginn des Kriegs:

> „Die kulturelle Tätigkeit am deutschen Volk, insbesondere an der deutschen Wehrmacht, ist eine der wichtigsten Voraussetzungen für die Standhaftigkeit und Durchhaltekraft der ganzen Nation in ihrem Schicksalskampf."[3]

Entsprechend bekräftigte Hans Hinkel,[4] Leiter der mit Truppenbetreuung betrauten Abteilungen im RMVP:

> „Die kulturelle Betreuung des Soldaten ist im nationalsozialistischen Großdeutschland ein wesentlicher Bestandteil moderner Kriegs- und Menschenführung."[5]

Dabei diente die Truppenbetreuung vor allem drei Zielen: sie sollte die Überzeugung stärken, für die richtige Sache zu kämpfen, die ‚Truppenmoral', Disziplin, Kampf- und Durchhaltebereitschaft fördern und aufrechterhalten sowie die Angst vor Gewalt und Tod – sowohl die Angst vor dem eigenen Sterben als auch die Angst zu töten – überwinden. „Ziel der gesamten Freizeitgestaltung ist Hebung der Kampfmoral", lautete dann auch die bündige Zusammenfassung der Wehrmachtführung.[6]

Abgesehen von Phasen des Kampfs oder der Truppenverlegung war der Alltag der Mannschaftssoldaten gekennzeichnet durch Dienstroutinen, das Zusammenleben auf engem Raum mit einem Mangel an privaten Rückzugsmöglichkeiten und daraus resultierenden Konflikten, häufig unzureichende Versorgung, Langeweile, Sehnsucht nach Zuhause und nach Frieden. Um den Soldaten wenig Möglichkeit zu – möglicherweise kritischem – Nachdenken zu lassen, hatten die Vorgesetzten

---

2   Vgl. Vossler, Propaganda, S. 57.

3   Rede zum Jahrestag von RKK und KdF am 27. November 1939, in: Goebbels, Joseph: *Die Zeit ohne Beispiel. Reden und Aufsätze aus den Jahren 1939–1941*, München (Eher) 1942.

4   Hinkel (1901–1960) gehörte nach Ende des Ersten Weltkriegs dem Freikorps Oberland an, trat 1921 in die NSDAP ein, nahm 1923 am Hitlerputsch teil, war 1930 führendes Mitglied im Kampfbund für deutsche Kultur und als MdR Propagandaobmann der NSDAP-Fraktion. 1931 Beitritt zur SS. Im Juli 1933 ernannte ihn Göring zum Beauftragten für die Preußischen Theater, zudem war er im Aufbau des RMVP tätig. Ab Mai 1935 als „Reichskulturwalter" einer der Geschäftsführer der RKK, ab Juli 1935 als „Sonderbeauftragter für die Überwachung der kulturell tätigen Nichtarier" für die ‚Entjudung' des Kultursektors zuständig. Als Ministerialdirigent ab Oktober 1940 auch verantwortlich für die Truppenbetreuung im RMVP. April 1941 Generalsekretär der RKK, Juni 1941 Beförderung zum Ministerialdirektor. Ab Dezember 1942 zusätzlich Chef des Unterhaltungsprogramms des Reichsrundfunks, ab Juni 1944 auch Leiter der Abt. Film im RMVP und Vizepräsident der RKK; vgl. Klee, Ernst: *Kulturlexikon zum Dritten Reich. Wer war was vor und nach 1945*, Frankfurt/Main (Fischer) 2009, S. 225f.

5   Bericht Hinkels vom März 1941 über den Einsatz von Kunst im Krieg; BArch, R 56 I/104, fol. 67.

6   Protokoll der Besprechung der Gruppenleiter Ic beim Chef der Heeresrüstung und Befehlshaber des Ersatzheeres (Stabschef H Rüst u. BdE) über Fragen der geistigen Betreuung am 19. und 20.6.1942; BA-MA RW 38/68.

für Gruppenaktivitäten zu sorgen, die ihrer Lenkung und Kontrolle unterstanden. Dabei zählte die Teilnahme an den Unternehmungen zur dienstlichen Freizeitgestaltung und war somit nicht freiwillig.[7] Die Veranstaltungen sollten dazu dienen, ein identitätsstiftendes und homogenisierendes Bewusstsein von Kameradschaft zu fördern, in der „die Differenz nach außen betont, die nach innen heruntergespielt"[8] wurde.

Musik stellte dabei in ihren unterschiedlichen aktiven oder rezeptiven Formen wie Singen, Instrumentalspiel, Radiohören und Besuch von Live-Darbietungen ein zentrales Element im Mosaik der Bewältigungsstrategien dar, um den Belastungen des Kriegs zu begegnen. Musik erwuchs eine wichtige Aufgabe als emotionale und soziale performative Praxis für Prozesse der Vergemeinschaftung und Gruppenkohäsion innerhalb der Truppe, sind doch Emotionen nicht nur körperliche Stimuli, sondern auch

> „soziale Phänomene, indem sie Wahrnehmungsmuster strukturieren, aus denen sich die Bedeutung von Musik für das jeweilige Publikum ergibt. Emotionen […] entstehen aus sozialen Praktiken, formen diese aber auch und beeinflussen die Wahrnehmungen und Handlungsmotivationen von Individuen und Gruppen gleichermaßen."[9]

Die kulturelle Truppenbetreuung, die auch die Verwundeten in Lazaretten einschloss, umfasste einen weiten Bereich vielfältiger Maßnahmen zur sogenannten wehrgeistigen Führung, sie reichte von den bereits erwähnten musikalischen Aktivitäten der Truppe wie Liedgesang, Aufbau von Chören und Laienspielgruppen, Darbietungen der Militärmusikkorps und Instrumentalensembles über die Versorgung mit Musikinstrumenten und Notenmaterial, Büchern, Bastelanleitungen, Spielen, Grammophonen und Schallplatten, Soldatenblättern mit Anregungen zur Freizeitgestaltung, Frontzeitungen und Material zur beruflichen Fortbildung bis zu unterschiedlichen Sportangeboten. Als besonders wichtig galten Rundfunkgeräte, um die Reichsrundfunk- oder Soldatensender hören zu können. Hinzu kamen Soldatenkinos in festen Häusern oder als mobile Frontkinos, die mit LKWs abgelegene Einheiten aufsuchten und Spielfilme, Wochenschauen, Lehrfilme oder Propagandastreifen zeigten. Auf Truppenbetreuungs-Tourneen gingen große Theater- und Opernhäuser, Sinfonie- und Unterhaltungsorchester, Revuen, Bauerntheater und andere Wanderbühnen, Varietégruppen, Kammer- und Volksmusik-Ensembles in unterschiedlicher Besetzung, Einzelkünstler*innen mit Liedern zur Laute oder auch

---

7   Vgl. hierzu z. B. die Anweisung „Betr.: Freizeitgestaltung, Einsatz von Theatern, Konzerten, Kleinkunstbühnen usw." des Befehlshabers der deutschen Truppen in Dänemark, Abt. Ic vom 8.8.1940; BA-MA, RW 38/58.

8   Assmann, Jan: *Das kulturelle Gedächtnis. Schrift, Erinnerung und politische Identität in frühen Hochkulturen*, München (C. H. Beck) 2002, S. 40.

9   Zalfen, Sarah; Müller, Sven Oliver: „Eine Fortsetzung des Krieges mit musikalischen Mitteln? Hegemoniale Funktionen von Musik im Europa der Weltkriege", in: dies., Besatzungsmacht Musik, S. 9 30, hier S. 19.

sogenannte Stimmungssänger (ein ausschließlich männlich besetztes Genre), die das soldatische Publikum zum Mitsingen animierten, hinzu kamen Rezitator*innen, Vortragsredner*innen und Puppenspielbühnen. Das Gros machten sogenannte Bunte Programme aus: vier bis acht Künstlerinnen und Künstler unterschiedlicher Sparten gestalteten in Solo- und Duo-Darbietungen eine variabel kombinierbare Mischung aus Instrumentalmusik, Lied, Arie, Couplet, Sketch, Dialog, Einzelvortrag, Zauberei, Akrobatik und Tanz, begleitet von einer Person an Klavier oder Akkordeon und durch Moderationstexte zusammengehalten.[10]

Als Richtschnur galt, jedem Soldaten alle zwei Wochen eine Veranstaltung zu bieten. Diese Frequenz konnte jedoch nicht erreicht werden und vor allem erwies sich eine gleichmäßige Versorgung der Kriegsschauplätze als unmöglich. Während in manchen besetzten Gebieten wie Frankreich, Niederlande und Dänemark in den Städten und größeren Orten eine gut eingespielte, dicht gestaffelte Truppenbetreuung etabliert wurde, blieben abgelegene Bereiche und insbesondere die Ostfront deutlich unterversorgt.[11] Schätzungen gehen von durchschnittlich acht Veranstaltungen im Jahr pro Soldat aus.[12]

Einige Zahlen aus KdF-Berichten veranschaulichen den Umfang der Maßnahmen: Von Mitte September bis Anfang November zählte KdF bereits 6.481 Wehrmachtsveranstaltungen.[13] Für 1940 wies die Statistik 137.802 Veranstaltungen vor 51.530.000 Besuchern aus, 1941 stiegen die Zahlen auf 187.198 Veranstaltungen bei 67.789.569 Besuchern. Davon waren 40% Theateraufführungen (Oper, Operette, Schauspiel, Lustspiel), 15% rein musikalische Darbietungen und 45% Kleinkunst- und Varieté-Programme.[14] Im Jahr 1942, als die Fronten der Wehrmacht ihre größte Expansion erreichten, waren laut KdF bis zu 10.000 Künstlerinnen und Künstler pro Monat im Einsatz[15] – wie diese enorm hohe Zahl ermittelt wurde, lässt sich nicht nachvollziehen; das OKW nannte für den gleichen Zeitraum rund 4.000 Personen.[16] In den Monaten Januar bis Mai 1943 gingen die Zahlen auf 3.276 Personen bei insgesamt 520 Gruppen zurück.[17]

---

10   Vgl. hierzu das Kapitel „Diachrone Betrachtung: Die Bunte Frontbühne Bernt Komm – Alltag der Truppenbetreuung".

11   Vgl. hierzu das Kapitel „Skandinavien und Sowjetunion – zur Truppenbetreuung in ‚zweierlei Weltkriegen'".

12   Vgl. Kolland, Faust, S. 38.

13   Kurzmeldungen der Auslandspressestelle der DAF, 8. Jan. 1940; BArch NS 5/VI/6291, fol. 5.

14   Vgl. Kolland, Faust, S. 37. Vgl. hierzu auch das Kapitel „Synchrone Betrachtung: Truppenbetreuungsveranstaltungen in einzelnen Monaten".

15   Vgl. Hirt, Truppenbetreuung, S. 421.

16   Protokoll der Besprechung der für Truppenbetreuung zuständigen Gruppenleiter Ic beim Stabschef H Rüst u. BdE über Fragen der geistigen Betreuung am 19. und 20.6.1942; BA-MA RW 38/68.

17   Vgl. Kolland, Faust, S. 38.

Anfänglich stießen die Aufforderungen zur Teilnahme an Truppenbetreuungstourneen auf große Resonanz, vor allem junge Künstler*innen versprachen sich von einem solchen Engagement neben einem guten Einkommen auch den Beginn einer weiterführenden Karriere. Zudem reizte die Aussicht auf Reisen in Länder und Städte und je nach Einsatzgebiet boten sich Chancen, an begehrte Konsumgüter heranzukommen, die es im Deutschen Reich nicht gab, bzw. die rationiert oder nur noch auf dem Schwarzmarkt erhältlich waren. Truppenbetreuung avancierte zu einer verlässlichen Möglichkeit Geld zu verdienen. Es kam – auch wegen der Neugründung oder Übernahme von Opern- und Theaterhäusern sowie Radiosendern in den besetzten Gebieten – zu einem eklatanten Mangel an Arbeitskräften, der sogar dazu führte, dass Orchesterstellen mit Frauen besetzt wurden.[18] Sofern eine Musikerin, ein Musiker ein Instrument beherrschte oder des Gesangs mächtig war und nicht anderweitig zum Arbeits- oder Wehrdienst verpflichtet wurde, gab es eine Vielzahl von Engagements bei einem Verdienst, von dem das Gros der Musiker*innen vor Beginn des Kriegs nur hatte träumen können. Im Lauf der Kriegsjahre wurden jedoch immer mehr männliche Künstler zur Wehrmacht eingezogen, und mit dem desaströsen Verlauf des Ostfeldzugs, dem Vorrücken der Alliierten und der immer schlechter werdenden Versorgungslage wuchsen nicht nur die Mühen und Unbilden bei den Tourneen, sondern auch die Gefahren, Schaden an Leib und Leben zu nehmen. Die Begeisterung für ein Engagement in der Truppenbetreuung, vor allem für Gastspiele an der Ostfront, nahm rapide ab.[19]

Truppenbetreuung – Zuständigkeiten, Organisation und Finanzierung

Mehrere Organisationen waren mit dem Bereich Truppenbetreuung befasst: die nationalsozialistische Gemeinschaft KdF der DAF, das RMVP mit der RKK und deren Unterkammern, die Propagandakompanien des OKW sowie in Bezug auf Rednereinsatz und die Versorgung mit Büchern das Amt Rosenberg des „Beauftragten des Führers für die Überwachung der gesamten geistigen und weltanschaulichen Schulung und Erziehung der NSDAP".

Innerhalb der Wehrmacht waren die Ic-Abteilungen[20] für die „wehrgeistige Führung" und damit die Belange der Truppenbetreuung zuständig – eine Aufgabe, die vor allem zu Beginn des Kriegs von vielen Ic-Offizieren unterschätzt worden war.[21]

---

18 Vgl. hierzu das Kapitel „„… völlig ungesunde Kriegsgewinnlerverhältnisse …'. Personalknappheit und Gagensteigerungen".

19 Vgl. ebd., Abschnitt „Neuregelung der Truppenbetreuung ab Januar 1944".

20 Die Stabseinheiten der Wehrmacht gliederten sich in Ia – Führung und Ausbildung, Ib – Quartiermeisterei, Ic – Feindlage, Abwehr, Nachrichtenwesen, wehrgeistige Führung, IIa und IIb – Personalverwaltung, III – Gerichtsbarkeit, Beurkundungen, IVa – Rechnungswesen, Verwaltung, IVb – Sanitätsdienst, IVc – Veterinärdienst, IVd – Seelsorge, V – Kraftfahrwesen.

21 Vgl. Hirt, Truppenbetreuung, S. 419.

Im Oktober 1939 trafen OKW, RMVP und KdF eine Vereinbarung, die die Aufgaben und Kompetenzen im Bereich der Truppenbetreuung regeln sollte.[22] Dabei beanspruchte die Wehrmacht mit dem Passus „Für die gesamte geistige Betreuung der Truppe [ist] die Truppenführung verantwortlich" ein grundsätzliches Entscheidungs- und Anforderungsrecht. Die Planung und Überprüfung sämtlicher Maßnahmen oblag dem RMVP, das für die Sachbearbeitung ein Sonderreferat Truppenbetreuung (1940 in die neue Abteilung Besondere Kulturaufgaben, BeKA, überführt)[23] einrichtete, die KdF war jedoch für die „Durchführung aller Veranstaltungen mit Ausnahme der Filmveranstaltungen" zuständig.[24] Diese wenig präzise Abgrenzung mündete in ein „polykratische[s] Kompetenzgerangel",[25] bei dem das RMVP und die KdF, in Konkurrenz zueinander agierend, je eigene Pläne verfolgten. Das Interesse, eine unabhängige, einflussreiche Stellung im Bereich Truppenbetreuung zu behaupten und die eigenen Befugnisse zu erweitern, zeitigte Animositäten und Desorganisation. Während die „allgemeine Durchschnitts-Truppenbetreuung"[26] von der KdF durchgeführt wurde, beanspruchte das RMVP „besonders wichtige und dringende Fälle" für sich, bei denen es „auf beschleunigte Durchführung und höchste Qualität der Darbietungen"[27] ankam, wie es in einem internen Vermerk an Minister Goebbels hieß. Das Amt Truppenbetreuung in der RKK etablierte ein eigenes Veranstaltungsprofil mit einer Reihe von Künstler*innen unter Dauervertrag, die teilweise jahrelang Tourneen absolvierten,[28] und zudem leistete sich das RMVP ein elitäres Gastspielformat: Hans Hinkel persönlich übernahm die Organisation und Moderation der „Berliner Künstlerfahrten" – prestigeträchtige Wehrmacht-Tourneen mit den Spitzenkräften aus Film, Theater und Konzert.

Bevor eine Künstlerin oder ein Künstler vom Amt Truppenbetreuung/BeKA im RMVP engagiert wurde, prüfte das Amt die Darbietung auf ihre künstlerische Qualität und Geeignetheit. Zudem musste die Mitgliedschaft in einer der Unterkammern der Reichskulturkammer nachgewiesen werden und die politische Unbedenklichkeit der Person bedurfte der amtlichen Bestätigung.[29]

---

22   BArch, R 55/20261, fol. 21–25.

23   Vgl. BArch, R 55/20776.

24   Ebd.

25   Vossler, Propaganda, S. 12.

26   BArch R 55/32, fol. 91.

27   Ebd.

28   Vgl. hierzu das Kapitel „Diachrone Betrachtung: Die Bunte Frontbühne Bernt Komm – Alltag der Truppenbetreuung" sowie den Abschnitt „Dienstverpflichtungen" im Kapitel „,… völlig ungesunde Kriegsgewinnlerverhältnisse …'. Personalknappheit und Gagensteigerungen".

29   Vgl. BArch, Akten Personalbestände RK, z. B. RK/R 27, fol. 196: Karteikarte für den Kapellenleiter Heinz Wehner: Stempel „Gegen eine Verwendung vor der Truppe keine Bedenken. Abteilung BeKA"; RK/J 113, fol. 1372 für die Sängerin und Akkordeonistin Isa Vermehren: Stempel „Nachteilige Notierungen liegen nicht vor. Reichssicherheitshauptamt" und Stempel „Gegen eine Verwendung vor der Truppe keine Bedenken. Abteilung BeKA".

Die KdF, der gemäß ihrer Genese als „Konsumenten-Organisation"[30] für die Frei-zeitgestaltung der werktätigen Bevölkerung der Ruch minderqualifizierter Massenunterhaltung anhaftete, organisierte ihre umfangreichen Truppenbetreuungs-veranstaltungen weniger penibel als das RMVP.[31] Um die erforderliche Anzahl an reisenden Bühnen sicherzustellen, griff die KdF auf die Dienste von Gastspieldirektionen zurück und gründete Anfang 1940 mit dem Deutschen Veranstaltungsdienst sogar eine eigene Konzertdirektion,[32] die nach Gutdünken und mit lukrativen Provisionen zahlreiche Bunte Programme auf Tournee schickte. Die KdF ignorierte dabei die in der Vereinbarung festgelegten Planungs- und Kontrollfunktionen des RMVP, denn es kamen Künstler*innen und Darbietungen in Engagements, die von der Fachabteilung des RMVP nicht zuvor überprüft worden waren, was teilweise scharfe Kritik auslöste. Das RMVP war jedoch aufgrund geringer personeller Kapazitäten nicht in der Lage, diese Aufgaben wahrzunehmen und gegenüber der KdF durch-zusetzen.[33] Aber auch die Wehrmacht ging dazu über, selbstständig Engagements in die Wege zu leiten, um dem Bedarf einzelner Truppenteile gerecht zu werden.[34]

Die Mitglieder eines Truppenbetreuungsensembles schlossen mit der auftraggeben-den Dienststelle für die Dauer einer Tournee Verträge, bewährte Kräfte wie z. B. routinierte Ensembleleitungen wurden mit Jahresverträgen versehen. Die Verträge ent-sprachen Festanstellungen mit Lohnsteuerkarte und Sozialversicherungsabgaben. Zusätzlich zur Gage standen den Künstlerinnen und Künstlern Tagespauschalen (Diäten) und Reisegelder zu, für die die Ensembleleitung bei Reisebeginn meistens eine Abschlagzahlung in bar ausgehändigt bekam.

Ein Truppenbetreuungsensemble galt als Wehrmachtgefolge, damit waren dessen Mitglieder der Militärgerichtsbarkeit unterstellt.[35] Die Leitung eines Ensembles besaß Weisungsbefugnis, vor Ort bei den Truppeneinheiten unterstand eine Tour-neegruppe jedoch dem jeweiligen militärischen Befehlshaber.[36] Der Leitung oblag die Nachweispflicht für die erbrachten Leistungen. In einem Fahrtenbuch listete sie sämtliche Vorführungen mit Datum, Ort sowie den Namen aller Auftretenden auf, was von der Wehrmachtseinheit, dem Lazarett oder Rüstungsbetrieb gegenge-

---

30 So Hinkel in einer Stellungnahme vom 23.11.1940 zu den Plänen von KdF, eine „Reichskam-mer für Volkskultur" einzurichten; BArch R 56 I/93, fol. 51–53, hier fol. 51.

31 Vgl. hierzu v. a. den Abschnitt „Klagen über KdF-Ensembles und Einsatz einheimischer Gruppen" im Kapitel „Skandinavien und Sowjetunion – zur Truppenbetreuung in ‚zweierlei Weltkriegen'".

32 Vgl. BArch, R 55/949.

33 Vgl. hierzu den Abschnitt „Personal- und Gagenquerelen" im Kapitel „‚… völlig ungesunde Kriegsgewinnlerverhältnisse …'. Personalknappheit und Gagensteigerungen".

34 Vgl. Schreiben RMVP an OKW, 18.6.1941; BArch R 55/20261. Vgl. hierzu z. B. auch den Abschnitt „Klagen über KdF-Ensembles und Einsatz einheimischer Gruppen" im Kapitel „Skandinavien und Sowjetunion – zur Truppenbetreuung in ‚zweierlei Weltkriegen'".

35 Vgl. BArch R 56 I/133, fol. 3–7: Merkblatt über die Rechtsstellung der in der Truppenbetreu-ung eingesetzten Zivilpersonen, Verfügung des OKW vom 1.10.1941.

36 Ebd.

zeichnet und mit Dienststempel versehen wurde. Für einen Ruhetag gab es auch ein entsprechendes Blatt, es entstand so für jede Tournee ein komplettes Kalendarium,[37] das nach Beendigung der Fahrt dem Amt auszuhändigen war, damit die Reisekosten und Diäten abgerechnet werden konnten. Zudem hatte jede Wehrmachtseinheit nach einer Truppenbetreuungsveranstaltung ein Formular auszufüllen, das Datum, Art der Darbietung und Namen des Ensembles aufführte.[38]

Divergenzen zwischen dem OKW und dem mit einem starken ideologischen Impetus versehenen Amt Rosenberg entstanden hinsichtlich politischer und weltanschaulicher Vorträge. Das OKW stellte fest: „Alle Bemühungen [...] müssen unter allen Umständen eine lehrhafte, schulmäßige oder ästhetisierende Anlage vermeiden."[39] Ebenso sorgte die Bücherauswahl für Reibereien, es wurden Beschwerden laut, die vom Amt Rosenberg zur Verfügung gestellte Lektüre sei hoffnungslos veraltet, thematisch einseitig und für die Soldaten uninteressant.[40]

Ähnlich wie die organisatorische Aufteilung gestaltete sich die Finanzierung der Truppenbetreuung. Die Wehrmacht legte zwar großen Wert darauf, die gesamten Kosten zu tragen, um den eigenen Führungsanspruch in diesem Bereich zu unterstreichen, es entwickelten sich jedoch bei den verschiedenen Institutionen parallele Haushalte für die Truppenbetreuung.[41] Zwischen der KdF und dem OKW lief die Verteilung dergestalt, dass die KdF die Kosten für Tournee-Engagements dem OKW zur Erstattung aufgab, wobei die KdF jedoch die Gagen für die künstlerischen Kräfte trug[42] und das OKW alle anderen Kosten wie Transport, Unterbringung, Verpflegung und Bühnentechnik übernahm.[43] Dem RMVP sollten aus den Haushaltsmitteln des OKW pro Monat RM 500.000,-- für „besonders wichtige und dringliche Fälle, [...] bei denen es auf [...] höchste Qualität der Darbietung ankommt",[44] angewiesen werden, das Ministerium wehrte sich jedoch dagegen, um nicht in finanzielle Abhängigkeit zu geraten und damit der Kontrolle und dem Wohlwollen des OKW unterworfen zu sein. Zudem wies das RMVP diese Planung als empfindliche Minde-

---

37 BArch R 56 I/4 enthält solche kalendarischen Auftrittsnachweise der Frontbühne Bernt Komm.

38 Vgl. Staatsarchiv München Bestand NSDAP/1789.

39 Stellungnahme des OKW zu den letzten Monatsplanungen für Truppenbetreuung, 16.12.1940; BA-MA, RW 38/61.

40 Vgl. Bericht über die geistige Betreuung der 17. Division, 2.12.1942; BA-MA RH 26–17/33.

41 Ein Faktum, das der staatlichen Haushaltsordnung widersprach, nach der Mittel für denselben Zweck nicht aus verschiedenen Haushaltstiteln bestritten werden durften, wie das Reichsfinanzministerium kritisierte; vgl. Vossler, Propaganda, S. 149.

42 Die KdF als Unterorganisation der DAF, der u. a. das große Vermögen der zerschlagenen Gewerkschaften zugekommen war, verfügte über ungleich höhere finanzielle Mittel als das vergleichsweise gering ausgestattete RMVP, dessen Haushalt sich in erster Linie aus einem Teil der Rundfunkgebühren speiste; vgl. Hirt, Truppenbetreuung, S. 426.

43 Vgl. Vossler, Propaganda, S. 141; Hirt, Truppenbetreuung, S. 420.

44 BArch, R 55/32, fol. 96.

rung des eigenen Prestiges zurück.[45] In Verhandlungen mit dem Finanzministerium setzte Goebbels durch, dass dem Haushalt des RMVP ohne Umweg über die Wehrmacht jährlich sechs Millionen Reichsmark für Truppenbetreuungs-Maßnahmen zugewiesen wurden.[46] Neben den eigenen Tournee-Ensembles und der „Berliner Künstlerfahrt" dienten die Mittel zur Finanzierung von Rundfunkgeräten, Grammophonen, Schallplatten, Musikinstrumenten und anderen Freizeitgeräten, die vom Sonderreferat Truppenbetreuung für die Soldaten angeschafft wurden.[47] Doch die Abteilung kam mit ihrem Budget nicht aus; kostspielige Sondermaßnahmen wie z. B. im Winter 1940/41 für die Truppen in Norwegen[48] und im Winter 1941/42 für die Soldaten des Ostfeldzugs führten dazu, dass das RMVP beim Finanzministerium weitere Mittel beantragen musste – 1941 waren es rund zwei Millionen RM, 1942 drei Millionen RM zusätzlich.[49]

Die KdF bedurfte keiner Finanzierung aus dem Staatshaushalt, die Ausgaben wurden aus den Mitteln der DAF bestritten. 1940 betrugen die Subventionen 30,4 Millionen RM, 1940 und 1941 jeweils 33 Millionen RM.[50]

Das OKW bezifferte seine gesamten Ausgaben für die geistige Betreuung der Truppe im Jahr 1940 auf rund 76 Millionen RM.[51] Für die Folgejahre sind keine Dokumente überliefert, die Kosten müssen sich mit dem Feldzug gegen die Sowjetunion jedoch noch deutlich erhöht haben.

Die unübersichtliche Gemengelage der drei konkurrierenden Einheiten sowie der Verlust von Akten durch Bombenschäden führten dazu, dass sich das gesamte Volumen für die Kosten der Truppenbetreuung nicht präzise rekonstruieren lässt.[52]

Für die Arbeit vor Ort betrieb die KdF im ganzen Reichsgebiet ein Netz von dezentralen Büros, ebenso das RMVP mit seinen Reichspropagandaämtern. Auch in den besetzten Gebieten richteten KdF und RMVP Dienststellen ein, allein in Osteuropa existierten 1942/43 von Lappland bis in den Kaukasus 40 KdF-Büros, die u. a. die Organisation und Abwicklung der Truppenbetreuungs-Tourneen leisteten.[53]

---

45 Ebd., fol. 91–93.
46 Ebd., fol. 103.
47 Vgl. hierzu das Kapitel „Versorgung der Soldaten mit Musikinstrumenten, Rundfunkgeräten und Grammophonen".
48 Vgl. hierzu den Abschnitt „Das Gespenst des ‚Polarkollers'" im Kapitel „Skandinavien und Sowjetunion – zur Truppenbetreuung in ‚zweierlei Weltkriegen'".
49 Vgl. Vossler, Propaganda, S. 141ff.
50 Vgl. ebd., S. 145.
51 Vgl. ebd., S. 148.
52 Vgl. ebd., S. 149; Hirt, Truppenbetreuung, S. 421.
53 Vgl. Buchholz, KdF, S. 312.

Ideologische Aufrüstung von Musik

> „[…] der Deutsche [bringt] seine stärksten eingeborenen Empfindungen am schönsten musikalisch zum Ausdruck […] Diese Erkenntnis verschaffte der Musik auf dem weitverzweigten Arbeitsgebiete der Truppenbetreuung eine besondere Stellung."[54]

Im „Konglomerat der nationalsozialistischen Ideologeme",[55] die im Dogma deutscher Superiorität gipfelten, kam Musik als „‚deutscheste' der Künste"[56] herausragende Bedeutung zu. Die nationalsozialistische Führung übernahm eine „spezifisch deutsche, kunstreligiöse Genie- und Inspirationsästhetik"[57] und nutzte den Nimbus des Schönen und Erhabenen zur Ästhetisierung und Repräsentation ihrer Herrschaft.[58] Anknüpfend an seit dem 19. Jahrhundert eingeübte nationalistische Identitätspraktiken, die sich auf kunstmusikalisches Schaffen stützten, fand das Regime damit breite Zustimmung auch in bürgerlich-konservativen Kreisen, deren Distinktionsbedürfnisse aus der Denkfigur einer deutschen Überlegenheit auf musikalischem Gebiet gestillt wurden. Dabei zeichnete die nationalsozialistische Musikpolitik ein volkspädagogisch-erzieherischer Impetus aus, der den Wert der Musik für eine ‚seelische Veredelung' des Menschen betonte und sich anschickte, dem bürgerlichen Kunstbetrieb fernstehenden Bevölkerungskreisen zu einer ‚Anhebung' ihres kulturellen Niveaus zu verhelfen. Diese politisch-ästhetische Ausrichtung lag in den ersten Kriegsjahren einer Vielzahl von Artikeln in musikologischen Fachperiodika über die Segnungen der Musik in der Truppenbetreuung zugrunde – das Militär als große, angeblich kulturelle und soziale Unterschiede nivellierende Organisation bot dafür eine ideale Projektionsfläche; der Krieg wurde zur kulturellen Bildungsstätte:

> „[Kriege] sind stets auch große kulturelle Reiniger und Erneuerer gewesen. Die Anspannung aller Kräfte auf das höchste Ziel der Erhaltung, Festigung und Stärkung unserer völkischen Art bringt zugleich auch die stärkste Besinnung auf die Hochwerke unserer Kulturgüter, vor allem auch auf die *Sendung der deutschen Musik* [Hervorhebung im Original] in entscheidender Zeit."[59]

Der Wehrmacht wurde dabei zusätzlich „zu den rein militärischen Erfordernissen" die Aufgabe zugewiesen, den Soldaten „die Werte des vielgestaltigen Kulturbodens"[60]

---

54   Oberleutnant beim OKW Wilhelm Matthes: „Die musikalische Betreuung des Soldaten", in: *Die Musik. Organ der Hauptstelle Musik beim Beauftragten des Führers für die Überwachung der gesamten geistigen und weltanschaulichen Schulung und Erziehung der NSDAP*, 33. Jg., Heft 1, Oktober 1940, S. 4–8, hier S. 4.

55   Geiger, Deutsche Musik, S. 243.

56   Vgl. Potter, Deutscheste der Künste.

57   Geiger, Friedrich: „Im Schatten der Diktaturen von Hitler, Stalin und Mussolini", in Riethmüller, Geschichte, S. 217–242, hier S. 231.

58   Vgl. hierzu Heister, Maskierung und Mobilisierung, S. 314.

59   Frank, Alexander: „‚Rendezvous' beim ‚Potpourri'?", in: *Die Musik*, 32. Jg., Heft 7, April 1940, S. 226f., hier S. 227.

60   Lorenz, Ferdinand: „Die Wehrmacht singt", in: *Jahrbuch der deutschen Musik*, 2. Jg., 1944, S. 137–143, hier S. 138.

zu erschließen. Bevorzugt als „einfach" bezeichnete Soldaten fungierten als Zitatlieferanten, die über die seelische Bereicherung durch musikalische Darbietungen bewegt Auskunft gaben. In Norwegen stationierten Soldaten wurde in den Mund gelegt:

> „Wir haben uns immer gedacht, Kammermusik, das wäre nichts für uns, aber nun wissen wir, daß es doch etwas für uns ist.' […] So sagten die einfachen Soldaten. Und sie drückten uns die Hände voller Dankbarkeit und mit strahlenden Augen, in denen ein Glanz war, den nur ein unvergessliches Erlebnis hervorzaubern kann."[61]

Zugleich avancierte Kunstmusik zu einem kriegsbegründenden und -rechtfertigenden Moment. So wurde die Wirkung einer Aufführung der „Tannhäuser"-Ouvertüre im besetzten Den Haag folgendermaßen beschrieben:

> „Da kam, nachdem der wahrhaft tosende Beifall verrauscht war, ein Matrose zu mir. ‚Das hat doch Richard Wagner damals so sicher gewußt wie wir heute', so meinte er, ‚daß das deutsche Wesen einmal doch in der Welt siegen würde.'"[62]

Und ein „einfacher Soldat" meinte angeblich nach einem Konzert im besetzten Paris:

> „Wenn wir nicht wüßten, was wir zu verteidigen haben, dieser Mozart, dieser Beethoven, die würden es uns lehren."[63]

Das Argumentationsmuster der Überblendung von Vaterlands- und Musikkulturverteidigung nutzte auch ein Vertreter der Wehrmacht:

> „Wie Deutschland das am meisten musikliebende und musikschöpferische Land der Erde genannt werden muß, so nimmt auch in seiner Wehrmacht die Liebe zur Musik und ihre Pflege einen Platz ein, wie ihn andere Völker nicht kennen. Der deutsche Soldat weiß, daß er mit seinem Lebenseinsatz nicht nur für die Erhaltung seines Vaterlandes, sondern auch für den Bestand der deutschen Musik eintritt."[64]

Entsprechend äußerte Baldur von Schirach in seiner Funktion als Reichsstatthalter anlässlich der Wiener Mozartwoche 1941:

> „Wenn wir Mozarts gedenken, bekennen wir uns zum Wesen unserer Kunst. Im Kriege aber bedeutet die Beschwörung seines Geistes eine Handlung im Sinne der kämpfenden Soldaten. Denn wer für Deutschland das Schwert zieht, der zieht es auch für ihn!"[65]

---

61 Mahlke, Hans: „Soldaten und Künstler – eine erlebnisreiche Gemeinschaft. Eine Norwegenfahrt des Mahlke-Quartetts", in: *Die Musik*, 33. Jg., Heft 6, März 1941, S. 210f.

62 Reichshauptstellenleiter und stellvertretender Leiter des Amtes Feierabend Carl Maria Holzapfel: „Krieg und Musik", in: *Die Musik*, 33. Jg., Heft 1, Okt. 1940, S. 2–4, hier S. 3.

63 Ebd.

64 Generalmajor Paul Winter: „Musikpflege in der Wehrmacht", in: *Jahrbuch der deutschen Musik*, 1. Jg., 1943, S. 55–58, hier S. 58.

65 Reichsleiter Reichsstatthalter Baldur von Schirach: „Zum Geleit. Gedenkbuch zur Mozartwoche 1941", Faksimile in: Levi, Erik: *Mozart and the Nazis. How the Third Reich abused a Cultural Icon*, New Haven, London (Yale University Press) 2010, S. 171.

Die während des ‚Dritten Reichs' herrschende Beethoven-Manie erfuhr in der Truppenbetreuung eine spezifische Aufladung, war doch der kulturelle Diskurs um den Komponisten bestimmt durch das Bild des heldenhaften ‚männlichen' Beethovens mit der Formel des „dem Schicksal in den Rachen greifen".[66] Insbesondere die Pianistin Elly Ney (1882–1968), in nachgerade missionarischem Bemühen während der Kriegsjahre unermüdlich konzertierend im Einsatz,[67] drängte darauf, mithilfe von Beethoven das Heroische in Soldaten und Zivilbevölkerung wachzurufen. Als nahezu konkurrenzlose Beethoven-Interpretin[68] betrieb sie eine „weitgehende Identifizierung"[69] ihrer Person mit der des Komponisten, die bis zur Haartracht reichte, und stilisierte ihre Auftritte zu einer Art Hochamt, um der Musik „ergriffen", „erschüttert", in „Versenkung" und „Verklärung" zu „dienen".[70] In einem „Offenen Brief" wandte sich Ney an die Wehrmacht-Soldaten:

> „Ein Flieger aus dem Osten schreibt: ‚Nach einem Stuka-Angriff hörte ich abends zufällig die 3. Symphonie von Beethoven. Da spürte ich deutlich, daß diese Musik die Bestätigung unseres Kampfes ist. Eine Heiligung unseres Tuns, daß wir auch diese Musik verteidigen.' Oder wie mir ein Soldat aus dem Westen schreibt: ‚…Wenn ich auf Wache stand, ertönte aus entferntem Rundfunk Beethoven. Es packte mich ein fanatischer Kampfeseifer, eine grimmige Entschlossenheit. Es war mir, als müßten wir Beethoven verteidigen, der uns aus eigenem schweren Erleben dennoch die Freude schenkte, der uns aber auch den Kampf lehrte.' So fühle ich aus jedem Eurer Briefe, daß Ihr, die Ihr schon einmal die Wirkung dieser Musik verspürt habt, das gewaltige Erleben unserer Zeit darin wiederfindet, daß sie für Euch die Muttersprache ist, mit der Gemütstiefe, der Kraft und Schlichtheit, die nur die deutsche Musik in sich hat. […] ich weiß, daß die Musik ungeahnte Kräfte in Euch entfaltet […]. Und darum komme ich am liebsten zu Euch. […] Und so sehe ich meine Aufgabe, für die mir keine täglichen Strapazen inbezug auf Reiseschwierigkeiten, Unruhe und Unbequemlichkeiten zuwider sind, in dieser kämpferischen Einheit von Soldat und

---

66 Vgl. Losleben, Katrin: „Musik", in: Horlacher, Stefan; Jansen, Bettina; Schwanebeck, Wieland (Hg.): *Männlichkeit. Ein interdisziplinäres Handbuch*, Stuttgart (J. B. Metzler) 2016, S. 347–357, hier S. 351; Unseld, Melanie: „(Auto-)Biographie und musikwissenschaftliche Genderforschung", in: Grotjahn, Rebecca; Vogt, Sabine (Hg.): *Musik und Gender. Grundlagen – Methoden – Perspektiven (Kompendien Musik, Bd. 5)*, Laaber (Laaber-Verlag) 2010, S. 81–93, hier S. 90f.

67 Zu Elly Neys enorm umfangreicher Konzerttätigkeit vgl. den Abschnitt „Steigender Bedarf und schwindende Kontrolle" im Kapitel „Truppenbetreuung in den letzten Kriegsmonaten".

68 Vgl. Kraus, Beate Angelika: „Elly Ney und Thérése Wartel. Beethoven-Interpretation durch Pianistinnen – eine Selbstverständlichkeit?", in: Bartsch, Cornelia; Borchard, Beatrix; Cadenbach, Rainer (Hg.): *Der „männliche" und der „weibliche" Beethoven. Bericht über den Internationalen musikwissenschaftlichen Kongress vom 31. Oktober bis 4. November 2001 an der Universität der Künste Berlin*, Bonn (Beethoven-Haus) 2003, S. 429–447, hier S. 439.

69 Ebd., S. 434.

70 Diese Begriffe nutzte Ney zur Charakterisierung ihres Spiels, vgl. ebd., S. 436.

Künstler stehen zu dürfen und so dem Führer und dem Volk zu dienen, ist mir eine verpflichtende Ehre. Und so grüßt Euch alle herzlich Eure Elly Ney".[71]

Jedoch erwies sich die Favorisierung von Kunstmusik im Verlauf der Kriegsjahre als nicht opportun. Die Mehrzahl der Soldaten und der Zivilbevölkerung bevorzugte populäre Unterhaltung, und das Regime, zur Stabilisierung des Herrschaftssystems auf das Wohlwollen von Front und Heimat angewiesen, war zu weitgehenden Zugeständnissen an die kulturellen Präferenzen der Rezipient*innen gezwungen.[72] Die Befriedigung der Konsum- und Unterhaltungsbedürfnisse hatte sich zum Prüfstein, zum Lackmustest für die Legitimation des NS-Regimes entwickelt und es galt, in erster Linie für Entspannung und Ablenkung durch gefällige Rundfunk- und Filmunterhaltung zu sorgen.[73]

Angesichts der Wirkungen, die „Lili Marleen" hervorrief, hatte Joseph Goebbels in einem Tagebucheintrag der Vorliebe von Frontsoldaten für sentimentale Lieder quasi notgedrungen Verständnis gezollt.[74] Unter dem Titel „Melodie der guten Laune" lieferte die illustrierte Zeitschrift „Das Reich" daraufhin mit der Feststellung, Schlager seien „Gefäße kleiner Glückseligkeiten"[75] eine Anleitung für den regimekonformen, angemessenen Umgang mit populärer Unterhaltungsmusik. Wenige Wochen später wurde diese Richtung mit dem Artikel „Erholung durch Kunst" weiterverfolgt:

> „Das hat jeder schon mal an sich selbst erlebt; auch nach einer heiteren Operette, einer Komödie oder einem unterhaltenden Rundfunkprogramm fühlen wir uns entspannt, ausgeglichen, mit dem Alltag versöhnt [...]. Jetzt im Kriege ist es dringlicher, das Kunstschaffen in den Dienst der Erholung zu stellen. [...] Der Krieg hat die Arbeit zur Pflicht erhoben; ihr steht das Recht auf Erholung gegenüber. Der heiteren Muse, die uns diese Erholung schenkt, ohne uns eine ideelle Anspannung zuzu-

---

71 *Zeitschrift für Musik*, 109. Jg., Heft 3, März 1942, S. 122f.

72 Vgl. Bussemer, Thymian: *Konstruierte Erlebniswelten im Nationalsozialismus*, Wiesbaden (Deutscher Universitäts-Verlag) 2000, S. 79.

73 Zur Differenz zwischen den kulturpolitischen Diskursen, die das Regime implementierte und der gesellschaftlichen Realität sowie der weitgehend bruchlosen Fortsetzung der Massenfreizeitkultur, wie sie sich während der Weimarer Republik entwickelt hatte vgl. Schäfer, Hans Dieter: *Das gespaltene Bewußtsein. Über deutsche Kultur und Lebenswirklichkeit 1933–1945*, Frankfurt/Main, Berlin (Ullstein) 1981, S. 146–208; Maase, Kaspar: *Grenzenloses Vergnügen. Der Aufstieg der Massenkultur 1850–1940*, Frankfurt/Main (Fischer) 1997, S. 196ff.; zu Konsum als zentralem Wirklichkeitsbereich vgl. Torp, Claudius: *Wachstum, Sicherheit, Moral. Politische Legitimationen des Konsums im 20. Jahrhundert* (*Das Politische als Kommunikation*, Bd. 4), Göttingen (Wallstein) 2012.

74 Goebbels' Tagebuch, Eintrag vom 4.10.1941: „Die Front will – das ist einerseits das Merkwürdige, andererseits aber auch das Verständliche – in der Hauptsache etwas sentimentale Lieder, die die Sehnsucht nach der Heimat zum Ausdruck bringen.", zit. n. Protte, Katja: „Mythos ‚Lili Marleen' – Ein Lied im Zeitalter der Weltkriege", in: *Militärgeschichtliche Zeitschrift* 63 (2004), S. 355–400, hier S. 369.

75 Stichtenoth, Friedrich: „Melodie der guten Laune", in: *Das Reich*, Jg. 1942, Nr. 20 v. 17. 5., S. 12.

muten, erwächst damit eine Aufgabe, die das höchste Ziel der Kunst, die Erhebung, nicht verkürzt, sondern harmonisch ergänzt."[76]

Dies führte auch in der musikologischen Fachwelt, die mit der Dichotomie von hochwertiger Kunst- und minderwertiger Populärmusik geimpft war, zu beflissenen Kurskorrekturen. „Die deutsche Musikwissenschaft musste vom NS-Regime zur Kooperation nicht erst genötigt werden",[77] sie erwies sich als anpassungswillig: Nach der Verabsolutierung der Kunstmusik vollzog sich ein Schwenk hin zu Wohlwollen gegenüber der Populärmusik. In den Musikperiodika erschienen vermehrt Beiträge über die Vortrefflichkeit deutscher Tanz- und Unterhaltungsmusik. Es galt, den Erfordernissen des Regimes sekundierend für die ideologische Verbrämung der Bedürfnisse von Soldaten und Zivilbevölkerung zu sorgen. Waren zuvor die Klassiker „bevorzugtes Medium, um deutsche Größe und Ewigkeit zum Ausdruck zu bringen"[78] und diente vor allem Beethoven als „Durchhaltedroge für höhere Ansprüche",[79] erfuhr die Populärmusik im Sinne der Goebbels'schen Diktion, Unterhaltung sei in Kriegszeiten „staatspolitisch von besonderem Wert"[80], eine neue Würdigung, um den Schulterschluss der Fachwelt mit RMVP und RMK zu demonstrieren. So beschrieb ein Autor Unterhaltungsmusik als „artgebundene Musik des Alltags", die Wesen und Gemüt des „deutschen Menschen" mit „innerer Kraft" und „Lebensfreude" versorge und kam zu der rhetorischen Frage: „Ist das nicht eine geradezu edle Aufgabe, die […] der musikalischen Unterhaltung obliegt?"[81] Seiner Feststellung, „zündende Rhythmen" hätten „etwas ungemein Gewinnendes", ließ er jedoch die Einschränkung folgen „Jazz regt nicht an, sondern auf! Die vokale wie instrumentale Liedform bleibt nun einmal auch fürderhin das A und O deutscher

---

76 Eberlein, Ludwig: „Erholung durch Kunst", in: *Das Reich*, Jg. 1942, Nr. 25 v. 21. 6., S. 9.

77 John, Eckhard: „„Deutsche Musikwissenschaft'. Musikforschung im ‚Dritten Reich'", in: Gerhard, Anselm (Hg.): *Musikwissenschaft – eine verspätete Disziplin? Die akademische Musikforschung zwischen Fortschrittsglauben und Modernitätsverweigerung*, Stuttgart (Metzler) 2000, S. 257–279, hier S. 265.

78 Reichel, Peter: „Aspekte ästhetischer Politik im NS-Staat", in: Herrmann, Ulrich; Nassen, Ulrich (Hg.): *Formative Ästhetik im Nationalsozialismus. Intentionen, Medien und Praxisformen totalitärer ästhetischer Herrschaft und Beherrschung*, Weinheim, Basel (Beltz) 1993, S. 13–31, hier S. 26.

79 Ebd.

80 Zit. n. Keuler, Ulrich: *Häberle und Pfleiderer: zur Geschichte, Machart und Funktion einer populären Unterhaltungsreihe (Veröffentlichungen des Ludwig Uhland Instituts, Bd. 78)*, Tübingen (Tübinger Vereinigung für Volkskunde) 1992, S. 78.

81 Gerdes, Werner „Aufgaben und Wesenszüge deutscher Unterhaltungsmusik", in: *Musik im Kriege. Organ des Amtes Musik (Gemeinschaftszeitung von „Die Musik", „Zeitschrift für Musik", Allgemeine Musikalische Zeitung", „Neues Musikblatt")*, 1. Jg. April 1943–März 1944, Heft 7/8, 125–129, hier S. 126. Wegen Papierknappheit und der Einberufung von immer mehr Männern wurden ab 1943 etliche Zeitungen und Zeitschriften zusammengelegt bzw. deren Erscheinen eingestellt.

Musikübung."[82] Zu ähnlichen, mit Warnungen vor den Zuständen der sogenannten Weimarer Systemzeit gespickten Zugeständnissen schwang sich ein anderer Fachmann auf, der noch dazu eine aktualisierte Version des Schreckgespensts der Dolchstoßlegende schuf, bei der er den Taktstock zur Tatwaffe machte:

> „Unterhaltende Musik sagt uns das, was wir uns nicht getrauen, in irgendeiner Form selber sagen zu können. Sie spricht zu uns und aus uns. Darin liegt ihre spontane Wirkung, darin begründet sich aber auch ihre besondere Verantwortung. Gerade die unterhaltende Musik ist zu einer moralischen Haltung verpflichtet, weil sie uns wie keine andere unmerklich und augenblicklich zu beeinflussen vermag. [...] Unterhaltungsmusik ist zu den Niederungen des Schlagers hinabgesunken, ist nicht mehr volkstümlich gewesen, sondern plebejisch geworden. Sie hat [...] beabsichtigt, den Lebensstil eines gesunden Volkes ins Dekadente umzubiegen. [...] Sein [des Kapellenleiters] Verantwortungsgefühl unterstützt die Aufbauarbeit, die wir verlangen. Seine Gleichgültigkeit schafft mit angelsächsischer Jazz-, Hot- und Swing-Musik hinter der kämpfenden Front eine Reaktion, die wir mit allen Mitteln bekämpfen müssen."[83]

Zum Phänomen „Lili Marleen"

Das Lied und seine Interpretin Lale Andersen verdankten ihren beispiellosen Erfolg dem Soldatensender Belgrad.[84] Nach der Besetzung Serbiens durch die Wehrmacht im Frühjahr 1941 übernahmen Radiofachleute der dort eingesetzten Propagandakompanie die Belgrader Rundfunkstation, die durch ihre besondere Lage über eine ungewöhnliche Reichweite verfügte und von Norwegen bis Nordafrika, von den Rändern West- bis Osteuropas und noch darüber hinaus zu empfangen war.[85] Die Ausstattung mit sendefähigen Tonträgern war zunächst dürftig, sie bestand aus einer Kiste mit ausgemusterten Schallplatten vom Rundfunk in Wien, darunter auch Lale Andersens Interpretation von „Lili Marleen", eine Studioaufnahme aus dem Jahr 1939, die kommerziell ein Misserfolg gewesen war. Da die wenigen vorhandenen Titel mehrmals täglich eingesetzt werden mussten, waren die Platten entsprechend schnell abgenutzt – das „Lied eines jungen Wachpostens", wie „Lili Marleen" eigent-

---

82 Ebd., S. 128. Dieses Zitat macht die Herkunft der damaligen Fachvertreter aus der Wandervogel-Bewegung deutlich.

83 Scheffler, Siegfried: „Deutsche Unterhaltungsmusik", in: *Die Musik*, 33. Jg., Heft 7, April 1941, S. 229–231, hier S. 230.

84 Zur Geschichte des Lieds vgl. Protte, Mythos; Schepping, Wilhelm: „Lili Marleen. Eine denkwürdige Liedbiographie", in: Stambolis, Barbara; Reulecke, Jürgen (Hg.): *Good-bye memories? Lieder im Generationengedächtnis des 20. Jahrhunderts*, Essen (Klartext) 2007, S. 199–242; Walter, Michael: „Lili Marleen. Germanische Hegemonie oder Kriegsbeute?", in: Zalfen, Müller, Besatzungsmacht Musik, S. 277–297.

85 Vgl. hierzu den Abschnitt „Sender Belgrad" im Kapitel „Rundfunk in der Truppenbetreuung".

lich hieß, wurde wegen des von einer Solo-Trompete intonierten Zapfenstreich-Intros besonders oft am späten Abend gespielt.

Trotz des anfänglich begrenzten Repertoires genoss Radio Belgrad wegen seines modernen, an den Bedürfnissen der Soldaten orientierten Programms rasch große Beliebtheit bei den Truppen. Als im Sommer 1941 Tonträger-Nachschub eintraf, wurden die abgespielten Titel aus dem Programm genommen. Binnen kurzer Zeit sah sich der Sender jedoch einer Flut von Feldpostbriefen ausgesetzt, in denen empörte Soldaten vehement nach „Lili Marleen" verlangten. Daraufhin kam das Lied jeden Abend gegen 22 Uhr als Abschluss einer Grußbotschaften-Sendung zum Einsatz und entwickelte den Sog eines unersetzlich scheinenden kultischen Geschehens:

> „Das Lied erklingt, und uns geschehen Wunder. Man merkt deutlich, wie sich die Gesichtszüge der rauhen Krieger zu einem heimlichen Lächeln verklären. […] Das Lied war für sie das Nachtgebet."[86]

Die Begeisterung für „Lili Marleen" griff von den Soldaten auf die Zivilbevölkerung in Deutschland über und es verbreitete sich zwischen den Soldaten und ihren Liebsten zuhause das Ritual, allabendlich im Programm von Radio Belgrad „Lili Marleen" zu hören und damit für drei Minuten die räumliche Trennung imaginär aufheben zu können. Zwar wurde das Lied täglich auch von den Reichssendern dutzendfach gespielt, aber der nachgerade sakrale Nimbus blieb an den Soldatensender Belgrad und die abendliche Stunde gebunden, womit sich der vom Regime so oft bemühte Topos einer „Brücke zwischen Heimat und Front"[87] ausgerechnet in einem Lied verwirklichte, das nicht durch die nationalsozialistische Propagandamaschinerie gesteuert und lanciert worden war – Goebbels missfiel die „Schnulze mit dem Leichengeruch".[88] Ein Aspekt der Wirkmächtigkeit von „Lili Marleen" war die Ambivalenz zwischen dem kollektiven Vorgang, den das andachtsartige abendliche Hören darstellte, der zugleich aber einen Rückzugsraum[89] erschloss für intime, private Sehnsüchte. Als Sinnbild für Gefühle von Verbundenheit, Angst, Ohnmacht, Liebe, Erinnerung an vergangenes Glück und Hoffnung auf ein Wiedersehen ermöglichte das Lied ein Moment des Innehaltens und der Selbstvergewisserung, das den Kriegsalltag kurzzeitig zu suspendieren vermochte.

Im Spätsommer 1942 geriet Lale Andersen in gravierende Schwierigkeiten, ihr wurde wegen enger Kontakte zu dem Schweizer Komponisten Rolf Liebermann „Landesverrat" und „undeutsches Verhalten" vorgeworfen Sie erhielt ein vorläufiges

---

86 Bericht einer Waffen-SS-Einheit von der Ostfront in der Jubiläumsschrift *Ein Jahr Soldatensender Belgrad* (Schriftenreihe der Propaganda-Abteilung „Südost", Stadt und Veste Belgrad, Heft 3), Belgrad [1942], zit. n. Protte, Mythos, S. 370.

87 Vgl. hierzu den Abschnitt „Das *Wunschkonzert für die Wehrmacht* – Inszenierung der ‚Einheit von Heimat und Front'" im Kapitel „Rundfunk in der Truppenbetreuung".

88 Zit. n. Maase, Vergnügen, S. 220; vgl. auch Protte, Mythos, S. 377.

89 Vgl. hierzu auch Echternkamp, Jörg: „Einführung", in: Zalfen, Müller, Besatzungsmacht Musik, S. 33–50, hier S. 47.

Auftrittsverbot und ihre „Lili Marleen"-Version wurde für den Rundfunk gesperrt. Ab Mitte Mai 1943 durfte sie wieder auftreten, jedoch nicht mehr im Rahmen von Truppenbetreuungsveranstaltungen, und die Darbietung von „Lili Marleen" blieb ihr untersagt.[90] Der Soldatensender Belgrad hatte allerdings schon nach kurzer Zeit das Sendeverbot ignoriert, da die Programmverantwortlichen übereingekommen waren, dass sämtliche anderen Interpretationen nicht an das Original heranreichten. Die Soldatensender als Teil der Propagandakompanien unterstanden dem OKW und konnten sich, anders als die an die Weisungen des RMVP gebundenen Reichsrundfunkanstalten, Sonderrechte erlauben.[91] Das abendliche „Lili Marleen"-Ritual fand seine Fortsetzung, nun sogar durch einen Hauch von Widersetzlichkeit nobilitiert – nicht als offener politischer Protest oder Widerstand, aber als „Zeichen gemeinsamer Distanz zur Zensur"[92] gegenüber diesem Lied, dem existenzielle Bedeutung zur Lebensbewältigung in Krisenzeiten beigemessen wurde.

Auf dem Höhepunkt der „Lili Marleen"-Begeisterung entbrannten Rivalitäten zwischen den Truppen verschiedener Fronten, die das Lied jeweils als „ihres" beanspruchten. So reklamierten die Soldaten des Afrikafeldzugs dieses Privileg für sich, da das „Lili Marleen"-Fieber in Nordafrika zuerst auf die gegnerischen Truppen übergegriffen hatte. Angeblich ließ eine unausgesprochene Übereinkunft jeden Abend gegen 22 Uhr Waffenruhe herrschen, damit auch die englischen Soldaten in den Genuss des Lieds kommen konnten – diese Vorstellung vom sauberen, fairen Kampf in Nordafrika[93] im Gegensatz zum rassistisch motivierten Vernichtungskrieg in Osteuropa ging eine enge Verbindung mit dem „Lili Marleen"-Mythos ein.[94] Andererseits bezeichnete Ende 1941 ein Bericht „Lili Marleen" als „Das Lied der deutschen Soldaten in der Sowjetunion":

„Es kam fast über Nacht. Niemand wusste recht, wie es zuging. Eines Tages war es jedenfalls so weit. An der fast dreitausend Kilometer langen Front summte, pfiff und sang die ganze Truppe plötzlich ein und dasselbe Lied. [...] Am Abend saßen wir alle um den Lautsprecher. [...] Sofort nach den ersten Tönen waren wir gefangen. Es wurde still [...]. Wir bekamen Herzklopfen vor Aufregung. [...] Die Stimme der Frau, die uns dieses Lied sang, machte uns weich wie Butter. Waren das die rauhen Krieger, die in diesem entsetzlichen Land nichts mehr erschüttern konnte? [...] das ist das Lied, auf das wir so lange gewartet haben. Das ist das Lied der Ostfront. [...] Das Lied kam im richtigen Augenblick. Es macht alles leichter. Es schafft den Ausgleich zu all dem Grauen um uns her. Kein Lied hätte uns so die Heimat nahe bringen

---

90   Vgl. BArch, R 55/125, fol. 62; BArch RK J 2, fol. 2408.

91   Vgl. hierzu den Abschnitt „Soldatensender" im Kapitel „Rundfunk in der Truppenbetreuung".

92   Maase, Vergnügen, S. 220.

93   Vgl. hierzu Häußler, Johannes: „Nordafrika 1941–1943", in: Haus der Geschichte Baden-Württemberg (Hg.): *Mythos Rommel*, Katalog zur gleichnamigen Sonderausstellung im Haus der Geschichte Baden-Württemberg vom 19.12.2008 bis 30.8.2009, Stuttgart 2008, S. 56–77; Jockwer, Unterhaltungsmusik, S. 242.

94   Vgl. Protte, Mythos, S. 378.

können wie Lili Marleen. Schon gehen unzählige Briefe an die Frau, die Braut, den Schatz: Hört am Abend Lili Marleen! Auch ich werde am Lautsprecher sein, und wenn ich noch so weit laufen müsste."[95]

Bei den Alliierten löste die Begeisterung der eigenen Truppen für das Lied des Feindes Besorgnis wegen „Fraternisierung" aus. Die Vorschläge für einen angemessenen Umgang mit dem Phänomen reichten von Verbot bis Vereinnahmung durch Adaption.[96] Der als Kriegskorrespondent tätige John Steinbeck wandte sich gegen restriktive Maßnahmen:

> „There is nothing you can do about a song like this except to let it go. […] ‚Lilli' is immortal. Her simple desire to meet a brigadier is hardly a German copyright. Politics may be dominated and nationalised, but songs have a way of leaping boundaries. And it would be amusing if, after all the fuss and heiling, all the marching and indoctrination, the only contribution to the world by the Nazis were – 'Lilli Marlene."[97]

Englischsprachige Versionen mit Anne Shelton und Vera Lynn kamen auf den britischen Markt und schafften es, die Originalfassung gemäß dem Kalkül „[…] it should be simply identified as a British product and its enemy origins forgotten" zu verdrängen.[98] Eine besonders enge Verbindung zu „Lili Marleen" erwuchs Marlene Dietrich. Die deutsche Filmschauspielerin, 1930 nach Hollywood emigriert, nahm als Gegnerin der Nationalsozialisten 1937 die amerikanische Staatsbürgerschaft an. Ab 1943 wurde sie in der Truppenbetreuung der US-Army in Europa eingesetzt und trug ihre amerikanische „Lilli Marlene (My Lilli of the Lamplight)"-Version vor. Aufgrund der Namensähnlichkeit auch von zwei ihrer Filmrollen – der Lola aus *Der blaue Engel* sowie der Lily in *Shanghai Express* – entstand der Eindruck, „Lilli Marlene" wäre eigens für sie geschrieben worden.[99]

„Lili Marleen" als das Lied des Zweiten Weltkriegs schlechthin war mit seinem Schauplatz unter der Laterne vor dem Kasernentor passgenau an der Schnittstelle von militärischer und ziviler Welt situiert, spiegelte jedoch die im Krieg dominierende Lebenswirklichkeit der Menschen auf eine faszinierend unsoldatische Weise. Zwischen Erinnerung und Vision, Sehnsucht und Todesnähe changierend, keine abgeschlossene Geschichte erzählend, sondern mit einem ungewissen, offenen Ende versehen, evozierte der Text einen entrückten wehmutsvollen Schwebezustand, dessen eigentümliche Atmosphäre noch verstärkt wurde durch die Vertauschung der Geschlechterrollen: eine weibliche Stimme sang die Worte eines männlichen lyrischen Ichs. Dieses Spiel mit der Geschlechteridentität trug entscheidend zum Erfolg des Lieds bei, ein männlicher Interpret hätte die melancholische, zu Sehnsucht

---

95   Kriegsberichterstatter Robert Oberhauser: „Das Lied der deutschen Soldaten in der Sowjetunion", in: *Reichsrundfunk*, Jg. 1941/42, Heft 20, 21.12.1941, zit. n. ebd., S. 369.

96   Vgl. ebd., S. 378ff.

97   Steinbeck, John: "The alien they couldn't intern", in: *Daily Express*, 10.7.1943, zit. n. ebd., S. 382.

98   Interner Bericht der BBC v. 11.6.1943, zit. n. ebd., S. 381.

99   Vgl. ebd., S. 383.

und Hoffnung inspirierende Stimmung nicht derart hervorzurufen vermocht. Lale Andersen brachte die Verse in unprätentiöser Diktion mit ihrer eher tiefen Stimme sprechgesangsartig und ohne Vibrato vor, was beim Zuhören den Eindruck unmittelbarer Nähe und persönlicher Betroffenheit hervorrief – der ungekünstelte Vortrag wirkte in seiner „girl-next-door"[100]-Charakteristik aufrichtig und tief empfunden und lud dazu ein, „das eigene Schicksal mit dem Lied in Verbindung zu setzen"[101]. Zunächst war Lale Andersen noch unbekannt, sodass die Assoziationen des Publikums nicht durch einen fixierten Rollentyp vorgeprägt waren, nachdem sie berühmt geworden war, hielt die Interpretin ihr mit „Lili Marleen" verknüpftes Image von Natürlichkeit und Anti-Divenhaftigkeit aufrecht, das das Lied so glaubwürdig machte.

Die Komposition kommt als Strophenlied in C-Dur und Viervierteltakt mit leichtem Marschanklang volksliedhaft daher. Harmonisch bewegt sich das Lied an mehreren Stellen nach Moll und bringt am Ende der Strophe keine ausgeprägte Dur-Kadenz, was die melancholische Atmosphäre bestimmt. Rhythmisch spielt das Lied mit Auf- und Abtaktigkeit – das Zapfenstreich-Intro beginnt als Auftakt, die Strophe abtaktig. Zunächst greift die Melodie die punktierten Achtel des Zapfenstreich-Motivs variierend auf verschiedenen Zählzeiten auf, ab Takt sechs verlangsamt sich die Melodie zu Viertelnoten mit punktierten Viertel- und Achtelnoten auf den Zählzeiten drei und vier, wodurch ein Sehnsuchtsgestus angedeutet wird. Die Verteilung des Textes ruft dabei einen steten Wechsel zwischen Auf- und Abtakt hervor. Das Intro mit dem Zapfenstreich-Motiv nimmt den im Text wiederkehrenden Topos eines Zwischenreichs vorweg – eine Zeitspanne, die für Soldaten ‚vor dem Tor' ein Dazwischen markiert, die Passage der Rückkehr von privater, ziviler zu militärischer Welt.

Bis zu ihrem Durchbruch mit „Lili Marleen" war Lale Andersen (1905–1972) als Sängerin auf Kleinkunst- und Kabarettbühnen im gesamten deutschsprachigen Raum aufgetreten. Aus Bremerhaven stammend pflegte sie ein Repertoire mit Liedern von der Waterkant und sang auch gern Ringelnatz-Vertonungen. Auf „Lili Marleen" stieß sie in *Die kleine Hafenorgel,* eine Sammlung von Seemannsliedern des Hamburger Schriftstellers Hans Leip (1893–1983).[102] Den Text hatte Leip 1915 als junger Soldat im Ersten Weltkrieg geschrieben. 1939 bot Norbert Schultze (1911–2002)[103] Lale Andersen seine Fassung des Lieds an.

In ihren Memoiren griffen die beiden Urheber von „Lili Marleen", Leip und Schultze, in auffallender Parallelität auf eine Stimmung von Entrücktheit zurück, wenn sie sich der Entstehung des Lieds entsannen. Seltsam einmütig schilderten sie jeweils trancehafte Zustände beim Schaffensprozess und verlängerten damit den Mythos,

---

100 Walter, Lili Marleen, S. 284.

101 Protte, Mythos, S. 358.

102 Hamburg (Christian Wegner) 1937.

103 Schultze war während des Zweiten Weltkriegs der wichtigste Marsch-Komponist des Regimes, u. a. stammten „Bomben auf Engeland" sowie der von Goebbels in Auftrag gegebene Marsch des Russland-Feldzugs „Führer befiehl, wir folgen Dir" von ihm.

den das Lied umgibt, retrospektiv noch um eine auratische Schöpfungssituation. Leip berichtete von seinem Zustand als Soldat auf Wacht:

> „Plötzlich war mir gewiß, ich würde heimkehren, und sei es nur als Wiedergänger, der uns an der Küste vertraut ist. Wie von selber formte sich da Vers an Vers und schrieb sich musiziert in den Spiegelglanz des Asphalts. Und nach mechanischer Ableistung der Vergatterung von meinem Posten erlöst, begann ich's noch stehend ins Notizbuch zu kritzeln und setzte es auf der Pritsche des Wachlokals fort, und es war später daran nichts zu ändern und blieb, wie es entstanden war."[104]

Ähnlich beschrieb Schultze seine Gemütsverfassung, als ihm Leips Gedichtband in die Hände fiel:

> „Ich blättere drin und lese … und vergesse alsbald die Kameraden ringsum und den ‚Groschenkeller' und spüre den Duft von Meer und Häfen, von Schiffen und Wind und bin bezaubert vom Rhythmus dieser Sprache, von der Form der Gedichte … Während die anderen weitersprechen, lachen und erzählen, bin ich schon am Klavier und spiele ohne langes Nachdenken so vor mich hin eine kleine, ganz einfache Melodie."[105]

Dabei geht es mir nicht darum, Leip und Schultze der absichtlichen ‚Korrektur' einer ‚objektiven Wahrheit' zu überführen, sondern aufzuzeigen, wie stilisierte Erinnerungen mit „Lili Marleen" und dem Nimbus, den das Lied umgibt, korrespondieren.[106]

Der Belgrader Rundfunk hat das „Lili Marleen"-Ritual bis Kriegsende aufrecht erhalten, angeblich sendete es der nach dem Rückzug aus Serbien mobil auf einem LKW installierte Soldatensender noch Anfang Mai 1945.[107] Obwohl das Lied 1944, als überall die Fronten einbrachen, vom RMVP als „wehrkraftzersetzend" verboten worden war,[108] konnte es nach einer gewissen Ruhezeit wieder gefahrlos gespielt werden. Auch der Sender Calais, ein von Großbritannien betriebener deutschsprachiger Propagandarundfunk zur Beeinflussung der deutschen Soldaten in Frankreich,[109] ließ es sich nicht entgehen, das Lied bis Kriegsende in der vertrauten Lieblingsfassung mit Lale Andersen zu senden.

Das Faszinosum um die Wirkmächtigkeit von „Lili Marleen" lässt sich nicht restlos auflösen. Die Polysemie von Musik, ihre Anschlussfähigkeit für vielerlei Assoziatio-

---

104 Leip, Hans: *Das Tanzrad oder die Lust und Mühe eines Daseins*, Frankfurt/Main, Wien (Ullstein) 1979, S. 79, zit. n. Koch, Hans-Jörg: *Das Wunschkonzert im NS-Rundfunk (Medien in Geschichte und Gegenwart, Bd. 20)*, Köln, Weimar, Wien (Böhlau) 2003, S. 297.

105 Norbert Schultze, *Mit dir, Lili Marleen. Die Lebenserinnerungen des Komponisten Norbert Schultze*, Zürich, Mainz (Atlantis-Musikbuch) 1995, S. 59.

106 Vgl. Unseld, Memorik-sensibilisierte Geschichtsschreibung, S. 63.

107 Vgl. Jockwer, Unterhaltungsmusik, S. 244.

108 Vgl. Maase, Vergnügen, S. 220; Jockwer, Unterhaltungsmusik, S. 244.

109 Vgl. hierzu den Abschnitt „Auslandspropaganda" im Kapitel „Rundfunk in der Truppenbetreuung".

nen und Befindlichkeiten machen ja gerade den Überschuss, das Nichtformulierbare aus – dass es keine befriedigende Antwort auf die Frage gibt, wie sich die emotionale Wirkung von Musik validieren ließe, ist eine „Binsenweisheit".[110] Musik ist nicht eindeutig, lässt sich nicht restlos sprachlich fassen, sondern bildet eine diffuse, vielschichtige Leerstelle, die sich der individuellen Spiegelung anbietet. Ein vergleichsweise schlichtes, aber geschickt gemachtes musikalisches Werk vermochte in einer spezifischen historischen Situation Vergemeinschaftungsprozesse auszulösen, die alle Erwartungen und Fantasien überstiegen. Das Lied gab Bedürfnissen Ausdruck und Raum, die seine Sendung zu einem täglichen Andachts-Ritual transformierten.

„Frauen helfen siegen"[111] – Geschlechterhierarchien

„Nach nationalsozialistischer Auffassung ist die Frau die gleichwertige Lebenskameradin des Mannes […]."[112] Diese Formel von der „Gleichwertigkeit" der Geschlechter war dezidiert als Gegenposition zum Gleichheitspostulat der Weimarer Republik gesetzt und basierte auf der Idee einer Komplementarität der Geschlechter. Auf gesellschaftspolitischer Ebene sah das nationalsozialistische Regime Partizipationsräume für ein politisches Engagement von Frauen vor, die an die traditionelle weibliche Lebenswelt von Häuslichkeit, Fürsorge und Unterstützung anknüpften. Koordiniert durch die „Reichsfrauenführung", an deren Spitze von 1934 bis 1945 Gertrud Scholtz-Klink (1902–1999) stand, dienten die NS-Frauenschaft und das Deutsche Frauenwerk als „Transmissionsriemen"[113] zwischen der „extrem geschlechterpolarisierten und -hierarchisierten"[114] Politik der männlich dominierten NSDAP und der

---

110 Susanne Rode-Breymann auf der Tagung „Emotionsgeschichte und Musik. Forschungsperspektiven und Methoden" der Forschungsgruppe „Gefühlte Gemeinschaften? Emotionen im Musikleben Europas", 18.–19.9.2015 am Max Planck Institut für Bildungsforschung, Berlin, vgl. Tagungsbericht unter http://hsozkult.geschichte.hu-berlin.de/tagungsberichte/id=6277 (Aufruf am 10.3.2018).

111 „Frauen helfen siegen" heißt ein Bildband, der den Arbeitseinsatz von Frauen während des Kriegs dokumentiert. In dramaturgischer Steigerung werden zunächst Fotos von Frauen in der Kinder- und Krankenpflege gezeigt, gefolgt von Bäuerinnen auf Traktoren, Straßenbahnschaffnerinnen, Postbotinnen, Mechanikerinnen in Rüstungsbetrieben bis zu einer Schornsteinfegerin auf ihrem Motorrad und als krönendem Abschluss die Pilotenheldin Hanna Reitsch; vgl. *Frauen helfen siegen. Bilddokumente vom Kriegseinsatz unserer Frauen und Mütter. Mit einem Geleitwort von Gertrud Scholtz-Klink, Reichsfrauenführerin*, Berlin (Zeitgeschichte-Verlag) 1941.

112 Schunke, Johannes: *Das Recht im Leben der Frauen*, Halle 1942, S. 3, zit. n. Kramer, Nicole: „Krieg und Partizipation. ‚Volksgenossinnen' in den NS-Frauenorganisationen", in: Hikel, Christine; Kramer, Nicole; Zellmer, Elisabeth (Hg.): *Lieschen Müller wird politisch. Geschlecht, Staat und Partizipation (Zeitgeschichte im Gespräch, Bd. 4)*, München (Oldenbourg) 2009, S. 73–84, hier S. 73.

113 Ebd., S. 75.

114 Brockhaus, Gudrun: *Schauder und Idylle. Faschismus als Erlebnisangebot*, München (Antje Kunstmann) 1997, S. 172.

weiblichen Zivilbevölkerung. Während der Kriegsjahre waren die Frauenorganisationen vor allem damit beschäftigt, systemstabilisierende Deutungen des Kriegsgeschehens an die ‚Volksgenossinnen' heranzutragen und Unterstützungtätigkeiten wie Material- und Geldsammlungen, Lazarettbetreuung, Nachbarschafts-, Ernte-, Evakuierten- und Ausgebombtenhilfe zu organisieren. Als für den Sieg unerlässlich notwendige Unterstützung propagiert, erfuhren traditionell weiblich definierte Werte wie Hilfsbereitschaft und Gemeinschaftsverpflichtung eine im öffentlichen Raum sichtbare Statuserhöhung und wurden zur politischen Tugend mystifiziert.[115] Mit der Mobilisierung der weiblichen Bevölkerung zu kriegswichtigen Hilfsdiensten wurde das Narrativ der „Einheit von Heimat und Front" aktiviert. Es suggerierte, Wehrmacht und Zivilbevölkerung stünden in einer ‚nationalen Kampfgemeinschaft'[116] vereint, die allerdings eindeutig hierarchisch strukturiert war:

> „Der Begriff der ‚Hilfe' war eine sehr übliche Bezeichnung für die Kriegsarbeit von Frauen, nicht nur in Deutschland. Er war stets auf männliches Handeln bezogen: Die ‚Hilfe' der Frauen flankierte die ‚Tat' der Männer. Der Begriff suggerierte zudem, dass die Tätigkeit vorübergehend, aushilfsweise und unprofessionell sei."[117]

Eine Anweisung aus dem Jahr 1941 gab der Presse die dabei erwünschte Diktion vor:

> „Aus gegebenem Anlaß wird erneut darauf hingewiesen, dass bei Veröffentlichungen über den Fraueneinsatz in Handwerk und Industrie keinesfalls der Eindruck erweckt werden darf, als ob die Frauen im Krieg schwerste körperliche Arbeit anstelle von Männern verrichten oder etwa nach kurzer Anlaufzeit Berufstätigkeiten beherrschen, für die ein Mann eine lange Ausbildungszeit braucht."[118]

Selbst als mit Fortdauer des Kriegs immer mehr Frauen in der Industrieproduktion die einberufenen Männer ersetzten, blieb ein Einkommensgefälle bestehen: Nach einer im Jahr 1944 neu erlassenen Tarifordnung erhielten Frauen grundsätzlich für die gleiche Arbeit nur 70 bis 80% des Verdiensts der Männer,[119] zuvor waren Frauen noch geringer entlohnt worden. Hitler hatte dazu in einer Stellungnahme betont:

> „Eine völlige Gleichsetzung der Frauenlöhne mit den Männerlöhnen würde eine Mißachtung der Leistungen des Mannes für die Volksgemeinschaft sein, die ich unter allen Umständen vermieden zu sehen wünsche."[120]

---

115 Vgl. ebd.

116 Kramer, Partizipation, S. 81.

117 Ebd., S. 78.

118 BA Koblenz Slg. Oberheitmann vom 1.1.–28.2.1941 ZSg 109/18: Vertrauliche Information für die Presse. Behandlung des Fraueneinsatzes 1. Januar 1941, zit. n. Gersdorff, Ursula von: *Frauen im Kriegsdienst 1914–1945 (Beiträge zur Militär- und Kriegsgeschichte, Bd. 11)*, Stuttgart (DVA) 1969, S. 324.

119 Vgl. Siegel, Tilla: „Die gekaufte Arbeiterklasse? – Lohnpolitik im nationalsozialistischen Deutschland", in: *Gewerkschaftliche Monatshefte*, 35. Jg., Heft 9, 1984, S. 533–545, hier S. 543.

120 Ebd.

Die hegemoniale Geschlechterordnung,[121] die sich im Verlauf den 19. Jahrhunderts im Zuge der militaristisch grundierten Nationsbildung entwickelt und verfestigt hatte, positionierte den soldatischen Helden als Norm setzenden Männlichkeitsentwurf an der Spitze der Geschlechterhierarchie,[122] dem sich andere Männlichkeits- und sämtliche Weiblichkeitsentwürfe unterzuordnen hatten. Das Militär im Deutschen Reich basierte als „extrem vergeschlechtlichte, aber auch geschlechtsbestimmende Institution"[123] auf der fest in der symbolischen Ordnung der Moderne verankerten „tradierten Dichotomie Männer/Krieg/Gewalt – Frauen/Frieden/Opfersein",[124] die den kriegerischen Mann und sein Gegenüber, die friedfertige Frau, komplementär aufeinander bezog und in wechselseitiger Abhängigkeit imaginierte. Während der Kriegsjahre verwies dieser hegemoniale Bezugsrahmen alle Frauen und nicht-soldatischen Männer in die Position von Helfenden und Unterstützung Leistenden, zusätzlich unterfüttert durch das Ideologem der ‚Volks-‘ als ‚Kampfgemeinschaft‘. Die Erweiterung der Handlungsräume, die sich für Frauen im Verlauf des Kriegs ergab, brachte Verschiebungen der Geschlechtergrenzen mit sich, jedoch ohne die Macht-Asymmetrie prinzipiell aufzuheben.[125] So wird auch im Feld der Geschlechterverhältnisse (ähnlich zu den im Abschnitt „Ideologische Aufrüstung von Musik" geschilderten Widersprüchlichkeiten im propagandistischen Umgang mit Kunstmusik und populärer Musik) eine parallele Existenz konfligierender Konzepte deutlich: Das den Nationalsozialismus prägende „völkische Mütterlichkeits- und Familienideal"[126] ließ sich spätestens „in Zeiten fortschreitender ‚Entmännlichung‘

---

121 Zum Konzept hegemonialer Männlichkeit vgl. Connell, Raewyn: *Der gemachte Mann. Konstruktion und Krise von Männlichkeiten (Geschlecht und Gesellschaft, Bd. 8)*, Wiesbaden (Verlag für Sozialwissenschaften) 1999; Meuser, Michael: „Konstruktion, Rekonstruktion und Dekonstruktion von Geschlecht. Methodologische Überlegungen aus soziologischer Perspektive", in: Herr, Corinna; Woitas, Monika (Hg.): *Musik mit Methode. Neue kulturwissenschaftliche Perspektiven (Musik – Kultur – Gender, Bd. 1)*. Wien, Köln, Weimar (Böhlau) 2006, S. 287–297. Zur historischen Entwicklung der hegemonialen Stellung des soldatischen Manns vgl. „Exkurs: Zum Zusammenhang von allgemeiner Wehrpflicht, Militarisierung der Nation und der Ausprägung von Geschlechterhierarchien" im Kapitel „Mit klingendem Spiel' – Musikkorps der Wehrmacht".

122 Alternative, auch die Geschlechterordnung umfassende gesellschaftliche Entwürfe, die während der Weimarer Republik aufgekommen waren, wurden mit der Machtübernahme der NSDAP und der forcierten Remilitarisierung der Gesellschaft aus dem öffentlichen Diskurs eliminiert.

123 Szczepaniak, Monika: *Militärische Männlichkeiten in Deutschland und Österreich im Umfeld des Großen Krieges. Konstruktionen und Dekonstruktionen*, Würzburg (Königshausen & Neumann) 2011, S. 8.

124 Ebd.

125 Vgl. hierzu Knoch, Habbo: „Völkische Verantwortung und nationale Kameradschaft. Geschlechterverhältnisse in der nationalsozialistischen Aufwertungsdiktatur", in: Archiv der Münchner Arbeiterbewegung e. V. u. a. (Hg.): *Macht und Gesellschaft. Männer und Frauen in der NS-Zeit. Eine Perspektive für ein künftiges NS-Dokumentationszentrum in München*, Tagungsband München 2004, S. 42–60, hier S. 46.

126 Ebd., S. 45.

des Alltagsraums"[127] während der Kriegsjahre auf Grund der Versorgungs- und Produktionserfordernisse sowie der teilweisen Auflösung des Dualismus von Front und Heimat im Bombenkrieg nicht aufrecht erhalten. Das setzte Dynamiken frei, die die traditionellen Geschlechterrollen aufbrachen und in Frage stellten.

Frauen bei der Truppe

Entgegen dem Nimbus der rein männlichen Institution Wehrmacht arbeitete während des Kriegs im Militär eine bis Kriegsende beständig zunehmende Anzahl von Frauen: 1945 waren – ohne den Krankenpflegedienst in Lazaretten – circa 450.000 Frauen in der Wehrmacht beschäftigt, mit den bei der SS Tätigen waren es rund 500.000.[128] Grob geschätzt bestand ein Verhältnis von 1:20 zwischen Wehrmachthelferinnen und Soldaten. Die Frauen taten in der gesamten Militärverwaltung Dienst und ersetzten Soldaten, die daraufhin an die Front kommandiert werden konnten. Die Wehrmachthelferinnen waren als Fernsprecherinnen, Funkerinnen, Fernschreiberinnen und Flakwaffenhelferinnen, in den Schreibstuben, beim Nachrichtendienst, später auch bei der Luftverteidigung, beim flugtechnischen Personal sowie als Kraftfahrerinnen eingesetzt – tabuisiert blieb jedoch (abgesehen von Ausnahmen gegen Kriegsende) der Umgang mit Waffen. Die größte Anzahl von Wehrmachthelferinnen wies die Luftwaffe auf.[129] Sie zählten zum Wehrmachtgefolge, womit sie beispielsweise disziplinar- und versorgungsrechtlich den Soldaten gleichgestellt waren.[130] Vor allem in den ersten Kriegsjahren barg eine Tätigkeit als Wehrmachthelferin für junge, ungebundene Frauen einigen Reiz, die damit dem engen Raum der Familie entkommen konnten, Erfahrungen eigenständigen Arbeitens bei guter Bezahlung machten sowie fremde Länder und Städte kennenlernten – so stellte ein Einsatz als Wehrmachthelferin in Paris „einen unvergessenen Höhepunkt in der Erfahrungsgeschichte"[131] dar, der die Frauen am deutschen Sieg partizipieren ließ. „Avantgardistische Prägefiguren"[132] waren dabei moderne ‚Heldinnen' wie die Pilotinnen Hanna Reitsch und Elly Beinhorn. In den letzten Kriegsjahren meldeten

---

127 Ebd., S. 46.

128 Vgl. Seidler, Franz-W.: *Frauen zu den Waffen? Marketenderinnen, Helferinnen, Soldatinnen,* Bonn (Bernard & Graefe) 1998, S. 53. Diese Zahl nennt auch Killius, Rosemarie: *Frauen für die Front. Gespräche mit Wehrmachtshelferinnen,* Leipzig (Militzke) 2003, S. 18. Zur Beteiligung von Wehrmachthelferinnen und SS-Gefolgschaftsfrauen am Holocaust vgl. auch Lower, Wendy: *Hitlers Helferinnen. Deutsche Frauen im Holocaust,* München (Hanser) 2014.

129 Vgl. Seidler, Frauen, ebd.

130 Sämtliche einschlägigen Erlasse sind dokumentiert bei Gersdorff, Frauen im Kriegsdienst.

131 Maubach, Franka: „Expansionen weiblicher Hilfe: Zur Erfahrungsgeschichte von Frauen im Kriegsdienst", in: Steinbacher, Sybille (Hg.): *Volksgenossinnen. Frauen in der NS-Volksgemeinschaft (Beiträge zur Geschichte des Nationalsozialismus, Bd. 23),* Göttingen (Wallstein) 2007, S. 93–113, hier S. 106. Vgl. auch Killius, Wehrmachtshelferinnen, S. 147: „Ich bin Nachrichtenhelferin geworden, weil ich ins Ausland wollte."

132 Maubach, Franke: *Die Stellung halten. Kriegserfahrungen und Lebensgeschichten von Wehrmachthelferinnen,* Göttingen (Vandenhoeck & Ruprecht) 2009, S. 53.

sich aber auch Frauen als Helferinnen bei Wehrmacht oder DRK, um einem Einsatz in Rüstungs- und Munitionsbetrieben zu entgehen.

Das DRK war nicht nur für die Krankenpflege in den Lazaretten zuständig, sondern stellte der Wehrmacht auch sogenannte Betreuungshelferinnen zur Verfügung, die die Soldaten auf Bahnhöfen und Durchgangsstationen versorgten und die Soldatenheime in den besetzten Gebieten betrieben – Häuser im Hinterland der Fronten, die den Soldaten Verköstigung boten und mit sanitären Anlagen, Schreib-, Spiel- und Lesezimmern sowie möglichst einem größeren Raum nebst Klavier für kulturelle Veranstaltungen ausgestattet waren. Bis Ende September 1942 hatte die Wehrmacht insgesamt 827 Soldatenheime eingerichtet.[133] Sie standen den Soldaten, die in den umliegenden Gebieten stationiert oder auf der Durchreise waren, zum Aufenthalt in dienstfreien Zeiten zur Verfügung, wobei die Möglichkeit zum Gespräch mit den DRK-Helferinnen als besonders wichtig galt.[134] Die Häuser wurden zeitweise von mehreren Tausend Soldaten täglich frequentiert und beschäftigten z. T. 100 Personen.[135]

Das Spektrum der weiblichen Kriegshilfe im militärischen Sektor vermittelte zwischen den „einander überlappenden Welten aus Heimat und Front"[136] als eine Art „Zwitter, der zwischen dem Soldatischen und dem Zivilen changierte".[137] Dabei stellte – wie auch im Zivilsektor – der Begriff „Hilfe" eine Abwertung der geleisteten Arbeit dar, denn der Einsatz von Frauen in der Wehrmacht verstetigte sich zum unverzichtbaren, essentiellen Bestandteil des Kriegsalltags.

Mit ihrem Agieren im hypermännlich codierten Feld des Militärs begaben sich Frauen in ein geschlechterhierarchisch stark aufgeladenes Spannungsverhältnis: Ihre Anwesenheit stellte traditionelle Rollenzuweisungen in Frage, weshalb ihnen zumeist die Anerkennung für ihre Tätigkeit verweigert wurde und sie sich dem Stigma der Prostitution ausgesetzt sahen – „Frauen zu öffentlichen Sexualobjekten zu machen, hatte […] den Zweck, sie als politische Subjekte auszuschalten".[138] Hatten im Ersten Weltkrieg die Nachrichtentruppen und ihre Telegrafisten mit Stolz die Bezeichnung „Blitzjungen" getragen als schnelle, mit moderner Technik umgehende Einheiten,[139] wurden die „Blitzmädels", die Nachrichtenhelferinnen im Zweiten Weltkrieg, mit der pejorativen Umwertung des Begriffs konfrontiert, der anstatt

133 Paulus, Soldatenheimschwester, S. 44.
134 Ebd., S. 47.
135 Ebd., S. 440.
136 Maubach, Expansionen, S. 96.
137 Ebd., S. 97.
138 Friedland, Roger: „Staat und Geschlecht. Die Erotisierung der Macht und die Verheißungen des Patriarchats", in: Lettre international. Europas Kulturzeitung, Jg. 2016, Heft 115, S. 7–9, hier S. 7. In den USA kamen Schönheitswettbewerbe nicht von ungefähr kurz nach der Einführung des Frauenwahlrechts als Strategie der Delegitimation auf: Pin-up-Girls waren als politische Waffe gegen die Staatsbürgerinnen gedacht.
139 Vgl. hierzu Olt, Reinhard: Krieg und Sprache, Giessen (Schmitz) 1980, S. 153.

ihrer Arbeit ausschließlich ihnen unterstellten sexuellen Aktivitäten galt.[140] Dabei stigmatisierten nicht nur die Soldaten die Wehrmachthelferinnen derart, auch die „Heimatfront" beäugte misstrauisch die Eingliederung von Frauen ins Militär, die bestenfalls als Heiratsmarkt abqualifiziert wurde.[141]

Andererseits hatten sich Wehrmachthelferinnen Zudringlichkeiten seitens der Soldaten zu erwehren. 1941 klagten Luftwaffen-Helferinnen in Briefen an ihre Eltern, sie würden zu Kasinoabenden befohlen, bei denen sich betrunkene Offiziere „wie ein barbarischer Sauhaufen" und „brünstige Stiere" aufführten.[142] Das OKW untersagte daraufhin die Teilnahme von Wehrmachthelferinnen an Abendunterhaltungen, bestätigte aber in einem internen Vermerk dem Korpsgeist entsprechend das Verhalten der Kampfpiloten:

> „Unsere Offiziere, die täglich ihr Leben für die Zukunft des Deutschen Volkes einsetzen, dürfen nicht in die Lage gebracht werden, dass jede verständnislose Gans sie in so entwürdigender Weise kritisiert. Kein Mensch kann verlangen, dass sich einsatzbereite und erfolgreiche Krieger in den kurzen Kampfpausen und in den wenigen Stunden der Entspannung jedem verwöhnten Backfisch gegenüber als Tanzdielenkavalier aufspielen."[143]

Künstlerinnen vor der Truppe

Die Rezeption musikalischer Darbietungen ist traditionell von einer starken Asymmetrie gekennzeichnet – Auftritte von Musikerinnen wurden (und werden) vor allem nach visuellen und sexualisierten Kriterien bewertet:

> „[…] immer war ihr Aussehen, ihre Haltung, ihre körperliche Botschaft ein integraler Bestandteil ihres Tuns. Insofern wurde ihre Kunstproduktion nie als reine Sachleistung gesehen und bewertet, sondern überlagert von anderen Bezugssystemen."[144]

---

140 Vgl. Gersdorff, Frauen im Kriegsdienst, S. 141; Killius, Wehrmachtshelferinnen, S. 70; Szepansky, Gerda: ‚Blitzmädel', ‚Heldenmutter', ‚Kriegerwitwe'. Frauenleben im Zweiten Weltkrieg, Frankfurt/Main (Fischer) 1986, v. a. S. 92–98: Kapitel „Blitzmädelzeit. Nach dem Bericht von Elisabeth L."; Neitzel, Soldaten, S. 225; Seidler, Franz W.: Blitzmädchen. Helferinnen der Wehrmacht, Augsburg (Bechtermünz) 2003.

141 Vgl. Maubach, Franka: „Zwischen Selbstermächtigung und Ernüchterung: Erfahrungen weiblicher Hilfe für die Wehrmacht im Ausnahmezustand des Krieges", in: Latzel, Klaus; Maubach, Franka; Satjukow, Silke (Hg.): Soldatinnen. Gewalt und Geschlecht im Krieg vom Mittelalter bis heute (Krieg in der Geschichte, Bd. 60). Paderborn (Ferdinand Schöningh) 2011, S 279–299, hier S. 292.

142 Zit. n. Seidler, Frauen, S. 144.

143 Erlass des OKW betr. Teilnahme von Nachrichtenhelferinnen an Kasinoabenden, 6.6.1941; Militärgeschichtliches Forschungsamt, Sign. DL LIII 114 OKW 589/41g AWA/W Allg (II); zit. nach Gersdorff, Frauen im Kriegsdienst, S. 334.

144 Hoffmann, Freia: „Weibliche Kunstproduktion als visuelle Inszenierung", in: Zacharias, Wolfgang (Hg.): Schöne Aussichten? Ästhetische Bildung in einer technisch-medialen Welt, Essen (Klartext) 1991, 179–190, hier S. 181f.

Während ein Musiker als Normalfall wahrgenommen wird, verläuft die Wahrnehmung einer Musikerin in erster Linie darüber, dass sie eine Frau ist, die Musik macht.[145] Diese Asymmetrie erfuhr in der Truppenbetreuung noch einen Verstärkereffekt, wenn Frauen im hypermännlich konnotierten militärischen Raum auftraten.

Eine Ausweichstrategie nutzte die Pianistin Elly Ney mit ihrer zum „Dienst" stilisierten Konzerttätigkeit, die sie in pseudoreligiöser Manier zelebrierte, womit sie eine Entsexualisierung ihrer Person erreichte.[146] Eine anders gelagerte Suspendierung konnte noch über das Alter einer Künstlerin erfolgen, wenn ihr beispielsweise „warme Mütterlichkeit"[147] attestiert wurde. Ansonsten umwehte insbesondere Musikerinnen aus dem Bereich Populärer Musik und andere Unterhaltungskünstlerinnen, vor allem wenn sie keine berühmten Stars waren, der Ruch der Halbwelt und sie waren ähnlich wie die Wehrmachthelferinnen dem Generalverdacht der Prostitution ausgesetzt – die Klischees über Bänkelsängerinnen, Harfenmädchen und Wanderschauspielerinnen waren in Reliktformen nach wie vor virulent, aus der Dichotomie Hure oder Heilige gab es kaum ein Entkommen.

Die Position der Künstlerinnen vor den Soldaten unterschied sich jedoch von dem Spannungsverhältnis, in dem die Wehrmachthelferinnen standen. Zwar drangen Frauen in der Truppenbetreuung in die exklusiv männlich konnotierte Sphäre des Militärisch-Soldatischen ein, aber wenn sie als Künstlerinnen auf der Bühne agierten, stellten sie keine Bedrohung dieser Sphäre dar, sondern bekräftigten deren Existenz. In der Unterhaltung der Soldaten verkörperten sie die Gegenwelt zum Militär und lieferten als Objekte männlichen Begehrens die Bestätigung der Geschlechterordnung. So wie Frauen ‚siegen halfen', diente auch Unterhaltung als Beitrag zur Erhaltung der Wehrfähigkeit der ‚Hilfe zum Sieg' – im Vektorfeld der geschlechterhierarchischen Machtbeziehungen gehörte Truppenbetreuung zum weiblich codierten Bereich der Hilfe und Unterstützung der hegemonialen soldatischen Welt – damit waren die Künstlerinnen in ihrem ‚ureigenen' Element, während die männlichen Künstler mit der Eingliederung in die ‚weibliche' Sphäre effeminiert wurden.

Der Situation von Wehrmachthelferinnen vergleichbar kam es auch für die in der Truppenbetreuung tätigen Künstlerinnen zu Konflikten wegen übergriffigen Verhaltens von Soldaten. Das Oberkommando der Marine reagierte auf entsprechende Vorkommnisse mit einer Anordnung, die das gesellige Beisammensein mit den Künstler*innen regelte: Eine Zusammenkunft wurde nur noch in direktem Anschluss an eine Veranstaltung und unter Einbeziehung der männlichen Künstler

---

145 Vgl. dies.: *Instrument und Körper. Die musizierende Frau in der bürgerlichen Kultur*, Frankfurt/Main, Leipzig (Insel) 1991, hier vor allem S. 21: „Eine Sängerin und eine Instrumentalistin sind als Menschen und mit ihrem Körper anwesend. Ihr ‚Produkt' wird […] mit ihrem Geschlecht verbunden. […] Während der Mann als Regelfall […] viel weniger unter sexuellen Gesichtspunkten gehört und gesehen wird, überformt und prägt die […] Präsentation der Frau deren musikalische Produktion […]."

146 Zur religiösen Erhöhung als Entsexualisierung vgl. ebd., S. 120.

147 Hocker, Karla: „Musikerinnen", in: *Das Reich*, Jg. 1940, Heft 15, 1.9.1940, S. 27.

erlaubt, damit, wie es zur Begründung hieß, der Korpsgeist der Ensembles nicht unterminiert werde.[148]

In einem paradox scheinenden Verhältnis zur Positionierung des soldatischen Manns als Spitze der Geschlechterhierarchie stand der Duktus von Veröffentlichungen über Truppenbetreuung, der Soldaten auffallend infantilisierte:

> „Sie sitzen da wie eine große Kindergesellschaft am Geburtstag, empfangsbereit und gebefreudig. Das Kind im Manne will spielen. Aber die wartenden Kinder tragen Eiserne Kreuze, und in der ersten Reihe erkennt man mehr als einen Ritterkreuzträger."[149]

hieß es etwa 1941 über Veranstaltungen vor Truppen in Nordfrankreich. Ebenso bediente sich eine verhaltene Klage über mangelnde Aufmerksamkeit des soldatischen Publikums dieses Topos:

> „Ihre Lebhaftigkeit und Unternehmungslust läßt sie oft auch ein Konzert nicht als ruhige Zuhörer hinnehmen."[150]

Aber auch die Leiterin eines Soldatenheims betrachtete die Soldaten aus entsprechender Warte:

> „Wir wollten eben Männer wie [...] große Kinder [ansehen], denen man helfen muss."[151]

Hier schlug sich das auf elitäre Denktraditionen zurückgehende, für die nationalsozialistische Ideologie zentrale Narrativ einer willenlosen ‚Masse‘, die gelenkt und geführt werden muss, nieder,[152] das die soldatischen Männer infantilisierte und zu der ‚starken Hand‘ Bedürftigen machte.

Ansonsten zeichnen sich die zahlreichen Veröffentlichungen und Berichte über Truppenbetreuung in Fachperiodika und Publikumszeitschriften durch eine pathetische Überhöhung[153] aus, die formelhaft mit stereotypen Wendungen arbeitet – es

---

148 BA-MA, RH 19-III/490, fol. 277, zit. n. Vossler, Propaganda, S. 346f.

149 „Erlebnisbericht einer Front-Bühne", in: *Das deutsche Podium. Fachblatt für Unterhaltungs-Musik und Musik-Gaststätten. Kampfblatt für deutsche Musik*, 9. Jg., Nr. 2, 10.1.1941, S. 11–12, hier S. 12.

150 Vermehren, Isa: „Alte Musik in Soldatenbaracken. Eindrücke einer Künstlerfahrt", in: *Das Reich*, Jg. 1942, Heft 3, 18.1.1942, S. 8.

151 Paulus, Soldatenheimschwester, S. 71.

152 Bereits in *Mein Kampf* hatte Hitler seine Verachtung der Massen, die er in deutlich effeminierender Weise beschrieb, dargelegt; vgl. Stark, Joachim (Hg.): Raymond Aron: Über Deutschland und den Nationalsozialismus. Frühe politische Schriften 1930–1939, Opladen (Leske und Budrich) 1993, S. 236.

153 Mit Gottfried Benns ernüchterter Bemerkung: „Das Ganze kommt mir allmählich vor wie eine Schmiere, die fortwährend ‚Faust‘ ankündigt, aber die Besetzung langt nur für ‚Husarenfieber'" lässt sich auch das Erhabenheits-Pathos nationalsozialistischer Verlautbarungen zur Kunstästhetik charakterisieren; Gottfried Benn an Ina Seidel, 27.8.1934, in: Benn, Gottfried: *Ausgewählte Briefe*, Wiesbaden (Limes) 1957, S. 58, zit. n. Lepenies, Wolf: „Es gibt

ließe sich aus den Floskeln eine Art LTI, Abteilung delectatio copiarum destillieren.[154] Als Nebeneffekt zielte diese Aufblähung selbstreflexiv auch darauf, die Unverzichtbarkeit der in Ämtern und Dienststellen mit der Organisation der Truppenbetreuung befassten Männer herauszustreichen und damit deren uk-Stellungen zu sichern.

Besonders augenfällig durchzog die Verlautbarungen ein idealisierendes, mystifizierendes Bild des Kollektivsubjekts ‚deutsche Frau‘, das dabei aber, um für vielerlei Fantasien anschlussfähig zu sein, auffallend unbestimmt blieb und als „Black Box" männlicher Projektionen fungierte. Der *Völkische Beobachter* berichtete unter der Überschrift „Frauenanmut und Männerlachen: die beste Medizin" über eine Lazarett-Vorstellung. Der Artikel beschreibt anfangs „Leuchtbomben der Scherze der Humoristen" und „ungeheure Explosionen der Heiterkeit", um dann fortzufahren:

> „Plötzlich tritt das schöne Leben in Gestalt einer lachenden, singenden, blonden Frau im Tanzschritt vor und unter sie. Welche Sensation! […] Eine große Offenbarung des Daseins."[155]

Der sich zunächst soldatisch vertrauter Phänomene wie Leuchtbomben und Explosionen bedienende Text kippte mit der Erwähnung einer (selbstverständlich blonden) Frau in einen weihevoll-entrückten Ton. Ähnlich gipfelte die Erzählung einer namentlich nicht genannten Schauspielerin von einer Tournee durch Frankreich in der Apotheose:

> Gestern abend hielt uns ein Major vor Beginn unseres Spiels eine Rede: „[…] Sie kommen zu uns, geschickt vom Führer. Sie sind die Brücke zur Heimat. Sie vertreiben durch Ihre Kunst, durch Ihr bloßes Hiersein Untugenden, die unwillkürlich bei diesem Leben vorkommen. […] Sie wissen nicht, was es für uns bedeutet, wieder eine deutsche Frau zu sehen und zu sprechen. Und vor dieser deutschen Frau wird unsere Achtung und Ehrfurcht immer größer, je mehr wir die Französinnen kennenlernen. Seien Sie sich der großen Aufgabe bewußt, die Sie hier im Feindesland für unsere Soldaten zu erfüllen haben."[156]

Aber auch weniger abgehobene Darstellungen verzichteten nicht darauf, die besondere Bedeutung von Frauen in der Truppenbetreuung zu betonen:

---

keine deutschen Meister mehr", in: Danuser, Hermann; Münkler, Herfried: *Deutsche Meister – böse Geister? Nationale Selbstfindung in der Musik*, Schliengen (Argus) 2001, S. 106–120, hier S. 111.

154 „LTI – Lingua Tertii Imperii" nannte Victor Klemperer seine Untersuchungen über die Sprache des ‚Dritten Reichs‘; vgl. ders.: *LTI. Notizbuch eines Philologen*, Leipzig (Reclam) 1975. Mein Dank gilt Judith Kaufmann, die bei der angemessenen Übersetzung des Begriffs Truppenbetreuung half.

155 Zit. n. Murmann, Komödianten, S. 141.

156 Holzapfel, Carl Maria: „Krieg und Musik", in: *Die Musik. Organ der Hauptstelle Musik beim Beauftragten des Führers für die Überwachung der gesamten geistigen und weltanschaulichen Schulung und Erziehung der NSDAP*, Jg. 1940, Heft 1, S. 2–4, hier S. 4.

„Mit Begeisterung empfing die Truppe die Spielgruppen, bei denen besonders die Darstellerinnen ihr Bestes gaben, um den Männern nach der langen Zeit der Kämpfe und Entbehrungen Frohsinn und gute Laune zu bringen."[157]

Ebenso berichtete der bereits erwähnte Bildband „Frauen helfen siegen" über die Leistungen in der „seelischen Betreuung": Nach Fotos von Frauen, die im Lazarett mit Verwundeten Schach spielen oder Singstunden mit Akkordeon abhalten – die Bildunterschrift hierzu lautet „Fröhliche Musik macht gesund und schafft neuen Lebensmut" – ist dem Foto von zwei lachenden jungen Frauen in kurzen Kostümen unterlegt:

> „Zwei schmucke Künstlerinnen freuen sich in einer Spielpause über die Begeisterung der Soldaten, mit der diese die Darbietungen einer Kollegin auf einer schnell geschaffenen Bühne verfolgen. Sie sorgen für gute Laune, und gute Laune hilft siegen!"

Damit wurde auch suggeriert, dass es innerhalb der Truppenbetreuungsensembles weder Konkurrenz noch Neid gab, sondern – analog zur angeblich konfliktfreien Soldaten-Kameradschaft – nur eine harmonische, auf das gemeinsame Ziel ausgerichtete künstlerische Gemeinschaft.

Die Zahl der Künstlerinnen in der Truppenbetreuung nahm im Verlauf der Kriegsjahre zu. Mit der Ausweitung der Fronten waren immer mehr Ensembles auf Tournee, andererseits standen zunehmend weniger männliche Künstler zur Verfügung, da die Wehrmacht immer mehr Einberufungen vollzog. Mit Inseraten wurden gezielt vielseitig einsetzbare Musikerinnen gesucht:

> „Sängerinnen und Soubretten, die auch ein Instrument, wie z. B. Harmonika, Geige, Laute spielen können, für Tournéen gesucht. Ausführl. Angebote mit Gagenforderung, Bild, Repertoire und Angabe bisheriger Tätigkeit an Berolina Künstler-Gastspiele Direktor Hans Bubenheim Berlin-Wilmersdorf, Rüdesheimer Straße 8 Fernruf 88 65 15"[158]

Neben guten Verdienstmöglichkeiten bot ein Engagement in der Truppenbetreuung „Potential zur Selbstverwirklichung"[159] und Raum für „Geltungsbedürfnis und Tatendrang"[160] – Chancen, die andere Frauen bewogen, sich als Wehrmachthelferinnen zu verpflichten.[161]

---

157 Bericht des Ic-Offiziers der 18. Panzergrenadier-Division, 22.6.1943; BA-MA, RH 26–18/69, zit. n. Hirt, Truppenbetreuung, S. 331.

158 *Die Bühne. Zeitschrift für die Gestaltung des deutschen Theaters,* Jg. 1941, Heft 11, 15.6.1941, S. 264.

159 Bussemer, Thymian: *Propaganda und Populärkultur. Konstruierte Erlebniswelten im Nationalsozialismus,* Wiesbaden (Deutscher Universitäts-Verlag) 2000, S. 125.

160 Peukert, Detlev: *Volksgenossen und Gemeinschaftsfremde: Anpassung, Ausmerze und Aufbegehren unter dem Nationalsozialismus,* Köln (Bund) 1982, S. 179.

161 Vgl. Paulus, Soldatenheimschwester, S. 13; Maubach, Franka: *Die Stellung halten. Kriegserfahrungen und Lebensgeschichten von Wehrmachthelferinnen,* Göttingen (Vandenhoeck & Ruprecht) 2009, S. 52; Killius, Wehrmachtshelferinnen, S. 17f.; Szepansky, Blitzmädel, S. 197f.

3.   Selbstversorgung. Wehrmachtinterne Truppenbetreuung

3.1   „Wo wir singen, da ist Deutschland"[1] – Gesang bei der Truppe

In der Wehrmacht wurde, wie zuvor in der Armee des Kaiserreichs und bei der Reichswehr, großer Wert auf gemeinschaftlichen Soldatengesang gelegt. Das reichte vom zackig befohlenen „Ein Lied, zwo, drei, vier" beim teilweise tagelangen Marschieren, um die Soldaten im Tritt zu halten und von den Strapazen abzulenken, über das Singen bei kollektiv zu erledigenden Routineaufgaben wie Waffen- und Stiefelreinigen bis zum Gesang als Element soldatischer Freizeitgestaltung. Dem Singen wurden dabei mehrere Funktionen zugewiesen: Es sollte die Integration des Einzelnen in das System der Armee sowie die Konstruktion und Synchronisation eines Gemeinschaftsgefühls fördern,[2] mit Gleichschritt und Betonung des Liedrhythmus' eine soldatische Gruppenidentität stiften und damit die Kampfmoral stärken.[3] Die kohäsive Wirkung gemeinsamen Singens diente der Vergewisserung einer kollektiven Identität und war ein probates Mittel, um Stimmungen und Emotionen zu modulieren – sowohl in entlastender, entspannender Hinsicht zur Verarbeitung von psychischer Bedrängnis und Furcht[4] als auch zum gezielten Aufpeitschen von Aggressivität und zur Stimulation von Mut und Geschlossenheit beim Angriff.[5] In

---

1   Lorenz, Ferdinand: „Die Wehrmacht singt", in: *Jahrbuch der deutschen Musik*, 1. Jg., 1943, S. 137–143, hier S. 143.

2   Zum gemeinsam gesungenen Lied als kollektive Handlung vgl. Klusen, Ernst: *Singen. Materialien zu einer Theorie*, Regensburg (Gustav Bosse) 1989, S. 163f.

3   Vgl. Gerdes, Aibe-Marlene: „Der Soldat, der Engel und die Hure – Frauenbilder im Soldatenlied des Ersten Weltkriegs", in: Strohmann, Nicole K.; Bork, Camilla; Finke, Gesa (Hg.): *Musikbezogene Genderforschung (Jahrbuch Musik und Gender, Band 5)*, Hildesheim (Olms) 2012, S. 67–90, hier S. 67. Gerdes weist darauf hin, dass noch heute im Militär zur Förderung des Gemeinschaftsgefühls am rhythmischen Drill durch Marschieren im Gleichschritt – obwohl mittlerweile für Kampfeinsätze ohne Bedeutung – festgehalten wird.

4   Auf die psychohygienische Bedeutung von Musik allgemein und gemeinsamem Singen insbesondere wird nach wie vor in militärischen Zusammenhängen verwiesen, vgl. Biegl, Thomas: „Musik als Psychohygienikum", in: Schramm, Michael (Hg.): *Musik und Krise (Militärmusik im Diskurs, Bd. 2)*, Bonn (Militärmusikdienst der Bundeswehr) 2007, S. 124–141.

5   Dabei muss ein Lied nicht explizit zu Gewalt oder Hass aufrufen, um als Kampflied zu dienen. Die Frage, welche Musik Aggressionen schürt, kann nur beantwortet werden, wenn die spezifischen strukturellen Merkmale in ihrem Kontext betrachtet werden. Einer bestimmten Musik oder einem Lied eignet nicht per se ein zu Aggression aufstachelndes Potential; vgl. Grant, Morag Josephine: „Freund oder Feind? Thesen zu Musik und Konflikt", in: Schramm, Michael (Hg.): *Musik in Fremdwahrnehmung und Eigenbild (Militärmusik im Diskurs, Bd. 4)*, Bonn (Musikdienst der Bundeswehr) 2009, S. 78–85, hier S. 82f. Ebenso argumentiert Sabine Giesbrecht: „Grundsätzlich ist jede Musik instrumentalisierbar, wenn man ausreichende propagandistische Vorarbeit leistet […]." Giesbrecht, Sabine: „,Lieb' Vaterland, magst ruhig sein'. Musik und Nationalismus im deutschen Kaiserreich", in: Lück, Hartmut; Senghaas, Dieter (Hg.): *Vom hörbaren Frieden*, Frankfurt/Main (Suhrkamp) 2005, S. 413–442, hier S. 416.

Gefechtssituationen konnte Gesang zudem dafür sorgen, die eigenen Kameraden von feindlichen Soldaten zu unterscheiden und damit Fehlangriffe zu vermeiden.[6]

Mit Singen wurde Leerlauf überbrückt, unterband es doch die Möglichkeit, eigenen Gedanken nachzuhängen. Zudem intendierten politische und militärische Führung eine propagandistische Meinungslenkung mit Hilfe von Liedern.[7] Beim Marsch durch bewohnte Ortschaften galt das „Gemeinschaftsritual"[8] straffen Gesangs als Imponiergeste und Demonstration militärischer Hegemonie.

Traditionslinie Männergesangverein

Die Bedeutung von Musik für die Ausprägung einer spezifischen nationalen Identität in Deutschland im Verlauf des 19. Jahrhunderts und die Geltung von Musik als essentiellem Faktor des Konstrukts von ‚Deutschsein' wurde bereits im Abschnitt „Ideologische Aufrüstung von Musik" im Kapitel „Rahmung" diskutiert.[9]

Für den Soldatengesang im Ersten und Zweiten Weltkrieg war die Tradition der Männergesangvereine bedeutsam, die im 19. Jahrhundert in Deutschland kulturell und politisch Einfluss gewonnen hatten.[10] Beginnend mit der Zeit nach den Befreiungskriegen ab 1815 entwickelten sich männerbündisch agierende Sängervereine zu entscheidenden Trägern des Nationalstaatsgedankens im Sinne einer Überwindung innerer Zerrissenheit und Kleinstaaterei mit dem Ziel der Gründung eines geeinten deutschen Reichs. Ähnlich strukturiert und ideologisch aufgestellt waren die parallel zu den Männerchören florierenden ‚wehrertüchtigenden' Turner- und Schützenver-

---

6   Vgl. hierzu Schleuning, Peter: „„Die Wacht am Rhein". Deutsche Soldatenlieder. Typen, Traditionen und Inhalte an Einzelbeispielen", in: Greive, Wolfgang (Hg.): *Der Geist von 1914. Zerstörung des universalen Humanismus? (Loccumer Protokolle18/1989)*, Rehburg-Loccum (Evangelische Akademie Loccum) 1990, S. 77–117, S. 83, 86.

7   Vgl. hierzu Witt-Stahl, Susann: „*... But his soul goes marching on." Musik zur Ästhetisierung und Inszenierung des Krieges (Forum Jazz Rock Pop, Bd. 3)*, Karben (Coda) 1999, S. 99f.

8   Giesbrecht, Sabine: *Musik und Propaganda. Der Erste Weltkrieg im Spiegel deutscher Bildpostkarten (Beiträge zur Medienästhetik der Musik, Bd. 14)*, Osnabrück (epOS) 2014, S. 20.

9   Vgl. hierzu auch Applegate, Celia; Potter, Pamela (Hg.): *Music and German National Identity*, Chicago (University of Chicago Press) 2002; Föllmi, Beat A.; Grosch, Nils; Schneider, Mathieu (Hg.): *Music and the Construction of National Identities in the 19th Century*, Baden-Baden, Bouxwiller (Koerner) 2010. Zur besonderen Rolle, die dabei einem Kanon von volkstümlichen Liedern innerhalb dieses Prozesses zukam, vgl. Noa, Miriam: *Volkstümlichkeit und Nationbuilding. Zum Einfluss der Musik auf den Einigungsprozess der deutschen Nation im 19. Jahrhundert (Populäre Kultur und Musik, Bd. 8)*, Münster u. a. (Waxmann) 2013.

10   Vgl. grundlegend zu diesem Thema Klenke, Dietmar: *Der singende „deutsche Mann". Gesangvereine und deutsches Nationalbewusstsein von Napoleon bis Hitler*, Münster u. a. (Waxmann) 1998; Brusniak, Friedhelm; Klenke, Dietmar (Hg.): *„Heil deutschem Wort und Sang!" Nationalidentität und Gesangskultur in der deutschen Geschichte (Tagungsbericht Feuchtwangen 1994)*, Augsburg (Wissner) 1995; Düding, Dieter: *Organisierter gesellschaftlicher Nationalismus in Deutschland (1808–1847). Bedeutung und Funktion der Turner- und Sängervereine für die deutsche Nationalbewegung*, München (Oldenbourg) 1984; Giesbrecht, Lieb' Vaterland.

eine. Die politische Stoßrichtung zielte vornehmlich auf zwei miteinander verknüpf-te Aspekte: die nationale Abgrenzung gegenüber Frankreich (die sich im Lauf des 19. Jahrhunderts zur ,Erbfeindschaft' verfestigte) und die bürgerlich-intellektuelle Opposition zum deutschen Provinz-Adel.[11] Der als ,dekadent' verachtete Lebensstil der französischen Eliten, den deutsche Fürstenhöfe kopierten, sowie der politische Opportunismus des Adels bildeten die „negative Kontrastfolie"[12] zu den als ,deutsch' reklamierten Tugenden Opferbereitschaft, Gottesfurcht, Treue, Ehrlichkeit, Ritter-lichkeit und Freiheitsliebe.[13] Dem Verhaltenskodex von „Ehre" und „Zivilität" des Adels setzte das Bürgertum einen Normenkanon der „Tugend" und „Moral" ent-gegen.[14] Die Pflege von Hermannsschlacht- und Barbarossa-Kult verlieh der natio-naldeutschen Idee die historische Unterfütterung einer wehrhaften wie machtvollen Vergangenheit und grundierte die Hoffnung auf das Ende nationaler Zerstrittenheit mit der Sehnsucht nach Erlösung durch eine starke Führerfigur.[15]

Das Repertoire der Männerchöre bestand – neben Topoi wie dem mystisch auf-geladenen ,Deutschen Wald',[16] der Heimat, dem Wandern sowie Abschieds- und Trinkliedern[17] – aus patriotisch-emphatischen Liedern und Verherrlichungen von Kampfgeist und nationalistisch motivierter Aggression, die soldatische mit ,deut-schen' Tugenden überblendeten. In musikalisch schlichten Volksliedsätzen wurde ein heroisches, tatkräftiges männliches Wir idealisiert. Im Jahrzehnt zwischen 1840

---

11   Vgl. Klenke, Dietmar: „Der Gesangverein", in François, Etienne; Schulze, Hagen (Hg.): *Deut-sche Erinnerungsorte, Bd. III*, München (C. H. Beck) 2001, S. 393–407, hier S. 398f.

12   Ebd., S. 399.

13   Ebd.

14   Vgl. hierzu Elias, Norbert: *Studien über die Deutschen. Machtkämpfe und Habitusentwick-lung im 19. und 20. Jahrhundert*, Frankfurt/Main (Suhrkamp Taschenbuch) 1994², S. 179ff. Der knappe Überblick in diesem Kapitel lässt die liberalen politischen Bewegungen seit der Restaurationszeit, das Hambacher Fest 1832, den Vormärz und die Märzrevolution 1848 au-ßen vor. Es sei aber erwähnt, dass in großen Teilen des aufstrebenden Bürgertums mit der Hoffnung auf nationalstaatliche Einigung bürgerlich-demokratische Rechte wie Presse- und Versammlungsfreiheit verknüpft waren. Dass die deutsche Einigung nicht auf friedlichem Weg, sondern mit Hilfe eines gewonnenen Kriegs zustande kam, stellte auch einen Sieg von Adel und Militär gegenüber dem Bürgertum dar. Vgl. Elias, Studien, S. 22f., 72f.

15   Klenke, Gesangverein, S. 398.

16   Eines der bekanntesten Lieder ist „Der Jäger Abschied" mit dem Textanfang „Wer hat dich, du schöner Wald/aufgebaut so hoch da droben?" (Text: Joseph von Eichendorff 1810, Musik: Felix Mendelssohn-Bartholdy 1841). Hier verschränken sich Naturmystik und soldatische Wehrbe-reitschaft, bei den ausrückenden Jägern handelt es sich um eine Infanterie-Truppengattung.

17   Vgl. Schwab, Heinrich W.: „Das Vereinslied des 19. Jahrhunderts", in: Brednich, Rolf Wil-helm; Röhrich, Lutz; Suppan, Wolfgang (Hg.): *Handbuch des Volksliedes, Bd. 1: Die Gattun-gen des Volksliedes*, München (Fink) 1973, S. 863–898, hier S. 864.

und 1850 entstanden, auf die „Rheinkrise" mit Frankreich folgend, allein circa 400 Rheinlieder mit antifranzösischer Tendenz,[18] darunter „Die Wacht am Rhein".[19]

Die Demonstration maskuliner Dominanz, die den Gesang der Männerchöre prägte, wirkte im Binnenverhältnis gemeinschaftsbildend und selbstbestätigend, extern trug sie zur Verfestigung einer hierarchischen Geschlechterordnung bei, die die weibliche Bevölkerungshälfte aus der Sphäre der aktiv Handelnden verdrängte.[20]

Besonders in den 1860er Jahren wuchs der politische Einfluss der Sängerbewegung. Die alljährlichen Sängerfeste gerieten zu Massenveranstaltungen, bei denen Chöre mit über 5.000 Beteiligten „die heilsgeschichtlichen Dogmen der deutschen Nationalbewegung zelebrierten".[21] Männergesang – in Abgrenzung zu den als „verweichlicht" herabgewürdigten gemischten Chören, die zumeist in kirchlichem Kontext standen[22] – galt als Ausdrucksmedium nationalen Bewusstseins schlechthin und war zum patriotischen Akt mutiert. Mit Liedern wurde eine ‚akustische Identität'[23] geformt und die Imaginierung der Nation als Gemeinschaft inszeniert,[24] was auch nach der Reichsgründung 1871 nicht abebbte. „Sie werden mit dem Volksliede den Patriotismus stärken und damit das allgemeine Band, das alle umschließen soll" hatte Kaiser Wilhelm II. anlässlich des „Kaiserpreissingens" 1903 kundgetan[25] und so

---

18 Vgl. Giesbrecht, Lieb' Vaterland, S. 415.

19 Der Text von Max Schneckenburger aus dem Jahr 1840 erfuhr zahlreiche Vertonungen. Die heute noch bekannte Fassung schuf Karl Wilhelm 1854; vgl. Giesbrecht, Lieb Vaterland, S. 417.

20 Vgl. Klenke, Der singende „deutsche Mann", S. 132f.; vgl. hierzu auch Göttsch, Silke: „‚Der Soldat, der Soldat ist der erste Mann im Staat …'. Männerbilder in volkstümlichen Soldatenliedern 1855–1875", in: Schmale, Wolfgang (Hg.): *MannBilder. Ein Lese- und Quellenbuch zur historischen Männerforschung (Innovationen. Bibliothek zur Neueren und Neuesten Geschichte, Bd. 4)*, Berlin (Berlin Verlag A. Spitz) 1998, S. 131–154.

21 Klenke, Gesangverein, S. 401. Das erste deutsche Sängerfest fand 1845 in Würzburg statt, 1862 wurde der Deutsche Sängerbund gegründet.

22 Vgl. Klenke, Der singende „deutsche Mann", S. 138.

23 Vgl. hierzu die Darstellung der historischen Situation im 19. Jahrhundert in Birdsall, Carolyn: *Nazi Soundscapes. Sound, Technology, and Urban Space in Germany, 1933–1945,* Amsterdam (University Press) 2012, S. 103.

24 Benedict Anderson hat Begriff und Konzept der „imagined community" geprägt, womit er den Prozess des „Nationbuilding" in der Moderne beschreibt. Vgl. Anderson, Benedict: *Imagined Communities: Reflections on the Origin and Spread of Nationalism*, London (Verso) 1991. Norbert Elias benennt das „sakrosante Wir-Ideal" des Nationalismus als „das mächtigste Glaubenssystem des 19. und 20. Jahrhunderts" und betont, wie „selbstverherrlichende Glaubenssysteme, besonders wenn die sie tragenden Kollektive sehr groß sind, […] eine eigene Schubkraft entwickeln, die keine einzelne Person oder Gruppe zu steuern vermag". Elias, Studien, S. 192, 194, 195.

25 Zit. n. Widmaier, Tobias: „Heil dir im Siegerkranz. Patriotisches Liedgut im Deutschen Kaiserreich", in: Paul, Gerhard; Schock, Ralph (Hg.): *Sound des Jahrhunderts. Geräusche, Töne, Stimmen 1889 bis heute*, Bonn (Bundeszentrale für politische Bildung) 2013, S. 46–49, hier

erklärte der singende „deutsche Mann" der Wilhelminischen Epoche „das Volkslied zum ‚Heiligsten', was das deutsche Sängertum zu bieten hatte".[26]

Überdies setzten kulturkonservative Kreise, zu denen das Offizierskorps zu rechnen war, auf die Pflege des Volkslieds als Bollwerk gegen die zerstörerischen Wirkungen der Moderne und „Garant der moralischen Veredelung und Gemütsbildung des Volkes".[27]

Lied-Traditionen

Mit der allgemeinen Wehrpflicht und der Durchdringung von Militär- und Zivilgesellschaft im 19. Jahrhundert[28] diffundierten auch die Liedrepertoires von Gesangvereinen und Armee. Die Rekruten brachten populäre Lieder in die Kasernen und umgekehrt wurden Soldatenlieder – neben ihrem Einsatz im Schulunterricht[29] – durch die ‚Gedienten' im Zivilleben bekannt und konnten propagandistisch instrumentalisiert werden.[30]

Am Beispiel von drei Liedern seien im Folgenden politisch-militärische Traditionsstränge vom 19. Jahrhundert bis zum Zweiten Weltkrieg und darüber hinaus knapp skizziert.

„Die Wacht am Rhein",[31] eines der antifranzösischen kriegsverherrlichenden Propagandalieder, wurde mit seiner Aufführung 1854 anlässlich der Silberhochzeit des späteren Kaisers Wilhelm I. und seiner Gattin Augusta von Sachsen-Weimar-Eisenach populär. Es diente mit seinem Marschcharakter und fanfarenartigen Refrain im deutsch-französischen Krieg 1870/71 als Kriegs- und Sturmlied, avancierte nach der Reichsgründung neben „Heil dir im Siegerkranz" zur inoffiziellen Natio-

---

S. 48. Beim „Kaiserpreissingen" waren nur Männergesangvereine zugelassen, und die Auswahl der Stücke sollte dezidiert nicht dem Vorbild philharmonischer Chöre nacheifern.

26 Klenke, Der singende „deutsche Mann", S. 168; er zitiert hier eine Äußerung von Gustav Wohlgemuth im Zusammenhang mit dem „Kaiserliederbuch" aus dem Jahr 1907.

27 Vgl. Widmaier, Patriotisches Liedgut, S. 48; vgl. hierzu auch Brusniak, Friedhelm: „Das Volksliederbuch für Männerchor (‚Kaiserliederbuch') als ‚Volkslieder-Buch' und ‚Volks-Liederbuch'", in: Salmen, Walter; Schubert, Giselher (Hg.): *Verflechtungen im 20. Jahrhundert. Komponisten im Spannungsfeld elitär – populär*, Mainz (Schott) 2005, S. 20–29.

28 Vgl. hierzu „Exkurs: Zum Zusammenhang von allgemeiner Wehrpflicht, Militarisierung der Nation und der Ausprägung von Geschlechterhierarchien" im Kapitel „Mit klingendem Spiel".

29 Vgl. Lemmermann, Heinz: *Kriegserziehung im Kaiserreich: Studien zur politischen Funktion von Schule und Schulmusik 1890–1918. Bd. 1: Darstellung, Bd. 2: Dokumentation*, Lilienthal/Bremen (Eres) 1984.

30 Vgl. Lixfeld, Hannjost: „Soldatenlied", in: Brednich, Rolf Wilhelm; Röhrich, Lutz; Suppan, Wolfgang (Hg.): *Handbuch des Volksliedes, Bd. 1: Die Gattungen des Volksliedes*, München (Fink) 1973, S. 833–862, S. 833.

31 Textanfang: „Es braust ein Ruf wie Donnerhall,/wie Schwertgeklirr und Wogenprall:/Zum Rhein, zum Rhein, zum deutschen Rhein!"

nalhymne und wurde ab dem Ersten Weltkrieg als Kampflied reaktiviert.[32] Für den
Ersten Weltkrieg sind zahlreiche Berichte überliefert, nach denen „Die Wacht am
Rhein" bei Sturmangriffen und Gefechten gesungen wurde, u. a. am 23. August 1914
beim Straßenkampf in Badonvilliers gegen die „Marseillaise" intonierende französische Soldaten.[33] Von Beginn des Zweiten Weltkriegs an wurden die ersten Töne
des Lieds als Erkennungsmelodie vor Sondermeldungen des Wehrmachtberichts
im Rundfunk eingesetzt (ab dem Überfall auf die Sowjetunion im Juni 1941 durch
die sogenannte „Russland-Fanfare", eine Bearbeitung des Hauptthemas aus Franz
Liszts „Les Preludes", ersetzt). Die Wahrnehmung der „Wacht am Rhein" als Prototyp demonstrativ-aggressiver deutscher Gesangskultur und ‚heimliche Hymne',
auch international, zeigte beispielsweise seine Verwendung im US-amerikanischen
Spielfilm „Casablanca" (1942, Regie Michael Curtiz). Und noch 1971 sorgte Udo
Jürgens mit seinem Lied „Lieb Vaterland" für kontroverse Reaktionen, er zitierte den
Refrain „Lieb Vaterland magst ruhig sein" in kritischer Intention.

Der „Choral von Leuthen" erhielt seine bis ins ‚Dritte Reich' wirksame mythische
Aufladung im 19. Jahrhundert.[34] Während des Siebenjährigen Kriegs (1756–1763)
hatten am 5. Dezember 1757 unweit des schlesischen Orts Leuthen die preußischen
Truppen Friedrichs II. die zahlenmäßig weit überlegenen österreichischen Gegner
besiegt. Soldatischen Gepflogenheiten folgend – geistliche Lieder und Dankgot-
tesdienste gehörten auch im 18. Jahrhundert zum kriegerischen Alltag[35] – sang die
Armee abends nach der Schlacht einen der bekanntesten protestantischen Choräle:
„Nun danket alle Gott".[36] Im Verlauf der Befreiungskriege wurde dieses Kirchenlied
als „Choral von Leuthen" zum spezifischen Danklied der preußischen Armee. Das
historische Geschehen bei Leuthen erhielt dabei eine durch angebliche Augenzeu-
genberichte belegte Glorifizierung, nach der die 25.000 überlebenden preußischen
Soldaten aus freien Stücken wie aus einem Munde über eine ganze Stunde lang den
Choral gesungen hätten – in tiefer Ergriffenheit angesichts der einigenden Kraft
des Gesangs.[37] Der Kult um Friedrich den Großen im 19. Jahrhundert förderte die
Bekanntheit dieser Legende, sie fehlte in keiner einschlägigen historischen Darstel-

---

32 Vgl. Giesbrecht, Lieb' Vaterland, S. 417.

33 Schleuning, Wacht, S. 86.

34 Zur Geschichte und Wirkung des Chorals vgl. Düsterberg, Rolf: „‚Nun danket alle Gott'
auf Bildpostkarten des Ersten Weltkriegs", in: Hanheide, Stefan; Helms, Dietrich; Glunz,
Claudia; Schneider, Thomas F. (Hg): *Musik bezieht Stellung. Funktionalisierungen der Musik
im Ersten Weltkrieg (Jahrbuch Krieg und Literatur, Bd. 19)*, Göttingen (V&R unipress) 2013,
S. 221–241; Hofer, Achim: „Joseph Goldes (1802–1886) ‚Fest-Reveille' (1858) über den Choral ‚Nun danket alle Gott' für Militärmusik", in: Moormann, Paradestück, S. 217–238.

35 Vgl. Hofer, Fest-Reveille, S. 225.

36 „Nun danket alle Gott/mit Herzen, Mund und Händen", Text Martin Rinckart (1586–1649)
1636, Melodie Johann Crüger (1598–1662) 1647; vgl. ebd., S. 222; Fischer, Michael: „Nun
danket alle Gott", in: *Populäre und traditionelle Lieder. Historisch-kritisches Liederlexikon*,
http://www.liederlexikon.de/lieder/nun_danket_alle_gott (Aufruf am 3.2.2016).

37 Vgl. Hofer, Fest-Reveille, S. 224f.

lung und war ein beliebtes Gemälde-Motiv.[38] Bei den Siegesfeiern in Sedan 1870 fand der Mythos des „Choral von Leuthen" seine Bestätigung[39] ebenso wie 1871 im Spiegelsaal von Versailles bei der Proklamierung des deutschen Kaiserreichs, das der preußische Hofprediger Adolf Stoecker zum „heiligen evangelischen Reich deutscher Nation" erklärte.[40] 1907 ließ Kaiser Wilhelm II. bei Leuthen einen Obelisken errichten mit einem Bronzemedaillon Friedrichs des Großen und der Inschrift „Nun danket alle Gott".[41] Mehrere tausend Menschen waren am 1. August 1914 bei der Verkündung der Mobilmachung vor dem Berliner Schloss versammelt und intonierten den Choral, der damit zum Bestandteil des „August-Erlebnisses" der Nation wurde.[42] Kaiser Wilhelm II. verabschiedete die ausziehenden Kadetten am 11. August 1914 mit den Worten: "Sollte uns Gott der Herr den Sieg schenken, so bitte ich mir aus, daß der Choral von Leuthen nicht fehlt."[43] Nach der Schlacht bei Tannenberg Ende August 1914, die ihrerseits Legenden-Status erlangte, schlossen die Truppen an die soldatische Tradition an und sangen das Danklied.[44] Auch eine Reihe von „Fridericus Rex"-Filmen, die von 1920 bis 1942 produziert wurden, bediente sich massenwirksam dieser erbaulichen Erzählung. 1933 kam der Film „Der Choral von Leuthen" (Regie Carl Froelich) in die deutschen Kinos,[45] der eine „Mechanik von einsamem Befehl und gläubigem Gehorsam" verklärte.[46] Am 21. März 1933 setzte Joseph Goebbels in der Potsdamer Garnisonkirche (deren Gruft den Sarg Friedrichs des Großen barg) beim so genannten „Tag von Potsdam" im Rahmen der nationalsozialistischen Machtübernahme den „Choral von Leuthen", von der Orgel intoniert, in Szene, womit die Verschmelzung traditioneller preußischer Werte mit dem neuen Staat suggeriert wurde und die „Verbindung von Militärmonarchie und ‚erwachtem' Deutschland" eine „religiös überhöhte charismatische Weihe" erhielt.[47] Der gesamte

---

38 Bekannt ist „Choral am Abend der Schlacht" von Wilhelm Camphausen (1818–1885) von 1864; s. http://preussen-chronik.de/bild_jsp/key=bild_leuthen_choral.html (Aufruf am 3.2.2016); zu Adolph von Menzels unvollendetem Monumentalgemälde „Friedrich der Große mit seiner Suite und Generalität vor der Schlacht von Leuthen" vgl. Kloosterhuis, Jürgen: *Menzel militaris. Sein „Armeewerk" und das „Leuthen"-Bild im militärhistorischen Quellenkontext*, Berlin (Geheimes Staatsarchiv Preußischer Kulturbesitz) 2015.

39 Vgl. Fischer, Liederlexikon.

40 Hofer, Fest-Reveille, S. 226.

41 Ebd.

42 Vgl. ebd.; Deutsches Historisches Museum: https://www.dhm.de/lemo/kapitel/erster-weltkrieg/innenpolitik/august/ (Aufruf am 3.2.2016).

43 Tardel, Hermann (Gymnasiallehrer und Volkskundler): „Die Macht des deutschen Liedes im gegenwärtigen Kriege", in: *Preußische Jahrbücher*, Jg. 1916, S. 75f., zit. n. Liederlexikon des Zentrums für Populäre Kultur und Musik Freiburg (vormals Volksliedarchiv) http://www.volksliederarchiv.de/1916-die-macht-des-deutschen-liedes-im-gegenwaertigen-kriege/ (Aufruf am 6.2.2016).

44 Fischer, Liedlexikon.

45 Düsterberg, Nun danket, S. 237; Hofer, Fest-Reveille, S. 226. Der Film passierte die Zensurbehörde just am Tag der „Machtergreifung" Hitlers.

46 Düsterberg, Nun danket, S. 237.

47 Ebd., S. 238.

Festakt wurde im Rundfunk übertragen und als Großereignis auf öffentlichen Plätzen für die Bevölkerung akustisch miterlebbar gemacht.[48]

Ludwig Uhland (1787–1862) schrieb 1809, anlässlich der Tiroler Freiheitskämpfe, „Der gute Kamerad" („Ich hatt einen Kameraden,/einen besseren findst du nit …").[49] Nach dem Gedicht „Rewelge" aus von Arnims/Brentanos „Des Knaben Wunderhorn"[50] schuf er die Verse im „Volksliedton", ein „Kunstlied im Volksmund".[51] In der Vertonung Friedrich Silchers (1789–1860) von 1827[52] wurde das Lied fester Bestandteil im Repertoire der Liedertafeln quer durch alle Gesellschaftsschichten und bei den Armeen der deutschen Kleinstaaten. Uhland als Vertreter einer „volkspädagogischen Form der Poesie"[53] zielte mit seinen Versen auf die ‚Versittlichung' des Militärs, die Wahrung von menschlicher Autonomie und Würde, wofür das Ideal der „Kameradschaft" Sinnbild ist.[54]

Mit dem Krieg gegen Frankreich 1870/71 wurde „Der gute Kamerad" zum offiziellen Lied soldatischen Totengedenkens, seit dem Ersten Weltkrieg ist es unverzichtbarer Bestandteil des militärischen „Abschiedszeremoniells".[55]

---

48   Vgl. Hofer, Fest-Reveille, S. 226f.

49   Vgl. hierzu Fischer, Michael; Schmidt, Rebecca: „Ich hatt einen Kameraden", in dies.: *„Mein Testament soll seyn am End. Sterbe- und Begräbnislieder zwischen 1500 und 2000 (Volksliedstudien, Bd. 6)*, Münster (Waxmann) 2005, S. 203–228; Zimmermann, Harm-Peer: „Der gute Kamerad. Ludwig Uhlands freiheitliche Konzeption des militärischen Totenkults", in: *Zeitschrift für Volkskunde*, Jg. 1999, Hefte1/95, S. 1–13 (online unter http://www.isek.uzh. ch/aboutus/team/zimmermann/text29.pdf; Aufruf am 6.2.2016); Oesterle, Kurt: „Die heim liche deutsche Hymne", in: *Schwäbisches Tagblatt* Nr. 264, 15.11.1997 (online unter http:// www.reporter-forum.de/fileadmin/pdf/Theodor-Wolff-Preis/1998_Oesterle_Die_heimli che_deutsche_Hymne.pdf; Aufruf am 6.2.2016); mehrere Einträge zum „Guten Kamerad" im Liederlexikon des Zentrums für Populäre Kultur und Musik: http://www.volkslieder archiv.de/ich-hatt-einen-kameraden; http://www.volksliederarchiv.de/ich-hatt-einen-kame raden-1916-in-der-heimat/; http://www.volksliederarchiv.de/ich-hatt-einen-kameraden-1918/; http://www.volksliederarchiv.de/1917-das-deutsche-lied-an-der-front/ (Aufruf am 6.2.2016).

50   Zwischen 1805 und 1808 in drei Bänden erschienen.

51   Meier, John: *Kunstlieder im Volksmunde. Materialien und Untersuchungen,* Halle (Niemeyer) 1906, Nachdruck mit einem Nachwort von Rolf Wilhelm Brednich, Hildesheim (Olms) 1976. Zu John Meier und seiner Arbeit mehr im folgenden Abschnitt „Zum Umgang mit Soldatenliedern ab 1914".

52   Silcher bediente sich dabei des Schweizer Volkslieds „Ein schwarzbraunes Mägdelein hat einen Feldjäger lieb" und passte dessen im 3/4-Takt stehende Melodie an Uhlands Versmaß mit auftaktigem 4/4-Takt an; vgl. http://www.volksliederarchiv.de/ich-hatt-einen-kamera den.

53   Zimmermann, Kamerad, S. 4.

54   Ebd., S. 6.

55   Vgl. http://www.volksliederarchiv.de/ich-hatt-einen-kameraden. „Der gute Kamerad" erklingt noch heute, nur instrumental von einer Trompete intoniert, bei Begräbniszeremonien der Bundeswehr und am Volkstrauertag.

In der Kaiserzeit verstärkt militaristisch und nationalistisch vereinnahmt, erreichte es im Ersten Weltkrieg höchste Beliebtheit:

„Es gab im Weltkriege kein Lied, das so beliebt und verbreitet war als dieses."[56]

„[…] wir sangens in der Kaserne, auf dem Marsch, im Ruhequartier, dem toten Kameraden ins Grab."[57]

Dabei erfuhr sein schwermütiger Charakter Änderungen, so wurde es als Marschlied beschleunigt gesungen und erhielt nach jeder Strophe den Kehrreim: „Gloria, Gloria, Gloria Viktoria,/mit Herz und Hand für's Vaterland, für's Vaterland!/Die Vöglein im Walde, die sangen so wunder-, wunderschön/In der Heimat, in der Heimat, da gibt's ein Wiedersehn" angehängt.[58] Der Volksliedforscher John Meier wertete das Verfahren, „an den larmoyanten Schluss eines tieftraurigen Liedes" einen heiteren Vers anzufügen, als „ein Satyrspiel nach dem Drama", mit dem „die vom Liede erweckte melancholische Stimmung" bekämpft würde.[59] Andere zeitgenössische Musikologen äußerten sich ablehnend zu dem neuentstandenen Liedgebilde.[60] Für die Soldaten hingegen war es in dieser Fassung wegen seiner „begeisternden Wirkung" das meistgesungene, beliebteste Lied im Ersten Weltkrieg,[61] von dem zahlreiche Parodien wie „Ich hatt einen Katzenbraten", „Ich hatt einen Käs mit Maden" „Ich hatt mal Marmelade" kursierten, die die mangelnde Versorgung mancher Frontabschnitte beleuchteten, oder mit „Ich hatt einen Kameraden/einen schlechtern findst du nit" Spannungen innerhalb der Truppe benannten.[62]

---

56 Angenetter, August; Blümml, Emil Karl: *Lieder der Einserschützen. Gesammelt, herausgegeben und mit Gitarrebezeichnung versehen,* Wien 1924, S. 137, Nr. 2, zit. n. Lixfeld, Soldatenlied, S. 836.

57 Künzing, Johannes: Lieder der badischen Soldaten, hrsg. im Auftrage des Badischen Volksliedausschusses, Ausgabe B (mit Anmerkungen), Leipzig 1927, S. 201, Nr. 95, zit n. ebd. Vgl. auch Elias, Studien, S. 430: „Die Verse vom „Guten Kameraden" […] waren ein Lieblingslied deutscher Soldaten und des deutschen Volkes."

58 Vgl. Zimmermann, Kamerad, S. 3, http://www.volksliederarchiv.de/ich-hatt-einen-kamera den; http://www.volksliederarchiv.de/ich-hatt-einen-kameraden-1916-in-der-heimat/; Vgl. Gerdes, Aibe-Marlene: „Soldatenlieder als Volkslieder – Volkslieder als Soldatenlieder. John Meier und das deutsche Soldatenlied", in: Detering, Nicolas; Fischer, Michael; Gerdes, Aibe-Marlene (Hg.): *Populäre Kriegslyrik im Ersten Weltkrieg,* Münster (Waxmann) 2013, S. 191–216, S. 199.

59 Meier, John: *Das deutsche Soldatenlied im Felde* (Trübners Bibliothek Bd. 4), Straßburg 1916[1], S. 22.

60 Vgl. die Zusammenstellung von Zitaten auf den Seiten des Zentrums für Populäre Kultur und Musik http://www.volksliedcrarchiv.de/ich-hatt-einen-kameraden; http://www.volslieder archiv.de/ich-hatt-einen-kameraden-1916-in-der-heimat/; http://www.volksliederarchiv.de/ ich-hatt-einen-kameraden-1918/; http://www.volksliederarchiv.de/1917-das-deutsche-lied-an-der-front/ (Aufruf am 6.2.2016).

61 Vgl. ebd.; Oesterle, Hymne.

62 Vgl. Fischer/Schmidt, Ich hatt einen Kameraden, S. 219.

Das NS-Regime bemächtigte sich des Lieds für das so genannte Heldengedenken, obwohl zunächst Zweifel wegen ungenügender Kampfbejahung und Heldentod-Verherrlichung bestanden.[63] Jedoch war es sowohl als Inbegriff des Soldatenlieds schlechthin als auch als vertrauter Teil der Totenfeier unerlässlich für den Traditionsanspruch, den Regime und Wehrmacht erhoben.

„Der gute Kamerad" war zur Chiffre geworden, um allgemein verständlich den positiven, hilfreichen Wert des Soldatengesangs aufzurufen.[64] So fasste John Meier seine Reflexionen über Soldatenlieder mit den Worten zusammen:

> „Denn er [der Soldat] weiß, daß in allen Lagen seines Kriegslebens, in Trauer und Lust, in Jubel und Ernst, das Lied ihn treu begleitet, daß er in ihm einen guten Kameraden hat, einen bessern find't er nit!"[65]

Im Zweiten Weltkrieg paraphrasierte der Chef des Oberkommandos der Wehrmacht Generalfeldmarschall Wilhelm Keitel diesen Gedanken:

> „Das Lied ist zu allen Zeiten der gute Kamerad des deutschen Soldaten in frohen und schweren Stunden gewesen."[66]

Umgang mit Soldatengesang ab 1914

Der Beginn des Ersten Weltkriegs wurde in Deutschland als große Zeitenwende, als alles in den Schatten stellendes Ereignis begriffen. Das zeitigte einen ausgeprägten Drang, das Geschehen möglichst facettenreich zu dokumentieren und entfachte eine wahre Sammelwut von Kriegsandenken. So nahmen volkskundliche Forscher den Krieg als „Erntezeit" wahr, die „wie keine andere Zeit in die Seele unseres Volkes blicken" lasse.[67] Bibliotheken, Archive und Museen horteten vor allem so genanntes Kriegsschrifttum – Liedertexte, Kriegsgedichte, die auch in großer Anzahl in Zei-

---

63 Vgl. Zimmermann, Kamerad, S. 3.

64 Diese Traditionsbindung – wie auch die von „Lili Marleen" – wirkt in der Bundeswehr bis in die heutige Zeit, wie der Brigadegeneral Robert Bergmann 2006 in Erinnerung an seinen Einsatz im Kosovo deutlich machte: „Was mich sehr beeindruckt hat war, als wir gemeinsam mit französischen Soldaten bei einer Trauerfeier das Lied sangen „Ich hatt' einen Kameraden". Die Melodie war allen bekannt, wir sangen es in Deutsch und unsere französischen Kameraden in ihrer Sprache. Auch erinnere ich mich daran, dass in den Lagern, jeden Abend kurz bevor die Betreuungseinrichtungen schlossen, aus den Lautsprechern überall das Lied „Lili Marleen" erklang. Soldaten aus allen Nationen kennen dieses Lied und es hatte eine Nation-übergreifende, eine multinationale Aussagekraft." Bergmann, Robert: „Militärisches Erleben der Krise", in: Schramm, Musik und Krise, S. 19–23, S. 21.

65 Meier, Soldatenlied, S. 63.

66 Geleitwort, in: Lorenz, Ferdinand; Strube, Adolf (Hg.): *Handbuch für die Singleiter der Wehrmacht*, Leipzig (Merseburger) o.J.

67 Eugen Mogk: „Volkskunde und der Krieg", in: *Mitteilungen des Vereins für sächsische Volkskunde 6 (März 1916)*, S. 211, zit. n. Gerdes, Der Soldat, S. 67.

tungen abgedruckt wurden,[68] Feldpost sowie Aufzeichnungen von Anekdoten, von sogenanntem Soldatenhumor und von soldatischen Bräuchen. Eine Aufstellung aus dem Frühjahr 1917 verzeichnete 217 ‚Kriegssammlungen‘ in staatlichen Institutionen.[69]

Das gesellschaftliche Leben im Kaiserreich war in hohem Maß von Musik bestimmt; Singen und Musizieren strukturierten nicht nur die private und familiäre Welt,[70] sondern ebenso die schulische Erziehung[71] wie das öffentliche Dasein im Alltag und an Festtagen, bei denen Militärmusik und Soldatenlieder ihren festen Platz hatten.[72] Das Ausrücken junger Rekruten, ihr *rite de passage*[73] vom Zivil- ins Soldatenleben, war ohne klingendes Spiel einer Militärkapelle, begeisterten Gesang und Begleitung durch die Zivilbevölkerung nicht vorstellbar.[74] Das galt zu Beginn des Ersten Weltkriegs ebenso für die mit Blumen geschmückten Truppen auf ihrem Weg zum Bahnhof.[75] Entsprechend nahm Singen bei den Soldaten im Ersten Weltkrieg großen Raum ein,[76] und es entstanden zahllose neue Lieder sowie Neutextierungen und Parodien bekannter Gesänge und Märsche.

---

68 „... allein im Monat August 1914, also im Monat der Kriegserklärungen an Russland und Frankreich, [sind] eineinhalb Millionen Kriegsgedichte verfaßt worden, 50.000 an jedem Tag." Schleuning, Wacht, S. 81.

69 Vgl. Gerdes, Aibe-Marlene: „Populäre Kriegslyrik als Sammelgegenstand. Die Weltkriegssammlungen im Deutschen Volksliedarchiv", in: Detering, Populäre Kriegslyrik, S. 97–120; Korff, Gottfried: „Vorwort", in: ders. (Hg.): *KriegsVolksKunde. Zur Erfahrungsbindung durch Symbolbildung (Untersuchungen des Ludwig Uhland Instituts der Universität Tübingen, Bd. 98),* Tübingen (TVV-Verlag) 2005, S. 9–30. Im „Jubiläumsjahr" 2014 hat die Badische Landesbibliothek mit https://www.kriegssammlungen.de/ ein umfangreiches Portal veröffentlicht, das im Rahmen eines Projekts der Arbeitsgemeinschaft der Regionalbibliotheken im Deutschen Bibliotheksverband die noch vorhandenen Sammlungen aus dem Ersten Weltkrieg zugänglich macht. Ausgangsbestand sind 235 Sammlungen, die weiter ergänzt werden (Aufruf am 2.3.2014).

70 Wie solche Gesangskultur in einer bürgerlichen Familie in den 1950er/60er Jahren bei festlichen Anlässen fortlebte, beschreibt z. B. Per Leo in seinem Roman *Flut und Boden,* Stuttgart (Klett-Cotta) 2014, S. 15ff., ähnlich Wibke Bruhns in *Meines Vaters Land,* Berlin (Ullstein) 2004, S. 141ff.

71 Vgl. hierzu Lemmermann, Kriegserziehung.

72 Vgl. Giesbrecht, Musik und Propaganda, S. 17.

73 Der französische Ethnologe Arnold van Gennep prägte 1909 das Konzept der Übergangs- oder Passageriten, die eine Person auf ihrem gesellschaftlichen Lebensweg durchläuft; vgl. van Gennep, Arnold: Übergangsriten, Frankfurt, New York (Campus) 2005³, Original: *Les rites de passage. Étude systématique des rites,* Paris (Nourry) 1909.

74 Vgl. Unseld, Melanie: „Begleitmusik für die Transformation zum Helden", in: Hanheide, Stefan; Helms, Dietrich; Glunz, Claudia; Fischer, Thomas (Hg.): *Musik bezieht Stellung. Funktionalisierungen der Musik im Ersten Weltkrieg,* Göttingen (Vandenhoeck & Ruprecht) 2013, S. 31–62, S. 36.

75 Ebd., S. 31.

76 Zudem gab es für die Frontsoldaten Musik nur bei Einsätzen der Militärkapellen oder wenn Soldaten ihre mitgebrachten Instrumente spielten. Eine Truppenbetreuung durch reisende

Der Volkskundler John Meier,[77] der 1914 mit dem Aufbau des Deutschen Volkslied-archivs in Freiburg/Breisgau begonnen hatte, erkannte den Wert der Soldatenlieder als willkommenes Quellenkorpus. Wie seine Fachkollegen war auch Meier über-zeugt, der Krieg lüfte den „Vorhang der Zivilisation"[78] und ermögliche tiefe Einblicke in die Seele des Volkes. Die Soldaten würden die Lieder nicht nur singen, sondern über Standes- und Klassengrenzen hinweg gemeinsam emotional erleben und ge-stalten, was Ausdruck einer genuin neuen Volkskultur wäre. Maier startete bereits zu Beginn des Krieges mit einer Fragebogenaktion eine großangelegte Sammlung von Soldatenliedern: durch die Armee- und Feldzeitungen wurden alle Kompanien aufgefordert, sämtliche Lieder in Text und Melodie zu notieren und einzusenden.[79] Meier differenzierte dabei explizit zwischen den von der Truppenführung verordne-ten Liedern (die ihn in seinem Selbstverständnis als Forscher nicht interessierten) und dem, was die Soldaten von sich aus sangen, umsangen, parodierten, abwan-delten, erfanden – überzeugt davon, „daß der Soldat nur das singt, was er wirklich fühlt".[80] Zudem fragte er nach dem Kontext, in dem die einzelnen Lieder erklan-gen.[81] Diese akteursorientierte Perspektive betrachtete als Soldatenlieder alles, was die Soldaten sangen – auch Volks-, Heimat- und Liebeslieder, religiöse Gesänge, Operettennummern und Schlager.[82]

Bis 1918 trug das Freiburger Archiv rund 3.000 Liedbelege[83] zusammen, von denen circa 200 in der ganzen Armee allgemein verbreitet waren.[84] Bereits 1916 veröffent-

---

Unterhaltungsensembles oder die Versorgung der Einheiten mit Grammophonen und In-strumenten gab es nicht. Das während des Zweiten Weltkriegs so zentrale Medium Radio kam in Deutschland erst in den 1920er Jahren auf.

77 John Meier (*1864 in Vahr/Bremen, † 1953 in Freiburg/Breisgau) studierte Germanistik, Ro-manistik, Anglistik, Geschichte und Anthropologie. Er war ab 1899 mit Volksliedforschung zunächst in der Schweiz (Gründung des Schweizer Volksliedarchivs Basel 1906), ab 1911 in Deutschland beschäftigt, 1912 wurde er Ordinarius für Volkskunde in Freiburg/Breisgau.

78 Zit. n. Gerdes, Populäre Kriegslyrik, S. 105.

79 Vgl. Gerdes, Soldatenlieder, S. 191.

80 Zit. n. ebd., S. 192.

81 Meiers empirisches Vorgehen war für die Zeit wegweisend modern, vgl. Fischer, Michael: „100 Jahre Deutsches Volksliedarchiv – Gründung des Zentrums für Populäre Kultur und Musik", in: ders.; Widmaier, Tobias (Hg.): *Lieder/Songs als Medien des Erinnerns (Jahrbuch des Zentrums für Populäre Kultur und Musik, Bd. 59)*, Münster (Waxmann) 2014, S. 9–18, hier S. 9.

82 Eine andere Perspektive fasste das Soldatenlied als „Berufslied" auf, Kriterium dafür wa-ren mit den besungenen soldatischen Tätigkeiten die spezifischen Liedinhalte. Vgl. hierzu Oldag, Harald: *Das Berufslied des deutschen Soldaten von 1914 bis 1918: Untersuchung über die Beziehungen von soldatischem Beruf und Soldatenlied*, phil. Diss. München 1924; Schleu-ning, Wacht, S. 80.

83 Vgl. Zentrum für Populäre Kultur und Musik https://www.dva.uni-freiburg.de/sammlun gen/Deutsches_Volksliedarchiv (Aufruf am 20.1.2016), Schleuning nennt sogar 6.000 „Lie-der aller Art" (Schleuning, Wacht, S. 81) – woher diese Differenz rührt, ist unklar.

84 Vgl. Schleuning, Wacht, S. 81.

lichte Meier mit „Das deutsche Soldatenlied im Felde"[85] eine erste Auswertung, die auf 76 Seiten eine systematisierte Darstellung nebst Schlussfolgerungen bot.[86] Dabei geriet ihm der Krieg zum „Beförderer des Wahrhaftigen", verlöre doch, was zuvor nur leeres Gerede sei, im Krieg das „Schemenhafte, Konventionelle" und würde „tief gefühlt – Heimat, Vaterland, Kampf und Krieg, Sieg und Tod".[87] Mit der Niederlage des Deutschen Reichs erlosch jedoch Meiers von patriotischer Kriegsbejahung geprägtes Interesse an dieser Sammlung von Zeugnissen vermeintlichen volkskulturellen Neubeginns, seine ursprünglich geplante weitere Auswertung unterblieb.[88]

Zeitgenössische Liedersammlungen für die kriegsbegeisterte Bevölkerung in der Heimat edierten u. a. 1915 der Dichter Klabund (Alfred Henschke): „Das deutsche Soldatenlied wie es heute gesungen wird", ein 318 Seiten umfassender illustrierter Band, und 1917 der Literatur- und Theaterwissenschaftler Artur Kutscher: „Das richtige Soldatenlied. Verse und Singweisen im Feld gesammelt".[89] Auch bei diesen beiden Titeln fällt die Betonung des Kriteriums ‚Authentizität' auf.[90]

Zwischen 1914 und 1918 erschien eine Fülle von Literatur evangelisch-theologischer Provenienz zum Thema Kirchenlied im Weltkrieg.[91] Im Zusammenhang mit der Reichsgründung 1871 hatte sich ein oft aggressiv konnotierter Nationalprotestantismus entwickelt, der nun religiöse Lieder zu „treue[n] Bundesgenossen in Deutschlands heiligem Kriege"[92] erklärte. In den zweckdienlich aufbereiteten Berichten über hilf- und segensreich wirkende Choräle im Feld wurden die Kon-

---

85 Meier, Soldatenlied.

86 Meiers Datenbasis bestand aus den ersten 143 Zuschriften, die alle getränkt von patriotischer Kriegsbegeisterung waren. Insgesamt erreichten Einsendungen von 799 Gewährsmännern das Volksliedarchiv; vgl. Gerdes, Soldatenlieder, S. 206.

87 Ebd., S. 2f.

88 Andere Forscher setzten die Beschäftigung mit Soldatenliedern in den 1920er Jahren fort, z. B. Oldag, Berufslied; Schrecker, Heinz Hermann: *Die Erotik im Soldatenlied*, phil. Diss. München 1921; Schuhmacher, Wilhelm: *Leben und Seele unseres Soldatenlieds im Weltkrieg*, Frankfurt/Main (Diesterweg) 1928.

89 Klabund: München (Müller) 1915, Kutscher: Berlin (Grote) 1917, vgl. Gerdes, Populäre Kriegslyrik, S. 68.

90 Allerdings vermieden beide Editionen anstößige Texte. Ob sowohl Henschke als auch Kutscher bei ihren Erhebungen diese von vornherein ausgespart hatten oder korrigierende Eingriffe im Verlag erfolgten, muss dahingestellt bleiben. Für die Sammlung des Volksliedarchivs ist bekannt, dass manche Gewährsmänner auch vulgäre und zotige Lieder einsandten, John Meier wertete diese „gelegentlichen Derbheiten" als Zeichen von „Authentizität", bezog sie jedoch in seine Auswertung ebenfalls nicht mit ein. Vgl. Gerdes, Soldatenlieder, S. 205.

91 Vgl. Fischer, Michael: „Kirchenlied und nationalreligiöse Propaganda", in: Hanheide, Stefan; Helms, Dietrich; Glunz, Claudia; Schneider, Thomas F. (Hg): *Musik bezieht Stellung. Funktionalisierungen der Musik im Ersten Weltkrieg (Jahrbuch Krieg und Literatur Bd. 19)*, Göttingen (V&R unipress) 2013, S. 205–220.

92 Bang, Simon: „Ein treuer Bundesgenosse in Deutschlands heiligem Krieg", Vortrag Dresden beim Ev.-Luth. Schulverein für das Königreich Sachsen (*Schriften des Ev.-Luth. Schulvereins 8*) 1914, zit. n. Fischer, Kirchenlied, S. 205.

fessionsunterschiede zwischen protestantischen und katholischen Soldaten in einer Weise „nationalreligiös homogenisiert", wie sich die Autoren die Lösung des ‚Kulturkampfs' vorstellten: als „Einordnung der Katholiken in die protestantische Reichsnation".[93] Dabei wurde religiösen Gesängen nicht nur seelsorgerische Qualität zugeschrieben, sondern in militärischer Hinsicht ein Zusammenhang von Gesang und Sieg postuliert.[94] Als Repertoire wurden am häufigsten „Ein feste Burg ist unser Gott", „Großer Gott, wir loben dich", „Harre, meine Seele", „Ich bete an die Macht der Liebe", „Nun danket alle Gott" und „Wir treten zum Beten (Niederländisches Dankgebet)" genannt.[95]

Liedrepertoire der Soldaten im Ersten Weltkrieg

Grundlegend für die Auseinandersetzung mit Soldatengesang war die Überzeugung, die Lieder als Kollektivmedien erlaubten Rückschlüsse darauf, wie „Intellektuelle und einfache Soldaten, Freiwillige und Eingezogene den Krieg erlebten [...] und verarbeiteten".[96] Der Gesang spiegele das „Spannungsverhältnis von Wunschbildern und Wirklichkeit", in dem die Soldaten stünden und ermögliche Aussagen über die Bedürfnisse der Soldaten.[97] Zwar ließe sich rückblickend der situative und kommunikative Kontext, in dem die Lieder erklangen, aus den Sammlungen nicht erschließen, trotzdem vermittelten die Quellen anhand der in den Liedern verhandelten Themen Erkenntnisse über die Befindlichkeiten der Singenden. Lieder verfügen über Leerstellen oder Andockmöglichkeiten, an denen die singende Person ihre eigenen Deutungen und die ihrem jeweiligen Erwartungshorizont entsprechende Verwendung einbringt.[98] Die aus freien Stücken gesungenen Lieder formulierten Wahrnehmungs- und Sinnstiftungsangebote, die sich für die Soldaten als anschlussfähig erwiesen.

Die gebundene Form eines Lieds versetzte die Sänger in die Lage, Gefühle zu artikulieren, die sonst unausgesprochen blieben, weshalb John Meier dem Gesang die Funktion eines lebensnotwendigen emotionalen „Ventils" zuerkannte, um „von übermäßiger Spannung zu befreien".[99] Er bestimmte das Lied als Medium psychischer Zustände:

---

93 Ebd., S. 210.

94 Ebd., S. 217.

95 Ebd. S. 216f.

96 Mosse, George L.: „Kommentar. Zum deutschen Soldatenlied", in: Vondung, Klaus (Hg.): *Kriegserlebnis. Der Erste Weltkrieg in der literarischen Gestaltung und symbolischen Deutung der Nationen*, Göttingen 1980, S. 331–333, hier 331, zit. n. Gerdes, Der Soldat, S. 69.

97 Göttsch, Männerbilder, S. 147.

98 Vgl. Stambolis, Barbara: „Lieder im Generationengedächtnis", in: dies.; Reulecke, Jürgen (Hg.): *Good-bye memories? Lieder im Generationengedächtnis des 20. Jahrhunderts*, Essen (Klartext) 2007, S. 11–23, hier S. 14.

99 Meier, Soldatenlied, S. 5.

„Was ihn im innersten Herzen bewegt, mag und will der Mann aus dem Volke meist nicht in Worten aussprechen, und je weniger, je tiefer es ihn packt. Allerhand Ursachen dafür treffen zusammen: eine gewisse Keuschheit, Schüchternheit und Geniertheit, die ihn seine Gefühle nicht enthüllen läßt, damit die Furcht, zu weich und unmännlich zu erscheinen, und endlich eine gewisse Unfähigkeit des Ausdrucks. So verschweigt er in persönlichem direktem Austausch meist seine Empfindungen und gibt sich, das Gegenteil maskierend, derber, härter und spöttischer als er ist. Da hilft nun das Lied: in ihm sagt und klagt er, was ihn bewegt und was er sonst nicht selbst sagen kann und mag."[100]

Ein Gewährsmann Meiers benannte als musikalische Vorlieben:

„Der Soldat, wie das Volk, von dem er ja nur ein Teil ist, hat seine Freude an möglichst sentimentalen Liedern […]. Daneben treten […] auch neueste oder weniger neue Operettenschlager und Couplets auf […]."[101]

Auf das aus der städtischen Unterhaltungskultur stammende Repertoire ging Meier in seiner Auswertung jedoch nicht weiter ein, sondern fasste die Erhebungen mit Blick auf die Textinhalte generalisierend zusammen:

„Das vom Soldaten draußen gesungene Lied behandelt inhaltlich vor allem die Heimat und die heimatliche Natur, Weib und Kind, die Liebste und die Mutter oder die Eltern und die Sehnsucht nach all diesem, daneben dann das Kampfleben des Soldaten, das Vaterland und die eigene Waffe, deren Vorzüge stets gern hervorgehoben werden. Alles dies muß mit scharfen Akzenten und starken Farben versehen sein, soll es wirken und gefallen: der Soldat liebt laute Lieder."[102]

Die Ausdifferenzierung von Waffengattungen im Ersten Weltkrieg wie Funker, Maschinengewehrschützen, Panzerfahrer oder Flieger brachte neben traditionellen Infanterie-, Artillerie- und Kavallerieliedern eine Vielzahl neuer Lieder hervor, die die Vorzüge des jeweiligen Truppenteils betonten und damit das Bedürfnis nach Selbstdarstellung und Identifikation spiegelten.[103]

Mit Reflexionen über Tod und Sterben setzte sich Reinhard Olt in seiner Untersuchung über Soldatenlieder[104] auseinander. Zu diesem Thema nahmen historische Landsknechts- und Soldatenlieder einen wichtigen Platz ein, was Olt als Bedürfnis der Soldaten nach einem Gegengewicht zum Erleben des ‚industriellen' Kriegs bewertete:

---

100 Ebd.

101 Ebd., S. 21: Max Engelberger, Musketier, XIV. A.-K., Inf. Rgt. 114.

102 Ebd., S. 22.

103 Vgl. Meier, Soldatenlied, S. 22; Lixfeld, Soldatenlied, S. 846; Schleuning, Wacht, S. 90; Olt, *Krieg und Sprache. Untersuchungen zu deutschen Soldatenliedern des Ersten Weltkriegs*, 2 Bd., Gießen (Wilhelm Schmitz) 1981, S. 153.

104 Olt, Krieg und Sprache.

„Gerade die Massenvernichtung während der Materialschlachten, denen täglich Zehntausende zum Opfer fielen, mußte zwangsläufig das Gefühl nähren, nicht als Individuum zu sterben, sondern als unbedeutendes Teilchen in der großen Masse würdelos ausgelöscht zu werden [...]."[105]

Die traditionellen Lieder mit ihrem zumeist personalen Stil würden helfen, sich eines Bewusstseins als Individuum zu versichern und damit die Vorstellung des anonymen Massentods zu bannen.[106] Sprachlich würden Tod und Sterben vor allem mithilfe von Euphemismen („Auf fremder Erde schlafen wir"), Symbolen („Blutig glänzt das Morgenrot") und Metaphern („Ins Gras beißen") umschrieben,[107] die das christliche Konzept des Tods als ‚langem Schlaf', als Aufgehobensein im Jenseits mit dem aus der Antike stammenden Bild vom Heldentod („Dulce et decorum est pro patria mori") verknüpften.

Bei den so genannten Ruheliedern, die die Soldaten abends im Quartier sangen, nahmen Lieder über Frauen großen Raum ein,[108] die kontrastierende Weiblichkeitsbilder aufriefen und in ihrer bipolaren Struktur geschlechtsspezifischer Zuschreibungen[109] der Bestätigung einer hegemonialen männlich-soldatischen Identität dienten.[110] Am häufigsten thematisierten die Lieder die Liebste in der Heimat:[111] die Sehnsucht nach ihr, die Situation des Abschieds, die Bedeutung der Treue und die Sorge um das ungewisse Wiedersehen. Dabei geriet die engelsgleich idealisierte Geliebte zum Symbol für das gesamte zivile Leben, zum überhöhten Gegen- und Zukunftsbild des soldatischen Seins. Als Verkörperung des Zivillebens schlechthin widerfuhr der treuen Geliebten eine höchst bedeutende Aufladung, sie stand stellvertretend für den Grad der Unterstützung, den die Heimat der Front und dem männlichen Kriegseinsatz zollte.[112] Dem ‚Engel in der Heimat' wurde in seinem Warten auf den geliebten Mann eine vollkommen passive, von sämtlichen sozialen Beziehungen abgelöste Rolle zugewiesen, die realen Kriegsverhältnisse für die Zivilbevölkerung fanden in den Liedtexten keinen Niederschlag.[113] Im Gegensatz zu dem verklärten Bild der Geliebten in der Heimat standen die soldatischen Projektionen

---

105 Ebd., S. 197f.

106 Vgl. Witt-Stahl, But his Soul, S. 100f.

107 Olt, Krieg und Sprache, S. 196.

108 Vgl. z. B. Gerdes, Der Soldat, S. 72; Olt, Krieg und Sprache, S. 209; Schuhmacher, Leben und Seele, S. 24.

109 Vgl. Klenke, Der singende „deutsche Mann", S. 134.

110 Vgl. Gerdes, Der Soldat, S. 69. Zum Begriff hegemonialer Männlichkeit bzw. männlicher Hegemonie vgl. Connell, Der gemachte Mann; Meuser, Michael; Scholz, Sylka: „Hegemoniale Männlichkeit. Versuch einer Begriffserklärung aus soziologischer Perspektive", in: Dinges, Martin (Hg.): *Männer – Macht – Körper. Hegemoniale Männlichkeit vom Mittelalter bis heute*, Frankfurt/Main, New York (Campus) 2005, S. 211–227.

111 Gerdes, Der Soldat, S. 73ff.

112 Ebd., S. 75f., vgl. auch Giesbrecht, Musik und Propaganda, S. 15 und Olt, Krieg und Sprache, S. 104.

113 Gerdes, Der Soldat, S. 76.

von Frauen, die in der Welt des Militärs tätig waren, wie Etappenhelferinnen und andere sogenannte Hilfskräfte: Frauen außerhalb der heimatlichen Einhegung galten – im Rückgriff auf überkommene Motive wie die Marketenderinnen aus Landsknechtzeiten – per se als Prostituierte.[114] Wie die „Regimentsmarie", die „ein' jedem gleich die Hand" reichte,[115] nahmen die in den Liedern imaginierten Frauen Soldaten nur entindividualisiert, anonym wahr und unterlagen deren unwiderstehlicher sexueller Anziehungskraft.[116] Frauen im Armee-Umfeld, so suggerierten die Texte, waren nymphoman und auf Soldaten als die begehrenswertesten Männer fixiert, sie standen jedem Soldaten sexuell zur Verfügung, wobei keinerlei emotionale Bindungen erwuchsen.[117] Eine Zuspitzung dieses Bilds erfuhren in den Soldatenliedern Frauen im besetzten Feindesland: Ihre willenlose sexuelle Verfügbarkeit war Symbol für die Demütigung der unterworfenen Nation.[118] Das oft besungene ‚schwarzbraune Mädel' hingegen zählte zur Sphäre der Heimat in einem naiv-bäuerlichen Milieu. Es begegnete den Soldaten bei Einquartierungen, war ihnen zugetan, gab ihrem Werben nach und litt unter der Treulosigkeit der weiterziehenden Truppen.[119]

Alle diese Varianten von Frauenbildern zielten darauf, zugleich das männlich codierte Militär und die (auch sexuelle) Hegemonie des soldatischen Mannes zu bekräftigen.[120] Die Lieder bestätigten eine durch Über- und Unterordnungsverhältnisse strukturierte Gesellschaftsordnung, an deren Spitze die Interessen des Staates als „Vaterland" standen, denen sich private Belange (die ebenso wie „Heimat" als weibliche Sphäre galten) unterzuordnen hatten. Der Gesang spiegelte die Selbstfeier des soldatischen Manns als Garant zur Durchsetzung dieser höchsten nationalen Interessen.

Dass die Wirklichkeit des Soldatenlebens mit diesen Projektionen wenig zu tun hatte, versteht sich von selbst. Die „markige Männlichkeit",[121] die die Soldatenlieder spiegelten, diente zudem auch zur Abwehr homosexueller Anfechtungen, die im en-

---

114 Vgl. hierzu auch den Abschnitt „Frauen bei der Truppe" im Kapitel „Rahmung".

115 Das Lied „Regimentsmarie" („Annemarie", Autorschaft unbekannt) war im Ersten und Zweiten Weltkrieg bei den Soldaten sehr bekannt und beliebt. Die 5. Strophe lautete: „So kommt denn alle her zu mir,/sei's Füsilier, sei's Grenadier./Ich reich ein'm jeden meine Hand,/meine Hand,/die Liebe macht mir keine Schand.", zit. n. Baumann, Hans (Hg. im Auftrag des OKW): *Morgen marschieren wir. Liederbuch der deutschen Soldaten*, Potsdam (Voggenreiter) 1939, S. 126.

116 Gerdes, Der Soldat, S. 78; vgl. auch Hacker, Hanna: „Die Frau als Regimentsgeheimnis. Irritationen zwischen Front und Geschlecht im Ersten Weltkrieg", in: Eifler, Christine; Seifert, Ruth (Hg.): *Soziale Konstruktionen – Militär und Geschlechterverhältnis*, Münster (Westfälisches Dampfboot) 1999, S. 135–154.

117 Gerdes, Der Soldat, S. 89.

118 Ebd., S. 84, 89.

119 Ebd., S. 89.

120 Ebd., S. 78, 82.

121 Frevert, Ute: *Die kasernierte Nation. Militärdienst und Zivilgesellschaft in Deutschland*, München (C. H. Beck) 2001, S. 236.

gen Zusammenleben der Soldaten allgegenwärtig, aber als eklatante Verletzung des militärischen Männlichkeitsideals vollständig tabuisiert waren.[122]

In Veröffentlichungen zum Soldatengesang kommt die Wahrnehmung des von den Soldaten bevorzugten Repertoires als ‚Stimmungsbarometer‘ zum Ausdruck, das Schwankungen unterliegt. So betonten Lixfeld und Schleuning, die Lieder stünden in direktem Zusammenhang mit dem Kriegsverlauf.[123] Nach dem Umschwung vom ersten Begeisterungsrausch zur Ernüchterung im zähen Stellungskrieg ab 1915 und dem Inferno in Verdun 1916 wären schmissige Hymnen nicht mehr freiwillig gesungen worden, im Gegenteil hätten sich Soldaten, die patriotische Lieder anstimmten, den Spott ihrer Kameraden zugezogen.[124] Stattdessen wären neben Lieder von Tod und Sterben oder der Sehnsucht nach Heimat und Liebe zunehmend ironische und sarkastische bis bissige Parodien in den Vordergrund getreten:

> „Die begeisternden vaterländischen und Helden preisenden Lieder in Hymnennähe stehen naturgemäß im Zeichen nationaler Emotionalität, die durch die Realität der Kriege rasch zu verkümmern pflegt und nur mehr sporadisch beibehalten wird. Ein wie üblich anbefohlenes Singen kann nie den spontanen Gesang ersetzen.“[125]

Inwieweit sich diese Art von ‚Ideallinie‘ der favorisierten Lieder anhand des erhobenen Materials extrapolieren lässt, muss dahingestellt bleiben. Sie scheint jedoch angesichts der Erosion der Kampfbereitschaft bis hin zur Auflösung und Desertion ganzer Truppenteile gegen Ende des Ersten Weltkriegs naheliegend.

John Meier hielt fest, der Gesang von Volksliedern verkümmere zugunsten von „kunstmäßige[m] Einzelgesang“, wenn der „Hauptanlaß zum allgemeinen Sange, der Marsch“,[126] wegfiele, denn

> „[…] im Stellungskriege [fehlt] die geistige Abwechslung, es tritt eine Mechanisierung ein […]. ‚Das Grabenleben macht stumm‘, berichtet ein Feldgrauer.“[127]

Das ‚Verstummen‘ schien als Umschreibung für das Abebben kollektiver kriegsbegeisterter Gesänge zu dienen; Meier revidierte damit nicht seine Einschätzung der Bedeutung von Liedern zur Regulierung von Angst- und Einsamkeitsgefühlen.

---

122 Vgl. ebd., S. 236f.
123 Lixfeld, Soldatenlied, S. 841f.; Schleuning, Wacht, S. 87. Für den Soldatengesang im Zweiten Weltkrieg stellt auch Dimitrios Dolaplis diese These auf (vgl. ders.: *Musik als Propagandainstrument im Nationalsozialismus. Politische und soziale Funktionen von Soldatenliedern im NS-Regime*, Baden-Baden (Tectum) 2019). Dolaplis entwickelt seine Befunde allerdings anhand der Liedersammlung des Großdeutschen Rundfunks, ohne deren ideologische Implikationen zu reflektieren, zudem lässt die Sammlung keine Aussagen zu, ob die Lieder tatsächlich von den Soldaten geschätzt und gesungen wurden.
124 Vgl. Schleuning, Wacht, ebd.
125 Lixfeld, Soldatenlied, S. 842.
126 Meier, Soldatenlied, S. 7.
127 Ebd.

Umsingen und Parodieren

Wissenschaftliche Publikationen über Soldatengesang widmen sich mehr oder weniger ausführlich dem Thema Parodieren und Umsingen sowie einem Hang zu anstößigen Liedern. Reinhard Olt hat in seiner Untersuchung „Krieg und Sprache" als Charakteristika soldatischen Umsingens identifiziert, Liedinhalte würden ins Obszöne gewendet und eine humoristische oder parodistische Note möglichst in jedes Lied gebracht.[128]

Ein Soldat, Gewährsmann John Meiers, hatte 1916 geklagt: „Ich weiß überhaupt nicht, wohin wir und noch manch andere Truppe mit ihren Sitten gelangt sind! Die Konversation dreht sich meistens um ein und denselben Punkt."[129] Untersuchungen in zeitlicher Nähe zum Ersten Weltkrieg werteten diese Vorlieben als Indiz für Kriegsmüdigkeit und ‚Zersetzungserscheinungen' und brandmarkten sie als ‚unsoldatisch', womit sich eine weitere Auseinandersetzung zu erübrigen schien.[130] Hinter solchen Verdikten verbargen sich vor allem Wertungen über Geschmack und Ästhetik aus der Tradition des ‚Kampfs gegen Schmutz und Schund', die eine soziale Hierarchisierung mittels kultureller Abwertung vornahmen.[131]

John Meier bog die Flut an Obszönitäten zu „gelegentlichen Derbheiten" um, die ihm Zeichen von „Authentizität" waren, ihn aber nicht zu weiteren Reflexionen veranlassten.[132] Die umgesungenen und parodierten Lieder klassifizierte er als Ausweis des begrenzten eigenschöpferischen Potentials der Soldaten, denn „im Volke entstandene Dichtungen" lehnten sich immer an bestehende Lieder an und „speziell im Kriege" bestünde „in weitem Maße eine starke Abneigung gegen jede geistige Anstrengung".[133]

Das Umsingen zeigte eine beträchtliche Bandbreite des Umgangs mit Liedern auf, die von purem Wortspiel über spöttischen Kommentar, Unterlaufen hehrer Ideale und Respektlosigkeit bis zu deutlichem Missmut über die Zumutungen des Soldatendaseins reichte. Den Hang zur Persiflage und die despektierliche Haltung gegenüber dem offiziellen Liedgut interpretierte der Schriftsteller Peter Rühmkorf als „Versuch einer Richtigstellung",[134] es offenbare sich eine desillusionierte Stimmung,

---

128   Olt, Krieg und Sprache, S. XXIII.
129   Zit. n. Gerdes, Der Soldat, S. 79.
130   Vgl. Olt, Krieg und Sprache, Bd. 1, S. XXIII; Schleuning, Die Wacht, S. 93 stellte fest, bis Ende der 1980er Jahre wäre noch keine wissenschaftliche Untersuchung über die parodistischen Soldatenlieder erschienen.
131   Vgl. Maase, Kaspar: *Die Kinder der Massenkultur. Kontroversen um Schmutz und Schund seit dem Kaiserreich*, Frankfurt/Main (Campus) 2012.
132   Vgl. Gerdes, Soldatenlieder, S. 205.
133   Meier, Soldatenlied, S. 37 und 40. Er positionierte sich damit in der Jahrzehnte während Auseinandersetzung innerhalb der Volkskunde, ob „das Volk" schöpferisch sei oder nicht; vgl. hierzu zusammenfassend Warneken, Bernd Jürgen: *Die Ethnographie popularer Kulturen. Eine Einführung*, Wien, Köln, Weimar (Böhlau) 2009, S. 169ff.
134   Rühmkorf, Peter: Über das Volksvermögen. Exkurse in den literarischen Untergrund, Reinbek (Rowohlt) 1967[1], S. 215.

die Autorität und Herrschaft untergrabe.[135] Lixfeld erkannte den Parodien eine lebensnotwendige „Ventilfunktion" zu.[136] Dieter Kramer warnte, solche Lieder nicht als Zeichen offener Auflehnung überzubewerten;[137] Umsingen sei der subkulturelle Kommunikations- und ästhetische Produktionsprozess der Soldaten und bringe ein nicht-herrschaftsgefährdendes Handeln sowie Spaß am Verballhornen zum Ausdruck.[138] Bernd Jürgen Warneken betonte in seinen Überlegungen zum „popularen Eigensinn" das Moment des „Selbstausdrucks und des Selbstgenusses, eines ‚Kraftgefühls', das „auch das freie Spiel, das selbstzweckhafte Sich-Verausgaben" meine.[139] Dabei müsse die Gegenkultur einer Gruppe oder Klasse, die sich von der hegemonialen Kultur absetze, „keineswegs emanzipativen Charakter" haben.[140]

Reinhard Olt stellte fest, das Thema Sexualität rangiere bei den Soldaten „als Gesprächsstoff […] ganz oben".[141] Bedingt durch die „weitgehende Einschränkung des Sexuallebens" würde „die gedankliche Beschäftigung mit dem Geschlechtlichen" gefördert, und das erotische Lied „verschaff[e] den Soldaten die Ersatzbefriedigung ihrer Wunschvorstellungen".[142] Er bestimmte damit eine Art ‚Unterzucker'-Situation der Soldaten als maßgeblich für die Fülle von erotischen bzw. obszönen und zotigen Liedern. Im Gegensatz dazu beschrieb der Publizist Sebastian Haffner diese Lieder und Sprüche als Verrat am eigenen Selbst zugunsten der soldatischen Kollektiv-Identität ‚Kameradschaft':

> „Es war auffällig, wie die Kameradschaft alle Elemente von Individualität und Zivilisation aktiv zersetzte. Das wichtigste Gebiet des individuellen Lebens, das sich nicht ohne weiteres in die Kameradschaft einordnen läßt, ist die Liebe. Nun, die Kameradschaft hat ihre Waffe dagegen: die Zote. […] nichts ist abwegiger als die Meinung mancher Autoren, die darin einen Ausweg unbefriedigter Sexualität, eine Ersatzbefriedigung und was nicht noch alles sehen wollen. Diese Zoten wirkten nicht etwa anregend und lüstern; sie kamen im Gegenteil darauf hinaus, die Liebe so unappetitlich wie möglich zu machen, […] einen Gegenstand des Gelächters aus ihr zu machen. Die Männer […] verleugneten eben damit, daß sie je zärtlich, verliebt, inständig gewesen waren, daß sie sich je schön und liebenswürdig gemacht hatten."[143]

---

135 Ebd., S. 227.

136 Lixfeld, Soldatenlied, S. 853.

137 Kramer, Dieter: „‚Kreativität' in der ‚Volkskultur'", in: *Zeitschrift für Volkskunde* 68/1972, S. 20–42, S. 41.

138 Ebd., S. 26.

139 Warneken, Ethnographie, S. 268f.

140 Ebd., S. 269.

141 Olt, Krieg und Sprache, S. 208.

142 Ebd., S. 209.

143 Haffner, Sebastian: *Geschichte eines Deutschen. Die Erinnerungen 1914–1933*, München (dtv; erw. Taschenbuchausgabe) 2002, S. 282. Haffner musste 1933, um sein juristisches Assessor-Examen ablegen zu können, ein zweimonatiges paramilitärisches Lager absolvieren.

Ute Frevert fasste zusammen, diese Art der Thematisierung von Sexualität trüge zum „Vergemeinschaftungserlebnis" bei:

> „Über die Beziehungen zu Frauen in groben, nicht selten gewalttätigen Bildern zu sprechen, hatte auch etwas Entlastendes. [...]. Solche Wendungen schützten vor sentimentalen Anwandlungen und emotionalen Abhängigkeiten. [...] man [zog] es vor, zumindest nach außen hin seine männliche Selbständigkeit und Dominanz zu bekräftigen. Damit wertete man zugleich die rein männliche Gruppenstruktur auf, die die Militärzeit unausweichlich produzierte. [...] Dieses Verhalten ging ebenso sehr aus der männlichen Kasernengemeinschaft hervor, wie es sie seinerseits stärkte und perpetuierte."[144]

Auch Thomas Kühne betonte die Funktion des „Schweinigelns" als „Kennzeichen echter Männlichkeit" und „Kitt der Kameradschaft".[145]

Kriegsvorbereitung mit Hilfe von Gesang ab 1933

Nach dem Ende des Ersten Weltkriegs erhielten die Chöre im Deutschen Sängerbund vor allem Zulauf aus den Reihen ehemaliger Frontkämpfer. Das Gedenken an die Gefallenen und deren ‚Opfertod' wurde ein Schwerpunkt im Vereinsleben und entwickelte sich zum nationalen Vermächtnis, das die Überlebenden zum Weiterkämpfen verpflichtete. Dem ‚Revanchekrieg' wurde der Boden bereitet.[146]

„Jeder Sänger ist ein SA-Mann für das deutsche Lied" konstatierte ein Funktionär des Deutschen Sängerbunds 1933, die Frage erörternd, was die „nationale Erhebung" vom „deutschen Sänger" fordere.[147] Daran anknüpfend nahm Alfred Rosenberg, zum Ehrenvorsitzenden dieses Verbands ernannt, den Deutschen Sängerbund auf dem Sängertag 1934 in die staatspolitische Pflicht, mit dem „deutschen Lied" „den ganzen deutschen Menschen in seiner tiefen inneren Geistes- und Willensrichtung und in seiner gesamten Seelenhaltung" gemäß der nationalsozialistischen Weltanschauung zu „erfassen".[148] Diesem Gedanken verlieh Joseph Müller-Blattau zusätz-

---

144 Frevert, Kasernierte Nation, S. 234f.

145 Kühne, Thomas: „Zärtlichkeit und Zynismus. Militärische Vergemeinschaftung 1918–1945", in: Borutta, Manuel; Verheyen, Nina (Hg.): *Die Präsenz der Gefühle. Männlichkeit und Emotion in der Moderne*, Bielefeld (Transcript) 2010, S. 179–202, hier S. 191, 194.

146 Vgl. Klenke, Gesangverein, S. 404ff.

147 W. Kuchenbuch: „Was fordert die nationale Erhebung von dem deutschen Sänger?", in: MSZ, 9. Jg. (1933), Heft 12, S. 145, zit. n. Keden, Helmke Jan: „‚Jeder Sänger ist ein SA-Mann für das deutsche Lied'. Ein Beitrag zur Ideologisierung des deutschen Männergesangs im ‚Dritten Reich'", in: Grochulski, Michaela G. (Hg.): *Musik in Diktaturen des 20. Jahrhunderts* (*Musik im Metrum der Macht, Bd. 3*), Mainz (Are) 2006, S. 43–56, hier S. 43.

148 Brusniak, Friedhelm: „Der Deutsche Sängerbund und das ‚deutsche Lied'", in: Loos, Helmut; Keym, Stefan (Hg.): Nationale Musik im 20. Jahrhundert. Kompositorische und soziokulturelle Aspekte der Musikgeschichte zwischen Ost- und Westeuropa, Konferenzbericht Leipzig 2002, Leipzig 2004, S. 409–421.

lich noch eine wehrhafte Note: „Im Lied bewahrt der Deutsche [...] die Erinnerung an sein wahres völkisches Wesen und die Kraft, es zu behaupten".[149] Beim Sängertag 1937 dankte dann Adolf Hitler den „deutschen Sängern" für die „Pflege des deutschen Liedes"[150] und vereinnahmte auf diese Weise die spezifische identitätspolitische Dimension des Männergesangs für die nationalsozialistische Ideologie. Einer „stählernen Romantik"[151] verpflichtet, verherrlichten die Sänger als höchsten männlichen Daseinszweck die soldatische Aufopferung für das Vaterland. Nach Beginn des Zweiten Weltkriegs, dem ‚gerechten Revanchekrieg' gegen die „Fesseln des Versailler Zwangsfriedens",[152] konzentrierte sich ihre Tätigkeit zunehmend auf die vier Kernbereiche ‚Moralstärkung', ‚Liedpflege', ‚politische Agitation' und ‚Soldatenbetreuung'; damit einher ging eine Anpassung an das Stilideal der ‚singenden Mannschaft' mit einer Reduzierung des musikalischen Niveaus und der Erhöhung des Anteils von Soldatenliedern am Repertoire;[153] anspruchsvolle Männerchor-Literatur wurde als ‚weibisch' denunziert.[154] 1940 forcierte Joseph Goebbels im Fachblatt der Sängerverbände die bellizistische Ausrichtung mit der Forderung, es sei „besonders dafür Sorge zu tragen, dass u. a. Lieder im alten Liedertafelstil nicht mehr zu Gehör gebracht werden".[155] Nur noch einige wenige renommierte Ensembles konnten repräsentative Chorkonzerte veranstalten, das Gros der Chöre, durch Einberufungen zur Wehrmacht immer stärker dezimiert, wurde lediglich mit ‚Offenen Singen' bei Straßensammlungen oder zur Lazarettbetreuung eingesetzt.[156] Zur Wehrmacht eingezogen, brachten die Mitglieder von Männergesangvereinen bereits den richtigen sängerischen Schliff mit.

Die Wehrmachtangehörigen der jüngeren Jahrgänge waren durch den schulischen Musikunterricht und das Singen in HJ und RAD mit dem einschlägigen Repertoire vertraut. Der Zugriff auf die Jugend in Schule, HJ, BDM und Reichsarbeitsdienst (RAD) geschah umfassend. Die ideologische Beeinflussung, die Erziehung künftiger Soldaten bzw. Soldatenmütter, erfolgte – neben der so genannten ‚weltanschaulichen

---

149 Müller-Blattau, Joseph: „Volkslied und Auslandsdeutschtum", in: *Die Musik*, Heft 29, 1936, S. 181.

150 Brusniak, Sängerbund, S. 13.

151 So der „Führer" des Deutschen Sängerbunds 1934, zit. n. Klenke, Der singende „deutsche Mann", S. 194. Den Begriff „stählerne Romantik" hatte Joseph Goebbels in seiner Rede zur Eröffnung der Reichskulturkammer am 15.11.1933 geprägt: „Es ist eine Art von stählerner Romantik, die das deutsche Leben wieder lebenswert gemacht hat: eine Romantik, die sich nicht vor der Härte des Daseins versteckt oder ihr in blauen Fernen zu entrinnen trachtet, – eine Romantik vielmehr, die den Mut hat, den Problemen gegenüberzutreten und ihnen fest und ohne Zucken in die mitleidlosen Augen hineinzuschauen." Zit. n. Heiber, Helmut (Hg.): *Goebbels Reden 1932–1939. Band 1*, Düsseldorf (Droste) 1971, S. 137.

152 Ebd.

153 Vgl. Keden, Jeder Sänger, S. 53f.

154 Klenke, S. 194.

155 Goebbels, Joseph: „Kein alter Liedertafelstil mehr!", in: *Tonkunst*, 44. Jg. (1940), Heft 16, S. 157, zit. n. Keden, Jeder Sänger, S. 55f.

156 Ebd., S. 54.

Schulung' und der körperlichen ‚Wehrertüchtigung' der Jungen – gezielt durch Lieder.[157] Ab 1933 waren Neuauflagen von Schulmusikbüchern kriegsbejahend modifiziert, Musiktheorie wurde reduzieren zugunsten von „Vaterlands- und Marschliedern für die deutsche Schuljugend", wie es in „Frisch gesungen im neuen Deutschland" hieß.[158] Liedgesang galt als entscheidend wichtiges Medium der Erziehung zum Nationalsozialismus.[159] Singen sei das wirkungsvollste Mittel zur Formung der Gemeinschaft, der „musikalische Ausdruck des neuen Wesens", und die Lieder würden „von der marschierenden Gruppe als ein klingendes Bekenntnis ihres Seins gesungen und dienen zur Formung und Gestaltung der Gruppe selbst".[160]

Die Musikarbeit der HJ griff die Ideen und ästhetischen Prinzipien der Jugend- und Jugendmusikbewegung auf, der „Musikantengilde" und des „Finkensteiner Bunds" mit ihrer auf deutsch-völkische Bewußtseinsbildung angelegten Musikerziehung.[161] Kernelemente waren die Pflege von Volkslied und Gemeinschaftssingen, die Bevorzugung melodischer und harmonischer Schlichtheit sowie die Ablehnung von Intellektualität und avantgardistischer Moderne:

> „Das Lied bildet die Grundform der deutschen Musik von besonders deutscheigener Prägung. [...] Die neue Musikgesinnung heißt ‚Volkslied' als gemeinsame Lebens-

---

157 „Die Haltung der HJ ist soldatisch", schrieb ‚Reichsjugendführer' Baldur von Schirach (von Schirach, Baldur: *Die Hitler-Jugend. Idee und Gestalt*, Leipzig (Koehler & Amelang) 1934, S. 15). Auch im BDM wurden Soldatenlieder gesungen, ebenso wie Heimat- und Wiegenlieder – eine Mischung aus „Heldentod und Sonnenblumen"; vgl. Brade, Anna-Christine: „BDM-Identität zwischen Kampflied und Wiegenlied – eine Betrachtung des Repertoires im BDM-Liederbuch ‚Wir Mädels singen'", in: Niedhart, Gottfried; Broderick, George (Hg.): *Lieder in Politik und Alltag des Nationalsozialismus,* Frankfurt/Main (Peter Lang) 1999, S. 149–165, S. 150.

158 Vgl. Wolf, Rebecca: „Musik und Nationalgefühl? Emotionaler Weltzugang in der ersten Hälfte des 20. Jahrhunderts", in: Zalfen, *Besatzungsmacht Musik*, S. 85–101, hier S. 96.

159 Vgl. Frommann, Eberhard: *Die Lieder der NS-Zeit. Untersuchungen zur nationalsozialistischen Liedpropaganda von den Anfängen bis zum Zweiten Weltkrieg*, Köln (PapyRossa) 1999, S. 19.

160 Kelbetz, Ludwig, in: *Zeitschrift für Musik* 105. Jg., H. 10/1938, S. 1089, zit. n. Phleps, Thomas: „‚Es geht eine helle Flöte …'. Einiges zur Aufarbeitung der Vergangenheit in der Musikpädagogik heute", in: *Musik & Bildung* 27. Jg., Heft 6/1995, S. 64–74.

161 Vgl. hierzu Phleps, Helle Flöte; Antholz, Heinz: „Jugendmusikbewegung", in MGG² Sachteil Bd. 4, Sp. 1569–1587, hier Sp. 1583; Mogge, Winfried: *„Ihr Wandervögel in der Luft …" Fundstücke zur Wanderung eines romantischen Bildes und zur Selbstinszenierung einer Jugendbewegung*, Würzburg (Könighausen & Neumann) 2009, S. 98ff.; Kolland, Dorothea: *Die Jugendmusikbewegung. „Gemeinschaftsmusik" – Theorie und Praxis*, Stuttgart (Metzler) 1979; Ahrens, Rüdiger: *Bündische Jugend. Eine neue Geschichte 1918–1933*, Göttingen (Wallstein) 2015; Selheim, Claudia; Schmidt, Alexander (Hg.): *Grauzone. Das Verhältnis zwischen bündischer Jugend und Nationalsozialismus. Beiträge der Tagung im Germanischen Nationalmuseum 8. und 9. November 2013*, Nürnberg (Verlag des Germanischen Nationamuseums) 2017.

haltung. Der Marsch in die neue Zukunft ist angetreten. Er wird als harter Kampf geführt."[162]

Fritz Jöde hatte seine Gefolgsleute dazu aufgerufen, in den Spielscharen der HJ die Musikarbeit von Jugendbewegung und Wandervogel fortzusetzen. Im Kulturamt der Reichsjugendführung machten zahlreiche Mitarbeiter aus den Reihen der Jugendmusikbewegung Karriere – „Anpassung und ‚Gleichschaltung' korrespondierten".[163]

Die Publizistin Carola Stern (1925–2006) erinnerte sich Mitte der 1980er Jahre an ihre Jugend beim BDM und die „Gefühlsseligkeit", die das Singen hervorrief, an das intensive Erleben von Verbundenheit:

> „Dieser NS-Staat war ja so etwas wie eine Singediktatur. Es wurde ständig gesungen. Beim Ummarsch im Dorf, im Zeltlager, beim Lagerfeuer, bei Morgenfeiern … Manchmal frage ich mich, wer eigentlich einen größeren Eindruck auf uns gemacht hat, Adolf Hitler oder Hans Baumann, und ich bin fast geneigt, von Hans Baumann zu sprechen."[164]

Auch andere Zeitzeugnisse belegten die Wirkung der Lieder als „die eigentlichen Verführer".[165]

---

162 Ehmann, Wilhelm: „Die Liederstunde des Volkes", in: *Deutsche Musikkultur*, 1. Jg., S. 24ff., zit. n. Brade, BDM-Identität, S. 150.

163 Antholz, Jugendmusikbewegung, Sp. 1584; vgl. Prieberg, Handbuch Deutsche Musiker, S. 5149. Dabei bestand 1936, als die Reichsjugendführung (RJF) zur obersten Reichsbehörde aufstieg – getreu dem Ausspruch Adolf Hitlers „Jugend muß von Jugend geführt werden" – die Führungsschicht aus vergleichsweise jungen Männern: Der Jugendführer des Deutschen Reiches Baldur von Schirach war zu der Zeit 29 Jahre alt, ebenso der Leiter des Kulturamts der RJF, Obergebietsführer Karl Cerff, der Hauptreferent für Musik im Kulturamt, Bannführer Wolfgang Stumme war 26 Jahre alt, der Musikreferent des Gebietes Mittelland der HJ und spätere Reichsinspekteur für Musik-, Fanfaren- und Spielmannszüge Helmut Majewski 27 Jahre; der frühere Hauptreferent und Sachbearbeiter für Jungvolkfragen im Amt für weltanschauliche Schulung und spätere Referent für auslandsdeutsche Kulturarbeit im Kulturamt Hans Baumann 22 Jahre; der musikalische HJ-Aktivist und spätere Leiter der HJ-Abteilung Musikschule für Jugend und Volk im Mozarteum Cesar Bresgen 23 Jahre; vgl. Phleps, Helle Flöte.

164 Zit. n. Niedhart, Gottfried: „Sangeslust und Singediktatur im nationalsozialistischen Deutschland", in: Niedhart/Broderick, Lieder, S. 5–13, S. 5.

165 Vgl. Stambolis, Generationengedächtnis, S. 12; Niessen, Anne: *„Die Lieder waren die eigentlichen Verführer". Mädchen und Musik im Nationalsozialismus*, Mainz (Schott) 1999. Vgl. hierzu Grossbach, Michael; Altenmüller, Eckart: „Musik und Emotion – zu Wirkung und Wirkort von Musik", in: Bendikowski, Tillmann; Gillmann, Sabine; Jansen, Christian; Leniger, Markus; Pöppmann, Dirk (Hg.): *Die Macht der Töne, Musik als Mittel politischer Identitätsstiftung im 20. Jahrhundert*, Münster (Westfälisches Dampfboot) 2003, S. 13–22, S. 17: „Eine Erfahrung, die jeder macht, der gemeinsam mit anderen musiziert, ist ein starkes Gefühl der zumindest vorübergehenden Verbundenheit, das oft auf einer anderen Ebene lokalisiert oder intensiver wahrgenommen wird als alltägliche Interaktionen mit Mitmenschen."

Hans Baumann (1914–1988) war ein besonders produktiver Schöpfer von Liedern für die HJ und ab 1934 Kulturreferent in der Berliner Reichsjugendführung. Sein bekanntestes Lied, „Es zittern die morschen Knochen" mit den Zeilen „Denn heute, da hört uns Deutschland, und morgen die ganze Welt" (Textvariante „Denn heute gehört uns Deutschland …"), das er bereits 1932 für den katholischen Bund Neudeutschland verfasst hatte, verbreitete sich mit seinem schmissig-aufmüpfigen, gegen das ‚Alte' gerichteten Ton sehr rasch in der HJ.[166] Seine anderen Lieder bedienten sich vielfach naturmystischer Bilder („Es geht eine helle Flöte", „Hohe Nacht der klaren Sterne"), priesen ein „Morgen", die Ausdehnung der Lande, Fahnen, Banner, Trommeln, ein bäuerliches Milieu und Reiter.[167]

Auffallend war die Beliebtheit von Landsknechtsliedern, die Schlachten, tapfere Helden und ein „gewisses Draufgängertum"[168] besangen, in der HJ und bei den Soldaten. Es handelte sich einerseits um alte Lieder, die in der Bündischen Jugend wiederentdeckt worden waren, andererseits kamen vermehrt neue Kompositionen hinzu, z.B. „Es klappert der Huf am Stege".[169] Sie knüpften an eine quasi überzeitliche Kriegstradition an, die die Erfahrungen des Ersten Weltkriegs negierte und stattdessen eine melancholische Schicksalsergebenheit bekundende Ritterromantik aufriefen.[170]

Soldatenlieder und -gesang im Zweiten Weltkrieg[171]

Bekanntlich blieb im Gegensatz zum patriotischen Taumel im Juli 1914 die Stimmung in der Bevölkerung im Deutschen Reich bei Beginn des Zweiten Weltkriegs

---

166   Vgl. Niedhart, Sangeslust, S. 7; Prieberg, Handbuch S. 293ff.; Abraham, Lars Ulrich: „Musik für die Hitler-Jugend", in: *NZfM* 2, 1983, S. 10–13 – mein Dank für den Hinweis auf diesen Artikel gilt Annkatrin Babbe!

167   Vgl. ebd.

168   Stoverock, Karin: „Bündische Lieder in der Hitler-Jugend", in: Niedhart/Broderick, S. 35–60, S. 46.

169   Text Hans Riedel, Musik Robert Götz, entstanden 1920. Die erste Strophe lautet: „Es klappert der Huf am Stege,/ich zieh mit dem Fähnlein ins Feld,/blut'ger Kampf allerwege,/dazu sind wir bestellt./Wir reiten und reiten und singen,/im Herzen die bitterste Not./Die Sehnsucht will uns bezwingen,/doch wir reiten die Sehnsucht tot."

170   Vgl. Stoverock, Bündische Lieder, S. 48.

171   Im Gegensatz zur umfangreichen Forschung sowohl über Soldatenlieder im Ersten Weltkrieg als auch über Singen und Lieder im Nationalsozialismus ist mir bislang keine ausführliche Arbeit zum Soldatengesang im Zweiten Weltkrieg bekannt. Das Fehlen einer solchen Untersuchung bestätigte mir auch der Leiter des Zentrums für Populäre Kultur und Musik (vormals Deutsches Volksliedarchiv) Michael Fischer (E-Mail vom 6.4.2014). Frommann, Liedpropaganda geht auf Soldatenlieder nur in geringem Umfang ein; Johannes Hodek setzt sich mit Liedern und Gesang im Dritten Reich allgemein auseinander, vgl. ders.: „‚Sie wissen, wenn man Heroin nimmt …'. Von Sangeslust und Gewalt in Naziliedern", in: Heister, Klein, Musik und Musikpolitik, S. 19–35; Schleuning, Die Wacht, arbeitet einige Unterschiede zwischen Erstem und Zweitem Weltkrieg heraus; Karbusicky, Vladimir: „Die Instrumentalisie-

sehr verhalten. Noch am 31. August 1939 hatte der Landrat des oberfränkischen Kreises Ebermannstadt geäußert: „Der überwiegende Teil der Volksgenossen erwartet von ihm [Hitler] die Verhinderung des Krieges [...]."[172] Als nach dem Überfall der Wehrmacht auf Polen die Kriegserklärung Englands und Frankreichs gegenüber Deutschland am 3. September 1939 im Rundfunk und per Lautsprecherdurchsagen öffentlich verkündet wurde, reagierten die Menschen zunächst wie „betäubt", sie konnten nicht fassen, „daß Hitler sie in einen Weltkrieg geführt hatte", wie der amerikanische Korrespondent William L. Shirer auf dem Berliner Wilhelmplatz beobachtete.[173] Aber mit musikalischen Mitteln demonstrierte das Regime Begeisterung und Siegesgewissheit, neue Marschlieder flankierten die anfänglichen „Blitzkrieg"-Siege.[174] Für jeden Feldzug gab es eigens geschaffene Lieder, wobei sich

---

rung des Menschen im Soldatenlied", in: ders.: *Ideologie im Lied. Lied in der Ideologie*, Köln (Hans Gerig) 1973, S. 152–177, betrachtet einen eng umrissenen Aspekt; in Grochulski et al., Musik in Diktaturen, wird Soldatengesang nur am Rand gestreift; die Beiträge in Stambolis, Generationengedächtnis greifen nur exemplarisch einzelne Lieder heraus, ebenso Dolaplis, Propagandainstrument.

172 Zit. n. Kershaw, Ian: *Der Hitler-Mythos. Führerkult und Volksmeinung*, Stuttgart (Deutsche Verlags Anstalt) 1999, S. 176. Beispielsweise hatte auch die Gendarmeriestation Berchtesgaden in ihrem monatlichen Bericht zur Stimmung in der Bevölkerung im August 1939 vermerkt: „Durch die außenpolitische Spannung ist die Stimmung der Bevölkerung etwas gedrückt. Die Stimmung ist mehr für friedliche Lösung" (Staatsarchiv München, LRA 29654, zit. n. Dahm, Volker; Feiber, Albert A.; Mehringer, Hartmut; Möller, Horst (Hg.): *Die tödliche Utopie. Bilder, Texte, Dokumente, Daten zum Dritten Reich (Veröffentlichungen des Instituts für Zeitgeschichte zur Dokumentation Obersalzberg)*, München, Berlin (Verlag Dokumentation Obersalzberg im Institut für Zeitgeschichte) 2010, S. 590).

173 Shirer, William L.: *Berliner Tagebuch. Aufzeichnungen eines Auslandskorrespondenten 1934–1941*, Leipzig (Kiepenheuer) 1995, S. 152, zit. n. Wildt, Michael: *Geschichte des Nationalsozialismus*, Göttingen (Vandenhoeck und Ruprecht) 2008, S. 145. Auch ein Beobachter der „Sopade" (dem Informationsdienst der Exil-SPD) notierte: „Allgemein herrschte bei Kriegsausbruch furchtbare Angst"; zit. n. Herbert, Ulrich: *Das Dritte Reich. Geschichte einer Diktatur*, München (C. H. Beck) 2016, S. 63. Vgl. auch Jasper, Andreas: *Zweierlei Weltkriege? Kriegserfahrungen deutscher Soldaten in Ost und West 1939 bis 1945 (Krieg in der Geschichte, Bd. 66)*. Paderborn (Ferdinand Schöningh) 2011, S. 40.

174 Der rasante Vormarsch im Polen- und West-Feldzug war auch dadurch möglich gewesen, dass den Soldaten das Aufputschmittel Pervitin (Methamphetamin) verabreicht wurde, was sie zunächst euphorisch und trotz Schlafmangel enorm wach, leistungsfähig und risikobereit, sehr rasch aber abhängig machte. So drängte der junge Heinrich Böll 1940 in Feldpostbriefen seine Angehörigen: „Schickt mir nach Möglichkeit bald noch etwas Pervitin" oder „Vielleicht könntet Ihr mir noch etwas Pervitin für meinen Vorrat besorgen?" (zit. n. Schubert, Jochen (Hrsg.): *Heinrich Böll. Briefe aus dem Krieg 1939–1945*, Köln (Kiepenheuer & Witsch) 2001). Gehörte die Droge anfangs noch zur regulären Sanitätsausrüstung des Heeres, fiel sie ab Juni 1941 unter das Opiumgesetz. Vgl. Steinkamp, Peter: "Pervitin (Metamphetamine): Test, Use and Misuse in the German Wehrmacht." in: Eckart, Wolfgang U. (Hg.): *Man, Medicine and the State. The Human Body as an Object of Government Sponsored Medical Research in the 20th Century (Beiträge zur Geschichte der Deutschen Forschungsgemeinschaft, Bd. 2)*, Stuttgart (Franz Steiner) 2006, S. 61–71; ders.: *Pervitin und Kalte Ente, Russenschnaps und Morphi-*

Herms Niel und Norbert Schultze als besonders produktiv erwiesen.[175] Niels Eng-land- („Denn wir fahren gegen Engeland", die Neuvertonung von Hermann Löns' „Matrosenlied" aus dem Ersten Weltkrieg)[176] und Frankreich-Lied (Text: Heinrich Annacker)[177] wurden häufig im Radio gespielt, ähnlich populär war Schultzes „Flie-gerlied" „Bomben auf Engeland" (Text: Wilhelm Stöppler).[178] Für die propagandis-tische Unterfütterung des „Unternehmen Barbarossa", des Überfalls auf die Sowjet-union, legte Propagandaminister Goebbels im Juni 1941 Niel und Schultze einen

---

um. Zur Devianzproblematik in der Wehrmacht: Alkohol- und Rauschmittelmissbrauch bei der Truppe, phil. Diss. Universität Freiburg 2008, http://www.freidok.uni-freiburg.de/voll texte/5681/pdf/SteinkampDiss.pdf (Aufruf am 14.3.2016); Müller, Rolf Dieter: Der Zweite Weltkrieg, Darmstadt (Wissenschaftliche Buchgesellschaft) 2015, S. 73.

175 Zu Niel und Schultze vgl. auch den Abschnitt „Zum Marsch-Repertoire der Musikkorps" im Kapitel „Mit klingendem Spiel".

176 *1. Strophe:* Heute wollen wir ein Liedlein singen,/trinken wollen wir den kühlen Wein/und die Gläser sollen dazu klingen,/denn es muß, es muß geschieden sein.
Refrain: Gib' mir deine Hand, deine weiße Hand,/leb' wohl, mein Schatz, leb' wohl mein Schatz,/Leb' wohl, lebe wohl./Denn wir fahren, denn wir fahren,/denn wir fahren gegen En-geland, Engeland.
2. Strophe: Unsre Flagge und die wehet auf dem Maste,/sie verkündet unsres Reiches Macht,/ denn wir wollen es nicht länger leiden,/daß der Englischmann darüber lacht./Gib mir …
3. Strophe: Kommt die Kunde, daß ich bin gefallen,/daß ich schlafe in der Meeresflut,/weine nicht um mich, mein Schatz, und denke:/für das Vaterland da floß sein Blut./Gib mir …
Dieser Text wirkt nachgerade betulich-ältlich im Vergleich zu den wesentlich aggressiveren, martialischen neuen Liedtexten aus der Zeit des Zweiten Weltkriegs.

177 *1. Strophe:* Kamerad, wir marschieren im Westen/mit den Bombengeschwadern vereint;/und fallen auch viele der Besten,/wir schlagen zu Boden den Feind!
Refrain: Vorwärts! Voran, voran! Über die Maas, die Schelde und Rhein/marschieren wir siegreich nach Frankreich hinein.
2. Strophe: Sie wollten das Reich uns verderben,/doch der Westwall, der eherne, hält./Wir kommen und schlagen in Scherben/ihre alte, verrottete Welt. Vorwärts …
3. Strophe: Kamerad! Wir marschieren und stürmen,/für Deutschland zu sterben bereit,/bis die Glocken von Türmen zu Türmen/verkünden die Wende der Zeit! Vorwärts …

178 *1. Strophe:* Wir fühlen in Horsten und Höhen/Des Adlers verwegenes Glück!/Wir steigen zum Tor/Der Sonne empor/Wir lassen die Erde zurück.
Refrain: Kamerad! Kamerad!/Alle Mädels müssen warten!/Kamerad! Kamerad!/Der Befehl ist da, wir starten!/Kamerad! Kamerad!/Die Losung ist bekannt:/Ran an den Feind! Ran an den Feind!/Bomben auf Engeland!
2. Strophe: Wir stellen den britischen Löwen/zum letzten entscheidenden Schlag./Wir halten Gericht,/ein Weltreich zerbricht:/Das wird unser stolzester Tag!. Kamerad! …
3. Strophe: |:Hört ihr die Motoren singen/„Ran an den Feind!"/Bomben! Bomben!/Bomben auf Engeland!:|
„Alle Mädels müssen warten!" – noch wichtiger und zugleich auch aufregender als alle amourösen Abenteuer war für die Flieger das „verwegene Glück" der Bombenabwürfe, wie Schultze und Stöppler hier unmissverständlich klarmachten. Der ‚soldatische Mann' wusste, was Priorität hatte und den größten Lustgewinn versprach.

Liedtext[179] unter Wettkampfbedingungen zur Komposition vor. Schultze „gewann",
und fortan erklang seine Version des „Lied vom Feldzug im Osten"[180] (auch „Von
Finnland bis zum Schwarzen Meer", „Russlandlied" oder „Vorwärts nach Osten"
genannt) u. a. bei den Sondermeldungen des OKW im Rundfunk, ergänzt um die
„Russland-Fanfare".[181]

Sowohl Niel als auch Schultze genossen großes Ansehen und lieferten Lieder für alle
Fronten und Waffengattungen. Von Niel stammte 1940 das „U-Boot-Lied" (Text:
Erich Effler), im gleichen Jahr auch der Fliegermarsch „Und Hermann Göring heißt
er" (Text: Josef Buchhorn), 1941 folgten „Stuka über Afrika" (Text: Peter Holm),
das Panzerkampflied „Sitzt auf, Kameraden" (Text: Bruno Freiherr von Brackel),
das Balkanlied „Wir stürmen dem Siege entgegen" (Text: Heinrich Anacker), „Die
Narvik-Jäger" (Text: K. Adamus), das „Funkerlied" (Text: Bernd Wübbecke), das
„Minensucherlied" (Text: Georg Stolte), das Marschlied „Nach Afrika! Ahoi!" (Text:
Luise Hartmann) sowie „Das Afrikakorps", ebenfalls ein Marschlied (Text: Hans
Flocken).[182] Schultze schrieb in diesen Kriegsjahren u. a. den Marsch „Deutsche Pan-
zer in Afrika", „Unser Rommel" (Text: Wilhelm Brand), „Das Lied vom deutschen
U-Boot-Mann" (Text: Norbert Schultze), das Lied der Artillerie „Kanoniere" (Text:
W. Redhardt), das „Kriegslied" der Panzergruppe Kleist „Im Westen haben wir es
einst bewiesen" (Text: Jürgen Hahn-Butry), das Lied der Panzergrenadiere „Heiß
war der Tag und dunkel die Nacht" (Text: Robert Seeger) und etliche weitere Titel.[183]

---

179 Dieser Text basierte auf Entwürfen von Heinrich Annacker, Hans Tieszler und Hans Wilhelm Kulenkampff.
180 *1. Strophe:* Wir standen für Deutschland auf Posten/und hielten die große Wacht./Nun hebt
sich die Sonne im Osten/und ruft die Millionen zur Schlacht.
Refrain: Von Finnland bis zum Schwarzen Meer:/Vorwärts, vorwärts!/Vorwärts nach Osten,
du stürmend' Heer!/Freiheit das Ziel, Sieg das Panier!/Führer, befiehl! Wir folgen dir!
2. Strophe: Den Marsch von Horst Wessel begonnen/im braunen Gewand der SA/vollenden
die grauen Kolonnen:/Die große Stunde ist da! Von Finnland …
3. Strophe: Nun brausen nach Osten die Heere/ins russische Land hinein./Kameraden, nun
an die Gewehre!/Der Sieg wird unser sein! Von Finnland …
181 Vgl. Jockwer, Axel: *Unterhaltungsmusik im Dritten Reich*, phil. Diss. Universität Konstanz
2004, online unter http://d-nb.info/974320382/34 S. 229 (Aufruf am 20.3.2016); Fröhlich,
Elke (Hg.): *Die Tagebücher von Joseph Goebbels. Teil 1*, München (Saur) 2005, S. 411.
182 Vgl. Prieberg, Handbuch, S. 5234ff. Joseph Goebbels hob den propagandistischen Wert von
Niels Schaffen in seiner Rundfunk-Ansprache zum 50. Wunschkonzert für die Wehrmacht
am 1. Dezember 1940 hervor: „Ich danke Ihnen, den Dichtern und Komponisten unserer
zündenden Volksweisen, die wie niemals zuvor in einem Kriege die Herzen unseres Volkes
erwärmt und entflammt haben. An ihrer Spitze nenne ich dabei den Gestalter unserer populärsten Massenkriegsgesänge, Herms Niel, der uns das England- und das Frankreich-Lied
und dazu eine Unzahl von volkstümlichen Soldatenliedern schenkte." In: Goebbels, Joseph:
Die Zeit ohne Beispiel. Reden und Aufsätze aus den Jahren 1939/40/41, München (Zentralverlag der NSDAP) 1941, S. 333, zit. n. Prieberg, Handbuch, S. 5241.
183 Vgl. Deutsches Rundfunkarchiv: *DRA-Info Audio*, 2011/1, S. 42, online unter http://www.
dra.de/online/hinweisdienste/dra_info_audio/dia_2011-1.pdf (Aufruf am 20.3.2016); Prieberg, Handbuch, S. 6814ff.

Auffallend war bei den neuen Marschliedern im Gegensatz zu älteren Soldaten- und Kampfliedern ein betont martialischer Duktus, der durch kurze, gleichmäßige Notenwerte beim Vers und längere Pausen zwischen den Verszeilen entstand. Sebastian Haffner beschrieb ihn als eine „besondere[n], zackig-abgerissene[n] Art, die die Nazis aufgebracht hatten".[184] Die „Deutsche Militär-Musiker-Zeitung" reflektierte das „neue soldatische Lied" als

> „eine ausschließlich dem Sieggedanken zugewandte Kraft, die als gültiges Symptom für unseren gesamten gerafften Siegeswillen charakteristisch ist."[185]

Zu großer Bekanntheit kam das Marschlied „Erika" von Herms Niel (Text und Musik) aus dem Jahr 1939. Die markig-schlichte, die Zählzeiten des Takts betont und stur vollziehende Musik steht in eigentümlichem Kontrast zum Text, der das „Heide-Blümelein" Erika und ein gleichnamiges „Mägdelein" preist. Entgegen der Erwartung, solche Verse mit unterschiedlichen Notenwerten und Punktierungen zu vertonen, wird der süßliche Text gleichmäßig in die Taktschläge gepresst. Hinzu kommen als weiteres Charakteristikum die prägnanten Melodiepausen, in denen drei unbegleitete Paukenschläge auf die Zählzeiten erklingen. Als Gesang ohne Instrumentalbegleitung beim Marschieren ist damit der Klang der Stiefel im Gleichschritt einer Armee-Kolonne markant auskomponiert.

> „Auf der Heide blüht ein kleines Blümelein (xxx)/
> und das heißt (xxx) Erika (xxx).
> Heiß von hunderttausend kleinen Bienelein (xxx)/
> wird umschwärmt (xxx) Erika (xxx).
> Denn ihr Herz ist voller Süssigkeit (xxx),/
> zarter Duft entströmt dem Blütenkleid (xxx). [...]"[186]

Die „neue Singart" reflektierte auch das Fachblatt für Unterhaltungsmusik:

> „Dafür hat den Soldaten des heutigen Heeres eine wirkliche Lust zum Singen erfasst. Das tönende Symbol der neuen Zeit ist auch nicht mehr das schicksalhafte ‚Mor-

---

184 Haffner, Geschichte eines Deutschen, S. 255. Auch in den von der Wehrmacht besetzten Ländern wurde diese Art des Gesangs als auffallend wahrgenommen, wie der Tagebucheintrag einer Niederländerin verdeutlicht: „Die Deutschen rücken ein, ihre blöden abgehackten Lieder singend." (Tagebuch Hanemann-Keleman, zit. n. Jacobs, Annelies; Bijsterveld, Karin: „Der Klang der Besatzungszeit. Amsterdam 1940 bis 1945", in: Paul, Gerhard; Schock, Ralph: *Sound des Jahrhunderts. Geräusche, Töne, Stimmen 1889 bis heute*, Bonn (Bundeszentrale für politische Bildung) 2013, S. 252–257, hier S. 254. Die SA-Trupps hatten bereits vor der Machtübernahme durch die NSDAP bei den zahlreichen Straßenmärschen ihre ‚Kampflieder' in dieser neuen Art gesungen; vgl. hierzu das Kapitel „Kampflieder" in Wulf, Musik im Dritten Reich, S. 263–276; Hodek, Sangeslust.

185 Hambach, Wilhelm: „Das Soldatenlied und das Zersingphänomen", in: *Deutsche Militär-Musiker-Zeitung*, Nr. 21/22, 5.11.1942, BA-MA, MSG 206/34.

186 Der Text ist unter http://www.volksliederarchiv.de/auf-der-heide-blueht-ein-kleines-bluemelein-erika/ aufrufbar (Aufruf am 27.4.2015), die Noten sind als Klaviersatz wiedergegeben unter http://ingeb.org/images/aufderhe.GIF (Aufruf am 27.4.2015).

genrot', auf einer einsamen Mundharmonika gespielt, sondern der Chor frischer Soldatenkehlen, begleitet vom Tritt der Marschstiefel oder in der Ruhe vom überall anzutreffenden Akkordeon."[187]

Die Lieder der Luftwaffe, die sich als die moderne Elite der Armee verstand,[188] mieden Texte mit biedermeierlich anmutenden Imaginationen wie „Erika". Sie bedienten sehr betont das Klischee des freiheitsliebenden Kämpfers, der sich vor allem dem rauschhaften Tempo hingab und ebenso rauschhaft promiskuitive Beziehungen pflegte:

„Wir lieben unsern freien Flug (Ob Lore oder Erika)"
(Text U. Stürmer-Scherbening, Musik Br. Scherbening, 1941)

1. Wir lieben unsern freien Flug, das geht schnell wie der Wind.
/:Wir lieben unser Vaterland und manches schöne Kind.:/
/:Ob Lore oder Erika, das ist uns einerlei,
wir Flieger lieben schnell und heiß
und sind der Liebe treu, ja treu.:/…[189]

Die Vielzahl an neuen Liedern über einzelne Truppenteile oder Waffengattungen, ob auf Bestellung komponiert oder bei der Truppe entstanden, wurde von der Militärmusik-Führung des OKW mit Genugtuung vermerkt:

„Wenn zunächst die Befürchtung ausgesprochen wurde, daß die starke Technisierung und Motorisierung unserer Armee eine Verkümmerung des künstlerischen Ausdrucks zur Folge haben würde, so beweist die Sammlung das Gegenteil. Jede Truppengattung setzt ihren Stolz darein, ihr eigenes Lied zu besitzen und zu singen, Die Artillerie in allen Formationen mit Flak und Pak, die Panzerwaffe, Kraftfahrer, Marine, Luftwaffe, Fallschirmtruppen und Gebirgsjäger, aber auch die bespannten Einheiten mit „Kamerad Pferd", die Landesschützen und Sanitätssoldaten – sie alle haben ihr Lied, nicht bloß eines, sondern oft viele nach der Zahl der Einheiten."[190]

Auch Gerhard Pallmann, ehemals Mitglied beim Wandervogel, im ‚Dritten Reich' u. a. als Herausgeber zahlreicher Liederbuchsammlungen tätig, frohlockte:

„Der Krieg bewährte sich auch hier als Vater aller Dinge und bescherte den verschiedenartigsten Spezialeinheiten mit einem Schlage das Waffenliedgut, das sie bisher oft schmerzlich genug entbehrt hatten."[191]

---

187 Trapp, Erich: „Immer wenn Soldaten singen …", in: *Das Deutsche Podium*, 8. Jg. Nr. 45 vom 8.11.1940, S. 6f., hier S. 6.

188 Vgl. hierzu das Kapitel „Mit klingendem Spiel".

189 Breuer, Das zweite neue Soldatenliederbuch, Band II., S. 17f.

190 Lorenz, Wehrmacht singt, S. 138f.

191 Pallmann, Gerhard: *Das Soldatenlied in der Volksführung*, phil. Diss. Leipzig 1942, S. 147, zit. n. Jockwer, Unterhaltungsmusik, S. 230. Angaben zu Pallmann bei Lönnecker, Harald: „‚Nie kehrst du wieder, gold'ne Zeit, so froh und ungebunden!'. Studentische Lieder der Erinnerung im 19. und 20. Jahrhundert", in: Fischer, Michael; Widmaier, Tobias (Hg.): *Lieder/Songs*

Der Ic-Offizier der Nachschubtruppe der 12. Infanterie-Division berichtete im Juni 1943 vom Wettbewerb um das „Lied der Nachschubtruppe":

> „Gesucht wird ein Lied, herausgegriffen aus dem Leben des Nachschubs [...], sei es in heiterer oder besinnlicher Form. – Es kann ein Text in Anlehnung an eine bekannte Melodie oder Text mit neuer Melodie eingereicht werden."[192]

Nach der großen Resonanz, die die volkskundlichen Liedersammlungen im Ersten Weltkrieg erfahren hatten, standen sowohl Wehrmacht als auch DAF bzw. KdF bereit, um top-down gesteuert gleich ab Beginn des Zweiten Weltkriegs entsprechende Sammlungen von Soldatenliedern zu initiieren und Liederbücher für die Truppe herauszugeben. Die Möglichkeiten, sich damit zu profilieren und die Veröffentlichungen im eigenen Interesse zu konturieren, wollte man sich nicht entgehen lassen. Dahinter steckte die Intention, die Verbundenheit von Wehrmacht- und Staatsführung mit den so genannten einfachen Soldaten zu demonstrieren, andererseits zielten die Sammelaufrufe darauf, die Kohäsion innerhalb der Mannschaften zu stärken, wenn die Soldaten zum Singen und Erfinden neuer Lieder animiert wurden, ihre Sammlungen anlegten, Lieder und Textvarianten notierten – es sollte für Ablenkung und Rekreation sorgen, das mörderische Geschehen der Feldzüge mit einem Bild vom Krieg als ‚Liederschule der Nation' überblenden und letztlich die Kampfmoral und das Einverständnis mit dem Krieg fördern.

Aber auch das Deutsche Volksliedarchiv erweiterte seine Bestände und forderte die Truppen, wie zuvor im Ersten Weltkrieg, zum Sammeln auf,[193] und der Großdeutsche Rundfunk startete, dem Beispiel des Volksliedarchivs folgend, unter dem Titel „Das Lied der Front" seine eigene Dokumentation neuer Lieder,[194] „damit sie nicht verloren gehen und über die Ätherwelle recht bald Allgemeingut aller deutschen Soldaten und der Heimat werden."[195] Im Vorwort zur gedruckten Sammlung raunte der Herausgeber vielsagend:

---

als Medien des Erinnerns. Lied und populäre Kultur/Song and Popular Culture (Jahrbuch des Zentrums für populäre Kultur und Musik) 59. Jg. 2014, S. 38–73, S. 66.

192 BA-MA, RH 26–12/89.

193 Bereits im Oktober 1939 war ein erster Aufruf „Sammlung deutscher Volkslieder" im Entwurf fertiggestellt. Am 25.11.1939 wandte sich das Archiv an das OKW, das Unternehmen wurde grundsätzlich befürwortet, die Verhandlungen über die Durchführung der Sammlung zogen sich jedoch hin. Erst im April 1940 konnten die Aufrufe tatsächlich erfolgen und Fragebogen versandt werden. Einsendungen gingen sowohl von der Front als auch aus der Heimat ein; oft befanden sich darunter auch Eigendichtungen und Eigenkompositionen. Die für 1942 angekündigte Auswertung der Sammlung erschien allerdings nicht. Ich danke Michael Fischer, Leiter des Zentrums für Populäre Kultur und Musik Freiburg, für seine umfangreiche Auskunft! Den Sammlungs-Aufruf veröffentlichte z. B. die Zeitschrift *Das Reich* in Heft 12, Jg. 1940, 11. August, S. 20.

194 Beigeheftete Anzeige in: Das Deutsche Podium. Fachblatt für Unterhaltungs-Musik und Musik-Gaststätten. Kampfblatt für deutsche Musik, 8. Jg., Nr. 14, 26. April 1940.

195 Berndt, Alfred-Ingemar: *Das Lied der Front*, Wolfenbüttel (Kallmeyer) 1940.

„Wer den grauen Rock einmal getragen hat, der weiß auch um die Macht des Soldatenliedes. Er weiß, welche geheimnisvolle Kraft in solchen Liedern steckt [...].“[196]

Die „Soldatenblätter für Feier und Freizeit", die das OKW in hunderttausendfacher Auflage ab 1940 monatlich in der kleinformatigen Reihe der „Tornisterschriften" für die Fronttruppen herausgab (das letzte Heft erschien noch im Februar 1945), enthielten regelmäßig Lieder mit Noten und Text. Daneben erschienen immer wieder Liederhefte und -sammlungen sowohl von OKW[197] und KdF[198] als auch von kommerziellen Verlagen.[199] Werke von Niel und Schultze durften in keiner dieser Sammlungen fehlen.[200] Ebenso standen Filmschlager bei den Soldaten hoch im Kurs, so entwickelte sich „Das kann doch einen Seemann nicht erschüttern" (1939; Musik: Michael Jary, Text: Bruno Balz) aus dem Film „Paradies der Junggesellen" (Regie: Kurt Hoffmann, Hauptdarsteller: Heinz Rühmann, Hans Brausewetter und Josef Sieber) zu einem ,Evergreen', der als Durchhalte-Lied während der ganzen

---

196   Ebd., Heft 1. Es erschienen noch weitere zwei Hefte, die jeweils Auflagen von über einer Million Exemplaren erreichten.

197   Z. B. *Morgen marschieren wir*, 1940 hgg. v. Hans Baumann im Auftrag des OKW, es enthielt über 200 Lieder. Breuer, Fritz J.: *Das neue Soldatenliederbuch. Textbuch mit Melodien. Zweistimmig gesetzt von W. Drahts. Die bekanntesten und beliebtesten Lieder unserer Wehrmacht*, Mainz (Schott) o.J. erschien – ideal zum Mitnehmen im Oktavformat – in etlichen Ausgaben über die Kriegsjahre. Liederblätter für die Wehrmacht hießen z.B. *Kameradschaft im Lied* (vgl. Keden, Jeder Sänger, S. 55).

198   Z. B. *Heute wollen wir ein Liedlein singen, Lieder für Bunker und Lager*. Zit. n. Hauptmann Dr. Josef Müller-Blattau: „Das Soldatenlied im Felde", in: *Das Reich*, Jg. 1940, Heft 12 (11. August), S. 19f., hier S. 20.

199   Die beigeheftete Anzeige im *Deutschen Podium* beispielsweise warb für ,Kamerad sing mit'. *Neue Soldatenlieder und Märsche für Akkordeon*. Leipzig (Verlag Oskar Seifert) 1940. Inhaltsverzeichnis: 1. Marschlieder von Herms Niel (10 Titel), 2. Neue Soldatenlieder aus der Liedersammlung des Großdeutschen Rundfunk „Das Lied der Front" (19 Titel), 3. Neue und alte Soldatenlieder (21 Titel, u. a. „Lili Marleen", „Deutschland muß siegen" von Paul Lincke, „Flieger empor!"), 4. Lustiger Soldatensang (9 Titel, u. a. „Schwarzbraun ist die Haselnuß" und „In einem Polenstädtchen"), 5. Bekannte Armee- und Parade-Märsche (16 Titel). Auf der Rückseite der Anzeige wurden vier weitere entsprechende Alben annonciert.

200   Z. B. enthielt Breuers Das zweite neue Soldatenliederbuch, Band II. Textbuch mit Melodien. Zweistimmig gesetzt von W. Draths. Die bekanntesten und beliebtesten Lieder unserer Wehrmacht, Mainz (Schott's Söhne) o.J., Volkslieder wie „Horch, was kommt von draußen rein", „Kein schöner Land" oder „Ade zur guten Nacht", Wandervogellieder wie „Aus grauer Städte Mauern" (Text Hans Riedel, Musik Robert Götz), neue Filmschlager wie „Soldaten sind immer Soldaten" aus dem „Westwallfilm" (Text Herbert Menzel, Musik Ernst Erich Buder), alte Marschlieder und neue Soldatenlieder wie „Im ganzen Land marschieren nun Soldaten" (Text und Musik Hans Baumann), „Jawoll – das stimmt – Jawoll!" (Text und Musik Herms Niel), „Hannelore", Marschlied (Text und Musik Herms Niel) und „Lebe wohl, kleine Monika" (Text Helmut Boerner, Musik Hans Carste) und etliche weitere Lieder über treue Mädchen. Heft 3 der Reihe enthielt z. T. die gleichen Titel von Niel und Schultze, daneben noch weitere neue Soldatenlieder, die die verschiedenen Wehrmachtteile und Waffengattungen besangen.

Kriegsjahre im Einsatz war.[201] Die Herausgeber der Sammlungen trugen damit dem Musikgeschmack der Soldaten Rechnung, die Volkslieder, Soldatenlieder, Schlager, Film-, Revue- und Operettenmelodien als ebenbürtigen Liedschatz ins Gesangsrepertoire der Truppe einbrachten. Die „Frankfurter Zeitung" hatte sich bereits zu Beginn des Kriegs dieses Phänomens wohlwollend angenommen:

> „Hier wie dort bildeten Schlager oder Lied für die singenden Männer nicht nur einen wesentlichen Vorrat an Musikalität, sondern wohl die Möglichkeit zum Ausdruck des Gefühls überhaupt. Sie waren vertraute Formen, die jeder hierfür vorfand; die Melodien der modernen Tonfilme spielen heute für viele die gleiche Rolle […]."[202]

Eine lange und für die Wehrmacht dominante Tradition wies das „Volksliederbuch für Männerchöre" auf, das mehrfach aktualisierte „Kaiserliederbuch" aus dem Jahr 1906/07. Es wurde 1940 als „Chorliederbuch für die Wehrmacht. Im Auftrage der drei Wehrmachtteile" neu herausgegeben von Prof. Dr. Fritz Stein, Direktor der Staatlichen Akademischen Hochschule für Musik, Berlin und Major Prof. Lothar von Knorr, Musikreferent im OKW[203] – beide verantwortlich für die Ausbildung der Musikmeister der Wehrmacht – und enthielt 100 zwei- bis vierstimmige Chorlieder sowie 42 Kanons.

Von der Ostfront meldete eine Dienststelle ihre Erfahrungen mit den OKW-Liederblättern „Kameradschaft im Lied":

> „a) Die Liederblätter sind bis zur Doppelfolge 25/26 in unregelmäßigen Zeitabständen und z. T. in nicht genügender Anzahl zur Verteilung bis zu den Kp.'n eingegangen. In vielen Fällen war die Verpackung so schlecht, dass die Liederblätter durch Witterungseinflüsse unbrauchbar waren.
>
> b) Die eingegangenen Liederblätter wurden an die unterstellten Einheiten verteilt, soweit dies gem. a) möglich war.
>
> c) Im Stellungskrieg des vergangenen Winters haben die Liederblätter bei den Soldaten, soweit diese nicht in Kampfhandlungen verwickelt waren und nicht auf das Chorliederbuch der Wehrmacht zurückgreifen konnten, Anklang gefunden und damit ihren Zweck erfüllt.
>
> Weitere Zustellung der Liederblätter wäre erwünscht."[204]

---

201 Vgl. Ritzel, Fred: „„Das kann doch einen Seemann nicht erschüttern!' Über ein Lied aus der Zeit des Kriegsanfangs, seine mediale Präsentation und seine Nachwirkungen", in: Fischer, Lieder/Songs, S. 143–170.

202 Frankfurter Zeitung vom 17.11.1939, zit. n. Jockwer, Unterhaltungsmusik, S. 162.

203 Erschienen bei Peters in Leipzig. Stein hatte bereits 1918 eine Feldausgabe ediert, die große Verbreitung fand. In der Zwischenkriegszeit war es zum *Volksliederbuch für die Jugend* avanciert. Vgl. hierzu den Vortrag von Friedhelm Brusniak: „Das Kaiserliederbuch im Zweiten Weltkrieg", in: *Tagungsbericht „Militär, Musik und Krieg. Musik und Massensuggestion im historischen Kontext"*, 1.2.2008, Köln, in: H-Soz-u-Kult, 10.3.2008, http://hsozkult.geschichte. hu-berlin.de/tagungsberichte/id=2034 (Aufruf am 16.2.2014).

204 Dienststelle der Feldpostnr. 03123 am 2.6.1942, BA-MA, RH 26–9/90

„Todesgefasstheit"

1935 habilitierte sich Werner Kohlschmidt[205] an der Universität Göttingen mit einer Arbeit über das Soldatenlied. Seine Untersuchung extrahierte – ganz ideologiekonform – Opferbereitschaft, Siegeswillen und Todesmut als Signa deutschen Soldatentums. Zu Beginn des Zweiten Weltkriegs ließ Kohlschmidt 1940 seine Studie *Selbstgefühl und Todesschicksal im Lied der deutschen Soldaten*[206] folgen, in der er Betrachtungen zum zeitgemäßen soldatischen Selbstverständnis anstellte:

> „Es ist [...] der bewußte Zusammenprall der im höchsten Selbstbewußtsein des Sich-Opfern-Müssens sich verwirklichenden neueren Soldatenexistenz mit der immer gleich gebliebenen physischen Todesausgesetztheit des Soldaten, die sich mit der zunehmenden Vermehrung der Verluste in den modernen Kriegen zusehends zu einem neuen großen Gemeinschicksal auswächst. Von der Heimat und Lebensbewußtheit des wehrpflichtigen Nicht-Berufssoldaten aus erscheint diese Gegebenheit als Not, die getragen werden muß und der man sich unterordnet im Bewußtsein ihres sittlichen Anrechts."[207]

Dieses „sittliche Anrecht" des Staates auf die „Todesgefaßtheit" der Soldaten, das der Autor seit den Befreiungskriegen als „politische Ethik" im „Volksbewußtsein" verankert sah, würde nach seiner Erkenntnis auffallend oft in von den Soldaten favorisierten Liedern thematisiert. Kohlschmidt warnte jedoch vor Liedern mit „allzu handgreiflicher vaterländischer Didaktik", denn sie „erlöschen meist, bevor sie lebendig geworden sind",[208] und etikettierte als Ideal eine Kombination von Draufgängertum und Sentimentalität:

> „Es ist fast seltsam zu beobachten, wie oft bei besonders beliebten Liedern Kampfesruf und Todesmut geradezu ein Gegengewicht an Strophen voller Todesrührung fordern."[209]

Das korrespondierte mit John Meiers im Ersten Weltkrieg gewonnener Erkenntnis, Soldatenlieder bräuchten starke Kontraste und Akzente.[210] Auch Kohlschmidt wies dem Gesang die primäre Funktion eines psychologischen Ventils und wehrwichtigen Stimmungsmodulators zu. Lieder galten als unverzichtbar zur unmittelbaren Lebensbewältigung in höchster Bedrängnis, was handlungsleitend für die Armeeführung implizierte, das Liedangebot dieser essentiellen Aufgabe gemäß zu gestalten und auszuwählen.

---

205 Kohlschmidt, Werner: *Das deutsche Soldatenlied. Nach seinen Hauptmotiven und ihrer Entwicklung ausgewählt (Literarhistorische Bibliothek, Bd. 16)*, Berlin (Junker und Dünnhaupt) 1935. Kohlschmidt (1904–1983) war von 1944 bis 1954 Professor für Neuere Deutsche Literatur an der Universität Kiel, anschließend in Bern.

206 Untertitel *Untersuchungen zur Geschichte des deutschen Soldatenliedes und zur Bestimmung des „sentimentalen" Volksliedes (Deutsche Forschungen, Bd. 35)*, Frankfurt/Main (Diesterweg) 1940.

207 Ebd., Kapitel 6 „Todestrost und Todesgefaßtheit in der neueren Zeit", S. 69–85, hier S. 75f.

208 Ebd.

209 Ebd., S. 76.

210 Meier, Soldatenlied S. 22.

Die den Tod thematisierenden sentimentalen Lieder sollten vor allem dazu dienen, die Soldaten sich mit ihrem Los abfinden zu lassen. Sie banalisierten und verschleierten die Härte des Soldatenlebens und behandelten das Sterben als heldenhafte Verpflichtung, harmlose Selbstverständlichkeit oder elegische Hingabe.[211] Olt betonte mit Blick auf die NS-Hymne „Die Fahne hoch" (das „Horst-Wessel-Lied", ebenfalls ein sentimentales, langsames Todeslied),[212] in der es heißt, die toten Kameraden „marschier'n im Geiste in unseren Reihen mit", dass damit „der gewaltsame Tod im Krieg […] quasi eine Durchgangsstation in eine neue Welt [ist], mehr noch: er bedeutet Initiation in die ‚heilige' Gemeinschaft der Helden, der ‚Besten'".[213] Zugleich mahnten die ‚mitmarschierenden toten Kameraden', sich ihrer würdig zu erweisen. Die Bereitschaft zum Opfer für die ‚große Sache', transzendierte den Tod und ließ ihn akzeptabel scheinen.[214] Eugen Hadamovsky (1904–1945), bis 1942 Leiter der Rundfunkabteilung im RMVP, formulierte, das Elend von Verwundung und Sterben verklärend:

> „Der Tod im Kampf ist erhaben, weil der Tapfere ihn schon überwindet, indem er ihn erleidet. Er ist groß, weil der vom Schicksal Getroffene sich nicht knechtisch beugt. Er ist schön, weil der echte Soldat sich selbst dann nicht niederwerfen läßt, wenn sein Leib niedergeworfen wird. Die Kraft seines Willens steht noch, und das Feuer seines Glaubens brennt weiter."[215]

Organisierter Gesang – Lehrgänge für Singleiter

> „Die Stärke des deutschen Volkes beruht darauf, daß es ein soldatisches und singendes zugleich ist."[216]

In schöner Regelmäßigkeit bemühten zeitgenössische Veröffentlichungen den Topos der ‚Einheit von Leier und Schwert', wenn es darum ging, die Paarung von Sangesfreudigkeit und Kampfbereitschaft der deutschen Soldaten zu preisen. Dieser Bezug auf Theodor Körners patriotische Liedersammlung von 1813 variierte das Klischee von Deutschland als Musiknation, zudem stellte er eine suggestive Legitimierung des Kriegs in Parallele zu den Befreiungskriegen dar. Der Bereich „Leier" erfuhr innerhalb der Wehrmacht eine tatkräftige Pflege, indem die Förderung des Gesangs institutionalisiert und durchorganisiert wurde.

> „Wer einmal im Waffenrock gesteckt hat, weiß, daß das Singen die Truppe erfrischt wie ein Schluck aus der Feldflasche, daß es den Ausdruck der ganzen soldatischen

---

211 Vgl. Frommann, Liedpropaganda, S. 97.

212 Vgl. Schleuning, Wacht, S. 88.

213 Olt, Krieg und Sprache, S. 102.

214 Vgl. ebd., S. 104.

215 zit. n. Behrenbeck, Susanne: *Der Kult um die toten Helden. Nationalsozialistische Mythen, Riten und Symbole 1923–1945 (Kölner Beiträge zur Nationsforschung, Bd. 2)*, Vierow (SH-Verlag) 1996, S. 528.

216 Muller-Blattau, Soldatenlied, S. 20.

Haltung belebt [...]. Das Oberkommando der Wehrmacht hat daher schon bald nach Kriegsausbruch dafür gesorgt, daß die Pflege des Singens nach einfachen und klaren Richtlinien bis in die kleinsten Einheiten getragen wird."[217]

Die Ausbildung der Militär-Musikmeister an der Staatlichen Akademischen Hochschule für Musik in Berlin war um die Fächer Chorisches Gemeinschaftssingen und Chorleitung erweitert worden,[218] woraufhin „bei der Truppe zahlreiche Singgruppen und Mannschaftschöre entstanden".[219] Darüber hinaus richtete das OKW Singleiter-lehrgänge ein, um dafür zu sorgen, dass in jeder Kompanie eine Person befähigt war, die Soldaten im Singen anzuleiten, denn es hatte sich die Erkenntnis durchgesetzt, dass „gerade der Soldatengesang als Ausdruck aktiven Musizierens in der Truppe einer bewußten Pflege wert"[220] war. Diese Lehrgänge fanden ebenfalls an der Hochschule in Berlin statt. Sie umfassten, „in straff militärischer Form durchgeführt, [...] Mannschaftssingen, Liedkunde, Chorsingen, Chorleitung, Stimmpflege, Musikkunde, Dirigierlehre, Feier- und Freizeitgestaltung sowie Instrumentalspiel".[221] Die Abschlussveranstaltung jedes Lehrgangs sollte den zukünftigen Singleitern als Blaupause für die Gestaltung von Feiern und so genannten Kameradschaftsabenden bei den Truppenverbänden dienen, und mit dem „Handbuch für die Singleiter der Wehrmacht"[222] wurde ihnen das entsprechende Nachschlagewerk überreicht. Zurück bei ihren Einheiten sollten die Singleiter Chöre sowie instrumentale Spielgruppen und Kammerensembles aufbauen, die Führer der Einheiten hatten ihnen dafür ausreichend Verfügungszeit einzuräumen, d. h. sie von anderen soldatischen Aufgaben freizustellen. Das Material in Form von Noten, Instrumenten und Liederheften stellte das OKW, Abt. Inland. Zudem hatten die Singleiter andere Kompanien aufzusuchen und dort jeweils weitere geeignete Personen auszubilden. So berichtete der Singleiter Albert S. im November 1943 von seiner Tätigkeit:

„Ich kann mir künftig meine Zeit einteilen, wie ich es für richtig halte und kann mir für Weihnachtsvorbereitungen und eigenes Studium nach eigenem Ermessen Zeit nehmen. [...] bzgl. der Gestaltung der Weihnachtsfeier habe ich freie Hand."[223]

Und im Mai 1944 verkündete er stolz:

„[...] die Singesfreudigkeit ist ungeheuer groß. Sogar ein Teil der Offiziere ist regelmäßiger Gast der offenen Singstunden. Für meine Arbeit „Soldat und Musik" war es

---

217 Hauptmann Wilhelm Matthes: „Bei den Singleitern der deutschen Wehrmacht", in: *AMZ Leipzig*, 69. Jg., Nr. 18 (4.9.1942), S. 139f., hier S. 139.

218 Stein/von Knorr: Vorwort zum Chorliederbuch.

219 Ebd.

220 Kandler, Georg: „Pflege des Soldatenliedes bei der Truppe. Ein Singleiter-Lehrgang der Luftwaffe", in: *Deutsche Militär-Musiker-Zeitung*, Nr. 50, 14. Dezember 1940, BA-MA MSG 206/33.

221 Lorenz, Wehrmacht singt, S. 140f.

222 Ebd., Herausgeber des Handbuchs war Oberleutnant Lorenz, der Autor des Beitrags.

223 Museum für Kommunikation Berlin, Feldpost-Archiv Berlin, Sign.-Nr. 3.2002.1241.

das reinste Modellstück. Es hat mir natürlich sehr viel Freude gemacht, viele künftige Einheitsführer mit meinen Ideen infizieren zu können."[224]

Die Luftwaffe führte gesonderte Singleiter-Kurse durch:

„Unlängst fand in der Reichshauptstadt ein zwölftägiger Singleiter-Lehrgang der Luftwaffe statt [...] Gemeinschaftssingen in jeder Form, ein- und mehrstimmig, besonders auch des Marschliedes, Kanon-Singen, Chorsingen anspruchsvoller Sätze, Leitung des Gemeinschaftssingens, Chordirigieren, Vermittlung von Literaturkenntnis mit besonderer Berücksichtigung des Soldatenliedes oder guter Bearbeitungen desselben, des Volksliedes und der neueren Kantate für soldatische Feiergestaltung; ferner: chorische Stimmbildung, Geschmacksschulung, Programmgestaltung, Erziehung des Soldaten zur Musik."[225]

Und auch beim DRK wurden Singleiterinnen- und Lazarettlehrgänge für die Betreuung Verwundeter durchgeführt.[226]

„Hier wurde mitten im Kriege die gesamte musikalische Volkserziehung mit einem neuen, frischen Geist behaucht", resümierte die AMZ in erzieherischem Impetus und betonte die Vorteile, die diese Selbstversorgung der Truppeneinheiten mit sich brachte: „Gleichzeitig ist mit diesen Lehrgängen in die Hände der Truppe ein sehr wesentlicher Teil der Truppenbetreuung gelegt worden, die gerade in dieser Form zu den wichtigsten und größten musikalischen Problemen im Kriege gehört."[227]

Einigkeit herrschte über die herausragende psycho-hygienische Wirkung des Gesangs, dass nämlich die „Wahrung der inneren Haltung, der seelischen Spannkraft [...] über das rein Musikalische hinaus eine der schönsten und größten Aufgaben der Singleiter"[228] ausmache und „die Liedpflege als ein bedeutender wehrwichtiger Faktor gegen Ermüdung und Verflachung"[229] zu gelten habe, ja sogar, dass „der Wehrmacht zu den rein militärischen Erfordernissen die Aufgabe zukommt, dem deutschen Soldaten die Werte des vielgestaltigen Kulturbodens seines Volkstums zu erschließen", dessen „Mittler [...] seit je das deutsche Volks- und Soldatenlied"[230] gewesen sei.

Etliche Veröffentlichungen über den Soldatengesang hoben die musikalischen Ambitionen der Truppen und die Leidenschaft für mehrstimmiges Singen hervor. Die einschlägigen Aussagen reichten von „Soldaten singen am liebsten zweistimmig und wenn angängig, die zweite Stimme über der ersten"[231] bis zur Feier der „verheißungs-

---

224 Ebd.

225 Kandler, Pflege, BA-MA MSG 206/33.

226 Lorenz, Wehrmacht singt, S. 142.

227 Matthes, Singleiter, S. 140.

228 Ebd.

229 Ebd.

230 Lorenz, Wehrmacht singt, S. 138.

231 Trapp, Immer wenn, S. 7.

vollen Singarbeit[…], die über den einstimmigen Mannschaftsgesang hinaus Sänger und Hörer zum künstlerisch gehobenen polyphonen Musizieren führen"[232] wolle.

Der Chef des Oberkommandos der Wehrmacht, Generalfeldmarschall Wilhelm Keitel, äußerte im Geleitwort zum „Handbuch für die Singleiter der Wehrmacht":

> „Beim nimmermüden Marschtritt der Kolonnen wie bei der Rast und Freizeit bleibt das Singen immer der lebendigste Ausdruck der Soldatenkameradschaft. […] Gerade in Zeiten des Kampfes wird die Musik dem Menschen zur Quelle der Freude, der Erbauung und der inneren Stärkung. Die Singleiter sollen durch ihre Tätigkeit der Truppe die Musik als Kraftquelle erschließen."

Singen galt in der Truppenbetreuung als bevorzugtes Mittel, um „durch die Freizeitgestaltung die Einsatzbereitschaft der Truppe" zu stärken und „innere Kräfte" zu wecken, denn „Singen gehört ohnehin zum Soldaten" und generiere „seelischen Schwung". Der Pflege des Gesangs wurde sogar ein Prestigevorteil zugeschrieben, denn „stets wird die Einheit vor der anderen etwas vorraus haben, die mit einem neuen Lied aufwarten kann".[233]

Der Ic-Offizier der 12. Infanterie-Division berichtete im Betreuungsplan vom 19.5.1943 von einem Singleiterlehrgang im russischen Kotowo, bei dem ein in Berlin ausgebildeter Singleiter als Multiplikator seine Kenntnisse weitergab:

> „Zweck des Lehrgangs ist es, musikbegabte Soldaten aller Dienstgrade auszubilden, die in ihrer Einheit verantwortlich das Singen leiten und Feiern, Kameradschaftsabende usw. gestalten sollen. Für die Ausbildung besonders geeignet erscheinen Jugendführer, Lehrer, Pfarrer u.ä. Notenkenntnisse sind, wenn auch in geringem Umfang, erforderlich."[234]

Die 22. Infanterie-Division organisierte vom 6. bis 16.2.1943 auf Kreta ebenfalls einen Singleiterlehrgang, zu dem sämtliche Einheiten ein bis zwei Unteroffiziere oder Mannschaftssoldaten zu entsenden hatten:

> „Es sind nur solche Soldaten auszuwählen, die nach ihrer musikalischen Anlage und soldatischen Haltung besonders dazu geeignet erscheinen, nach Abschluss des Lehrgangs den Marschgesang und das Volksliedsingen in der Einheit zu pflegen und zu leiten. […] Mitzubringen sind: Handfeuerwaffen, Vergleichsmitteilung, Decken und Matratzen, Liederbücher und, soweit vorhanden, Musikinstrumente."[235]

---

232 Stein/von Knorr, Chorliederbuch. Auch hier fällt auf, wie überorganisiert, ideologisch überfrachtet und mit Bedeutsamkeit aufgeladen sämtliche Maßnahmen und die darüber veröffentlichten Verlautbarungen waren.

233 Schriftlich ausgearbeiteter Vortrag zum Thema Freizeitgestaltung des leitenden Ic-Offizier Befehlshaber Nordwestfrankreich, BA-MA, RW 35/1226.

234 BA-MA, RH 26–12/89.

235 BA-MA, RH 26–22/80, fol. 82.

Ideologische Differenzen

„Was lassen nun diese Singleiter der Wehrmacht in der Truppe singen? Darauf gibt es nur eine Antwort: Gute Lieder! Das schöne alte Liedgut für Marsch, Lager, Bunker, Freizeit und Feierstunden. Volkslieder vor allem aus den verschiedenen deutschen Gauen […] und vieles, was aus unserer Zeit […] mit Versen und Weisen den Schatz an soldatischen und vaterländischen Liedern bereichert hat. Wohl verstanden, bereichert, denn nur, wo es sich um Wertvolles handelt, wurde das Neue von den Singleitern in die Lehrgänge aufgenommen. […] Spricht man mit alten, an vielen Fronten erprobten Kampftruppen, so wird man immer wieder hören, daß hier eine unverrostete Liebe für das alte, romantische deutsche Volkslied besteht. Solche Bekenntnisse sind auch oft genug aus dem Mund von Ritterkreuzträgern gekommen. Was diese Männer nicht mögen, das ist das laute geblähte ‚Heldenpathos‘ […]"[236]

„Zusammen mit dem neuen deutschen Soldaten hat sich auch das neue deutsche Soldatenlied eingestellt. Nicht daß es früher keine Soldatenlieder gegeben hätte, aber das eigentliche neue Soldatenlied ist ein noch ausgesprocheneres Marschlied, ein Lied zum Marsche. […] es zündet durch seinen Takt, durch das stets und ruhig Hämmernde seiner vier Viertel. […] Mit Herms Niels Marschliedkompositionen trat zum ersten Mal der Klang im Gleichschritt marschierender Soldatenstiefel als musikalischer Faktor auf, eine neue Singart betrat den Plan, die den einzelnen Phrasen kurzerhand den Atem beschnitt und anstelle langgedehnter, sentimentsbetonter Endungen Pausen befahl, in denen der Tritt als Begleitung vernehmbar wurde. Kompositionsweise, Textwahl und geschickt angewandte Einschränkungen veranlassen den singenden und marschierenden Soldaten dazu, die an sich gewöhnlich langen Endungen nicht auszusingen, sondern abzureißen. Und er tut es gern, einmal, um dem Marschtakt lauschen zu können, der das Tempo bestimmt […], dann auch, um öfter und ausgiebiger Luft schöpfen zu können."[237]

Diese beiden Zitate veranschaulichen die Kämpfe um Macht und Einflusssphären, die auf dem Gebiet des Soldatengesangs zwischen linientreuen Nationalsozialisten und dem zu großen Teilen noch in Kaiserzeiten sozialisierten Militär ausgetragen wurden. Während das OKW, vor allem aus Berufssoldaten alter Prägung bestehend, an den musikalischen Traditionen der Armee festzuhalten trachtete, wollte das NS-Regime auch über ideologisch aufgeladene Kampflieder propagandistisch Einfluss auf die Truppen nehmen. Der Duktus des zweiten Zitats beleuchtet zugleich das Selbstverständnis des Nationalsozialismus als neue und junge Bewegung, die mit Veraltetem aufräumt.

Besonders unwillig gegenüber den Strömungen der ‚neuen Zeit‘ zeigten sich die Herausgeber des „Chorliederbuchs für die Wehrmacht" in ihrem Vorwort:

---

236 Matthes, Singleiter, S. 139.
237 Trapp, Immer wenn, S. 6.

„Von der Aufnahme neuer und neuester Liedkompositionen wurde Abstand genommen, da, abgesehen von der Frage der Bewährung, die Entscheidung über die zu
treffende Auswahl ein kaum lösbares Problem darstellt. Auch die politischen Kampf-
und Bekenntnislieder sowie die vaterländischen Hymnen durften unbedenklich in
einem dem m e h r s t i m m i g e n [im Original gesperrt, Anm. Autorin] Singen
dienenden Chorbuch fehlen, da sie ihre Erlebniskraft und -wirkung am stärksten in
der machtvoll geballten Einstimmigkeit offenbaren [...].“[238]

Das war freilich pro domo, hatten die Autoren doch als Leiter der Musikmeister-
Ausbildung ein Interesse, ihre altehrwürdige akademische Stätte und deren Hervor-
bringungen zu verteidigen. Die Sätze lassen aber auch eine gewisse Erleichterung
anklingen, die neuen, auf Parteilinie gehaltenen Lieder mit eleganter Begründung
aussparen zu können. Auf der anderen Seite wurden Klagen über die angeblich mit
dem Geist der neuen Zeit nicht mithaltenden älteren Soldaten-Jahrgänge formuliert:

„Das Wort Jugend gibt einen wichtigen Fingerzeig, wenn man das Liedgut unserer
Soldaten überschaut. Wer Gelegenheit hat, Beobachtungen an Heeresverbänden gemischter Altersstufen anzustellen, kommt zu bezeichnenden Ergebnissen. Es zeigt
sich nämlich die betrübliche Tatsache, daß die Älteren, nicht mehr von der HJ usw.
erfassten Jahrgänge, meist nur einen geringen Liederschatz ihr Eigen nennen, im
Gegensatz zu den jungen Soldaten, die aus der HJ und dem Arbeitsdienst zur Wehrmacht kommen und durch den Reichtum ihrer Liederkenntnis und ihre Singefreu-
digkeit auffallen. Es lässt sich nicht verheimlichen, daß das junge kämpferische Lied
[...] bei den älteren Jahresklassen recht unbekannt ist, weil es anscheinend sogar
auf wenig Gegenliebe stößt. Unzweifelhaft ist hier ein grundsätzlich verschiedener
Geschmack spürbar, vor allem, wenn man beobachtet, welchem Liedtypus sich die
Männer in vorgeschrittenen Altersstufen zuwenden: nach wie vor dem nicht volk-
haften, sondern nur volkstümlichen, sich mehr an Herz und Gefühl wendenden Lied
der verschiedensten Schattierungen aus der Romantik des vorigen Jahrhunderts
[...].“[239]

Damit unternahm der Autor eine Umdeutung politischer Konfliktfelder. Die Differenzen zwischen parteikonformen Ideologemen und militärischen Traditionen
wurden umgebogen zu generationellen Unterschieden. Die vorderhand harmlose
Feststellung andersgearteter musikalischer Vorlieben enthielt jedoch eine deutliche
Abwertung: die älteren Soldaten wurden als der ‚neuen Zeit‘ nicht gewachsen und
letztlich ‚unmännlich‘ diffamiert, wenn sie als sentimental, veraltet und effeminiert
etikettierte traditionelle Lieder präferierten.

---

238 Stein/von Knorr, Chorliederbuch. Das Vorwort ist mit „Im Mai des deutschen Freiheits-
     kampfes 1940“ datiert.
239 Petzoldt, Richard: „Das Lied der Soldaten“, in: *AMZ Leipzig*, 67. Jg. 1940, Nr. 40, 4. Oktober,
     S. 300. Petzold, Schriftleiter der AMZ, war zu der Zeit zum Wehrdienst eingezogen, konnte
     aber trotzdem die Zeitschrift weiter herausbringen.

Joseph Müller-Blattau hingegen band die neuen Marschlieder der Soldaten in eine außermilitärische Traditionslinie ein:

> „Oft habe ich gefragt: Warum singen wir gerade dieses oder jenes Lied so gern zum Marsch? Ich dachte zu hören: weil der Text so schön oder weil die Melodie so zackig ist – und bekam zur Antwort: Weil es sich so gut darauf marschieren läßt! Das also ist der Kern: Das Marschlied ist nicht als Lied um seiner selbst willen da. Es ist letzter Vertreter des echten Arbeitsliedes, in dem […] Wort, Weise und eine bestimmte rhythmische Bewegung sich zu untrennlicher Einheit verbinden."[240]

Müller-Blattau machte sich hier einen Gedanken von John Meier zu eigen, der bereits 1916 festgestellt hatte: „Etwas anderes als Arbeitsgesang sind […] die zum Marsche gesungenen Lieder nicht."[241] Allerdings erfuhr Meiers schlichte Feststellung bei Müller-Blattau eine weihevolle Aufladung: Als „letzten Vertreter" von etwas „Echtem" deklariert, überhöhte er das Marschlied zum wertvollen Kulturgut und Residuum arbeitsweltlicher Bräuche, womit er zugleich die „Arbeit" der Soldaten verharmlosend auf eine Stufe mit Handwerken stellte. Daran anschließend erteilte er den Aktivitäten der Parteiformationen seine unumschränkte Zustimmung:

> „Der NS-Gemeinschaft Kraft durch Freude muß dafür gedankt werden, daß sie das Soldatensingen durch Gestellung von Liederbüchern und Liederblättern, von Kursleitern und Schulungsmaterial so tatkräftig fördert. Das kleine Liederbuch, das sie […] herausbrachte („Heute wollen wir ein Liedlein singen", Lieder für Bunker und Lager) ist musterhaft. Gerade daß es uns auch heitere Lieder für den Kameradschaftsabend bringt, ist wichtig. Denn für die kameradschaftliche Geselligkeit beginnen sich erst jetzt langsam die entsprechenden Formen zu bilden. Und hier ist wiederum das Lied entscheidend."[242]

Die Erwähnung von Kursleitern und Schulungsmaterial machte deutlich, dass die NSDAP dem OKW auch im Bereich der Singleiter das Feld nicht allein überließ. Und Müller-Blattaus Lob für ein Liederbuch des OKW war zugleich vor allem eines für die ‚neue' Liedstilistik:

> „Am schönsten und umfassendsten hat das Lied der Soldaten im Felde Hans Baumann zusammengefaßt. Sein Liederbuch „Morgen marschieren wir", das er im Auftrag des Oberkommandos der Wehrmacht herausgegeben hat, empfinden wir als den echtesten Ausdruck unseres Wollens. Das sind wirklich die Lieder, die wir singen und singen wollen."[243]

Überlieferte Ego-Dokumente wie Feldpostbriefe und Tagebücher geben selten Auskunft darüber, was die Soldaten tatsächlich ‚sangen und singen wollten'. Singen war für die Soldaten anscheinend so selbstverständlich, dass es kaum Erwähnung

---

240 Müller-Blattau, Soldatenlied, S. 19.
241 Meier, Soldatenlied, S. 8.
242 Müller-Blattau, Soldatenlied, S. 20.
243 Ebd.

fand – die Biografie-Forschung hat darauf hingewiesen, dass nur das Besondere, Herausgehobene erinnert wird, das Alltägliche gerät in Vergessenheit.[244] Einzelne, mit bestimmten Situationen verknüpfte Lieder wie „Lili Marleen" blieben im Gedächtnis oder andere Titel, die durch Kinofilme und Rundfunk Bedeutung erlangten, das Gros der Gesangssituationen bei der Truppe entzog sich hingegen der Mitteilung.

Unverblümt zynisch formulierte jedoch ein Soldat seine Einschätzung des Repertoires:

> „[...] ich mache mir nichts aus den Soldaten-Songs. (Liebchen ade. Weine nicht! Ich ziehe in einen lustigen Krieg. Falls ich aber ein Ding verplättet kriege, mach Dir nichts draus. Ich habe nur meine Pflicht getan. Such Dir nen anderen. (woher nehmen + nicht stehlen?) und wenn Du mal eine sentimentale Welle hast, denke an Deinen Helden mit dem E.K. Hurra, Hurra, Hurra, denn wir fahren gegen Engeland.) Deutsche Volkskunst! Melodie beliebig."[245]

---

244 Vgl. Lehmann, Albrecht: *Erzählstruktur und Lebenslauf. Autobiographische Untersuchungen*, Frankfurt/Main (Campus) 1983; Schröder, Hans-Joachim: *Die gestohlenen Jahre. Erzählgeschichten und Geschichtserzählungen im Interview: der Zweite Weltkrieg aus der Sicht ehemaliger Mannschaftssoldaten (Studien und Texte zur Sozialgeschichte der Literatur, Bd. 37)*, Tübingen (Niemeyer) 1992. Zu soldatischem Erzählen vgl. auch Rogge, Jörg (Hg.): *Kriegserfahrungen erzählen. Geschichts- und literaturwissenschaftliche Perspektiven*, Bielefeld (Transcript) 2016.

245 Heinz S., Feldpostbrief vom 26.5.1942, Museum für Kommunikation Berlin, Feldpost-Archiv Sign. Nr. 3-2002-0827.

3.2   Mit klingendem Spiel – Musikkorps der Wehrmacht

Dieses Kapitel bietet einleitend einen knappen historischen Überblick über den Einsatz musikalischer Instrumente beim Militär und die Entwicklung der Musikkorps im deutschsprachigen Raum seit dem 17. Jahrhundert. Dabei richtet sich das Interesse vor allem darauf, welche Bedeutung der Musik in militärischen Zusammenhängen seit Jahrhunderten beigemessen wurde – Militärmusik und Gesang galten quasi als Allheilmittel für soldatische Motivationsengpässe verschiedener Art. Der Schwerpunkt der Betrachtung liegt auf Preußen als dem im Verlauf des 18. Jahrhunderts militärisch und politisch dominant werdenden Staat in Deutschland.[1] Anschließend geht es um Militärmusik im ‚Dritten Reich‘ und die Truppenbetreuung durch Wehrmacht-Musikkorps.

Zur Entwicklung der Musik beim Militär

Der Einsatz musikalischer Instrumente zur Übermittlung militärischer Befehle ist bereits für die griechische und römische Antike überliefert und im mitteleuropäischen Raum ab dem Hochmittelalter durchgehend belegt.[2] Dieses akustische Signalwesen umfasste das Lenken der Truppen in Schlachten (so gab es Signale für „Rasch vorwärts", „Sturmangriff", „Rückzug" oder auch die Bewegungen einzelner Abteilungen einer Front) sowie das Ausrufen von Befehlen in Feldlager und Kaserne wie Weckruf (Reveille), Zapfenstreich (Retraite), Sammeln, Alarm und zahlreiche weitere Kommandos.[3] Im Verlauf des Ersten Weltkriegs erwies sich jedoch die Signalgebung durch Instrumente auf dem Gefechtsfeld aufgrund der Technisierung und Motorisierung der Kriegführung als obsolet.[4]

Ab dem 15. Jahrhundert hatten sich im europäischen Raum für die verschiedenen Waffengattungen unterschiedliche Instrumente etabliert:[5] Zur Infanterie gehörten das so genannte Feldspiel, die Spielleute mit Trommeln und chromatischen, zwei Oktaven umfassenden Querpfeifen (auch Schwegel oder Zwerchpfeife genannt; diese

---

1   Österreich bleibt hier unberücksichtigt.

2   Vgl. Höfele, Bernhard: *Die deutsche Militärmusik. Ein Beitrag zu ihrer Geschichte,* Köln (Luthe) 1999, S. 15ff., 35ff.; Squire, William Barclay; Farmer, H. G., Tarr, Edward H: "Military calls", in: *New Grove Dictionary of Music and Musicians,* Bd. 12, S. 316–320, hier S. 316; Höfele, Bernhard: „Militärmusik", in *MGG2* Sachteil Bd. 6, Sp. 269–292, hier Sp. 269; Montagu, Jeremy: "Military Music", in: *New Grove Dictionary of Music and Musicians, Second Edition,* Bd. 16, S. 683–690, hier S. 684.

3   Vgl. hierzu die Auflistung von Signalen in Höfele: *Militärmusik,* S. 57, 76 und 259.

4   Vgl. Busch, Heinz: *Vom Armeemarsch zum Großen Zapfenstreich. Ein Lexikon zur Geschichte der deutschen Militärmusik,* Bonn (Der Kurier) 2005, S. 173.

5   Dabei blieben die Militärinstrumente von zivilen Musikinstrumenten strikt getrennt, z. B. unterschieden sich Querpfeife und Traversflöte bautechnisch bis ins 18. Jahrhundert hinein. Vgl. Schmid, Manfred Hermann: „Musik und Krieg", in: Firme, Annemarie; Hocker, Ramona (Hg.): *Von Schlachthymnen und Protestsongs. Zur Kulturgeschichte des Verhältnisses von Musik und Krieg,* Bielefeld (Transcript) 2006, S. 13–20, hier S. 17.

Besetzung existiert in den Spielmannszügen im Wesentlichen bis heute) sowie – im Lauf des 18. Jahrhunderts einhergehend mit der Entwicklung einer aufgelockerten Gefechtsführung – zur Überbrückung weiterer Distanzen so genannte Signalhörner. Der Kavallerie waren Trompeten und Pauken zugeordnet.

Das Verhältnis zwischen den Trompeterkorps und dem als „Knüppelmusik" geschmähten Feldspiel der Infanterie spiegelte den elitären Dünkel der adelig geprägten Kavallerie gegenüber den Fußtruppen wider. Trompeten und Pauken als akustisches Signum von Fürsten repräsentierten Herrschaftsmacht; die Spieler wurden im 16. Jahrhundert mit Zunftwürden belehnt, was ihnen eine exklusive, anspruchsvolle Ausbildung garantierte.[6] Die Spielleute hingegen rekrutierten sich zumeist aus jungen Absolventen von Stadtpfeifereien oder hatten sich ihre musikalischen Fähigkeiten autodidaktisch angeeignet.[7]

Während bis ins 19. Jahrhundert hinein die ventillosen Trompeten auf Naturton-Klangfolgen begrenzt waren,[8] konnten die Spielleute der Fußtruppen mit ihren Querpfeifen jede Melodie spielen. Beim Marschieren und in der Schlacht bliesen sie zum Rhythmus des Trommelschlags kurze, improvisierte melodische Floskeln, außerhalb des unmittelbaren militärischen Dienstes unterhielten sie die Soldaten mit populären Stücken aller Art.[9]

Neben der Verwendung von Instrumenten zur Signalgebung diente Musik im Militär der Koordination von Abläufen wie dem Taktgeben beim Marschieren,[10] repräsentativen und unterhaltenden Zwecken sowie der Modulation emotionaler und psychischer Befindlichkeiten der Soldaten. Musik stellte einen gemeinschaftsstiftenden, integrierenden Faktor und ein Moment der Selbstvergewisserung dar.[11] Sie

---

6   Vgl. *MGG2* „Militärmusik", Sp. 273f.; Höfele: *Militärmusik*, S. 52).

7   Vgl. Busch, Armeemarsch, S. 34.

8   Ventil-Instrumente, 1814/15 erfunden, setzten sich erst in den 1830er Jahren endgültig in der Militärmusik durch, vgl. *MGG2* „Militärmusik", Sp. 278.

9   Vgl. Wenzel, Silke: „Das musikalische Befehlssystem von Pfeife und Trommel in der Frühen Neuzeit", in: Moormann, Paradestück, S. 277–298, hier S. 290f.; dies: Lieder, Lärmen, S. 74ff. Zum Phänomen des Trommlerjungen, dem Einsatz von Kindern im Militärmusikdienst, der spätestens ab dem frühen 18. Jahrhundert belegt ist, vgl. z. B. Grant, Morag Josephine: „Die Kindersoldaten von gestern: Vorbemerkungen zu einer Geschichte von Kindern als Militärmusiker im 18. und 19. Jahrhundert", in: Schramm, Michael (Hg.): *Militärmusik zwischen Nutzen und Missbrauch (Militärmusik im Diskurs. Schriftenreihe des Militärmusikdienstes der Bundeswehr, Bd. 6)*, Köln, Bonn (Bundesamt für Wehrverwaltung) 2011, S. 174–187.

10   Die Bezeichnung Marsch meinte zunächst lediglich eine geordnete zügige Gangart. Das Marschieren im Gleichschritt wurde in Preußen um 1730 eingeführt, damit stieg der Bedarf an rhythmisch markanten Marschkompositionen enorm an; vgl. *MGG2* „Militärmusik", Sp. 276; Höfele, Militärmusik, S. 78.

11   „Die Truppe spielt für die Truppe und schafft damit ein klingendes Selbstverständnis der Streitkräfte", benennt Christoph Scheibling, Offizier im Musikdienst der Bundeswehr, die „Integration durch Militärmusik"; vgl. ders: „Erfahrungen mit Militärmusik im Einsatz", in: Schramm, Michael (Hg.): *Musik und Krise (Militärmusik im Diskurs. Schriftenreihe des*

sollte zu Mut verhelfen, Ängste dämpfen, Aggressionen anstacheln und den Sieges-willen steigern.[12] Zudem wurden Instrumente auch mit der Intention eingesetzt, bei Angriffen durch machtvolle, laute Klänge den Gegnern zu imponieren und Furcht einzuflößen.[13] Nicht zuletzt kam Musik die Aufgabe zu, für Entspannung und Ab-lenkung vom Grauen der Kriege zu sorgen.

Friedrich Wilhelm von Brandenburg (1620–1688, der „Große Kurfürst") initiierte ab Mitte des 17. Jahrhunderts[14] neben dem herkömmlichen Infanterie-Feldspiel eine Militärmusik für zeremonielle, repräsentative und gesellige Anlässe. Anfäng-lich nur bei einzelnen Elite-Regimentern angesiedelt, bestand sie aus einem Schal-meien-Quartett (zwei Diskant-Dulciane, einem Alt- und einem Bass-Dulcian).[15] Das Prestigebedürfnis der Regimenter und ihrer Inhaber sorgte dafür, dass sowohl die Anzahl der Ensembles als auch deren Umfang rasch anstiegen.[16] Die Musiker waren professionelle Instrumentalisten, die neben Blas- auch Streichinstrumente beherrschten.[17]

Um 1700 lösten Oboen die spieltechnisch schwierigen und schrillen Schalmeien ab.[18] Zeitgleich setzte sich für alle Musiker der Infanterietruppen die Bezeichnung „Hoboisten" bzw. „Hautboisten" durch, die noch bis 1918 gebräuchlich blieb.[19]

Das Repertoire der neuen Militärmusik-Ensembles bestand vor allem aus Arran-gements bekannter und zweckdienlicher Stücke, es blühte aber auch ein Markt für Originalkompositionen auf; so schrieb Johann Philipp Krieger (1649–1725) im Jahr 1704 eine „Lustige Feldmusik" für zwei Oboen, Altoboe und Fagott, aus der gleichen

---

    Militärmusikdienstes der Bundeswehr, Bd. 2), Köln, Bonn (Bundesamt für Wehrverwaltung) 2007, S. 170–175, hier S. 170.

12   Deutsch- und französischsprachige Schrift- und Bildquellen ab der Frühen Neuzeit belegen, wie Musik zur Steigerung von Aggressivität und Kampfleistung vor und im Gefecht genutzt wurde. Musiker spielten buchstäblich zur Schlacht auf und begleiteten die kriegerischen Aktionen, wobei sie deren Heftigkeit klanglich und rhythmisch beeinflussten. Die Musik war dabei Anweisung zum militärischen Handeln und zugleich unmittelbare mimetische Begleitung von deren Vollzug; vgl. Wenzel, Befehlssystem, S. 281.

13   „Mit der Heertrummel das hertz ich weck/der vnsern/vnd die feind erschreck" (Jost Amann: *Eygendliche Beschreibung Aller Stände auff Erden*, Reprint als: *Das Ständebuch*, Leipzig 1975, S. 109), zit. n. Wenzel, Lieder, Lärmen, S. 59.

14   Vorausgegangen war die Ablösung der Landsknecht- und Söldnertruppen durch stehende Heere, vgl. *MGG* „Militärmusik", Sp. 314.

15   *MGG2* „Militärmusik", Sp. 274f.

16   *MGG* „Militärmusik", Sp. 314.

17   Vgl. *New Grove Second Edition* „Military Music", S. 685.

18   Hans Fr. v. Fleming: *Der vollkommene teutsche Soldat*. Leipzig 1726, S. 181: „Nachdem sie aber schwer zu blasen, und in der Naehe auf eine gar unangenehme Art die Ohren fuellen, so sind an statt der teutschen Schalmeyen nachgehends die Frantzoesischen Hautbois aufge-kommen [...]." Zit. n. Höfele, Militärmusik, S. 229.

19   Vgl. ebd., S. 73.

Zeit stammt die „Ouverture à 4" für zwei Hautbois, Taille und Basson von Philipp Heinrich Erlebach (1657–1714).[20]

Ende des 17. Jahrhunderts gab es in Mitteleuropa bereits einzelne so genannte Janitscharenkapellen, die aus Trompeten, Schalmeien, Trommel, Pauken, Becken und Schellenbaum bestanden.[21] Die Elite-Truppen des türkischen Sultans, die Janitscharen, hatten auf ihren Eroberungsfeldzügen (1663–1699) auch ihre Militärkapellen mitgeführt, die nachhaltigen Eindruck bei den österreichischen, ungarischen und deutschen Armeen und ihren Befehlshabern hinterließen. Als demonstrative Prachtentfaltung stellten einzelne europäische Herrscher Ensembles nach türkischem Vorbild auf.[22] Der polnische König Johann Sobieski bekam 1673 vom Sultan in Konstantinopel sogar eine komplette Militärmusikkapelle geschenkt, die August der Starke (1670–1733), Kurfürst von Sachsen und ab 1697 König von Polen und Großfürst von Litauen von seinem Vorgänger auf dem polnischen Thron übernahm und u. a. auch in Dresden auftreten ließ.[23]

Im Verlauf des 18. Jahrhunderts entwickelten sich die Militärmusik-Ensembles zu den standardisierten Besetzungen „Harmoniemusik" und „Türkische" oder „Janitscharenmusik". Die Harmoniemusik (zu der Zeit in Adelskreisen unerlässlich zur Unterhaltung bei größeren gesellschaftlichen Anlässen) bestand aus einem Bläseroktett (je zwei Oboen, Klarinetten, Waldhörner und Fagotte), die Türkische Musik verfügte zusätzlich über „eine Trompete, ein Triangel, eine Oktavflöte und eine sehr große Trommel, eine gewöhnliche Trommel und ein paar Cinellen".[24]

Die mitreißenden Klänge der Militärkapellen zielten auch auf propagandistische Wirkung bei der Bevölkerung: „Die türkische Musik wird in den Sommermonaten Abends bei schönem Wetter vor den Kasernen, bisweilen auch vor der Hauptwache gegeben,"[25] sollten sie doch Soldaten anwerben sowie Ansehen und Rückhalt des Militärs in der Zivilgesellschaft verbessern:[26] Zudem stellte in kleineren Garnisons-

---

20 Ebd.
21 Ebd., S. 69f.; *MGG2* „Militärmusik", Sp. 276.
22 „Exotik" war zu der Zeit eine Spielart herrschaftlicher Repräsentation, wie beispielsweise auch die Mode der Chinoiserien ab dem späten 17. Jahrhundert zeigt.
23 Belegt ist, dass August II. „ein wahres Türkisches Musikanten Chor von Mohren und Arabern" besaß – über den Status dieser Musiker als Leibeigene finden sich dabei keine Informationen. Auch in anderen europäischen Staaten verfügten höfische und städtische Orchester bereits im späten 17. Jahrhundert über Janitschareninstrumente und setzten sie in Opern (Hamburg 1680: Nicolaus Adam Strungk „Esther", Venedig 1680: Giovanni Domenico Freschi „Berenice") oder zur Unterhaltung am Hof zum Tanz und bei der Tafel ein, vgl. Jäger, Ralf Martin: „Janitscharenmusik", in *MGG2*, Bd. 4, Sp. 1316–1329, hier Sp. 1325; Höfele, Militärmusik, S. 69.
24 *Jahrbuch der Tonkunst von Wien und Prag* 1796, S. 98, zit. n. *MGG2* „Janitscharenmusik", Sp. 1326.
25 Ebd.
26 Vgl. *New Grove Second Edition* „Military Music", S. 686.

orten das Militär meist das einzige professionelle Musikensemble, das auch in der Kirche und bei Festen für die musikalische Gestaltung sorgte.

Wie glanzvoll die staatliche Repräsentation durch die Militärmusik ausfiel, lag im Ermessen des jeweiligen Herrschers; die Ausstattung der Kapellen variierte in den deutschen Teilstaaten. So bemerkte Charles Burney in seinem Tagebuch über die Militärmusik des Darmstädter Landgrafen: „Ich habe niemals eine Kriegsmusik gehört, die mir mehr gefallen hätte".[27] Sie bestand Anfang der 1770er Jahre (im Gegensatz zur sparsameren preußischen Besetzung) aus „vier Hoboen, vier Clarinets, sechs Trompeten, an jeder Seite der Hoboen und Clarinetten drey, und an jedem Flügel zwey Fagotts, hinter diesen Post- und Jagdhörner".[28]

Die Besoldung der Musiker war bis ins 19. Jahrhundert hinein dürftig. Die Kapellen wurden nur zu einem geringen Teil aus dem regulären Militär-Etat finanziert, den Großteil der Kosten hatte das Offizierskorps eines Regiments zu bestreiten.[29] Die Musiker waren daher auf zusätzliche Einnahmen durch außerdienstliches Spiel angewiesen, was bei der Bemessung des Solds bereits einkalkuliert wurde. Dies führte immer wieder zu Konflikten mit zivilen Musikern, die sich um ihre Verdienstmöglichkeiten gebracht sahen. Das fiskalische Interesse, Staatsausgaben bzw. Extrakosten der Offiziere niedrig zu halten, genoss jedoch Vorrang vor den Existenznöten subalterner Musiker.[30]

Militär und Militärmusik Anfang des 19. Jahrhunderts

Die Niederlage Preußens und seiner Verbündeten gegen die napoleonischen Truppen 1806/07 löste eine mehrere Jahre dauernde Debatte um das Für und Wider der allgemeinen Wehrpflicht aus; das vollkommene Versagen des Militärs mündete in Forderungen nach Reformen wie die Umwandlung des Berufs- in ein Volksheer nach dem Vorbild des jakobinischen Frankreich.[31] Diese Auseinandersetzung fand auch

27 Burney, Charles: *Tagebuch seiner Musikalischen Reisen. Zweyter Band. Durch Flandern, die Niederlande und am Rhein bis Wien.* Aus dem Englischen übersetzt, Hamburg (Bode) 1773 (Reprint Kassel usw. (Bärenreiter) 2003 *(Documenta Musicologica, Erste Reihe: Druckschriften-Faksimiles, Bd. XIX)*, S. 62.

28 Ebd.

29 Vgl. Höfele, Militärmusik, S. 89; in Österreich-Ungarn war dies sogar noch bis in den Ersten Weltkrieg hinein üblich, vgl. *New Grove Second Edition* „Military Music", S. 685.

30 Vgl. Busch, Armeemarsch, S. 120; *MGG* „Militärmusik", Sp. 317. Diese prekäre Situation herrschte u.a. auch in Österreich-Ungarn; Militärkapellen nahmen dort bis zu 60 zivile Spieltermine pro Monat wahr, vgl. „Ein Notschrei der Zivilmusiker über die gewerbliche Tätigkeit der k.u.k. Militärmusikbanden", Wien (ca. 1903), S. 26, zit. n. Anzenberger, Friedrich: „Anmerkungen zur Finanzierung der Militärkapellen in Österreich-Ungarn", in: Schramm, Militärmusik zwischen Nutzen und Missbrauch, S. 39–56, hier S. 42.

31 Vgl. Frevert, Ute: „Das jakobinische Modell: Allgemeine Wehrpflicht und Nationsbildung in Preußen-Deutschland", in: dies. (Hg.): *Militär und Gesellschaft im 19. und 20. Jahrhundert (Industrielle Welt. Schriftenreihe des Arbeitskreises für moderne Sozialgeschichte, Bd. 58)*,

Eingang in das zeitgenössische Musikschrifttum, galt es doch, die allseits geschätzte und beliebte Militärmusik zu nutzen, um einerseits der am Boden liegenden Reputation des Militärs wieder aufzuhelfen und andererseits kriegs- und siegesfähige Soldaten zu formen. 1807 veröffentlichte der Musikpublizist Friedrich Guthmann in der *Allgemeinen musikalischen Zeitung*, dem maßgeblichen Musikperiodikum, seine „Forderungen an die militärische Musik".[32] Er formulierte eine Reihe von Kriterien, um den „Geist der wahren Kriegsmusik" zur Entfaltung kommen zu lassen, der ihn Garant für Tapferkeit und Heldenmut dünkte:

> „Die Geschichte aller Zeiten und aller Völker hat hinlänglich bewiesen, wie bedeutend der Einfluss sey, welchen Musik auf Erweckung des Heldenmuthes und der Tapferkeit hat. […]

> Militärische Musik soll dem Geist des Kriegers eine höhere Stimmung geben, die Gemüther für Einen Zweck vereinigen, die Mühseligkeiten und Strapazen erleichtern, den Gedanken an Tod und Grab, an die sanftern Gefühle des Lebens, an Bequemlichkeiten, Vergnügungen verscheuchen, dem Körper gleichsam neue Kräfte geben – mit einem Worte Heldenmuth erregen, beleben und unterhalten. […]

> Militärische Musik muss 1) populär sein. Sie ist für Männer bestimmt, deren grösster Theil unmusikalisch ist und nur ein gesundes Ohr hat – für den alle Kunst ohne Effekt nichts ist. Der gemeine Soldat muss sie beym ersten Hören verstehen und liebgewinnen, sich für sie interessiren. Gar viele Märsche, welche den Beyfall der Kenner erhalten und verdienen, taugen für den gemeinen Soldaten nichts; sie sind zu gelehrt. […]

> Ein zweites Erforderniss ist 2) eine gewisse Feyerlichkeit. Alles Kleinliche, Niedliche, Modische, Hüpfende, Weichliche gehört nicht für Krieger. […]. Die militärische Musik muss schlechterdings die Ohren füllen; sie muss imponiren. […]

> 3) Starker Rhythmus ist ein Haupterfordernis der kriegerischen Musik.

> 4) Bunte Anhäufung von Dissonanzen bringt diese Art von Musik ihrem Zwecke nicht näher, sondern entfernt sie von demselben. Wenig und gut – heisst es auch hier. […]"

Effektvolle Eingängigkeit, imposante Emphase und Marschtauglichkeit waren damit als Charakteristika guter Militärmusik ausgemacht. Diesem Beitrag und seinen Forderungen wurde anhaltende Bedeutung zuteil, etliche Passagen finden sich wort-

---

Stuttgart (Klett-Cotta) 1997, S. 17–47. Ihre Bestätigung fanden diese Reformideen in den siegreichen Befreiungskriegen 1813/14, woraufhin Preußen 1814 die allgemeine Wehrpflicht einführte.

32 Guthmann, Friedrich: „Forderungen an die militärische Musik", in: *AMZ*, 9. Jg., Nr. 25 (1807), Sp. 391–395.

gleich noch 1837 unter dem Stichwort „Militärmusik" in Gustav Schillings „Universallexicon der Tonkunst".[33]

Bahnbrechende Fortschritte im Instrumentenbau in der ersten Hälfte des 19. Jahrhunderts – die Erfindung der Ventile für Blechblasinstrumente 1814 (die sich allerdings erst in den 1830er Jahren in den Kapellen durchzusetzen vermochten), die Lösung des leidigen Bassproblems durch die Entwicklung der Tuba 1835, die endlich ein voluminöses, klanglich und intonatorisch befriedigendes Fundament lieferte (wobei es bis in die 1860er Jahre dauerte, bis sie sich in allen Musikkorps etabliert hatte)[34] sowie Verbesserungen der Holzblasinstrumente hinsichtlich Lautstärke und Intonationsreinheit – führten in den 1840er Jahren zur Ausprägung der Militär- bzw. Blasorchesterbesetzung,[35] wie sie im Wesentlichen noch heute besteht.

Zudem wuchsen im Lauf des 19. Jahrhunderts Militärkapellen in Umfang und Anzahl: Mit der Einführung der allgemeinen Wehrpflicht 1814 in Preußen vervielfachte sich die Zahl der Soldaten und damit der Bedarf an Musik für Garnison und Lager, Exerzierplatz und Feld.

Von entscheidender Bedeutung für die Entwicklung der preußischen und in der Folge deutschen Militärmusik waren die Reformen, die der Multiinstrumentalist und Dirigent Friedrich Wilhelm Wieprecht (1802–1872) initiierte. Neben seiner Zusammenarbeit mit Instrumentenmachern zur Entwicklung bzw. technischen und klanglichen Verbesserung einzelner Blechblasinstrumente[36] setzte er die Vereinheitlichung von Besetzung und Stimmung der Kapellen durch und schuf mit dem „Instrumental-Tableau der Militärmusik" ein übersichtliches Organisationsschema für die Musikkorps sämtlicher Waffengattungen. Von einer einheitlichen Kernbesetzung ausgehend bauten die unterschiedlichen Ensembles aufeinander auf und wurden somit kombinierbar.[37] Wieprechts massenwirksame Freiluft-Auftritte mit mehreren Militärkapellen trugen stark zur Popularisierung der Militärmusik und ihrer Verankerung in der Zivilgesellschaft bei. 1838 fand das erste der ungemein

---

33   Gustav Schilling: *Encyclopädie der gesammten musikalischen Wissenschaften oder Universallexicon der Tonkunst*, Stuttgart (Köhler) 1834–38 (1840–42²), Bd. IV (1837), S. 697–699.

34   Z. B. bestanden die Musikkorps der bayrischen Infanterie Anfang der 1830er Jahre aus zwei Flöten in Des, zwei Klarinetten in Es, vier Klarinetten in B, zwei Fagotten, zwei ventillosen Trompeten in Es, zwei Hörnern in Es, zwei Posaunen, einem Serpent und Schlagzeug, vgl. Schnebel, Hanns-Helmut: „Griechenlands Militärmusik zur Zeit König Ottos I. (1832–1862) – Ein Einstieg", in: *Musik in Bayern*, Bd. 78/2013, S. 85–91, hier S. 88.

35   Im 19. Jahrhundert wurden die Grenzen zwischen Militärmusik und Blasmusik fließend, der Begriff „Militärmusik" setzte sich durch. Auch Notenausgaben „ziviler" Werke trugen als übliche Verlagsangabe die Bezeichnung „Militärmusikbesetzung". Militärkapellen wurden zum Vorbild für zivile Blasorchester hinsichtlich Repertoire und Uniformierung; vgl. *MGG2* „Militärmusik", Sp. 270.

36   Wieprechts Zusammenarbeit mit dem Berliner Hofinstrumentenmacher Johann Gottfried Moritz brachte die Erfindung der Tuba hervor.

37   Vgl. *MGG* „Militärmusik" Sp. 320, Höfele, Militärmusik, S. 89ff.

beliebten so genannten Monstre-Konzerte statt, bei dem unter seiner Leitung 1.300 Instrumentalisten ein Militärmusik-Repertoire spielten.

Hector Berlioz, der 1841/42 durch Preußen reiste, zeigte sich in seinen Memoiren mit dem ihm eigenen ironischen Ton sehr beeindruckt von Wieprechts Errungenschaften:

> „Was die Militärkapellen betrifft, so müsste man sich schon absichtlich taub stellen, um nicht wenigstens ein paar von ihnen zu hören, denn gleichgültig, ob zu Pferd oder zu Fuß, ziehen sie ja zu jeder Tageszeit durch die Straßen von Berlin. Dennoch könnten diese kleinen vereinzelten Trupps keine Vorstellung von der Herrlichkeit der großen Ensembles vermitteln, die der Leiter und Ausbilder der Militärkapellen von Potsdam und Berlin (Wieprecht) zusammenstellen kann, wann immer er will. Stellen Sie sich vor: Ihm unterstehen mehr als sechshundert Musiker, die alle gut vom Blatt spielen, die Technik ihres Instruments beherrschen und von der Natur mit unerschöpflichen Lungen und Lippen aus Leder bedacht worden sind. Darum blasen die Trompeten, Hörner und Kornette die hohen Töne mit einer Leichtigkeit, die unsere Musiker nicht erreichen können. Es sind keine Regimentsmusiker, sondern Regimenter von Musikern."[38]

Exkurs: Zum Zusammenhang von allgemeiner Wehrpflicht, Militarisierung der Nation und der Ausprägung von Geschlechterhierarchien

Die allgemeine Wehrpflicht veränderte das Verhältnis von Zivilgesellschaft und Militär grundlegend.[39] Waren die Sphären von bürgerlicher und militärischer Welt zuvor strikt voneinander abgegrenzt, setzte ab 1814 ein Prozess der gegenseitigen Durchdringung ein: die Zivilisierung des Militärs (z. B. die Angleichung des Militärstrafrechts an zivile Strafgesetzbücher[40] oder die Öffnung des ehedem nur Adeligen zugänglichen Offizierskorps für Bürgerliche), vor allem aber die sukzessive Militarisierung der Zivilgesellschaft. Um 1800 existierten – noch beeinflusst von der Epo-

---

38 Berlioz, Hector: *Memoiren*. Neu übersetzt von Dagmar Kreher, hgg. und kommentiert von Frank Heidlberger. Kassel usw. (Bärenreiter) 2007, darin: Neunter Brief, Berlin, an Monsieur Desmarest, S. 394–406, hier S. 398.

39 Vgl. hierzu als maßgebliche Studie Frevert, Ute: *Die kasernierte Nation*; vgl. auch Vogel, Jakob: „Stramme Gardisten, temperamentvolle Tirailleurs und anmutige Damen. Geschlechterbilder im deutschen und französischen Kultus der ‚Nation in Waffen'", in: Frevert, Ute (Hg.): *Militär und Gesellschaft im 19. und 20. Jahrhundert (Industrielle Welt. Schriftenreihe des Arbeitskreises für moderne Sozialgeschichte, Bd. 58)*, Stuttgart (Klett-Cotta) 1997, S. 245–262.

40 Die Ideen der Aufklärung waren hierfür die geistige Grundlage; das moralische Gesetz im Sinne Kants, die Proklamation der Menschenwürde erstreckte sich auch auf den Schutz der Persönlichkeit jedes Soldaten. Vgl. auch Kesper-Biermann, Sylvia: „‚Jeder Soldat ist Staatsbürger': Reformen im Militärstrafrecht in Deutschland 1800 bis 1872", in: Lutz, Karl-Heinz; Rink, Martin; von Salisch, Marcus (Hg.): *Reform, Reorganisation, Transformation. Zum Wandel in deutschen Streitkräften von den Preußischen Heeresreformen bis zur Transformation der Bundeswehr*, München (Oldenbourg) 2010, S. 131–150.

che der Empfindsamkeit – vielfältige Konzepte von Männlichkeit nebeneinander, die zwar als Ausdruck aufklärerischer Adelskritik Einspruch gegen eine „weibische" Erziehung „verzärtelter Weichlinge" formulieren mochten, insgesamt aber frei von militärischer Imprägnierung waren.[41] Mit der Debatte um die allgemeine Wehrpflicht und den Erfahrungen der Befreiungskriege einhergehend begann sich dann der Wertekanon einer „streitbar-patriotischen Männlichkeit"[42] mit den höchsten Tugenden Mut und Tapferkeit durchzusetzen.

Der für die Gründung des deutschen Kaiserreichs so fundamentale Zusammenhang von Nationsbildung und Militär beförderte im Verlauf des 19. Jahrhunderts das Ideal soldatischer Männlichkeit zum gesellschaftlich dominanten Typus. Das Militär genoss politischen Einflussreichtum und hohes Sozialprestige.

> „Es lag jetzt eine Weihe auf ihm, und der preußische Leutnant ging als junger Gott, der bürgerliche Reserveleutnant wenigstens als Halbgott durch die Welt."[43]

Die Armee als „Schule der Männlichkeit" – als Schule ausschließlich für Männer und zugleich der Ort, der den Schülern beibrachte, was Männlichkeit sei[44] – veränderte auch die gesellschaftliche Ordnung der Geschlechter tiefgreifend. Die temporäre Eingliederung prinzipiell sämtlicher junger Männer in eine totale Institution im Sinne Erving Goffmans[45] zog eine physische und soziale Trennungslinie zwischen den Geschlechtern.

Der militärische Drill zielte neben der Schulung von Beweglichkeit und Umgang mit Waffen auf die Unterwerfung des Körpers unter den Willen seines Besitzers bzw. unter das Kommando des Vorgesetzten. Diese Abrichtung konnte sich den Körpern so einschreiben, dass sie auch im zivilen Leben nicht mehr abhandenkam; die „Gedienten" blieben erkennbar in Haltung und Bewegungsmustern;[46] „die Machtverhältnisse",

41 Vgl. Frevert, Ute: „Das Militär als „Schule der Männlichkeit". Erwartungen, Angebote, Erfahrungen im 19. Jahrhundert", in: dies., Militär und Gesellschaft, S. 145–173, S. 148.

42 Ebd.; vgl. auch Frevert, Ute: „Mann und Weib, und Weib und Mann". Geschlechter-Differenzen in der Moderne, München (C. H. Beck) 1995; Hagemann, Karin: „Männlicher Muth und teutsche Ehre". Nation, Militär und Gesellschaft zur Zeit der antinapoleonischen Kriege Preußens, Paderborn (Ferdinand Schöningh) 2000; die Zusammenhänge zwischen Nationsbildung und Männlichkeitskonzepten in verschiedenen Ländern beleuchtet die Anthologie von Andersen, Pablo Dominguez; Wendt, Simon (Hg.): Masculinities and the Nation in the Modern World. Between Hegemony and Marginalization, Basingstoke (Palgrave Macmillan) 2015.

43 Meinecke, Friedrich: Die deutsche Katastrophe. Betrachtungen und Erinnerungen (1946), Wiesbaden (Brockhaus) 1965, S. 24f., zit. n. Frevert, Ute: „Das jakobinische Modell", S. 17.

44 Frevert, Ute: „Schule der Männlichkeit", S. 145.

45 Goffman, Erving: Asyle. Über die soziale Situation psychiatrischer Patienten und anderer Insassen, Frankfurt/Main (Suhrkamp) 1973.

46 Vgl. Frevert, Ute: „Schule der Männlichkeit", S. 168. Vgl. auch grundlegend zum ‚soldatischen Mann' Theweleit, Klaus: Männerphantasien, 2 Bde, Frankfurt/Main (Stroemfeld/Roter Stern) 1977[1].

wie Michel Foucault formulierte, durchzogen „das Körperinnere".[47] Komplementär dazu setzte sich das biologistisch begründete Konzept durch, Frauen seien ihren Körpern unterworfen und blieben deren wechselnden Befindlichkeiten zeit ihres Lebens ausgesetzt. Die Dichotomisierung von männlicher Körperbeherrschung und weiblichem Ausgeliefertsein verfestigte ein hierarchisches Geschlechterverhältnis, das die nicht waffenfähigen Frauen dem Schutz und der Führung der Männer unterstellte.[48] Mit dem Diktum „Der Soldat ist der erste Mann im Staat"[49] ging die Ausformulierung eines Statusgefälles zwischen Männern und Frauen einher. Die Sozialisation als Vaterlandsverteidiger und die ideologische Koppelung von aktiver Staatsbürgerschaft und Militärpflicht festigte die gesellschaftliche Dominanz von Männern.[50] Die „Nation" wurde zu einem militärisch geprägten, männlich beherrschten Raum, bei dem Frauen strukturell aus der Gemeinschaft der „Staatsbürger" und damit weiten Teilen der politischen Öffentlichkeit ausgeschlossen waren.[51]

Allerdings wurden Frauen ebenfalls patriotische Pflichten zugewiesen: dem „Heldenmut" der Männer an der Front war der „Opfermut" der Frauen in der Heimat zur Seite gestellt.[52] Die Männerangelegenheit Kriegführen fand ihre Motivation in dem sozialen ‚Vergrößerungsspiegel‘[53] von bewunderndem Einverständnis, Unterstützung und Fürsorge seitens der Heldenmütter, Soldatenfrauen, Kriegerbräute und -schwestern. Dies induzierte ein „osmotisches System"[54] innerhalb der wehrberei-

---

47 Foucault, Michel: „Die Machtverhältnisse durchziehen das Körperinnere. Ein Gespräch mit Lucette Finas", in: ders.: *Dispositive der Macht. Über Sexualität, Wissen und Wahrheit,* Berlin (Merve) 1978, S. 104–117.

48 Frevert, Ute, Schule der Männlichkeit, S. 168; vgl. auch Frevert, Die kasernierte Nation, S. 16 sowie Hämmerle, Christa: „Von den Geschlechtern der Kriege und des Militärs. Forschungseinblicke und Bemerkungen zu einer neuen Debatte", in: Kühne, Thomas; Ziemann, Benjamin (Hg.): *Was ist Militärgeschichte? (Krieg in der Geschichte, Bd. 6),* Paderborn (Ferdinand Schöningh) 2000, S. 229–262; Seifert, Ruth: „Militär und Geschlechterverhältnisse. Entwicklungslinien einer ambivalenten Debatte", in: Eifler, Christine; Seifert, Ruth (Hg.): *Soziale Konstruktionen – Militär und Geschlechterverhältnis (Forum Frauenforschung, Bd. 11),* Münster (Westfälisches Dampfboot) 1999, S. 44–70.

49 Vgl. Göttsch, Der Soldat.

50 Vgl. Frevert, Ute: „Gesellschaft und Militär im 19. und 20. Jahrhundert: Sozial-, kultur- und geschlechtergeschichtliche Annäherungen", in: Frevert, Militär und Gesellschaft, S. 7–14, hier S. 13.

51 Vgl. Hagemann, Karen: „Heldenmütter, Kriegerbräute und Amazonen. Entwürfe „patriotischer" Weiblichkeit zur Zeit der Freiheitskriege", in: Frevert, Militär und Gesellschaft, S. 174–200, hier S. 179.

52 Ebd., S. 192.

53 Im Sinne von Luce Irigaray: *Speculum, Spiegel des anderen Geschlechts,* Frankfurt/Main (Suhrkamp) 1980.

54 Frevert, Die kasernierte Nation, S. 56.

ten Nation – die patriotischen Opferleistungen der Frauen[55] nahmen die Männer zusätzlich in die Pflicht, sich ihrer würdig zu erweisen.

Locken – Militärmusik als gesellschaftliches Bindemittel im Kaiserreich

Als „Locken" wird die von kleiner Trommel (mit und ohne Querpfeifen bzw. Flöten) ausgeführte Einleitung zu einem Marsch bezeichnet, bevor das „klingende Spiel" – das ganze Musikkorps – einsetzt. Es dient den Musikern zum Einzählen und soll die Aufmerksamkeit der Soldaten wecken. Zugleich verdeutlicht der Terminus ganz unverblümt die beabsichtigte Wirkung auf Jung und Alt im akustisch erreichbaren Umkreis: wer kann, lasse die momentane Beschäftigung stehen und liegen und ströme der Musik entgegen und übertrage die Begeisterung für die militärische Musik auf die Institution Militär schlechthin.

Die enge Verbindung von militärischer und ziviler Welt zum Wohl des deutschen Vaterlands wurde in mannigfacher Form demonstriert und zelebriert. Pathos und Paraden waren Signa des Kaiserreichs, und den Takt zum strammen Habitus der wehrhaften Nation gab die Musik der Militärkapellen.

Militärmusik war in allen Garnisonsorten präsent: die tägliche Wachablösung, die mindestens einmal wöchentlich stattfindenden Platzkonzerte, große und kleine Paraden zu erhebenden Anlässen wie Kaisergeburtstag, Sedantag[56] oder weniger Bedeutungsvollem waren ohne die Beteiligung des Musikkorps nicht denkbar. Die Wirkung wurde unabhängig von Klassen- oder Geschlechtszugehörigkeit übereinstimmend als überwältigend und begeisternd beschrieben.[57] Der schneidige Tambourmajor, dem die Frauenherzen zuflogen, war als Topos bereits in den 1830er Jahren fixiert, wie z. B. Georg Büchners „Woyzeck" bezeugt.[58] Die Musikkorps trugen ganz wesentlich zur Popularisierung des Militärs bei und waren wichtiger Bestandteil der „Propagandamaschinerie ‚Für Gott, Kaiser und Vaterland'".[59]

Die Musikkorps als die klingenden Repräsentanten sollten die Identifikation sowohl der Soldaten als auch der Zivilbevölkerung mit „ihren" Regimentern fördern. Als

---

55 Vor allem bürgerliche Frauen organisierten sich in patriotischen Frauenvereinen, in denen sie Strümpfe strickten, Leibbinden und Verbandmaterial produzierten, Verwundetenpflege leisteten, Geld und Gold sammelten (mit Vorliebe wurden im 19. Jahrhundert zu Kriegszeiten goldene Trauringe gegen eiserne eingetauscht, um das Edelmetall zu spenden) sowie Hinterbliebene und Invalide unterstützten, vgl. ebd., S. 55; Hagemann, Heldenmütter, S. 189f.

56 Die alljährliche prunkvolle Feier zum Gedenken an die Kapitulation der französischen Armee am 2.9.1870 beschrieb Walter Benjamin in seiner Autobiografie: „Als ich klein war, konnte man sich ein Jahr ohne Sedantag nicht vorstellen." Ders.: *Berliner Kindheit um 1900. Fassung letzter Hand*, Frankfurt/Main (Suhrkamp Taschenbuch) 2010, S. 16.

57 Vgl. *MGG* „Militärmusik", Sp. 288.

58 Büchner (1813–1837) begann die Arbeit am „Woyzeck" 1836.

59 Witt-Stahl, but his soul, S. 34.

Garanten musikalischer Unterhaltung erfüllten sie den Zweck, das Militär mit positiven Assoziationen zu verknüpfen und die Monstrosität von Kriegen zu verwischen, was nicht zuletzt der ideologischen Vorbereitung zukünftiger Kämpfe diente.

Zum Repertoire der Militärkapellen – einer Melange aus Kunst-, Unterhaltungs- und Militärmusik[60] – zählten außer den in der „Sammlung deutscher Armeemärsche"[61] kodifizierten Werke mitreißende Instrumentalfassungen von Opern- und Operettenthemen,[62] „patriotische Tongemälde" zur musikalischen Ausgestaltung nationalistischen Bewusstseins,[63] dazu Tänze, Polonaisen – kurzum alles, was bei Soldaten und Zivilbevölkerung Anklang fand. Komponisten und Arrangeure beeilten sich, Eingängiges aus neuen Bühnenwerken in einer Fassung für Militärmusikbesetzung auf den Markt zu bringen, versprach doch die Zweitverwertung ein zusätzliches Einkommen.[64] Die Militärkapellen garantierten die größtmögliche

---

60 Vgl. Unseld, Melanie: „Begleitmusik für die Transformation zum Helden", in: Hanheide, Stefan; Helms, Dietrich; Glunz, Claudia; Fischer, Thomas (Hg.): *Musik bezieht Stellung. Funktionalisierungen der Musik im Ersten Weltkrieg*, Göttingen (Vandenhoeck & Ruprecht) 2013, S. 31–62, hier S. 34.

61 1817 hatte der preußische König Friedrich Wilhelm III. die Sammlung und Veröffentlichung von Märschen verfügt: „Um den Regimentern in der Armee in der Wahl guter Militärmusik zu Hilfe zu kommen, habe ich eine Auswahl bewährter Musikstücke veranstalten lassen und jedem Regiment eine Sammlung davon bestimmt. Da die Truppen auf diese Weise in Besitz guter Musikalien gelangen werden, so ist es mein Wille, daß bei allen festlichen Veranlassungen, großen Paraden und Revuen, und besonders, wenn ich denselben beiwohne, keine anderen Märsche gespielt werden." (Zit. n. Toeche-Mittler, Joachim: Armeemärsche I. Teil, Neckargemünd (Kurt Vowinckel) 1966, S. 59.) Daraus entwickelte sich eine dreiteilige Sammlung von Armeemärschen (gegliedert in langsame Märsche, Geschwindmärsche und Kavalleriemärsche, jeweils durchnummeriert; über die Aufnahme neuer Titel entschied der König), die für die preußischen, später auch übrigen deutschen Musikkorps verbindlich war und von Zeit zu Zeit aktualisiert wurde. Jedem Regiment waren ein Parade- und ein Präsentiermarsch zugeordnet. Andere Armeemärsche durften bei offiziellen Anlässen nicht gespielt werden.

62 Vgl. Toeche-Mittler, Armeemärsche I. Teil, S. 16.

63 Vgl. Unseld, Begleitmusik, S. 33. Zum Einfluss der Militärmusik auf die Kompositionen für Konzert und Oper vgl. Rieger, Eva: „„… in jauchzenden Tonweisen den errungenen Sieg'. Militär und Musik", in: Rode-Breymann, Susanne (Hg.): *1914: Krieg. Mann. Musik (Jahrbuch Musik und Gender, Bd. 9)*, Hildesheim usw. (Olms) 2017, S. 127–141.

64 Dies hatte bereits Wolfgang Amadé Mozart praktiziert, wie er am 20. Juli 1782 seinem Vater schrieb: „Nun habe ich keine geringe Arbeit. – bis Sonntag acht tag muß meine *opera* auf die harmonie gesezt seyn – sonst kommt mir einer bevor – und hat anstatt meiner den *Profit* davon; […] – sie glauben nicht wie schwer es ist so was auf die *harmonie* zu setzen – daß es den blaßinstrumenten eigen ist, und doch dabey nichts von der Wirkung verloren geht." Zit. n. *Mozart Briefe und Dokumente – Online-Edition*, Salzburg, Internationale Stiftung Mozarteum; Bibliotheca Mozartiana, http://dme.mozarteum.at/DME/briefe/letter.php?mid=1243&cat (Aufruf am 8.11.2014). Auch Johannes Brahms wusste um die finanzielle Einträglichkeit und zugleich Schwierigkeit des Arrangements guter Blasmusik-Bearbeitungen, wie er 1880 seinem Verleger Simrock schrieb: „Die Akademische Festouvertüre

Verbreitung und Bekanntheit eines Werks in allen Altersgruppen und Bevölkerungskreisen.

Rekrutierung und weitere Funktionen der Militärmusiker

Bis Mitte der 1930er Jahre gab es keine einheitliche Ausbildung für die Instrumentalisten von Musikkorps. Zwar existierten in Preußen staatliche Militärmusikerschulen beim Großen Militärwaisenhaus in Potsdam und bei der Militärknabenerziehungsanstalt in Annaburg, damit konnte jedoch der Bedarf bei weitem nicht gedeckt werden. Die Musiker rekrutierten sich zumeist aus jungen Absolventen der Stadtpfeifereien oder waren privat ausgebildet und meldeten sich freiwillig für den Militärmusikdienst. Erst die Wehrmacht richtete spezielle Ausbildungsstätten für Militärmusiker ein.[65] Die Dienstzeit der Militärmusiker war auf zwölf Jahre begrenzt, danach hatten sie Anspruch auf Übernahme in den staatlichen oder kommunalen Verwaltungsdienst.[66]

Ab circa 1870 wurden als besonders geeignet befundene Militärmusiker in einem sechssemestrigen Fachstudium, das zur militärischen Dienstzeit rechnete, an einer der staatlichen Akademien der Tonkunst zu Musikmeistern ausgebildet. Musikmeister galten als unmittelbare militärische Vorgesetzte der Mitglieder ihres Musikkorps.[67] Sie waren Berufssoldaten und konnten ihren Dienst bis zur Pensionierung ausüben.[68]

Bei Eintritt in die Armee durchliefen die Musiker eine militärische Grundausbildung. Die Mobilmachungsverwendung im Krieg außerhalb der obligatorischen Musikeinsätze sah für die Instrumentalisten traditionell Tätigkeiten als Krankenträger, Hilfssanitäter und im Kurierdienst vor, so auch im Ersten Weltkrieg. Die Heeresleitung legte für die Reichswehr der Weimarer Republik fest, die Musiker im Nachrichtendienst (Fernmeldedienst) auszubilden. Die Wehrmacht plante sie sowohl im Sanitäts- als auch Nachrichtendienst ein. Im Verlauf des Zweiten Weltkriegs wurden die Musiker und Musikmeister zudem als Kraftfahrer für den Nachschub und in den letzten Kriegsjahren verstärkt bei der kämpfenden Truppe eingesetzt.[69]

---

empfehle ich Ihnen aber für Militärmusik setzen zu lassen. Das lockt mich selbst, wenn ich nur genauer damit Bescheid wüßte." (zit. n. *MGG*: „Militärmusik", Sp. 324.)

65 Vgl. Busch, Armeemarsch, S. 34.
66 Vgl. Höfele, Militärmusik, S. 173.
67 Vgl. *MGG2* „Militärmusik", Sp. 281.
68 Ebd., S. 174.
69 Vgl. Busch, Armeemarsch, S. 115.

Musikkorps im Ersten Weltkrieg und in der Zwischenkriegszeit

Zu Beginn des 20. Jahrhunderts standen circa 16.000 Instrumentalisten und 1.500 Musikmeister, Musik- und Korpsführer im Militärdienst in Deutschland.[70] Es gab rund 560 Militärkapellen, die 23 bzw. 36, manchmal auch 40 Musiker umfassten.[71]

Das akustische Signalwesen durch Infanterie-Feldspiel und Kavallerie-Trompeterkorps war noch in allen Feldzügen im 19. Jahrhundert unverzichtbar gewesen. Auch zu Beginn des Ersten Weltkriegs kam es zum Einsatz, jedoch machte die veränderte Art der Kriegführung, die mit der technischen Entwicklung und Motorisierung der Armee einherging, schon nach kurzer Zeit deutlich, dass diese Art der Signalgebung und das musikalische Spiel zum Angriff obsolet geworden waren. Dies ließ Stimmen sowohl von staatlicher Seite als auch von Teilen der militärischen Führung laut werden, die die Existenz von Regiments- und Bataillons-Musikkorps grundsätzlich in Frage stellten (eine Debatte, die auch während der Weimarer Republik nicht verstummte).[72] Die Rechtfertigungsstrategien des Musikinspizienten und anderer Fürsprecher für den Erhalt der Musikkorps zielten vor allem auf die repräsentativen, propagandistischen und unterhaltenden Funktionen der Militärmusik. Als unverzichtbar wurde der Einsatz der Militärkapellen bei Paraden, Staatsempfängen und -begräbnissen, Wachablösungen, zur Demonstration von Macht und Pracht beispielsweise beim Einzug einer Division in einer eroberten Stadt und zur Unterhaltung der Soldaten beim Marschieren sowie in Lager, Kaserne und Ortsunterkunft erklärt. Obendrein galten die öffentlichen Konzerte in der Heimat als eminent wichtig, um nach dem Abflauen des anfänglichen Hurra-Patriotismus den „Wehrwillen" der Bevölkerung aufrecht zu erhalten.[73]

Nach dem Ende des Ersten Weltkriegs sah der Versailler Vertrag eine weitgehende Entmilitarisierung Deutschlands vor. Anstelle einer Wehrpflichtigen-Armee umfasste die Reichswehr der Weimarer Republik als stehendes Heer nicht mehr als 100.000 Mann. Entsprechend schrumpfte die Anzahl der Musikkorps auf 140 Ensembles bei Heer und Marine[74] (eine Luftstreitmacht war der Reichswehr untersagt). Die demobilisierten Musiker mussten sehen, wie sie anderweitig ein Auskommen fanden.

---

70   Ebd., S. 225
71   Vgl. *MGG2* „Militärmusik", Sp. 280f.
72   Vgl. hierzu z.B. Kandler, Georg: „Deutsche Militärmusiker in Krieg und Frieden. Ein deutender Ausblick auf 1940", in: *Deutsche Militär-Musiker-Zeitung, Einziges Musik-Fachblatt für die deutsche Wehrmacht, zugleich Deutsche Flieger-Musiker-Zeitung,* 62. Jg., Nr. 2, 13.1.1940. BA-MA, MSG 206/33.
73   *MGG2* „Militärmusik", Sp. 281.
74   Ebd.

Ideologische Aufladung der Militärmusik vor dem Zweiten Weltkrieg

Am 2. August 1934, dem Todestag des Reichspräsidenten Paul von Hindenburg, ließ Reichswehrminister Werner von Blomberg die Reichswehr den „Führereid" leisten, Hitler hatte das Amt des Reichskanzlers mit dem des Staatsoberhaupts verschmolzen und war damit auch Oberbefehlshaber der Streitkräfte.

Am 1. März 1935 erfolgte die Gründung der Luftwaffe, kurz darauf wurde am 16. März mit dem „Gesetz für den Aufbau der Wehrmacht" die allgemeine Wehrpflicht wieder eingeführt – beides eklatante Verstöße gegen den Versailler Vertrag – und die Reichswehr in „Wehrmacht" umbenannt.[75] Die Namensänderung von Reichsheer in „Heer" und Reichsmarine in „Kriegsmarine" galt ab 1. Juni 1935.

Das im Ersten Weltkrieg aufgekommene Für und Wider um die Existenz der Militärkapellen war mit Beginn der nationalsozialistischen Herrschaft beendet. Das Regime betrieb zielstrebig die Militarisierung der Gesellschaft auch mit Hilfe der Militärmusik; kein Aufmarsch, keine Parade, kein Fackelzug ging ohne Marschmusik vonstatten. Besonders spektakulär war anlässlich der Olympischen Spiele 1936 ein Großkonzert im Berliner Olympiastadion, das sogar die Wieprechtschen Monstre-Konzerte des 19. Jahrhunderts in den Schatten stellte: 1.800 Musiker aus 46 Musikkorps spielten unter der Leitung des Heeresmusikinspizienten Hermann Schmidt.[76]

Wie der forcierte Ausbau der Militärmusik ideologisch flankiert wurde, lässt sich als eine Art Drei-Stufen-Modell zusammenfassen. 1935 konstatierte ein historischer Überblick zur Geschichte der Militärmusik, das Soldatentum und die Klänge von Musikinstrumenten gehörten als quasi universelle und überzeitliche Konstante zusammen:

> „Wenn man sich fragt, wie lange die Militärmusik eigentlich schon besteht, dann kann man nur antworten: so lange, wie es Militär und Soldaten gibt. [...] Ein Heer ohne Musik würde kalt und leblos erscheinen".[77]

Damit wurde eine „Naturgemäßheit" suggeriert, der von den neuen Machthabern nach den ‚Zersetzungen' der ‚Systemzeit' wieder Raum gegeben würde, und eine in undifferenzierte Vorzeit reichende Traditionslinie konstruiert. Dabei erstrecke sich

---

75 Proklamation der Reichsregierung an das deutsche Volk bezüglich der Einführung der allgemeinen Wehrpflicht (16.03.1935), in: documentArchiv.de [Hrsg.], http://www.documentAr chiv.de/ns/1935/ allgemein-wehrpflicht-einfuehrung_prokl.html (Aufruf am 9.11.2014).

76 Vgl. *MGG2* „Militärmusik", Sp. 281; Höfele, Militärmusik, S. 189. Dieser Hang zur Gigantomanie wurde auch auf den Jahrestreffen des Deutschen Sängerbunds gepflegt. Das Treffen 1937 in Breslau mit 130.000 Teilnehmern gipfelte in Anwesenheit von Hitler und Goebbels in einem Konzert von 8.000 Sängern; vgl. Keden, Jeder Sänger ein SA-Mann, S. 48f.

77 Schmidt, Militärmusik und Marschmusik, S. 225 und 229; dieser rhetorische Kniff wurde auch später noch in Publikationen von Militärmusik-Enthusiasten genutzt, z.B. bei Bunge, Fritz: *Musik in der Waffen-SS. Ein Blick zurück auf die Entwicklung deutscher Militärmusik*, Osnabrück (Munin) 1975, der eingangs feststellte, Militärmusik gehöre zu den Soldaten „wie das Salz in die Suppe" (ebd., S. 6).

die Wirkung auf die Soldaten in zweierlei Richtungen, sowohl aggressionsfördernd und anstachelnd vor dem Kampf als auch tröstend, entspannend und rekultivierend danach:

> „Auf der einen Seite wird die Militärmusik anfeuernd wirken, auf der anderen Seite wird sie den Krieger in seinem rauhen Handwerk wieder beruhigen und verfeinern, um so mehr als wir Deutschen ein charaktervolles und tief veranlagtes Volk sind."[78]

Die nächste Stufe erweiterte 1937 die Schnittmenge von Armee und Zivilbevölkerung, sie erkannte die Militärmusik als „Bestandteil deutschen Volkstums" und kam zu dem Ergebnis, dass

> „[...] die Zusammengehörigkeit von Militärmusik und ‚Militarismus' gar nicht die stärkere Bindung darstellt, sondern daß eine viel machtvollere und innigere Wechselbeziehung existiert, nämlich die zwischen Militärmusik und nationaler Kunst und damit zwischen Militärmusik und Volkstum überhaupt. Die Sympathie des deutschen Volkes für seine Militärmusik will aus seinem Wesen heraus verstanden sein, sie beruht auf spezifisch deutschem Artempfinden [...]".[79]

Die Gleichung, das „deutsche Volk" sei ein „Militärvolk" und damit „das ganze deutsche Volk [...] Träger der Militärmusik",[80] gipfelte ein Jahr später in der Apotheose, die Militärmusik sei

> „längst in Fleisch und Blut des deutschen Volkes eingegangen und zu einer Kulturnotwendigkeit geworden. [...] Die Militärmusik haftet nicht am Soldatenrock, sie ist keine äußere und äußerliche Erscheinung, die den Soldatenschritt bei Paraden und Aufzügen strafft [...]. Sie ist mehr, sie lebt im Herzen des deutschen Menschen, sie ist aus seinem Dasein nicht mehr wegzudenken, gleichviel, ob er den Soldatenrock trägt oder ein Soldat der Arbeit ist."[81]

Das Hohelied der Militärmusik entlarvte sich hier als Camouflage der Kriegsvorbereitungen, wenn der „deutsche Mensch", egal welcher Profession, als „Soldat" vereinnahmt wurde – und womit nebenbei „der Mensch" in Deutschland als ausschließlich männlich bestimmt war.

Auch Hermann Göring betonte die Sonderstellung der Militärmusik in Deutschland und wählte dafür Worte, die nicht zuletzt als Warnung verstanden werden mussten:

> „Kein Volk ist so mit seinen Militärmärschen aufgewachsen und groß geworden, wie das deutsche. Der Militärmarsch reißt nicht nur die Knochen zusammen, sondern auch die Herzen. Er ist das Soldatische schlechthin, das bei uns nicht in der Uniform steckt, sondern im Blute. Wen eine Truppe mit klingendem Spiel noch niemals von

---

78   Schmidt, Militärmusik und Marschmusik, S. 229.

79   Degele, Ludwig: *Die Militärmusik. Ihr Werden und Wesen, ihre kulturelle und nationale Bedeutung*, Wolfenbüttel (Verlag für Musikalische Kultur und Wissenschaft) 1937, S. 207.

80   Panoff, Peter: *Militärmusik in Geschichte und Gegenwart*, Berlin (Karl Siegismund) 1938, S. 164.

81   Ebd., S. 163f.

den Büchern oder vom Schraubstock weggeholt hat, der ist entweder ewig alt gewesen, oder er paßt überhaupt nicht zu uns."[82]

Der Topos, Militärmusik sei „der deutschen Volksseele" „arteigen",[83] zielte auf die innerliche Aufrüstung und Mobilmachung der ‚Volksgemeinschaft', die Überblendung von Militär und Nation sollte sich subkutan verselbständigen.

Distinktion und Traditionsbruch – Musikkorps bei der Luftwaffe

Das bereits erwähnte Imagegefälle unter den Waffengattungen adaptierte im 20. Jahrhundert die Luftwaffe der Wehrmacht. Als „modernster" Teil der Streitkräfte beanspruchte sie einen Elite-Status,[84] den sie auch in der Ausstattung und im Repertoire ihrer Musikkorps unterstrich. Sie koppelte sich mit der Berufung eines eigenen Musikinspizienten von der Wehrmacht ab und rüstete ihre Kapellen personell und materiell besonders großzügig aus. Bestanden die Ensembles von Heer und Kriegsmarine aus 23 bis maximal 40 Musikern, so waren es bei der Luftwaffe mindestens 54 Mann.[85] Das Musikkorps des Regiments „General Göring"[86] umfasste anfänglich 60 Musiker, 1940 war es sogar auf 70 angewachsen.

Im Streben nach Distinktion, um die Modernität und Herausgehobenheit der neuen Streitkraft auch musikalisch zu demonstrieren, vollzog der Luftwaffen-Musikinspizient Hans Felix Husadel eine bewusste Abkehr von der Tradition deutscher Militärmusik. Er richtete die neuen Musikkorps nach dem Vorbild der sinfonischen Blasmusik Italiens aus, was Veränderungen in Besetzung und Klangfarbe sowie im Repertoire bedeutete. Das erweiterte Holzregister umfasste neben dem gesam-

---

82 Göring, Hermann: Zur Einführung, in: ebd.

83 Dr. Fritz Pauli: „Die Militärmusik im Rundfunk – Ein Faktor deutscher Weltgeltung", in: *Rundfunkarchiv. Rundfunk und Fernsehen in Wissenschaft und Praxis* (Mitteilungsblatt der Deutschen Rundfunk-Arbeitsgemeinschaft, Berlin und der Rundfunkarbeitsgemeinschaft in Böhmen und Mähren, Prag), Heft 12/1940, S. 387–391, hier S. 391, zit. n. Witt-Stahl, but his soul, S. 36.

84 Der elitäre Dünkel speiste sich dabei nicht nur aus dem Nimbus fortschrittlichster Technik, sondern bediente sich auch der Gleichsetzung von Kampfflugzeugen mit Falken, deren symbolische Zuschreibungen als ‚Herrscher der Lüfte' traditionell aristokratisch attribuiert waren. Es war kein Zufall, dass Hermann Göring, Oberbefehlshaber der Luftwaffe, sich der Falknerei widmete. Vgl. zur symbolischen und praktischen Indienstnahme von Falken im Luftkrieg Macdonald, Helen: *Falken. Biographie eines Räubers*, München (C. H. Beck) 2017, S. 161–187.

85 Ein Musikmeister und 54 Musiker in der Besetzung Piccoloflöte, Flöte, Oboe, Klarinette in Es und B, Fagott, Alt-, Tenor-, Bariton-Saxophon, Flügelhorn, Trompete in Es und B, Waldhorn in B und F, Baritonhorn, Tenorhorn, Posaune Tenor und Bass, Tuba in Es und B, Helikon, Glockenspiel (Lyra), Kleine Trommel, Große Trommel, Becken, Pauken, Schellenbaum. Ein Spielmannstrupp der Luftwaffe bestand aus einem Musikmeister und 24 oder 16 Musikern (1 Tambourstock, 8 Pfeifen, 8 Jagdhörner, 8 Trommeln). Vgl. BA-MA, MSG 206/5.

86 Hermann Göring war preußischer Innenminister und zugleich als Reichsluftfahrtminister Chef der Luftwaffe.

ten Klarinettensatz die vielfach als „undeutsch" verpönten Saxofone.[87] Außerdem wurde enger mensuriertes und in der Schallsturzgestaltung verändertes hohes Blech verwendet, was einen schärferen, brillanteren Klang erzielte. Sämtliche Blechblasinstrumente wurden zudem in kostspieliger Neusilber-Ausfertigung angeschafft.[88]

Der Repertoirebedarf der Luftwaffen-Musikkorps löste eine Vielzahl von neuen Originalkompositionen sowie Bearbeitungen bestehender Werke aus, überdies vergab Husadel gezielt Aufträge für „Fliegermusik", um seine Ensembles mit passenden Stücken zu versorgen.

Auch stilistisch unterschied sich der Musikbedarf der Luftwaffe vom Rest der Wehrmacht: Flugzeuge und Bodenpersonal brauchten weder akustische Signale durch Spielleute noch eine Begleitung zum Marschieren; die Luftwaffen-Musik war reine Repräsentations- und Prestige-Angelegenheit.

Dieser Sonderweg führte zu Unmut und Missgunst in den Reihen der anderen Wehrmacht-Musikkorps, die sich als Traditionalisten am Einsatz der Saxofone störten,[89] aber auch die luxuriöse Ausstattung und den Prunk neideten.[90] Interessant an diesem Bruch mit der Militärmusik-Tradition ist auch der Aspekt, dass erst mit dem Umweg über den Bündnispartner Italien das aus Frankreich stammende Saxofon[91] in der deutschen Militärmusik ankam, anders als bei Jazz und Unterhaltungsmusik, die an englische und amerikanische Vorbilder anknüpften.[92]

„Panzermusik"-Versuche

Grotesk mutete das Bemühen der im Aufbau begriffenen Panzertruppen um eigene Musikkorps ab 1936 an. Das Geräusch der Kettenfahrzeuge war dermaßen laut, dass es jede Musik übertönte, zudem bewegten sich die Fahrzeuge zu schnell, um im Marschtritt begleitet werden zu können. Versuche zur Lösung des Problems schlugen fehl, so wurden auf turmlosen Panzerfahrgestellen je vier Musiker platziert,

---

87 Vgl. Prieberg, Musik im NS-Staat, S. 259; Dümling, Albrecht: „Geige oder Saxofon? Der Jazzmusiker Jonny als Symbol für ‚Entartung'", in: Dümling, Entartete Musik, S. 11–25. Wolfgang Stumme, ab 1942 Leiter des Seminars für Musikerzieher der HJ, rechtfertigte den Einsatz von Saxofonen bei den Musikzügen der Luftwaffe, obwohl „vom Volk […] durch Spielart und perverse Musikausübung längst gerichtet": „Saubere Tongebung und Spielweise und eindeutige Musik werden es aber beweisen, daß dieses Instrument mit Recht seinen Platz an dieser Stelle finden kann." (Stumme, Wolfgang: „Wie steht die Jugend zur Blasmusik", in: *Völkische Musikerziehung*, 1937, S. 218–223, zit. n. Wulf, Musik im Dritten Reich, S. 259.

88 Vgl. Busch, Armeemarsch, S. 56.

89 Vgl. z. B. Degele, Militärmusik. Werden und Wesen, S. 127.

90 Vgl. Höfele, Militärmusik, S. 190f. Toeche-Mittler, Armeemärsche I. Teil, S. 147f. gibt noch 1971 in seinem Rückblick – vermutlich unbeabsichtigt – eine hohes Maß an Missgunst preis.

91 Der Belgier Adolphe Sax hatte 1846 das Patent für sein neues Instrument in Frankreich angemeldet.

92 Mein Dank für diesen Hinweis gilt Gesine Schröder!

der Musikmeister (mit Kavallerie-Signaltrompeten zur Zeichengebung) und die Schlagwerker auf separaten Fahrgestellen, um während der Fahrt spielen zu können. Zum Einsatz kamen dabei Blechblasinstrumente wie Posaunen, Tuben, Tenor- und Baritonhörner, deren Stürze nach vorn geneigt waren sowie starkes Schlagwerk (doppelte und dreifache Beckenpaare). Die „Panzermusik" konnte sich jedoch nicht durchsetzen und wurde mit Beginn des Krieges aufgegeben.[93]

Ausbildung und Personalsituation

Wie bereits erwähnt, vereinheitlichte die Wehrmacht die Ausbildung für Militärmusiker und richtete für ihren Instrumentalisten-Bedarf Militärmusikschulen, nach Heer, Kriegsmarine und Luftwaffe getrennt, ein. SS und Waffen-SS[94] bauten eigene Ausbildungsstätten für ihre Musiker und Musikmeister auf.

Nach bestandener Aufnahmeprüfung dauerte die Ausbildung der Musiker drei Jahre. Neben einem Blasinstrument als Hauptinstrument war auch Klavierspiel und das Erlernen eines Streichinstruments obligatorisch. Die Musikkorps von Wehrmacht und Waffen-SS hatten den Anspruch, auch das sinfonische Repertoire abzudecken.

Zum Curriculum zählten neben dem Instrumentalunterricht die Fächer Harmonielehre, Gehörbildung, Musikgeschichte, Instrumentenkunde, Formenlehre, Orchesterspiel (Haupt- und Neben-Instrument), Kammermusik, Musikexerzieren, Deutsch, Rechnen, Geschichte, Geografie sowie Leibesübungen und Sport.[95]

Mit dem raschen Aufbau der Wehrmacht explodierte nachgerade der Bedarf an Militärmusikern. Neu aufgestellte Bataillone und Regimenter erhoben Anspruch auf eigene Musikkorps – zwischen 1935 und 1945 gab es circa 900 bis 1.000 Militärmusikkapellen.[96] Zudem entwickelte sich eine Konkurrenzsituation in Bezug auf den Umfang der Kapellen, die sukzessive zu größeren Besetzungen führte; Heer und Marine wollten mit der üppigen Ausstattung der Luftwaffe mithalten.

Die Musikkorps kämpften mit Personalproblemen, denn für den wachsenden Bedarf gab es nicht genügend ausgebildete Musiker. Verschärft wurde die Personalknappheit zusätzlich, weil auch die NSDAP und etliche Partei-Formationen wie SA, SS, NSKK[97] sowie der RAD und die Organisation Todt eigene Musikkorps aufgestellt hatten. Der Musikarbeit der Reichsjugendführung kam damit eine wichtige Rolle zu. Die zahllosen Spielmanns- und Fanfarenzüge der HJ hatten auch den

---

93   Vgl. Busch, Armeemarsch, S. 133.

94   Die Waffen-SS war als Formation der NSDAP nur der Partei rechenschafts- und meldepflichtig, wurde aber ebenso wie die Einheiten der Wehrmacht ausgerüstet. Zwischen 1933 und 1945 wurden zwölf Musikkorps der SS/Waffen-SS aufgestellt; vgl. Bunge, Musik in der Waffen-SS, S. 22ff.

95   Ebd., S. 72f. Der Ausbildungsumfang dürfte an den anderen Stätten gleich gewesen sein.

96   Höfele, Militärmusik, S. 195.

97   Dabei handelte es sich, vor allem auf lokaler Ebene, in erster Linie um Amateur-Ensembles.

Nachwuchs der Musikkorps sicherzustellen,[98] wie der Reichsinspekteur der Musik-, Fanfaren- und Spielmannszüge Helmut Majewski klarstellte:

> „In ihm [dem Fanfarenzug] marschieren die zukünftigen Bläser der Musikzüge aller Parteigliederungen und der Wehrmacht [...]. Hier wird die erste Berührung mit dem Blasinstrument oft entscheidend für den Lebensweg eines Jungen."[99]

Militärmusiker im Zweiten Weltkrieg – Heldentum wird Teil der Performanz

Abgesehen von ihren allseits geschätzten musikalischen Fähigkeiten genossen Militärmusiker innerhalb der Armee keine hohe Reputation, sie galten als schlechte Soldaten, die sich auf einem Drückeberger-Posten dem Kampfeinsatz zu entziehen trachteten.[100] Die Musiker verfügten nur über ein geringes Waffentraining, und ihre Feldverwendung als Hilfssanitäter, Kradmelder, beim Nachschub oder im Nachrichtendienst untermauerte die abschätzige Bewertung. Umso auffallender ist, wie sich während des Zweiten Weltkriegs Artikel in der „Deutschen Militär-Musiker-Zeitung" häuften, die neben Berichten über unverzichtbare Freuden, die die Musikkorps den Kameraden brächten, Heldentaten von Musikern im Kampfeinsatz schilderten.[101] So ließ der Kriegsberichterstatter Kurt Mauch unter dem Titel „Der Flötist hatte den Karabiner in der Faust. Das Musikkorps von Staraja Russa ‚spielte' den Sowjets auf" etliche Husarenstücke von Musikern, die zur kämpfenden Truppe abkommandiert worden waren, Revue passieren.[102] In die gleiche Richtung ging die Meldung „Musiker schoß Jäger ab".[103] Das zielte zum einen darauf, das Ansehen der Musiker als den Frontsoldaten ebenbürtige „echte Kämpfer" zu heben, zum anderen die Existenzberechtigung der Musikkorps zu untermauern und sogar den Spieß des schlechten Images umzudrehen: wenn die Musiker sich als ebenso tapfer erwiesen wie die im Umgang mit Waffen besser ausgebildeten und erfahrenen Frontsoldaten,

---

98   Vgl. Sieb, Rainer: *Der Zugriff der NSDAP auf die Musik. Zum Aufbau von Organisationsstrukturen für die Musikarbeit in den Gliederungen der Partei*, phil. Diss. Universität Osnabrück 2007, S. 162.

99   Majewski, Helmut: „Es schmettern die Fanfaren. Die Blasmusik in der HJ", in: *Leipziger Neueste Nachrichten Nr. 40*, 9. Februar 1939, zit. nach: Prieberg, Handbuch, S. 4727.

100 Vgl. Kandler, Georg: „Deutsche Militärmusiker in Frieden und Krieg. Ein knapper Rückblick auf 1939", in: *Deutsche Militär-Musiker-Zeitung*, 62. Jg., Nr. 1, 6.1.1940. BA-MA, MSG 206/34. Georg Kandler war der linientreue Redakteur der wöchentlich erscheinenden *Deutschen Militär-Musik-Zeitung*, die erst zum 1.9.1944 eingestellt wurde. Kandler verfasste später den Artikel „Militärmusik" für die *MGG*.

101 Das lasen nicht nur Militärmusiker, denn bei der allgemeinen Lesestoff-Knappheit wanderten auch solche Fachzeitschriften durch sämtliche Reihen der Regimenter. Vgl. zum Mangel an Lektüre Unteroffizier B. Walther, Mitglied einer Propagandakompanie, am 16.1.1942: „[...] aus Erfahrung kann ich sagen, daß noch größerer Bedarf als an Büchern der Bedarf an illustrierten Zeitschriften, Wochenschriften und Raetselzeitungen ist. Hier muesste noch mehr getan werden." BArch Berlin, NS 18/483, fol. 588.

102 *Deutsche Militär-Musiker-Zeitung*, 65. Jg., Nr. 13/14, (Juli 1943).

103 Ebd. Nr. 19/20 (Oktober 1943).

vermochten sie letztlich in doppelter Hinsicht dem Vaterland zu dienen – sowohl mit dem Musikinstrument als auch mit der Waffe. Nicht zuletzt nährten solche Berichte den Mythos von der Überlegenheit und Unvergleichbarkeit deutscher Soldaten schlechthin.

Eine andere Variante des neuen Narrativs von der Tapferkeit und Einsatzbereitschaft der Militärmusiker stellten zahlreiche Artikel über unerschrockene Truppenbetreuungs-Einsätze in unmittelbarer Frontnähe dar, wie „Soldaten machen Musik an der H.K.L." [Hauptkampflinie].[104] Die zuvor als Hasenfüße verschrienen Musiker wurden damit als Geläuterte präsentiert, die ihre Kameraden selbst an vorderster Front nicht allein ließen. Zugleich fügten sich diese Motive als Mosaiksteine in das Ideologem der unverbrüchlichen Kameradschaft der Wehrmacht-Soldaten.

Einsatzspektrum der Musikkorps

Die Musikkorps übernahmen während des Zweiten Weltkriegs vielfältige Aufgaben und sicherten damit ihre Unentbehrlichkeit, wie das Fachblatt für Militärmusiker feststellte:

> „Es wird sich in diesem Ernstfalle unwiderleglich erweisen, wie wichtig es für die Soldaten an der Front ist, durch das Spiel eines Musikkorps neue Kraft durch Freude zu schöpfen. Ebenfalls bedarf es in der Heimat der Klänge unserer Militärmusik, die das Wesen unserer vom Führer als „friderizianisch" bezeichneten Zeit ausdrücken und die Herzen mit den schweren Anforderungen der Zeit in Einklang bringen."[105]

Sie spielten bei repräsentativen Anlässen im Deutschen Reich und in den besetzten Gebieten bei Paraden, Staatsbesuchen, Empfängen, Wachablösungen, regelmäßigen Platzkonzerten,[106] bei Wohltätigkeitskonzerten für das WHW und öffentlichen Feiern an Festtagen und Parteitagen, zur Begleitung von öffentlichen Eintopfessen,[107] bei Straßensammlungen, Begräbniszeremonien oder dem Einzug von Truppen in eroberten Städten und Ortschaften. Den Musikkorps wurden dabei in Bezug auf die Bevölkerung der besetzten Länder ausdrücklich propagandistische Effekte zugeschrieben, sowohl für den Westen Europas:

---

104 Ebd., Nr. 23/24, (Dezember 1943).

105 Kandler, Deutsche Militärmusiker.

106 Die Temperaturgrenze lag (und liegt heute noch) bei deutschen Streitkräften für das Spielen von Blasmusik im Freien bei -5° C (in Österreich -3° C); vgl. Busch, Armeemarsch, S. 184.

107 Bei den ab Oktober 1933 vom Regime verordneten so genannten „Eintopfsonntagen" verzichtete die ‚Volksgemeinschaft' jeden Monat an einem Sonntag auf den Braten zum Mittagessen und aß statt dessen Eintopf. Das damit gesparte Geld war für das WHW zu spenden, der gespendete Betrag eines jeden Haushalts wurde in Listen erfasst. Solche Eintopfessen wurden zum propagandistischen Schulterschluss mit dem Militär auch öffentlich in Kasernen oder auf Plätzen zelebriert; vgl. z. B. *Deutsche Militär-Musiker-Zeitung*, 61. Jg., Nr. 45, 9.11.1940: „Bei einem öffentlichen Eintopfessen zugunsten WHW in Lahr/Baden spielte die Regimentsmusik." BA-MA, MSG 206/33.

„Das Musikkorps des Regiments ‚General Göring' konzertierte in den vergangenen Monaten häufig in Paris vor der Oper in Anwesenheit von oft mehr als 10.000 Franzosen. […] Die deutschen Märsche, also der soldatische Geist allein hätten den Stolz der Franzosen nicht bezwungen. […] Die deutsche Kultur aber, die unsere Musikkorps bringen, nötigt Achtung vor dem Sieger von heute ab und legt vielleicht den Grundstein zur inneren Anerkennung des Führungsanspruchs des deutschen Volkes im kommenden Europa."[108]

als auch für den Osten:

„Truppen des Heeres rücken unter den Klängen deutscher Märsche in eine eroberte Stadt der Sowjetunion ein. – Während der Frontkämpfe werden die deutschen Militärmusiker meist als Hilfskrankenträger und Nachrichter oder auch anderweitig militärisch eingesetzt. Später haben sie dann Gelegenheit, den deutschen Siegen mit ihrer Musik Ausdruck zu verleihen und zugleich der Bevölkerung eines besetzten Gebietes einen einprägsamen Eindruck von deutschem Soldatengeist und deutscher Kultur zu vermitteln."[109]

Daneben leisteten die Militärmusiker den größten Teil der musikalischen Truppenbetreuung. Sie spielten für die Soldaten beim Marschieren[110] und unterwegs zur Rast, zudem bei Kameradschaftsabenden sowie Regiments- und Bataillonsfeiern, wo sie außer Marschmusik vor allem die aktuellen Unterhaltungstitel wie Film- und Revueschlager zu Gehör brachten. Außerdem übernahmen sie die musikalische Betreuung der Verwundeten in Lazaretten.

Diese Obliegenheiten reflektierte öffentlichkeitswirksam auch die „Militär-Musiker-Zeitung":

„Militärmusiker auf Konzertreise
Im Rahmen der vielseitigen Betätigung deutscher Militärmusiker im Kriege, die im Gegensatz zur öffentlichen Konzerttätigkeit weniger bekannt wird und doch von hohem Wert ist und viel Aufopferung bedeutet, steht an erster Stelle die musikalische Betreuung der Kameraden. Manches Musikkorps des Heeres und auch der Luftwaffe hat, solange Ruhe an der Front herrscht, die Aufgabe, tagtäglich von Quartier zu

---

108 Winter, Gerhart: „Die Ziele der Luftwaffenmusik", in: *Die Musikwoche* 8, 1940 (Nr. 46), S. 409–412, S. 411f.

109 Vgl. „Waffen-SS an der Ostfront", in: *Deutsche Militär-Musiker-Zeitung*, 62. Jg., Nr. 36, 6.9.1941. BA-MA, MSG 206/33.

110 Die *Deutsche Militär-Musiker-Zeitung*, 61. Jg., Nr. 23, 8.6.1940 brachte das Foto einer Regimentsmusik beim Marschieren über die französische Grenze mit der Bildunterschrift: „Mit klingendem Spiel geht es über die belgisch-französische Grenze. Wie man sieht, haben die Militärmusiker im kriegerischen Ringen unserer Tage manche ihrer überlieferten Aufgaben behalten. Wohl bedarf es beim Angriff unserer Panzer und Stukas keiner Musik, während früher in der Schlacht anfeuernd zum Sturm geblasen wurde. Aber es bietet sich bei den Fußmärschen Gelegenheit, die Anstrengungen der Truppen durch das Spiel des Musikkorps zu mildern. Hier ein denkwürdiger Augenblick: wie das Schild links (Douane = Zollbehörde) anzeigt, marschieren unsere Truppen nach Frankreich hinein." BA-MA, ebd.

Quartier zu fahren, um den Kameraden der einzelnen Kompanien durch frohe Klänge eine angenehme Stunde zu bereiten. Ist ein Gastspiel beendet, dann geht es wieder
weiter, damit keiner vergessen wird. So versehen die Musikkorps der Wehrmacht
an erster Stelle, meist nur im Stillen wirkend, die Aufgabe der Truppenbetreuung.
[…]"[111]

Die Allround-Musiker waren in der Lage, unterschiedlichen musikalischen Bedürfnissen nachzukommen und sämtliche Genres zu bedienen. Sie bildeten in variablen
Besetzungen Unterhaltungskapellen, spielten sinfonische Musik, Kammermusik,[112]
gestalteten Kirchenkonzerte[113] oder begleiteten Vokal- und Instrumentalsolist*innen.

Zudem wurden je nach Bedarf kleine Spielgruppen aus zwei bis drei Musikern zusammengestellt, die abgelegene, von der sonstigen Truppenbetreuung abgeschnit-
tene Bunkerstellungen aufsuchten.[114] Als Soldaten, die über Grundkenntnisse im
Umgang mit Waffen verfügten und ihre Handfeuerwaffen bei musikalischen Einsätzen mitzuführen hatten,[115] konnten die Musiker an Orten eingesetzt werden, die für
KdF-Gruppen zu riskant waren.

111 *Deutsche Militär-Musiker-Zeitung*, 62. Jg., Nr. 25, 21.6.1941. BA-MA, ebd. Unfreiwillig ko-
misch ist hier die Feststellung, die Musikkorps würden die Aufgaben der Truppenbetreuung
„meist nur im Stillen wirkend" versehen.

112 So spielte im Juni 1943 ein sechsköpfiger „Kammermusikkreis der Armee" für Soldaten in
Italien. BA-MA, RH 26–3/31, fol. 29. Am 18.11.1941 konzertierte ein Kammermusiken-
semble der Armee im Stadttheater Verdun mit Werken von Händel, Mozart, Haydn und
Dvorak. Als Musiker wurden benannt: Gefr. Hans Pakatsch (Münchner Staatsoper), Violine;
Sold. Hans-Gerhard Hanschke (Dr. der Musikwissenschaft), Violine; O.Sold. Richard Vogel
(Studienrat für Musik), Viola, Gefr. Heinrich Maybach (Münchner Philharmonie), Violon-
cello; Sold. Richard Seidl (Münchner Reichs-Sinfonieorchester), Kontrabass. BA-MA, RH
56/241, fol. 85. Zwei Tage später fand in der Kathedrale von Verdun ein Orgelkonzert für
die Wehrmacht statt, der Solist war Uffz. Fritz Werner (Musikdirektor der Potsdamer Gar-
nisonskirche), im Anschluss daran spielte wieder das Kammermusikensemble. Ebd., fol. 86.
Der Tätigkeitsbericht des Ic-Offiziers der 4. Panzer-Division vom 1. 4. bis 30.6.1943 listete
u. a. auf: „3.4.1943 am Abend fand die erste Vorstellung der Bunten Bühne im Stadttheater
Nowgorod-Ssewerskij statt. Außer dem Tanzorchester des Pz.Gr.Rgt. 33 wirkte noch eine
Reihe von Mitgliedern des Stadttheaters mit. 4.4.1943 im Stadttheater fand eine musikalische Feierstunde – ausgeführt von Angehörigen der Division statt (Anlage 3)." BA-MA, RH
27–4/133.

113 Wie z. B. am 23.3.1941 im Dom von Viborg (Dänemark), als das Divisions-Musikkorps mit
dem Domorganisten und der dänischen Sängerin Gudrun Kesmodel für Wehrmacht und
Zivilbevölkerung Werke von Johann Gottfried Walther, Händel, Haydn, Leclair, Mozart und
Bach sowie Liszts Postludium für Orgel und Bläser über „Nun danket alle Gott" spielte. BA-
MA, RW 38/91.

114 Z. B. meldete der Ic-Offizier der 22. Infanterie-Division auf Kreta am 11.10.1943: „Abgelegene Einheiten wurden durch Bunkertrupps betreut." BA-MA, RH 26–22/80, fol. 142.

115 BA-MA, ebd., fol. 22 und RH 26–12/89.

Das Musikkorps der 65. Infanterie Division, die in Koudekerke/Niederlande stationiert war, besuchte an drei Tagen pro Woche die umliegenden Truppenteile. Der Einsatzplan für den Zeitraum 25. bis 31. Oktober 1942 sah dabei wie folgt aus:

„Das Musikkorps der Division wird am Sonntag, Dienstag und Donnerstag jeder Woche für die Bespielung der im Div.-Bereich untergebrachten Truppenteile von der Div. Abt. Ic eingesetzt.

Sonntag, 25.10.42

10.00–10.30 Uhr	Middelburg	Div.St.Qu.	Platzkonzert
11.00–12.00 Uhr	Middelburg	Marktplatz	Platzkonzert
12.30 Uhr	Mittagessen bei Pz.Jg.A.A.		
12.54 Uhr	ab Middelburg m. Eisenbahn nach Goes		
15.00–16.00 Uhr	Goes	Marktplatz	Platzkonzert
Gegen 17.10 Uhr	Rückfahrt von Goes nach Middelburg, anschießend Rückfahrt nach Koudekerke		

Dienstag, 27.10.42

11.00–12.00 Uhr	Armenuiden	II./J.R. 146	Platzkonzert
	Mittagessen bei einer Kp. des II./146		
	(nach bes. Anordnung des II./146)		
15.00–16.00 Uhr	Nieuwland	7./J.R.146	Platzkonzert
	Abendessen bei 6./146		
19.00–21.00 Uhr	Ritthem	6./J.R. 146	Unterhaltungsmusik
	anschließend Rückfahrt nach Koudekerke		

Donnerstag, 29.10.42

11.00–12.00 Uhr	Serooskerke	2./Pi 146	Platzkonzert
	Mittagsessen bei 2./Pi 146		
15.00–16.00 Uhr	Vrouwenpolder	10./J.R.145	Platzkonzert
	Abendessen bei einer Kp. des III./J.R. 145		
	(nach bes. Anordnung des III./J.R.145)		
19.00–21.00 Uhr	Oostkapelle	III./J.R.145	Unterhaltungsmusik
	anschließend Rückfahrt nach Koudekerke		

Zur Beweglichmachung des Musik-Korps sind 40 Fahrräder bei Dinafü 165 gegen Leihempfangsbestätigung abzuholen. Die grösseren Instrumente sind ggf. mit Pferdefahrzeugen an den Einsatzorten zu befördern."[116]

Vor allem in den besetzen Gebieten Nord- und Westeuropas wurden im Rahmen der Truppenbetreuung mit den Musikkorps auch aufwendige Großveranstaltungen durchgeführt. Dabei diente beispielsweise das aus dem Rundfunk so beliebte „Wunschkonzert" als Blaupause:

---

116 BA-MA, RH 34/232.

„Wunschkonzert für das Kriegswinterhilfswerk 1942/43

Das Luftgaukommando Holland veranstaltet am 27. und 28.2.1943 in Amsterdam, Konzertgebouw, ein Wunschkonzert für das Kriegswinterhilfswerk 1942/43. Die Truppen aller Wehrmachtsteile sind aufgefordert, gegen Einsendung von Spenden ihre Wünsche zu äußern.

Die 16. Lw.Felddivision beteiligt sich an dieser Veranstaltung und wünscht den Marsch „Alte Kameraden".

In allen Kompanien ist anläßlich der nächsten Wehrsoldzahlung für diese Veranstaltung zu sammeln und das Ergebnis dem Batl., Abt Ic/Wb. bis 21.2.1943, 15.00 Uhr fernmündlich zu melden.

Ablieferung der Spenden bis 21.2.1943, 20.00 Uhr

Ich erwarte, dass die Kompanien sich besonders eifrig an dieser Sammlung beteiligen und ein vorbildliches Sammelergebnis erzielt wird.

Mitwirkende bei diesem Wunschkonzert:
Das verstärkte Stabsmusikkorps des Luftgaukommandos Holland,
Leitung: Stabsmusikmeister Rath
Der Soldatenchor der Stabskompanie und der Landesschützenkompanie
Opernsängerin Frau Erna Elsa Peter, Staatstheater Schwerin
Konzertsängerin Frau Helen Weitzmann, Magdeburg

Die Mitglieder der Luftgau-Soldatenbühne:
Konzertsängerin Frau Edith Solf-Martin, Grenzlandtheater Konstanz
Flieger Moors, Bassbariton, Städtische Bühnen Essen
OGefr. Hummel, Tenor-Buffo, Stadttheater Freiburg
Gefr. Landgraf, Tenor, Staatsoper Köln
Gefr. Itzinger, Bassbuffo, Mozarteum Salzburg
Uffz. Freiberg, Gefr. Mertens, Akkordeon-Solisten
Stabsfeldwebel Rüsch, Flötensolo (Stabsmusikkorps)
OFeldw. Igel, Xylophon-Solo (Stabsmusikkorps)
Uffz. Gutterer, Trompetensolo (Stabsmusikkorps)
Am Flügel: Uffz. Freiberg
Ansage: OGefr. Teddy Heinz, Schumanntheater Frankfurt"[117]

Im Anhang zu dieser Ankündigung befand sich eine längere Liste der Titel, aus denen die militärischen Einheiten nach „besonders eifriger" Spendensammlung ihren Musikwunsch auswählen konnten. Die Veranstaltung wurde vom Luftgaukommando Holland zusammen mit der Kreisleitung der NSDAP Amsterdam organisiert und richtete sich an die in Amsterdam und Umgebung untergebrachten Truppen sämtlicher Wehrmachtteile. Die Besetzungsliste zeigt, wie neben dem Wehrmacht-Musikkorps und extern engagierten Sängerinnen auch Soldaten, die im Zivilberuf Künstler waren, in diese Veranstaltung eingebunden wurden.[118]

---

117 Bekanntmachung vom 16.2.1943. BA-MA, RL 34/228.
118 Mehr zum Einsatz künstlerisch befähigter Soldaten in der Truppenbetreuung im Kapitel „Stosstrupp der Freude' – Spielgruppen innerhalb der Wehrmacht".

Am 22. und 23. März 1943 fanden im Opernhaus von Rennes „aus Anlaß des Geburtstags des Divisionskommandeurs" Großkonzerte statt, bei denen „die vier divisionseigenen Musik-Korps, Pz.Rgt. 1, Pz.Gren.Rgt. 1, Pz. Gren. Rgt. 113 und Pz.A.R. 73 unter Leitung von Stabsmusikmeister Löchel" spielten.[119]

Im April desselben Jahrs stellten diese Musikkorps auch kleinere Tanzkapellen zusammen, mit denen sie die KdF-Truppenbetreuung ergänzten.[120] Das Musikkorps des Panzer-Artillerie-Regiments 73 hatte damit bereits während des vorangegangenen Einsatzes bis Ende 1942 im russischen Oljenino gute Erfahrungen gemacht, als sie sowohl „fast täglich die Truppen in ihren Unterkunftsräumen" besuchte und „diese durch Platzkonzerte" erfreute als auch eine „divisionseigene Tanzkapelle" bildete, die ab August 1942 eingesetzt wurde.[121]

Aus dem sogenannten Generalgouvernement meldete die Oberfeldkommandantur Krakau:

> „Die Tätigkeit des Standort-Musikkorps Krakau lag nach Abschluss des Winterhilfswerkes im wesentlichen auf dem Gebiet der Truppenbetreuung. Allsonntäglich wurden Platzkonzerte in der Stadt gegeben. Weitere Konzerte fanden in Kasernen und Lazaretten statt, in Lazaretten wurden auch Konzertabende mit kleiner Besetzung veranstaltet. Daneben konnte eine kleine Besetzung immer für die Kameradschaftsabende der Truppen zur Verfügung gestellt werden."[122]

Das Musikkorps des Wachbataillons in Kopenhagen plante für Anfang Dezember 1942 ein Sinfoniekonzert mit dem Programm:

Fantasie für Orchester f-Moll op. 103 von Franz Schubert
Schuberts Fantasie für Harfe solo
(Solist: Gefreiter Günther, 1. Harfenist Staatstheater Wiesbaden)
Beethovens Sinfonie Nr. 5 c-Moll op. 67
Vorspiel zur Oper „Die Meistersinger von Nürnberg" von Richard Wagner

Das Konzert richtete sich an Soldaten und die Zivilbevölkerung in Kopenhagen, der Überschuss aus dem Kartenerlös sollte dem WHW oder „Kindern deutscher Bombengeschädigter" zugutekommen.[123]

Im Dezember 1941 konzertierte dieses Musikkorps unter der Leitung von Stabsmusikmeister Ernst Krauße mit der Sängerin Eva-Marie Kaiser und dem Pianisten Ludwig Kaiser:

Symphonie h-Moll (Unvollendete), Schubert
Konzert für 2 Klaviere KV 365, Mozart

---

119 BA-MA, RH 27–1/140.
120 Ebd.
121 BA-MA, RH 27–1/137.
122 Militärbefehlshaber Heeresgebiet Generalgouvernement, Monatsbericht der Oberfeldkommandantur Krakau [16. 3. bis 15.4.1942], IfZ München, MA 679 Bd. 5, fol. 2ff.
123 BA-MA, RW 38/68.

Ouvertüre „Römischer Karneval", Berlioz
Tasso, Lamento e Trionfo – Symphonische Dichtung Nr. 2, Liszt[124]

Im Januar 1941 lud in Kirkenes/Norwegen die 2. Gebirgs-Division zum „Jägerball am Nordpol" in die Räumlichkeiten des Turist-Hotels, bei dem die Stabskapelle sowie das Musikkorps des Luftwaffen Bau-Bataillons zum Tanz aufspielten und Schrammelmusik boten.[125]

Das Infanterieregiment Großdeutschland hatte bei Beginn des Kriegs „nur vier Mann Salonmusik"[126] nach Polen mitgenommen, im November 1939 wurde das gesamte Musikkorps zum neuen Einsatzort am Westwall beordert. Nach der Besetzung Frankreichs im Raum Lyon stationiert, gab die Regimentsmusik u. a. Platzkonzerte und begleitete die Wachablösungen. Bei den Kämpfen im Mai und Juni 1940 waren die jüngeren Musiker als Hilfskrankenträger und Kradmelder beschäftigt gewesen.[127] Über Wien kam das Regiment nach Belgrad, wo das Musikkorps beim Soldatensender Belgrad konzertierte und reihum die einzelnen Kompanien besuchte. Anschließend machte das Regiment den Russlandfeldzug mit. Das Musikkorps wurde zunächst im Rückraum beim Tross belassen, kam im April 1942 aber zur Truppe zurück, die nordwestlich von Kursk stationiert war. Neben der Unterhaltung der Kompanien übernahmen die Musiker vor allem die Betreuung der Verwundeten in Lazaretten.[128] In einem Feldpostbrief berichtete ein Wehrmachtarzt:

> „Sonntag, d. 30. 5. 43, 11.30 Uhr
> Soeben hatten wir bei herrlichstem Sonnenschein ein Platzkonzert von einem Musikkorps der Luftwaffe, das früher in Karinhall stationiert war und jetzt zu einer Flakdivision in unserem Frontabschnitt gehört. Ich habe bei den Klängen flotter Märsche und Lieder operiert und Verbände gemacht und bin nun fertig."[129]

Im März/April 1942 gab es in Artemowsk/Ukraine eine Konzertwoche, bei der täglich um 15.30 Uhr ein durch Musiker des Heeres verstärktes Musikkorps der Luftwaffe in großer Orchester-Besetzung Werke von Gluck, Beethoven, Mozart (u. a. das Hornkonzert Nr. II in Es-Dur), Gossec, Rameau, Strauss („An der schönen blauen Donau") und den Militärmarsch in D-Dur von Schubert spielte. Daran schloss sich eine Konzertwoche an, deren Programm das verstärkte Musikkorps der. 9. Infanterie-Division als Blasorchester bestritt mit „Originalbläsermusik, Opernmusik und Musik der leichten Muse".[130]

---

124 BA-MA, RW 38/70.
125 BA-MA, RH 28-2/210. Dem Musikgeschmack der im Norden Norwegens stationierten österreichischen Gebirgsjäger wurde mit der Schrammelmusik Rechnung getragen.
126 Toeche-Mittler, Joachim: *Musikmeister Ahlers. Ein Zeitbild unserer Militärmusik 1901–1945*, Stuttgart (Spemann) 1981, S. 108.
127 Ebd.
128 Ebd., S. 112.
129 Jochen H., Museum für Kommunikation Berlin, Feldpost-Archiv, Sign.-Nr. 3–2002-7181.
130 BA-MA, RH 26–9/90.

Der berichtende Offizier der 134. Infanterie-Division im weißrussischen Tereben klagte im Sommer 1942, trotz größter Bemühungen sei es nicht gelungen, KdF-Gruppen zu verpflichten, obwohl vergleichbare Städte wie Brjansk, Karatschew und Orel „ständig im Besitz von Tanz- und Spielgruppen" gewesen wären und zudem „die Division nach den schweren Kämpfen dringend diese Gruppen benötigte".[131] „In Ermangelung anderer Mittel" wäre die Regimentsmusik „zu Spielreisen verwendet und besonders im Gefechtsgebiet eingesetzt"[132] worden. Hier wird deutlich, wie die Divisionen sich untereinander verglichen und darüber wachten, ob die Truppenbetreuungsmaßnahmen „gerecht" verteilt wurden. Implizit beruft sich der Offizier auf das auch von Heeresführung und Partei oft wiederholte Postulat, die „Frontkämpfer" hätten besonderen Anspruch auf Unterhaltung und gute Versorgung.

Der zuständige Offizier der 17. Infanterie-Division berichtete 1942/43 aus der Bretagne von zahlreichen „Morgen- und Abendfeiern", „Vorträgen" und „Einsätzen der Musikkorps sowie kleinerer Einheitsorchester", die „von der Truppe dankbar aufgenommen" würden.[133]

Im Mai 1943 erfolgte die festliche Eröffnung der Freilichtbühne Iraklion für die Besatzungstruppen mit einem Konzert der Musikkorps von Marine, Luftwaffe und Heer, anschließend wurde ein „Grossfilm" gezeigt.[134]

Im Juni 1943 meldete die Aufklärungs-Abteilung der 12. Infanterie-Division aus Estland, es würde, nachdem „die geistige Betreuung nur im beschränkten Maße durchgeführt" werden konnte, eine „Unterkunftsmöglichkeit für KdF-Trupps und das Musik-Korps geschaffen".[135] Dieselbe Akte enthält auch den „Betreuungsplan Nr. 3" des Ic-Offiziers der 12. Infanterie-Division vom 17. Juni 1943, nachdem „durch Kommandierungen aus den Musikkorps der Infanterie-Regimenter und dem Trompeterkorps Art.Rgt.12" ein neues Musikkorps aufgestellt und zum Grenadier-Regiment 89 abgeordnet worden war. Es bestand aus 36 Musikern unter Leitung eines Obermusikmeisters und wurde im Rahmen der Truppenbetreuung bei verschiedenen Regimentern und Kommandanturen, in Lazaretten und Erholungsheimen eingesetzt. Die bespielten Einheiten hatten jeweils für Verpflegung und Unterbringung des Ensembles zu sorgen, wie der Betreuungsplan ausführte: „Es ist rechtzeitig die Verpflegung für die Kopfstärke 1/36 anzufordern! Schlafdecken bringt das Musikkorps mit."[136]

Der 15. Panzerdivision des Afrika-Korps bereitete das Fehlen eines eigenen Musikkorps Verdruss. Zwar konnte dank einer Spende aus der „Stiftung des

---

131 BA-MA, RH 26–134/112.

132 Ebd.

133 BA-MA, RH 26–17/33.

134 BA-MA, RH 26–22/80, fol. 138.

135 BA-MA, RH 26–12/89.

136 Ebd.; „Kopfstärke 1/36" macht deutlich, dass der Obermusikmeister als Offizier anders versorgt wurde als die Musiker.

Reichskriegerführers"[137] die Anschaffung von Musikinstrumenten in Italien 1942 in die Wege geleitet werden, „um denjenigen Truppenteilen eine Hauskapelle zu ermoeglichen, die ueber kein planmaessiges Musikkorps verfuegen",[138] der Großteil der Instrumente war jedoch „in folge Nachlaessigkeiten beim Transport"[139] nicht bei der Division angelangt, sondern unterwegs abhandengekommen.

Die Wehrmacht genoss bei allen musikalischen Einsätzen und Veranstaltungen ein finanzielles Privileg in Bezug auf die Urheberrechtsvergütung; eine Vereinbarung mit der STAGMA (Vorläufer der heutigen GEMA) besagte, dass bei dienstlicher Musiktätigkeit keine Gebühren anfielen.[140]

Zum Marsch-Repertoire der Musikkorps

Die „Sammlung deutscher Armeemärsche" war seit ihrer Entstehung Anfang des 19. Jahrhunderts maßgeblicher Fundus für das Marsch-Repertoire aller Musikkorps. Sie umfasste Anfang der 1930er Jahre 98 langsame Märsche und 260 Paradenmärsche für Fußtruppen sowie 104 Kavalleriemärsche.[141] Der Heeresmusikinspizient Hermann Schmidt initiierte 1925 den Aufbau eines „Verzeichnis deutscher Heeresmärsche", das überwiegend neue Märsche, aber auch besonders bewährte traditionelle Stücke umfasste. Bis Kriegsende 1945 fortgeführt, enthielt es insgesamt 139 Märsche in neuer Nummerierung und unter Ausschluss von Werken jüdischer Komponisten.[142] Es sollte die sämtlichen Militärmusikern in Fleisch und Blut übergegangene Armeemarsch-Sammlung ablösen, sorgte jedoch vor allem wegen seiner vom vertrauten System abweichenden Zählung für Irritationen und setzte sich nicht durch.

Der große Aufschwung, den die Militärmusik einhergehend mit der Glorifizierung des Soldatischen und der forcierten Aufrüstung im NS-Regime nahm, brachte eine Vielzahl neuer Marsch- und Marschlied-Kompositionen[143] hervor.

---

137 Der Reichskriegerbund war der im „Dritten Reich" gleichgeschaltete Verband der zahlreichen Veteranen- und Kriegervereine, die im Lauf des 19. Jahrhunderts in Deutschland gegründet worden waren, vgl. http://www.kyffhaeuserbund-rlp.de/geschichte.htm (Aufruf am 12.4.2015).

138 Tätigkeitsbericht des Ic-Offiziers der 15. Panzer-Division für den Zeitraum 1.10.1942 bis 30.11.1942, BA-MA, RH 27–15/24 und 26.

139 Ebd.

140 Oberkommando des Heeres: Bestimmungen für Musik- und Trompeterkorps des Heeres – (Mus.Best.) – vom 1.9.1936. Berlin (Verlag „Offene Worte") 1936, Punkt 3.(2).

141 Toeche-Mittler, Armeemärsche, I. Teil, S. 59.

142 Ebd.

143 Mehr zum Thema Lieder und Soldaten-Gesang im Kapitel „Wo wir singen, da ist Deutschland' – Gesang bei der Truppe".

Herms Niel[144] war einer der von Goebbels bevorzugten Tonsetzer dieses Genres.[145] Der Minister gab 1940 ein Marschlied für den Frankreich-Feldzug bei Heinrich Anacker, dem „Dichter der Bewegung"[146] und Niel als Komponist in Auftrag. „Kamerad, wir marschieren im Westen" erfüllte die propagandistischen Hoffnungen, wurde häufig im Rundfunk und bei Darbietungen der Musikkorps eingesetzt. Niels Märsche waren stilistisch der Tradition deutscher Armeemärsche verbunden in ihrem wuchtigen, gleichbleibenden Tempo und Rhythmus nach Art des preußischen Gleichschritt-Paradomarschs mit der Betonung des Alla breve-Takts.

Neben Herms Niel tat sich vor allem Norbert Schultze, der Komponist von „Lili Marleen", der erfolgreichen Kinderoper „Der Schwarze Peter" und zahlreicher Filmmusiken als Schöpfer neuer Märsche hervor,[147] die musikalisch eine Art Gegenpart zu Niels Kompositionen darstellen. Sein Luftwaffenmarsch „Bomben auf Engeland" (Text: Wilhelm Stoeppler, „…Ran an den Feind!/Bomben! Bomben!/Bomben auf Engeland!") von 1940 brachte ihm große Bekanntheit und den Beinamen „Bomben-Schultze" ein. Es stellte Niels 1939 entstandenes, traditionell gehaltenes England-Marschlied (nach Versen des „Heidedichters" Hermann Löns aus dem Jahr 1911, „Heute wollen wir ein Liedlein singen/[…] denn wir fahren, denn wir fahren/denn wir fahren gegen Engeland, Engeland!") in der Gunst des Publikums deutlich in den Schatten. Schultzes Komposition galt als Prototyp des modernen Marschs, der Anleihen beim Schlager nahm und der mondänen Luftwaffe entsprechend nicht so „altväterlich-träge wie die preußischen Kommissstiefel" daherkam, sondern „mit einem neuen federnd-leichten Marschtempo"[148] und im Text wesentlich schärfer und aggressiver. Ähnlich war der „Bombenfliegermarsch der Legion Condor" (Musik: Hans Teichmann, Text: Erich Schlecht) gestaltet, der mit reicher Dynamik und Tempowechseln versehen die völkerrechtswidrigen Taten des deutschen Luftwaffengeschwaders im Spanischen Bürgerkrieg pries:

---

144 Niel, eigentlich Hermann Nielebock (1888–1954), absolvierte eine Lehre in der Stadtkapelle Genthin und trat anschließend als Posaunist in das 1. Garde-Regiment Potsdam ein. Am 1. Mai 1933 wurde er Mitglied der NSDAP, stieg zum Kapellmeister des Reichsmusikzugs des RAD auf. Hitler ernannte ihn 1941 zum Professor. Vgl. Prieberg, Handbuch, S. 5222ff.; Eintrag „Niel, Herms" in Munzinger Online/Personen – Internationales Biographisches Archiv, URL:http://www.munzinger.de/document/00000004585 (Aufruf am 27.4.2015).

145 Goebbels nannte Niel „Gestalter unserer populärsten Massenkriegsgesänge", zit. n. Klee, Ernst: *Kulturlexikon zum Dritten Reich. Wer was war vor und nach 1945*, Frankfurt/Main (Fischer Taschenbuch) 2009, S. 392.

146 Ebd., S. 19.

147 Schultze (1911–2002) hat zwischen 1939 und 1945 zu 15 Filmen die Musik verfasst. Vgl. Prieberg, Handbuch, S. 6807ff.; Klee, Kulturlexikon, S. 498f. Seine regimetaugliche Musik garantierte Schultze einen Platz auf der so genannten „Führerliste", so dass er nicht zur Wehrmacht eingezogen werden konnte, sondern die Kriegsjahre hindurch uk-gestellt blieb; vgl. Jockwer, Unterhaltungsmusik, S. 228.

148 Schultze, Norbert: *Mit dir, Lili Marleen. Die Lebenserinnerungen des Komponisten Norbert Schultze*, Zürich/Mainz (Atlantis-Musikbuchverlag) 1995, S. 69, zit. n. Jockwer, Axel, Unterhaltungsmusik, S. 227.

„Die Roten wurden geschlagen
im Angriff bei Tag und Nacht,
die Fahne zum Siege getragen
und dem Volke der Frieden gebracht.
[…]"

Abhängig von der Aufgeschlossenheit für musikalische Neuerungen ihrer Stabsmusikmeister adaptierten die Heeres-Musikkorps die erfolgreichen und modernen
Luftwaffenmärsche und spielten sie in Arrangements für traditionelles Blasorchester.

Die stilistische Bandbreite an Märschen und Marschliedern und deren tieferen Nutzen als „wirksamen Appell an das völkische Empfinden" der Soldaten begrüßte der
Militärmusik-Fachmann Ludwig Degele:

> „Das hierfür geeignetste Mittel ist eine kernige, leicht faßliche oder bereits bekannte
> Melodie im Gewande einer ungekünstelten, aber wirkungsvollen Instrumentierung.
> Auf dieser Basis ist eine Fülle von Märschen, von den schlicht gebauten des 18. Jahr-
> hunderts bis zu den reichgegliederten der neueren Zeit geradezu zum Symbol der
> Heimattreue, vaterländischen Erlebens und Empfindens geworden. […] Somit stellt
> der Militärmarsch das reichbestellte Feld einer Kunstrichtung dar, die im besten Sin-
> ne Volkskunst geworden ist."[149]

Nachdem am 17. Mai 1939 die „Polizeiverordnung gegen den Mißbrauch des Ba-
denweiler Marsches"[150] in Kraft getreten war, die das Spielen von Hitlers Lieblings-
marsch „nur bei Veranstaltungen, an denen der Führer teilnimmt, und nur in seiner
Anwesenheit" gestattete, wurde im Januar 1940 generell der Einsatz von Märschen
in Musikprogrammen durch die „Polizeiverordnung zum Schutze der nationalen
Symbole und Lieder"[151] geregelt. Da mit Beginn des Kriegs Unterhaltungskapellen
dazu übergegangen waren, Foxtrott-Fassungen von Märschen bei Tanzveranstal-
tungen zu spielen, was in Parteikreisen nachgerade als Sakrileg empfunden wurde,
untersagte die Verordnung grundsätzlich die Verwendung von Armeemärschen in
Tanzfolgen.[152] Überdies enthielt sie das Verbot, „vaterländische und nationalsozialis-

---

149 Degele, Militärmusik. Werden und Wesen, S. 197.

150 Reichsgesetzblatt 1939 Teil I, S. 921. Der Marsch heißt eigentlich „Badonviller Marsch", 1914
von dem bayerischen Militärmusiker Georg Fürst für das Königlich-Bayerische Infanterie-
Leibregiment zur Feier eines Siegs über die Franzosen bei Badonviller/Lothringen komponiert. Der Titel wurde „eingedeutscht".

151 Diese Verordnung, die das RMVP in Abstimmung mit dem Innenministerium erließ, ergänzte das „Gesetz zum Schutze der nationalen Symbole" vom 19. Mai 1933 (Reichsgesetzblatt 1933 Teil I, S. 285f.), das u.a. die massenhaft aufgekommene Produktion und Distri-
bution von kitschigen Hitler-Büsten und -Bildern sowie anderen nationalsozialistischen
Devotionalien verbot; vgl. Ergänzende Verordnung zum Schutz der nationalen Lieder, in:
Die Unterhaltungsmusik, Nr. 2822 vom 18.1.1940, S. 50, zit. n. Jockwer, Axel, Unterhaltungsmusik, S. 225.

152 Vgl. ebd., S. 224.

tische Kampflieder" in „Vergnügungsstätten oder Gastwirtschaften" anzustimmen, wozu ausdrücklich auch Niels „Engeland-Lied" zählte.

Truppenbetreuung durch Musikkorps in den letzten Kriegsmonaten

Die Truppenbetreuungs-Offiziere hatten sich mit ihren flexibel verwendbaren Musikkorps und Soldaten-Spielgruppen eine von den Weisungen und Verordnungen der Staatsführung unabhängige, lokal begrenzt einsetzbare Truppenbetreuung aufgebaut. So konnte ein Unterhaltungsprogramm weitgehend unbehelligt von höheren Kontrollinstanzen für die Soldaten disponiert werden, wie sich vor allem in den letzten Kriegsmonaten erwies.

Mit dem Fortgang des Kriegs wurden die Musikkorps allmählich verkleinert und immer mehr Musiker der kämpfenden Truppe zugewiesen.[153] Auf die Stärke von 28 Mann reduziert und nur noch bei den Stäben einer Heeresdivision angesiedelt, wurden ab 13. September 1944 auch diese Korps aufgelöst. Lediglich bei den Kommandanturen in elf Städten (Berlin, Dresden, Breslau, Wiesbaden, Wien, Salzburg, Posen, Krakau, Litzmannstadt (Lodz), Paris und Kopenhagen) verblieben noch Musikkorps.[154]

Am 24. August 1944 setzte Joseph Goebbels, von Hitler zum „Reichsbevollmächtigten für den totalen Kriegseinsatz" ernannt, eine Verordnung in Kraft, die zum 1. September 1944 die Stilllegung sämtlicher so genannter Kulturorchester sowie Unterhaltungskapellen verfügte.[155] Damit wurde auch die Truppenbetreuung in der Wehrmacht eingestellt. Es dauerte jedoch nicht lange, bis erste Beschwerden laut wurden, verschiedene Einheiten würden diese Verordnung umgehen:

> „Nachdem die Truppenbetreuung in der Heimat verboten worden sei, könne nun beobachtet werden, daß die Wehrmacht durch Einsatz eingezogener Künstler diese Betreuung nun selbst aufzieht. Es seien Bestrebungen festgestellt worden, eigene

---

153 Mangelnde Kampferfahrung und ungenügende militärische Ausbildung dürften die Musiker an der Front oft genug zu Kanonenfutter gemacht haben, wie die Beschreibung des Soldaten August Thurn aus den letzten Kriegstagen verdeutlicht: „Nach Mitternacht sind wir am Ziel, irgendwo östlich von Berlin. Mit mir sind die Männer von der Musikkapelle vom Wachregiment, fast durchweg Stabsfeldwebel. Den Leuten hat man ein Sturmgewehr in die Hand gedrückt und sie an die Front geschickt. Die hatten keinerlei Fronterfahrung. Der Mann, der hier seine Musiker eingewiesen hat, konnte sicher in Berlin einen zackigen Wachaufzug kommandieren. Aber das war's dann auch schon. Der hat seine Leute den Russen regelrecht auf dem Präsentierteller dargeboten. Auf freiem Feld, ohne jede Deckung, mußten sie auf den Angriff der Russen warten." Soldat August Thurn, Eintrag vom 20.4.1945, in: Kempowski, Walter: *Das Echolot. Abgesang '45. Ein kollektives Tagebuch,* München (Albrecht Knaus) 2005², S. 45.
154 Vgl. Busch, Armeemarsch, S. 44; Toeche-Mittler, Joachim, Musikmeister Ahlers, S. 116.
155 BArch Berlin, R 56 I/256.

Musikkapellen zu gründen, Tournées zusammenzustellen, Sängerinnen, die im Arbeitseinsatz stehen, beurlauben zu lassen und für Betreuungszwecke einzusetzen."[156]

„Von den zivilen Stellen berichtet Nürnberg, dass die Überführung der Kulturschaffenden in die Wehrmacht so schnell wie möglich erfolgt sei. Umsomehr wirke es jetzt befremdend, dass die Wehrmacht selbst den Künstlern alle erdenklichen Sonderpöstchen einräume und anscheinend keinen Wert darauf lege, sie für den Frontdienst auszubilden. Nürnberg zählt eine Reihe namhafter Künstler auf, zum Teil Jahrgang 1910 und jünger, kv und ausgebildet, die sämtlich in der Truppenbetreuung eingesetzt sind."[157]

Ein Schreiben der Kanzlei des Führers vom 25. September 1944 informierte Goebbels, dass sowohl Teilstreitkräfte der Wehrmacht als auch der Waffen-SS in eigener Organisation eine Truppenbetreuung aufziehen würden.[158] Im Antwortschreiben kam es Goebbels vor allem darauf an zu vermitteln, er habe die Situation im Griff und es würden „derartige Versuche in direkten Gesprächen mit Heer, Marine, Luftwaffe und Waffen-SS unterbunden werden".[159] Entgegen dieser Behauptung wurden einzelne Musikkorps bis zur Kapitulation oder zumindest bis in die letzten Kriegswochen hinein bei allen drei Wehrmachtteilen beibehalten.[160]

Über den Verbleib der Musikinstrumente bei der sukzessiven Verkleinerung bzw. Auflösung der Musikkorps finden sich in den Quellen so gut wie keine Informationen. Im Zusammenhang mit dem Musikkorps der SS-Division „Deutschland" wird lediglich erwähnt, bei Beginn des Russlandfeldzugs wären die Instrumente eingelagert worden, da die Musiker dann nur noch als Hilfssanitäter zum Einsatz kamen.[161]

Der Ic-Offizier der 15. Panzer-Division in Nordafrika schrieb in seinem Tätigkeitsbericht für Dezember 1942:

„Durch Rückzug sind Bücher, Musikinstrumente, Sportgeräte verloren gegangen. Ersatz ist nicht zu beschaffen."[162]

Vermutlich gelangten in den vergleichsweise ‚geordneteren' Zeiten bis Mitte 1944 die Instrumente zunächst mit Rücktransporten in Lagerstellen der Wehrmacht, wo bei alliierten Bombenangriffen vieles zerstört wurde. Vor allem gegen Ende des Kriegs dürfte ein Großteil der Instrumente beim Rückzug der Truppen zurückgelassen oder verloren gegangen sein.

---

156 RPA Würzburg am 21.9.1944. BArch, R 55/601, fol. 140.

157 RPA Nürnberg am 7.11.1944. BArch, ebd., fol. 209.

158 BArch Berlin, R 55/20252, fol. 283.

159 Entwurf vom 4.10.1944. Ebd., fol. 286.

160 Vgl. Busch, Armeemarsch, S. 116.

161 Vgl. Bunge, Musik in der Waffen-SS, S. 32ff.

162 BA-MA, RH 27-15/27, fol. 6f.

3.3 „Stosstrupp der Freude" – Spielgruppen der Wehrmacht

Bereits im September 1939 gab das OKW ein Merkblatt „Wie kann die Truppe ihre Freizeit gestalten?" heraus,[1] das die Führungsoffiziere verpflichtete, „ihr besonderes Augenmerk" auf die Betreuung der Truppe in ihrer freien Zeit zu richten. Motivierend hieß es dazu: „Die hier der Truppenführung gestellte Aufgabe ist dankbar und zu lösen", käme Unterstützung doch nicht nur von Seiten der kulturellen Einrichtungen mit ihren Truppenbetreuungs-Veranstaltungen, sondern vor allem stünden „zahlreiche Kräfte zur eigenen Gestaltung der Freizeit" zur Verfügung, womit explizit die eingezogenen Reservisten als erfahrene ‚alte Hasen' gemeint waren. Der Truppenführer dürfe jedoch bei der Freizeitgestaltung nicht „beherrschend und kommandierend" hervortreten, sondern müsse „gewissermassen unsichtbar führen" und die „geeigneten Kräfte aus der Truppe" dafür gewinnen. Und um falschen Erwartungen über den Umfang kultureller Veranstaltungen zu begegnen, wurden die Proportionen zwischen externer Truppenbetreuung und Eigenaktivitäten von Anfang an klargestellt mit dem Fazit: „Das Schwergewicht der Betreuung muss deshalb bei der Selbsthilfe der Truppe, d. h. der eigenen Freizeitgestaltung aus sich heraus liegen."

Ende 1941 lautete dann auch ein Resümee: „Die Erfahrungen zweier Jahre haben gelehrt, daß die für die Truppe wie für den einzelnen Mann wertvollste Freizeitgestaltung in der Selbstbeschäftigung liegt."[2]

Der ruhige Alltag der Besatzungsmacht, wie er für die Wehrmachtsoldaten in West- und Nordeuropa über mehrere Jahre im Wesentlichen bestand, stellte in Bezug auf die Gestaltung der Freizeit vor allem für die abseits größerer Ortschaften stationierten Truppen eine Herausforderung dar. Bot schon die Arbeitszeit wenig Abwechslung, brach nach Dienstende oft Langeweile unter den Soldaten aus. Aber auch im Feldzug gegen die Sowjetunion kam das Thema Beschäftigung in gefechtsfreien Zeiten in den Berichten der Ic-Offiziere, in Beschwerdebriefen einzelner Soldaten an das OKW und in der Feldpost immer wieder zur Sprache.

In Großstädten wie Paris, Amsterdam, Oslo oder Kopenhagen existierte das Problem nicht, gab es doch genügend Tanzlokale und Wirtshäuser, deren Besuch den Wehrmachtangehörigen erlaubt war.[3] Die Ortskommandanturen der Wehrmacht

---

1   BA-MA, RH 19-I/96, fol. 161.

2   BA-MA, RW 38/64.

3   So berichtet ein junger Soldat in einem Brief vom 28.9.1940 aus Rennes von der lässigen Zeit in Frankreich, dem Erwerb neuester Jazzplatten, Sonntagsspazierfahrten, guten Restaurantbesuchen und weiteren Annehmlichkeiten des Besatzerlebens: „Das ist momentan unsere ganze Sorge: Was isst man, was vögelt man, und wohin geht's am Sonntag?" Clara Thomas Archives & Special Collections, York University Toronto, Sammlung Michael H. Kater, Aktennummer 2006–030/001 Korrespondenzen (17) Kurt Michaelis. Vgl. zum Thema Konsum und Freizeitgestaltung der in Frankreich stationierten Wehrmacht-Soldaten Torrie, Julia S.: *German Soldiers and the Occupation of France (Studies in the Social and Cultural History of Modern Warfare)*, Cambridge (Cambridge University Press) 2018.

erstellten hierfür regelmäßig aktualisierte Listen von zugelassenen und verbotenen Lokalen. So konnten politisch missliebige Äußerungen eine/r Wirt*in zum Besuchsverbot für Wehrmachtangehörige führen, desgleichen durften „übelste Spelunken" oder Lokale, in denen „zweifelhafte Mädchen" verkehrten, nicht besucht werden.[4]

Exkurs: Hegemoniale Strategien der Kulturpolitik in den besetzten Ländern

Die Kulturpolitik der Besatzungsmacht[5] zielte in den besetzten Ländern Nord- und Westeuropas darauf, die einheimische Bevölkerung von der ‚kulturellen Überlegenheit' Deutschlands zu überzeugen und damit positiv gesonnen zu machen,[6] was sie mit Konzerten der Spitzenorchester des Deutschen Reichs[7] sowie opulenten, höchst kostspieligen Gastspielreisen der führenden Opernhäuser und Theaterensembles zu demonstrieren versuchte.[8]

Besonders in Frankreich wurde Musik als zentrale Komponente einer Besatzungs-Strategie eingesetzt, die das kulturelle Selbstbewusstsein der Bevölkerung zu unterminieren versuchte, indem Musik als Manifestation des deutschen ‚Genius' vorgeführt wurde.[9] Paris, die bedeutendste von der Wehrmacht besetzte Metropole,

---

4 Vgl. z. B. zur Situation in Dänemark im Jahr 1941 BA-MA, RW 38/76.

5 Zu den Erfahrungsdimensionen von Besatzungsgesellschaften, zum Leben unter kriegsinduzierter Fremdherrschaft vgl. Tönsmeyer, Tatjana: „Besatzungsgesellschaften. Begriffliche und konzeptionelle Überlegungen zur Erfahrungsgeschichte des Alltags unter deutscher Besatzung im Zweiten Weltkrieg", Version: 1.0, in: *Docupedia-Zeitgeschichte*, 18.12.2015, http://docupedia.de/zg/Besatzungsgesellschaften?oldid=108621 (Aufruf am 24.3.2016). Zur Musikpolitik in den besetzten Ländern vgl. Heister, Hanns-Werner: „Zwischen Anheizen und Ablenken. Zu Wirkungen und Funktionen von Musik in der nazistischen Besatzungspolitik", in: Zalfen, Besatzungsmacht Musik, S. 159–186.

6 Bekanntlich galten Dänemark und Norwegen nach der rassistischen nationalsozialistischen Ideologie als ‚nordisch verwandt'; Norwegen wurde als „germanisches Bruderland" betrachtet, wie die Geheimen Lageberichte des Befehlshabers der Sicherheitspolizei und des SD in Norwegen es formulierten (vgl. Larsen, Stein Ugelvik; Sandberg, Beatrice; Dahm, Volker (Hg.): *Meldungen aus Norwegen 1940–1945. Die geheimen Lageberichte des Befehlshabers der Sicherheitspolizei und des SD in Norwegen (Texte und Materialien zur Zeitgeschichte)*, München (Oldenbourg) 2012) und es bestanden Pläne, nach erfolgreichem Kriegsende Norwegen dem „Großgermanischen Reich" einzuverleiben (vgl. hierzu Bohn, Robert: *Reichskommissariat Norwegen. „Nationalsozialistische Neuordnung" und Kriegswirtschaft*, München (Oldenbourg) 2000, S. 8ff.

7 So spielte z. B. die Staatskapelle Berlin unter Herbert von Karajan in der Weihnachtszeit 1940 in Paris Bachs h-Moll-Messe vor Wehrmachtsoldaten und Pariser Publikum, vgl. Prieberg, Musik im NS-Staat, S. 20.

8 Vgl. BArch Berlin R 55/20506 (Gastspiele deutscher Bühnen), fol. 3ff.

9 Vgl. Le Bail, Karine: "Music on the Airwaves in Occupied France", in: Grant, Morag J.; Stone-Davis, Férdia J. (Hg.): *The Soundtrack of Conflict. The Role of Music in Radio Broadcasting in Wartime and in Conflict Situations (Göttinger Studien zur Musikwissenschaft, Bd. 4)*, Hildesheim, Zürich, New York (Olms) 2013, S. 43–55, hier S. 43. Vgl. zum Thema Musik als kulturpolitisches Element auch Schwartz, Manuela: „‚Unser letzte Bollwerk der Sympathie'. Musik

bildete dabei den Mittelpunkt. Hier residierten die meisten militärischen Stäbe und Behörden außerhalb Berlins.[10] Die große Zahl an Stabsoffizieren, Verwaltungspersonal sowie zehntausende Soldaten stützten bei Konzerten und Aufführungen ein entsprechendes Klima.

Überdies wurden auf diesem kulturpolitischen Feld regierungsinterne Rivalitäten zwischen Hermann Göring und Joseph Goebbels ausgetragen, die sich mit prestigeträchtigen Tourneen nach Paris zu übertrumpfen versuchten. Göring als preußischem Ministerpräsident war die Staatsoper Berlin unterstellt, die vom 18. bis 25. Mai 1941 ein Gastspiel in der Großen Oper Paris absolvierte. Herbert von Karajan dirigierte „Tristan", „Entführung aus dem Serail" und einen Orchesterabend; die kompletten Bühnendekorationen der Inszenierungen mussten dafür mit Sonderzügen nach Paris geschafft werden. Dies rief seinen Intimfeind Goebbels, zugleich Gauleiter von Berlin und damit oberster Chef des Deutschen Opernhauses Berlin, auf den Plan, der seinerseits trotz enormer logistischer und finanzieller Schwierigkeiten im September 1941 sein Ensemble für Aufführungen der „Fledermaus" nach Paris schickte, wofür 395 Personen und allein 13 Waggons mit Bühnenbildern und Requisiten unterwegs waren. Die Kosten hierfür beliefen sich auf RM 281.510,27.[11] Dem Minister und seinen Abteilungsleitern im Bereich der Truppenbetreuung- und Theaterabteilung des RMVP kam dieses Gastspiel als Anlass für eine Dienstreise höchst gelegen.[12]

Solche Aufführungen fanden zugleich als Truppenbetreuungsveranstaltungen für die Soldaten und, aus explizit „kulturpropagandistischen" Gründen, für die Zivilbevölkerung statt. Dem Pariser Gastspiel des Deutschen Opernhauses Berlin wurde pflichtgemäß attestiert, es müsse „als voller kulturpropagandistischer Erfolg gewertet" werden.[13]

Entsprechende Meldungen gab es auch im Zusammenhang mit Veranstaltungen in Dänemark:

> „Der Befehlshaber der deutschen Truppen [...] glaubt, dass durch diese Art der Vorstellungen eine erhebliche Propagandawirkung für Deutschland in der dänischen

---

als Kulturarbeit, Kulturpolitik und Kulturpropaganda deutscher Außenpolitik im Zweiten Weltkrieg in Frankreich", in: Mecking, Sabine; Wasserloos, Yvonne (Hg.): *Inklusion & Exklusion. ,Deutsche' Musik in Europa und Nordamerika 1848–1945*, Göttingen (V&R unipress) 2016, S. 271–303.

10   Vgl. Treutlein, Martin; Neitzel, Sönke: „Paris im August 1944", in: Welzer, Harald; Neitzel, Sönke; Gudehus, Christian (Hg.): *„Der Führer war wieder viel zu human, viel zu gefühlvoll". Der Zweite Weltkrieg aus der Sicht deutscher und italienischer Soldaten*, Frankfurt/Main (Fischer) 2011, S. 172–195, hier S. 172.

11   Rathkolb, Oliver: *Führertreu und gottbegnadet. Künstlereliten im Dritten Reich*, Wien (ÖBV) 1991, S. 98.

12   Le Bail, Music on the Airwaves, S. 43.

13   Abschlussbericht des Referats Kultur der Propaganda-Abteilung Paris, BArch Berlin R 55/20506, fol. 209ff.

Bevölkerung erzielt wird. Es wird den Dänen gezeigt, was Deutschland auf kulturellem Gebiet für seine Soldaten im Kriege zu leisten imstande ist. Andererseits wird durch die Anwesenheit der deutschen Wehrmacht in Dänemark den Dänen Gelegenheit gegeben, erstklassige deutsche Künstler zu hören und zu sehen."[14]

Das Resümee des dänischen Gastspiels des Berliner Philharmonischen Orchesters im Juni 1940 fiel ebenso positiv aus:

„In Kopenhagen sowie in den Provinzstädten wurde das Orchester mit ungeheurer Begeisterung aufgenommen. Sämtliche Plätze der gemieteten Konzerthallen waren von Militär und dänischen Zivilpersonen bis auf den letzten Platz besetzt. […] Es ist anzunehmen, dass diese Konzerte in propagandistischer Beziehung ungemein wertvoll waren und zu wünschen, dass derartige hochstehende Kunst der dänischen Zivilbevölkerung des öfteren zugänglich gemacht wird."[15]

Ob der demonstrativ propagandistische Impetus der Konzerte und Gastspiele die erwünschte herrschaftsstabilisierende Wirkung bei der unter der Besatzung lebenden Bevölkerung zeitigte,[16] darf bezweifelt werden. Die Polyvalenz musikalischer Aufführungen hält divergierende Angebote, Überschüsse und Rezeptionsformen bereit, die solche ideologischen Kurzschlüsse ins Leere laufen lassen und aushebeln. Neben der Bedeutungszuschreibung, die die Besatzungsmacht vornahm, konnte eine davon abweichende, subversive Lesart existieren.[17]

Bei den Orchestern und Ensembles waren die Tourneen überaus beliebt, sie bedeuteten Reisen in europäische Großstädte, noch dazu ausgestattet mit zusätzlichen Spesen und Tagegeldern, die für Einkäufe begehrter Konsumgüter genutzt werden konnten ohne Bezugsschein und Rationierungen wie im Deutschen Reich.

Im Gegensatz zu der auf Zustimmung und Wohlwollen angelegten musikpolitischen Herrschaftsstrategie in Nord- und Westeuropa, die die Bevölkerung emotional gewinnen und ästhetisch „belehren" wollte,[18] verfolgte die Besatzungsmacht im

---

14   BA-MA, RW 38/58. Dieser Wortlaut war auf einer Besprechung beim Ic des Militärbefehlshabers für Dänemark am 18.6.1940 festgelegt worden, vgl. BArch R 56 I/114, fol. 141f., hier 142.

15   Ic-Bericht des Befehlshabers der deutschen Truppen in Dänemark an OKW, Abt. Inland. BA-MA RM 38/61. Im Mai 1941 kam das Orchester wieder auf Tournee nach Dänemark.

16   Zur Distanzierung der dänischen Bevölkerung gegenüber der deutschen Besatzungsmacht mit Hilfe von Musik vgl. Wasserloos, Yvonne: „Deutsch, nordisch oder national(sozialistisch)? Gesangspropaganda und -protest in Dänemark 1934–1940", in: Mecking, Inklusion & Exklusion, S. 229–251.

17   Vgl. Echternkamp, Jörg: „Einführung", in Zalfen, Müller, Besatzungsmacht Musik, S. 33–50, hier S. 49.

18   Zalfen, Sarah; Müller, Sven Oliver: „Eine Fortsetzung des Krieges mit musikalischen Mitteln? Hegemoniale Funktionen von Musik im Europa der Weltkriege", in: ebd., S. 9–30, S. 29.

„Generalgouvernement"[19] das Ziel einer „systematischen Barbarisierung"[20] mit der Auslöschung nationaler polnischer Kultur:

> „Polnische musikalische Darbietungen sind zu gestatten, wenn sie nur der Unterhaltung dienen; Konzerte, die durch ihr hochstehendes Programm den Besuchern ein künstlerisches Erlebnis vermitteln wollen, sind zu verbieten. Aus der polnischen Musik sind zu verbieten: Märsche, Volks- und Nationallieder, sowie alle klassischen Stücke. […] Die Vorführung des ernsten Schauspiels und der Oper sind für Polen verboten."[21]

Lediglich populäre Musik in Caféhäusern und Tanzlokalen blieb der polnischen Bevölkerung erlaubt. Die als minderwertig erachtete Unterhaltung sollte in eklatantem Kontrast zum Glanz der den Deutschen vorbehaltenen Hochkultur stehen. Denn wie eine Besprechung hoher Funktionäre am 31. Oktober 1939 in Lodz festhielt, bestand Einigkeit darüber, dass der neuen Zivilverwaltung, den Besatzungstruppen und ihrem Gefolge die besten Theater und Künstlergastspiele zur Verfügung stehen sollten.[22] Diese Demütigung der Bevölkerung des unterworfenen Landes fungierte als Beweis der eigenen nationalen Superiorität; erst auf diese Weise wurde gewalt-

---

19 Der deutsch-sowjetische Nichtangriffspakt vom August 1939 sah in einem geheimen Zusatzprotokoll die Zerschlagung Polens und Aufteilung des Gebiets zwischen Deutschland und der Sowjetunion vor. Während der westliche Teil unmittelbar dem deutschen Reichsgebiet eingegliedert wurde, wurde Zentralpolen (mit den Distrikten Krakau, Radom, Warschau und Lublin, ab dem 1. August 1941 kam noch das zuvor sowjetische Galizien hinzu) als Generalgouvernement für die besetzten polnischen Gebiete einer deutschen Zivilverwaltung unterstellt, den östlich der Flüsse Bug und San liegenden Teil Polens okkupierte die sowjetische Armee ab dem 17. September 1939. Vgl. als Überblick Wildt, Michael: *Geschichte des Nationalsozialismus,* Göttingen (Vandenhoeck und Ruprecht) 2008, S. 143–147.

20 Vgl. Geiger, Friedrich: „Deutsche Musik und deutsche Gewalt: Zweiter Weltkrieg und Holocaust", in: Riethmüller, Albrecht (Hg.): *Geschichte der Musik im 20. Jahrhundert: 1925–1945,* Laaber (Laaber) 2006, S. 243–268, hier S. 250.

21 „Kulturpolitische Richtlinien der Abt. Volksaufklärung und Propaganda im Amt des Generalgouverneurs für die Kreishauptmänner", in: Pospieszalski, K. M. (Hg.): *Documenta Occupationis VI,* Poznan 1958, S. 409, zit. n. Prieberg, Musik im NS-Staat, S. 404. Zu diesen kulturpolitischen Maßnahmen gehörte auch die ‚Ent-Polonisierung' Chopins. In Polen als quasi Nationalheiliger verehrt, wurde er in Deutschland wegen der angeblich prägenden Beeinflussung durch deutsche Kultur als ‚Wahldeutscher' eingemeindet. Vgl. Krienitz, Ernst: „Kampf um Chopin", in: *Die Musik-Woche,* 28.10.1939, S. 1f., zit. n. Wulf, Musik im Dritten Reich, S. 253f. Vgl. zum Themenkomplex der unterschiedlichen Konzepte der Besatzungsregime, dem ‚konventionellen' Hegemonialkrieg im Westen im Gegensatz zum Vernichtungskrieg im Osten Jasper, Andreas: *Zweierlei Weltkriege? Kriegserfahrungen deutscher Soldaten in Ost und West 1939 bis 1945 (Krieg in der Geschichte, Bd. 66),* Paderborn (Ferdinand Schöningh) 2011, hier v. a. S. 14 u. 70f.

22 Vgl. Prieberg, Musik im NS-Staat, S. 404.

sam „jenes kulturelle Gefälle" erzeugt, „von dem die nazistische ‚Untermenschen'-Theorie ausging und das sie benötigte, um sich bestätigt zu sehen".[23]

Maßnahmen gegen Langeweile im Besatzungsalltag

Abseits der Städte fiel das Freizeitangebot für die Wehrmacht-Soldaten zumeist dürftig aus. Gemäß den Vorgaben des OKW begegneten die Ic-Offiziere dem Problem mit Anregungen zu Eigenaktivitäten. So wurden in Nordwestfrankreich umfangreiche Wettbewerbe auf sportlichem und künstlerischem Gebiet initiiert. Der Ic-Offizier des Befehlshabers lobte für das Winterhalbjahr 1943/44 Wettkämpfe in Leichtathletik, „Wehrsport", Fußball, Handball und Faustball aus, und für die Stabs-, Nachrichten- und DRK-Helferinnen gab es Schlagballweitwurf, Weitsprung und 75m-Lauf.[24] Das Preisgericht im Bereich „Geistige Aufgaben" sollte neben Fotografien, Bastelarbeiten, Kurzgeschichten und Gemälden auch die Qualität musikalischer Neuschöpfungen wie Lieder und Unterhaltungsmusik beurteilen, wobei allein in der Kategorie Musik zehn Preise im Wert von insgesamt RM 300,-- vergeben wurden. Als „Gemeinschaftsaufgaben" wurden neben Schachturnieren und Theatergruppen Soldatenchöre (Vortrag: ein ernstes und ein heiteres Lied), Unterhaltungskapellen (bestehend aus mindestens drei Männern) und Kammermusikgruppen (Streichquartett, Streichtrio; für die Stabs-, Nachrichten und DRK-Helferinnen waren auch Blockflötengruppen zugelassen; Vortrag: mindestens zwei Werke der Kammermusik oder fünf Blockflötenstücke) angeregt.[25] Nach den Vorstellungen des Ic-Offiziers dienten diese Freizeitaktivitäten nicht zuletzt dazu, „den Soldaten von Kontakt mit der einheimischen Bevölkerung abzuhalten".[26] Als krönendes Ziel sollten die vielfältigen Proben und Bemühungen dabei in einem Kameradschaftsabend kulminieren, der „zur Anspannung aller Kräfte führen und den Einsatz der ganzen Gemeinschaft fordern" müsse.[27]

---

23 Geiger, Deutsche Musik, S. 253. Bei der erwähnten Besprechung am 31.10.1939 sagte der Generalgouverneur im besetzten Polen, Dr. Hans Frank: „Den Polen dürfen nur solche Bildungsmöglichkeiten zur Verfügung gestellt werden, die ihnen die Aussichtslosigkeit ihres völkischen Schicksals zeigen. Es können daher höchstens schlechte Filme oder solche, die die Größe und Stärke des Deutschen Reiches vor Augen führen, in Frage kommen." Zit. n. Wulf, Musik im Dritten Reich, S. 325. Zu den entwürdigenden Maßnahmen der Vernichtung polnischer Kultur kam die unmittelbar nach der Besetzung des Landes einsetzende planmäßige Ermordung der intellektuellen Führungsschicht hinzu, der bis zum Jahresende 1939 mehr als 45.000 Zivilpersonen, darunter circa 7.000 jüdische Frauen und Männer, zum Opfer fielen, vgl. hierzu Böhler, Jochen: *Auftakt zum Vernichtungskrieg. Die Wehrmacht in Polen 1939*, Frankfurt/Main (S. Fischer) 2006, S. 39; Wildt, Geschichte, S. 147.

24 BA-MA, RW 35/1226.

25 Ebd.; Blockflötenspiel galt dem Ic-Offizier somit als unmännlich.

26 Ebd.

27 Ebd.

Der Monatsbericht der Oberfeldkommandantur Kielce meldete im Frühjahr 1942 lapidar-anerkennend:

> „Beim Ld.Schtz.Batl. 991 ist die Musikkapelle aufgestellt; sie hat bereits an mehreren Veranstaltungen mitgewirkt und es unter Leitung von Uffz. Liebeskind in kurzer Zeit zu beachtlichen Leistungen gebracht."[28]

Die Gründung von wehrmachtinternen Spielgruppen, die für Kurzweil und Zerstreuung zu sorgen hatten, wurde offensiv gefördert bzw. von einzelnen Oberkommandos sogar angeordnet. So legte der Ic-Offizier der 3. motorisierten Infanterie Division, im Frühjahr 1943 an der französischen Küste stationiert, in seinem Tätigkeitsbericht vom 27. April 1943 beim Punkt „Wehrgeistige Betreuung" dar, wie die Unterhaltung der Soldaten unabhängig von KdF-Gruppen straff organisiert sicherzustellen sei:

> „Truppeneigene Betreuung
> a) Spielgruppen. Da die KdF-Gruppen usw. nur kurze Zeit der Division zur Verfügung stehen, kann bei den bestehenden Saalverhältnissen nur ein geringer Prozentsatz der Soldaten an den Veranstaltungen der Truppenbetreuung teilnehmen. Um hier Abhilfe zu schaffen, stellen die Regimenter und selbständigen Abteilungen (Bataillone) aus geeigneten Soldaten Spielgruppen zusammen, die sofort zunächst innerhalb des eigenen Verbandes, später im Austausch innerhalb der Division eingesetzt werden. Das Programm soll Wertvolles enthalten und 1 bis 2 Stunden füllen.
>
> Die Regimenter und selbständigen Abteilungen (Bataillone) melden bis 5.5. an Div. Zahl und Stärke der Spielgruppen, Programm, Plan für den Einsatz innerhalb des Rgts. (Abt.) (Ort, Zeit, Einh.)."[29]

Musikinstrumente mussten von den Truppeneinheiten im freien Handel beschafft werden, wofür die Division Beihilfen gewährte.[30] Auffallend ist die inhaltliche Vorgabe, das Programm solle „Wertvolles" enthalten – der erzieherische Impetus mit der Dichotomisierung von ‚hoher' Kunst und ‚niederer' Unterhaltung, der sich durch die NS-Kulturpolitik zog, wirkte auch hier.

Ähnlich direktiv ging der zuständige Offizier der 12. Infanterie-Division im Mai 1943 die Aufstellung einer Spielgruppe an, wobei er sich nur mit den besten Kräften zufriedengeben wollte:

> „Dafür werden geeignete Solisten, insbesondere Musiker (Akkordeon, Geige, Schlagzeug usw.), Schauspieler, Sänger, Akrobaten, Taschenspieler usw. gesucht. Entscheidend ist weniger der Zivilberuf als die Eignung und Passion des Einzelnen. In jeder Einheit werden sich Talente finden, die auf diese Weise einem grossen Solda-

---

28 [Ld.Schtz.Batl.: Landesschützen-Bataillon]; Militärbefehlshaber Heeresgebiet Generalgouvernement, Monatsbericht OFK 372, Kielce, 16.3.–15.4.1942, IfZ München, MA 679 Bd. 5, fol. 179.
29 BA-MA, RH 26–3/31, fol. 14.
30 Ebd.

tenkreis Freude und Entspannung schenken können. An der Erfassung dieser Soldaten müssen besonders die Kompanieführer und Hauptfeldwebel interessiert werden.
Das Bestreben, die begabtesten Leute in der Einheit zurückzuhalten, weil man sie
vielleicht selbst einmal zu eigenen Vorstellungen brauchen könnte, ist falsch. Gerade
in dem grösseren Rahmen des Divisions-Betreuungstrupps, der im Stellungskrieg
laufend bei allen Truppenteilen eingesetzt werden kann, gehören die besten Leute
viel eher als in einen ‚Gelegenheitstrupp'.

Musiktrupps, die sich einzelne Truppenteile im Kampfgebiet Demjansk geschaffen
hatten, haben gezeigt, dass in der Division geeignete Kräfte vorhanden sind, die ein
zugkräftiges Programm aufstellen können.

Geeignete Soldaten sind der Division, Ic, zum 15. 5. 43 nach folgendem Schema zu
melden:

Name: Vorname: Dienstgrad: Einheit: Zivilberuf: Eignung als:

Fehlanzeige erforderlich."[31]

Als förderlich für die Ausstattung von Spielgruppen konnten sich zivile Kontakte
zu hohen Partei-Dienststellen erweisen, wie die finanzielle Unterstützung einer
Kompanie durch das RMVP veranschaulicht. Die Haushaltsabteilung stellte nach
Fürsprache des Reichspressechefs die beachtliche Summe von RM 1.000,-- zur Verfügung:

> „[...] wird mitgeteilt, dass die Devisen zur Überweisung des von Uff. Willi Denne-
> cke, Feldpostnummer 05473 angeforderten Betreuungszuschusses von 1.000,-- RM
> hier zur Verfügung stehen.

> Uff. Dennecke, der friedensmässig im Büro des Herrn Reichspressechef beschäftigt
> ist und dessen Antrag auch von dem Herrn Reichspressechef unterstützt wird, be-
> antragt die Summe von 1.000,-- RM für Zwecke der Truppenbetreuung. Die Ein-
> heit Feldpostnummer 05473 veranstaltet im Rahmen der Truppenbetreuung Abende
> unter dem Motto ‚Soldaten spielen für Soldaten'. Der Kompanie stehen nur geringe
> Mittel zur Verfügung. Für die erbetene Beihilfe sollen Musikinstrumente und Noten
> in Frankreich beschafft werden."[32]

Manche Divisionen taten sich mit der Unterhaltung aus eigenen Kräften schwer, so
meldete ein Ic-Offizier an das zuständige Generalkommando:

> „Eine Spielgruppe aus Angehörigen der Division ist zur Zeit in Aufstellung. Ob de-
> ren Einsatz über den Rahmen der Div. hinaus geeignet erscheint, ist noch nicht zu
> beurteilen. Besonders geeignete Einzelkräfte sind nicht vorhanden."[33]

---

31   BA-MA, RH 26–12/89.

32   RMVP Haushaltsabt. am 19.1.1944 an RKK, BArch Berlin, R 55/641, fol. 75

33   Bericht des Ic-Offiziers der 1. Gebirgs-Division am 30.12.1941, BA-MA, RH 28–1/156.

Andere regten Mischformen an, wie das Panzerarmee-Oberkommando, das im Januar 1942 den Einsatz der ukrainischen Spielgruppe Jagupow[34] ankündigte:

> „Das Programm besteht aus Musik-, Gesangs- und Tanzdarbietungen. Dauer einer Vorstellung 1½–2 Stunden. Es kann durchsetzt und ergänzt werden durch eigene Darbietungen von Truppenangehörigen. Die Heranziehung eines geeigneten, mit Humor begabten Ansagers ist zweckmässig."[35]

Umgekehrt verfuhr die 9. Infanterie-Division im südrussischen Krasnodar, als sie für die besondere Zusammensetzung ihrer Spielgruppe um Mithilfe der Ortskommandantur ersuchte:

> „Sonderführer Gerlinger und Unteroffizier Lengk sind von der Division beauftragt in Krassnodar junge Mädels als Tänzerinnen für eine Frontbühne zu werben und möglichst Stoffe für Kostüme und gegebenenfalls Musikinstrumente zu besorgen. Die Ortskommandantur wird gebeten Sdf: Gerlinger und Uffz. Lengk, wenn erforderlich, hierbei zu unterstützen."[36]

Der Marinebefehlshaber in Dänemark teilte im Oktober 1942 allen unterstellten Kommandanturen sowie der Luftwaffe mit:

> „Das Kriegsmarinefronttheater des Kommandos der Marinestation der Ostsee wird vom 18. 11. bis 20. 12. mit der Kurzoper ‚Der Waffenschmied' als Sondereinsatz der Kriegsmarine im Befehlsbereich Dänemark eingesetzt. Die Theatergruppe besteht aus
>
> 2 Opernsängerinnen
>
> 4 Opernsängern (Soldaten)
>
> 1 Reiseleiter
>
> (Geeignet für mittlere und größere Einheiten, Bühne bzw. Podium 2,5 x 4 m, gestimmtes Klavier)
>
> Für die Aufführung werden folgende Gegenstände benötigt:

1 Suppenterrine	1 Weinglas
1 Suppenteller	1 Handtuch
1 Schöpflöffel	1 Waschschüssel
1 Esslöffel	1 kleiner viereckiger Tisch
1 Weinflasche (leer)	2 Flaschen Limonade.

> Jede Einheit stellt diese Gegenstände zur Verfügung. [...] Die für den Bühnenauf- und -abbau erforderlichen Arbeitskräfte sind zu stellen."[37]

---

34 Zur besonderen Situation an der Ostfront vgl. den Abschnitt „Veränderter Bedarf und erschwerte Bedingungen in der Truppenbetreuung" im Kapitel „Skandinavien und Sowjetunion – zur Truppenbetreuung in ‚zweierlei Weltkriegen'".

35 Meldung des Panzerarmee-Oberkommandos 1 am 2.1.1942, BA-MA, ebd.

36 BA-MA, RH 26–9/90.

37 BA-MA RW 38/67.

In vielen Divisionen war es selbstverständlich, die Programme der Spielgruppen mit Musikern des Musikkorps zu verstärken. Beispielsweise meldete das Panzer-Grenadier-Regiment 33 Anfang April 1943 die ersten Vorstellungen der divisionseigenen Bunten Bühne im Stadttheater Nowgorod-Ssewerskij, die vom Tanzorchester des Regiments unterstützt wurde.[38]

Nachdem das OKW auch für das Ersatzheer eine Unterhaltung der Soldaten durch KdF-Spielgruppen angeordnet hatte, schnellte ab 1941 in einzelnen Wehrkreisen die Zahl der wehrmachtinternen Spielgruppen in die Höhe, was zu mahnenden Worten aus der Führungsspitze Anlass gab:

> „Bei Anerkennung der Zweckmäßigkeit dieser Selbsthilfe und ihres Erfolges besteht doch Veranlassung, darauf hinzuweisen, daß die ständige Entziehung der einzelnen Kräfte dieser Spielgruppen vom Truppendienst […] unerwünscht ist.
>
> Die Forderung und Annahme von Honoraren für diese Spielgruppen […] ist verboten."[39]

Anscheinend hatten Künstler nach ihrer Einberufung innerhalb des Ersatzheers einen regen Spielbetrieb in Vollzeit aufgebaut, den sie sich – zusätzlich zu ihrem Sold – aus OKW-Mitteln für Truppenbetreuung bezahlen ließen.

Die Auftritte der wehrmachteigenen Spielgruppen waren beliebt. Wenn die Gefechtslage es zuließ, etablierte sich ein regelmäßiger Spielplan, der noch Platz für Anforderungen zu Sondervorstellungen bot, wie bei der Varieté-Gruppe „Spähtrupp nach hinten", die im südrussischen Krymskaja im Soldatenkino ab Oktober 1942 wöchentlich vier Vorstellungen bot (Eintrittspreis: 50 Pfennig pro Person) und – ebenso wie das Regiments-Musikkorps – darüber hinaus für Kompanieabende angefordert werden konnte.[40]

Um keinen Unmut über eine finanzielle Besserstellung der Spielgruppen aufkommen zu lassen, wurden die Erlöse aus den Vorstellungen gespendet, wie auch aus dem russischen Bezirk Twer gemeldet wurde:

> „15.5.1942–31.5.1942
> Die Division hat sich mit eigenen Kräften eine Frontbühne geschaffen, deren Leistungen musikalisch, künstlerisch und akrobatisch als gut zu bezeichnen sind. Erstaufführung im Saal des Schlosses Tatewo. Es folgen dann alle 2–3 Tage Vorstellungen bei den Bataillonen. Der nicht unerhebliche Erlös wird dem Divisionskommandeur für die Verwundeten und Hinterbliebene von Gefallenen zur Verfügung gestellt.

---

38   BA-MA, RH 27-4/133.

39   Der Chef der Heeresrüstung und Befehlshaber des Ersatzheeres, Stab/Ic Nr. 3877/41, am 7.7.1941 an alle Wehrkreiskommandos, W.B. Prag, Bef Dänemark, OKW/AWA/J, BA-MA, RM 38/61.

40   BA-MA, RH 26-9/90.

1.6.–15.6.1942

Die selbst geschaffene Frontbühne der Div. gibt laufend jeden Nachmittag eine Vorstellung. Es wird in erster Linie für die bisher vorn eingesetzten Btl. gespielt. Die Leistung der kleinen Künstlerschar hat ein ausgezeichnetes Niveau und findet großen Beifall.

15.6.42–30. 6. 42

Die selbstgeschaffene Frontbühne der Division hat insgesamt 222 Vorstellungen gegeben. Das Sammelergebnis für die eigenen Verwundeten erreichte fast 5.500 RM. Das Geld wurde dem Div.Kommandeur zur Verfügung gestellt."[41]

Im Juli 1942 war die gesamte Division an der Front eingesetzt. Als sie ab Anfang August zur „Auffrischung" abgezogen wurde, sorgte „die divisionseigene Spielschar mit einem bunten Musik- und Gesangsprogramm" wieder für Unterhaltung.[42]

Der Usus, die Einnahmen zu spenden, wurde auch im Fachblatt für Unterhaltungsmusik „Das Deutsche Podium" verbreitet:

„Meine Soldatenkapelle ist inzwischen auf 12 Mann angewachsen. Mittwochs und sonntags spiele ich mit meiner Kapelle für die Mannschaften in der Kantine, die dann natürlich bis auf den letzten Platz gefüllt ist. […] Vor einiger Zeit hat unsere Batterie hier im größten Saal einen öffentlichen ,Bunten Abend der Wehrmacht' durchgeführt. Es war ein großer Erfolg. Der Saal war wegen Überfüllung geschlossen, so daß wir für die vielen Hunderte, die keinen Einlaß fanden, den Abend drei Tage später wiederholen mussten. Abgesehen von dem künstlerischen Erfolg des Abends, konnten wir dem WHW die beachtliche Summe von 2011,49 RM zuführen."[43]

Auch abseits befestigter Unterkünfte wurde an geeigneten Raum für Aufführungen u.ä. gedacht, wie eine „Besprechung über geistige Betreuung" der 49. Artillerie-Kompanie im April 1943, zu der Zeit auf dem Rückzug aus dem Kaukasus, zeigt:

„Bei dem Bau von Unterkünften ist von vornherein darauf zu achten, dass die zu schaffenden Räume für Gemeinschaftsveranstaltungen, wenn auch nur für kleinen Kreis, ausgenützt werden können. Auch an die Möglichkeit der Schaffung von Freilichtbühnen in getarntem Gelände, Obstkulturen, Einschnitten u. dergl. zum Einsatz von Spielgruppen ist zu denken. Im Hinblick auf die Frontnähe und die Fliegergefahr darf die Zahl der Besucher nicht zu groß sein."[44]

Im Verlauf des Jahres 1943 häuften sich in den Meldungen der Ic-Offiziere Berichte über wehrmachteigene Spielgruppen an der Ostfront. Die Kriegssituation machte den Einsatz von KdF-Ensembles zunehmend unmöglich, zudem weigerten sich vie-

---

41 BA-MA, RH 27–1/137.

42 Ebd.

43 „Die Brücke zur Heimat – die Brücke zur Front. Aus Feldpost-Briefen an das ,Podium'", in: *Das deutsche Podium. Fachblatt für Unterhaltungs-Musik und Musik-Gaststätten. Kampfblatt für deutsche Musik*, 9. Jg. Nr. 11, 14.3.1941, S. 6f.

44 BA-MA, RH 24–49/210.

le Gruppen, in Russland eingesetzt zu werden und versuchten, solchen Engagements zu entgehen.[45] Nicht zuletzt standen mit der Einberufung von immer weiteren Kreisen der männlichen Bevölkerung nach und nach weniger uk-gestellte Künstler für KdF-Tourneen zur Verfügung, konnten aber bei den wehrmachtinternen Spielgruppen in Aktion treten. Aus Lemberg wurde im Monatsbericht Februar 1944 über „Geistige Betreuung" gemeldet:

> „Die […] eigene Spielgruppe ‚So sind wir' bot zugunsten des WHW ein Kleinkunstprogramm, welches von Künstlern, Artisten, Musikern usw. aus den verschiedenen Einheiten des Heeres und der Luftwaffe sowie Stabs- und Nachrichtenhelferinnen dargestellt wurde. Das Dargebotene fand bei stets ausverkauftem Hause reichsten Beifall.
>
> Überdies wurde durch ein Musikkorps der Luftwaffe, verstärkt mit Musikern aus Einheiten des Heeres, im Schauspielhaus der Stadt Lemberg zugunsten des WHW ein Sinfoniekonzert gegeben."[46]

Die Programme, die die Soldaten zusammenstellten, bewegten sich – ebenso wie bei dem Großteil der KdF-Gruppen – im allseits vertrauten Unterhaltungsschema der Bunten Abende, wie sie sich seit Ende des 19. Jahrhunderts bei Volkssänger-Bühnen, Singspielhallen und Varietés[47] etabliert hatten mit einer Folge wechselnder Darbietungen von Gesang, Artistik, Sprechvortrag, Sketchen, Instrumentalstücken, Tanz und kurzen Einaktern, meist durch launige Moderationen zusammengehalten. Dieses Muster einer Abfolge kurzweiliger Nummern lag auch den beliebtesten Sendeformaten des Rundfunks zugrunde, allen voran dem *Wunschkonzert für die Wehrmacht*.[48]

Bei der Namensgebung legten die Spielgruppen großen Wert darauf, ihre Zugehörigkeit zur Armee zu betonen, neben „Stoßtrupp der Freude" und „Spähtrupp nach hinten"[49] gab es „Nebelwerfer", „Knobelbecher", „Platzpatrone" und ähnliche Bezeichnungen. Derartige Namen spielten in ihrem Galgenhumor mit der Verharmlosung der Kriegsrealität, einerseits unterliefen sie die reale Bedrohung, der Stoß- und Spähtrupps im Frontalltag ausgesetzt waren, andererseits markierten sie damit die Unterhaltung der Soldaten als genuinen Teil des Militärs.

---

45   Vgl. hierzu den Abschnitt „Truppenbetreuung bei Front und Etappe" im Kapitel „Skandinavien und Sowjetunion – zur Truppenbetreuung in ‚zweierlei Weltkriegen'".

46   IfZ, München, MA 679/7 (Unterlagen Wehrkreiskommando Generalgouvernement 1944), fol. 350f.

47   Zur Entwicklung der Vergnügungskultur allgemein vgl. Maase, Grenzenloses Vergnügen, S. 53–70; zur Geschichte der Volkssängerei vgl. das Internet-Portal www.volkssaengerei.de [Aufruf am 18.2.2018] sowie Frey, Heike: „Unterhaltung aus München", in: *Musik in Bayern. Halbjahresschrift der Gesellschaft für Bayerische Musikgeschichte*, Heft 59/2000, S. 133–187.

48   Vgl. Kapitel „Rundfunk in der Truppenbetreuung".

49   BA-MA, RH 26–9/90.

Stärkung des „Wehrwillens" in Eigenregie

Der Aspekt des Bei-Laune-Haltens der Soldaten, dem von OKW und NS-Regime eine zentrale Bedeutung beigemessen wurde, um Zerfallserscheinungen innerhalb der Truppe wie im Ersten Weltkrieg zu vermeiden,[50] kam bei Aufbau und Einsatz wehrmachtinterner Unterhaltungsgruppen oftmals stärker zum Tragen als bei Gastspielen von Tournee-Ensembles. Für die Akteure bedeutete es Abwechslung vom sturen Dienst, Ablenkung vom Kriegs- und Besatzungsalltag und die Möglichkeit, künstlerisch in Übung zu bleiben oder sich neue Fähigkeiten anzueignen, und für die Soldaten dürfte es ein besonderes Vergnügen gewesen sein, ihre Kameraden auf der Bühne stehen zu sehen, auch wenn zuweilen das Fehlen von „schlanken Mädchenbeinen"[51] bedauert wurde.

Auftritte von Soldaten-Ensembles bargen zudem ein psychologisches Moment des Zusammenschweißens der Truppe sowie des Ansporns, der Selbstbestätigung und des Leistungsbeweises unter vergnüglichen Vorzeichen, was alles aus eigenen Kräften möglich war.[52] So hieß es in einem Feldpostbrief:

> „Heute haben wir einen ganz großen Tag. Es wird eine kleine Feier veranstaltet. Kuchen, Seckt, schön belegte Schnitten, Zigaretten usw. ist alles vorhanden. Sogar eine kleine Bühne eingerichtet, da wird heute Abend ein „Fronttheater" (eigene Kräfte) ihre Kunst zeigen."

Das Resümee der Veranstaltung lautete:

> „[...] ein köstlicher Humor war in unserer Mitte.[...] Ein Hoch auf den Galgenhumor."[53]

Ein spezieller Reiz dieser Darbietungen lag darin, dass die Wehrmacht-Ensembles im Gegensatz zu externen Spielgruppen auf Augenhöhe mit ihrem Publikum standen und sich unmittelbar an den Bedürfnissen vor Ort orientierten.[54] Sie waren in der Lage, in den Programmen aktuelle Vorkommnisse innerhalb der Truppenteile aufgreifen oder die Eigenheiten und Marotten einzelner Vorgesetzter durch den Kakao ziehen zu können. Überdies waren sie einer inhaltlichen Kontrolle seitens

---

50   Vgl. hierzu ausführlicher im Einleitungskapitel.

51   Fütterer, Josef: „Kameraden spielen für Kameraden", in: *Die Bühne*, 24.12.1942, Heft 24, S. 439, zit. n. Vossler, Propaganda, S. 327.

52   Mit den „Braunen Bären" gab es ein professionell agierendes Ensemble aus vom Frontdienst abkommandierten Wehrmachtsoldaten, das im Auftrag der Heeresleitung bis zum Kriegsende im gesamten Bereich der Ostfront eingesetzt wurde. Der Travestiekünstler Joe Luga [eig. Joachim Gaul] tourte mit den „Braunen Bären" als Zarah Leander-, Marika Rökk- und Rosita Serrano-Imitator; vgl. Luga, Joe: *So bin ich. Bekenntnisse von Inge und Joe*, Hamburg (Himmelstürmer) 2000, S. 71–129.

53   Erich G. an seine Frau, 15.2.1945, Museum für Kommunikation Berlin, Feldpost-Archiv, Sign.-Nr. 3.2008.1747.

54   Vgl. Vossler, Propaganda, S. 310f.

Abb. 1:   Wehrmacht-Spielgruppe in Norwegen, 1943 (Bundesarchiv, Bild 101I-103-0934-38/Theobald/CC-BY-SA 3.0)

Abb. 2:   Publikum bei einer Truppenbetreuungsveranstaltung, Norwegen, circa 1943 (Bundesarchiv, Bild 101I-104-1095-17/Kessler, Rudolf/CC-BY-SA 3.0)

des OKW oder anderer Institutionen weitgehend entzogen. Den KdF-Gruppen hingegen waren enge Grenzen gesetzt, jegliche Kritik an Partei, Wehrmacht, Staat oder dem „Führer" war verboten, „Persönlichkeiten und Organisationen des deutschen politischen, militärischen und staatlichen Lebens" durften keinesfalls „auch nur scherzhaft" herabgesetzt werden, ebenso war Spott über Ehe und Familie nicht erlaubt.[55]

Die Mitglieder der Spielgruppen genossen die Möglichkeit, sich zumindest zeitweise dem alltäglichen Dienst entziehen zu können:

> „Ja, bei der Frontbühne hat es mir gut gefallen, wir hatten da ein schlaues Leben und sind viel eingeladen worden. Schade, dass diese schönen Zeiten nun wahrscheinlich für immer vorbei sind."[56]

Mit der Einberufung von immer mehr Künstlern nahm das musikalische, schauspielerische und artistische Potential innerhalb der Truppe zu. Die Begeisterung für die Auftritte der eigenen Kameraden fiel laut manchem Ic-Tätigkeitsbericht denn auch deutlich lebhafter aus als für das mediokre Gros der KdF-Gruppen:

> „Zu Frohsinn und Heiterkeit besitzt er [‚der Soldat' als Kollektiv-Subjekt] selbst mehr Schwung und Initiative, als man ihm von aussen her bieten kann. Das zeigt sich in der Gestaltung und Aufnahme der divisionseigenen Unternehmung ‚Stosstrupp der Freude', der die entsprechenden KdF-Gruppen, die hier früher auftraten, weit in den Schatten stellt."[57]

Ähnlich äußerte sich ein weiterer Ic-Offizier, der im Zusammenhang mit einer ausführlichen Beschwerde über die seines Erachtens viel zu hohen Gagen für die KdF-Gruppen feststellte:

> „Man muss auch berücksichtigen, daß anerkannt gute Künstler, zum Teil von internationaler Bedeutung, als Soldaten eingezogen sind und nunmehr, da der Einheitsführer Verständnis hierfür zeigt, auf ihrem Kunstgebiet innerhalb der Truppe mindestens dasselbe, wenn nicht noch mehr leisten, als die von der Heimat zusammengestellten Frontspielgruppen."[58]

Dieses Zitat verdeutlicht nebenbei aber auch, dass manche Kritik seitens der Soldaten an den Leistungen von KdF-Spielgruppen aus Groll und Missgunst über die mit uk-Stellungen gesegneten Künstler gespeist gewesen sein dürfte.

Die ‚Selbstversorgung' innerhalb der Truppenbetreuung brachte den zuständigen Ic-Offizieren eine ganze Reihe von Vorteilen. Der Einsatz eigener Kräfte ersparte manche Querelen mit KdF-Spielgruppen wegen vertragswidrigen Verhaltens und divenhaft-anspruchsvoller Attitüden, aber auch Klagen seitens der Truppe über die

---

55 „Merkblatt für Bühnenleiter"; BA-MA, RH 20–17/522.

56 Ludwig S. an seine Schwester, 22.12.1943, Museum für Kommunikation Berlin, Feldpost-Archiv, Sign.-Nr. 3.2002.0877.

57 Arbeitsbericht des Ic-Offiziers der 5. Jäger-Div. vom 25.9.1943. BA-MA, RH 26–5/29, fol. 58.

58 Hauptmann Schuster, Ic-Offizier beim Generalkommando der 49. Artillerie-Kompanie, im August 1943. BA-MA, RH 24–49/210. Vgl. hierzu auch das Kapitel „‚… völlig ungesunde Kriegsgewinnlerverhältnisse …'. Personalknappheit und Gagensteigerungen".

Abb. 3: Wehrmacht-Unterhaltungskapelle, Norwegen, circa 1943 (Bundesarchiv, Bild 101I-104-1094-33/Kessler, Rudolf/CC-BY-SA 3.0)

mangelhafte Qualität vieler Darbietungen.[59] Die Soldaten konnten bei Verstößen gegen Dienstvorschriften unmittelbar disziplinarisch belangt werden. Überdies verursachten die Spielgruppen keine nennenswerten Kosten (abgesehen vom Transport) im Gegensatz zu den teuren Truppenbetreuungstourneen durch KdF-Ensembles, die der Wehrmacht in Rechnung gestellt wurden.[60] In den Schreibstuben verringerte sich der Verwaltungsaufwand, da die Rechenschaftsberichte, Nachweise und Formulare für die Abrechnung mit KdF entfielen.[61]

Zudem konnten – ähnlich wie die flexibel einsetzbaren Instrumentalisten der Musikkorps – auch die wehrmachteigenen Spielgruppen in variablen Kleinensembles

---

59 Vgl. hierzu Abschnitt „Klagen über KdF-Ensembles und Einsatz einheimischer Gruppen" im Kapitel „Skandinavien und Sowjetunion – zur Truppenbetreuung in ‚zweierlei Weltkriegen'".

60 Vereinbarung vom 10.10.1939 zwischen RMVP, KdF und OKW. BArch Berlin, R 55/20261, fol. 21.

61 Der Befehlshaber der deutschen Truppen in Dänemark, Abt. Ic H.Qu., 8.8.1940: „Betr.: Freizeitgestaltung, Einsatz von Theatern, Konzerten, Kleinkunstbühnen usw. [...] 8. Der Standortälteste hat über die Durchführung jeder Veranstaltung eine ihm von der durchführenden Stelle vorgelegte Bescheinigung in dreifacher Ausfertigung mit Angabe von Tag und Zeit der Veranstaltung unterschriftlich zu vollziehen. Die Division reicht 8 Tage nachdem die Truppe das Gebiet der Division verlassen hat eine Liste über die erfolgten Veranstaltungen nach anliegendem Muster ein. Ausserdem ist kurz über die Veranstaltung als solche zu berichten." BA-MA, RW 38/58.

abgelegene Stellungen aufsuchen[62] und waren ebenso noch spielfähig, wenn ein Heeresabschnitt aufgrund der aktuellen Gefechtslage für den Einsatz von KdF-Gruppen zu riskant war. So meldete das Panzer-Armeeoberkommando 3 Ende 1943 aus dem nördlichen Weißrussland:

„Eine Wiederaufnahme einer KdF-Bespielung der Fronttruppe wird erst nach Beendigung der Abwehrschlacht um Witebsk möglich sein. Bei einer Reihe von Divisionen wird die Lücke da, wo die Lage es erlaubt, durch Einsatz von korps- und divisionseigenen Spielgruppen aufgefüllt."[63]

Im vorhergehenden Quartal, in dem noch „fast friedensmässige Bedingungen"[64] herrschten, hatte derselbe Offizier bereits die gute Versorgung durch eigene Kräfte erwähnt:

„Einige Verbände verfügen über eigene Soldaten-Spielgruppen, von denen als besonders gut die des II. Luftwaffen Feld-Korps und der 206. Infanterie-Division zu erwähnen sind."[65]

Die Wahrnehmung der wehrmachteigenen Spielgruppen seitens der Ic-Offiziere changierte zwischen einem Status als Surrogat für ausbleibende oder schlechte Unterhaltung durch KdF-Ensembles und stolzer Begeisterung darüber, was die Truppe von sich aus auf die Beine zu stellen vermochte. Nicht zuletzt annoncierten Meldungen über eine lebendige Freizeitgestaltung eine ganz im Sinne des OKW verlaufende gute Arbeit der Berichtenden, auch wenn die Reaktion der Soldaten vergleichsweise eher nüchtern ausfiel:

„Gestern hatten wir Variete: 5 Soldaten füllten die 2 Stunden mit Musik, Witzen (mit Pfeffer und Salz) und ziemlich kräftigen Couplets. Auch ein Kölner brachte Lieder von „to Huss". Alles in allem eine nette Unterbrechung des täglichen Einerleis."[66]

---

62   Der Ic-Offizier der 22. Infanterie-Division meldete im Oktober 1943 aus Kreta: „Ein aus Kräften der Division aufgezogenes Div.-Varieté ist in der Berichtszeit […] fast in allen größeren Ortschaften zum Einsatz gekommen. Abgelegene Einheiten wurden durch Bunkertrupps betreut." BA-MA, RH 26–22/80.

63   Bericht des Ic-Offiziers über Truppenbetreuung 1. 10.-31.12.1943. BA-MA, RH 21–3/497, fol. 25.

64   Bericht des Ic-Offiziers über Truppenbetreuung 1. 7.-30.9.1943. BA-MA, RH 21–3/485, fol. 26.

65   Ebd.

66   Der Soldat Horst F., 25.5.1944, Museum für Kommunikation Berlin, Feldpost-Archiv, Sign.-Nr. 3–2002-0302.

3.4 Versorgung der Soldaten mit Musikinstrumenten, Rundfunkgeräten und Grammophonen

Im Bundesarchiv Berlin sind unter den Signaturen R 55/21312 und 21313 Akten aus der Zeit zwischen Juli 1940 und März 1942 erhalten (einem Zeitraum, in dem die Wehrmacht expansiv operierte und die Fronten weiter ausdehnte), die die Versorgung der Soldaten, Standorte, Unterkünfte und Soldatenheime mit Musikinstrumenten, Radiogeräten, Grammophonen und Schallplatten dokumentieren. Der Wareneinkauf oblag der Arbeitsgemeinschaft Musikinstrumentengewerbe in der RKK[1] in Abstimmung mit dem für die Truppenbetreuung zuständigen Referat für Besondere Kulturaufgaben (BeKA).

Die Aktenkonvolute[2] enthalten Begleitbriefe zur Bemusterung einzelner Produkte, Lieferscheine, Rechnungen, Mahnungen und anderen Schriftverkehr mit Händlern. Sie erhellen auch den logistischen Aufwand, der mit der entsprechenden Belieferung der Truppen verbunden war.

Die folgende Aufstellung gibt die Lieferungen für den oben genannten Zeitraum in chronologischer Reihenfolge wieder, dabei wurden spezielle Bestimmungsorte gebündelt.[3] Es ist davon auszugehen, dass es noch weitere Instrumenten-, Radio- und Grammophonkäufe im Rahmen der Truppenbetreuung gab, Akten über diese Einkäufe sind jedoch nur sehr vereinzelt überliefert.[4] So hatte im besetzten Belgien ein Beauftragter des OKH Firmen gefunden, die Musikinstrumente und Radiogeräte nach Deutschland verkauften: Die Brüsseler Firma Roberto Ansellotti lieferte 60 Banjos, 24 Mandolinen (flach Mahagoni), 100 Mandolinen (bauchig Ahorn), 100 Mandolinen (bauchig Palisander), 50 Gitarren, 50 Clarinetten, 25 Trompeten, 50 Geigen, 6 Jazzbatterien (Pauke, Trommel), 100 kleine Okarinas, 100 mittlere, 50 große, 50 Flöten-Okarinas, 36 Geigenbogen und 36 Stimmgabeln zum Preis von belg.

---

1   Diese Institution war ein Lobbyverband, der die Interessen der Wirtschafts- und Kulturbehörden mit den Produzenten- und Handelsverbänden verzahnen sollte. Leiter der Arbeitsgemeinschaft war zu der Zeit Ernst Hohner, Direktor und Betriebsleiter der Matthias Hohner AG, Trossingen, vgl. Berghoff, Hartmut: *Zwischen Kleinstadt und Weltmarkt. Hohner und die Harmonika zwischen 1857 und 1961. Unternehmensgeschichte als Gesellschaftsgeschichte*, Paderborn (Ferdinand Schöningh) 2006², S. 419, 448.

2   Da sämtliche Daten zu den Einkäufen aus den Akten BArch Berlin, R 55/21312 und R 55/21313 stammen, wird im Folgenden auf den Belegverweis der einzelnen Details verzichtet.

3   Alphabetisch nach Händlern sortiert.

4   Auch lassen sich keine Angaben darüber machen, ob und wie die Soldaten in ihrer Freizeit Musikinstrumente selbst bauten, es ist aber sehr wahrscheinlich. Für den Ersten Weltkrieg ist dies zumindest für die französische Armee belegt; vgl. Gétreau, Florence: „Instruments de soldats", in: dies. (Hg.): *Entendre la guerre: Silence, musiques et sons en 14–18*, Katalog zur gleichnamigen Ausstellung 2014, Paris (Gallimard) 2014.

Fr. 339.040,--.[5] Und die Firma Marianè, ebenfalls aus Brüssel, verkaufte für belg. Fr. 112.000,-- insgesamt 100 „Rovera" sowie 100 „Continental" Radiogeräte.[6]

In Tätigkeitsberichten der Ic-Offiziere finden sich Aufstellungen aus den Jahren 1942 und später über „ausgegebenes Betreuungsmaterial", wozu auch Musikinstrumente zählten. So meldete der Ic-Offizier der 1. Gebirgsdivision im Winter 1941/42 vom Russland-Feldzug, an „Betreuungsmitteln" wären u. a. „155 Mundharmonikas, eine Gitarre, eine Mandoline, fünf Ziehharmonikas (vier mit Klaviertasten, eine Knopfharmonika)" ausgegeben worden. Am 21. April 1942 forderte er „für das Soldatenheim ein Rundfunkgerät oder ersatzweise eine Ziehharmonika zur musikalischen Abendunterhaltung" an.[7] In einer Meldung von November 1943 an das Panzer-Armeeoberkommando in Witebsk (Weißrussland) listete Unteroffizier Hartmann neben Einlegesohlen, Zahnpasta, Rasierklingen, Fußpuder, 30.000 Skatspielen, 3.000 Tabakpfeifen, acht Kartons Führerbildern und 70.000 Tornisterschriften u. a. auch drei Kartons Schallplatten, 36 Büchsen Grammophonnadeln, 100 Akkordeons und 1.100 Mundharmonikas auf.[8] Am 24.4.1943 wurden der 50. und 370. Infanterie Division zusammen 55 Mundharmonikas zugewiesen, wie der Ic-Offizier der 49. Artillerie-Kompanie vom Kuban-Brückenkopf meldete.[9] Die 14. Infanterie Division erhielt im Juni 1943 u. a. 10 Handharmonikas und 12 Mundharmonikas.[10] Aus dem Distrikt Radom wurde im März 1943 gemeldet:

> „Die zur Verteilung gelangten Spiele und Musikinstrumente lösten bei der Truppe große Freude aus. Rege Nachfrage besteht besonders nach jeder Art von Musikinstrumenten und nach Kartenspielen."[11]

In der folgenden Tabelle ließen sich nicht für alle Vorgänge die Preise ermitteln, da nur ein Teil der Rechnungen erhalten ist, die anderen Angaben entstammen Lieferscheinen und Beschaffungsaufträgen.

---

5   BArch Berlin, R 55/703, fol. 56.
6   Ebd., fol. 57.
7   BA-MA, RH 28-1/156.
8   BA-MA, RH 21-3/497, fol. 32.
9   BA-MA, RH 24-49/210.
10 BA-MA, RH 26-14/64.
11 Monatsberichte Generalgouvernement 1943, Feldkommandantur 603 (Distrikt Radom) Monatsbericht 16.2.–15.3.1943, IfZ München, MA 679 Bd. 6, fol. 267f.

Tabelle der Ankäufe

	Datum	Händler	Preis in RM
Verschiedene, zumeist nicht benannte Zielorte			
Musikinstrumente			
Infanterie-Signalhörner, Ordonnanztrommeln		Adolf Deichsel, Berlin	
135 Akkordeons	versch.	Odeon-Vertrieb, Schlesien	
2 Akkordeons, 24 Mundharm.	7.7.1940	Augustin, Berlin	
1 Akkordeon, 30 Mundharm.	24.7.1940	Augustin, Berlin	88,65
5 Violinen kplt, 10 Gitarren, 8 Akkordeons	26.7.1940	Menzenhauer, Berlin	724,05
6 Konzert-Zithern Ahorn, Saiten	9.8.1940	Menzenhauer, Berlin	250,20
3 Akkordeons	16.8.1940	Bote & Bock, Berlin	249,30
10 Gitarren, 5 Mandolinen, Ersatzsaiten, Spielplättchen für Fliegerhorst-Kommando Amiens	26.9.1940	Voigt & Spiegel, Berlin	496,60
30 Akkordeons für Paris	4.10.1940	Karl Borbs, Berlin	1.474,45
240 Mundharmonikas	4.10.1940	Karl Borbs, Berlin	271,40
120 Mundharmonikas	4.10.1940	Karl Borbs, Berlin	126,--
10 Akkordeons für Paris	7.10.1940	Karl Borbs, Berlin	683,70
60 Mundharmonikas, 2 Gitarren mit Beutel, 1 Geige komplett für Leibstandarte Adolf Hitler	19.10.1940	Voigt & Spiegel, Berlin	193,30
72 Mundharmonikas	19.10.1940	Voigt & Spiegel, Berlin	118,80
240 Mundharmonikas	20.10.1940	Voigt & Spiegel, Berlin	378,--
8 Gitarren, Taschen u. Saiten	24.10.1940	Musikhaus Päsold, Berlin	259,20
5 Harmonikas	26.10.1940	Bernhard Mützelburg, Berlin	625,--
5 Harmonikas	26.10.1940	Walter Oehme, Berlin	625,--
3 Akkordeons	8.11.1940	Menzenhauer, Berlin	285,--
6 Gitarren plus Saiten, 3 Mandolinen plus Taschen u. Saiten, 48 Mundharmonikas, 6 große Akkordeons	25.11.1940	Musikhaus Päsold, Berlin	1.239,50

	Datum	Händler	Preis in RM
20 Gitarren, 20 Lauten, 20 Mandolinen	6.12.1940	Voigt & Spiegel, Berlin	1.083,40
288 Mundharmonikas	7.12.1940	Karl Borbs, Berlin	336,--
5 Harmonikas	7.12.1940	Bernhard Mützelburg, Berlin	402,--
720 Mundharmonikas	9.12.1940	Karl Borbs, Berlin	810,--
2 Akkordeons	13.12.1940	Menzenhauer, Berlin	56,--
828 Mundharmonikas	16.12.1940	Herfeld, Neuenrade/Westf.	795,60
7 Mandolinen	17.12.1940	Paul Fischer, Berlin	294,--
3 Mandolinen an Feldpost Nr. 39359 Leutnant Nedz	18.12.1940	Musikhaus Wunderlich, Berlin	120,--
1 Konzert-Zither an Feldpost Nr. 39359, Leutnant Nedz	18.12.1940	Musikhaus Wunderlich, Berlin	40,--
1 Banjo-Mandoline an Feldpost Nr. 37806, Unteroffizier Stoiberer	18.12.1940	Musikhaus Wunderlich, Berlin	36,--
5 Akkordeons an Feldpost Nr. 07197, Feldwebel Hönicke	19.12.1940	Musikhaus Curth, Berlin	161,50
Konzertzither	20.12.1940	Robert Kühn, Berlin	49,--
11 Gitarren, 10 Gitarrenzithern, 2 Violinen	23.12.1940	Herbert Mühling, Berlin	443,85
Auftrag für 150 Violingarnituren	3.1.1941	Voigt & Spiegel, Berlin	
720 Mundharmonikas	3.1.1941	Voigt & Spiegel, Berlin	1.080,--
1.896 Mundharmonikas	14.1.1941	Herfeld, Neuenr./Westf.	1.574,26
3 Akkordeons	14.1.1941	Musikhaus Neukölln, Berlin	375,--
1 Akkordeon, Koffer u. Riemen	14.1.1941	Musikhaus Päsold, Berlin	31,50
48 Akkordeons	4.2.1941	Herfeld, Neuenr./Westf.	3.984,--
1.000 Akkordeons	Feb.-Jul.1941	Karl Borbs, Berlin	63.000,--
17 Akkordeons	10.3.1941	Ernst Holzweissig, Leipzig	
8 Akkordeons	10.3.1941	Ernst Holzweissig, Leipzig	
23 Akkordeons	13.3.1941	Eugen Pape Nachf., Hamburg	526,--
14 Akkordeons	3.4.1941	Carl Derrer, Nürnberg	
42 Akkordeons	15.4.1941	Eug. Pape Nachf., Hamburg	1.771,80

	Datum	Händler	Preis in RM
3.000 Mundharmonikas	19.4.1941	Herfeld, Neuenrade	2.432,50
81 Mundharmonikas	16.5.1941	Karl Borbs, Berlin	95,--
1.260 Mundharmonikas an Abt. Propaganda beim Chef des Distrikts Radom	27.5.1941	Karl Borbs, Berlin	1.453,30
60 Akkordeons	30.5.1941	Herfeld, Neuenrade	5.760,--
1 Schlagzeug komplett für den Kraftwagenpark des Führers, Feldpost Nr. 41400	3.6.1941	Bernhard Mützelburg, Berlin	150,--
744 Mundharmonikas	4.6.1941	Karl Borbs, Berlin	830,--
1 Hohner Akkordeon Verdi III BS 41/120 ausgeliefert an Matrosengefreiten Hallmann, Kiel-Friedrichshorst	11.6.1941	Ernst Fischer, Berlin	291,--
200 Geigen komplett	17.6.1941	AG II Mittenwalder Geigenbau	9.063,19
8 Querpfeifen f. Musikzüge	4.7.1941	Musikhaus Päsold, Berlin	44,--
Flügelhorn, 2 Trompeten, Tenorhorn, Baritonhorn	9.7.1941	Sprinz & Schmohl, Berlin	675,--
40 Akkordeons	1.8.1941	Karl Borbs, Berlin	2.800,--
32 Akkordeons	14.8.1941	Karl Borbs, Berlin	2.240,--
1 Akkordeon	22.8.1941	Musikhaus Neukölln, Berlin	125,--
5 Akkordeons	5.9.1941	Karl Borbs, Berlin	825,--
6.000 Mundharmonikas	10.9.1941	Karl Borbs, Berlin	5.420,70
3 Mandolinen, 1 Gitarre, Saiten	22.9.1941	Musikhaus Paul Dölling, Berlin	154,--
Ausrüstung Militärkapelle für Feldpost-Nr. 28258	23.9.1941	Mützelburg, Berlin	347,--
29 Harmonikas, 2 Violinen kplt. m. Bogen und Etui, 168 Mundharmonikas	26.9.1941	Herfeld, Neuenrade	3.208,80
6.000 Mundharmonikas	30.9.1941	Karl Borbs, Berlin	5.230,45
50 Akkordeons	1.10.1941	Karl Borbs, Berlin	999,--
140 Akkordeons	4.10.1941	Karl Borbs, Berlin	8.820,--
2.000 Mundharmonikas	10.10.1941	Herfeld, Neuenrade	2.000,--
80 Akkordeons	13.10.1941	Karl Borbs, Berlin	5.040,--
12 Violinen zw. RM 48,-- und 75,--	13.10.1941	Herfeld, Neuenrade	

	Datum	Händler	Preis in RM
42 Mundharmonikas	16.10.1941	Voigt & Spiegel, Berlin	82,62
1.800 Mundharmonikas	21.10.1941	Karl Borbs, Berlin	1.686,60
40 Akkordeons	21.10.1941	Karl Borbs, Berlin	2.520,--
2.988 Mundharmonikas	25.10.1941	Joh. Köstler Graslitz/ Sudetengau	2.023,--
100 Akkordeons	28.10.1941	Karl Borbs, Berlin	6.300,--
55 und 46 Violinen	1.11.1941	Herfeld, Neuenrade	
1.200 Mundharmonikas	5.11.1941	Karl Borbs, Berlin	1.083,60
60 Akkordeons	6.11.1941	Karl Borbs, Berlin	3.780,--
1 Violine, 1 Zither, 1 Blockflöte für Dienststelle der Feldpost Einheit 22559	13.11.1941	Menzenhauer, Berlin	130,45
112 Akkordeons	17.11.1941	Karl Borbs, Berlin	7.056,--
40 Violinen	19.11.1941	Herfeld, Neuenrade	2.400,--
100 Akkordeons	24.11.1941	Karl Borbs, Berlin	6.300,--
25 Akkordeons	24.11.1941	Karl Borbs, Berlin	499,50
1.200 Mundharmonikas	26.11.1941	Karl Borbs, Berlin	1.103,40
40 Akkordeons	30.11.1941	Karl Borbs, Berlin	2.520,--
720 Mundharmonikas	9.12.1940	Karl Borbs, Berlin	810,--
1.800 Mundharmonikas	12.12.1941	Karl Borbs, Berlin	1.420,20
60 Akkordeons	13.12.1941	Karl Borbs, Berlin	3.780,--
132 Akkordeons	16.12.1941	Karl Borbs, Berlin	8.316,--
50 Violinen, 120 Mundharrmonikas	16.12.1941	Herfeld, Neuenrade	3.200,--
10 Akkordeons	30.12.1941	Herfeld, Neuenrade	1.095,--
125 Violinen, Etui, Bogen	3.1.1942	Herfeld, Neuenrade	7.500,--
1 Cello kplt. m. Futteral direkt übergeben Hptm. Nitz, Feldpost Nr. 14231	8.1.1942	Mützelburg, Berlin	193,90
232 Akkordeons	9.1.1942	Karl Borbs, Berlin	14.616,--
2.400 Mundharmonikas	13.1.1942	C. Thiemer Nachf., Hamburg	2.598,--
120 Akkordeons	22.1.1942	Karl Borbs, Berlin	7.560,--
22 Mandolinen, 3 Gitarren	23.1.1942	Herfeld, Neuenrade	623,--
10.000 Mundharmonikas	3.2.1942	Hohner, Trossingen	8.427,90
52 Akkordeons	9.2.1942	Karl Borbs, Berlin	3.276,--
112 Akkordeons	16.2.1942	Karl Borbs, Berlin	7.056,--
120 Akkordeons	5.3.1942	Karl Borbs, Berlin	
120 Akkordeons	21.3.1942	Karl Borbs, Berlin	
Radiogeräte			
25 Radiogeräte Ausland	11.3.1941	Telefunken/Warschau	

	Datum	Händler	Preis in RM
100 Radiogeräte	23.5.1941	Telefunken	3.430,--
Grammophone und Schallplatten			
195 Schallplatten „Polydor" an Oberkommando der Wehrmacht	9.12.1940	Deutsche Grammophon	202,46
75 Schallplatten „Polydor" an Reichspropagandaamt Litzmannstadt	16.12.1940	Deutsche Grammophon	73,57
3.000 Schallplatten für Oberbefehlshaber der Luftwaffe 3 versch. Sortimente, verpackt zu 150 Paketen mit je 20 Platten	12.3.1941	Tempo-Werk, Potsdam	
100 Kofferapparate	15.5.1941	Karl Borbs, Berlin	2.600,--
1.080 Schallpl. f. deutsche Gesandtschaft Rumänien	29.5.1941	Deutsche Grammophon	1.313,50
1.440 Schallpl. f. deutsche Gesandtschaft Italien	3.6.1941	Deutsche Grammophon	1.750,40
499 Kofferapparate	26.7.1940	Carl Lindström AG, Berlin	25.451,60
100 Kofferapparate	28.7.1941	Karl Borbs, Berlin	2.600,--
100 Kofferapparate	27.8.1941	Karl Borbs, Berlin	2.600,--
90 Kofferapparate	26.9.1941	Karl Borbs, Berlin	2.340,--
500 Koffergeräte	30.9.1941	Carl Lindström AG, Berlin	30.605,--
50 Kofferapparate	3.11.1941	Karl Borbs, Berlin	2.070,--
40 Kofferapparate	17.11.1941	Karl Borbs, Berlin	1.656,--
88 Kofferapparate	25.11.1941	Karl Borbs, Berlin	15.552,--
95 Kofferapparate	8.12.1941	Karl Borbs, Berlin	3.123,--
3.000 Platten, 30.000 Nadeln	8.12.1941	Carl Lindström AG, Berlin	5.098,50
400 Thorens-Kofferapparate	23.12.1941	Erich Költzow, Hamburg	23.040,--
75 Kofferapparate	5.1.1942	Karl Borbs, Berlin	3.105,--
80 Plattenkoffer/Sperrholz	6.1.1942	Herfeld, Neuenrade	336,--
4.000 Platten u. Nadeln	6.1.1942	Schallplatten-Volksverband Berlin	4.320,--
640 Koffergrammophone	20.1.1942	Karl Borbs, Berlin	34.560,--
70 Kofferapparate	26.1.1942	Karl Borbs, Berlin	2.898,--
610 Grammophone	31.1.1942	Karl Borbs, Berlin	36.234,--
25 Grammophone	9.2.1942	Karl Borbs, Berlin	1.035,--

	Datum	Händler	Preis in RM
2.000.000 Schallplatten-nadeln (10.000 Schachteln à 200 St.)	27.2.1942	Karl Borbs, Berlin	
80 Koffergrammophone	2.3.1942	Karl Borbs, Berlin	
80 Koffergrammophone	9.3.1942	Karl Borbs, Berlin	
70 Koffergrammophone	23.3.1942	Karl Borbs, Berlin	

Norwegen ohne nähere Ortsangabe

Musikinstrumente

75 Akkordeons	2.10.1940	Karl Borbs, Berlin	
960 Mundharmonikas	2.10.1940	Karl Borbs, Berlin	
2.360 mittlere Mundharmonikas	2.10.1940	Karl Borbs, Berlin	
1.180 grössere Mundharmonikas	2.10.1940	Karl Borbs, Berlin	
8 Mundharmonikas an Gefr. Paul Anton, Feldpost Nr. 23380	9.11.1940	W. Sulzbach, Berlin	14,20

Radiogeräte

800 Radiogeräte	28.9.1940	Telefunken	
450 Radiogeräte	3.10.1940	Telefunken	
600 Radiogeräte	16.10.1940	Telefunken	
600 Radiogeräte	19.10.1940	Telefunken	
800 Radiogeräte	9.11.1940	Telefunken	

Schallplatten

500.000 Schallplattennadeln	2.10.1940	Karl Borbs, Berlin	
11.700 Schallplatten	5.10.1940	Karl Borbs, Berlin	
2.200 Schallplatten	5.10.1940	Karl Borbs, Berlin	
1.100 Schallplatten	5.10.1940	Karl Borbs, Berlin	
400 Schallplatten	16.11.1940	Telefunken	

Norwegen – Oslo

Musikinstrumente

516 Mundharmonikas	17.7.1940	Musikhaus Päsold, Berlin	802,25
5 Gitarren, 3 Lauten, 2 Gitarr-Zithern, 21 Violinen mit Bögen und Kolophonium	3.10.1940	Ernst Holzweissig Nachf., Leipzig	700,--
1.040 Mundharmonikas	4.10.1940	Karl Borbs, Berlin	958,05
870 Mundharmonikas	4.10.1940	Karl Borbs, Berlin	740,50

	Datum	Händler	Preis in RM
300 Mundharmonikas	4.10.1940	Karl Borbs, Berlin	278,60
150 Mundharmonikas	4.10.1940	Karl Borbs, Berlin	146,--
8 Gitarren, 12 Mandolinen, 9 Violinen kplt.	10.10.1940	Friedrich Paulus Nachfahren, Berlin	556,90
10 Akkordeons	22.10.1940	Holzweissig, Leipzig	
955 Mundharmonikas	25.10.1940	Karl Borbs, Berlin	1.395,83
150 Mundharmonikas	25.10.1940	Karl Borbs, Berlin	238,--
75 Mundharmonikas	25.10.1940	Karl Borbs, Berlin	115,90
20 Akkordeons	29.10.1940	Holzweissig, Leipzig	
38 Gitarren	31.10.1940	Holzweissig, Leipzig	
115 Gitarren, 36 Mandolinen, 74 Zithern, 79 Violinen kplt., 5 Akk.Zithern, Ersatzsaiten für alle Instrumente, 869 Notenhefte	4.11.1940	Herbert Mühling, Berlin	8.409,85
20 Gitarren	4.11.1940	Herbert Mühling, Berlin	
40 Violinen und Bögen	16.12.1940	Holzweissig, Leipzig	756,--
43 Akkordeons	5.2.1941	Richard Koch, Trossingen	1.250,20
5 Akkordeons	13.2.1941	Arthur Wein, Hannover	223,--
20 Akkordeons	12.3.1941	Karl Borbs, Berlin	1.144,--
70 Akkordeons	12.3.1941	Karl Borbs, Berlin	1.680,--
28 Akkordeons	24.3.1941	Richard Koch, Trossingen	1.141,30
45 Akkordeons	5.3.1941	Arthur Wein, Hannover	1.420,--
17 Akkordeons	10.3.1941	Holzweissig, Leipzig	423,--
35 Akkordeons	10.3.1941	A. F. Seifert & Co, Dresden	847,--
50 Akkordeons	13.3.1941	P. Strubel & Co, Frankfurt/Main	1.632,--
42 Akkordeons	25.3.1941	Holzweissig, Leipzig	1.772,70
42 Akkordeons	28.3.1941	Paul Strom, Trossingen	1.672,60
14 Akkordeons	2.4.1941	Karl Heinrich GmbH, Frankfurt/M	814,25
14 Akkordeons	3.4.1941	Carl Derrer, Nürnberg	821,20
21 Akkordeons	5.4.1941	Seifert, Dresden	1.212,20
42 Akkordeons	9.4.1941	Wein, Hannover	1.764,80
42 Akkordeons	22.4.1941	Bretschneider & Co., Leipzig	1.816,07
63 Akkordeons	22.4.1941	Strubel, Frankfurt/Main	2.629,20
56 Hohner-Akkordeons	23.4.1941	Paul Scholz [ohne Ortsangabe]	1.773,50

	Datum	Händler	Preis in RM
31 Akkordeons	23.4.1941	Hans Stoll, Berlin	1.764,--
10 Akkordeons	12.5.1941	Karl Borbs, Berlin	240,--
11 Akkordeons	12.5.1941	Karl Borbs, Berlin	264,--
30 Akkordeons	12.5.1941	Karl Borbs, Berlin	1.438,80
12 Akkordeons	12.5.1941	Karl Borbs, Berlin	686,40
41 Akkordeons	12.5.1941	Seifert, Dresden	1.442,--
120 Akkordeons	3.7.1941	Albert Vogt, Berlin	6.575,--
96 Akkordeons	4.10.1941	Albert Vogt, Berlin	5.260,--
48 Akkordeons	28.11.1941	Albert Vogt, Berlin	2.630,--
Grammophone, Schallplatten			
3.500 Schallplatten verpackt zu 160 Pappkartons in 7 Holzkisten	9.10.1940	Karl Borbs, Berlin	5.357,--
4.500 Schallplatten, 700.000 Nadeln	10.10.1940	Friedr. Paulus Nachf., Berlin	6.504,--
1.250 Schallplatten	10.10.1940	Holzweissig, Leipzig	1.941,55
1.250 Schallplatten	11.10.1940	Holzweissig, Leipzig	2.074,60
7.700 Schallplatten	19.10.1940	Karl Borbs, Berlin	11.556,60
575 Schallplatten	26.10.1940	Karl Borbs, Berlin	965,80
525 Schallplatten	26.10.1940	Karl Borbs, Berlin	881,20
525 Schallplatten	29.10.1940	Karl Borbs, Berlin	867,10
525 Schallplatten	29.10.1940	Karl Borbs, Berlin	994,60
250 Schallplatten	29.10.1940	Karl Borbs, Berlin	412,15
900 Schallplatten	29.10.1940	Karl Borbs, Berlin	1.485,60
50 Kofferapparate	7.11.1940	Max Rudolf Richter, Berlin	1.270,--
16 Kofferapparate	15.11.1940	Karl Borbs, Berlin	
16 Kofferapparate	15.11.1940	Karl Borbs, Berlin	
50 Kofferapparate	3.12.1940	Max Rudolf Richter, Berlin	1.270,--
50 Kofferapparate	21.12.1940	Max Rudolf Richter, Berlin	1.270,--
119 Kofferapparate	7.1.1941	Karl Borbs, Berlin	3.140,--
76 Kofferapparate	20.1.1941	Karl Borbs, Berlin	2.016,--
50 Kofferapparate	24.1.1941	Max Rudolf Richter, Berlin	1.270,--
95 Kofferapparate	18.2.1941	Karl Borbs, Berlin	2.521,--
95 Kofferapparate	27.2.1941	Karl Borbs, Berlin	2.521,--
96 Kofferapparate	4.3.1941	Karl Borbs, Berlin	2.547,--
50 Kofferapparate	7.3.1941	Karl Borbs, Berlin	1.280,--
104 Kofferapparate	24.3.1941	Karl Borbs, Berlin	2.704,--
100 Kofferapparate	31.3.1941	Karl Borbs, Berlin	2.600,--
50 Kofferapparate	9.4.1941	Max Rudolf Richter, Berlin	1.280,--
100 Kofferapparate	25.5.1941	Karl Borbs, Berlin	2.600,--

	Datum	Händler	Preis in RM
50 Kofferapparate	24.10.1941	Max Rudolf Richter, Berlin	1.274,--
25 Kofferapparate	3.11.1941	Karl Borbs, Berlin	
33 Kofferapparate	?1941	Karl Borbs, Berlin	
50 Kofferapparate	17.11.1941	Karl Borbs, Berlin	1.300,--

Norwegen – Narvik

Musikinstrumente

	Datum	Händler	Preis in RM
7 Akkordeons Picoletta	18.7.1940	Päsold, Berlin	318,15
228 Mundharmonikas	24.7.1940	Musik-Bading, Berlin	246,24
10 Gitarren, Taschen, Saiten, 7 Konzertzithern, Etui, Saiten, 1 Violine kplt.	26.7.1940	Päsold, Berlin	511,20
148 Mundharmonikas	29.7.1940	Willy Mielack, Berlin	645,70
12 Akkordeons	2.10.1940	Karl Borbs, Berlin	454,--
29 Akkordeons	2.10.1940	Karl Borbs, Berlin	832,30
12 Akkordeons	2.10.1940	Karl Borbs, Berlin	686,40
22 Akkordeons	2.10.1940	Karl Borbs, Berlin	1.019,90
960 Mundharmonikas	4.10.1940	Karl Borbs, Berlin	991,15
85 Gitarren, 30 Akkordeons, 21 Zithern, 21 Violinen kpl., 426 Sätze Saiten, Instrumentalschulen und Spielhefte	18.10.1940	Herbert Mühling, Berlin	3.833,96
36 Mundharmonikas	28.10.1940	Paul Fischer, Berlin	71,20
6 Akkordeons, 6 Liederbücher	28.10.1940	Piano- und Harmoniumhaus Carl Gercken [ohne Ortsangabe]	495,--
6 Akkordeons	21.1.1941	Carl Derrer, Nürnberg	202,--
7 Akkordeons	5.2.1941	Richard Koch, Trossingen	406,40
10 Akkordeons	18.2.1941	Karl Borbs, Berlin	457,--
8 Akkordeons	10.3.1941	Holzweissig, Leipzig	432,--
15 Akkordeons	10.3.1941	Seifert, Dresden	799,-
9 Akkordeons	173.1941	Otto Gruoner, Stuttgart	220,--
8 Akkordeons	17.3.1941	Otto Gruoner, Stuttgart	196,--
8 Akkordeons	17.3.1941	Otto Gruoner, Stuttgart	422,--
50 Akkordeons	18.3.1941	Hans Stoll, Berlin	1.646,--
14 Akkordeons	24.3.1941	Richard Koch, Trossingen	625,--
21 Akkordeons	25.3.1941	Holzweissig, Leipzig	924,--

	Datum	Händler	Preis in RM
28 Akkordeons	28.3.1941	Paul Strom, Trossingen	1.115,05
42 Akkordeons	9.4.1941	Otto Gruoner, Stuttgart	1.775,80
28 Akkordeons	10.4.1941	Karl Heinrich GmbH, Frankfurt/M.	973,--
28 Akkordeons	18.4.1941	Derrer, Nürnberg	972,05
Grammophone, Schallplatten			
100 Kofferapparate, 6.000 Nadeln	25.7.1940	Deutsche Grammophon	4.060,--
1.600 Schallplatten	25.7.1940	Deutsche Grammophon	1.707,55
30 Kofferapparate mit je 200 Nadeln	26.7.1940	Carl Lindström AG, Berlin	1.584,10
600 Platten	26.7.1940	Carl Lindström AG, Berlin	613,60
20 Kofferapparate	4.10.1940	Max Rudolf Richter, Berlin	508,--
4.500 Platten, 700.000 Nadeln	4.10.1940	Friedrich Paulus Nachfahren, Berlin	6.504,--
20 Koffergrammophone	17.10.1940	Phono-Radio-Grosshandel, Berlin	622,50
27 Kofferapparate	12.11.1940	Karl Borbs, Berlin	710,--
34 Kofferapparate	12.11.1940	Karl Borbs, Berlin	892,--
39 Kofferapparate	12.11.1940	Karl Borbs, Berlin	1.022,--
16 Kofferapparate	18.11.1940	Karl Borbs, Berlin	420,--
34 Kofferapparate	18.11.1940	Karl Borbs, Berlin	892,--
235 Kofferapparate	4.1.1941	Karl Borbs, Berlin	6.178,--
700 Schallplatten	25.7.1941	Tempo-Schallplatten, Berlin	542,50

Afrika Korps			
Musikinstrumente			
Für Oberleutnant Holzer, 7. Kompanie, Feldpost Nr. 00566:	6.10.1941	Menzenhauer, Berlin	
1 Kohlert Es Alt-Saxophon mit feinstem Plüsch-Etui			372,10
12 Saxophon-Blätter			7,20
Gitarren-Saiten			381,20

	Datum	Händler	Preis in RM
Für Leutnant Buchholz, Feldpost Nr. 41271:	6.10.1941	Menzenhauer, Berlin	
1 Jazz-Gitarre			86,--
1 Jazz-Trompete versilbert			68,--
1 Jazz-Trompete vermessingt			68,--
1 Es Alt-Saxophon, sand-matt versilbert m. Etui			360,--
10 Blättchen			1,50
4 Jazz-Dämpfer			13,50
1 Schlagzeug, kompl.			241,20
Für das Orchester des Afrika-Korps: 1 Trommel + Stöcke, 2 Querflöten m. Taschen	25.9.1941	Päsold, Berlin	41,10
1 Es Alto Saxophon Goldlack	20.9.1941	Vincens Paschek, Berlin	

Die Arbeitsgemeinschaft Musikinstrumentengewerbe betrieb einen erheblichen Aufwand, um die als erforderlich erachteten Mengen an Musikalien zu beschaffen. Auffallend ist der schier unstillbare Bedarf an Akkordeons, Mundharmonikas sowie Koffergrammophonen. Im angegebenen Zeitraum wurden rund 56.500 Mundharmonikas erworben, wovon circa 10.000 für Norwegen bestimmt waren. Von den insgesamt rund 4.700 Akkordeons ging mit 1.553 knapp ein Drittel nach Norwegen. Von Januar bis November 1941 wurden für Norwegen ausschließlich Akkordeons erworben.[12] Die vielen, kurz nacheinander erfolgten Einkäufe vermitteln den Eindruck, die Beschaffungsstelle sei nicht wählerisch mit den Mengen gewesen, sondern hätte bei den verschiedenen Händlern genommen, so viel jeweils zu bekommen war: bei Mundharmonikas manchmal nur wenige Dutzend[13] (sie wurden zumeist im Dutzend bzw. einem Vielfachen davon verkauft), dann wiederum, wenn verfügbar, wurden direkt ab Werk 10.000 Stück bei Hohner in Trossingen oder 6.000 Stück bei einem Händler bestellt.[14]

Die Lieferungen wurden fast ausschließlich über den Musikalienhandel abgewickelt, es gab – abgesehen von Radiogeräten, Grammophonen und Schallplatten, die auch direkt von den Produktionsfirmen (Telefunken, Deutsche Grammophon, Tempo-

---

12 Vgl. hierzu den Abschnitt „Zur Truppenbetreuung in Norwegen" im Kapitel „Skandinavien und Sowjetunion – zur Truppenbetreuung in ‚zweierlei Weltkriegen'".

13 Z.B. 7. und 24.7.1940 Augustin, Berlin, ohne Ortsbestimmung; 25.11.1940 Musikhaus Päsold, Berlin, ohne Ortsbestimmung; 16.10.1941 Voigt & Spiegel, Berlin „3,5 Dutzend Mundharmoniken", ohne Ortsbestimmung; 28.10.1940 Paul Fischer, Berlin, für Narvik.

14 10. und 30.9.1941 Karl Borbs, Berlin, 3.2.1942 Hohner, jeweils ohne Ortsbestimmung.

Schallplatten, Carl Lindström) bezogen wurden – nur wenige Liefervereinbarungen mit Herstellern wie Hohner oder der AG II Mittenwalder Geigenbau. Dem Regime war daran gelegen, dass staatliche Stellen durch den Bezug über den regulären Vertriebsweg mit Zwischenhändlern kleine und mittlere Betriebe wirtschaftlich förderten. Die Kritik, als Großabnehmer eine Monopolstellung mit Sonderkonditionen auszunutzen, sollte tunlichst vermieden werden.[15] Freilich blieb ein gewisser Ruch von Insichgeschäften, wenn die für die Einkäufe zuständige Arbeitsgemeinschaft Musikinstrumentengewerbe als wirtschaftlicher Interessenverband quasi Selbstkontrakte für große Mengen an Instrumenten abschloss, aber durch den Vertriebsweg über den Musikalienhandel gab es keinen Anlass für Einwendungen, weil auch die Zwischenhändler gut daran verdienten.

Die Spedition Schenker, seit 1931 Teil der Deutschen Reichsbahn, leistete den gesamten Straßen-Güterverkehr in der Transportkette zu und von den Verladestellen der Reichsbahn: die Abholung der Waren von den Händlern bzw. Firmen, die Zustellung an das Lager der Sachwertverwaltung des RMVP, wo sie ihren Bestimmungsorten gemäß in Kisten umverpackt und von dort wieder abgeholt wurden zur weiteren Verteilung an die Truppenstandorte, die per Bahn erfolgte.[16]

Bemerkenswert ist die Bedeutung der Firma Karl Borbs, vor allem bei Instrumentenkäufen in größerer Stückzahl. Von den 265 in der Liste dokumentierten Vorgängen entfallen 108 auf diesen Händler, die übrigen 157 verteilen sich auf insgesamt 51 weitere Firmen. Über die Gründe, warum Borbs so mit Aufträgen bedacht wurde und derart viele Instrumente beschaffen konnte, ob dies anderen Firmen in dem Umfang nicht möglich gewesen sein sollte oder ob es sich um eine gezielte Protektion handelte, lässt sich jedoch nur spekulieren.

Mundharmonikas, Akkordeons (unter diesem Sammelbegriff werden alle Balginstrumente mit Durchschlagzungen-Tonerzeugung, sowohl chromatische als auch diatonische wie Handharmonika, Piano-Akkordeon, steirische Harmonika, Klub-Modell usw. zusammengefasst), Gitarren, Violinen, Zithern, Mandolinen, Lauten – dies ist die Rangfolge bei der Anzahl der gekauften Instrumente.[17]

Mundharmonikas waren mit Abstand die Favoriten, sie wurden zu Tausenden an die Kriegsschauplätze versandt. Robust, unempfindlich und enorm preisgünstig, zudem klein und handlich in jede Hosentasche passend, waren sie autodidaktisch leicht zu lernen und eigneten sich sowohl als Solo- oder Chorinstrument wie auch zur Liedbegleitung. Bereits während des Ersten Weltkriegs hatten sich Mundharmonikas als

---

15 Vgl. Kater, Missbrauchte Muse, S. 254.

16 Zur Rolle der Spedition Schenker während des Nationalsozialismus vgl. Matis, Herbert; Stiefel, Dieter: *Grenzenlos. Die Geschichte der internationalen Spedition Schenker 1931–1991*, München (Redline Wirtschaft/Überreuther) 2002.

17 Zu den Anschaffungen einzelner Instrumente s. weiter unten Abschnitt „Individuelle Instrumentenspenden".

Instrumente für Soldaten etabliert.[18] Ihre Beliebtheit flaute auch in den 1920er Jahren nicht ab, tatkräftig von der Firma Hohner beeinflusst und unterstützt.[19] Nach Angaben der RKK existierten 1938 rund 6.000 Mundharmonika-Orchester mit mindestens 300.000 organisierten Mitgliedern im Deutschen Reich, die Zahl der privaten Spieler*innen dürfte in die Millionen gegangen sein.[20]

Um die Handharmonika, das „Klavier des kleinen Mannes", fanden bereits seit Beginn des 20. Jahrhunderts Auseinandersetzungen nach dem Ausgrenzungsschema Hochkultur versus Unterhaltungsmusik statt, die sich während des NS-Regimes und darüber hinaus fortsetzten.[21] Vor allem in Kreisen der Jugendmusikbewegung um Fritz Jödes Musikantengilde, die Blockflötenspiel und Singen als Idealtypus völkischen Musizierens priesen[22] und im NS-Regime Einfluss vor allem in der RJF und der HJ gewannen, wurde der Handharmonika bestenfalls eine Berechtigung zum Aufspielen bei dörflichen Tanzgesellschaften zugebilligt.[23] Diese Fraktion empfahl dem „männlich-soldatischen Musizieren" die Blockflöte mit ihrem „geistig, stillen, innerlichen Ton".[24] Dem gegenüber standen die im Deutschen Handharmonika-Verband organisierten Befürworter der Harmonika, die neben dem volksmusikalisch geprägten Gemeinschaftsmusizieren auch das Potential der Harmonika für eine weitergehende musikalische Bildungsvermittlung betonten.[25] Mit Beginn des Kriegs stiegen die Absatzzahlen bei der Firma Hohner, und bereits im Dezember 1939 stellte die Zeitschrift des Handharmonika-Verbands triumphierend fest:

---

18 So stellte Curt Sachs in seinem *Handbuch der Musikinstrumentenkunde* (Leipzig (Breitkopf & Härtel) 1930², S. 393) die Mundharmonika als das ideale Instrument im Krieg dar: „[…] auf unendlichen Märschen ersetzte die anspruchslose Mundharmonika, die manch einer virtuos zu behandeln wußte, dem Mann eine ganze Regimentsmusik, und in der Stellung kürzte sie die Zeit entnervenden Wartens.", zit. n. Eickhoff, Thomas: „Harmonika – Heil!' Über ein Musikinstrument und seine Ideologisierung im Nationalsozialismus", in: Sonntag, Brunhilde; Boresch, Hans-Werner; Gojowy, Detlef (Hg.): *Die dunkle Last. Musik und Nationalsozialismus (Schriften zur Musikwissenschaft und Musiktheorie, Bd. 3)*, Köln (Bela) 1999, S. 146–183, hier S. 165.

19 Ebd., S. 160.

20 Ebd., S. 166f.

21 Vgl. hierzu grundlegend Hodek, Johannes: *Musikalisch-pädagogische Bewegung zwischen Demokratie und Faschismus. Zur Konkretisierung der Faschismuskritik Th. W. Adornos*, Weinheim, Basel (Beltz) 1977; Eickhoff, Thomas: *Kultur-Geschichte der Harmonika. Armin Fett – Pädagoge und Wegbereiter der Harmonika-Bewegung (Handbuch der Harmonika-Instrumente, Bd. 4)*, Kamen (Schmülling) 1991.

22 Vgl. Eickhoff, Harmonika – Heil, S. 154.

23 Ebd., S. 172.

24 Ebd.

25 Gegründet 1931, fasste der Verband die große Zahl von Harmonika-Orchestern zusammen. Er wurde von der Matthias Hohner AG mehr als wohlwollend gefördert. Der Verband gab die Zeitschrift *Die Handharmonika* heraus (heute *Harmonika International*); vgl. ebd., S. 158.

„Unser Volksinstrument hat auf der ganzen Linie gesiegt. Unsere Gegner sind plötzlich verstummt. […] 1939 hat uns allen […] die Ernte gebracht."[26]

In der Tat vermochten sich Blockflöten innerhalb der Wehrmacht nicht durchzusetzen, stattdessen bewährten sich Handharmonikas und Akkordeons aufgrund ihrer Klangfülle und Lautstärke als unempfindliche, mobile, ohne großen Aufwand erlernbare Instrumente zur Liedbegleitung sowie zum Solovortrag. So resümierte ein zufriedener Hohner-Apologet, Harmonikas trügen zur „Erhaltung einer möglichst guten seelischen Verfassung der Truppen"[27] bei:

„Die moralische Stellung, die sich die Harmonika im [Ersten] Weltkrieg als seelische Kraftquelle eroberte, ist auch in dem heutigen Krieg in vollem Maße anerkannt und durch neue Erfahrungen bestätigt worden."[28]

Der akkordeonspielende Soldat als Mittelpunkt einer singenden Kameradenschar entwickelte sich zum Prototyp soldatischer Freizeitgestaltung. Dieses Bild reproduzierten auch Zeitungsberichte über Soldatengesang, „begleitet […] vom überall anzutreffenden Akkordeon".[29]

Für Truppenbetreuungsensembles mit bunten Programmen, die auf Tournee in Frontnähe unter einfachsten Bedingungen zurechtkommen mussten, war ein Akkordeon als Klavier-Ersatz (nebst Pianist*in, die/der gegebenenfalls mit dem Instrument umgehen konnte) ebenfalls unverzichtbar.[30] Daneben hatte das OKW ab Sommer 1943 begonnen, einzelnen Einheiten transportable Übungsklaviere für die Truppenbetreuung zuzuweisen.[31]

Gitarren gerieten wegen ihres wesentlich leiseren Klangs gegenüber Akkordeons und Handharmonikas als Instrumente zur Liedbegleitung ins Hintertreffen, sie wur-

---

26 *Die Handharmonika*, 1939, S. 156f., zit. n. Berghoff, Zwischen Kleinstadt und Weltmarkt, S. 419.

27 Fischer, Johannes: *Matthias Hohner – der Bahnbrecher der Harmonika (Lebensbild und Lebenswerk)*, Stuttgart (Muth) 1940, S. 74, zit n. ebd., S. 166

28 Fischer, Matthias Hohner, S. 76, zit n. ebd.

29 Trapp, Erich: „Immer wenn Soldaten singen …", in: *Das Deutsche Podium*, 8. Jg., Nr. 45, 8.11.1940, S. 6f.

30 Vgl. hierzu Kapitel „Die Bunte Frontbühne Bernt Komm – Alltag der Truppenbetreuung".

31 Bericht des Ic-Offiziers des AOK 17 in Sinferopol, 13.7.1943, BA-MA, RH 24–49/210. Ebenso Panzer-Armeeoberkommando 3 Ic/A.O., Tätigkeitsbericht 1.7.1943–30.9.1943: „Durch die OKW Aussenstelle für Truppenbetreuung wurde ein Kleinklavier zur Verfügung gestellt, das ermöglichte, den Einsatz von klaviergebundenen Spielgruppen auch bei der Truppe, die meist nicht über Klaviere verfügt, durchzuführen." BA-MA, RH 21–3/485, fol. 25–26. Diese Kleinklaviere dürften den so genannten „Victory Pianos", die bei der US-Army eingesetzt wurden, entsprochen haben. Die US-Army hatte für ihre Truppen bei Steinway rund 3.000 Kleinklaviere bauen lassen, die vergleichsweise leicht waren und in Kisten gut geschützt incl. Hocker, Stimmwerkzeug und Noten transportiert werden konnten. Mein herzlicher Dank für diesen Hinweis gilt Silke Berdux.

den aber für den in der Liste erfassten Zeitraum vor allem für die Truppenbetreuung in Norwegen gekauft.

Zwei Positionen in der Tabelle weisen den Kauf von Noten aus: im Oktober 1940 für den Norden Norwegens (Narvik) 231 Instrumentalschulen und Spielhefte für Gitarren, Geigen, Akkordeons und Zithern sowie im November 1940 für Südnorwegen (Oslo) neben Gitarren, Mandolinen, Zithern und Geigen noch 869 Notenhefte. Das Material war auch dazu gedacht, Anfängern das Erlernen der Instrumente zu ermöglichen. Berichte über praktische Erfahrungen – ob beispielsweise Soldaten in abgeschiedenen Bunkerstellungen das Violinspiel im Selbststudium aufnahmen und was ihre Kameraden dazu meinten – sind jedoch nicht überliefert.

Zu den Preisen

Mundharmonikas kosteten zwischen RM 1,20 und 2,40. Sie hießen „Militärmusik", „Wehrmachtsstolz", „Gruß von daheim", „Neue Jugend" oder „Unsere Lieblinge" (unter diesem Namen bietet die Firma Hohner bis heute Mundharmonikas an).

Ein Hohner Piano-Akkordeon (Royal Standard, 32 Bässe) kostete RM 70,--, eine kleine diatonische Handharmonika RM 22,20, ein Hohner Student II mit zwölf Bässen RM 57,20; für ein großes Hohner-Akkordeon „Verdi" mit 120 Bässen und zwei Diskantregistern wurden RM 291,-- verlangt.

Der Berliner Händler Willy Mielack lieferte im Juli 1940 insgesamt sechs Akkordeons, das Sport Modell 24 Baß Galotta für EUR 80,--, mit 32 Bässen für RM 95,-- und das Royal Standard Bellona mit 32 Bässen für RM 105,-- pro Stück.

Die 200 Geigen nebst Bögen, Saiten und Futteralen von der AG II der Mittenwalder Geigenbauer kosteten im Juni 1941 pro Stück RM 45,21 (RM 30,-- für das Instrument, RM 15,21 für die „komplette Garnitur", bestehend aus Bogen, Etui, Kinnhalter, Kolophonium, Feinstimmer, Saiten, Fracht und Verpackung), das Musikhaus Herfeld in Neuenrade/Westfalen verkaufte im Oktober 1941 zwölf Geigen zwischen RM 48,-- und 75,--, im November desselben Jahrs sowie im Januar 1942 insgesamt 165 Geigen mit Etui und Bogen à RM 60,--. Bedeutend günstiger – RM 18,90 pro Stück – waren die 40 Violinen nebst Bögen, die im Dezember 1940 bei Holzweissig in Leipzig für die Truppenbetreuung in Norwegen gekauft wurden.

Eine Gitarre kostete im Oktober 1940 bei Päsold RM 32,40, bei Menzenhauer waren im Juli 1940 RM 34,-- dafür zu zahlen. Die Jazz-Gitarre fürs Afrika-Korps kostete RM 86,--, ein Satz Gitarrensaiten RM 2,--.

Mandolinen gab es für circa RM 40,--. Ihre große Verbreitung hing mit dem Aufblühen der Zupforchester im Rahmen der Laienmusikbewegung in den 1920er Jahren zusammen.

Lauten kosteten bei Holzweissig RM 20,--; Wandervogel und Jugendmusikbewegung hatten zur neuen Popularität dieser Instrumente beigetragen.

Für Zithern inklusive Saiten waren RM 40,-- bis 50,-- zu zahlen. Sie wurden vor allem zur Truppenbetreuung in den Norden Norwegens geschickt, wo in den steilen, unwegsamen Fjord- und Küstenregionen gebirgserfahrene Einheiten aus dem Alpenraum, vor allem aus Tirol, stationiert waren.

Rund RM 60,-- waren für ein hochwertiges Koffergrammophon der Firma Thorens auszugeben, aber es gab z. B. bei Borbs sowie bei Richter auch günstigere Geräte für RM 26,-- und 46,--.

Die Preise für Schallplatten lagen bei RM 1,-- bis 2,--.

Für Rundfunkgeräte galten folgende Preise: ein Nora-Kleinkoffer-Radiogerät RM 103,--, ein Braun Spezial-Koffer RM 110,--, das Lorenz Super-Typ mit „magischem Auge" RM 151,50, ein Batterie Super RM 180,80, ein Zwerg Super RM 99,-- und für ein Philips Super Wechselstrom Rundfunkgerät waren RM 255,-- zu zahlen. Zum Vergleich: ein „Volksempfänger" mit Stromzufuhr kostete RM 76,--, ein batteriebetriebenes Gerät RM 65,--. Auffallend kostspielig war das Gerät, das Hans Hinkel sich am 11. Dezember 1940 in sein Büro stellen ließ: die Firma Radio-Zentrale, Berlin, berechnete für ein „Telefunken-Radio mit abgeschirmtem Kabel, kompl. Montage u Aufstellung im Büro von Herrn Reichskulturwalter Hans Hinkel" RM 357,80. Rund zwei Monate später, am 25. Februar 1941, lieferte dieselbe Firma einen „Radione Auto- und Reise-Koffer-Empfänger" nebst Auto-Akkumulator und zwei Batterie-Anschlusskabeln an das Büro Hans Hinkel, wofür RM 364,-- aus dem BeKA-Etat gezahlt wurden.

Meist räumten die Firmen einen Rabatt (Mengen- oder Behördenrabatt) in Höhe von 10% ein, teilweise wurden auch 2–3% Skonto bei Bezahlung innerhalb von 30 Tagen gewährt.

Lieferschwierigkeiten

Der Bedarf an Musikinstrumenten für die Truppenbetreuung war enorm, es kam immer wieder zu Engpässen und Lieferschwierigkeiten. Transportprobleme, die sich im Verlauf des Kriegs einstellten (Bahnsperren wegen Militärtransporten, durch Bombenangriffe zerstörte Gleisanlagen und Züge), führten zu weiteren Verzögerungen. Zudem standen – aus wirtschaftlichen und ideologisch-propandistischen Gründen durch das Regime gefördert – bei der Bevölkerung im Deutschen Reich die Pflege von Hausmusik und das Erlernen eines Musikinstruments hoch im Kurs[32], so dass die Instrumentenbauer und Firmen kaum mit der Produktion hinterher kamen, nachdem sich die wirtschaftliche Situation ab Mitte der 1930er

---

32 Mit der Förderung der Haus- und Laienmusik wurden in wirtschaftlicher Hinsicht der Absatz von Instrumenten, Zubehör und Noten sowie der private Musikunterricht angekurbelt; propagandistisch fügte sich das Bild von häuslichem Musizieren und Laienmusik-Ensembles in das Ideologem der ‚Volksgemeinschaft'; vgl. hierzu Potter, Deutscheste der Künste, S. 27ff.; Kater, Missbrauchte Muse, S. 251ff.

Jahre allgemein spürbar verbessert hatte.[33] Nicht zuletzt unterhielt die Hitler-Jugend eine stetig wachsende Zahl unterschiedlicher Musikgruppen – 1944 waren es mehr als 900,[34] dazu gab es noch rund 160 so genannte Musikschulen für Jugend und Volk, die ebenfalls der Hitler-Jugend unterstellt waren[35] –, die alle mit Instrumenten auszustatten waren. So schrieb die Firma Karl Borbs am 29. Mai 1941, nachdem sie einen Lieferauftrag von 1.000 Hohner Royal-Standard-Akkordeons erhalten hatte:

> „Durch die wiederholten Bahnsperren in den letzten Monaten haben sich leider in der Auslieferung unliebsame Verzögerungen ergeben, denn sonst hätte ich in der Zwischenzeit noch weit mehr geliefert. Auf Grund der momentanen Bahnsperre liegen auch wieder weit über 100 Stück Instrumente unterwegs, die sich nur unter den grössten Schwierigkeiten heranschaffen lassen. Ich hoffe, Ihnen im übrigen schon in Kürze mit weiteren grösseren Lieferungen anhandgehen zu können."

Im Zeitraum 21. Februar bis 27. Mai 1941 wurden von den 1.000 Akkordeons 664 Stück geliefert.

Die Firma Herfeld & Comp., Neuenrade/Westfalen, teilte am 24. September 1941 mit, die Lieferung von Saiteninstrumenten sei sehr schwierig:

> „Es sieht ganz trostlos in dieser Beziehung aus. Wahrscheinlich aber müssen Sie wesentlich höhere Preise anlegen, um überhaupt noch etwas zu bekommen. In Harmonikas, die wir selbst herstellen, glauben wir, Ihnen einigermaßen helfen zu können."

Schallplatten wurden aufgrund der Rohstoffknappheit nur noch hergestellt, wenn abgespieltes Plattenmaterial zum Recyceln eingeliefert wurde. Der Materialbedarf für große Bestellungen im Rahmen der Truppenbetreuung wurde dabei über eine so genannte ‚Anweisung zur Entnahme' bei der Reichsstelle für Film und Bild geregelt, was nicht immer zeitnah stattfand. Die Firma Telefunkenplatte sandte im November 1940 ein Erinnerungsschreiben an die Arbeitsgemeinschaft Musikinstrumentengewerbe:

> „Wir lieferten Ihnen auf Grund Ihrer Bestellung vom 16. 11. 40 400 Schallplatten für Norwegen. Bitte haben Sie die Freundlichkeit, uns mitzuteilen, wann wir mit dem Eingang der Altmaterial-Gegenlieferung rechnen dürfen."

Für jedes Grammophon bedurfte es wegen der rationierten Rohstoffe entsprechender Bezugsscheine, die vom Amt meist erst nachträglich eingereicht wurden. So mahnte die Deutsche Grammophon am 18. November 1940 schriftlich an, es würden noch „die Material- und Eisenkennziffern für die gelieferten 100 Koffer" [tragbare Grammophone] fehlen.

---

33 Auf die Gründe dieser Prosperität – Aufrüstung in gigantischem Ausmaß, Investitionen in andere staatliche Großprojekte wie Autobahnbau u. a., Plünderung von Besitz und Vermögen der jüdischen Bevölkerung – gehe ich im Rahmen dieser Arbeit nicht ein.
34 Potter, Deutscheste der Künste, S. 38.
35 Ebd., S. 39.

Individuelle Instrumentenspenden

Neben den Lieferungen „en gros" an Truppenteile und Einheiten wurden Instrumente auch als Spende einzelnen Soldaten oder Einheiten bewilligt, die mit einem entsprechenden Bittschreiben an Minister Goebbels, die Kanzlei des Führers oder andere Personen bzw. Dienststellen herangetreten waren. Der Amtsweg ließ eine solche Eingabe über die Abteilung M (Musik) des RMVP mit befürwortender Stellungnahme des Referenten an die Abteilung Pro (Propaganda) im selben Ministerium gehen, die daraufhin die Arbeitsgemeinschaft Musikinstrumentengewerbe in der RMK mit der Beschaffung beauftragte. Die Instrumente wurden zumeist direkt ausgehändigt, wie aus einem Schreiben der Reichskulturkammer, Dienststelle Truppenbetreuung, hervorgeht:

> „[...] Musikinstrumente können wegen der Gefahr der Beschädigung nicht zum Versand gebracht werden. Ich stelle Ihnen anheim, gelegentlich durch einen Urlauber mit einem entsprechenden Ausweis, in der Dienststelle Truppenbetreuung, Berlin NW 7, Luisenstr. 58, die Musikinstrumente anzufordern."[36]

Die eingangs dieses Kapitels zusammengefasste Tabelle enthält mehrere Posten mit Instrumenten für einzelne Feldpostnummern bzw. namentlich genannte Personen, z. B. mit Datum vom 18. Dezember 1940 eine Konzert-Zither für Unteroffizier Stoiberer, einen Tag später fünf Akkordeons an Feldwebel Hönicke, am 11. Juni 1941 ein Hohner-Akkordeon „Verdi" für den Matrosengefreiten Hallmann und am 8. Januar 1942 wurde ein Cello samt Futteral an Hauptmann Nitz übergeben. Die Seekommandantur Ostland erhielt am 5. Februar 1942

> „1) 2 Piano Akkordeons
> 2) 1 Mandoline
> 3) 10 Mundharmonikas
> 4) 5 Schachspiele
> 5) 2 Tischtennis
> 6) 2 Koffergrammophone
> 7) 60 Grammophonplatten
> 8) 10 Mundharmonikas".[37]

Am 7. Februar 1942 hieß es in einem Schreiben an den Oberstabsveterinär und Kommandeur der Einheit 09706:

> „Betrifft: Ihr Schreiben vom 10.1.1942
> Ich habe Ihrer Bitte entsprochen und Herrn Oberleutnant Tschuschler einen Nora-Batterie-Empfänger und eine Ziehharmonika für Ihre Einheit mitgegeben. Ferner habe ich die Sachwertverwaltung des Reichsministeriums für Volksaufklärung und Propaganda angewiesen, Ihnen noch 150 Bücher, 30 Spielmagazine, 50 andere Spie-

---

36   RKK-S 5105/42/123-5, BArch, R 56 I/255.
37   Ebd.

le und 30 Mundharmonikas zu schicken. Ich hoffe, Ihrer Einheit damit eine kleine Freude machen zu können.“[38]

Auch die Ausstattung der verschiedenen Einheiten des Afrika-Korps mit Jazz-Instrumenten erfolgte aufgrund einzelner detaillierter Eingaben.

Der Gefreite Jakob Bücking richtete am 14. Januar 1940 einen Brief an Minister Goebbels:

„[…] wo wir liegen ist es still und Einsam, und gibt es hier sehr wenig Musik und wäre es das schönste was wir Kölner uns denken könnten, wenn wir ein Musik-Instrument hätten, auf dem wir Lieder von unserem schönen Kölln spielen könnten, weil nichts über Frohsinn geht, um die Zeit zu überbrücken.“

Elf Monate später war dieses Gesuch erledigt; das Musikhaus Hermann Lembke, Berlin, stellte eine Rechnung an das Referat BeKA:

„Auf Veranlassung der Arbeitsgemeinschaft Reichsmusikkammer – Musikinstrumentengewerbe, Berlin W.15, Lietzenburgerstr. 28 sandte ich am 15. Dez. 1940 an den Gefr. Jakob Bücking Feldpostnr. 04108 eine Handharmonika Meisterklang, 21/8 Stahl, Sportmodell, nebst Koffer für RM 34,--, Verpackungs- und Anlieferungskosten --,50.“

Der Musiklehrer Anton Maier in Furth im Wald kaufte im Januar 1940 bei Otto Hammig, Markneukirchen, ein Meisterklang-Piano-Akkordeon, kurz darauf wurde er zur Wehrmacht eingezogen und konnte die vereinbarten Raten nicht mehr bezahlen. Hammig schickte eine Rechnung über RM 140,-- an die Abteilung BeKA, die nach entsprechender amtlicher Befürwortung den noch ausstehenden Betrag beglich.

Der Gefreite Dr. jur Willy Siefert, in den Niederlanden stationiert, wandte sich im September 1940 an die Kanzlei des Führers:

„Betr: Wehrmachtsbetreuung
Seit 10.5.1940 sind wir in ununterbrochenem Einsatz im Westen. – Nach dem Bau einer Brücke über die Loire bei Chatillon kam unser Bataillon nach Rotterdam zum Ausbau von Flusskähnen. In Rotterdam hatten wir an Wehrmachtsbetreuung einen 3maligen Kinobesuch am Sonntag, nach einem Fernmarsch von ca 6 km zu verzeichnen. Seit einiger Zeit liegen wir als Besatzung auf dem Boot WF 134, Salaire 2. Ich habe unseren Zugführer gebeten, uns eine Diathonische Handharmonika (Clubmodell) zu besorgen. Er gab mir den Bescheid, dass bei der Ortskommandantur eine solche nicht aufzutreiben sei. – Nach Vorsprache in einem einschlägigen Geschäft in Dortrecht (wo wir z.Zt. liegen), wurde mir von der Ortskommandantur erklärt, die Bootsbesatzung solle sich das Instrument (Preis 32 fl) selbst besorgen. Es sei dies nicht Aufgabe der „Wehrmachtsbetreuung“. Ich bin hier anderer Ansicht. Es ist uns keine Möglichkeit irgendwelcher feierabendlicher Zerstreuung gegeben. Selbst Nachrichten können wir schlecht erfah-

---

38   Ebd., RKK-S 5105/42/132 1.

ren, Post noch schwerer empfangen. Es sind Kameraden an Bord, die 4 Wochen und länger nichts von zu Hause gehört haben. – Zur Unterhaltung und Hochhaltung des Geistes innerhalb der Besatzung ist es lebenswichtig die Freizeit zu gestalten. Da wir einen ausgezeichneten Harmonikaspieler unter uns haben, wäre mit der Beschaffung eines Instruments hierzu viel gegeben, um so mehr, als wir z. Tl. seit Weihnachten nicht mehr in Urlaub gewesen sind und in steter Bereitschaft unsere Pflicht bis zum letzten erfüllt haben und freudig weiter erfüllen werden. Es würde uns allen eine große Freude bereiten, wenn von dort aus unserer Besatzung das oben benannte Instrument zur Verfügung gestellt würde."

Ob dieser Bitte entsprochen wurde, lässt sich nicht überprüfen.

Der Sachbearbeiter der Arbeitsgemeinschaft Musikinstrumentengewerbe richtete im September 1940 ein Schreiben an die Abteilung Musik im RMVP:

„Betrifft: Instrumentenbeschaffung
Der Feldwebel Buckbesch von der Einheit 08 373, II. Zug, bittet um Ueberlassung eines Akkordeons. Er begründet seine Bitte damit, daß seine aus 65 Mann bestehende Abteilung am Kanal ohne jede Möglichkeit der Unterhaltung wie: Film, Theater, usw. eingesetzt ist. Ich befürworte die Erfüllung der vorgetragenen Bitte. Für die Beschaffung eines geeigneten Instrumentes benötige ich den Betrag von RM 60,--."

Dem Feldwebel Rudolf Fehler, Genesenden-Kompanie Inf.-Ers.-Bat. 466 in Schwerin/Warthe wurde Anfang Dezember 1941 die Bitte um Musikinstrumente soweit wie möglich erfüllt:

„Ihrem mit obigem Schreiben ausgesprochenen Wunsche habe ich stattgegeben und mit gleicher Post veranlasst, dass Ihnen durch die Sachwertverwaltung des Reichspropagandaministeriums nachstehendes Betreuungsmaterial für die Soldaten Ihrer Genesenden-Kompanie zugesandt wird: 1 Geige, 2 Gitarren, 2 Piano-Akkordeons und 6 Mundharmonikas. Die von Ihnen erbetenen Mandolinen sind leider restlos vergriffen."[39]

Die Ausgaben für solche Käufe wurden aus dem Haushaltsposten „Mittel zur Förderung der aktiven Propaganda" finanziert, diese Position sah im Haushaltsjahr 1940 zur Beschaffung von Musikinstrumenten RM 10.000,-- vor.

Den in der Truppenbetreuung eingesetzten Ensembles wurden Akkordeons leihweise zur Verfügung gestellt, damit sie vor Ort keinerlei Ausstattungsanforderungen zu stellen brauchten:

„1 Royal Standard Piano-Akkordeon leihweise durch Sachwertverwaltung
an Herrn Thomandl/Tournee Ebbecke
Berlin, d. 15.12.41."[40]

Das Referat Truppenbetreuung im RMVP bestätigte am 6.1.1942:

---

39   BArch, R 56 I/255.
40   Ebd.

„Von der Abteilung für ‚Besondere Kulturaufgaben' habe ich folgendes erhalten:
3 Piano-Akkordeons f. Frontbühnen:
Möllendorf
Hölger
Körner-Schmitz
leihweise an Herrn Hansen zur Weiterleitung ausgehändigt."[41]

Wegen der forcierten Rüstungsproduktion und damit einhergehender Rohstoff-knappheit war die Lieferung von Akkordeons 1943 jedoch schwierig geworden, wie der Schriftwechsel zwischen einem Soldaten und Staatssekretär Gutterer im RMVP ergibt:

„[…] Ich bin seit 2 Jahren Wehrmachtsangehöriger und als solcher an der Ostfront. […] Ich bin leidenschaftlicher Akkordeonspieler und möchte so oft gern zur Unter-haltung meiner Kameraden mit beitragen. Ein Akkordeon ist jedoch trotz vielfacher Bemühungen nicht aufzutreiben. Überall habe ich Absagen erhalten. Ich bin An-gehöriger einer Sanitätskompanie und wollte mir mein Kompaniechef schon eine Bescheinigung zwecks Beschaffung eines Akkordeons ausstellen lassen, damit ich auch dort verwundeten Kameraden und meinen Kameraden etwas Ablenkung bie-ten konnte. […] Es käme ein grösseres Instrument in Frage, da ich perfekt spiele und es mir eine grosse Freude bereiten würde, mir meine Sorgen etwas vergessen zu machen. […] gez. Willi Behnke, Gefr. Deutsches Lazarett Petschur (Estland) über Leistelle Tilsit."

Die Antwort aus dem Ministerium lautete:

„Ich habe mich nun mit unserer Abteilung Truppenbetreuung in Verbindung gesetzt und muß Ihnen leider mitteilen, daß auch von dieser Stelle ein Akkordion leider nicht mehr zur Verfügung gestellt werden kann. Um jedoch für Sie und Ihre Kame-raden etwas zur Unterhaltung beizutragen, sende ich Ihnen als Ersatz heute 6 Mund-harmonikas und hoffe, daß auch diese kleinen Instrumente Ihnen Freude machen."[42]

Die Ausstattung von Soldatenheimen mit Musikinstrumenten, Radiogeräten, Grammophonen und Schallplatten sowie Instrumentenspenden an Einzelpersonen wurde teilweise auch aus den Beutezügen bestritten, die der „Sonderstab Musik" des „Einsatzstabs Reichsleiter Rosenberg für die besetzten Gebiete" in allen von der Wehrmacht okkupierten Ländern vornahm.[43] Der Musikalien-Bestand jüdischer

---

41 Ebd.
42 Dienstliche Korrespondenz Leopold Gutterer, Staatssekretär im RMVP, IfZ München, ED 880 Bd. 8.
43 Am 1.7.1940 hatte Rosenberg in einem Brief an Hitler vorgeschlagen, in den besetzten Ge-bieten gründlich nach Musikalien zu suchen. Die Erlaubnis hierzu wurde erteilt. So wurden beispielsweise die Instrumente, Bibliotheken und Musikalien so berühmter Musikerinnen wie Wanda Landowska oder Gregor Piatigorsky, die beide in die USA emigrieren konnten, konfisziert; vgl. Geiger, Deutsche Musik, S. 254. Zum „Sonderstab Musik" vgl. grundlegend Vries, Willem de: Sonderstab Musik. Organisierte Plünderungen in Westeuropa 1940–45, Köln

Haushalte wurde geplündert und zur weiteren Verteilung ins Deutsche Reich expediert.[44]

Unterschiedliche Versorgungssituation

Die umfangreichen Instrumentenlieferungen nach Norwegen stehen im Kontrast zu immer wieder geäußerten Bitten um Versorgung mit Musikinstrumenten an anderen Kriegsschauplätzen.[45] Einheiten in Ruhestellungen und wenig geforderten Besatzungsgebieten hatten einen größeren Bedarf an Material zur Gestaltung der Freizeit als Truppen, die im Kampfgeschehen standen oder häufig die Standorte wechselten.

Der Ic-Offizier der 12. Panzer-Division, die zur Erholung gerade von vorderster Front im Russlandfeldzug abgezogen worden war, schrieb Anfang Januar 1942 an den Befehlshaber des Rückwärtigen Heeresgebietes Nord:

> „Für die Freizeitgestaltung bei der Truppe benötigt die Division Musikinstrumente […] Sie bittet bei der Zuweisung zu beachten, dass das bei der Truppe vorhandene Material durch den langen Einsatz der Division zum grossen Teil verloren gegangen oder beschädigt ist. Die Division bittet ferner um möglichst schnelle Zuweisung, damit die Truppe in der jetzt anlaufenden Ruhezeit noch rechtzeitig in den Besitz des Materials gelangt."[46]

Im Juni 1942 kam Klage aus dem ruhigen Dänemark:

> „Die Freizeitgestaltung der Truppen des Heeres lässt viel zu wünschen übrig. Gelder zur Beschaffung von Musikinstrumenten […] stehen leider nicht zur Verfügung […]. Liederbücher werden weiterhin von verschiedenen Einheiten angefordert."[47]

An der französischen Küste begannen im September 1942 die Vorbereitungen der kleinen Bunkerstellungen für den Winter:

> „Die nun herannahende schlechte Jahreszeit erfordert eine verstärkte Betreuung. […] Da hier häufig nicht die Möglichkeit für den Einsatz von Filmen oder Bühnen gegeben ist, ist es notwendig, andere Betreuungsmittel einzusetzen. In Betracht kom-

---

(Dittrich) 1998. Am 1.3.1942 erging ein ergänzender Führererlass, der dem „Einsatzstab Reichsleiter Rosenberg" die Beschlagnahmung sämtlicher Kulturgüter in den okkupierten Ländern gestattete. Allein aus Paris wurden Kunstgegenstände im Wert von einer Milliarde Reichsmark ins Deutsche Reich transportiert, wie Alfred Rosenberg in seinem Tagebuch vermerkte; vgl. Matthäus, Jürgen; Bajohr, Frank (Hrsg.): *Alfred Rosenberg. Die Tagebücher von 1934 bis 1944*, Frankfurt/Main (S. Fischer) 2015, S. 356.

44 Zur Ausstattung von Soldatenheimen mit diesem Raubgut vgl. Geiger, Deutsche Musik, S. 255.

45 Vgl. hierzu das Kapitel „Skandinavien und Sowjetunion – zur Truppenbetreuung in ‚zweierlei Weltkriegen'".

46 BA-MA, RH 27–12/54.

47 BA-MA, RW 38/87.

men u. a. Brettspiele (Dame, Schach, Halma), Tischtennis, Kartenspiele, Musikinstrumente (Ziehharmonika) […]. Um eine Sonderzuweisung solchen Materials wird gebeten."[48]

Auch an der Ostfront war der Bedarf an Freizeitmaterial im Winter erhöht:

> „Mit dem Beziehen der festen Front und dem hereinbrechenden Winter wird die Frage der geistigen Betreuung mehr und mehr akut. Der Beginn des 4. Kriegsjahres erfordert im verstärkten Maße eine wehrgeistige Führung. […] werden im umfangreichen Maße Spiele aller Art, Musikinstrumente, Aschenbecher, Trinkgläser, Grammophone usw. den Einheiten zugewiesen."[49]

Die Feldkommandantur 603 aus dem Distrikt Radom im ‚Generalgouvernement' meldete in ihrem Monatsbericht Februar/März 1943, es bestünde „rege Nachfrage […] besonders nach jeder Art von Musikinstrumenten und nach Kartenspielen".[50]

Im Juni 1943 lautete eine Ic-Meldung aus Russland:

> „Es besteht Mangel an Sportgeräten: Fußballblasen, Faustbälle, Tischtennis. Erwünscht ist ausserdem die Belieferung mit Musikinstrumenten: Mundharmonika, Bandoneon […]."[51]

Der Ic-Offizier einer in den Niederlanden stationierten Luftwaffeneinheit wies im Januar 1944 auf Versorgungsmängel hin:

> „Zur stärkeren Heranziehung der in der Truppe selbst vorhandenen Kräfte zur Betreuung benötigt die Einheit Musikinstrumente wie Akkordeons, Gitarren etc."[52]

---

48   BA-MA, RH 26–17/33.
49   Ic-Bericht 1.–31.10.1942, BA-MA, RH 27–1/137.
50   IfZ München, MA 679 Bd. 6, fol. 267f.
51   BA-MA, RH 26–12/89.
52   BA-MA, RL 34/228.

4. Fremdversorgung. Externe Truppenbetreuung

4.1 Skandinavien und Sowjetunion – zur Truppenbetreuung in „zweierlei Weltkriegen"[1]

Dieses Kapitel skizziert Aspekte der Truppenbetreuung in zwei höchst unterschiedlichen Erfahrungsräumen. Die Kriegsschauplätze Skandinavien und Sowjetunion bildeten diametrale Pole in politischer, wirtschaftlicher und militärischer Zielsetzung und damit einhergehend in der Gestaltung der Besatzungsregimes. Während Norwegen und Dänemark als die „friedlichsten" Fronten Europas[2] galten, entfesselten Wehrmacht und SS gegen die Rote Armee und die Zivilbevölkerung im Osten einen Krieg von ungeahnter Brutalität. Dies prägte auch die Truppenbetreuung, die an der Ostfront auf andere Bedürfnislagen und Bedingungen traf als in den übrigen besetzten Gebieten.

Zwischen September 1939 und Mai 1945 wurden insgesamt 17,3 Millionen Soldaten zur Wehrmacht eingezogen, davon zählten 13,6 Millionen zum Heer, 2,5 Millionen zur Luftwaffe und 1,2 Millionen zur Marine. Hinzu kamen ca. 900.000 Mitglieder der Waffen-SS.[3] Das Wehrmachtgefolge umfasste ebenfalls rund 900.000 Personen, es bestand mit ungefähr 500.000 Wehrmachthelferinnen zu mehr als der Hälfte aus Frauen.[4] Rund zehn Millionen Wehrmacht-Soldaten waren zu irgendeinem Zeitpunkt zwischen Sommer 1941, dem Beginn des „Unternehmen Barbarossa" genannten Überfalls auf die Sowjetunion, und Herbst 1944, als die Rote Armee deutsches Reichsgebiet erreichte, im Osten zwischen Ostsee und Schwarzem Meer eingesetzt.[5] Damit

---

1   Jasper, Zweierlei Weltkriege.

2   Kriegstagebuch OKW, Bd. 4/1, S. 922f., zit. n. Bohn, Robert: *Reichskommissariat Norwegen. „Nationalsozialistische Neuordnung" und Kriegswirtschaft,* München (Oldenbourg) 2000, S. 452.

3   Vgl. Overmans, Rüdiger: *Deutsche militärische Verluste im Zweiten Weltkrieg (Beiträge zur Militärgeschichte, Bd. 46),* München (Oldenbourg) 2004, S. 215f. Neben deutschen Soldaten waren bei Wehrmacht und Waffen-SS insgesamt rund 2 Millionen ausländische Freiwillige und „Hilfswillige" am Feldzug gegen die Sowjetunion beteiligt; vgl. Müller, Rolf-Dieter: *An der Seite der Wehrmacht: Hitlers ausländische Helfer beim „Kreuzzug gegen den Bolschewismus" 1941–1945,* Berlin (Ch. Links) 2007. Zur „Blauen Division" Spaniens vgl. Seixas, Xosé M. Núñez: *Die spanische Blaue Division an der Ostfront, 1941–1945. Zwischen Kriegserfahrung und Erinnerung,* Münster (Aschendorff) 2016, zur albanischen Division „Skanderbeg" vgl. Zaugg, Franziska A.: *Albanische Muslime in der Waffen-SS. Von „Großalbanien" zur Division „Skanderbeg" (Krieg in der Geschichte, Bd. 96),* Paderborn (Ferdinand Schöningh) 2016; vgl. a. Sørlie, Sigurd Christian: *Sonnenrad und Hakenkreuz. Norweger in der Waffen-SS 1941–1945,* Paderborn (Ferdinand Schöningh) 2019.

4   Vgl. Paulus, Soldatenheimschwester, S. 40f.; Gersdorff, Frauen im Kriegsdienst, S. 65 und 74; Seidler, Blitzmädchen, S. 11f.

5   Kühne, Zärtlichkeit und Zynismus, S. 180. Der Angriff auf die Sowjetunion im Juni 1941 wurde mit mehr als drei Millionen Soldaten begonnen (vgl. Jasper, Zweierlei Weltkriege, S. 68), im Herbst 1943 waren es wegen des Abzugs von Truppen nach Italien und der Verrin-

wurde weit mehr als die Hälfte aller Wehrmacht-Soldaten durch den Erfahrungs-raum Ostfront geprägt.[6] Der rassenideologisch begründete Vernichtungskrieg gegen die Sowjetunion[7] unterschied sich in Kriegführung und Besatzungspolitik fundamental von dem Hegemonialkrieg in West- und Nordeuropa, der auf Entmachtung und Unterdrückung, nicht aber die physische Dezimierung der Bevölkerung zielte[8] – mit Ausnahme jüdischer Menschen, die in allen von der Wehrmacht besetzten Gebieten verfolgt, deportiert und ermordet wurden.[9]

Bekanntlich hatte die Sowjetunion mit knapp 27 Millionen getöteten Menschen die Hauptlast des Zweiten Weltkriegs zu tragen.[10] Die Zahl der Getöteten aus Wehrmacht, Waffen-SS und anderen militärischen oder paramilitärischen Verbänden des Deutschen Reichs wird mit 5,32 Millionen angegeben, wovon mit rund 4 Millionen etwas mehr als 75% auf den Krieg im Osten entfielen.[11]

---

gerung der planmäßigen Sollstärken der Divisionen aufgrund der hohen personellen Verlus-te noch 1,9 Millionen; vgl. ebd., S. 117.

6 Vgl. hierzu Wendt, Imke: *Im Osten Krieg – im Westen „Badebetrieb und Winterschlaf"? Der Zweite Weltkrieg an der Ost- und der Westfront aus Sicht ehemaliger Wehrmachtsangehöriger* (3 Bde), Norderstedt (Books on Demand) 2016.

7 Aus der Fülle historischer Fachliteratur zum Krieg gegen die Sowjetunion seien genannt: Boog, Horst; Förster, Jürgen; Hoffmann, Joachim; Klink, Ernst; Müller, Rolf-Dieter; Ueber-schär, Gerd R.: *Der Angriff auf die Sowjetunion (Das Deutsche Reich und der Zweite Weltkrieg, Bd. 4)*, Stuttgart (Deutsche Verlags-Anstalt) 1983; Hartmann, Christian: *Unternehmen Barbarossa. Der deutsche Krieg im Osten 1941–1945*, München (C.H. Beck) 2011; ders.: *Wehrmacht im Ostkrieg. Front und militärisches Hinterland 1941/42 (Quellen und Darstellungen zur Zeitgeschichte, Bd. 75)*, München (Oldenbourg) 2009; Pohl, Dieter: *Die Herrschaft der Wehrmacht. Deutsche Militärbesatzung und einheimische Bevölkerung in der Sowjetunion 1941–1944*, München (Oldenbourg) 2008; Hartmann, Christian; Pohl, Dieter; Hürter, Johannes; Lieb, Peter: *Der deutsche Krieg im Osten 1941–1944. Facetten einer Grenzüberschreitung*, München (Oldenbourg) 2009; Mallmann, Klaus-Michael; Rieß, Volker; Pyta, Wolfram (Hg.): *Deutscher Osten 1939–1945. Der Weltanschauungskrieg in Photos und Texten (Veröffentlichungen der Forschungsstelle Ludwigsburg der Universität Stuttgart, Bd. 1)*, Darmstadt (Wissenschaftliche Buchgesellschaft) 2003.

8 Vgl. Jasper, Zweierlei Weltkriege, S. 13; Müller, Der Zweite Weltkrieg, S. 86ff.

9 Vgl. zur Verfolgung der jüdischen Bevölkerung während des Ostfeldzugs Hoppe, Bert; Glass, Hildrun (Bearb.): *Die Verfolgung und Ermordung der europäischen Juden durch das nationalsozialistische Deutschland 1933–1945, Band 7: Sowjetunion mit annektierten Gebieten I*, München (Oldenbourg) 2011 sowie Hoppe, Bert (Bearb.): *Die Verfolgung und Ermordung der europäischen Juden durch das nationalsozialistische Deutschland 1933–1945, Band 8: Sowjetunion mit annektierten Gebieten II*, Berlin (De Gruyter) 2015.

10 11,4 Millionen Soldaten und 15,2 Millionen Zivilisten waren es lt. Hartmann, Unternehmen Barbarossa, S. 115f.; andere Quellen nennen 18 Millionen getötete Zivilpersonen und 8,7 Millionen Angehörige der Roten Armee, vgl. Pöpping, Dagmar, *Kriegspfarrer an der Ostfront. Evangelische und katholische Wehrmachtseelsorge im Vernichtungskrieg 1941–1945*, Göttingen (Vandenhoeck & Ruprecht) 2017, S. 9.

11 Vgl. Overmans, Deutsche militärische Verluste, S. 255 und 265.

Skandinavien. Militärische und politische Interessen in Dänemark und Norwegen

Der „Operation Weserübung" genannte Überfall auf die neutralen Länder Norwegen und Dänemark begann am 9. April 1940.[12] Ausschlaggebend waren rüstungswirtschaftliche und strategische Aspekte; mit der Besetzung sicherte sich das Deutschen Reich die Hegemonie in Nordeuropa. Der Import von schwedischem Erz für die Stahlproduktion[13] erfolgte via Narvik, dem wegen des Golfstroms ganzjährig eisfreien Hafen im äußersten Norden Norwegens. Ein weiteres wichtiges Importgut war Bauholz. Die Marine erlangte Operationsbasen für den Seekrieg gegen Großbritannien und größere Kontrollmöglichkeiten über Nord- und Ostsee. Überdies wurde der dänische Export landwirtschaftlicher Produkte nach Großbritannien unterbunden und die Versorgung des Deutschen Reichs mit Nahrungsmitteln verbessert.

Die dänische Regierung beschloss angesichts der militärischen Übermacht der Invasionstruppen und drohender Luftangriffe, die Besetzung ohne Gegenwehr hinzunehmen. Das Land behielt zunächst – bis zur Verhängung des Ausnahmezustands im Spätsommer 1943 – formal seine Souveränität, jedoch übernahm ein so genannter Bevollmächtigter des Deutschen Reiches die Spitze der Besatzungsmacht – zunächst der deutsche Gesandte in Dänemark Cécil von Renthe-Fink (1885–1964), der nach der Zunahme dänischen Widerstands zur Durchsetzung einer härteren Politik durch den SS-Obergruppenführer Werner Best (1903–1989) abgelöst wurde –, ihm zur Seite stand ein Wehrmachtbefehlshaber.[14]

In Norwegen hingegen riefen Regierung und König anfangs zu militärischem Widerstand auf. Während Süd- und Mittelnorwegen rasch von der Wehrmacht besetzt

---

12 Vgl. zum Überblick Brandt, Willy: *Krieg in Norwegen. 9. April–9. Juni 1940*, Zürich (Europa) 1942, 2010²; Müller, Der Zweite Weltkrieg, S. 14ff.; Bertram, Thomas: „Weltkrieg 1939–1945", in: Benz, Wolfgang; Graml, Hermann; Weiß, Hermann (Hg.): *Enzyklopädie des Nationalsozialismus*, München (Deutscher Taschenbuchverlag) 2007⁵, S. 358–365; Hartmann, Christian: „Der Zweite Weltkrieg. Ursachen und Verlauf", in: Dahm, Volker; Feiber, Albert A.; Mehringer, Hartmut; Möller, Horst (Hg.): *Die tödliche Utopie. Bilder, Texte, Dokumente, Daten zum Dritten Reich (Veröffentlichungen des Instituts für Zeitgeschichte zur Dokumentation Obersalzberg)*, München, Berlin (Institut für Zeitgeschichte) 2010, S. 564–653, hier S. 569ff.; ausführlich: Bohn, Reichskommissariat Norwegen.

13 Deutschland deckte knapp die Hälfte seines Eisenerzbedarfs mit Rohstofflieferungen aus Schweden. Das offiziell neutrale Land kooperierte eng mit dem ‚Dritten Reich'. Neben Erz exportierte es in großem Umfang Rüstungsgüter (vor allem Kugellager) nach Deutschland, zudem gestattete es bis August 1943 (Ausrufung des Kriegsrechts in Dänemark) den Transit von Wehrmacht-Soldaten und Waffen durch sein Hoheitsgebiet. Astrid Lindgren hat in ihren Tagebüchern die umstrittene Rolle Schwedens während des Zweiten Weltkriegs vielfach reflektiert. Ihre Tätigkeit in der Abteilung für Briefzensur des schwedischen Nachrichtendienstes ermöglichte ihr vertiefte Kenntnisse; vgl. dies.: *Die Menschheit hat den Verstand verloren. Tagebücher 1939–1945*, Berlin (Ullstein) 2015.

14 Mit Verhängung des Ausnahmezustands Ende August 1943 wurden Regierung und Parlament aufgelöst. Zur Besatzungszeit in Dänemark vgl. Bath, Matthias: *Danebrog gegen Hakenkreuz. Der Widerstand in Dänemark 1940–1945*, Neumünster (Wachholtz) 2011.

wurden, kam es vor allem um die strategisch wichtige Hafenstadt Narvik im Norden zu schweren Kämpfen zwischen deutschen Truppen und alliierten Verbänden aus englischen, französischen, exilpolnischen und norwegischen Soldaten. Der Beginn der Westoffensive der deutschen Truppen ab dem 10. Mai 1940 mit der Besetzung der Niederlande, Belgiens, Luxemburgs und dem Feldzug gegen Frankreich veranlasste die Alliierten jedoch zur Beendigung der Kämpfe und zu einem raschen Rückzug aus Norwegen. Am 10. Juni 1940 kapitulierte die norwegische Armee; Regierung und Königsfamilie waren ins Exil nach London geflohen. Josef Terboven (1898–1945[15]), bis dahin Gauleiter von Essen und als Teilnehmer am so genannten Hitler-Putsch 1923 ein Protegé Hitlers und Görings, wurde zum Reichskommissar für die besetzten norwegischen Gebiete ernannt; militärische Belange unterstanden formal einem Wehrmachtbefehlshaber. Die von Terboven eingesetzte Kollaborationsregierung des „Nasjonal Samling" („Nationale Sammlung", die norwegische nationalsozialistische Partei)[16] unter Vidkun Quisling agierte ohne Rückhalt in der Bevölkerung.

Die beiden Staaten galten dem NS-Regime nicht als Feindesland, die Bevölkerung wurde als ‚nordländisch' der ‚arisch-germanischen Rasse' verwandt erachtet.[17] Norwegen war Teil der Pläne für eine Großraumwirtschaft in einem zukünftigen „Großgermanischen Reich".[18] Die Besatzung strebte nach Befriedung, sie versuchte die Menschen für die nationalsozialistische Politik und Ideologie zu gewinnen. Deutschen Soldaten war Kontakt mit Einheimischen nicht verboten, sondern er war sogar ausdrücklich erwünscht – im Gegensatz zur Situation in Polen[19] und später in

---

15 Nach der Kapitulation des Deutschen Reichs nahm er sich am 8. Mai 1945 in Oslo das Leben.

16 Zur Adaption italo-faschistischer und deutscher nationalsozialistischer Ideologie in Norwegen vgl. Garau, Salvatore: *Fascism and Ideology. Italy, Britain, and Norway (Routledge Studies in Modern European History)*, London (Routledge Taylor & Francis Group) 2015.

17 Jüdische Menschen waren freilich gemäß der nationalsozialistischen Rassenideologie davon ausgenommen, in Norwegen zudem auch die nomadisch lebenden Samen. Vgl. zum Schicksal der jüdischen Bevölkerung die bereits erwähnten Überblicksdarstellungen sowie Happe, Katja; Mayer, Michael; Peers, Maja (Bearb.): *Die Verfolgung und Ermordung der europäischen Juden durch das nationalsozialistische Deutschland 1933–1945, Band 5: West- und Nordeuropa 1940–Juni 1942*, München (Oldenbourg) 2012 und Happe, Katja; Lambauer, Barbara; Maier-Wolthausen, Clemens (Bearb.): *Die Verfolgung und Ermordung der europäischen Juden durch das nationalsozialistische Deutschland 1933–1945, Band 12: West- und Nordeuropa Juni 1942–1945*, Berlin, München, Boston (De Gruyter/Oldenbourg) 2015. Zu der besonderen Situation in Dänemark, die die Rettung fast aller jüdischen Menschen ermöglichte, vgl. auch Lidegaard, Bo: *Die Ausnahme. Oktober 1943: Wie die dänischen Juden mithilfe ihrer Mitbürger der Vernichtung entkamen*, München (Blessing) 2013.

18 Vgl. Bohn, Reichskommissariat Norwegen, S. 8.

19 Zum Thema Beziehungen zwischen Wehrmachtsoldaten und polnischen Frauen vgl. Röger, Maren: *Kriegsbeziehungen. Intimität, Gewalt und Prostitution im besetzten Polen 1939 bis 1945*, Frankfurt/Main (Fischer) 2015; Schröder, Die gestohlenen Jahre, S. 392f.

der Sowjetunion,[20] wo sich die Besatzungsziele auf Versklavung bzw. Vernichtung richteten. Die Einquartierungen in Privathaushalten (die vergütet wurden) und die vor allem in Norwegen von der Wehrmacht eingestellten Arbeitskräfte[21] sorgten für vielfältige soziale Kontakte zwischen Besatzern und einheimischer Bevölkerung,[22] zudem waren die Soldaten zahlungskräftige Konsumenten in den Standorten. Eine „Richtlinie für den Dienst der Truppen" in Norwegen besagte:

> „Die Haltung des Soldaten gegenüber der Zivilbevölkerung soll selbstbewußt, nicht anmaßend sein. Die Pflicht der Zurückhaltung gilt gegenüber der weiblichen Zivilbevölkerung nicht weniger, als gegenüber der männlichen. […] Ehrlichkeit im geschäftlichen Verkehr ist eine Selbstverständlichkeit. Eigenmächtiges Beutemachen, Plünderungen, boshafte sinnlose Beschädigung oder Zerstörung fremder Sachen in den besetzten Gebieten sowie Bedrückung der Einwohner sind ehrlos und strafbar."[23]

---

20 Vgl. Mühlhäuser, Regina: „Rasse, Blut und Männlichkeit. Politiken sexueller Regulierung in den besetzten Gebieten der Sowjetunion (1941–1945)", in: *Feministische Studien,* 25. Jg.; Heft 1, 2007, S. 55–69.

21 Im Raum Oslo waren 1942 rund 5.000 Norweger*innen – Tischler, Elektriker, Putz- und Küchenkräfte – bei der Wehrmacht angestellt; vgl. Schmitz-Köster, Krieg meines Vaters, S. 250. Aus Deutschland waren rund 5.000 Frauen als so genanntes ‚weibliches Wehrmachtgefolge' bei Heer und Marine sowie in der Verwaltung des Reichskommissariats in Norwegen tätig, vgl. ebd., S. 243.

22 Viele norwegische Frauen – Schätzungen gehen von circa 90.000 der insgesamt rund 400.000 Frauen im Alter zwischen 15 und 30 Jahren aus – gingen intime Beziehungen mit Wehrmachtsoldaten ein, womit sie sich nach Kriegsende dem Vorwurf der Kollaboration aussetzten, als „die Nation ihre beschädigte Männlichkeit [regenerierte], indem sie die Frauen für ihre […] sexuellen Verfehlungen bestrafte und somit die Männer in ihrer Macht über die Frauen bestätigte", Eribon, Didier: *Rückkehr nach Reims,* Frankfurt/Main (Edition Suhrkamp) 2016, S. 71f. Während des Kriegs brachten norwegische Frauen 9.000 Kinder zur Welt, die deutsche Väter hatten. Zu den Heiratsvorschriften für deutsche Soldaten mit Frauen aus den „germanischen Nachbarvölkern", die Situation der Mütter und Kinder mit deutschen Vätern und den „Lebensborn"-Heimen in Norwegen vgl. Drolshagen, Ebba D.: *Nicht ungeschoren davonkommen. Das Schicksal der Frauen in den besetzten Ländern, die Wehrmachtsoldaten liebten,* Hamburg (Hoffmann und Campe) 1998; dies.: *Wehrmachtkinder – Auf der Suche nach dem nie gekannten Vater,* München (Droemer) 2005; Kjendsli, Veslemøy: *Kinder der Schande,* München (dtv) 1995; Olsen, Kåre: *Vater: Deutscher. Das Schicksal der norwegischen Lebensbornkinder und ihrer Mütter von 1940 bis heute,* Frankfurt/Main (Campus) 2002. Innerhalb des OKW gab es auch mahnende Stimmen, die dazu aufforderten, die Soldaten darüber in Kenntnis zu setzen, „daß Ehen und Zeugungen Deutscher grundsätzlich nur mit Angehörigen unseres eigenen Volkes erwünscht sind.", BA-MA, N 91/9, Abdruck/Geheim vom 23.12.1942 zur Verteilung an alle Kommandeure und Kompanie- bzw. Batterieführer, zit. n. Vossler, Propaganda, S. 336f.

23 „Richtlinie für den Dienst der Truppen im besetzten Gebiet nach Abschluß der Operationen" vom 5.7.1940, Kriegstagebuch Nr. 3, 69. Infanterie-Division 11. 6.–5.7.1940, BA-MA, RH 26–69/4, zit. n. Schmitz-Köster, Krieg meines Vaters, S. 116.

Zur Truppenbetreuung in Dänemark

Die deutschen Besatzungssoldaten in Dänemark waren zumeist nicht in militärische Auseinandersetzungen verwickelt.[24] Der Lebensstandard in Dänemark war höher als im Deutschen Reich,[25] das Land galt als die „Speck- und Sahne-Front",[26] die einen ruhigen Dienst und gute Verpflegung versprach. Entsprechend erfreuten sich auch Tourneen und Engagements bei Künstlerinnen und Künstlern größter Beliebtheit.[27] Die Versorgung mit Veranstaltungen durch KdF-Ensembles in Dänemark war vergleichsweise üppig; die Wehrbereichsleitung etablierte nach ersten Anlaufschwierigkeiten für die Truppenbetreuung ein routinemäßig abzuwickelndes Einsatzschema von sogenannten Groß-, Mittel- und Kleintourneen je nach Platzkapazitäten der Standorte. Diesem Schema waren Probleme bei der Spielplaneinteilung vorausgegangen, so hatte sich der KdF-Beauftragte für Dänemark über die unangemessene Situation in Hjallerup in Nordjütland beklagt:

> „Die Garderobeverhältnisse sind als katastrophal zu bezeichnen. Die Herren haben sich zum Teil draussen im Omnibus oder im Kohlenkeller umziehen müssen. [...] Für die Damen hatte man draussen im Freien ein Zelt aufgeschlagen. Es ist völlig unmöglich, dass wir für solche Dinge die Verantwortung übernehmen. Wenn die Künstlerinnen erhitzt von der Vorstellung sich bei kühlem Wetter in einem Zelt umziehen müssen, ist die Gefahr, dass sie sich erkälten und mehrere Tage nicht einsatz-

---

24 Das änderte sich für Teile der Truppen im Spätsommer 1943 mit der Verhängung des Ausnahmezustands, nachdem Streiks, Sabotage und Widerstandsaktionen der dänischen Untergrundorganisationen zugenommen hatten. In Dänemark dürften nach der handstreichartigen Besetzung dauerhaft circa 40.000 Soldaten stationiert gewesen sein, mit Reserveeinheiten insgesamt drei Divisionen; vgl. Lucas, James: *Handbuch der Wehrmacht 1939–1945*, Wien (Tosa) 2000, S. 207. In den letzten Kriegsjahren wurde die Zahl jedoch verringert, um mehr Soldaten an die Ostfront abkommandieren zu können. Für den Stichtag 1.6.1944 waren vom OKH rund 30.000 Soldaten für das Feldheer genannt, hinzu kamen Luftwaffe, Marine und Wehrmachtgefolge; vgl. Keilig, Wolf: *Das deutsche Heer 1939–1945*, 3 Bde. Loseblattsammlung, Bad Nauheim (Podzun) 1956, Bd. 3, Abschn. 204/1944, S. 7.

25 Vgl. hierzu Buchheim, Christoph; Boldorf, Marcel (Hg.): *Europäische Volkswirtschaften unter deutscher Hegemonie 1938–1945 (Schriften des Historischen Kollegs, Kolloquien 77)*, München (Oldenbourg) 2012.

26 So titulierte beispielsweise eine Wehrmachthelferin ihren Einsatzort Dänemark, vgl. „Blitzmädelzeit. Nach dem Bericht von Elisabeth L.", in: Szepansky, Blitzmädel, S. 95. Lale Andersen erinnerte sich an eine Tournee in Dänemark in ähnlichem Duktus: „Müde, aber zufrieden über einen gelungenen Abend legt man sich dann um Mitternacht in sein braves, gutes dänisches Bett. Vor dem Einschlafen freut man sich bereits aufs Aufstehen und auf das Fest eines ausgiebigen Frühstücks.", zit. n. Magnus-Andersen, Litta: *Lale Andersen – die Lili Marleen. Das Lebensbild einer Künstlerin. Mit Auszügen aus bisher unveröffentlichten Tagebüchern*, München (Universitas) 1981, S. 117.

27 Vgl. Vossler, Propaganda, S. 303.

fähig sind, sehr nahe liegend. [...] Abgesehen davon war die Bühne so klein, dass sie für die Aufführung völlig unzulänglich war."[28]

Tourneeplanung Dänemark

Im Resümee über Truppenbetreuungs-Aktivitäten im Juni 1942, das neben der Auflistung von Lesestoff, Filmeinsatz, Berufsförderungsmaßnahmen, Wettbewerben und Vortragsreihen auch einige Mängel in der Freizeitgestaltung benannte, wurde die Tourneeplanung erläutert:

> „Die Freizeitgestaltung der Truppen des Heeres lässt viel zu wünschen übrig. Gelder zur Beschaffung von Musikinstrumenten, Sportgeräten und -bekleidung und Material zum Basteln stehen leider nicht zur Verfügung, obwohl in Dänemark alles beschafft werden könnte. Spiele aller Art und Liederbücher werden weiterhin von verschiedenen Einheiten angefordert. K.d.F.-Veranstaltungen, wie Theater, Konzerte, kleine Spieltrupps usw., finden überall sehr viel Anklang. In grösseren Standorten wurde monatlich eine Grosstournee eingesetzt (ab 300 Mann), Mitteltourneen in Standorten von 100–300 Mann. Alle anderen Stellungen des Heeres, der Marine und der Luftwaffe unter 100 Mann wurden monatlich mit einem Programm kleiner Spieltrupps bespielt. Daneben laufen Sondereinsätze der Marine und der Luftwaffe, zu denen die Angehörigen des Heeres stets eingeladen werden. Da in Dänemark in grösseren Städten in den Sommermonaten viel Abwechslung geboten wird, werden Grosseinsätze während dieser Zeit nach Möglichkeit eingeschränkt. Abgelegene Stellungen sollen dagegen in Zukunft öfters bespielt werden."[29]

Die Kleintourneen bestanden zumeist aus ein bis drei Personen, sie suchten vor allem die Bunkerstellungen entlang der Küste auf.[30] In Jütland gab es insgesamt 113 solcher kleiner Standorte, dazu kamen noch 56 auf Fünen, Seeland und den kleineren Ostsee-Inseln.[31] Die Ensembles der Kleintourneen mussten motorisiert sein, um die Einheiten erreichen zu können.[32] Pro Vorstellung wurde ein Mindestpubli-

---

28 BA-MA, RW 38/77, Schreiben des KdF-Beauftragten Gudegast an Major v. Heydebreck, den obersten Ic-Offizier der Wehrmacht in Dänemark, 20.8.1941.

29 BA-MA, RW 38/87.

30 Im Lauf der Kriegsjahre wurde von Frankreich über Belgien, Niederlande, Norddeutschland, Dänemark bis nach Nordnorwegen entlang der Küste der so genannte Atlantikwall mit rund 8.100 befestigten Stellungen verschiedener Größe errichtet, der alliierte Invasionen verhindern sollte – wobei erfahrene Militärs diesen Wall vor allem als propagandistisches Konstrukt erkannt hatten. Die geringe Verteidigungstiefe zeigte sich bei der Landung der Alliierten am 6.6.1944 („D-Day"); vgl. Heber, Thorsten: *Der Atlantikwall 1940–1945. Die Befestigung der Küsten West- und Nordeuropas im Spannungsfeld nationalsozialistischer Kriegführung und Ideologie*, phil. Diss. Heinrich Heine-Universität Düsseldorf 2003, http://docserv.uni-duesseldorf.de/servlets/DocumentServlet?id=2613 (Aufruf am 30.9.2016).

31 Die Orte sind aufgelistet in BA-MA, RW 38/87.

32 Der Kraftstoffbedarf für die motorisierten Truppenbetreuungs-Ensembles lag im Herbst 1941 bei monatlich 3.500 bis 3.800 Litern, für die Versorgung war die Wehrmacht zustän-

kum von zehn Personen vorausgesetzt, das manchmal jedoch wegen Heimaturlaubs oder Krankheit unterschritten wurde. Der Ic-Offizier der 218. Infanterie Division meldete im November 1941, das „Schrammeltrio Hehnen" habe im Oktober die im Einsatzplan vorgesehenen Orte besucht und fügte hinzu:

> „Die Teilnehmerzahl betrug auf den Flugwachen der Luftwaffe nicht immer die für den Kleineinsatz erforderliche Mindestzahl von 10 Mann, da die auf Posten stehenden Soldaten der Veranstaltung selbstverständlich nicht beiwohnen können. Trotzdem fanden die Veranstaltungen gerade auf diesen Flugwachen den grössten Anklang. Viele der Flugwachen haben zum ersten Mal eine derartige Veranstaltung gehabt."[33]

Ein zusammenfassender Rückblick auf Veranstaltungen im März 1942 berichtete:

> „Die Kleineinsätze spielen in den entlegensten Stellungen. Im Monat März stockten diese Einsätze teilweise und zwar dadurch, dass etliche Stellungen, infolge der Schneeverwehungen nicht zu erreichen waren. Derartige Kleinstprogramme sind besonders gefragt und wird die Anzahl der Tourneen um weitere 2 erhöht."[34]

Die Kleintourneen mussten anspruchslos in Bezug auf Ausstattung und Raumgröße sein und ohne Bühne auskommen. Unerlässliches Instrument für jede Spielgruppe war ein Akkordeon, wie ein Blick auf eine Reihe von typischen Programmen zeigt: Die „Heitere Stunde" bestand aus Fred Belgaus (Plaudereien), Emmy Wöbbeking (Sängerin) und Lilo Meinhardt (Akkordeon); das „Programm Rommel" bestritten Arnaud Rommel (Vortragskünstler), Thete Christel (Vortragskünstlerin) und Willy Finger (Akkordeon); die Mitwirkenden bei „Frohsinn für Alle" waren Werner Albrecht (Vortragskünstler und Blitzdichter), Else Rehg (Lieder zur Laute und zum Akkordeon) und Hans-Otto Stähle (Akkordeon); „Wir lachen uns gesund" umfasste Ernst Reinhardt (Schnellzeichner), Thea Schröder (Vortragskünstlerin) und Karl Anders (Akkordeon); „Die lustigen Musikanten" bestanden aus Willi Hehnen (Akkordeon), Georg Jarausch (Violine), Willi Graumann (Bass-Gitarre) und Moidl Krieger (Vortragskünstlerin und Jodlerin).[35]

Als Großtournee für Säle mit Bühne und technischer Ausstattung kam im Januar/ Februar 1942 die Revue „Melodie der Schönheit" zum Einsatz,[36] im März 1942 war

dig. Im August 1941 hatte das OKH die Zuteilung von Kraftstoff an KdF und Filmwagen in Dänemark gesperrt, da alles auf die „Operationen im Osten" konzentriert wurde. Die Wehrmachteinheiten in Dänemark mussten eine interne Lösung finden, um die Truppenbetreuung weiter zu gewährleisten, vgl. BA-MA, RM 38/61.

33   BA-MA, 38/87.

34   Luftgaukommando XI, Aussenstelle Dänemark, BA-MA, RW 38/67.

35   Ebd.

36   Mitwirkende: Die Viktoria-Girls, Willy Meyen – Sprecher von der Skala Berlin, Karin Kaulbas – Sängerin, Gerda Homer – Schauspielerin, Heinz Heimseth – Sprecher von der Skala Berlin, Los Ovidos – Die streitenden Gauchos, Ruth Hassé – Tanz, 2 Bleckwenns – Equilibristen zu Rad, Allan & Maud – Der gläserne Ball, Willi Sommerfeld mit Solisten; ebd.

das Orchester Hans Busch (zehn bis zwölf Musiker und eine Sängerin mit Unterhaltungsmusik und Schlagern) engagiert, im April und Mai 1942 gab es einen „Heiteren Mozart-Abend".[37] Außerdem bot dieses Format Operetten, Komödien sowie Großvarietés mit Musik, Tanz und Artistik.

Die Meldungen für die einzelnen Monate listeten die Programme auf, die gemäß Einsatzplan die jeweiligen Orte bespielten:

Meldung für Mai 1942
Grosstournee
„Heiterer Mozart-Abend"
Mitteltournee
„Die Pfeffermühle" (Kabarett)
Kleintournee
„Die lustigen Musikanten"
„Die Grillenfänger"
„Die Sorgenbrecher"
„Truppe Kronström"

Meldung für Juli 1942
Grosstournee
„Heiterer Mozart-Abend"
„Frohsinn und Rhythmus"
Mitteltournee
„Die Pfeffermühle"
„Vertraute Melodien"
Kleintournee
„Die lustigen Musikanten"
„Die Grillenfänger"
„Die Sorgenbrecher"
„Truppe Kronström" („Drei bringen allerlei")
„Frohsinn für alle"[38]

Ein handschriftlicher Zettel aus dem Aktenbestand des Befehlshabers der deutschen Truppen in Dänemark gibt einen Überblick über den finanziellen Aufwand für die

---

37 Das Programm brachte im ersten Teil „Eine kleine Nachtmusik" Satz 1 und 2, Arien und Duette aus „Figaros Hochzeit", „Die Zauberflöte", „Don Giovanni", zwei Lieder und „Eine kleine Nachtmusik" Satz 3 und 4, im zweiten Teil „Der Schauspieldirektor, Komische Oper in einem Aufzug", Personen: Emanuel Schikaneder, Theaterdirektor: Hans Rump, Wolfgang Amadeus Mozart, Kapellmeister: Heinrich Pelzer, Frau Lange, Sängerin und Schwägerin Mozarts: Friedel Kellner, Fräulein Uhlig, Sängerin aus Passau: Hilde John; Streichquartett: Fritz Kaspar, Otto Andreas Köhler, Otto Warsany, Ernst Kernchen; Hammerklavier und musikalische Leitung: Kapellmeister Josef Breuer, Künstlerische Gesamtleitung: Clemens Glettenberg, Spielleitung: Tr. Lieb; ebd.
38 Ebd.; diese Veranstaltungsübersichten sind für den Zeitraum April 1941 bis Dezember 1942 lückenlos vorhanden.

KdF-Veranstaltungen im Sommer und Herbst 1941 (jedoch ohne die Honorarkosten der Tourneen, die gesondert gezahlt wurden):

Von der Zahlmeisterei erhaltene Beträge

Mai 1941	Kronen 71.428.57 = RM 35.000,--
Juni	71.428.57 = 35.000,--
Juli	61.224.49 = 30.000,--
Aug.	102.040.82 = 50.000,--
Sept.	61.224.49 = 30.000,--
Okt.	91.836.73 = 45.000,--

Im Oktober sind zu zahlen:

Tournee I = „Tempo und Freude" =	Kr. 22.320,--	Tagesgelder
Tournee I = „Lachendes Leben" =	Kr. 15.840,--	Tagesgelder
Tournee III = „Heute hier – morgen dort" =	Kr 3.720,--	Tagesgelder
Tournee IV = „Herm. Löns Abend" =	Kr. 3.720,--	Tagesgelder
Tournee V = „Ernst und Scherz für Soldaten" =	Kr. 3.720,--	Tagesgelder
Tournee VI = „Schrammel-Trio W. Hehnen" =	Kr. 3.720,--	Tagesgelder
Tournee VII = „Seitschek" =	Kr. 1.860,--	Tagesgelder
Tournee VII = „Schulz-Heising" =	Kr. 1.860,--	Tagesgelder
Tournee IX = „Ehrentraut" =	Kr. 930,--	Tagesgelder
Wagenmieten	Kr. 10.000,--	
Saalmieten	Kr. 3.000,--	
Bühnenhilfen, sonst. Veranstaltungskosten	Kr. 4.000,--	
Büro und Reisekosten	Kr. 2.000,--	
Auto-Reparaturen	Kr. 6.000,--	
Kosten der Mitarbeiter	Kr. 1.000,--	
Sachausgaben der Tourneen	Kr. 2.000,--	
Unvorhergesehenes	Kr. 4.000,--	
	Kr. 89.690,--[39]	

Aus propagandistischen Erwägungen standen Aufführungen im Rahmen der Großtourneen auch der dänischen Bevölkerung offen:

„Die Vorführungen in Kopenhagen und einigen Provinzstädten sollen als gemischte Veranstaltungen stattfinden, an denen neben der Wehrmacht auch dänische Zivilbevölkerung teilnehmen kann. [...] Die Wehrmacht erhält soviel Freiplätze, als sie benötigt und die restlichen Plätze werden an die dänische Bevölkerung zu geringen Preisen abgegeben. Der Befehlshaber der deutschen Truppen in Dänemark glaubt, dass durch diese Art der Vorstellungen eine erhebliche Propagandawirkung für Deutschland in der dänischen Bevölkerung erzielt wird. Es wird den Dänen gezeigt, was Deutschland auf kulturellem Gebiet für seine Soldaten im Kriege zu leisten imstande ist. Andererseits

---

39   BA MA, 38/60.

wird durch die Anwesenheit der deutschen Wehrmacht in Dänemark den Dänen Gelegenheit gegeben, erstklassige deutsche Künstler zu hören und zu sehen."[40]

Ebenso wurden die zusätzlich zu den KdF-Spielplänen organisierten großen Bühnen- oder Orchester-Gastspiele für gemischtes Publikum konzipiert. Für die Konzerte der Berliner Philharmoniker mit Hans Knappertsbusch am 25. und 26. Mai 1941 in Kopenhagen kamen 50% der Karten in den öffentlichen Verkauf.[41] Neben dem Kartenkontingent für die Wehrmacht wurden noch die zahlreichen einzuladenden Personen bedacht, deren Verteilung auf die Logenplätze in umfangreichen Listen, gestaffelt nach gesellschaftlichem Rang, erfolgte.[42]

Sorge um das „Ansehen des Deutschtums"

Im November 1940 gab die für Dänemark zuständige KdF-Stelle in Kiel ein Merkblatt mit Verhaltensregeln für Truppenbetreuungs-Ensembles heraus, nachdem es massive Beschwerden von dänischen Gastwirten wegen Umsatzrückgangs gegeben hatte. Die Tagegelder (RM 15,-- pro Tag und Person), die von der Tourneeleitung an die Ensemblemitglieder ausgegeben wurden, waren für Unterbringung und Mahlzeiten in Hotels und Restaurants einzusetzen. Die Künstlerinnen und Künstler waren jedoch zur Selbstverpflegung auf ihren Zimmern übergegangen und nutzten das Geld für Hamsterkäufe. Sie überredeten einzelne Soldaten, per Feldpost Lebensmittel-Päckchen an ihre Privatadressen zu schicken und ihnen 10 kg-Paketmarken zu überlassen, um größere Einkäufe versenden zu können. Die KdF-Dienststelle verhängte daraufhin ein generelles Paketverbot für die Ensembles und stückelte die Tagegelder in kleine Beträge, die nur noch eine Versorgung für den täglichen Bedarf zuließ. Zudem wurde das Mitführen zusätzlicher Geldbeträge untersagt, widrigenfalls drohte fristlose Kündigung.[43] Im Januar 1942 beschwerte sich der oberste Ic-Offizier in Dänemark beim KdF-Beauftragten, die Praxis habe sich trotz Ermahnungen und Drohungen nicht geändert; „die Künstler [würden], um möglichst viel Geld für private Einkäufe zur Verfügung zu haben, in den Hotels in einer Weise auftreten, die das Ansehen des Deutschtums schwer schädigt".[44] Man kam überein, die Lösung des Problems in die Verantwortung der jeweiligen Tourneeleiter zu stellen, die fortan die Spesenbeträge täglich auszuzahlen hatten und dafür Sorge tragen sollten, dass die

---

40 Schreiben des Befehlshabers der deutschen Truppen in Dänemark an das OKW vom 24.6.1940, BA-MA, RW 38/58.

41 BA-MA, RW 38/67. Zum Thema Kulturpolitik mit Hilfe der „Besatzungsmacht Musik" vgl. Zalfen, Fortsetzung des Krieges.

42 Das Tableau reichte von Wehrmacht-Befehlshaber, Minister, Rittmeister, Erbgrossherzog, Gesandtschaft, Partei, Generaldirektor und Reichspolizeichef bis zur Hautevolee der dänischen Künstlerschaft. Auch der Hof wurde eingeladen, für ihn kam es jedoch nicht in Frage, sich bei Veranstaltungen der Besatzungsmacht zu zeigen, BA-MA, RW 38/65.

43 BA-MA, RW 38/74.

44 BA-MA, RM 38/61.

Mahlzeiten vom Ensemble gemeinsam im Hotelrestaurant eingenommen wurden.[45] Diese Bemühungen wurden jedoch durch einen Erlass Adolf Hitlers durchkreuzt, der am 16. August 1942 verfügte, dass

> „Lebens- und Genußmittel, welche Wehrmachtsangehörige oder Wehrmachtsgefolge als Urlauber oder auf Dienstreisen aus den besetzten Gebieten in das Reichsgebiet mit sich führen, so weit sie es selbst tragen können, von jeder Kontrolle und Beschlagnahmung befreit sind.“[46]

Lokal- und Tanzverbote

Die Soldaten hatten für ihre Freizeitgestaltung Tanz- und Lokalverbote zu beachten. Neben generellen Tanzverboten analog zu den Regelungen im Deutschen Reich[47] gab es Verbote für einzelne Lokale, die jedoch auch wieder aufgehoben werden konnten. So schrieb der Kommandant einer Dienststelle im Dezember 1940:

> „Es ist in Aussicht genommen, das Verbot über das Lokal „Palmehaven-Trocadero“ im hiesigen Standort mit Wirkung vom 1. Jan. 1941 aufzuheben. […] [Es] wird die Aufhebung des Verbotes deswegen beabsichtigt, weil es sich um ein erstklassiges Speiselokal handelt, in dem sich in einem besonderen Saal ein auf guter Höhe gehaltenes Cabaret bezw. Varieté befindet. Hier wird in den Pausen auf einer kl. Tanzfläche getanzt.“[48]

Der Standortälteste der Sanitäts-Kompanie 2/269 wendete sich im November 1940 an den vorgesetzten Ic-Offizier:

> „Das Restaurant ‚Landsbyen‘ am Markt in Köge gehörte bisher zu den verbotenen Tanzlokalen. Da aber nur am Ende der Woche getanzt wird und das Lokal sonst gute Musik und Unterhaltung (Kabarett) bietet, und da außerdem die Wirtin den deutschen Truppen gegenüber ganz außerordentlich entgegenkommend ist, sodaß sie allgemein als Mutti bezeichnet wird, während sich in den anderen Lokalen deutlich deutschfeindliche Bestrebungen bemerkbar machen, wird gebeten, das Lokal

---

45   Ebd. Der Akt BA-MA, RW 38/60 enthält Vernehmungen von Künstler*innen aus dem Jahr 1942, die das Päckchen-Verbot übertreten hatten. Alle erklärten übereinstimmend, die Soldaten hätten von sich aus ihre nicht ausgeschöpften Feldpost-Kontingente zur Verfügung gestellt.

46   BA-MA, RW 6/v.505, zit. n. Vossler, Propaganda, S. 304.

47   Sowohl für die Zeit des Feldzugs gegen Polen als auch des Westfeldzug war ein generelles Tanzverbot erlassen worden, das anschließend eingeschränkt aufgehoben wurde. So hieß es am 11.6.1941: „Das Tanzverbot wird ab sofort gelockert. Künftig kann am Mittwoch, Sonnabend und Sonntag ab 16.00 Uhr getanzt werden. Die örtlichen Polizeistunden sind unter allen Umständen einzuhalten.“ Nach der Niederlage in Stalingrad wurde das Verbot erneuert. BA-MA, RW 38/76.

48   Ebd.

‚Landsbyen' für den Verkehr wieder freizugeben. Die Truppe hat strenge Anweisung erhalten, daß sie am Tanz nicht teilnehmen darf."[49]

Daneben sind zahlreiche Eingaben von dänischen Wirtinnen und Wirten zur Zulassung ihres Lokals für Wehrmachtangehörige überliefert. Um finanzielle Einbußen zu vermeiden, umgingen sie die Tanzverbot-Auflagen, indem sie nur noch Unterhaltungsmusik anboten. Als stetes Argument gegenüber der um das Wohlwollen der einheimischen Bevölkerung bemühten Besatzungsmacht wurde die Sorge um den Erhalt der Arbeitsplätze angeführt.[50]

Zur Truppenbetreuung in Norwegen

Nach der norwegischen Kapitulation waren die Wehrmacht-Soldaten[51] bis zum Ende des Kriegs in keine größeren militärischen Auseinandersetzungen verwickelt. Im Kriegstagebuch des OKW wurde Ende 1944 festgehalten, die Sabotage von Widerstandsgruppen nähme „einen geringen und mit anderen Fronten nicht zu vergleichenden Umfang" ein und Norwegen bliebe „auch jetzt noch eines der friedlichsten Länder Europas".[52] Die deutschen Besatzungstruppen kümmerten sich um die Sicherung der 21.000 Kilometer messenden zerklüfteten Küste gegen Angriffe von See, die Wiederherstellung und Sicherung von Straßen und Eisenbahnlinien, die Organisation von Versorgung und Unterkünften sowie um Nachschubangelegenheiten, Wachdienst und militärisches Training. Zudem gewährleisteten die Truppen

---

49 Ebd.
50 Ebd.
51 Über die Anzahl der in Norwegen stationierten Soldaten gibt es unterschiedliche Angaben. Laut Bohn waren es zwischen 1940 und 1944 300.000 Soldaten, nach dem Abzug deutscher Truppen aus Finnland bis zu 400.000; vgl. Bohn, Reichskommissariat Norwegen, S. 1 u. 459. Brandt nennt für die ganze Zeit der Okkupation die Zahl von 400.000 Wehrmachtsoldaten; vgl. Brandt, Krieg in Norwegen, S. 153. Nach Keilig wurde das Feldheer am 1.6.1944 mit rund 140.000 Mann beziffert, hinzu kamen Luftwaffe, Marine und Wehrmachtgefolge – das wären deutlich weniger als die von Bohn genannten Zahlen; vgl. Keilig, Das deutsche Heer 1939–1945, Bd. 3, Abschn. 204/1944, S. 7.
52 Kriegstagebuch OKW, Bd. 4/1, S. 922f., zit. n. Bohn, Reichskommissariat Norwegen, S. 452. Es gab vereinzelt britische Luftangriffe auf Wehrmachtstützpunkte und Stahlwerke. Aktionen norwegischer Widerstandsgruppen richteten sich zunächst nur selten gegen Produktionsstätten oder Eisenbahnverbindungen, da sich die politische Linie durchgesetzt hatte, die Infrastruktur des Landes für die Zeit nach der Besatzung möglichst unbeschädigt zu lassen. Die „Milorg", die größte Untergrundorganisation Norwegens, konzentrierte sich auf die Vorbereitung, nach einer Invasion alliierter Truppen hinter den Linien der Wehrmacht agieren zu können, vgl. Schmitz-Köster, Krieg meines Vaters, S. 106ff. Auf die im Lauf der Kriegsjahre zunehmenden Widerstandsaktionen reagierte die Besatzungsmacht mit verstärkten Repressionen, Vergeltung und standrechtlichem Terror durch Gestapo und Sicherheitsdienst; vgl. Larsen, Meldungen aus Norwegen 1940–45. Zeitungsberichte über Misshandlungen durch Gestapo und Sicherheitsdienst in norwegischen Gefängnissen erschienen im März 1942; vgl. Lindgren, Menschheit, S. 176.

die Sicherung des Aufbaus industrieller Produktionsanlagen, vor allem von Leicht-metallfabriken für den Flugzeugbau.[53] Zudem war Norwegen – wie auch Dänemark und die westeuropäischen Länder – nach Beginn des Kriegs gegen die Sowjetunion Erholungsstation für abgekämpfte und dezimierte Truppenteile von der Ostfront. Sie kamen für einige Monate zur „Auffrischung" in ruhige Gebiete, was sowohl Regenerationszeit für die Frontkämpfer als auch das Auffüllen der Einheiten mit neuen Soldaten umfasste, bis sie wieder in andere Kriegsgebiete kommandiert wurden.[54]

Das Gespenst des „Polarkollers"

In den größeren norwegischen Orten entfalteten die Soldaten ein vergleichsweise geruhsames Leben im Besatzungsalltag. An der Küste und im Landesinneren bauten die Wehrmachtangehörigen an den militärischen Befestigungen, machten Schieß-übungen, Patrouillengänge und Wachdienst, lernten Ski- und Autofahren, legten Gemüsegärten an, gingen zum Fischen, sammelten Pilze und Beeren.[55] Im Winter waren die Dienstzeiten im Freien wegen der großen Kälte auf wenige Stunden begrenzt. Besonders in den kleinen, abgeschiedenen Stellungen entlang der Küste bestand die größte Herausforderung für die Soldaten darin, mit Einsamkeit und Langeweile zurechtzukommen.[56] Eine Feldpostprüfstelle fasste diesbezügliche Erkenntnisse aus den im Dezember 1940 kontrollierten Briefen zusammen:

---

53 Circa 25% der hier eingesetzten Arbeitskräften waren Zwangsarbeiter; vgl. Andersen, Ketil Gjølme: „Tvangsarbeidets politiske økonomi: Organisation Todt i Norge under andre verdenskrig" https://www.tekniskmuseum.no/forskning/organisasjon-todt-i-norge (Aufruf am 2.10.2016); vgl. auch Storeide, Anette H.: *Norske Krigsprofitører. Nazi-Tysklands velvillige medløpere*, Oslo (Gyldendal) 2014.

54 Vgl. hierzu Schreiben vom 9.2.1943 General Reincke (OKW) an Hans Hinkel (RMVP), BArch, NS 18/748 fol. 17. Gegen Ende des Kriegs fand die „Auffrischung" vor allem an der Ostfront nur noch innerhalb der Divisionen statt; einzelne Regimenter wurden für ein paar Tage oder Wochen in Erholungsheime hinter der Front geschickt. Vgl. hierzu Creveld, Kampfkraft, S. 110, vgl. auch zur Kurzzeit-Betreuung von Fronttruppen weiter unten unter „Ostfront" den Abschnitt „Besondere Betreuungsmaßnahmen".

55 Vgl. hierzu Schmitz-Köster, Krieg meines Vaters, S. 73, 118, 146, 215, 222, 228.

56 Vgl. hierzu Schmidt, Hartmut: *Kriegswirklichkeit und Soldatenalltag während des Zweiten Weltkriegs in Nordnorwegen*, Stuttgart (ibidem) 2006, S. 54. Während gerade ältere, kriegs-erfahrene Soldaten froh waren, in Norwegen nicht ständig Kampfeinsätze erwarten zu müssen und sich in der Situation zurechtfanden, war es für viele junge Männer, durch die militaristische Schulung der HJ entsprechend indoktriniert, schwer auszuhalten, sich nicht ‚im Kampf beweisen' zu können: vgl. Schmitz-Köster, Krieg meines Vaters, S. 42, 172. Zur Mentalitätsgeschichte der Wehrmacht mit der Vorstellung von Kampf als „Kern des Krieges" vgl. Neitzel, Soldaten, S. 167. Zum Soldatenethos vgl. den Abschnitt „Waffentaten" in: Römer, Felix: *Kameraden. Die Wehrmacht von Innen*, München, Zürich (Piper) 2012, S. 122ff. (Mein herzlicher Dank für die „Buchspende" gilt Artur Bogdanovicz vom Piper-Verlag!). Den Ehr-geiz, sich an der Front beweisen zu wollen, reflektiert auch Steinkamp, Devianz-Problematik, S. 358.

„Besonders aus dem nördlichen Teil Norwegens laufen sehr oft Klagen über Niedergeschlagenheit und Vereinsamung ein. Die dort untergebrachten Truppenteile klagen über Einöde (monatelanger Anblick von Felsen und Wasser), was auf die Gemütsstimmung dieser Leute nicht ohne Eindruck bleibt. Aus einigen Briefen ging hervor, daß die Truppen schon 7 oder 8 Monate an solchen öden Stellen liegen, ohne abgelöst worden zu sein. Einige Briefe berichten von Selbstmord, von Selbstmordversuchen und vom ‚Polarkoller'.“[57]

Das Problem der langen, dunklen Wintermonate antizipierten OKW und Reichskommissariat frühzeitig. Bereits im Juli 1940 sandte Ministerialrat Georg Wilhelm Müller aus Oslo ein Telegramm an den Leiter der Abteilung BeKA, Hans Hinkel:

„Ich bitte schon heute dafür Sorge zu tragen, daß wir für den Winter ein sehr großzügiges Truppenbetreuungsprogramm für Norwegen haben müssen. Der norwegische Winter ist besonders hart und lang und die Soldaten sind hier größten Teils in Nestern untergebracht, in denen aber auch keinerlei Zerstreuungsmöglichkeiten vorhanden ist.“[58]

Er bekräftigte dies fünf Tage später:

„[…] Ich darf Dich bitten, gerade in dieser Frage so großzügig wie nur irgend möglich zu sein, da der norwegische Winter besonders lang und wegen der unerhörten Entfernungen auch trostlos und eintönig ist.“[59]

RMVP und Reichskommissariat kamen überein, die Soldaten mit Material zu versorgen, das ihnen eine erträgliche Gestaltung ihrer freien Zeit ermöglichte. Neben Lektüre und Kartenspielen waren das vor allem Musikinstrumente, Radios und Grammophone. Im August 1940 hatte Minister Goebbels dafür einen Betrag von zwei Millionen Reichsmark bewilligt. Im November 1940 forderte die Abteilung BeKA von der Haushaltsabteilung des RMVP weitere RM 600.000,-- an, um 6.000 bereits gelieferte Rundfunkgeräte bezahlen zu können.[60]

Aus der im Kapitel „Ankauf von Instrumenten, Rundfunkgeräten, Grammophonen und Zubehör" zusammengestellten Liste lassen sich die umfangreichen Lieferungen

---

57   Tätigkeitsbericht der Feldpostprüfstelle bei der Gruppe XXI vom 1. Januar 1941, BA-MA, RW 39/13, zit. n. Hirt, Heimat, S. 337f.

58   Telegramm vom 22.7.1940, BArch, R 56 I/93, fol. 91. Müller, zuvor im RMVP in Berlin, leitete die Abteilung Volksaufklärung und Propaganda im Reichskommissariat; vgl. BArch, R 55/20031.

59   BArch, R 56 I/93, fol. 87.

60   BArch, R 55/515, fol. 174, 175, ebenso BArch, R 55/999, fol. 143. Für 1941 forderte das Reichskommissariat eine Million Reichsmark zur Weihnachtssonderbetreuung an, die Abt. BeKA verweigerte aber den Betrag, es wären keine weiteren Mittel vorhanden, zudem wären die Abrechnungen vom Vorjahr fehlerhaft gewesen. Minister Goebbels machte jedoch eine Spende in der geforderten Höhe möglich; vgl. BArch, R 55/515.

für Norwegen im Zeitraum Herbst 1940 bis Frühjahr 1941 ersehen.[61] Sie verdeutlicht auch spezifische regionale Präferenzen, so wurden nach Norwegen neben den allgegenwärtigen Akkordeons und Mundharmonikas überdurchschnittlich viele Zithern geschickt, was damit zusammenhängt, dass in den steilen, felsigen Fjord- und Küstenregionen Gebirgsjäger aus Bayern und Tirol stationiert waren. Von den im Zeitraum Juli 1940 bis März 1942 angeschafften 4.667 Akkordeons ging mit 1.553 Stück ein Drittel der Instrumente nach Norwegen. Im Herbst 1940 wurden zudem über 1.000 Instrumentalschulen und Spielhefte für Akkordeons, Geigen, Gitarren und Zithern für Norwegen erworben – die Instrumente waren auch für Anfänger gedacht, die sich autodidaktisch Spielfertigkeiten aneignen wollten. Daneben ließ Reichskommissar Terboven bei Hohner in Trossingen als „Geschenk des Reichskommissars für die besetzten norwegischen Gebiete – Truppenbetreuung" zur gleichen Zeit ein Spielheft „Kunterbunte Akkordeon-Musik in der Tasche" erstellen, das auf 152 Seiten „eine Auswahl der schönsten Lieder, Tänze und Märsche in leicht spielbarer Bearbeitung für das Akkordeon ab 12 Baß, leicht gesetzt von Fritz Binder" enthielt.[62]

Die besondere Bedeutung, die der Versorgung der abgelegenen Gebiete in Norwegen mit Musikinstrumenten beigemessen wurde, hob Hans Hinkel im Oktober 1940 hervor. Unter dem Titel „Gemeinschaft von Schwert und Leier"[63] fasste er im üblichen propagandistisch-schwülstigen Duktus die Leistungen auf dem Gebiet der Truppenbetreuung zusammen, bei der die „Träger deutscher Kunst und deutschen Könnens den Männern unseres Volksheeres Gruss und Dank der Nation bringen, deren Kultur sie mit ihrem Leben verteidigen" und betonte:

> „Für die Stunden der Freizeit jener Soldaten, die am fernsten von der Heimat ihre Pflicht erfüllen, wurde auch noch auf andere Art Sorge getragen: Sonderanweisungen des Reichsministers Dr. Goebbels brachten und bringen, um aus der Reihe dieser Aktionen eine der symbolhaftesten zu nennen, den Helden in Narvik Tausende von Musikinstrumenten wie Hand- und Mundharmonikas, Gitarren, Zithern, […] besonders geeignete Rundfunkapparate […]."[64]

Als Überraschung vor allem für die einsamen Küstenstützpunkte wurde die Aktion „Weihnachtsschiff Norwegen" für Dezember 1940 in die Wege geleitet, eine enorm aufwändige und kostspielige Propagandamaßnahme von Reichskommissariat, RMVP[65] und OKW, um die ‚Verbundenheit von Heimat und Front' zu demonst-

---

61 Vgl. BArch, R 55/21312 und 21313. Im folgenden Jahr lag der Schwerpunkt im Rahmen der Truppenbetreuung zu Weihnachten auf der Ostfront; vgl. BArch, R 55/515.

62 Ein Exemplar befindet sich in der Bibliothek des Zentrums für Militärgeschichte und Sozialwissenschaften der Bundeswehr, Potsdam, Signatur 10/720.

63 Damit hatte Hinkel den zum geflügelten Wort gewordenen Titel von Theodor Körners Gedichtsammlung „Leier und Schwert" im Sinne gesteigerter Kriegsbegeisterung umgedreht.

64 BArch, R 56 I/108, fol. 87–94, hier 93.

65 Die Kosten hierfür trugen OKW und RMVP. Aus dem Posten „Besondere Truppenbetreuungsmittel" hatte das RMVP 2,5 Millionen RM dazu beigesteuert; vgl. BArch, R 55/32, fol. 91–93.

rieren – ein Propagandakompanie-Filmteam reiste mit und sorgte für publikums-wirksame Bilder und Berichte in „Wochenschau" und Zeitungen.[66] Die Dampfschiffe „Neptun", „Castor" und „Irene" fuhren beladen mit Bierfässern, Schaumwein und Spirituosen,[67] Pfeifen, Tabak, Zigaretten, Büchern, Musikinstrumenten, Radioappa-raten, Plattenspielern, Schallplatten, Taschenmessern, Flaschenöffnern und Christ-baumschmuck[68] die gesamte norwegische Atlantik-Küste entlang und luden an jeder Anlegestelle die Gaben für die Soldaten ab. An den Schiffen prangte steuerbord ein weithin sichtbares Schild „Weihnachtsschiff des Reichskommissars in Norwegen".

Norwegens Sonderstellung

Norwegen nahm unter den von der Wehrmacht besetzten Ländern eine Sonderstel-lung ein. Traditionell bestanden enge kulturelle und wirtschaftliche Beziehungen zwischen den beiden Ländern, Deutsch war bis Ende des Ersten Weltkriegs in Nor-wegen die vorherrschende Fremdsprache gewesen.[69] Umgekehrt stellte Norwegen für große Teile der deutschen Bevölkerung einen Sehnsuchtsort dar; eine KdF-Reise auf der „Wilhelm Gustloff" entlang der Fjordküste war vor Beginn des Kriegs ein Traumziel,[70] zudem verknüpfte sich mit dem Klischee des ‚hohen Nordens' der

---

66 Inhaltsangabe Deutsche Wochenschau (539/2/1941) „Weihnachten 1940: Eintreffen der Weihnachtsschiffe, Norwegen: Weihnachtsschiff beim Einlaufen in den Osloer Hafen. Be-grüßung des Kapitäns durch den Reichskommissar in Norwegen Josef Terboven und Ge-neraloberst Nikolaus von Falkenhorst. Ausladen der Fracht. In der Unterkunft einer Ma-rineeinheit: Soldaten unterm Tannenbaum beim Auspacken ihrer Päckchen. Einlaufen des Weihnachtsschiffes Castor in Narvik. Löschen der Fracht, darunter auch Bierfässer. Ein weiteres Weihnachtsschiff trifft im Norden Norwegens ein. Ein Weihnachtsmann bei der Begrüßung der Gebirgsjäger"; vgl. http://www.filmarchives-online.eu/viewDetailForm?Film workID=e1f6612e41bb19009dfa4c31d5a81995 (Aufruf am 16.10.2016). Mit der Dauer von 2 min. 24 sek. ist dieser Beitrag auffallend lang, andere Beiträge dauern nur 30 Sekunden bis 1 Minute.

67 Die Kosten allein für Alkohol beliefen sich auf RM 1.931.870,63; vgl. BArch, R 55/515, fol. 125 (über die Reichsmonopolverwaltung für Branntwein wurden von der Spedition Slomann 59 Waggons mit Trinkbranntwein und Primasprit für RM 1.326.885,48 geliefert, vgl. ebd., fol. 74, der Brauwirtschaftsverband Süddeutschland lieferte 87.710,5 l dunkles und 114.708 l helles Bier für insg. RM 108.201,26 RM, vgl. ebd.). Querelen wegen der Pfanderstattungen zogen sich bis 1942, vgl. ebd. fol. 169.

68 Eine Aufstellung der Waren findet sich ebd., fol. 133ff.

69 Nach dem Ersten Weltkrieg wuchs der Einfluss Großbritanniens auf Norwegen. Vgl. Hen-ningsen, Bernd; Klein, Janine; Müssener, Helmut; Söderlind, Solfrid (Hg.): *Wahlverwandt-schaft. Skandinavien und Deutschland 1800–1914*, Berlin (Jovis) 1999.

70 Dieses Topos bediente sich auch Heinz G. Konsalik in seinem Roman „Fronttheater", wenn er das nach Norwegen abkommandierte Mitglied eines Truppenbetreuungsensembles sagen ließ: „Menschenskind, wenn das keine Wucht ist. Ich wollte doch schon immer mal mit KdF in die Fjorde." (Sonderausgabe Bergisch Gladbach (Lingen) 1973, S. 105). Der Erfolgsautor Konsalik (1921–1999), im Zweiten Weltkrieg Kriegsberichterstatter in einer Propaganda-Kompanie an der Ostfront, griff in seinen rund 150 Romanen bevorzugt Herz-Schmerz-,

Nimbus germanischer Verbundenheit. Die Besetzung Norwegens erfolgte zu einer Zeit, als die Anzahl der Kriegsschauplätze und Fronten noch übersichtlich war und sich nach den raschen militärischen Erfolgen Siegesgewissheit im Deutschen Reich ausbreitete. Eine besonders großzügige Versorgung der Soldaten im weit entfernten Land ließ sich in der Heimat gut vermitteln und politisch in Einverständnis mit dem Regime ummünzen; die weitgehend kampffreie Besatzungssituation ermöglichte Berichte über Ruhe und Übersichtlichkeit im Gegensatz zu Fronten, an denen sich immer wieder Ereignisse überstürzten.[71]

Kulturpolitik der Besatzungsmacht

Reichskommissar Terboven residierte in Oslo als Herrscher, der das Prestige seiner Position in einem umfangreichen kulturellen Leben spiegelte und zugleich mehrte. Auch die Finanz- und Sachmittel, die er für die Truppenbetreuung beim RMVP durchzusetzen vermochte und sein Geschick darin, Truppenbetreuungs-Wohltaten mit dem Label „Reichskommissar in Norwegen" zu versehen, dokumentierten dieses Selbstbewusstsein.[72]

Deutsche Filme, Ausstellungen und zahlreiche Gastspiele hochrangiger Bühnen und Orchester[73] sollten um die Gunst der norwegischen Bevölkerung werben, dienten aber zugleich der Demonstration vermeintlicher kultureller Überlegenheit Deutschlands. Im April 1941 nahm das Deutsche Theater Oslo im dortigen Theaterhaus seinen Spielplan auf mit der Vorgabe, eine „der deutschen Kulturpropaganda und der deutschen Wehrmachtsbetreuung in würdiger Form dienende Reichsbühne" zu sein.[74] Das Ensemble gab auch Gastspiele in Bergen, Stavanger und Trondheim. Die Solist*innen waren aus Deutschland engagiert worden, das Orchester (mit Ausnahme des Kapellmeisters) sowie einige Tänzerinnen und Chorist*innen waren Einhei-

---

Arzt- und Landser-Topoi auf, die er gezielt in den Erfahrungshorizont seiner Leserschaft einbettete. Zu seinen Anleihen beim NS-Jargon und den faschistoiden Tendenzen seiner Bücher vgl. Harder, Matthias: *Erfahrung Krieg. Zur Darstellung des Zweiten Weltkrieges in den Romanen von Heinz G. Konsalik. Mit einer Bibliographie der deutschsprachigen Veröffentlichungen des Autors (1953–1996) (Epistemata, Reihe Literaturwissenschaft, Bd. 232)*, Würzburg (Königshausen & Neumann) 1999.

71 Wie beliebt Truppenbetreuungsengagements nach Norwegen bei Künstlerinnen und Künstlern waren, erhellen zahlreiche Dokumente des RMVP in BArch, R 55/32.

72 Das Riksarkivet, das norwegische Nationalarchiv, hat 375 Fotos einer Reise Terbovens nach Nordnorwegen und Finnland vom 10. bis 27. Juli 1942 online gestellt. Es veranschaulicht die Haltung, mit der Terboven den äußersten Winkel „seines" Landes bereiste und die Fokussierung auf seine Person; vgl. https://www.flickr.com/photos/national_archives_of_norway/albums/72157629571709116 (Aufruf am 18.10.2016).

73 So gastierten die Berliner Philharmoniker unter Hans Knappertsbusch auf ihrer so genannten Nordlandreise am 22. und 23. Mai 1941 in Oslo. Das Programm bestand aus bekannten Werken der Klassik und Romantik; vgl. *Das Deutsche Podium*, 9. Jg., Nr. 20, 16. Mai 1941.

74 BArch, R 55/155, fol. 18.

mische.[75] Für die Spielzeit 1942/43 ordnete Reichskommissar Terboven sogar einen Opernbetrieb am Haus an. Der Intendant hatte jedoch größte Schwierigkeiten, die zusätzlichen Stellen mit ausreichend qualifiziertem Personal zu besetzen.[76]

Anfang 1943 plante Terboven in Absprache mit Minister Goebbels ein Küstenschiff zu erwerben und umbauen zu lassen, um die Truppenbetreuung entlang der unwegsamen Fjordküste und auf den kleinen Inseln durchzuführen. In einem Testlauf war seit Herbst 1942 ein norwegisches Schiff eingesetzt worden, das als „Soldatenheim Polarküste" an der Nordwestküste Norwegens unterwegs war und den mitreisenden Künstlerensembles auch als schwimmende Bühne diente.[77] Das Ergebnis wurde als so überzeugend dargestellt, dass „die Notwendigkeit einer solchen Art der Betreuung mit absoluter Eindringlichkeit zu unterstreichen" war, wie Terboven Goebbels mitteilte. Er drängte darauf, der Minister möge „eine beschleunigte Durchsetzung dieser Forderung beim Finanzminister" erwirken. Das Schiff sollte 4.100.000,-- Kronen kosten, für Umbauten und Ausrüstung kalkulierte das Reichskommissariat zusätzlich 600.000,-- Kronen.[78] Dass dieses Prestigeprojekt tatsächlich umgesetzt wurde, lässt sich nicht belegen, der Einsatz eines Schiffs zur Truppenbetreuung ist jedoch bis Mai 1944 nachgewiesen.[79]

Die „Ostmärker" im Norden Norwegens

Die Tourneeplanungen vor allem für die kleinen Küstenstellungen berücksichtigten landsmannschaftliche Unterschiede in der Zusammensetzung der Truppen. Bei den in Nordnorwegen stationierten Soldaten aus dem österreichischen Alpenraum kamen verstärkt Künstlerinnen und Künstler aus Tirol und Wien zum Einsatz. So berichtete Hans Hinkel am 15. Juli 1940, die Bühne des Tiroler Landestheaters Innsbruck und vier Schrammeltrios würden nach Narvik aufbrechen.[80] Das „Deutsche Podium" meldete einen Monat später:

> „Das Anton-Raffel-Schrammel-Quartett und das Rudi-Huber-Schrammel-Quartett sind auf Wunsch des Wehrmachtkommandos zu einer sechswöchigen Gastspielreise nach Narvik abgereist."[81]

---

75 Ebd., fol. 206; 8ff.

76 Ebd., fol. 19. Zum Personalmangel-Problem vgl. Kapitel „„… völlig ungesunde Kriegsgewinnlerverhältnisse …' Gagen in der Truppenbetreuung".

77 Ebd., fol. 276–280; vgl. auch Vossler, Propaganda, S. 297.

78 BArch, R 55/515, fol. 276.

79 Vgl. Frühling, Erich: „Wehrbetreuung bei der Kriegsmarine im Zweiten Weltkrieg, 2 Teile", in: *MOV-Nachrichten*, 44. Jg., Nr. 9, Sept. 1969, hier Teil 1, S. 47. Mein herzlicher Dank gilt der Staatsbibliothek Stuttgart für eine Kopie des Sonderdrucks!

80 BArch, R 55/20001d, fol. 16.

81 *Das Deutsche Podium. Fachblatt für Unterhaltungs-Musik und Musik-Gaststätten*, 8. Jg., Nr. 33, 16.8.1940.

Auch in Bezug auf die Rundfunkprogramme nahmen die so genannten ‚Ostmärker‘ eine Sonderstellung ein. Während von allen Fronten der Wunsch nach Unterhaltungsmusik, vor allem Jazz – oft verklausuliert formuliert wie „Programme können nicht heiß genug sein" oder „je verrückter, je lieber!" – geäußert wurde, wünschten die Gebirgsjäger „vornehmlich Wiener Musik, Wiener Operette, Volkslieder, aber auch Deutsche Meister."[82]

Musikensembles in der Truppenbetreuung

Bei den norwegischen Rundfunksendern hatte die Besatzungsmacht die Kontrolle übernommen und sorgte für Programme vornehmlich im Interesse der Soldaten und des zivilen Besatzungspersonals. Am Sender Oslo war ein Unterhaltungsorchester aus Deutschland festangestellt. Im Mai 1941 wurde dafür Heinz Wehner mit seiner Kapelle nach Oslo beordert.[83] Wehner, ein bekannter Geiger, hatte die meisten Orchestermitglieder aus Deutschland mitgebracht und ergänzte sie um norwegische Instrumentalisten. Die Aufgaben der Kapelle waren vielfältig. Sie spielte in Bigband-Besetzung nahezu täglich Live-Sendungen, zudem begleitete sie die direkt übertragenen Konzerte der in Oslo gastierenden Solist*innen und ging teilweise mit ihnen auf Tournee. Daneben bestritt Wehner mit seinem Orchester auch außerhalb des Senders Konzerte in Oslo, spielte im Soldatenheim sowie bei Empfängen und Festen des Reichskommissars. Regelmäßig fuhr das Orchester zum deutschen Sender nach Bergen und gestaltete dort große Unterhaltungssendungen. Außerdem absolvierten die Musiker Truppenbetreuungs-Tourneen durch ganz Norwegen,[84] teilweise in kleineren Besetzungen.[85] Mit Lale Andersen, die im Juli 1942 in Oslo gastierte, machte die Kapelle Heinz Wehner neben Schallplattenaufnahmen für Telefunken auch Aufnahmen im Auftrag der Wehrmacht. Die Platten trugen auf dem Etikett den Reichsadler nebst der Bezeichnung „Sonderaufnahme im Auftrag des Reichskommissars für die besetzten norwegischen Gebiete – Truppenbetreuung" – sowie „unverkäuflich!"[86] und wurden an die Wehrmachtstandorte verteilt.

---

82 BArch, R 56 I/41, fol. 9f. Vgl. hierzu auch den Abschnitt „Soldatensender" im Kapitel „Rundfunk in der Truppenbetreuung". Zur Integration der österreichischen Soldaten in die Wehrmacht vgl. Grischany, Thomas R.: *Der Ostmark treue Alpensöhne. Die Integration der Österreicher in die großdeutsche Wehrmacht, 1938–45 (Zeitgeschichte im Kontext, Bd. 9)*, Göttingen (V&R unipress) 2015.

83 Conrad, Gerhard: *Heinz Wehner. Eine Bio-Discographie (Jazzfreund-Publikation Nr. 39)*, Menden (Interessengemeinschaft für Jazz) 1989, S. 69. Wehner entging damit seiner Einberufung zur Wehrmacht, die unmittelbar bevorgestanden hatte. Seine uk-Stellung wurde vom OKW am 13.5.1943 weiter verfügt; BArch, RK/R 27, fol. 196. Im Jahr 1944 wurde er eingezogen; vgl. Conrad, Heinz Wehner, S. 77.

84 Im Juni 1941 war die Kapelle einen Monat lang auf Truppenbetreuungstournee durch Norwegen unterwegs; vgl. BArch, RK/W 6, fol. 1990.

85 Vgl. Conrad, Heinz Wehner, S. 71f.

86 Ebd., S. 73.

Der aus der Leipziger Jazz-Szene stammende Kurt Michaelis, ab Juni 1940 in Norwegen stationiert, hob rückblickend hervor, wie erfreulich die musikalische Versorgung während der Besatzungszeit für ihn gewesen war. In Oslo hätte es sämtliche Swingplatten zu kaufen gegeben[87] und die am Osloer Rundfunk engagierte Kapelle Heinz Wehner (neben anderen deutschen Tournee-Ensembles) hätte im Soldatenheim Oslo den „Schwarzen Panther" (wie der „Tiger Rag" aus Camouflagegründen genannt wurde) und andere beliebte Jazznummern gespielt. Zusammenfassend stellte er fest:

> „Wie Gott in Frankreich' wurde geswingt, daß mir […] in Norwegen, später Nord Norge […] überm Polarkreis, die Freudentränen in den Augen standen."[88]

Michaelis war bei der Luftwaffe, deren Personal das Image der modernsten Waffengattung auch dadurch unterstrich, die neuesten Musikstile aus Großbritannien und den USA zu favorisieren. Bei Truppenbetreuungsveranstaltungen forderten die Soldaten von den Musikensembles entsprechende Stücke und die Bands kamen diesen Wünschen zumeist sehr bereitwillig nach. Zudem standen den Soldaten auch die norwegischen Lokale mit Livemusik offen, in denen viel Jazz gespielt wurde.[89]

In der Hauptstadt Oslo und größeren Städten Norwegens sowie in verkehrstechnisch gut zugänglichen Gebieten gab es für die Soldaten ausreichend Möglichkeiten für abwechslungsreiche Unterhaltung. Tourneen nach Norwegen waren auch bei Truppenbetreuungsensembles vor allem in den Sommermonaten sehr beliebt, wie Dänemark galt das Land als „bombensicher", wenn auch die Ernährungssituation weniger günstig ausfiel.[90] Aus dem Landesinneren im südlichen Norwegen hieß es in einem Feldpostbrief:

> „Augenblicklich ist es toll, jeden Abend ist was los. Heute kommt zum Beispiel der a capella Chor der staatl. Musikhochschule Berlin, 10 Herren, 16 Mädel zu Besuch, das wird bestimmt wieder spät."[91]

Das Deutsche Podium berichtete im Mai 1941 von einer ausgedehnten Tournee des siebenköpfigen „Schauorchesters Weiße Raben" unter Kapellenleiter Herbert Zander durch Norwegen bis ins Polargebiet.[92]

---

87 Das wird auch aus den besetzten Ländern Westeuropas berichtet. Die Wehrmachtsoldaten konnten in den Städten Schallplatten kaufen und beim Heimaturlaub nach Deutschland bringen, denn in Wehrmachtzügen fand keine Gepäckkontrolle statt; Brief Kraft Bretschneiders vom 17.7.1990 an Michael H. Kater; Clara Thomas Archives & Special Collections, York University Toronto, Sammlung Michael H. Kater, Archiv-Nr. 2006–030/001 (05).

88 Kurt Michaelis (in der Jazz-Szene Hot Geyer genannt), im Interview mit Michael H. Kater am 23.6.1988, ebd., Archiv-Nr. 2006–030/003 (15) sowie in einem Brief vom 1.8.1990 an Kater; ebd., Archiv-Nr. 2006–030/001 (17).

89 Brief Kraft Bretschneiders an Michael H. Kater, ebd., Archiv-Nr. 2006–030/001 (05).

90 Vgl. Vossler, Propaganda, S. 303.

91 Brief vom 18.3.1942, zit. n. Schmitz-Köster, Krieg meines Vaters, S. 203.

92 *Das Deutsche Podium*, 9. Jg., Nr. 19, 9. Mai 1941, S. 4.

Abb. 4:   Akkordeonist bei einem Auftritt in Norwegen, circa 1942 (Bundesarchiv, Bild 101I-099-0747-34A/Krumme/CC-BY-SA 3.0)

Die Norwegen-Einsätze größerer Ensembles dauerten jeweils rund zwei Monate. Die Gruppe Rembur mit 14 Personen gastierte vom 21. November 1942 bis 11. Januar 1943 (Emanuel Rembur, Kapellmeister, neun Musiker (darunter ein Akkordeonist, ein Klarinettist, ein Solocellist sowie ein Mann am Flügel), ein Zauberkünstler, eine Rezitatorin, eine Tänzerin und eine Chansonsängerin/Ansagerin);[93] sechs Wochen später startete die Gruppe Schneidewind, die vom 2. Januar bis 28. Februar 1943 unterwegs war. Sie bestand aus 15 Personen (Kapellmeister Erich Schneidewind, neun Musiker (darunter der einarmige Pianist Rudolf Horn, ein Akkordeonist und ein Schlagzeuger), ein Humorist, eine Vortragskünstlerin, eine Tänzerin und zwei Sängerinnen).[94]

Die kleinen Ensembles zur Betreuung der abgelegenen Küstenstandorte waren länger unterwegs. Der Deutsche Veranstaltungs-Dienst als Agentur, die im Auftrag von KdF die Tourneen organisierte, meldete über eine Kleintournee:

„Herr Jetkowski ist in einer Kleinstgruppe (2 Personen) in Nordnorwegen und Finnland/Lappland eingesetzt. Diese kleine Spielgruppe hat so großen Erfolg, dass der Einsatz bis einschl. Oktober des Js. in den genannten Gebieten verlängert wurde, was auch darauf zurückzuführen ist, dass die beiden Künstler in Stützpunkten aufgetreten sind, wo bisher noch nie eine Spielgruppe eingesetzt wurde. Nicht nur wegen seiner außerordentlichen künstlerischen Qualität als Pianist und insbesondere Akkordeonist ist Herr Jetkowski für diesen Einsatz unentbehrlich, sondern insbeson-

---

93   BArch, R 56 I/84, Bild-Br. 163.

94   Ebd.

ders auch wegen seiner menschlichen Qualitäten, an die bei den Einsätzen in den genannten Gebieten besonders hohe Anforderungen gestellt werden müssen."[95]

Die vierköpfige Kapelle Jerochnik (Oskar Wilhelm Jerochnik (Piano, Kapellmeister), Kurt Heide (Schlagzeug), Martin Jüttner (Klarinette, Saxofon, Geige) und der Sologeiger Alfred Stute), von KdF zur Wehrmachtstournee in der Zeit vom 1. Dezember 1940 bis 1. März 1941 engagiert, startete mit dem Schiff „Stella Polaris" am 1. Dezember in Bergen. Zuvor war sie mit großem Erfolg in Frankreich und Belgien bei kleinsten Einheiten an der Kanalküste eingesetzt gewesen.[96]

Zeitgenössische Reflexion zur Truppenbetreuung

Eine Einschätzung zur Qualität der Truppenbetreuung in Banak, dem Luftwaffenstützpunkt im äußersten Norden Norwegens, gibt das Protokoll eines abgehörten Gesprächs zwischen zwei Luftwaffenoffizieren, die 1942 in britische Kriegsgefangenschaft geraten waren:

A 1044:   In Banak, das ist der nördlichste Flughafen den wir haben, da sind auch drei- bis viertausend Soldaten noch. Das ist aber auch, also was Wehrbetreuung anbetrifft, überhaupt das Beste, was es gibt.

A 1047:   Varieté und so?

A 1044:   Ach, da ist jeden Tag was los. Und Mädels sind da, sogar ein Puff ist da eingerichtet.

A 1047:   Deutsche Mädels?

A 1044:   Ach, Norwegerinnen, aus Oslo und Trondheim.

A 1047:   In jeder Stadt ist ein Puffwagen da, nicht? Für Offiziere und dann für andere? Ich weiss es. (Gelächter) Tolle, tolle Sachen.

A 1044:   Ich war kurz für eine Probe nach Banak geflogen. Da ist jeden Sonnabend Tanz, sie haben eine tadellose Tanzkapelle mit fünfzehn Mann, und ausserdem noch eine Militärkapelle. Dann ist Varieté, das ist so alle vierzehn Tage einmal, und dann jeden Tag ein anderer Film. Tadellos! Das Essen auch.

A 1047:   Bei uns [Einheit und Standort gehen aus dem Protokoll nicht hervor] hat es nur einen Film gegeben in der Woche. Montags ist er im Waldlager gespielt worden, und Donnerstags und Freitags im Wehrmachtsheim.

A 1044:   In Aalborg [Nord-Dänemark] haben sie ein Wehrmachtsheim, also man musste nur staunen. Dort in Aalborg, wo man alles kriegt, da machen sie so ein Wehrmachtsheim. Es hat praktisch überhaupt keinen Wert. Da können sie lieber ein Wehrmachtsheim in Trondheim oder Stavanger hinbauen, also ein schönes wie es dort ist. Es war früher das beste Hotel überhaupt in Aalborg. Das hat die Wehrmacht gekauft für über eine Million Mark.

---

95   BArch, R 55/10368, Bericht vom 10.5.1940.
96   BArch, R 55/10366.

A 1047:   Ja – wir haben ja Geld!

A 1044:   Roxy hiess es.[97]

Dieses Gespräch verdeutlicht verschiedene Aspekte: Dass „immer was los" ist, also abwechslungsreiche, vielfältige Veranstaltungen geboten wurden, kam bei den Soldaten hohe Priorität zu, ebenso die Anwesenheit bzw. Verfügbarkeit von „Mädels" – sowohl Frauen, die beim Stützpunkt arbeiteten (deutsche Wehrmachthelferinnen und Norwegerinnen) als auch (Zwangs-)Prostituierte in Wehrmachtbordellen. Bei der „tadellosen Tanzkapelle" handelte es sich anscheinend um ein norwegisches Unterhaltungsorchester, das einmal wöchentlich auftrat. Die Militärkapelle der Luftwaffe wurde auch zur Unterhaltung der Soldaten eingesetzt und versorgte in wechselnder Besetzung die kleineren Stützpunkte der Umgebung.[98] Die KdF-Tourneeplanung war so konzipiert, dass circa alle zwei Wochen ein Ensemble mit einem bunten Programm an diesem größeren Standort gastierte. Das „tadellose" Essen war keine Selbstverständlichkeit; nach dem „Führerbefehl", dass die Besatzungstruppen aus dem besetzten Land zu versorgen waren, galten strikte Lebensmittelrationierungen und die norwegische Bevölkerung litt Mangel.[99] Die landwirtschaftlichen Bedingungen Norwegens waren schwierig und das zahlenmäßige Verhältnis zwischen Bevölkerung und Besatzung lag mit 10:1 so ungünstig wie in keinem anderen von der Wehrmacht besetzten Land. Deshalb konnte im Lauf der Kriegsjahre die Versorgung von Bevölkerung und Besatzungsmacht zunehmend nur durch Lebensmittelimporte aus Deutschland sichergestellt werden.[100]

Beschlagnahmung norwegischer Rundfunkgeräte

Seit die norwegischen Radiosender von den Besatzungstruppen kontrolliert wurden, richtete die norwegische Exilregierung beim Londoner Sender der BBC ein norwegisches Programm ein, über das die Bevölkerung zum Durchhalten aufgerufen und mit Nachrichten zur Kriegssituation in Europa versehen wurde. Reichskommissar Terboven verbot das Hören des Senders, hatte damit aber wenig Erfolg. Im September 1941 ordnete er als Strafmaßnahme die Beschlagnahmung sämtlicher Radiogeräte in norwegischen Haushalten an, um sie an Wehrmachtstandorte und

---

97   The National Archives, Kew, London, SRA 2871. A 1044 – Unteroffizier (Bomber W/T Operator: He.111) Captured 4 Jul 42, A 1047 – Oberfeldwebel (Bomber Aircraft Mechanic: Do. 217) Captured 23 Jul 42; Datum des abgehörten Gesprächs: 4.8.1942. Wo die beiden Luftwaffenmitglieder vor ihrer Gefangennahme stationiert waren, geht aus den Unterlagen nicht hervor. Mein herzlicher Dank gilt Falko Bell, der mir dieses Protokoll zukommen ließ. Der erste Teil (bis „Tolle, tolle Sachen.") ist wiedergegeben in Neitzel, Soldaten, S. 223.

98   Vgl. hierzu das Kapitel „Mit klingendem Spiel – Musikkorps der Wehrmacht"

99   Vgl. Bohn, Reichskommissariat Norwegen, S. 459; Schmitz-Köster, Krieg meines Vaters, S. 260; Lindgren, Menschheit, S. 123 u. 188.

100   Vgl. Bohn, Reichskommissariat Norwegen, S. 459f.; Brandt, Krieg in Norwegen, S. 162: „Wegen der allgemeinen Ernährungslage und der Versorgung ist Norwegen für das Deutsche Reich eher zu einer Belastung als zu einem Vorteil geworden."

„Ausgebombte und Bedürftige im Reich"[101] zu verteilen. Ende Dezember 1943 meldete Terboven, es seien 538.642 Geräte[102] konfisziert worden, ungeklärt seien aber deren Gebrauchsfähigkeit, Lagerung und Transport. Da in Deutschland keine Techniker zur Überprüfung der Geräte zur Verfügung standen, vereinbarten RMVP und Terboven, diese Arbeiten in Norwegen vornehmen zu lassen, wofür eine monatliche Pauschale von RM 75.000,-- überwiesen wurde.[103] Die Aktion zog sich bis Juni 1944 hin und verursachte in erster Linie beträchtlichen Verwaltungsaufwand[104] sowie Ärger wegen der Lagerhaltung – etliche Geräte wurden aufgrund unsachgemäßer Aufbewahrung unbrauchbar.[105] Zudem nahmen die Transportprobleme stetig zu, da immer mehr Schiffsladungen durch britische Bombenangriffe verloren gingen.

Ostfront. Ein Erfahrungsraum anderer Qualität

Der Feldzug gegen die Sowjetunion wurde von Hitler und der Wehrmacht in vollkommener Fehleinschätzung der gegnerischen Kräfte und mit siegesgewisser Hybris, die aufgrund der gewonnenen „Blitzkriege" in Nord- und Westeuropa sowie der raschen Besetzung Jugoslawiens und Griechenlands enorm gewachsen war, geplant. Er zielte auf die Zerstörung des sowjetischen Staats, auf die Kolonialisierung und Ausbeutung des Landes ohne jede Rücksicht auf die Zivilbevölkerung unter Missachtung völkerrechtlicher Vereinbarungen und sämtlicher Konventionen des Kriegsrechts.[106]

---

101 BArch, R 55/20683.

102 Diese enorm hohe Zahl scheint angesichts von nur rund 4 Millionen Einwohnern Norwegens jedoch wenig glaubwürdig.

103 Ebd.; BArch, R 55/640, fol. 274ff.

104 Abteilungsleiter Werner Peitz von der Deutschen Rundfunk-Arbeitsgemeinschaft reiste eigens nach Norwegen und Dänemark, um Versandwege und Transportbedingungen vor Ort zu klären; die Devisenbewilligung vom 25.10.1944 lautete auf „Durchführung einer kriegswichtigen Sonderaktion (Beschaffung von Schiffsraum in Kopenhagen, Aalborg und Aarhus zur Beförderung von Rundfunkgeräten für Bombengeschädigte nach Deutschland."; BArch, R 55/703, fol. 86ff.

105 Möglicherweise waren die Geräte auch schon von ihren Eigentümer*innen vor der Beschlagnahmung manipuliert worden, um sie unbrauchbar zu machen.

106 Als Stichworte seien an dieser Stelle der „Kommissarbefehl", der „Kriegsgerichtsbarkeitserlass", der Wehrmachtangehörigen zusicherte, bei Übergriffen gegen Zivilpersonen strafrechtlich nicht belangt zu werden, sowie der „Hungerplan" zum Umgang mit Zivilbevölkerung und Kriegsgefangenen genannt; vgl. aus der Vielzahl der Literatur hierzu z. B. Gerlach, Christian: *Kalkulierte Morde. Die deutsche Wirtschafts- und Vernichtungspolitik in Weißrußland 1941–1944*, Hamburg (Hamburger Edition) 2000; ders.: *Krieg, Ernährung, Völkermord. Forschungen zur deutschen Vernichtungspolitik im Zweiten Weltkrieg*, Hamburg (Hamburger Edition) 1998; Hartmann, Ostkrieg, Kapitel „Verbrechen", S. 469–788; Römer, Felix: *Der Kommissarbefehl: Wehrmacht und NS-Verbrechen an der Ostfront 1941/42*, Paderborn (Ferdinand Schöningh) 2008; Lieb, Peter: „Täter aus Überzeugung? Oberst Carl von Andrian und die Judenmorde der 707. Infanteriedivision 1941/42", in: *Vierteljahrshefte für Zeitgeschichte* 50 (2002), 523–557.

Der Großteil der Bevölkerung im Deutschen Reich reagierte mit Entsetzen auf den unerwarteten Krieg gegen die Sowjetunion, der die Hoffnung auf baldigen Frieden zunichtemachte.[107] Innerhalb der Wehrmacht hingegen reichte die Gewissheit eines schnellen Siegs von der Führung bis zur Basis der Soldaten; es wurde mit entscheidenden Siegen bis zum Beginn der sogenannten Schlammzeit im Herbst und mit dem Ende des Feldzugs bis zum Wintereinbruch gerechnet.[108] Nach anfänglichen Erfolgen gegen die unvorbereiteten sowjetischen Truppen begann jedoch die Offensive zunehmend mühsam zu werden. Mit den hohen Verlusten, die die Rote Armee der Wehrmacht zuzufügen vermochte, hatte niemand gerechnet. Bereits Mitte Juli 1941 äußerte Alfred Jodl, Chef des Wehrmachtführungsstabs im OKW: „Jetzt erst erfährt die Wehrmacht, was Krieg ist".[109] Generalstabschef Franz Halder erkannte: „Der Koloß Russland ist von uns unterschätzt worden."[110] Ohne genügend personelle und materielle Reserven, für einen länger dauernden Feldzug in klimatisch extremem Gebiet vollkommen unzureichend ausgerüstet[111] (lediglich die als spätere Besatzungstruppen eingeplanten Divisionen verfügten über angemessene Ausstattung[112]), durchgängig mit Nachschubproblemen – von Ausrüstung, Munition, Kraftstoff, Nahrungsmitteln bis zu medizinischer Versorgung – und ungeahnten Verlusten konfrontiert, agierten die Wehrmacht-Soldaten in einem als beispiellos geltenden Eroberungs-, Versklavungs- und Vernichtungskrieg.

Der Winter 1941/42 prägte sich den Fronttruppen als existentielle Bedrohung bislang unbekannter Dimension ein. Nach den Vormärschen von Juni bis November 1941 erschöpft und überstrapaziert, mussten sie, in starke Angriffe der Roten Armee verwickelt, extreme Kälte und Nässe bei größten Entbehrungen aushalten.[113] Die Situation der Truppen in den rückwärtigen Gebieten wurde vor allem durch den Partisanenkrieg, der die Abwehrkämpfe der Roten Armee ergänzte, bestimmt. Das

---

107 Vgl. Herbert, Das Dritte Reich, S. 79.

108 Vgl. ebd.; Jasper, Zweierlei Weltkriege, S. 73.

109 Brief Jodls vom 19.7.1941 an Luise von Benda, Chefsekretärin Franz Halders, Chef des Generalstabs des Heeres, zit. n. Jasper, Zweierlei Weltkriege, S. 76. Einen mikrohistorische Studie zum Ostfeldzug, der auf den Aufzeichnungen eines Bataillonsführers beruht, bietet „Abschnitt IV Krieg" in Römer, Felix: *Die narzisstische Volksgemeinschaft. Theodor Habichts Kampf 1914 bis 1944*, Frankfurt/Main (S. Fischer) 2017, S. 181–291.

110 Zit. n. Herbert, Das Dritte Reich, S. 79f.

111 Vgl. hierzu den Bericht des Unteroffiziers Fritz Hübner über einen extremen Kälteeinbruch am 7.12.1941 vor Moskau, der Flugzeuge, Panzer, Artillerie und Maschinengewehre unbrauchbar machte, zit. n. Kempowski, Walter: *Das Echolot. Barbarossa '41*, München (Random House/btb) 2004⁴, S. 325, ebenso General Heinz Guderian am 8.12.1941, zit. n. ebd., S. 351 sowie ders. am 14.12.1941: „Erfrierungen verursachten stärkere Ausfälle als das feindliche Feuer", zit. n. ebd., S. 450.

112 Von den 220 Divisionen, die am 22.6.1941 eingesetzt wurden, sollten 50 Divisionen im Land verbleiben, vgl. Tagebucheintrag Joseph Goebbels am 8.7.1941, zit. n. Kempowski, Echolot, S. 299.

113 Vgl. Jasper, Zweierlei Weltkriege, S. 99.

rassistisch grundierte, als „Säuberung" und „Großreinemachen"[114] euphemistisch banalisierte brutale Vorgehen der Wehrmacht gegen Partisanen, die im Hinterland die Verbindungslinien und Infrastruktur der Wehrmacht angriffen, gegen Kommissare und ‚verdächtige' Zivilisten sowie willkürliche Vergeltungsmaßnahmen führten zu einer extremen Radikalisierung des Kriegs.[115]

Bis März 1942 hatte die Wehrmacht bereits über eine Million Soldaten verloren,[116] im gleichen Zeitraum kamen zwei Millionen sowjetische Kriegsgefangene im Gewahrsam der deutschen Truppen um.[117]

Die den Erfahrungsraum Ostfront konturierenden Aspekte ungeahnter Härte der Kämpfe, hohe Verwundeten- und Gefallenenzahlen, klimatische Zumutungen, Entbehrungsreichtum in Bezug auf Quartier, Ausrüstung und Versorgung[118] sowie die Einsicht in die Fehleinschätzung des Kriegsverlaufs spiegelten sich auch in Mitteilungen und Aufzeichnungen der Soldaten wie Feldpostbriefen, Tagebüchern und anderen Dokumenten:

> „Häufig kommt unsere Verpflegung auf den schlechten Strassen nicht rechtzeitig nach, dann haben wir auch tagelang nichts zu essen und, was schlimmer ist, nichts zu trinken."[119]

> „Das Brot ist beim Rösten manches Mal stark angebrannt, aber wir aßen es trotzdem, weil wir so wenig hatten. Überhaupt war es mit der Versorgung schlecht bestellt. Fett gab es meistens gar nicht. Einmal gab es Butter, ein Stück in der Größe von drei Viertel einer Streichholzschachtel für drei Tage."[120]

> „Heute vor einem Jahr sind wir in Rußland hineingefahren. [...] Wie viele andere hatte ich auf ca. 4 Wochen Krieg getippt. Und wie anders ist alles gekommen. Mit so einer militärischen Macht Rußland hatte keiner gerechnet. Ich glaube, wenn uns am 22. 6. 41 jemand gesagt hätte: ‚Ihr seid in 1 Jahr noch in Rußland', den hätten wir

---

114 Vgl. Kipp, Martina: *„Großreinemachen im Osten". Feindbilder in deutschen Feldpostbriefen im Zweiten Weltkrieg*, Frankfurt/Main (Campus) 2014. Die Autorin untersucht anhand von 7.000 Feldpostbriefen, wie Ordnungs- und Sauberkeitsvorstellungen aus der Alltagswelt der Soldaten für deren Akzeptanz des Vernichtungskriegs bedeutsam waren.

115 Vgl. Hartmann, Ostkrieg, S. 762. Vgl. auch Soldat Hamann, 4.7.1941: „Erwähnen möchte ich noch, daß wir uns alle gesagt haben, was denn wohl werde, falls wir den Krieg verlieren und dies alles einmal büßen müßten.", zit. n. Kempowski, Echolot, S. 230. Vgl. auch Hürter, Johannes (Hg.): *Notizen aus dem Vernichtungskrieg. Die Ostfront 1941/42 in den Aufzeichnungen des Generals Heinrici*, Darmstadt (Wissenschaftliche Buchgesellschaft) 2016.

116 Jasper, Zweierlei Weltkriege, S. 101.

117 Hartmann, Ostkrieg, S. 592.

118 Notiz General Franz Halders nach Gespräch mit Feldmarschall von Bock, 12.12.1941: „Lage in besonders kritisches Stadium getreten. 134. und 45. Div. überhaupt nicht mehr kampffähig. Keine Versorgung. Führung zwischen Tula und Kursk bankrott.", zit. n. ebd., S. 417.

119 Leutnant Walter Melchinger an seine Frau, 3.7.1941, zit. n. Kempowski, Echolot, S. 200.

120 Alexander Cohrs, 11.12.1941, zit. n. ebd., S. 410.

bestimmt für verrückt erklärt. Es ist nun einmal Wirklichkeit geworden. Wir stehen immer noch in Rußland. Und wer weiß, wie lange noch."[121]

Der Erwartungshorizont war dabei auch von einem prädisponierten, durch die nationalsozialistische Propaganda weiter genährten rassistischen Blick auf die Lebensverhältnisse der „slawischen Untermenschen" bestimmt:

„Je weiter wir nach Osten kommen, ein desto grösserer Stolz erfüllt uns über unser Deutschtum, über unsere grosse Kultur, unser sauberes, anständiges Leben. Die Russen verlassen ihre Unterkünfte schlimmer wie Sauställe."[122]

Dem eigenen Standard genügende Erfahrungen wurden entsprechend reflektiert:

„Wir haben ein europäisch eingerichtetes Zimmer in einer Schule. Es ist die Wohnung des Lehrers. Für Rußland ist es ein Palast."[123]

„Elektrisches Licht, Radiogemeinschaftsempfang, Zeitung, Betten, Filmvorführungen und dergleichen haben wir hier, also für russische Verhältnisse paradiesisch."[124]

Sammelaktion an der ‚Heimatfront' im Winter 1941

Neben einer großangelegten Sammlung von Winterbekleidung und Wollsachen zur Verbesserung der desolaten Ausstattung der Ostfront-Truppen hatte Minister Goebbels, in bewährter Manier die „Einheit von Heimat und Front" beschwörend, im November 1941 auch eine „Sonderaktion für Winterbetreuung der Truppe" initiiert, um die Soldaten mit Grammophonen und Schallplatten zu versorgen.[125]

„Um den Soldaten an der Ostfront in den Kampfpausen und Ruhetagen die Möglichkeit der Entspannung zu verschaffen, soll [...] in allen Gauen eine Sammlung von Tisch- und Koffergrammophonen sowie Schallplatten durchgeführt werden. Die bisherigen Sammlungen auf anderen Gebieten haben bewiesen, daß die Heimat vor allen Dingen dann opferfreudig spendet, wenn es sich um unsere Soldaten handelt.

---

121 Soldat Gustav B. an seine Eltern, 22.6.1942, Museum für Kommunikation Berlin, Feldpost-Archiv, Sign-Nr. 3.2002.0966.

122 Leutnant Walter Melchinger an seine Frau, 27.6.1941, zit. n. Kempowski, Echolot, S. 123.

123 Leutnant Georg Kreuter, 10.12.1941 in Potschinok (Westrussland), zit. n. Kempowski, Echolot, S. 386.

124 Der Soldat Siegfried H. berichtet von einem Funkerlehrgang, 8.12.1943, Museum für Kommunikation Berlin, Feldpost-Archiv, Sign-Nr. 3.2002.0804.

125 Abschrift der „Führerinformation über Sammelaktion für Grammophone und Schallplatten", dem Entwurf Goebbels', den Hitler zu genehmigen hatte, in BArch, NS 18/433, fol. 56 und 59. Die Ergänzung um die Erwähnung des „hohen Nordens" war auf Wunsch Hitlers eingefügt worden. Dieser Initiative war eine Intervention seitens des OKW vorausgegangen, das am 19.11.1941 eine Sammelaktion von „Gegenstände[n] für die wohnliche Ausstattung und Ausschmückung der Winterunterkünfte" gefordert hatte, vgl. Reichsverfügungsblatt der Reichskanzlei, Ausgaben ab 5. Februar 1941, Anordnung A 48/41; Betrifft: Sonderaktion zur Winterbetreuung der Truppen, BArch, NS 6/821, fol. 143.

[…] Wir alle wollen unseren Soldaten an der Ostfront und im hohen Norden den Kampf erleichtern."

Vom 7. bis 14. Dezember 1941 konnten die Spenden bei den örtlichen Partei- dienststellen abgeliefert werden. Einer Pressemitteilung zufolge kamen insgesamt 47.568 Grammophone und 2.253.886 Schallplatten[126] zusammen. Die einzelnen Gauämter waren mit der Flut an Material hoffnungslos überfordert, noch am 20. Dezember hatte der Versand in die Berliner Zentrale vielerorts wegen Mangels an Verpackungsmaterial und Transportkapazitäten nicht einmal begonnen. Die Gaben für die Front stapelten sich, meist unsachgemäß gelagert, in notdürftig hergerichte- ten Abstellräumen. Im Februar 1942 reflektierte die Parteikanzlei gegenüber dem RMVP das Desaster dieser Aktion, das „auf die Bevölkerung einen sehr ungünstigen Eindruck macht" und auch für zukünftige Sammlungen nichts Gutes verheiße.[127] Erst Mitte Februar organisierte das RMVP die Abholung des Materials aus den Ortsgruppen und die weitere Verteilung. Neuaufgestellte Truppenteile, die laufend zur Ostfront in Marsch gesetzt wurden, hatten Grammophone und Schallplatten in ihrem Transport unterzubringen. Geräte, die sich auf Grund von Größe und Ge- wicht nicht für die Front eigneten, kamen Lazaretten zugute. Insgesamt wurden auf diese Weise 19.500 Apparate und 785.961 Platten verteilt, was – den Ausschuss abge- rechnet – nicht einmal die Hälfte der Sammlung ausmachte.[128] Bei den allgemeinen Nachschub- und Versorgungsproblemen im Osten ist zudem zu vermuten, dass nur ein Bruchteil davon zu den Einheiten gelangte.

Männlichkeitshierarchien

Bereits kurz nach seinem Beginn erwuchs dem Ostfeldzug und den dort eingesetz- ten Soldaten ein besonderer Nimbus. Das soldatische Spektrum erfuhr eine Binnen- differenzierung, die den Ostkämpfer zum Prototypen des geprüften und gestählten deutschen Soldaten machte und an die Spitze der Männlichkeitshierarchie stellte. Hegemoniale Männlichkeit „definierte sich […] ab Sommer 1941 dezidiert als Ostfront-Männlichkeit";[129] die soldatische Rangfolge gliederte sich in aufsteigender Linie von Etappen- und Schreibstuben- über Front- zu Ostfront-Soldat.[130] Aus dem Status des Ostfront-Soldaten ließ sich ein Expertentum ableiten, das mit Deutungs- hoheit in Bezug auf Tapferkeit, Kampf- und Entbehrungserprobtheit ausgestattet war und zugleich einen umfassenden Anspruch auf privilegierte Behandlung außer-

---

126 BArch, NS 18/433, fol. 34.

127 Fernschreiben von Pg. Witt, Parteikanzlei, an Tiessler, RMVP Berlin, 3.2.1942, ebd., fol. 32.

128 Notiz für Pg. Wächter von Pg. Scheffler, 25.2.1942, ebd., fol. 12.

129 Werner, Frank: „Soldatische Männlichkeit im Vernichtungskrieg. Geschlechtsspezifische Di- mensionen der Gewalt in Feldpostbriefen 1941–1944", in: Didczuneit, Schreiben im Krieg, S. 283–294, hier S. 285.

130 Diese Skala relativierte sich ab Juni 1944 für die Soldaten, die die Invasion der Westalliierten erlebten, und mit den Kampferfahrungen an anderen Fronten in den letzten Kriegsmonaten, vgl. Jasper, Zweierlei Weltkriege, S. 234.

halb von Kampfphasen begründete. Damit konstituierte sich ein Spannungs- und Konfliktfeld zwischen den Frontkämpfer-Helden und den Soldaten von Nachschub und Etappe, was den Frontverbänden in vielerlei Hinsicht Anlass zu Klagen über Benachteiligung, Ungerechtigkeit und Zurücksetzung bot.[131] „Vorne", die Front, war gleichbedeutend mit Kampf und Todesgefahr, „hinten", die Etappe, galt als Synonym für Sicherheit[132] – auch wenn diese Polarisierung im Ostfeldzug aufgrund der Auseinandersetzungen im rückwärtigen Heeresgebiet nur bedingt zutraf. Die Front bildete den Bezugsrahmen für alle Truppen, die Entfernung oder Nähe zu ihr bot die Orientierung und entsprechend gestalteten sich männliche Hierarchiemuster.

Die Frontsoldaten betrachteten die für Nachschub und Infrastruktur Eingesetzten als Drückeberger, die auf sicherem Posten ihren Dienst schiebend über bessere Versorgung verfügten und zudem noch unkameradschaftlich das Meiste für sich selbst abzweigten:

> „Nach den Erfahrungen, die ich bei einem früheren Aufenthalt beim Troß gemacht hatte, konnte ich mir ausrechnen, wie satt man ‚hinten' trotzdem wurde."[133]

Die Soldaten „vorne", konfrontiert mit schweren Kämpfen, hohen Verlusten und mangelhafter Versorgungslage, blickten in einer Mischung aus Stolz und Verachtung, gepaart mit Neid und Argwohn auf die Soldaten „hinten".

Der Dualismus von Front und Etappe, der generell in der Armee bestand, erfuhr im hypermännlich konnotierten Erfahrungsraum Ostfront eine Zuspitzung. Das hierarchische Gefälle zwischen der hegemonialen Dominanz der Ostfrontkämpfer und den ‚rangniedrigeren' Etappensoldaten prägte sich stärker aus als in anderen Besatzungsgebieten. Dies resultierte auch aus der Diskrepanz zwischen den Gratifikationsansprüchen der Frontsoldaten aufgrund der besonderen Belastungen und den tatsächlichen Entbehrungen, mit denen sie sich auseinanderzusetzen hatten.

Zu Beginn des Kriegs gegen die Sowjetunion betrug das Verhältnis zwischen Front- und Nachschubsoldaten 80% zu 20%;[134] junge, unverheiratete, körperlich leistungsfähige Soldaten stellten das Gros der Kampftruppen an vorderster Front, während in den Versorgungsdiensten und im rückwärtigen Divisionsgebiet zumeist über 30-jährige Familienväter eingesetzt waren[135] – diese generationellen und lebensweltlichen Verschiedenheiten trugen zu Bestätigung der Statusunterschiede bei.

---

131 Vgl. hierzu Kroener, Bernhard R.: „‚Frontochsen' und ‚Etappenbullen'. Zur Ideologisierung militärischer Organisationsstrukturen im Zweiten Weltkrieg", in: Müller, Rolf-Dieter; Volkmann, Hans-Erich (Hg.): *Die Wehrmacht. Mythos und Realität*, München (Oldenbourg) 1999, S. 371–384; vgl. auch Jasper, Zweierlei Weltkriege, S. 151ff.

132 Vgl. Jasper, Zweierlei Weltkriege, S. 155.

133 Der in Nowinskaja eingesetzte Soldat Alexander Cohrs am 11.12.1941, zit. n. Kempowski, Echolot, S. 410.

134 Vgl. Jasper, Zweierlei Weltkriege, S. 152.

135 Vgl. ebd., S. 161.

In diesem Feld hierarchisch differenzierter Männlichkeiten agierten die Künstlerinnen und Künstler der Truppenbetreuungsensembles,[136] im Wehrmachtgefolge die Wehrmachthelferinnen und in den Soldatenheimen sowie Lazaretten die DRK-Schwestern – ihre Positionierung innerhalb des militärischen Machtgefüges ergab sich ebenfalls analog zur Frontnähe, jedoch war ihnen als Nichtkombattant*innen per se der Status des weiblich geprägten, nicht vollwertigen „Helfens" zugewiesen.[137]

Veränderter Bedarf und erschwerte Bedingungen in der Truppenbetreuung im Osten

Die Truppen an der Ostfront wurden – sowohl was die Menge an Veranstaltungen und die Ausstattung mit Material wie Musikinstrumente oder Lektürestoff anging wie auch im Hinblick auf die Qualität des von KdF-Ensembles Dargebotenen – nur spärlich versorgt. Dabei war an diesem Kriegsschauplatz ein völlig neuer Bedarf an Truppenbetreuung entstanden: Dienten die Maßnahmen in Nord-, West- und Südeuropa in erster Linie dazu, für Zeitvertreib im Besatzungsalltag zu sorgen und Inaktivität vorzubeugen, kam der Truppenbetreuung an der Ostfront angesichts der fortdauernden intensiven Kämpfe und der Brutalität des Kriegs in vollkommen anderem Ausmaß die Aufgabe zu, zur psychischen und physischen Regeneration und Kompensation beizutragen, um die Kampf- und Durchhaltefähigkeit der Truppen zu stärken.[138] Der Truppenbetreuung im Osten erwuchs eine gänzlich andere Notwendigkeit und Dringlichkeit zur emotionalen und seelischen Stabilisierung. Die Soldaten benötigten eskapistische Angebote zur Bewältigung des Kriegsgeschehens, während an anderen Kriegsschauplätzen Kurzweil und Unterhaltung vor allem eine Unterbrechung öder Routinen bedeuteten. Das Erfordernis einer verstärkten Betreuung der Ostfront-Soldaten wurde von OKW, RMVP und KdF erkannt und in Verlautbarungen auch propagandistisch verwertet,[139] jedoch scheiterte die Umsetzung dieser Postulate – die Truppen an der Ostfront blieben aufgrund der Infrastrukturprobleme weitgehend auf Eigeninitiative angewiesen:

> „Es muß […] berücksichtigt werden, daß die großen Transport- und Versorgungsschwierigkeiten auch hier leider häufig zu erheblichen Verzögerungen […] führen werden. Das Schwergewicht der geistigen Betreuung liegt infolgedessen nach wie vor bei den Kompanien."[140]

---

136 Zur Truppenbetreuung bei Front und Etappe s. den gleichnamigen Abschnitt weiter unten.

137 Vgl. hierzu die Abschnitte „Frauen bei der Truppe" und „Künstlerinnen vor der Truppe" im Kapitel „Rahmung".

138 Vgl. Hirt, Deutsche Truppenbetreuung, S. 413f.

139 Neben der oben erwähnten Sonderaktion im Winter 1941 wurde der Einsatz der Truppenbetreuung im Winter 1941/42 sowie 1942/43 schwerpunktmäßig für die Ostfront geplant. Forderungen von Reichskommissar Terboven für Norwegen mussten zurückstehen, vgl. BArch, R 55/515.

140 Tätigkeitsbericht der Abt. Ic der 1. Gebirgsdivision stellte am 21.12.1941, BA-MA, RH 28–1/156. Vgl. hierzu die Kapitel in Teil 1 Selbstversorgung.

An den ersten Winter in Russland erinnerte sich ein sängerisch begabter, bühnen-erfahrener Soldat:

> „Wie ein Vogel sang ich Arien, Lieder und Operetten für die für alles so unsagbar dankbaren Kameraden. […] alle Lazarette [waren] mit Erfrierungen überfüllt, die Ärzte amputierten Tag und Nacht, sahen aus wie die Metzger. Ich gründete eine Mu-sikschar und wir versuchten die armen Kameraden aufzuheitern […].“[141]

Der fürsorgliche Duktus, der diesen Bericht dominiert, verweist auf den Rollen-wechsel, den der Soldat vollzogen hatte – als Trost spendender Sänger begab er sich ins weiblich konnotierte Feld des Unterstützens, Helfens und Dienens, was sich in seiner betont caritativen Wortwahl widerspiegelte.

Aber auch der Einsatz wehrmachtinterner Spielgruppen, die nach und nach aufge-baut wurden, war wegen des Kriegsverlaufs nur begrenzt möglich. So resümierte ein Musiker bedauernd:

> „Du wirst ja noch nicht wissen, dass unsere Frontbühne zur Zeit wieder mal aufge-löst ist. Es lässt sich eben hier in Rußland nicht mehr durchführen. Der Russe drängt zur Entscheidung, seine Offensive dauert schon 5 ½ Monate und nimmt immer grö-ßere Ausmaße an. […] Ja, bei der Frontbühne hat es mir gut gefallen, wir hatten da ein schlaues Leben und sind viel eingeladen worden. Schade, dass diese schönen Zeiten nun wahrscheinlich für immer vorbei sind.“[142]

Einen erhöhten Betreuungsbedarf hatte das Generalkommando eines Armeekorps im Dezember 1941 gemeldet. Um der Forderung nach Versorgung mit Material sowie der Entsendung von KdF-Ensembles Nachdruck zu verleihen, fasste der An-tragsteller zur Begründung die besonderen Belastungen seiner Ostfront-Soldaten zusammen:

> „Die großen Leistungen der Truppe im Kampf, die teilweise schlechte Unterbrin-gung, die Eintönigkeit der Ernährung, die kaum ins Gewicht fallende Beurlaubungs-möglichkeit, die schlechten Postverhältnisse sind Faktoren, die einen Ausgleich notwendig machen. […] Was auf diesem Gebiet bisher geschehen konnte, muss als unzureichend bezeichnet werden.“[143]

Im April 1943, das Armeekorps befand sich auf dem Rückzug von der Krim, er-wähnte dann der „Lagebericht bezüglich geistiger Betreuung“:

> „Die Truppe empfindet es mit besonderer Dankbarkeit, was das AOK ihr mit den ihm jetzt zur Verfügung stehenden nur geringen Mitteln an Betreuung zukommen lässt. […] Es kann jedoch nach diesen Monaten anstrengendster Kämpfe gar nicht genug getan werden. Vor allem müssen Lesestoff und Rundfunkgeräte herankommen.“[144]

---

141 Soldat Kurt Unruh, 24.12.1941, zit. n. Kempowski, Echolot, S. 606f.
142 Ludwig S. am 22.12.1943 in einem Feldpostbrief an seine Schwester, Museum für Kommuni-kation Berlin, Feldpost-Archiv, Sign-Nr. 3.2002.0877.
143 BA-MA, RH 24–49/210.
144 Ebd., Meldung vom 17.4.1943.

Eine Woche später waren zwei Divisionen dieses Armeekorps (immerhin mehrere zehntausend Soldaten) insgesamt 55 Mundharmonikas zugewiesen worden[145] – die Diskrepanz im Vergleich zur Ausstattung der Truppen in Norwegen[146] ist enorm. „KdF-Gruppen waren im Berichtszeitraum nicht hier" meldete lapidar auch der Ic-Offizier der 258. Infanterie-Division für die acht Monate zwischen 22. 2. und 20.10.1942.[147]

Die Ic-Tätigkeitsberichte der 1. Panzer-Division[148] veranschaulichen die Gegebenheiten hinsichtlich der Truppenbetreuung über den Zeitraum von etwas mehr als einem Jahr. Im April 1942 im russischen Olenino stationiert, wurden der Division drei Radiogeräte zugewiesen, die jedoch „wegen defekter Röhren zunächst nicht betriebsfähig"[149] waren, erst Ende Mai konnten die erforderlichen Ersatzteile beschafft werden.[150] Aufführungen gab es durch die divisionseigene Frontbühne, „deren Leistungen musikalisch, künstlerisch und akrobatisch als gut zu bezeichnen sind".[151] Bis Ende Juni 1942 gab diese Gruppe insgesamt 222 Vorstellungen, daneben konnte „die wieder einsatzbereite Regimentskapelle des Pz.Art.Rgt. 73 […] durch Platzkonzerte" für Unterhaltung sorgen.[152] Von Anfang bis Mitte Juli 1942 rückte die Division an die vorderste Front, wo „wegen der harten Kämpfe während des Einsatzes […] eine geregelte geistige Betreuung nicht möglich" war.[153]

Ab 19. Juli 1942 wurde die Division für eine „Auffrischungszeit" abgelöst, über die der Ic-Offizier berichtete:

> „Die Heeresgruppe weist der Division die Tanzkapelle Erna Hohberg zu, die […] vom 28. 7. bis 3. 8. täglich 2 Vorstellungen gibt. Die Vorstellungen finden großen Beifall, zumal es das erste Mal ist, daß während des Rußlandfeldzugs den Angehörigen der Division etwas Derartiges geboten wird. […] In Vorbereitung ist eine divisionseigene Tanzkapelle, die voraussichtlich ab 2. 8. eingesetzt wird. […] Ab 4. 8. trat die divisionseigene Spielschar mit einem bunten Musik- und Gesangsprogramm auf. Wegen des erneuten Einsatzes kommt es jedoch nur zu einer Vorstellung."[154]

Fast stereotyp setzt sich in den Berichten der Wechsel von harten Kampfeinsätzen ohne Betreuungsmöglichkeiten und Ruhezeiten, in denen etwas Unterhaltung geboten werden konnte, fort. Nachgerade sarkastisch mutete die Meldung an, die

---

145 Ebd., Meldung vom 24.4.1943.
146 Vgl. Kapitel „Versorgung der Soldaten mit Musikinstrumenten, Rundfunkgeräten und Grammophonen" sowie den Abschnitt „Skandinavien" in diesem Kapitel.
147 BA-MA, RH 26–258/92.
148 BA-MA, RH 27–1/134 bis 140.
149 Tätigkeitsbericht 14.–30.4.1942, BA-MA, RH 27–1/137.
150 Tätigkeitsbericht 15.–31.5.1942, ebd.
151 Ebd.
152 Tätigkeitsbericht 15.–30.6.1942, ebd.
153 Tätigkeitsbericht 1.–18.7.1942, ebd.
154 Tätigkeitsberichte 19.–31. 7., 1.–15.8.1942, ebd.

Soldaten kämen wegen der pausenlosen Beanspruchung gar nicht dazu, Truppenbetreuungsmaßnahmen zu vermissen:

> „Durch den harten Einsatz der Division ist durch die große Nachschubschwierigkeit Gelegenheit zur geistigen Betreuung kaum vorhanden. [...] Die Truppe spürt jedoch diesen Mangel [...] nicht. Die Kämpfe sind derart hart und spannen jeden Mann Tag und Nacht ein."[155]

Neben dem Rotationssystem, bei dem sich Divisionen in einem regelmäßigen Turnus im Fronteinsatz abwechselten, war die mehrmonatige Verlegung abgekämpfter Ostfront-Truppen in die Besatzungsgebiete Nord- und Westeuropas zur Erholung und Auffüllung der gelichteten Reihen ab 1942 üblich geworden.[156] So kam die Division ab Januar 1943 nach Rennes in Frankreich, wo die Soldaten üppige Unterhaltungsmöglichkeiten vorfanden:

> „Die vorzügliche Organisation in der Betreuung im Westen ermöglicht der Division ein umfangreiches und gutes Betreuungsprogramm aufzustellen.
>
> Neben Kinos, Varieté, Konzerten werden ab 15. 1. 43 täglich 100 Mann der Division nach Paris zur Stadtbesichtigung geschickt. [...] Die guten Unterkunftsverhältnisse, Säle, Kinos usw. ermöglichen, die ganze Division trotz der großen Personalstärke zu erfassen.
>
> [...] Aus Anlaß des Geburtstages des Divisionskommandeurs fanden im Opernhaus Rennes am 22. und 23. 3. 43 Großkonzerte statt. Es spielten die vier divisionseigenen Musik-Korps, Pz.Rgt. 1, Pz.Gren.Rgt. 1, Pz.Gren.Rgt 113 und Pz.A.R. 73 unter Leitung von Stabsmusikmeister Löchel.
>
> Neben dem guten und reichhaltigen Betreuungsprogramm werden mehr und mehr die Regiments-Kapellen, die nach und nach kleine Tanzkapellen zusammenstellen, eingespannt. [...]
>
> Am 26. 4. 43 veranstaltet die Division in der Kathedrale von Rennes ein Orgelkonzert. An der Orgel Uffz. Köhler. [...]
>
> Das laufende KdF-Programm ist wie in den Vormonaten in jeder Weise hinreichend und gut."[157]

Ende Mai 1943 erfolgte dann die Rückverlegung nach Russland, wofür die Division „als Abschiedsgeschenk [...] 10 Akkordeons, davon zwei große" zugewiesen bekam.[158]

---

155 Tätigkeitsbericht 1.–16.12.1942, BA-MA, RH 27–1/139.
156 Vgl. hierzu z.B. BArch, NS 18/748, fol. 17.
157 Tätigkeitsberichte Januar–Mai 1943, BA-MA, RH 27–1/140,
158 Tätigkeitsbericht 15.–31.5.1943, ebd.

Klagen über KdF-Ensembles und Einsatz einheimischer Gruppen

Unzufriedenheit über die künstlerischen Qualitäten der KdF-Programme wurde an allen Fronten laut,[159] im Osten war die Situation jedoch besonders zugespitzt. Der für die Wehrmacht desaströse Kriegsverlauf sowie allgegenwärtige Versorgungs- und Transportengpässe sorgten für eine ausgeprägte Unbeliebtheit dieses Einsatzgebiets auch in Kreisen der Künstler*innenschaft.[160] Musik- und Bühnen-Fachzeitschriften mühten sich, mit positiven Erfahrungsberichten von der Ostfront-Truppenbetreuung dagegen anzuschreiben. 1941 hieß es über eine Tournee der Hamburgischen Staatsoper voller Pathos:

> „Hier aber, in der Weite und Eintönigkeit dieser Landschaft, im Chaos der Zerstörung, in der Trostlosigkeit sowjetischer Dörfer, da sucht die Seele nach wahrer Erbauung. Und dann, wenn vor der Größe des Kampfes alles Nichtige von uns fällt, dann erst spüren wir, wie tief ein solches Erleben in uns eingedrungen ist. [...] Und sind es nicht in der Hauptsache die mächtigen Gefühlsmomente, die uns vorantreiben und zu Taten begeistern?! Sie, verehrte Künstler, Sie sind jetzt mehr denn je berufen, tätig zu sein. Und daß Sie in solch uneigennütziger Weise sich betätigen, das stimmt uns sehr dankbar. Sie helfen damit auf Ihre Weise, die ‚Front' zu halten"[161]

Zwei Jahre später wurde in einem Bericht dann eine andere Dringlichkeit deutlich. Die Schilderung der angeblichen kameradschaftlichen Einheit von Soldaten und KdF-Ensemble lässt sich lesen als unterschwelliger moralischer Druck an die Kolleg*innen-Schar:

> „Es war immer der Osten, der uns festhielt. Hier brauchten die Kameraden am ersten den Gruß der Heimat. [...] Überall zu versuchen, die ersten zu sein, auch da zu spielen, wohin sich noch keine andere Spielgruppe verloren hatte, auch wenn die Unbilden der Witterung, der Wege oder des Feindes unter normalen Verhältnissen ein Spielen unmöglich gemacht hätten, war unser höchster Stolz. [...] Hatten sie [die Landser] genügend, veranstalteten sie ein würdiges Abschiedsfest, hatten sie wenig, teilten sie mit uns ihr Brot und ihre letzte Ration wärmenden Branntweins."[162]

Aber auch Robert Leys flammender Appell: „Die allerbesten Künstler gehören an die schwerste Front! Meldet euch aus eigener Initiative für diesen Einsatz!"[163] blieb

---

159   Vgl. hierzu auch Vossler, Propaganda, S. 304ff.

160   Die Sängerin Margot Friedländer berichtet, ihrem Ensemble sei vor Beginn der Tournee verschwiegen worden, dass sie nach Russland ging; vgl. Interview Michael H. Kater mit Margot Friedländer-Reimann am 22.5.1989; Clara Thomas Archives & Special Collections, York University Toronto, Sammlung Michael H. Kater, Archiv-Nr. 2006–030/002 (18).

161   „Ein Feldpostbrief an die Hamburgische Staatsoper", in: *Die Bühne. Zeitschrift für die Gestaltung des deutschen Theaters*, 18. Heft, 25. Sept. 1941, S. 425f.

162   „Intendant Hans v. Schwerin: Bären, Fronttheater und Fernsicht. Der Leiter einer Frontbühne berichtet", in: *Die Bühne*, 23./24. Heft, 20. Dez. 1943, S. 239f.

163   Ley, Robert: *Die grosse Stunde. Das Deutsche Volk im totalen Kriegseinsatz. Reden und Aufsätze aus den Jahren 1941–1943*, München (Zentralverlag der NSDAP) 1943, S. 256, zit. n. Vossler, Propaganda, S. 297.

wirkungslos. Wer es sich als Künstler*in in Truppenbetreuungsdiensten erlauben konnte, vermied Tourneen an die Ostfront, sodass dieses Einsatzgebiet vor allem von Ensembles bespielt wurde, die sonst kein Engagement fanden. So zog ein Soldat ein vernichtendes Fazit:

> „Gestern war in einem Haus das provisorisch ausgebaut ist Kabarett. Eine KdF-Truppe machte ein richtiges Vorstadtkabarett. Es war zum Heulen. Dann lieber gar nichts.“[164]

Auch eine Soldatenheimschwester berichtete wiederholt von schlechten KdF-Leistungen:

> „Heute haben wir 3 Uhr und 6 Uhr Vorstellungen von KdF: deutsches Varieté. Deutsche Schauspielerinnen letzter Sorte. Sie ziehen dauernd nur andere Abendkleider an und reissen von der Bühne Zoten schlimmster Art. Zwar Beifall, aber die Landser sind nicht zufrieden.“[165]

Aus Simferopol kamen ebenfalls Klagen über „schmierigste Zoten“, von einer „sehr entzückenden jungen Dame“ vorgetragen, „wodurch allerdings die Zote ganz besonders stark zur Geltung kam“. Der Schreiber fuhr fort, das Verhalten von KdF-Künstlerinnen im Osten zu geißeln, das nicht nur „ebenso lächerlich wie abstoßend wirkend“ wäre, sondern auch noch bei der Bevölkerung den Eindruck erwecke, „daß in Deutschland alle Frauen ‚so‘ sind“.[166]

Ein Truppenarzt empörte sich in heldenhaft-moralisierender Manier über die Zumutungen durch KdF-Darbietungen, wobei er auf die soldatische Binnenhierarchie mit dem Ostfrontkämpfer an der Spitze rekurrierte:

> „[…] wir, die wir seit Anfang im Osten stehen und den Krieg kennengelernt haben, die wir täglich dem Tod ins Auge sehen, wir stehen dem Leben anders, nicht so oberflächlich gegenüber! Im selben Augenblick aber, wo alle Zeitungen voll sind vom Kampf, den wir für höchste Kultur und Zivilisation austragen, wagt man es, uns Kaschemmenluft, billigsten Kitsch und obzöne Witze vorzusetzen!“[167]

Seine Erfahrungen mit KdF- Veranstaltungen fasste ein Hauptmann zusammen:

> „[…] daß sie [die KdF-Künstlerinnen und -Künstler] durch die monatelange stupide, meist mehrmals am Tage durchgeführte Abwicklung ihres feststehenden Programms ‚abgespielt‘ sind und dadurch die Veranstaltung, die ohnehin nur ganz selten auf einer gewissen Höhe steht, notleidet. Leider muß ich weiterhin die Feststellung machen, daß sich überwiegend unter den sogenannten Künstlern und Künstlerinnen

164 Heinz S., Russland, 11.10.1942, Museum für Kommunikation Berlin, Feldpost-Archiv, Sign-
    Nr. 3.2002.0827.

165 Brief vom Januar 1943 aus Krasnodar (Südrussland), zit. n. Paulus, Soldatenheimschwester,
    S. 436.

166 Undatierte Abschrift eines Beschwerdebriefs, BArch, R 56 I/37, fol. 6.

167 Walther Camerer an Ministerialdirektor Hinkel, 9.3.1943, BArch, R 56 I/83, fol. 11–13, hier
    fol. 12.

Leute befinden, die keineswegs den Anspruch auf diese Bezeichnung erheben dürfen. […] Unwillkürlich setzt der Landser, der täglich sein Leben für den Existenzkampf unseres Volkes einsetzt, die Leistungen und die Bezahlung der ihm Unterhaltung bringenden Personen in ein abwägendes Verhältnis.“[168]

Manche Ic-Offiziere reagierten auf die qualitativen Mängel, indem sie einzelne KdF-Truppen vor ihren Einheiten nicht mehr auftreten ließen:

„Durch eine scharfe Auslese der Spielgruppen wurde […] ein besseres Niveau der eingesetzten Spielgruppen erreicht.“[169]

Davon ungerührt feierte KdF die eigene Arbeit, als im April 1943 die 600.000 KdF-Veranstaltung zu vermelden war. Dabei wurde besonders die Anzahl der Einsätze im Osten hervorgehoben, um der ständigen Kritik zumindest wegen quantitativer Mängel zu begegnen:

„Von den von Anfang dieses Jahres bis zum 1. Mai in die besetzten Gebiete entsandten Künstlergruppen mit 3.276 Künstlern sind mehr als die Hälfte an der Ostfront und in Finnland eingesetzt.“[170]

Es dauerte bis Dezember 1943, bis der Leiter des KdF-Arbeitsgebiets Truppenbetreuung der Kritik an der Qualität der KdF-Darbietungen in einer weitschweifigen Suada entgegenzutreten versuchte.[171] Er bog die massiven Beschwerden über mangelnde künstlerische Leistungen dahin um, dass die verschiedenen Vorlieben und situativen Bedürfnisse der Soldaten nicht unter einen Hut zu bringen seien. Deshalb sei es nicht zu leisten, „daß die Darbietungen der KdF-Gruppe stets ungeteiltem Beifall und einhelliger Begeisterung aller Zuschauer begegnen“.[172] Die Rechtfertigung endete mit bemerkenswerter Chuzpe:

„Aber wie auch in der Heimat ein Furtwängler nur an einem Ort gleichzeitig sein kann und an zahllosen anderen Orten Musiker geringerer Qualität das musikalische Erlebnis vermitteln, so kann man von der KdF-Truppenbetreuung um so weniger das Unmögliche verlangen, als sie […] dem Künstler keinen bequemen Einsatz bieten kann, sondern im allgemeinen von ihm das Ertragen unerhörter Strapazen verlangt.“[173]

In die gleiche Richtung zielte auch der KdF-Leiter Bodo Lafferentz in einer Rückschau auf die Leistungen seiner Organisation anlässlich des 10. Jahrestags ihrer

---

168 Hauptmann und Ic-Offizier beim Generalkommando XXXXIX. (Geb.) A.K., 31.8.1943, BA-MA, RH 24–49/210.

169 Tätigkeitsbericht des Ic-Offiziers des Panzer-Armeeoberkommandos 3, 1.7.1943–30.9.1943, BA-MA, RH 21-3/485, fol. 25–26.

170 Akten der DAF, Zeitschrift *Arbeitertum*, Nr. 12, 1943, BArch, NS 5/VI/6291, fol. 2.

171 „KdF.-Truppenbetreuung“ Von P. Stemmer, Leiter des Arbeitsgebietes Truppenbetreuung in der NS-Gemeinschaft „Kraft durch Freude“, in: *Deutsche Allgemeine Zeitung*, Nr. 603, 18.12.1943, zit. in BArch, NS 5/VI/6291, fol. 1.

172 Ebd.

173 Ebd.

Gründung.[174] Im Bereich Truppenbetreuung wären dem „nunmehr im Waffenrock stehende[n] Arbeiter"[175] „unermeßlich" viele „Erlebnisstunden vermittelt"[176] worden, Lafferentz bilanzierte für die vier Kriegsjahre von 1939 bis 1943 insgesamt 720.000 Veranstaltungen vor mehr als 240 Millionen Soldaten.[177] Ohne sie beim Namen zu nennen stellte er in einem Seitenhieb die komfortablen Bedingungen von Hans Hinkels „Berliner Künstlerfahrt" der KdF-Arbeit gegenüber, die zumeist nur unter widrigen Umständen geleistet werden könne.[178] Die Kritik an den künstlerischen Leistungen auf den Kopf stellend fasste er zusammen:

> „Mit freudiger Genugtuung hat uns die von Wehrmachtsstellen ausgesprochene Anerkennung für die immer mehr verbesserte Qualität unserer Darbietungen erfüllt. […] Im übrigen wird die Qualität unserer Einsätze ständig durch unsere Abnahmestellen überprüft."[179]

Wie die bei KdF unter Vertrag Stehenden mit der Kritik umgingen, ob ihnen der schlechte Ruf der KdF-Truppenbetreuung zusetzte oder sie die Beanstandungen als unberechtigt zurückwiesen, ist nicht überliefert; (selbst-)kritische Berichte von Künstlerinnen und Künstlern fehlen. Im Gegenteil fallen Darstellungen vor allem dadurch auf, dass sie sich der klischeehaften Wendungen bedienten, die allenthalben über Truppenbetreuung verlautbart wurden: das Beschwören der unverbrüchlichen Einheit von Heimat und Front, die Dankbarkeit der bescheidenen, gutherzigen, tapferen Soldaten, die Erfüllung für die Künstler*innen, vor diesem Publikum spielen zu dürfen, was für alle Strapazen entschädige usw.[180]

Nur wenige Künstler*innen legten auf differenziertere Weise Zeugnis ab über Erfahrungen in der Truppenbetreuung. So hielt die Cellistin eines Streichquartetts in ihrem Reisetagebuch fest:

> „Der Chef empfängt uns mit den Worten: ‚Schon wieder Kammermusik, das ist ja schrecklich – nicht für mich, aber für die Männer'. Hinterher meint er: ‚Es ging ja doch recht gut'."[181]

---

174 „10 Jahre NS-Gemeinschaft Kraft durch Freude. Leistungsbericht von Oberdienstleiter Dr. Bodo Lafferentz im Mosaiksaal der Reichskanzlei." Druckfassung der Rede: Stuttgart Bad Cannstatt (Dr. Cantz'sche Druckerei), o.J. [1943].

175 Ebd., S. 34f.

176 Ebd., S. 38.

177 Ebd.

178 Ebd., S. 39f.

179 Ebd.

180 Eine Fundgrube für diese Floskeln sind z. B. die Jahrgänge 1940 bis 1944 der Zeitschrift *Die Bühne. Zeitschrift für die Gestaltung des deutschen Theaters.*

181 Renate Werner, Cellistin des „Ritterquartetts", Reisetagebuch Truppenbetreuungstournee, Eintrag v. 25.8.1944, zit. n. Vossler, Propaganda, S. 258.

Und Isa Vermehren,[182] als Sängerin mit einem Instrumental-Trio auf Tournee, schilderte unter dem Titel „Alte Musik in Soldatenbaracken. Eindrücke einer Künstlerfahrt"[183] den „bleischweren Missmut",[184] mit dem ihrem Programm „Heitere Klänge aus alter Zeit auf alten Instrumenten" (Lieder und Instrumentalstücke mit Spinett, Gambe, Kurzhalsgeige und Pochette)[185] begegnet zu werden pflegte, bestanden doch die Darbietungen in den Augen der Soldaten aus merkwürdiger Musik, die von Frauen bar jeden Sex-Appeals vorgetragen wurde, wie die Autorin resümierte. Letztlich zielte der Artikel allerdings darauf, die Truppen-Offiziere als kulturell niveauvolle Personen zu adressieren, die mit ihrem Verhalten für Erfolg oder Misserfolg jeder anspruchsvollen Veranstaltung verantwortlich seien:

> „Da den meisten Soldaten die Kammermusik fremd ist, ist schon die bloße Anwesenheit eines Offiziers deshalb sehr wichtig, weil es ohne ihn zu keiner rechten Stellungsnahme kommt. Unser Anblick ist ungewohnt, in einzelnem vielleicht fast komisch, während die Unbeirrbarkeit unseres Tuns niemals ihre Wirkung auf die sprichwörtliche Gutmütigkeit der Soldaten verfehlt. Ohne Offiziere bleibt ihre Haltung ein Schwanken zwischen Lachen und Weinen [...]."[186]

Im Gegensatz dazu steht die Schilderung der Tänzerin Ingrid Rabe, für die die Anwesenheit höherer Vorgesetzter bei Truppenbetreuungsveranstaltungen eher ein Hindernis darstellte; ihr blieb eine obrigkeitshörige, sterile Atmosphäre in unguter Erinnerung:

> „[...] da kam keine Stimmung auf. [...] Wenn man sich das überlegt. Da sitzen 1.000 Mann, und keiner traut sich zu klatschen, ehe der Alte nicht klatscht."[187]

Inwieweit Isa Vermehrens Artikel tatsächlich von ihr stammte bzw. redaktionell zweckdienlich bearbeitet worden war, lässt sich nicht überprüfen. Ins Auge springt, wie die Soldaten niedriger Dienstgrade von oben herab infantilisiert wurden als ungebildete, zu keinem eigenständigen Urteil fähige, erziehungsbedürftige Horde – ein

---

182 Isa Vermehren (1918–2009) war als Sängerin/Akkordeonistin mit schnippischen Liedern sowie Schauspielerin und Kabarettistin in Werner Fincks „Die Katakombe" bekannt geworden. Sie hatte aus ihrer Distanz zum NS-Regime nie einen Hehl gemacht. Zu der Truppenbetreuungs-Tournee war sie dienstverpflichtet worden. Nachdem einer ihrer Brüder 1944 als Diplomat zu den Briten übergelaufen war, kam sie mit weiteren Familienmitgliedern in Sippenhaft, sie überlebte die Internierung in den Konzentrationslagern Ravensbrück, Buchenwald und Dachau. In der Nachkriegszeit trat sie einer Ordensgemeinschaft bei. Dem bundesdeutschen Fernsehpublikum wurde sie bekannt als Sprecherin des „Worts zum Sonntag" in der ARD von 1983 bis 1995. Vgl. Vermehren, Isa: *Reise durch den letzten Akt*, Hamburg (Christian Wegner) 1946; Wegner, Matthias: *Ein weites Herz. Die zwei Leben der Isa Vermehren*, München (Claassen) 2003.

183 *Das Reich,* Jg. 1942, Nr. 3, S. 8.

184 Ebd.

185 Ebd.

186 Ebd.

187 Szepansky, „Mit viel Charme und noch mehr Glück. Nach dem Bericht von Ingrid Rabe", in: Szepansky, Blitzmädel, S. 194–209, hier S. 200.

häufig wiederkehrender Topos in zeitgenössischen Darstellungen, der ein durchaus bizarres Spannungsverhältnis zum Status des Frontsoldaten innerhalb der Männlichkeitshierarchie aufwirft.

Ein bemerkenswertes Dokument stellt ein wegen seiner Ausführlichkeit einzigartiger, 13-seitiger handgeschriebener Brief der offenkundig stramm linientreuen „Soldatensängerin"[188] Hildegard Klemm dar,[189] ein Konglomerat aus wiedergegebener Gräuelpropaganda und Schilderungen eigener Erfahrungen. Sie hatte sich zur Truppenbetreuung mit einem KdF-Ensemble an der Ostfront gemeldet in der Hoffnung, daran nach Kriegsende eine Karriere als Sängerin knüpfen zu können.[190] Klemm berichtete ausführlich über die Gefahren und Zumutungen der Tournee, ergänzt um ihre Begeisterung über die eigenen künstlerischen Leistungen sowie die üblichen floskelhaften Äußerungen, welche Segnungen die Truppenbetreuung für die Soldaten bedeute und damit auch die Künstler*innen glücklich mache – Sentenzen, die den offiziellen Verlautbarungen und Zeitungsberichten auffallend glichen:

> „Zum großen Teil sind unter den Banditen [Partisanen] Juden und Judenweiber, diese verüben die größten Scheußlichkeiten mit zynischem Sadismus. Wenn einer noch je mit Juden Mitleid gehabt hat, so vergeht einem das hier 100%. […]

> Hier draußen merkt man so richtig, daß wir um jeden Preis siegen müßen. […] Bitte werdet in der Heimat auch alle hart. Rüttelt alles Träge und Faule auf und helft dem Führer zum Sieg, denn Gnade uns Gott, wenn es anders kommen sollte. […] Sie können es sich sicher gar nicht vorstellen, wie wir hier gebraucht werden, welche Freude wir spenden und welche Freude wir nehmen. Das ist endlich einmal wirklich produktive Arbeit. Wir geben im wahrsten Sinne des Wortes ‚Kraft durch Freude'. […] Die Landser toben und trampeln zum Schluß. Mein Programm ist, glaube ich, sehr hübsch. Für jeden etwas. Als erstes die Butterfly-Arie, dann das Lied ‚Niemand hat's gesehn' von Löwe, dann die Tarantella von Gasparone und die Folletta von Marchesi, zum Schluß die Christel von der Post und Draußen in Sievering blüht schon der Flieder. Ich habe 3 Auftritte und jedesmal ein anderes Kleid, was immer sehr angenehm auffällt, denn der Landser will auch was sehen, nicht nur hören. Die Offiziere und Landser sind so dankbar für unsere Anwesenheit […]. Wir sind für die Soldaten ein

---

188 So bezeichnete sich die Künstlerin selbst, BArch, R I/38.

189 Der Brief war an ihre ehemaligen Kolleginnen und Kollegen beim „Reichsinstitut für Geschichte des neuen Deutschlands" (eine Institution der NSDAP, die der Neuausrichtung der Geschichtswissenschaft im Sinne des nationalsozialistischen Regimes diente) gerichtet, weshalb er in den Archivbeständen staatlicher Institutionen überliefert ist.

190 In einem Brief an ihren Vorgesetzten schrieb Hildegard Klemm am 25.1.1942: „[…] Aller Voraussicht nach werde ich wohl zum Spätsommer resp. Herbst auf eine Wehrmachtstournee gehen. Ich werde das auch müssen, da eine Tournee für mein ferneres Fortkommen ungeheuer wichtig ist und mir zu Konzert, Radio etc. den Weg ebnen muß. Warten kann ich auch damit nicht bis nach dem Kriege, da ich ja bereits 33 Jahre alt bin und ich nach dem Kriege den Anschluß verpassen würde."; ebd.

Stück Heimat und für sie ist es das Schönste, wenn sie mal nach langer Zeit wieder mit einer deutschen Frau plaudern können."[191]

Welchem Ensemble die Sängerin angehörte, ist nicht übermittelt, lediglich die Besetzung (drei Frauen – eine Ansagerin, die auch als Reiseleiterin fungierte, eine Tänzerin und sie selbst –, dazu eine Begleitkapelle aus vier Männern) sowie zwei Tourneen von Anfang Januar bis Ende April 1943 in Weißruthenien (Weißrussland) und von Juli bis Ende Oktober 1943 in Nordwestrussland sind belegt. Dies waren Besatzungsgebiete, die über eine große Zahl von Soldatenheimen unter der Leitung von DRK-Schwestern verfügten[192] – das entlarvt die Äußerung, die Soldaten hätten Gespräche mit „einer deutschen Frau" lange entbehren müssen, als Klischee aus dem Setzkasten der Truppenbetreuungs-Phrasen.

Möglicherweise handelte es sich um das Ensemble von Hildegard Klemm, das ein nur mäßig begeisterter Soldat in einem Brief erwähnte:

> „Heut war wieder ein Fronttheater da, mit einem singenden, einem tanzenden und einem ansagenden Mädchen. Zusammen waren sie gut 100 Jahre alt. 4 Männer haben dazu Musik gemacht und es war alles in allem ein gelungener Abend aber schon am Mittag. Es sind weitaus nicht die besten, die nach Rußland geschickt werden."[193]

Um der Misere in der Truppenbetreuung beizukommen, wurden an der Ostfront grundsätzliche Anordnungen zum Einsatz von Künstlerinnen und Künstlern missachtet. Laut Rundschreiben des OKW war es verboten, „Ausländer und Staatenlose"[194] für die Freizeitgestaltung heranzuziehen, und es durften laut RMVP „nur solche Kulturschaffenden eingesetzt werden, die die Mitgliedschaft bei einer Einzelkammer der Reichskulturkammer nachweisen"[195] konnten. Ab Anfang 1942 wurden jedoch in der Ukraine und in Russland diese Anordnungen ignoriert und einheimische Ensembles für die Truppenbetreuung engagiert – nach anfänglicher Überraschung sehr zur Freude der Soldaten:

---

191 Brief vom 26.2.1943, ebd. Auf diesen Brief in all seiner ideologischen Verbohrtheit und künstlerischen Eitelkeit geht auch Vossler mehrfach ein; vgl. Vossler, Propaganda, S. 61, 313, 339, 345.

192 Zum Stichtag 30.9.1942 gab es, wie bereits im Kapitel „Rahmung" erwähnt, insg. 827 Soldatenheime in den besetzten Gebieten, vgl. Paulus, Soldatenheimschwester, S. 44.

193 Adalbert H. an seine Ehefrau, 10.7.1943, Museum für Kommunikation Berlin, Feldpost-Archiv, Sign-Nr. 3.2002.7130.

194 Rundschreiben des OKW vom 23.3.1940, Az. 31 – J (II c) „Betr.: Freizeitgestaltung – Einsatz von Theatern, Konzerten, Kleinkunstbühnen usw. […] Der Einsatz von Ausländern und Staatenlosen ist im Operationsgebiet, der Grenzzone, im Protektorat Böhmen und Mähren und den bis 31. August 1939 polnischen Gebieten, sowie grundsätzlich in allen wehrmachteigenen oder -beschlagnahmten Räumen verboten." BA-MA, RW 38/61.

195 Durchführungsbestimmung zur „Anordnung zur Regelung des Einsatzes von Kulturschaffenden im Rahmen der Truppenbetreuung" vom 21.3.1942, in: *Zeitschrift für Musik*, 109. Jg. (1942), Heft 5, S. 233.

„Ich habe ja auch schon mal etwas schönes erlebt in diesem verkommenen Land und zwar vor einigen Tagen, da war ich wieder mal im Varietee, dort war ein ukrainisches Konzert. Mitwirkende waren, eine Kapelle und ein gemischter Chor von wirklich reizenden Mädels und ein paar Männer. Sie sangen Volkslieder, deren Text wir allerdings nicht verstanden, aber vor jedem Lied wurde uns von einem Mädel, die sehr schön deutsch sprach, der man aber trotzdem ansah, daß sie sich sehr anstrengen mußte um richtig zu sprechen, erklärt, um was es sich bei dem Lied handelte. Dann waren u. a. auch Mädels unter ihnen, die dann mit Klavierbegleitung Stücke aus deutschen Operetten in deutscher Sprache, Solo sangen. So z.B. ‚Die Fledermaus‘, ein Stück aus der Oper oder Operette ‚Faust‘, das ‚Glühwürmchen‘ und andere Stücke aus Paul Lingkes Operetten. Zum Schluß sang dann der Chor das Lied von der Laterne vor dem großen Tor auch in deutscher Sprache. Alle Mädels waren sehr schön gekleidet mit ihrer Tracht, bunte Schürzen und vielen bunten Bändern, es war wirklich wunderschön mit anzusehen, wir haben uns alle sehr gefreut und nach jedem Lied kräftig Ablaus gegeben.“[196]

Nachträglich wurde diese Praxis, die einen eklatanten Widerspruch zu einem der zentralen rassistischen Ideologeme des NS-Regimes darstellte, sogar durch einen Führerbefehl legitimiert: „die Mitwirkung von Spielgruppen und Künstlern, die in den ehemaligen Gebieten der UdSSR beheimatet sind“, galt fortan als „zweckmäßig und notwendig“.[197]

Die Außenstelle des OKW für Truppenbetreuung der Heeresgruppe Nord war wegen „weder mengen- noch qualitätsmäßig ausreichend[er]“ KdF-Bespielung dazu übergegangen, den „Grundsatz, daß jeder Soldat wenigstens 14-täglich bis 3-wöchentlich eine Darbietung haben soll“ mit Auftritten einheimischer Gruppen sicherzustellen.[198] Daneben hatten einzelne Ic-Offiziere dafür gesorgt, dass Darbietungen von Wehrmacht-Spielgruppen durch einheimische Künstlerinnen und Künstler ergänzt wurden. Von einem solchen Programm hieß es in einem Feldpostbrief:

„Geboten wird ein Varieté. Da ich allerhand von Russland gewöhnt bin, hatte ich ein so ausgezeichnetes Programm nicht erwartet. Es wirken deutsche und russische Kräfte mit. [...] Allein schon die Scala-Girls sind eine Attraktion. Gegen die Tänzerinnen die uns bisher KdF geboten hat ganz fabelhaft. Es sind acht hübsche Russinnen, Amateurtänzerinnen die außerdem noch einen anderen Hauptberuf haben und z.T. studiert haben. (Das Studium wurde natürlich wegen des Krieges unterbrochen.) Jedenfalls war der Nachmittag wirklich eine schöne Abwechslung.“[199]

---

196 Karl N. an seine Eltern, 26.3.1942, Museum für Kommunikation Berlin, Feldpost-Archiv, Sign-Nr. 3.2008.1388.

197 Schreiben der Adjudantur der Wehrmacht beim Führer vom 20.7.1942, BA-MA, RH 19-III/490, fol. 215, zit. n. Vossler, Propaganda, S. 308.

198 Außenstelle des OKW für Truppenbetreuung Pleskau, Aktenvermerk vom 21.7.1943, BA-MA, RH 19-III/491, fol. 95, zit. n. Vossler, Propaganda, S. 305.

199 Heinz S., 15.5.1943, ebd., Sign-Nr. 3–2002-0827.

Auch in den Tätigkeitsberichten der Ic-Offiziere tauchten nur positive Kommentare über die Vorstellungen auf:

> „Die Spielgruppe vom Opern- und Schauspielhaus Stalino, bestehend aus 9 Frauen und 3 Männern, hat in Stepanowa folgende Vorstellungen gegeben: [...] Bei jeder dieser Vorstellungen nahm eine Durchschnittsbesuchsziffer von ca. 350 Mann teil, sodass ungefähr 2.100 Mann die Leistungen – die ausserordentlich gute waren – sahen."[200]

> „Eine russische Spielgruppe [...] wird in der Zeit vom 1.–13. 11. [1942] bei den Regimentern und auf dem Hauptverbandsplatz eingesetzt. Sie bringt ein gutes Programm."[201]

Aus dem Bereich des rückwärtigen Heeresgebiets Mitte hieß es zusammenfassend:

> „Von den in der Truppenbetreuung eingesetzten russ. Künstlergruppen wird nur Gutes berichtet. Die Russen bringen vor den Soldaten überall ein umfangreiches und vor allem artistisch gut durchgearbeitetes ‚westliches Programm'."[202]

Zu einer ähnlichen, für KdF höchst unvorteilhaften Einschätzung gelangte der im OKW für die Propaganda-Kompanien zuständige Major Balzer, dessen Bericht über eine Reise zur Ostfront im Sommer 1943 festhielt:

> „Im Vergleich mit den russischen Künstlern schneidet der Durchschnitt der KdF-Truppen nach immer wiederkehrenden Mitteilungen teilweise so schlecht ab, daß die Propagandaleiter es mit allen Mitteln verhindern, daß die einheimischen Künstler derartige deutsche Vorstellungen besuchen, damit sie keinen falschen Begriff von der deutschen Kunst bekommen. Den Klagen über die Qualität der KdF-Trupps stehen leider nur wenig positive Stimmen gegenüber."[203]

Abschließend kam Balzer nach der Wiedergabe von Beschwerden über „arrogantes Benehmen" einzelner KdF-Künstler*innen zu der Empfehlung:

> „[...] Man sollte bei der Auswahl der KdF-Trupps neben dem Können und Auftreten auch auf die äußere Erscheinung achten, da die Zivilbevölkerung die größten Erwartungen in die deutschen Künstler setzt und diese schärfstens beobachtet. Die deutsche Kunst ist wichtiger Posten der aktiven Propaganda in die Zivilbevölkerung."[204]

---

200 Ortskommandantur Stepanowa, 31.1.1942, an die 1. Gebirgs-Division, Ic; BA-MA, RH 28/1-156.

201 Tätigkeitsbericht 1.–16.11.1942, BA-MA, RH 27–1/137.

202 Der Kommandierende General der Sicherungstruppen u. Befehlshaber im rückwärtigen Heeresgebiet Mitte, Abt. Ic, O³ v. 10.12.1942, BA-MA, RH 22/244, zit. n. Vossler, Propaganda, S. 304.

203 Typoskript „Auszug aus dem Bericht des Herrn Major Balzer vom 1. Juli 1943 über eine Reise zur Ostfront", BArch, R 56 I/82, fol. 120f. Die Engagements der einheimischen Gruppen organisierten die Propaganda-Kompanien.

204 Ebd.

Die angebliche Überlegenheit der ‚germanischen Herrenrasse' gegenüber den ‚slawischen Untermenschen' – einer der Bausteine in der Rechtfertigungsstrategie des Ostfeldzugs – wurde im Bereich der Truppenbetreuung nachgerade konterkariert und ausgehebelt. Die Stellungnahme Major Balzers macht deutlich, dass dieses Phänomen in mehrfacher Hinsicht Probleme aufwarf. Einerseits konnte bei den Soldaten die Frage aufkommen, ob die behauptete Dominanz deutscher Kunst und Kultur, die sie mit ihrem Kampf angeblich verteidigten, tatsächlich Gültigkeit besaß, und vice versa wurde ihre Überzeugung von der Inferiorität ukrainischer, weißrussischer und russischer Kunst und Kultur erschüttert. Aber schlechte Leistungen und mangelndes Benehmen der von KdF beauftragten Künstlerinnen und Künstler wirkten sich nicht nur auf das Binnenverhältnis der Angehörigen des Deutschen Reichs aus, sondern – so fürchteten die zuständigen Stellen in RMVP und OKW – sie untergruben ebenso den Herrschaftsanspruch gegenüber der Bevölkerung in den besetzten Ländern. Eine militärische Macht, die ihre aggressive Intervention auch mit ihrer umfassenden kulturellen Superiorität begründete, wurde mit solchen Darbietungen ad absurdum geführt.

Die Berichte über die Leistungen einheimischer Künstlerinnen und Künstler erhellen einen Umgang zwischen Besatzern und Bevölkerung, der im Alltag von einer eindimensionalen Wahrnehmung gemäß nationalsozialistischer Rassenlehre abwich. Für die einheimischen Ensembles dürfte der Aspekt von Verdienstmöglichkeiten ein wesentliches Motiv gewesen sein, vor den deutschen Truppen aufzutreten. Möglicherweise mussten sie auch Repressalien fürchten, falls sie sich weigerten. Zudem gab es in der Ukraine und in Russland antibolschewistische Kräfte, denen eine Kollaboration mit der Wehrmacht entgegen kam.[205]

Truppenbetreuung bei Front und Etappe

Der Groll der Frontsoldaten auf das vermeintlich behagliche Leben in der Etappe erstreckte sich auch auf den Bereich der Truppenbetreuung, z. B. in der Versorgung durch KdF-Ensembles und die Ausstattung mit Radiogeräten:

> „[…] habe ich das einzige Mal, solange ich in Rußland war, Radio gehört. Es war wie so ein Kleinempfänger […], allerdings war das nur ein Lautsprecher, also Einheitsempfang. Da konnte man den Unterschied sehen zwischen der kämpfenden Truppe und den Etappenschweinen."[206]

Ein häufig vorgebrachter Kritikpunkt war der Vorwurf, die KdF-Ensembles würden nur in sicherer Entfernung von der Front auftreten und damit den eigentlichen

---

205 Ob und in welchem Umfang Künstler*innen daraufhin nach Ende des Kriegs Verfolgung ausgesetzt waren, entzieht sich meiner Kenntnis.

206 Soldat Josef Eberz, südlich von Charkow, 21.12.1941, zit. n. Kempowski, Echolot, S. 557f. Zur Bedeutung von Radioempfang für die Soldaten vgl. Kapitel „Rundfunk in der Truppenbetreuung".

Zweck ihres Einsatzes verfehlen. Der Ic-Offizier der 134. Infanterie-Division stellte fest:

„Trotz grösster Bemühungen war es der Division nicht möglich, weitere KdF-Gruppen für eine Spielfolge bei der Division zu verpflichten. Es blieb daher unverständlich, dass Städte wie Brjansk, Karatschew und Orel ständig im Besitz von Tanz- und Spielgruppen waren, während die Division nach den schweren Kämpfen dringend diese Gruppen benötigte."[207]

Die Leiterin eines Soldatenheims konstatierte lapidar:

„Die Eigentümlichkeit der Fronttheater ist, dass sie immer 1.000–2.000 km hinter der Front gastieren […]."[208]

Missgünstige Stimmen gipfelten in der Forderung, die gesamte Truppenbetreuung gehöre wegen der Ungleichbehandlung eingestellt:

„Es muß einmal gesagt werden […], an die wirkliche Front kommen sie [KdF-Ensembles] nur in den seltensten Fällen. Ich stehe seit dem 22.6.1941 an vorderster Front in Rußland und habe bisher nur zweimal erlebt, daß KdF-Gruppen bis zum Divisions-Gefechtsstand gelangt sind. Der Mann des Grabens ist seit Juni 41 kaum jemals abgelöst worden (es sei denn er bekam eins verpasst), und kann infolgedessen nie für eine Vorstellung 10 bis 15 Kilometer nach hinten geschickt werden. Und wenn der vorn eingesetzte Frontsoldat auf diese Betreuung verzichten muß, dann brauchen alle anderen sie auch nicht."[209]

Der Ic-Offizier einer Fronttruppe bemängelte sogar die Ankündigungen von KdF-Veranstaltungen in Soldatenzeitungen, die bei seinen Soldaten, für die Unterhaltungsveranstaltungen unerreichbar waren, nur Verbitterung auslösen würden, und ebenso die Übermittlung von Grußbotschaften in Soldatensendern, da ausschließlich die Etappe dort vorkomme.[210]

Der Offizier einer Wehrmacht-Propagandastaffel erinnerte sich, nach Wiedereröffnung des Theaters im estnischen Reval habe sogleich der Manager einer KdF-Bühne die Überlassung des Hauses verlangt:

„Die Leistungen seines Ensembles waren auch nicht annähernd konkurrenzfähig […]. Ich musste ihm aber auf Befehl drei Tage in der Woche die Bühne überlassen. Der Eindruck war verheerend. Im Grunde genommen wollten die Leute des Fronttheaters und ihr Boß im gewärmten Revaler Hotel überwintern und nicht bei

---

207 Bericht über Truppenbetreuung 20.3.–31.12.1942, BA-MA, RH 26–134/112.

208 Brief von Annette Schücking aus Zwiahel vom 17.5.1942, in: Paulus, Soldatenheimschwester, S. 287f.

209 Feldpostbrief Oberleutnant Paul Nerlich an NSDAP-Gauleitung Berlin, Anfang 1943, BArch, R 56 I/269.

210 XXXXIX. Gebirgskorps auf dem Rückzug von der Krim, 17.4.1943, BA-MA, RH 24–49/210.

40 [Grad] Kälte an der Front gastieren. Die Front blieb ohne die für sie gedachte Zerstreuung."[211]

Auch Major Balzer hatte in seinem Bericht auf die „mittelmäßige[n] Kräfte, die dazu oft nur unter Androhung der Meldung dazu zu bringen waren, zu den vorderen Truppenteilen zu gehen"[212] hingewiesen. Solche Beobachtungen und Beschwerden wurden in RMVP und RKK gesammelt als Belege im Konkurrenzkampf für die Unfähigkeit von KdF,[213] und bei OKW und Partei durchaus ernst genommen, galt es doch, die Kampfbereitschaft der Soldaten zu erhalten und verdrossene Stimmung zu vermeiden. Joseph Goebbels erließ deswegen im März 1943 eine Richtlinie, um sicherzustellen, dass Truppenbetreuungs-Ensembles nur noch vor „wirklichen Fronttruppen, die in letzter Zeit im Einsatz standen" oder Verwundeten auftraten; Gastspiele in Orten, die über genügend Angebote zur Freizeitgestaltung für die Besatzungssoldaten verfügten, wurden untersagt.[214] Hans Hinkel erläuterte, der Minister wolle damit verhindern,

> „dass die reine Etappe die wenigen Kräfte, die für die Truppenbetreuung zur Verfügung stehen, zu ihrer Erbauung erhält und hierdurch die Truppen, die es viel notwendiger haben, wahrscheinlich überhaupt keine Betreuung erfahren."[215]

Dieser Alleingang löste jedoch beim OKW prompten Widerspruch aus, man sehe sich gezwungen, „erforderlichenfalls [...] eigene Einrichtungen für die Truppenbetreuung"[216] aufzubauen. Damit blieb letztlich alles beim Alten.

Entgegen den häufig vorgebrachten Klagen über die Frontferne der Truppenbetreuung wunderte sich ein Soldat, wie weit manche Ensembles nach „vorne" kamen:

> „[...] Heute nachmittag hatten wir mal endlich eine kleine Abwechslung hier. Im benachbarten Dorf spielte eine KdF-Bühne für uns. [...] Wir haben uns aufs beste unterhalten, [...] wer weiß wann, uns so etwas wieder geboten wird in dieser verlassenen Gegend. Man staunt überhaupt über das Engagement der Künstler, die doch bis fast zur Front kommen."[217]

Und der General der 49. Gebirgstruppe beantragte gar die Verleihung einer Kriegsmedaille für ein Duo, das nahe der Front spielte:

> „An KdF Berlin, 25.7.1943
> Betr.: Duo Wölki Berlin

---

211 Zit. n. Vossler, Propaganda, S. 301.
212 BArch, R 56 I/82, fol. 120f.
213 Abschriften von Beschwerden finden sich u. a. in BArch, R 56 I/37.
214 BArch, NS 18/1000, fol. 7f.
215 Ebd., fol. 4.
216 Ebd., fol. 1.
217 Rudolf D., im Osten, 10.9.1942, Museum für Kommunikation Berlin, Feldpost-Archiv, Sign-Nr. 3.2002.7236

Das Duo Konrad Wölki Berlin war vom 1. Juni bis 24. Juni 43 am Kubanbrückenkopf eingesetzt […]. Gespielt wurde dabei bis in unmittelbarer Frontnähe. Die Leistungen und besonders die Tatsache, dass deutsche Künstler, darunter sogar eine junge Dame zu den Soldaten bis in Frontnähe kommen, wird von der Truppe besonders anerkannt.

Dem Gen.Kdo. ist bekannt, dass trotz ihrer seit 1.3.1941 dauernden ununterbrochenen Spielverpflichtung, Herrn Konrad Wölki und Frl. Gerda Rhinow ein äusseres Zeichen der Anerkennung ihres besonders im Osten oft nicht leichten Einsatzes versagt blieb. Das Gen. Kdo. bittet daher das Reichsamt, die Möglichkeit der Verleihung des Kriegsverdienstkreuzes II. Kl. mit Schwertern an die beiden Künstler zu prüfen. Von hier aus wird die Verleihung befürwortet.“[218]

Bodo Lafferentz hatte in seiner Rückschau auf 10 Jahre KdF-Arbeit auf „die uns mit Stolz erfüllende Tatsache“ verwiesen, dass angeblich „nahezu 50 Prozent aller im Osten eingesetzten Künstler als Bunkergruppen unmittelbar an der Front stehen“[219] und besonders hervorgehoben:

„Die deutsche Frau ist dabei keineswegs den männlichen Künstlern gegenüber zurückgestanden. Als Beispiel dafür möge der Einsatz einer deutschen Künstlerin gelten, die als Alleinunterhalterin sechs Monate in den Bunkerstellungen des Kubanbrückenkopfes gespielt und erst mit den letzten Gruppen der sogenannten Lagunendivision das Feld ihrer Betätigung verlassen hat.“[220]

Hauptsächlich wurde jedoch die Unterhaltung in Frontnähe durch Militärmusiker gewährleistet.[221] So war Erwin Lehn,[222] Mitglied eines Stabsmusikkorps, als Alleinunterhalter mit Akkordeon im Einsatz:

„Ich wurde dann immer mit einem Sturmgeschütz, das war so eine Art gepanzertes Fahrzeug, von einem Unterstand zum andern gebracht.“[223]

Lehn schilderte auch einen Einsatz zu Beginn des Russlandfeldzugs, als sein Musikkorps der kämpfenden Truppe unmittelbar folgte:

„Ich erinnere mich noch an einen Übergang über den Dnjepr. Da haben wir auf einer steilen Anhöhe Platzmusik gemacht und unten am Fluss wurde noch gekämpft. Unser Obermusikmeister sagte, wer Angst hat, kann sich ja hinlegen. Das tat aber kei-

---

218 BA-MA, RH 24-49/210.

219 Lafferentz, Leistungsbericht, S. 41.

220 Ebs., S. 42.

221 Vgl. hierzu das Kapitel „Mit klingendem Spiel – Musikkorps der Wehrmacht“.

222 Erwin Lehn (1919–2010) gelang nach Ende des Zweiten Weltkriegs als Leiter des „Südfunk-Tanzorchesters“ eine glänzende Karriere in Rundfunk und Konzertsälen.

223 Zit. n. Murmann, Komödianten, S. 187. Die Autorin nennt leider keine Quelle für das Zitat. Auch Marlene Dietrich, ab Sommer 1944 für die US-Army in Europa tätig, berichtete von solchen Serien jeweils halbstündiger Einsätze für die GIs in kleinen Unterständen an unmittelbarer Front; vgl. Dietrich, Marlene: *„Ich bin, Gott sei Dank, Berlinerin“. Memoiren*, Frankfurt/Main, Berlin (Ullstein) 1987, S. 269–278.

ner. Aber es war schon ein eigenartiges Gefühl. Unten wurde geschossen und oben wurde Musik gemacht."[224]

Ob dies als bewusste Inszenierung zu verstehen war, die Traditionen des Kriegsgeschehens der Frühen Neuzeit aufrief, als Schlachten unter musikalischem Mitvollzug der Spielleute geschlagen wurden,[225] muss dahingestellt bleiben.

Es haftet ein verstörendes, monströses Moment an der Forderung nach künstlerischen Darbietungen in direkter Nähe zum kriegerischen Gewaltraum der Front. Sie erscheint wie eine kriegsspezifische Ausprägung der Maxime, dass, wer viel leistet, auch besondere Gratifikationsanrechte erwirbt; der Anspruch auf ästhetischen Genuss an Ort und Stelle erwuchs als Kompensation für den Einsatz des eigenen Lebens, den die Soldaten erbrachten.[226] Die ‚Heimat' und die rückwärtigen Truppeneinheiten standen in der Schuld, der ‚Front' das besondere Risiko zu entgelten – diese Gleichung fügte sich auch in die nationalsozialistische Ideologie der ‚Volksgemeinschaft' ein.

Besondere Betreuungsmaßnahmen

Die Aufgabe, den Frontsoldaten eine privilegierte Behandlung zukommen zu lassen, fiel ansonsten den DRK-Schwestern zu:

> „Eine besondere Grabenkämpferbetreuung wurde in den Soldatenheimen eingerichtet, um den die Hauptlast des Kampfes tragenden Infanteristen auch in der Fürsorge für ihn besonders herauszuheben. Jeder Grabenkämpfer, der auf seinem Marschbefehl oder Urlaubsschein den Vermerk „Grabenkämpfer" hat, wird in den Soldatenheimen im Bereich der Panzerarmee von den DRK-Schwestern materiell und geistig besonders betreut."[227]

Eine Besonderheit in der Betreuung abgekämpfter Soldaten stellten sogenannte motorisierte Soldatenheime dar, die mit LKWs und Zelten unterwegs waren und von einzelnen Divisionen für einige Tage angefordert werden konnten. Wie die festen Soldatenheime wurden sie von DRK-Schwestern geleitet. So berichtete der Ic-Offizier einer Panzer-Division:

> „Vom 22. bis 28.5.1943 ist der Division ein Soldatenheim (mot) [motorisiertes Soldatenheim] zur Verfügung gestellt, welches bei dem Dorfe Selenaja-Roschtscha aufgestellt wird. Das Soldatenheim (mot) wird von 4 D.R.K.-Schwestern geleitet und

---

224 Murmann, Komödianten, ebd.

225 Vgl. hierzu den Abschnitt „Zur Entwicklung der Musik beim Militär" im Kapitel „Mit klingendem Spiel – Musikkorps der Wehrmacht".

226 Dies war auch auf Seiten der Alliierten gängige Praxis, wo z.B. Showtänzerinnen an der Front vor den aus ihren Schützengräben herausschauenden Soldaten auftraten, vgl. Hughes, Greasepaint War und Fawkes, Fighting For a Laugh.

227 Ic-Offizier beim Panzer-Armeeoberkommando 3, Tätigkeitsbericht Wehrgeistige Führung 1. 7.–30.9.1943, DA-MA, RH 21-3/485 fol. 2ff.

ist bestimmt, verdienten Soldaten der Division einen Tag Freizeit und Erholung zu verschaffen. Ein Varieté und Musikkapellen sorgen für abwechslungsreiche Stunden. […]

Anzug der Besucher: Feldanzug, Gewehr, Gasmaske, Kochgeschirr und Essbesteck. Ungefähres Programm:

08.00 Eintreffen

08.15–10.00 Uhr: Brausebad (Badehose ist mitzubringen)

10.00 Uhr: Ausgabe von Getränken und Zigaretten an alle

11.00 Uhr: 1. Gruppe Varieté, 2. Gruppe Kuchenessen usw.

13.00 Uhr: Mittagessen

14.00 Uhr: Mittagsschlaf oder Unterhaltungsspiele

15.00 Uhr: 2. Gruppe Varieté, 1. Gruppe Kuchenessen usw.

17.00 Uhr: Ausgabe von Bier und Butterbroten

19.00 Uhr: Rückmarsch"[228]

Dafür war erheblicher Aufwand nötig: ein möglichst geschützter Platz zum Aufbau der Zelte musste hergerichtet werden, Splittergräben und eine Latrine angelegt, eine Feldküche zur Verfügung gestellt werden, ein kochkundiger Soldat zur Unterstützung der DRK-Schwestern war erforderlich, „ferner 2 saubere russische Abwaschfrauen aus Selenaja Roschtscha",[229] eine vierköpfige Musikkapelle sowie die Regimentskapelle vom Panzer Grenadier Regiment 304 wurden angefordert, zudem mussten Wachen für das Gelände und den Luftschutz organisiert sein. Für all dies waren auf den Schreibstuben Vergleichsmitteilungen, Abgabeblätter und andere Formulare für die Abrechnung auszufüllen.

Auch der Puppenspieler Max Jacob, selbst viele Jahre mit seinen „Hohensteiner Puppen" in der Truppenbetreuung eingesetzt, berichtete von diesen mobilen Betreuungsunternehmungen, denen er im Verlauf seiner Tourneen an der Ostfront begegnet war:

„Das fahrbare Soldatenheim besteht aus fünf großen Wagen. Die fünf großen Wagen sind hier auf einen großen flachen Wiesenhang aufgefahren, der von großen Bäumen beschattet und infolgedessen gut getarnt ist. Auf einem Podium sitzt eine Kapelle, die fast ununterbrochen musiziert. Dutzende von Liegestühlen stehen herum, auf denen die Soldaten sich ausruhen. […] Das Soldatenheim mot. fährt möglichst nahe an die Front heran."[230]

Im Verlauf der Kriegsjahre wurde mit der Zunahme alliierter Bombenangriffe auf deutsche Städte noch eine ganz andere Betreuung als erforderlich erachtet für Solda-

---

228 2. Panz.-Div. Abt. Ic, Bericht vom 17.5.1943, BA-MA, RH 27–2/48.

229 Ebd.

230 Jacob, Max: 11 Spielberichte über den Einsatz bei Wehrmacht und Kriegsmarine von 1940–1944, hier: 11. Bericht (4. Osteinsatz 1. 4.–30.6.1944, Puppentheatersammlung im Münchner Stadtmuseum bzw. Heimatmuseum Sebnitz, zit. n. Günther, Susann: „Der Hohensteiner Kasper an der Hauptkampflinie. Max Jacob im Zweiten Weltkrieg", in: Kolland, FrontPuppenTheater, S. 96–107, hier S. 106.

ten, die auf zumeist langersehnten Heimaturlaub gehen konnten bzw. anschließend zur Truppe zurückkehrten: Ic-Offiziere stellten ab Sommer 1942 eine „Verschlechterung der Stimmung der aus der Heimat kommenden Urlauber" fest.[231] Im Jahr darauf betonte der zuständige Offizier des Panzer-Armeeoberkommandos 3 unter dem Stichwort „Wehrgeistige Führung" die Wichtigkeit der „Urlauberbetreuung", die die Soldaten auf Bombenangriffe in der Heimat vorbereitete und ihnen nach der Rückkehr „Aussprache"[232] ermöglichte, um der Verbreitung defätistischer Stimmung innerhalb der Truppe entgegenzuwirken.

---

231 Tätigkeitsbericht des Ic-Offiziers des in Estland stationierten 12. Artillerieregiments im Juni 1942, BA-MA, RH 26–12/89.

232 Ic-Tätigkeitsbericht 1.7.1943–30.9.1943 (zu der Zeit im Mittelabschnitt der Ostfront eingesetzt), BA-MA, RH 21–3/485, fol. 2ff.

4.2 Synchrone Betrachtung: Truppenbetreuungsveranstaltungen in einzelnen Monaten

Zur Dokumentation der eigenen Leistungen erstellte KdF in ein- bis zweimonatlich erscheinenden Broschüren eine Auflistung sämtlicher Ensembles und Einzelpersonen, die in Truppenbetreuungs-Engagements standen. Für die Monate September 1941, Oktober 1941 sowie Januar/Februar 1942 sind Exemplare der Druckschriften überliefert.[1] Dieser Zeitraum kann als die „Blütezeit"[2] der Truppenbetreuung angesehen werden. Angesichts lukrativer Gagen und einer Kriegslage, die zumeist Siegesgewissheit suggerierte, ließen sich viele auch hochrangige Künstlerinnen und Künstler engagieren. Dieses Kapitel wertet die Aufstellungen von September 1941 und Januar/Februar 1942 aus, wobei das Augenmerk auf musikalische Veranstaltungen gerichtet ist.[3]

Sortiert nach Einsatzgebieten (für September 1941: Westen, Holland, Norwegen, Dänemark, Osten, Südosten, Italien und Afrika; für Januar/Februar 1942: Westen I, Westen II, Ostland, Osten B (Abschnitt Mitte), Osten C (Abschnitt Süd), Generalgouvernement, Dänemark, Norwegen, Holland, Südosten, Protektorat, Afrika und Italien) listen die Aufstellungen neben den für das jeweilige Engagement verantwortlichen Künstlerdirektionen[4] den Programmtitel der Veranstaltung bzw. Namen der Tournee-Leitung, die Anzahl männlicher und weiblicher Beteiligter sowie die Dauer der Tournee auf.

Anhand der Broschüren lässt sich für die dokumentierten Zeiträume nachvollziehen, wie die KdF-Ensembles an den verschiedenen Kriegsschauplätzen zahlenmäßig verteilt waren und um welche Art von Programmen es sich handelte. Dabei liefert der Veranstaltungsüberblick September 1941 Informationen über den Spielbetrieb in der Truppenbetreuung im Spätsommer/Frühherbst, der in Bezug auf das Klima und die damit verbundenen Straßen- und Transportverhältnisse keine erschwerten Bedingungen aufwies. Im Januar/Februar 1942 hingegen befanden sich die in Ländern mit extremer Kälte stationierten Truppen, so die Kriegslage es zuließ, in ihren Winter-Ruhestellungen, wofür Heeresleitung und Parteiführung einen verstärkten

---

1   BArch, NS 5/I/149, fol. 82693ff.: Die KdF-Truppenbetreuung Übersicht September 1941; IFZ München, Db 72.34 DAF/KdF Reichsdienststelle: Die KdF-Truppenbetreuung. Übersicht Oktober 1941 sowie Januar/Februar 1942.
2   Vgl. Vossler, Propaganda, S. 315.
3   Vossler, Propaganda, S. 314ff. untersucht mit anderem inhaltlichen Schwerpunkt die KdF-Broschüren der Monate Oktober 1941 sowie Januar/Februar 1942.
4   KdF organisierte, wie bereits im Abschnitt „Truppenbetreuung – Zuständigkeiten, Organisation und Finanzierung" im Kapitel „Rahmung" dargelegt, die Veranstaltungen nicht selbst, sondern beauftragte Künstleragenturen und Veranstaltungsdirektionen, die die Gruppen unter Vertrag nahmen. KdF begründete dies damit, die Arbeit in diesem Umfang nicht leisten und das damit verbundene unternehmerische Risiko (Haftung für die Gagenzahlungen, Zahlungsverpflichtung bei Krankheit oder Unfall) nicht tragen zu können; vgl. BArch, R 56 III/358.

Betreuungsbedarf erkannt hatten.[5] Für diesen Zeitraum waren zudem vermehrt Maßnahmen für die Ostfront geplant gewesen.[6]

September 1941

Im Westen (hierzu zählten der besetzte Teil Frankreichs sowie Belgien und Luxemburg) wurden insgesamt 71 Ensembles eingesetzt, das Programmspektrum umfasste Opern, Lustspiele, Tragödien, Revuen, Varieté, bunte Programme, Puppentheater und Vorträge. 39 dieser Angebote bestanden überwiegend aus musikalischen Darbietungen, davon sieben mit Werken der ernsten Musik: Eine Kammermusikvereinigung bestand aus einem Streichquartett, einem Flötenvirtuosen und einer Sängerin, weitere Streichquartette, teilweise mit Sängerin, waren auf Tournee sowie ein buntes Mozartprogramm mit der Kammeroper *Der Schauspieldirektor*, beliebten Arien und Duetten. Zu den übrigen 32 Programmen mit Musik zählte unter dem Titel „Melodie der Schönheit" eine opulente Ausstattungsrevue in großer Besetzung mit 33 Frauen und 30 Männern. Ein „Walter Kollo-Abend" mit drei Frauen und sieben Männern bot Operetten-Ausschnitte, Unterhaltungskapellen mit und ohne Gesangssolist*in spielten populäre Musik, Schlager und Lieder und die Programme der Bunten Bühnen setzten sich ebenfalls vor allem aus Musiktiteln zusammen. Die Ensembles dieser Produktionen bestanden zumeist aus zehn bis 15, die Unterhaltungskapellen aus drei bis sechs Personen. Einzelkünstler*innen oder Duos waren nicht eingesetzt.

Wie schon für Dänemark beschrieben,[7] lassen sich auch für den Einsatz Westen Veranstaltungsplanungen in drei unterschiedlichen Größenkategorien erkennen. Eine große Ausstattungsrevue konnte nur in Städten, die über ein professionelles Theaterhaus verfügten, eingesetzt werden. Ähnlich wird die Tanzrevue „Das Bilderbuch" mit zwölf Tänzerinnen und fünf Musikern höhere Anforderungen hinsichtlich der Bühnengröße gehabt haben, ebenso das Rheinische Landesorchester, das mit Dirigent, einer Sängerin und 32 Instrumentalisten tourte sowie das bunte Programm, das unter dem Titel „Schlag auf Schlag" mit 27 Personen (zwölf Frauen und 15 Männern) „Tempo, Frauen und Humor" ankündigte. Die übrigen Unterhal-

---

5   Vgl. BArch, NS 6/821, fol. 143; BArch, R 55/10365 Schreiben RPA Westfalen-Süd vom 16.2.1942 an Wehramtsinspektion Berlin in Zusammenhang mit der uk-Stellung eines Musikers: „[…] Wenn auch ohne Zweifel den kämpfenden Soldaten in der Entscheidung des Krieges die Hauptaufgabe zufällt, so ist – vor allen Dingen im Winter – die Truppenbetreuung ein so wichtiger Faktor, dass man nicht achtlos an ihr vorübergehen kann."; vgl. auch BA-MA, RH 27–1/137: Ic-Bericht für Oktober 1942 „[…] Mit dem Beziehen der festen Front und dem hereinbrechenden Winter wird die Frage der geistigen Betreuung mehr und mehr akut."

6   Vgl. BArch, R 55/515 und den Abschnitt „Ostfront" im Kapitel „Skandinavien und Sowjetunion – zur Truppenbetreuung in ‚zweierlei Weltkriegen".

7   Vgl. den Abschnitt „Tourneeplanung Dänemark" im Kapitel „Skandinavien und Sowjetunion – zur Truppenbetreuung in ‚zweierlei Weltkriegen".

tungskapellen, Kammermusikensembles und bunten Programme waren hinsichtlich der Anforderungen an die Aufführungsorte flexibel und traten in Soldatenheimen, Kino- und Wirtshaussälen, Kasernen, Lazaretten oder kleineren Soldatenunterkünften auf.

Fünf Programme im Einsatzgebiet Westen waren eigens für die Betreuung der Atlantikwall-Bautrupps der Organisation Todt (OT) unterwegs: vier bunte Bühnen mit jeweils zwölf Künstler*innen sowie ein Vortragsredner.

Für Holland listet die Übersicht acht Angebote auf, wobei die Operettenproduktion „Frühlingsluft" mit insgesamt 54 Künstler*innen für große Bühnen gedacht war, daneben tourte der „Meisterabend froher Unterhaltung" mit neun Musikern, die Schlager und Tanzmusik spielten, durch kleinere Auftrittsorte, ebenso wie der „Heidelberger Kammermusikkreis" unter der Leitung des Komponisten und Dirigenten Wolfgang Fortner mit sechs Musikerinnen und vier Musikern. Kleine Ensembles waren in Holland nicht im Einsatz, da es nicht die Vielzahl abgeschieden gelegener Bunkerstellungen wie an der französischen, dänischen oder norwegischen Küste gab.

In Norwegen waren im September 1941 insgesamt 29 Programme auf Tournee – das sind im Verhältnis zur vergleichsweise geringen Anzahl dort stationierter Besatzungssoldaten (300.000 bis 400.000 Mann) deutlich mehr als in Frankreich und Belgien, wo 71 Ensembles für 1.370.000 Mann Besatzungstruppen zum Einsatz kamen.[8] Nach Norwegen wurden ausschließlich kleinere Gruppen mit maximal sechs bis acht Personen und überdurchschnittlich viele Duos oder Einzelpersonen geschickt: Zwölf der 29 Programme bestritten ein bis zwei Künstler*innen.

Aus dem Bereich der populären Musik tourten in Norwegen 20 Programme – von Unterhaltungskapellen bis Schrammel- und bayrischen Gruppen; Ernste Musik war mit zwei Angeboten vertreten: einem Frauen-Duo Gitarre/Koloratursopran sowie einem Trio, bestehend aus einer Sopranistin, einem Bariton und einer Begleiterin am Klavier.

Acht Ensembles wurden in Dänemark eingesetzt, überwiegend in kleiner Besetzung und aus dem Bereich populärer Unterhaltung. Personell am aufwendigsten war das Varietéprogramm „Tempo und Freude", das mit acht Künstlerinnen und 15 Künstlern unterwegs war.

Im September 1941 befand sich die Wehrmacht noch auf raschem Vormarsch in der Sowjetunion und die Belagerung Leningrads hatte gerade begonnen. Die unter „Einsatz Osten" aufgelisteten 60 Ensembles dürften vor allem im sogenannten Generalgouvernement, im Baltikum sowie in Weißrussland und der Ukraine auf Tournee

---

8   Vgl. zu den Besatzungstruppenzahlen Kennedy, Paul M.: *The Rise and Fall of the Great Powers. Economic Change and Military Conflict from 1500 to 2000*, New York (Random House) 1987, S. 352f. Zur Situation in Norwegen vgl. den entsprechenden Abschnitt im Kapitel „Skandinavien und Sowjetunion – zur Truppenbetreuung in ‚zweierlei Weltkriegen'".

gewesen sein, wo die Wehrmachttruppen bereits eine Infrastruktur aufgebaut hatten. Zu den Programmen zählten eine Operettenproduktion mit Franz Léhars *Der Graf von Luxemburg* mit 45 Beteiligten sowie 16 Lustspiele in kleineren Besetzungen mit sechs bis 14 Personen. Von den insgesamt 43 gemischten oder rein musikalischen Programmen kamen sieben aus dem Bereich Kammermusik und Opernkleinkunst, die übrigen 36 bestanden aus Unterhaltungskapellen, Bunten Bühnen und Volksmusikensembles mit drei bis 15 Akteur*innen.

Im Südosten (Jugoslawien und Griechenland) wurden für die rund 600.000 Wehrmachtsoldaten 14 Gruppen eingesetzt, mithin nicht einmal halb so viele wie in Norwegen bei deutlich höherer Anzahl an Soldaten. Davon stammten zehn Ensembles aus dem Bereich populärer Musik. Auffallend viele Programme kamen aus dem österreichischen und bayrischen Raum – ähnlich wie im Norden Norwegens waren auf dem Balkan vor allem Soldaten aus dem Alpenraum stationiert.

In Italien war eine Veranstaltung im Einsatz, es handelte sich um ein 21köpfiges Ensemble (sechs Frauen und 15 Männer) mit einem gemischten musikalischen Unterhaltungsprogramm unter dem Titel „Die fröhliche Tonleiter".

In Nordafrika verzichtete General Erwin Rommel zur Unterhaltung der Truppen auf die Mitwirkung von Frauen, er forderte stattdessen „Männer, die möglichst gedient haben, charakter- und tropenfest sind".[9] Auch ein Oberstleutnant der Wehrmacht, der die dortigen Bedingungen anlässlich einer Inspektionsreise beurteilte, erachtete den Einsatz für Künstlerinnen als zu anstrengend und darüber hinaus aus „psychologischen Gründen" für untauglich, würden Frauen doch „wie ein Glas Wein in der Wüste, das man nicht trinken, sondern nur ansehen darf" wirken.[10] KdF listete im September 1941 für die Afrikatruppen insgesamt sechs Kleinprogramme auf: drei Zauberkünstler, zwei Alleinunterhalter mit Akkordeon und einen Sänger. Für einen der Akkordeonisten ist ein Referenzschreiben Rommels mit Datum September 1941 überliefert:

> „Ich danke Herrn Fritz Schmitz dafür, dass er in über 70 Veranstaltungen meinen Soldaten in der Wüste bis in die vorderste Linie viel Freude und Entspannung gebracht hat.
> (Unterschrift)
> Rommel
> Der Befehlshaber der deutschen Truppen in Afrika"[11]

Januar/Februar 1942

Die KdF-Broschüre führt für Januar/Februar 1942 zwölf Programme ohne Zuweisung zu Einsatzgebieten an, darunter eine „große lustige Ausstattungsschau" mit

---

9   Zit. n. Murmann, Komödianten, S. 153.
10 Ebd.
11 BArch, RK N 37, fol. 318.

45 Personen unter dem Titel „Alles fürs Herz" sowie das NS-Sinfonieorchester mit zehn Künstlerinnen und 75 Künstlern. Es erschließt sich nicht, ob sie zum Einsatz für die Organisation Todt analog zu September 1941 eingeplant waren oder anderweitige Auftritte erfolgten, ob die Ensembles unter Vertrag standen und in den Einsatzgebieten in der Programmplanung nicht unterzubringen waren, ob sie von anderen Stellen angefordert werden konnten oder ob sie in der Liste aufgezählt wurden, obwohl Urlaubsansprüche abgegolten wurden.

Die großen Einsatzgebiete Westen und Osten wurden im Januar/Februar 1942 gegenüber September 1941 differenzierter dargestellt in Westen I und II bzw. Ostland, Osten B (Abschnitt Mitte), Osten C (Abschnitt Süd) – damit der Aufteilung in die Heeresgebiete Nord, Mitte und Süd folgend – sowie Generalgouvernement.

Westen I (Nordosten Frankreichs und Belgien) wurde mit 19 Programmen bedacht, darunter 12 Theaterproduktionen (Schauspiele, Lustspiele und Komödien sowie das Berliner Lessing-Theater mit einem Schiller- und einem Shakespeare-Stück) und eine Marionettenbühne, zwei musikalisch-artistische Varietéprogramme, ein Ensemble aus dem Bereich der Kammermusik und drei mit Ballett und Kunstliedern.

Zusätzlich wurden Opern- und Schauspiel-Aufführungen im Deutschen Theater Lille, Gastspiele dieses Theaters in Paris, Brüssel und Antwerpen sowie die einmal wöchentlich stattfindenden Gastspiele des Theaters Metz in Nancy vermerkt, jedoch nicht einzeln aufgezählt.

Für Westen II (restliches besetztes Frankreich) waren 37 überwiegend kleine Programme auf Tournee, darunter 13 Redner mit 19 verschiedenen Themen, zwei Schauspiele, 20 Unterhaltungs- und zwei Kammermusik-Ensembles.

Das sind für den gesamten Bereich Westen 56 Programme – verglichen mit September 1941 deutlich weniger. Die Anzahl kleiner Ensembles, die auch abgelegene Stellungen aufsuchen konnten, war jedoch annähernd gleich.

In Holland kamen 13 Programme zum Einsatz, darunter eine Operettenproduktion, vier Programme mit populärer Musik und drei bunte Programme mit Musik und Kleinkunst. Wie schon im September 1941 waren hier keine kleinen Gruppen unterwegs, sondern zumeist Ensembles aus acht bis 15 Personen.

In Norwegen tourten 57 Gruppen und Einzelpersonen[12] – gut doppelt so viele wie im September 1941, da im Winter ein erhöhter Bedarf an externer Truppenbetreuung bestand. Mit 30 Programmen überwog der Einsatz von Einzelkünstler*innen, Duos und Trios, darunter – Norwegen galt als sicheres Gebiet[13] – eine ganze Reihe rein weiblicher Ensembles bzw. Musikerinnen mit Soloprogrammen, zumeist Lieder mit Lauten-, Zither-, Klavier- oder Akkordeonbegleitung. Moderne Tanz- und Un-

---

12   Vossler, Propaganda, S. 322 nennt die Zahl von 59 Gruppen in Norwegen, die Differenz lässt sich nicht klären.

13   Vgl. das Kapitel „Skandinavien und Sowjetunion – zur Truppenbetreuung in ‚zweierlei Weltkriegen'".

terhaltungsmusik trat gegenüber Kunstliedern und Rezitationen, Liedern zur Laute, Wiener Liedern und Volksliedern auffallend zurück; die in anderen Gebieten favorisierten Bunten Bühnen waren in Norwegen lediglich mit sechs Ensembles vertreten.

Neben einem Lustspiel und der Groß-Revue „Melodie der Schönheit", die im September 1941 im Einsatz Westen gewesen war, spielten in Dänemark drei Programme mit drei bis vier Personen, die als bunte Abende angekündigt wurden sowie ein Schrammeltrio.

Im Gebiet Ostland (Heeresgruppe Nord) wurden 33 Programme angeboten, zu sieben Theaterproduktionen (einem Schauspiel, zwei Volksstücken, drei Komödien und zwei Lustspielen) und einem Zauberkünstler kamen sieben Kammermusikensembles sowie 18 Unterhaltungskapellen und bunte Programme, darunter drei reine Artistik-Darbietungen. Abgesehen vom 27 Musiker umfassenden Berliner Tonkünstler-Orchester, der Tanzrevue „Das Bilderbuch" mit zwölf Tänzerinnen und fünf Musikern sowie dem Varieté Haller, das aus elf Frauen und zehn Männern bestand, tourten kleinere Ensembles von drei bis zehn Personen.

Der Bereich Osten B (Heeresgruppe Mitte) wurde von 13 Ensembles bespielt. Außer drei Lustspiel- und zwei Komödien-Produktionen, der 30 Personen umfassenden Schau „Fechtmeister Gladios und die hohe Schule der Artistik" sowie einer kleinen Artistik-Truppe handelte es sich um zwei Unterhaltungskapellen, eine Léhar-Operette in kleiner Besetzung, zwei sogenannte Lachbühnen und ein Kammermusik-Programm.

Der Einsatz Osten C (Heeresgruppe Süd) sah zehn Programme vor: ein Schauspiel, zwei Lustspiele, das Opernkleinkunst-Programm „Und immer die Liebe", ein Paul-Lincke-Programm, ein Streichtrio mit einer Rezitatorin sowie vier Unterhaltungskapellen, darunter die Tanzkapelle Erna Hoberg, die aus zwei Frauen (neben der Geigerin und Kapellenleiterin Hoberg war eine Sängerin dabei) und neun Männern bestand.

Im sogenannten Generalgouvernement kamen 13 Programme zum Einsatz. Aus dem Bereich Theater waren es ein Schauspiel, zwei Lustspiele, eine Komödie, ein bayrisches Singspiel, dazu zwei größere Musiktheater-Produktionen mit Mozarts *Entführung aus dem Serail* und Léhars Operette *Der Graf von Luxemburg* (17 Frauen und 28 Männer umfasste des Ensemble), vier Bunte Bühnen und zwei kleine Kammermusik-Ensembles, darunter ein Trio, bestehend aus einer Sängerin, einer Geigerin sowie einer Pianistin.

Damit waren im gesamten Einsatzgebiet Osten 69 Programme auf Tournee, was gemessen an der Größe des Gebiets und den von OKW und Partei formulierten Ansprüchen bezüglich des Bedarfs an Truppenbetreuung dürftig ausfiel. Dieses Defizit war KdF durchaus bewusst, dennoch blieb die Ostfront die „Achillesferse"[14] der Truppenbetreuung, da die Ensembles aufgrund schwieriger Transportbedingungen

---

14   Vossler, Propaganda, S. 323.

nicht zu ihren Einsatzorten gelangen konnten und Künstler*innen häufiger während ihrer Engagements erkrankten als in anderen Gebieten.[15]

Für das Gebiet Südosten organisierte im Januar/Februar 1942 ausschließlich der Deutschen Veranstaltungsdienst Wien die Truppenbetreuung, die aus 27 Programmen bestand – mithin, ähnlich wie in Norwegen, knapp doppelt so viele Ensembles wie im September 1941. Es handelte sich um fünf Artistik-Schauen nebst weiterer Kleinkunst, drei Operetten, vier Tiroler und Wiener Volkstums-Bühnen sowie Volksmusik-Gruppen, ein Singspiel, ein Groß-Varieté und 13 bunte Programme. Die Ensembles bestanden zumeist aus zehn bis 20 Personen.

Im sogenannten Protektorat, das in der Auflistung von September 1941 nicht erwähnt wurde, kamen vier Programme zum Einsatz, neben einem zwölfköpfigen Varieté und einer ebenso großen, ausschließlich weiblichen Ballett-Compagnie waren es zwei Bunte Abende mit neun bzw. zwölf Wiener Künstlerinnen und Künstlern.

In Italien waren ein Kammermusik-Trio (Sopranistin, Cellist und Pianist), mit einem Rezitator, eine Unterhaltungskapelle (drei Frauen, neun Männer) und zwei bunte Programme auf Tournee.

In Afrika wurden zwei Trios eingesetzt, jeweils bestehend aus einem Sänger, einem Akkordeonisten sowie einem Vortragskünstler.

Im Vergleich zu der Vielzahl kleiner Ensembles, die vor allem in Norwegen, aber auch in der Küstenregion in Frankreich zur Betreuung abgelegener Stellungen im Einsatz waren, tourten im Osten, Südosten und Protektorat zumeist Gruppen von zehn bis 15 Künstler*innen, die ihre Auftritte bei den aus größeren Einheiten bestehenden Truppenverbände absolvierten.

Zu den musikalischen Programmen

Die folgende Übersicht macht deutlich, wie viele Angebote insgesamt in einem Einsatzgebiet auf Tournee waren, der Anteil überwiegend oder ausschließlich musikalischer Programme sowie dessen Aufteilung in populäre bzw. ernste Musik.

Einsatzgebiet	Programme	davon Musik	populäre Musik	ernste Musik
Sept. 1941				
Westen	71	39	32	7
OT	5	4	4	-
Niederlande	8	3	2	1
Norwegen	29	22	20	2
Dänemark	8	6	6	-

---

15   Vgl. ebd.

Einsatzgebiet	Programme	davon Musik	populäre Musik	ernste Musik
Osten	60	44	37	7
Südosten	14	10	10	-
Italien	1	1	1	-
Afrika	6	3	3	-
	202	132	115	17
	100%	65%	davon 87%	13%
Jan./Feb. 1942				
ohne Angabe	12	11	4	7
Westen	56	28	22	6
Niederlande	13	7	7	-
Norwegen	57	45	35	10
Dänemark	6	5	5	-
Osten	69	46	33	13
Südosten	27	22	22	-
Protektorat	4	3	3	-
Italien	4	4	3	1
Afrika	2	2	2	-
	250	173	136	37
	100%	69%	davon 79%	21%

Gegenüber September 1941 wurden im Zeitraum Januar/Februar 1942 rund 20%
mehr Programme zur Truppenbetreuung eingesetzt, wobei – wie bereits ange-
merkt – es starke regionale Differenzen gab. In Norwegen und im Südosten tourten
rund doppelt so viele Ensembles. Während der gesteigerte Bedarf für die langen
Wintermonate in Norwegen formuliert war, erschließen sich für die Erhöhung der
Betreuung im Südosten keine offensichtlichen Gründe. Für den Rückgang von sechs
auf zwei Programme in Nordafrika können jahreszeitlich bedingte Transportprobleme ausschlaggebend gewesen sein. Die Reduzierung im Bereich Westen um 21%
lässt sich mit den vermehrten Truppenbetreuungsveranstaltungen der von der Besatzungsmacht übernommenen Theaterhäuser in größeren französischen und bel-
gischen Städten erklären, die in der KdF-Statistik erwähnt, aber nicht zahlenmäßig
spezifiziert wurden.

Die Steigerung der externen Truppenbetreuung im gesamten Gebiet Osten um 15%
kommt – wie schon erwähnt –dem postulierten Bedarf nicht nach, was vor allem auf
die gravierenden Transportprobleme zurückzuführen ist.

Für beide Zeiträume liegt der Anteil an musikalischen oder musikalisch dominierten Veranstaltungen bei rund zwei Drittel der Programme. Im Einsatzgebiet Westen

ist jedoch der Anteil an Theaterproduktionen mit 55% (September 1941) bzw. 50% (Januar/Februar 1942) höher als im Durchschnitt.

Von den musikalischen Veranstaltungen entfallen 87% (September 1941) bzw. 79% (Januar/Februar 1942) auf populäre Musik (Unterhaltungskapellen, Volksmusik, bunte Programme). Der gestiegene Anteil an ernster Musik im dokumentierten Winterzeitraum ist zurückzuführen auf die Gebiete Norwegen und Osten sowie die Angebote ohne Zuweisung zu Einsatzbereichen – hier ist mit sieben Veranstaltungen sogar mehr als die Hälfte der ernsten Musik zuzurechnen. Die Programme für Norwegen trugen – wie bereits im Kapitel „Zur Truppenbetreuung in Skandinavien" diskutiert – den musikalischen Vorlieben der dort stationierten österreichischen Soldaten Rechnung.

Auffallend sind die demonstrativ frohgestimmten Titel der bunten Programme, die den Schwerpunkt der Truppenbetreuung auf anspruchsloser Zerstreuung widerspiegeln. Die Bunten Bühnen brauchten Passepartout-artige Bezeichnungen, sozusagen den kleinsten gemeinsamen Nenner einer Unterhaltung für alle, was zudem auch den Austausch einzelner Darbietungen ermöglichte. Programmtitel wie „1000 Takte Heiterkeit", „Singen, Tanzen, Lachen", „Kunst und Frohsinn", „Heiterer Sang und Klang", „Froher Alltag", „Freut euch des Lebens", „Wer lacht mit?", „Frohgestimmt und leichtbeschwingt", „Jubel und Trubel, Heiterkeit und Fröhlichkeit" oder „Frohsinn und Laune" annoncierten dabei harmlose Ablenkung und Sorgenfreiheit. Anders als die wehrmachteigenen Spielgruppen, die – wie im Kapitel „Stosstrupp der Freude" vorgestellt – bei der Namensgebung auf ihre Herkunft aus der militärischen Sphäre Wert legten, fallen die Titel der Bunten Bühnen durch ihre forcierte Unbekümmertheit auf.

Eine ganze Reihe von Programmen stand über längere Zeiträume hinweg im Engagement, sie begegnen sowohl in der Broschüre für September 1941 als auch im Heft für Januar/Februar 1942. So war die Tanzrevue „Das Bilderbuch" mit zwölf Tänzerinnen und fünf Musikern im September im Westen, fünf Monate später im Einsatzgebiet Ostland unterwegs. Die „große Ausstattungsrevue" „Melodie der Schönheit" tourte im September ebenfalls im Westen, Anfang 1942 dann in Dänemark. Die Kapelle Rosé Petösy, bestehend aus drei Frauen und 15 Männern, war vom 1. Juli 1941 durchgehend bis 15. Januar 1942 im Westen eingesetzt. Die siebenköpfige Spielgruppe „Kunst und Frohsinn" unter der Leitung des Kammersängers Arthur Kistenmacher war vom 4. August bis 30. November 1941 im Bereich Osten auf Tournee, sie taucht auch noch im Monatsbericht für April/Mai 1942 der Oberfeldkommandantur Lemberg unter dem Punkt „Geistige Betreuung" auf.[16] Die Operettenproduktion *Der Graf von Luxemburg* mit 17 Frauen und 28 Männern war vom 15. Juli bis 15. Oktober 1941 sowie 10. Januar bis 15. April 1942 im Einsatzgebiet Osten und Generalgouvernement engagiert. Ein Streichtrio, ergänzt um die Rezitatorin Bertel Bihler, tourte vom 1. August bis 31. Oktober 1941 im Bereich

---

16 IfZ München, MA 679 Bd. 5, fol. 52.

Osten, vom 15. November 1941 bis Ende Februar 1942 war das Ensemble im Einsatz Osten C (Heeresgruppe Süd).

Zur Anzahl der Musikerinnen und Musiker

In den Broschüren fehlen bei einigen Veranstaltungen Angaben über die Anzahl der Personen, trotzdem ermöglichen die folgenden Summen einen ungefähren Eindruck davon, wie viele Musiker*innen (teilweise ließen sich nicht alle Artist*innen, Rezitator*innen und Tänzerinnen präzise herausrechnen) im Auftrag von KdF in der Truppenbetreuung engagiert waren. Im September 1941 waren insgesamt 992 Personen bei überwiegend oder ausschließlich musikalischen Programmen eingesetzt. Davon agierten 900 Personen (368 Frauen und 532 Männer) im Bereich populärer Musik, 92 Personen (37 Frauen und 55 Männer) im Bereich ernster Musik. Im Januar/Februar 1942 waren es insgesamt 1.436 Personen, davon 1.107 (455 Frauen und 652 Männer) mit populärer Musik, 329 Personen (106 Frauen und 223 Männer) waren mit Programmen ernster Musik auf Tournee.

Die Steigerung der Personenzahl im Bereich ernster Musik korreliert mit der gewachsenen Anzahl an Programmen in diesem Bereich. Hier schlägt vor allem bei den Angeboten ohne Angaben zum Einsatzgebiet das NS-Sinfonieorchester mit 10 Frauen und 75 Männern zu Buche.

Einige rein weibliche Ensembles sowie Solomusikerinnen standen in Engagements – überwiegend Musikerinnen aus dem Bereich ernster Musik. Im September 1941 waren es im Bereich Westen ein Quintett mit Musik, Gesang und Tanz sowie ein Duo aus Koloratursopran und Gitarre, das durch Norwegen tourte. Im Januar/Februar 1942 war ein Programm im Einsatz Westen II mit „Zwei Frauen musizieren" ohne nähere Angaben angekündigt, im Bereich Ostland reisten ein Quartett aus Sopran, Alt, Geige und Klavier sowie ein Quintett, das aus einem Instrumentalquartett nebst Sängerin bestand, und im Generalgouvernement gab es ein Trio aus Geige, Gesang und Klavier zu hören. Im als sicheres Gebiet geltenden Norwegen wurden ein Trio mit Violine, Rezitation und Klavier, ein Akkordeonistinnen-Duo, ein Duo aus Sopran und Akkordeon, ein Trio mit Sopran, Alt und Klavier, ein Trio mit Sopran, Tanz und Klavier, eine Musikerin, die Lautenlieder, Rezitation und Klaviermusik bot, sowie eine Musikerin mit Lautenliedern und Akkordeon eingesetzt.

Für die Monate Januar bis April 1943 liegt eine Zusammenfassung von KdF vor, die für die unterschiedlichen Sparten Prozentsätze angab:

> „An den Darbietungen sind beteiligt: musikalische Veranstaltungen mit 23,5, Theater-Veranstaltungen mit 11,3, Kleinkunst-Veranstaltungen mit 48,4, volkstümliche Heimatprogramme mit 1,4, Alleinunterhalter mit 5,8, Vortragsredner mit 4,8, Laienschaffenlehrer mit 1,7 und Schachlehrer mit 3,1 vH."[17]

---

17   Akten der DAF, Zeitschrift „Arbeitertum" Nr. 12, 1943, BArch, NS 5/VI/6291, fol. 2.

Kleinkunst (Bunte Bühnen) und Alleinunterhalter brachten überwiegend musikalische Programme, der Anteil von musikalisch geprägten Veranstaltungen machte damit Anfang 1943 rund Dreiviertel aller KdF-Angebote in der Truppenbetreuung aus.

4.3 Diachrone Betrachtung: Die Bunte Frontbühne Bernt Komm – Alltag der Truppenbetreuung

Aufgrund von Bombenschäden im RMVP und der RKK sowie in der Berliner Zentrale von KdF[1] sind nur wenig Unterlagen über die administrativen Abläufe zwischen Truppenbetreuungs-Ensembles und den zentralen Dienststellen aus der Zeit vor 1944 überliefert. Der Signaturenkreis R 56 I im Bundesarchiv Berlin (Zentrale der RKK einschließlich des Büros von Hans Hinkel) enthält allerdings Aktenkonvolute der Jahre 1942 und 1943 aus der Abteilung für Truppenbetreuung der RKK mit dem Schriftverkehr zwischen der „Bunten Frontbühne Bernt Komm", der Fachabteilung in Berlin und den zuständigen Dienststellen im jeweiligen Einsatzgebiet dieses Ensembles, das beim RMVP unter Vertrag stand.[2] Sie gewähren einen Einblick in die Gegebenheiten der Truppenbetreuung über einen längeren Zeitraum und lassen beispielsweise mit den Dokumentationspflichten, die die Ensembleleitung zu erfüllen hatte, den Alltag einer Tournee erahnen.

Die „Bunte Frontbühne Bernt Komm" 1942/43

Die Tätigkeit der „Bunten Frontbühne Bernt Komm" lässt sich für die Monate Oktober 1942 bis Dezember 1943 nachvollziehen, mithin für den Zeitraum, der als deutliche Zäsur im Verlauf des Zweiten Weltkriegs[3] gekennzeichnet ist: Nachdem die Wehrmacht immer größere Gebiete Europas und Nordafrikas besetzt und die Kriegsfronten weiter ausgedehnt hatte, markierten die Kapitulation der Überlebenden der 6. Armee der Heeresgruppe Süd am 2. Februar 1943 in Stalingrad sowie die Gefangennahme der 270.00 deutschen und italienischen Soldaten der Heeresgruppe Afrika am 13. Mai 1943 am tunesischen Kap Bon das Ende der Expansion und den sichtbaren Beginn der Niederlage des Dritten Reichs und seiner Verbündeten. Im Mai 1943 erlangten die Alliierten mit neuartiger Ortungstechnik die Hoheit im U-Boot-Krieg, und die Städte in Deutschland wurden ab dem Frühjahr 1943 verschärften Luftangriffen ausgesetzt (mit der sogenannten „Casablanca-Direktive" hatten sich die Alliierten auf ein Konzept zur Intensivierung des strategischen Bom-

---

1   Ab 10. Juni 1943 begann die „Combined Bomber Offensive" mit amerikanischen Präzisionsangriffen bei Tag und englischen Flächenbombardierungen bei Nacht die Städte in Deutschland zu zerstören.

2   BArch, R 56 I/4. Unter der Signatur BArch, R 56 I/125 bietet ein Aktenkonvolut Einblick in eine kurze Frankreich-Tournee der Städtischen Bühnen Freiburg im September 1940; das 25-köpfige Ensemble bot ein buntes Programm „Ernstes und Heiteres aus Oper, Operette und Ballett". Das Konvolut umfasst einen siebenseitigen Bericht des Freiburger Intendanten sowie Stellungnahmen der einzelnen Wehrmachtstandorte zu den Vorführungen.

3   Auch wenn die eigentliche militärische Wende bereits im Dezember 1941 mit dem Scheitern der „Blitzkriegstrategie" vor Moskau stattgefunden hatte – schon ab diesem Zeitpunkt war ein Sieg der Wehrmacht nicht mehr möglich, vgl. hierzu z. B. Wildt, Geschichte des Nationalsozialismus, S. 198.

benkriegs geeinigt).[4] Am 18. Februar 1943 hatte Joseph Goebbels den „Totalen Krieg" ausgerufen.

Eine unmittelbare, kurzfristige Auswirkung des Kriegsverlaufs auf die Truppenbetreuung lässt sich freilich aus diesem Aktenbestand nicht erschließen, es sind auch keine Anweisungen für das Ensemble in Bezug auf die dreitägige Staatstrauer zu ersehen, die nach dem katastrophalen Ende des Kessels von Stalingrad angeordnet worden war.[5]

Die „Bunte Bühne" tourte nahezu ohne Pause von Westen (Niederlande) nach Osten bis in die Ukraine, anschließend nach Norden (Norwegen, Finnland, Lappland) und wieder zurück.

Anfang Oktober 1942 spielte das Ensemble im Umkreis von Berlin zur Unterhaltung von Soldaten und den Belegschaften von Munitionsbetrieben,[6] hierbei handelte es sich um Tageseinsätze ohne Übernachtung in teilweise wechselnder Besetzung –diese Auftritte dürften dem Ensembleleiter zur Auswahl der Künstlerinnen und Künstler und der Festlegung des Programms für die mehrmonatige Tournee gedient haben. Die Truppe bestand aus sechs Frauen und zwei Männern. Zunächst waren es Bernt Komm (Humorist und Reiseleiter), Hilde-Luise Wittke (Ansage und Chansons), Maria Kloth (Humoristin), Grete Reinwald (Rezitation), Edith Christiansen (Tänzerin), Helene Fichtmüller (Sängerin, Jodlerin), Ellinor Franke (Sängerin) sowie der Pianist Hans Kaiser, der die gesamte instrumentale Begleitung zu bestreiten hatte.[7]

Ab 1. November 1942 wurde das Ensemble mit zweimaliger Prolongation bis 15. Januar 1943 in Holland eingesetzt.[8] Ende November fuhren sie für zwei Tage nach Berlin, um „Wäsche auszuwechseln"[9] und damit der Leiter Bernt Komm die Diäten persönlich in Empfang nehmen konnte, da „erfahrungsgemäss […] die Überweisung durch die vielen Zwischenbefehlsstellen zu lange [dauert]".[10] Die deswegen ausgefallenen Vorstellungen mussten im Dezember nachgeholt werden.[11]

Die Frontbühne absolvierte täglich einen Auftritt, in Orten mit größeren Truppenverbänden wurde auch zwei Mal gespielt. Alle zehn bis 14 Tage gab es einen freien

---

4   Vgl. zusammenfassend Töppel, Roman: *Kursk 1943. Die größte Schlacht des Zweiten Weltkriegs*, Paderborn (Ferdinand Schöningh) 2017, S. 15f.

5   Die minutiös durchgeplanten Anweisungen für das Sonderprogramm des Rundfunks zur „Meldung Stalingrad" am 3. Februar 1943 ab 14 Uhr und die anschließende Staatstrauer finden sich im Bestand BArch, R 55/1254, fol. 121f.

6   BArch, R 56 I/4, fol. 18–20: 5.10.1942 Hindenburg-Kaserne Lankwitz, 6.10.1942 Turnhalle Teltow, 7.10.1942 Festsaal Oranienburg.

7   Ebd., fol. 64.

8   Ebd., fol. 7, 8, 45, 54, 59, 64, 103.

9   Ebd., fol. 59.

10   Ebd.

11   Ebd.

Tag, teilweise davon abhängig, welche Entfernungen zwischen den Spielorten lagen und wie die Verkehrsverbindungen waren. Die „Bunte Bühne" reiste mit der Bahn, weshalb das Gepäck in Grenzen gehalten werden musste, der Transport umfangreicher Requisiten war nicht möglich – auch dies war ein nicht unwichtiger Aspekt für die Zusammenstellung eines Programms. Gereist wurde meist am Vormittag, manchmal auch spätabends oder nachts im Anschluss an eine Vorstellung, damit am nächsten Tag alles rechtzeitig am neuen Ort bereit war.

Zu Weihnachten wurde jedes Ensemblemitglied persönlich mit einem Brief vom Leiter des Amts Truppenbetreuung in der RKK, Kochanowski, nebst einem Päckchen bedacht.

> „Sehr geehrter Herr Komm!
> Ich weiss, dass es Ihrem Wunsche entspricht, mit Ihrer Gruppe während der Weihnachts- und Neujahrstage bei unseren Soldaten zu sein. Das Bewusstsein, unseren Männern während der Feiertage frohe Stunden und Erbauung zu schenken, mag Ihnen hinweghelfen über die grossen und kleinen Beschwernisse, die ein solcher Einsatz mit sich bringt. […] Als Zeichen dafür, dass wir in Gedanken bei Ihnen sind, überreiche ich Ihnen im Auftrage des Herrn Ministerialdirektors Hinkel ein kleines Weihnachtspäckchen und wünsche Ihnen gute Feiertage."[12]

Die Päckchen enthielten – für Frauen und Männer gleichermaßen – Bücher, Schokolade, Seife, Zigaretten, Rasierklingen, Skatspiele und kleine Flaschen Weinbrand.[13]

Nach dem letzten Auftritt in den Niederlanden am 15. Januar 1943 fuhr das Ensemble zurück nach Berlin, um sich auf die nächste Tournee vorzubereiten. Der Leiter Bernt Komm hatte dabei alle Hände voll zu tun, um sämtliche Formalitäten zu erledigen. Die bürokratischen Vorschriften machten es erforderlich, zahlreiche Dienststellen aufzusuchen, um alle Abrechnungen und Nachweise der beendeten Tournee vorzulegen sowie Formulare für die neue Fahrt auszufüllen, Reisekosten- und Diätenvorschüsse, Devisen, seinen Reiseleiterausweis, Ausweise und Ansteckabzeichen für die anderen Ensemblemitglieder,[14] Durchlassscheine, Sammelwehrmachtfahrscheine, Einsatzpläne und Marschbefehle für die folgenden Monate in Empfang zu nehmen.[15] Unter den Papieren befand sich auch eine Bescheinigung,

---

12   Ebd., fol. 92.

13   Ebd., fol. 100.

14   Lt. „Merkblatt über die Rechtsstellung der in der Truppenbetreuung eingesetzten Zivilpersonen" (BArch, R 56 I/133, fol. 3–7, hier fol. 3) erhielten die Künstlerinnen und Künstler für die Dauer einer Tournee einen Ausweis und ein Ansteckabzeichen. Beides war stets zu tragen und nach Ende der Tournee wieder abzugeben.

15   Der Leiter der „Hohensteiner Puppenspiele" Max Jacob hat die bürokratischen Erfordernisse für seine dreiköpfige Gruppe, die im Auftrag von KdF im Einsatz war, festgehalten: „Bevor eine Spielgruppe in ein fernes Land in Marsch gesetzt wird, muß der Reiseleiter einige Tage nach Berlin, um die notwendigen Papiere zusammenzuholen. Das ist keine einfache Sache. Es ist vielerlei nötig, man hat etwa mit einem Dutzend Dienststellen zu tun, die in den ver-

die Dienststellen der Reichsbahn bittend, „Herrn Komm bei der Ausübung seines Auftrages behilflich zu sein und ihm die hierzu erforderliche Unterstützung angedeihen zu lassen", da Herr Komm gezwungen sei, „das Reisegepäck der Spielgruppe jeweils mit dem Zug zu befördern, mit dem die Spielgruppe fährt".[16] Der so genannte Marschbefehl enthielt eine Anweisung an die Dienststellen der Wehrmacht, dem Ensemble „jede mögliche Unterstützung zur reibungslosen Durchführung dieses Sonderauftrages im Rahmen der Truppenbetreuung zuteilwerden zu lassen".[17] Die Existenz dieser Schriftstücke lässt erahnen, mit welchen Widrigkeiten Ensembles auf Tournee konfrontiert sein konnten.

Am 31. Januar 1943 trat die Gruppe in geringfügig veränderter Besetzung ihre mehrtägige Bahnfahrt gen Osten an, erstes Ziel war Poltawa in der Ukraine.[18] Da die Einsätze vor allem im Frontgebiet vorgesehen waren, in deren Truppenunterkünften nicht zuverlässig ein Klavier zur Verfügung stand, stattete das Amt Truppenbetreuung das Ensemble mit einem Akkordeon aus,[19] mit dem der Pianist bei Bedarf zurechtzukommen hatte.

Vom 10. Februar bis zum 31. März spielte die Gruppe in Ostpreußen und in den besetzten Gebieten um Bialystok für Truppeneinheiten des Heeres, der Marine, für Lazarette und die Belegschaften von Rüstungsbetrieben, was zunächst bis 30. April, dann nochmals bis 15. Mai und abermals bis 28. Mai verlängert wurde.[20] Auf der Rückreise wurde sie überdies zu einem Abstecher nach Pommern für einen drei-

---

schiedensten Berliner Stadtteilen liegen. Auf der ‚Hauptdienststelle' füllt man zunächst eine große Anzahl Formulare aus (teilweise mit sieben Durchschlägen) und dann begibt man sich nach einem vorgeschriebenen Plan ‚auf die Reise'. Es geht von einer Abteilung in die andere, von einer Dienststelle zur zweiten und dritten. Man hat das Gefühl, daß irgendeine Dienststelle immer erst zu bescheinigen hat, daß die andere etwas tun darf. Tagelang sitzt man in irgendwelchen Vorzimmern herum. […] Als ich schweißgebadet meine Papiere überblickte, da besaß ich: 1 Einsatzbuch, 1 Leistungsbuch, 1 Bezugsschein für Mückenschleier, 3 Durchlaßscheine für Generalgouvernement Ukraine, 3 Grenzübertritts-Scheine für's Operationsgebiet, 1 Impfschein, 1 großer Wehrmachts-Fahrschein, 1 Eisenbahn-Genehmigungsschein, 1 Marschbefehl, 3 Lebensmittel-Abmeldescheine, 1 allgemeiner KdF-Ausweis, 1 Wehrbeurlaubungsschein für Hans Wickert [einer der Mitspieler, Anm. HF] und noch etliche Formulare für ‚Vorschußzahlungen', für ‚Krankheitsmeldungen' sowie ‚Verhaltensmaßregeln für Mitglieder der Spieltruppe'" (Max Jacob: 11 Spielberichte über den Einsatz bei Wehrmacht und Kriegsmarine von 1940–1944, hier Spielbericht 2 über den ersten Einsatz Generalgouvernement Polen (14. 8. bis 27.11.1940), Puppentheatersammlung München, zit. n. Günther, Hohensteiner Kasper, S. 99f.).

16   BArch, R 56 I/4, fol. 146.
17   Ebd., fol. 299.
18   Ebd., fol. 111; statt Maria Kloth war nun Hedi von Proschek mit Wiener Liedern im Programm.
19   Ebd., fol. 112: „Ich bestätige hiermit, von der Reichskulturkammer, Amt Truppenbetreuung, ein Akkordeon leihweise erhalten zu haben. Berlin, den 28. Januar 1943 (Unterschrift)".
20   Ebd., fol. 130, 142, 152, 171, 210, 216; ab dem Einsatz in Ostpreußen war auch Maria Kloth wieder mit dabei.

tägigen Einsatz bis zum 1. Juni beordert.[21] Am 8. Juni reiste das Ensemble bereits wieder von Berlin nach Holland und zog dort zunächst bis 31. Juli, prolongiert bis 31. August 1943[22] von Auftritt zu Auftritt. Von Anfang September bis Mitte Oktober spielte die Gruppe im Wehrkreis Berlin,[23] vom 18. Oktober bis 15. Dezember 1943 war sie in Norwegen, Lappland und Finnland auf Tournee mit Bernt Komm als Reiseleiter, dem Pianisten Erich Taboschat, der Jodlerin Helene Fichtmüller, Evi Oppen als Chansonsängerin, Hedi von Proschek mit Wiener Liedern, der Tänzerin Helene Dörge, Maria Boja (Rezitationen) und der Sängerin Erna Möller.[24]

Qualitätskontrolle

Während der Zeit in Ostpreußen hatten sich einige Umbesetzungen innerhalb der Gruppe ergeben. Maria Kloth brach krankheitsbedingt die Tournee ab,[25] vor allem aber sorgte ein „streng vertraulich!" gekennzeichnetes Schreiben des Reichspropagandaamts Ostpreußen an das Amt Truppenbetreuung vom 26. März 1943 für Wechsel. Das Reichspropagandaamt Ostpreußen als Veranstalter dieses Teils der Tournee entsandte einen Mitarbeiter in die Vorstellungen, der nach sechs Wochen eine Leistungsbeurteilung vornahm:

> „Zu Ihrer Information teile ich Ihnen mit, daß die Frontbühne Komm nach den bisher durchgeführten Veranstaltungen eine außerordentlich gute Aufnahme bei den Truppen wie auch bei den Rüstungsarbeitern gefunden hat. Ich darf erwähnen, daß in ihren Leistungen Frau Maria Kloth, Frau Grete Reinwald, Fräulein Hedi von Proschek und insbesondere Herr Bernt Komm als ‚sehr gut' anzusprechen sind, Frau Hilde Luise Wittke als ‚gut', dagegen Frau Edith Christiansen als ‚hinreichend, jedoch nicht befriedigend' und der Pianist Hans Kaiser als ‚fleißiger Konzertbegleiter' anzusprechen sind. Ferner darf ich erwähnen, daß Hilde Luise Wittke bei ihrem Auftreten nicht gleichbleibend wirkt, wahrscheinlich von Stimmung und Umgebung abhängig ist. Es wäre angebracht, ihren Vortrag als Ansagerin mit einem spritzigen Elan von Esprit zu vervollkommnen. Die Tänzerin Edith Christiansen erscheint auf der Bühne gehemmt und linkisch, was anscheinend darauf zurückzuführen ist, daß sie zu wenig trainiert und übt. Der Pianist Hans Kaiser ist in seiner Begleitmusik mehr Berufsmusiker als Künstler. In seinem Vortrag mit Akkordeon vermag er nicht zu überzeugen, da mancher Feldgraue das Akkordeon weitaus besser beherrscht. Die Sängerin Hedi von Proschek muß einen besseren Pianisten als Begleiter erhalten, der mit ihr durch Proben weit größere Erfolge erzielen wird als das bei Hans Kaiser der Fall ist. Hedi von Proschek hat bei der Truppen- wie bei der Rünstungsarbeiterbetreuung reizvoll und außerordentlich beschwingt gefallen. Ich empfehle deshalb, die

---

21 Ebd., fol. 218.
22 Ebd., fol. 268, 270, 289.
23 BArch, R 56 I/84, fol. 180.
24 Ebd., fol. 194.
25 BArch, R 56 I/4, fol. 170.

Frontbühne Bernt Komm dergestalt umzubesetzen, daß Edith Christiansen durch eine andere Tänzerin und der Pianist Hans Kaiser durch einen wirklichen Virtuosen ersetzt werden. Sowie die Frontbühne Bernt Komm durch eine derartige Neubesetzung vollkommen geworden ist, weiß ich, daß die bisher gebrachten Erfolge noch verbessert und gesteigert werden können."[26]

Diese „Empfehlungen" setzte das Amt Truppenbetreuung unverzüglich in die Tat um. Laut Eingangsstempel traf das Schreiben am 29. März in Berlin ein, bereits am 1. April ging per Fernschreiben die Mitteilung über die Änderung der Besetzung an das Reichspropagandaamt in Königsberg. Verpflichtet wurden eine neue Tänzerin sowie ein anderer Pianist, zudem als Sprecherin – wohl mit dem nötigen „spritzigen Elan von Esprit" – dessen Frau, und als Ersatz für Maria Kloth kam eine Chansonsängerin hinzu.[27] Aus den Akten ist nicht ersichtlich, in welcher Form den ausgemusterten Künstler*innen die Vertragsbeendigung mitgeteilt wurde oder ob der Reiseleiter zu den Beurteilungen Stellung nehmen konnte. Vermutlich gab das Amt dem Leiter die Entscheidungen bekannt und überließ ihm alles Weitere. Die schriftliche Kontaktaufnahme erfolgte von Berlin aus über das jeweilige Reichspropagandaamt, das vor Ort für die Organisation der Tournee zuständig war.[28]

Viel Zeit für die Zusammenstellung des geänderten Programms und Proben, die vor allem für den Pianisten nötig gewesen sein dürften, gab es nicht, bereits ab 7. April war die Frontbühne in der neuen Besetzung im Einsatz. Der „Bereisungsplan Monat April 1943"[29] weist für die 24 Tage vom 7. bis 30. April 22 Vorstellungen bei drei Ruhetagen auf; im Soldatenheim Sudauen spielte die Gruppe am 21. April für das Standortkommando zweimal hintereinander um 17 und 20 Uhr. Die Vorstellungen in dieser Zeit fanden alle in weiter Entfernung von der Front statt, entsprechend waren auch die Auftrittsorte mit Stadttheatern, Kinos, Hotels, Stadt- und Bürgerhallen vergleichsweise komfortabel, zudem gab es mehrere Stationen, an denen zwei Tage gastiert wurde, so dass nicht jeden Tag gereist werden musste. Der Einsatzplan vom 3. bis 15. Mai 1943 sah 15 Vorstellungen an zwölf Tagen vor, unterbrochen von einem Ruhetag.[30]

Vorwürfe und Streitigkeiten

Am 20. April 1943 konfrontierte ein Schreiben vom Amt Truppenbetreuung den Ensembleleiter Bernt Komm mit Vorwürfen über „Unzuträglichkeiten", die die abberufenen Künstler*innen gegen ihn erhoben hätten.[31] Er habe für die Gruppe Butter empfangen, diese aber erst nach Aufforderung vier Tage später „verabreicht",

---

26 Ebd., fol. 169, Aktenzeichen T 6188/17-5,9.
27 Ebd., fol. 181 und 198.
28 Vgl. ebd., fol. 205, 219.
29 Ebd., fol. 175.
30 Ebd., fol. 217.
31 Ebd., fol. 205.

ebenso „150 bis 180 g statt 500 g Wurst verteilt" und Zigaretten für sich behalten. Zudem habe „Fräulein von Proschek ihren Einfluss bei Ihnen geltend gemacht, wenn Massnahmen zu treffen sind, die nur dem Tourneeleiter zukommen". Das unterstellt, Komm hätte sein Ensemble nicht unter Kontrolle und ließe Übergriffe auf die Hierarchie zu. Hedi von Proschek scheint nach der oben erwähnten Beurteilung durch das Reichspropagandaamt der besondere Publikumsliebling gewesen zu sein; der Vorwurf impliziert auch den Verdacht, der Reiseleiter unterhielte eine Liaison mit der ihm unterstellten Künstlerin. Die angeforderte Stellungnahme und der Fortgang der Angelegenheit sind nicht überliefert. Bernt Komm hat die Anschuldigungen offenbar entkräften können, denn die Tournee lief wie geplant weiter und anstatt eines ursprünglich beabsichtigten Urlaubs im Juni wurde ein Anschlussengagement nach Holland vereinbart.[32] Zu vermuten ist, dass das Amt Truppenbetreuung den Einlassungen Komms bereitwillig Glauben schenkte, um nicht disziplinarische Maßnahmen ergreifen zu müssen oder erheblichen Aufwand mit einem Ersatzensemble zur Fortsetzung der Tournee zu haben.

Rückblickend ist es freilich unerheblich, ob die Vorwürfe „wahr", berechtigt oder verleumderisch waren oder dazu dienten, einem Ärger über die Kündigung auf denunziatorische Weise Luft zu verschaffen, aber es zeigt, welche Felder für Querelen und Streitigkeiten sich innerhalb eines Ensembles auftaten, wie missgünstig, habgierig und vergiftet die Atmosphäre auf einer Tournee werden konnte und wie belastend ständiges Beisammensein, mangelnde Privatsphäre, Konkurrenz und Neid auf Publikumserfolge bei gleichzeitiger Forderung nach tagtäglich überzeugenden künstlerischen Darbietungen mit „Lachen und Laune"[33] sich auswirkten.

Flexible Einsätze

Gegen Ende des Einsatzes sandte das Reichspropagandaamt Ostpreußen einen höchst positiven abschließenden Bericht nebst Presseausschnitten nach Berlin:

> „[…] daß die Frontbühne Bernt Komm […] nach Aussagen sämtlicher Wehrmachtsdienststellen im Rahmen der Truppenbetreuung begeisterte Aufnahme gefunden und wirklich Frohsinn und Humor, d.h. Entspannung, vermittelt hat. Ich hätte die Frontbühne Bernt Komm noch weitere 4 Wochen beschäftigen können. Ich bin der Überzeugung, daß die Frontbühne bei anderen Einsätzen die gleiche begeisterte Aufnahme erfahren und die gleiche Anerkennung für ihre Leistungen finden wird. Die gezeigten Darbietungen, die in einem beachtlichen Niveau jeden Zuschauer vollauf erfreuten, haben jedem das gegeben, was er an einem bunten Nachmittag von einer solchen Frontbühne erwartet."[34]

---

32 Ebd., fol. 219.

33 Ebd., fol. 62: Titel einer Zeitungsnotiz über eine Vorstellung in den Niederlanden (Zeitungsausschnitt ohne Ort und Datum).

34 Ebd., fol. 275.

Solche Zeugnisse dienten nicht nur der Ensembleleitung als Empfehlung, sondern ebenso dem Amt Truppenbetreuung als Ausweis der Bedeutung und Qualität seiner Tätigkeit auch in der stetigen Abgrenzung und Konkurrenz gegenüber KdF. Nicht zuletzt klopfte sich auch der Verfasser selbst auf die Schulter, hatte er doch mit seinen Interventionen für das „beachtliche Niveau" durch die Umbesetzung der Gruppe gesorgt.

Der zusätzliche dreitägige Einsatz in Pommern zum Abschluss der Tournee Ende Mai wurde sehr kurzfristig im Verlauf des Monats vom Amt Truppenbetreuung angesetzt als Reaktion auf einen Beschwerdebrief, der an die Berliner Behörde weitergeleitet worden war. Ein Oberleutnant der Fahnenjunkerschule[35] im Kreis Neustettin hatte seinen Missmut zum Ausdruck gebracht:

> „Ich möchte gehorsamst melden, dass wir hier restlos versauern. Alles ist zu ertragen, schwere Kämpfe, Strapazen und Entbehrungen, blos nicht das, was uns hier geboten wird. Es sind nun hier an die 200 Offiziere und etwa 1000 Fahnenjunker von jeder Kultur verlassen. Mit doppelter Arbeit versuchen wir alle die Einsamkeit zu vertuschen, aber einmal braucht der vernünftige Mensch, besonders aber junge Offiziersanwärter, die ja zum Herren erzogen werden sollen, etwas Abwechslung. Es gibt hier ein Kino, wo uralte Filme gespielt werden, alle 4 Wochen eine K.d.F. Bühne, die selten kleines Können zeigt, sonst aber nichts, auch keine Möglichkeit in irgendeiner Stadt so etwas zu organisieren. Es ist dies an sich ein unhaltbarer Zustand. Wenn wenigstens hin und wieder eine gute Künstlergruppe hier aufkreuzen würde, so würde es wenigstens halbwegs das ersetzen, dass dem Fahnenjunker in seiner kurzen Ausbildungszeit und damit seines vorübergehenden Aufenthalts in der Heimat wenigstens etwas geben könnte! Können Herr Hauptmann nicht mal die entsprechenden Stellen auf diesen unmöglichen Zustand aufmerksam machen. Es wäre ein Lichtblick in all die Finsternis."[36]

Neben der für unser heutiges Verständnis vom Grauen eines Krieges kaum nachvollziehbaren Behauptung, lieber in schwere Kämpfe, die unweigerlich Verletzte und Tote mit sich brachten, verwickelt zu sein als sich zu langweilen, fällt der fordernde Ton auf. Er offenbart ein Bewusstsein, staatliche Stellen hätten für Abwechslung und Kulturkonsum zu sorgen, und besonders angehenden „Herren" stünde ein Anspruch auf anregende Freizeitgestaltung und Kurzweil zu. Dies illustriert die bereits in der Einleitung erwähnte „Bringschuld", in der sich das NS-Regime gegenüber der Bevölkerung und den Soldaten befand, um Wohlwollen und Zustimmung zum System zu erhalten.

Die prompte Reaktion des Amts Truppenbetreuung, die Komm'sche Bunte Bühne noch nach Pommern zu schicken, belegt zudem den privilegierten Ruf, der den

---

35 Fahnenjunker bezeichnete den untersten Dienstgrad der Offiziersanwärter bei Heer und Luftwaffe.

36 Ebd., fol. 277.

Unterhaltungsensembles des RMVP gegenüber denjenigen von KdF zukam[37] – der Briefschreiber forderte eine „gute Künstlergruppe", wofür nicht KdF, sondern das Ministerium sorgte.

Das Schreiben aus Berlin mit der Anweisung für den Abstecher nach Pommern ging Bernt Komm wieder über das Reichspropagandaamt Ostpreußen in Danzig zu.[38] Der Reiseleiter musste regelmäßig bei den örtlichen Propagandaämtern vorsprechen, um Post in Empfang zu nehmen, die Reisen zu den Einsatzorten zu organisieren und ähnliches:

> „[…] Als letzter Einsatztag in Danzig ist der 28. d. M. festgelegt. Abreisetag 29. 5. Auf der Rückreise nehmen Sie bitte noch einen dreitägigen Einsatz in Großborn (Pommern) wahr. […] Ihre Ankunft in Großborn ist für den 29. 5. so angezeigt, dass Sie am gleichen Tage den ersten Einsatz dort haben. Damit Sie von der Einheit am Bahnhof abgeholt werden, ist es erforderlich, dass Sie sofort nach Erhalt des Briefs sich nach der Abfahrts- und Ankunftsstunde erkundigen und diese sofort auf brieflichem oder telegrafischem Wege der Formation in Großborn übermitteln. […]"

Programmstruktur

Beim Programm der „Bunten Frontbühne Bernt Komm" handelte es sich um eine Mischung aus humoristischen Wortvorträgen und Witzen, populären Gesangsstücken aus Operetten, Filmschlagern, Chansons oder bekannten Kunstliedern, Gedicht-Rezitation sowie Tanzeinlagen in effektvollen Kostümen, alles zusammengehalten durch launige Ansagen. Jede Nummer stand für sich, es gab keine Duos oder Ensemblestücke, was die Austauschbarkeit der einzelnen Elemente und vollkommene Flexibilität garantierte. Musikalisch wurde das gesamte Programm von einem Pianisten gestemmt. Dies entspricht in seiner Zusammensetzung dem üblichen Beieinander von „leichter" Unterhaltungskunst mit Humor, Klamauk, heiteren und sentimentalen Liedern und Chansons, populärer Kunstmusik, einem kleinen, jedoch unverzichtbaren Block tiefsinniger Rezitation sowie Tanznummern, wie es hundertfach die „Bunten Bühnen" auf Truppenbetreuungstournee vortrugen, und dessen Struktur auch die beliebten Radiosendungen von „Wunschkonzert" bis „Bunte Stunde" oder „Für jeden etwas" aufwiesen. Es überwog die heitere Unterhaltung, aber Programmpunkte, die der „Hochkultur" zuzuordnen waren, durften nicht vollständig fehlen – leicht Fassliches mit einem Schuss Besinnlichem und frei von anspruchsvollen Experimenten, galt doch auch für das Soldaten-Publikum: „Es will überrascht werden, aber nur durch das, was es schon kennt", wie Kurt Tucholsky

---

37 Vgl. hierzu den Abschnitt „Truppenbetreuung – Zuständigkeiten, Organisation und Finanzierung" im Kapitel „Rahmung".

38 BArch, R 56 I/4, fol. 219.

in den 1920er Jahren das Mainstream-Amüsierbedürfnis auf den Punkt gebracht hatte.[39]

Trotz einigen Veränderungen in der Besetzung blieb es beim Ensemble Bernt Komm über den dokumentierten Zeitraum dabei, dass Leitung und Pianist Männer waren, das Programm ansonsten von Frauen bestritten wurde. Mit Beginn des Angriffs auf die Sowjetunion und der Ausdehnung der Kriegsschauplätze nach Südeuropa hatten immer mehr männliche Künstler ihre uk-Stellungen verloren und waren zur Wehrmacht eingezogen wurden.

Auffallend am Programm ist die Sorgfalt, mit der darauf geachtet wurde, Künstlerinnen und Künstler aus unterschiedlichen Regionen des Deutschen Reichs einzusetzen. So kam der Reiseleiter Bernt Komm aus Ostpreußen, Maria Kloth aus Hamburg bot in Matrosenuniform Seemannslieder dar, Helene Fichtmüller vertrat mit Jodlern Oberbayern und die „Ostmark" (wie Österreich ab 1938 genannt wurde), Hedi von Proschek sang Wiener Lieder und Gina Wittig sudetendeutsche Volkslieder.[40] Diese Binnenexotisierung zielte vordergründig bei heterogen zusammengesetzten Truppeneinheiten auf gesteigerte Sympathien der sich jeweils repräsentiert fühlenden Soldaten. Als übergeordnetes Narrativ wirkte aber – besonders gefördert durch die Atmosphäre von Heiterkeit und Unterhaltung – die Aufhebung des landsmannschaftlich Trennenden in der Vergemeinschaftung des Soldatenlebens analog zur Ideologie der ‚Volksgemeinschaft': Regionale Differenzen (ebenso wie soziale, die aber nicht so plakativ fassbar waren und mehr Zündstoff bargen) gingen auf in der Konsensfiktion einer konfliktfreien ‚Kameradschaft'. Ein Pressebericht über eine Vorstellung der Frontbühne aus Den Haag aus der Zeit der ersten Holland-Tournee verdeutlicht dies: Er hob die „unverfälschte ostpreußische Mundart" Bernt Komms hervor, ließ Helene Fichtmüller „besonderen Anklang bei allen Bayern und Ostmärkern" finden und attestierte Maria Kloth „besonderen Beifall bei den Jungen von der Waterkant", um fortzufahren „Selbstverständlich sangen alle Soldaten tüchtig mit".[41] Der Topos der Unterschiede nivellierenden Kraft von Unterhaltung wurde auch in Artikeln verschiedener Fachjournale über die Segnungen der Truppenbetreuung aufgegriffen, so z. B. in der Zeitschrift „Das Deutsche Podium", dem monatlich erscheinenden Fachblatt für Unterhaltungsmusik:

---

39 Tucholsky zitiert dabei den französischen Dramatiker Tristan Bernard, vgl. die Zeitschrift *Uhu* vom Mai 1928: Peter Panter auf die Frage „Haben Sie sich schon einmal im Mai verliebt?" (http://gutenberg.spiegel.de/buch/1193/78, Aufruf am 1.5.2013). Mein großer Dank gilt Friedhelm Greis von der Kurt Tucholsky Gesellschaft e. V. für ebenso rasche wie ausführliche Hilfe bei der Suche nach dem Zitat!
40 Vgl. BArch, R 56 I/4, fol. 62, 278.
41 Ebd., fol. 62.

„Fällt der Name Hamburg, so heißt es: ‚Hummel, hummel!‘; werden die Pfälzer angeredet, so tönt es: ‚Do simmer!‘; bedauert der Ansager, daß ihm als Berliner die Gabe des Redens nur in bescheidenem Maße verliehen sei, jauchzt die ganze Hörerschaft.“[42]

Gagenhöhe

Eine Aufstellung der monatlichen Gagenhöhe ab November 1942[43] verdeutlicht künstlerische Rangunterschiede innerhalb des Ensembles, die zum einen durch die Popularität der Personen bedingt waren, zum anderen aber auch unterschiedliche Gagen-Level in den verschiedenen Sparten der Bühnenkunst widerspiegeln:

Bernt Komm	Reiseleitung, Humorist	RM 1.200,-- + Zulage als Leiter
Hilde-Luise Wittke	Ansage und Chansons	RM 1.150,--
Maria Kloth	Humoristin	RM 2.000,--
Grethe Reinwald	Rezitation	RM 1.200,--
Edith Christiansen	Tänzerin	RM 1.000,--
Helene Fichtmüller	Sängerin und Jodlerin	RM 1.500,--
Ellinor Franke	Sängerin	RM 1.500,--
Hans Kaiser	Pianist	RM 1.200,--

Die Höhe der Gagen differierte beträchtlich: Spitzenverdienerin mit RM 2.000,-- war mit deutlichem Abstand Maria Kloth, eine bekannte Operettensoubrette, Sängerin von Hamburg- und Seemannsliedern und Schauspielerin. Jeweils RM 1.500,--, mithin 25% weniger, erhielten Helene Fichtmüller (die Mitte der 1930 in mehreren Filmen in Nebenrollen engagiert gewesen war) und Ellinor Franke. Hilde Luise Wittke verdiente mit Ansagen und Chansons RM 1.150,--. Der Ensembleleiter Bernt Komm wurde als Humorist mit RM 1.200,-- eher unterdurchschnittlich vergütet, jedoch brachten ihm seine Zusatzaufgaben als Reiseleitung zunächst RM 200,--, ab Dezember 1942 wurde dieser Betrag auf RM 300,-- erhöht.[44] Ebenfalls RM 1.200,-- bekamen die Rezitatorin und der Pianist. Die geringste Gage, mit RM 1.000,-- nur die Hälfte dessen, was der „Star“ des Ensembles Maria Kloth erhielt, erzielte die Tänzerin Edith Christiansen.

Hinzu kamen die bereits erwähnten Tagesgelder, die je nach Einsatzgebiet zwischen RM 8,-- (Auftritt am Wohnort) und RM 20,-- (Tournee im Ausland bzw. den besetzten Gebieten) ausmachten,[45] was sich pro Monat auf zusätzlich bis zu RM 620,-- summierte.

---

42 *Das Deutsche Podium. Kampfblatt für deutsche Unterhaltungsmusik*, 9. Jg. (1941), Nr. 2, 10. Januar, S. 11f.: „Erlebnisbericht einer Front-Bühne“.

43 Ebd., fol. 45. Vgl. zu diesem Thema auch das Kapitel „‚… völlig ungesunde Kriegsgewinnlerverhältnisse …‘. Gagen in der Truppenbetreuung“.

44 BArch, R 56 I/4, fol. 64.

45 Vgl. zu den Tagesgeldern bzw. Diäten BArch, RK/V 17 und RK Y 32: Auslandstourneen RM 20,--, Tourneen im Deutschen Reich RM 15,--, Tageseinsätze ohne Übernachtung RM 8,-- pro Person; vgl. hierzu entsprechend auch Vossler, Propaganda, S. 293f.

Um diese Summen würdigen zu können, ist ein Vergleich mit dem Lohnniveau im Deutschen Reich aufschlussreich: der durchschnittliche Verdienst eines Industrie-Facharbeiters lag 1943 bei RM 220,-- monatlich,[46] dabei betrug während der Kriegsjahre die wöchentliche Arbeitszeit in der Regel 60 Stunden.[47] So verwundert es nicht, dass in finanzieller Hinsicht ein Engagement in der Truppenbetreuung für viele Künstlerinnen und Künstler überaus attraktiv erschien; nach Jahren des Darbens und geringer Gagen konnten Einkünfte erzielt werden, die deutlich über dem Durchschnittsverdienst lagen. Hinzu trat der propagandistisch weidlich ausgeschlachtete moralische Aspekt, sich in den Dienst der ‚Volksgemeinschaft' zu stellen – gleichviel, ob das tatsächlich aus ideologischer Überzeugung oder als Camouflage geschah.

---

46 Vgl. *Statistisches Handbuch von Deutschland, 1928–1944*, hgg. vom Länderrat des amerikanischen Besatzungsgebiets, München (Ehrenwirth) 1949, S. 469.
47 Vgl. Siegel, Lohnpolitik, hier S. 539.

4.4 Rundfunk in der Truppenbetreuung

Dieses Kapitel skizziert eine Reihe von rundfunkpolitischen Konfliktfeldern im Zusammenhang mit der propagandistischen Bedeutung, die dem Einsatz von Musik im neuen Medium Radio beigemessen wurde. Auseinandersetzungen um die Gestaltung der Rundfunkprogramme ebbten während der Kriegsjahre nicht ab, ebenso wenig Kontroversen zwischen RMVP und Wehrmacht im Zusammenhang mit Soldatensendern. Die von den Propagandakompanien betriebenen Soldatensender beharrten auf ihrer Unabhängigkeit und konnten sich, im Gegensatz zu den Reichsrundfunkanstalten, der Kontrolle und Lenkung durch Goebbels' Ministerium verweigern.

> „Was die Presse für das 19. Jahrhundert war, das wird der Rundfunk für das 20. Jahrhundert sein",[1]

lautete eine Überzeugung des Propagandaministers. Bereits zwölf Tage nach seinem Dienstantritt am 13. März 1933 hatte er gegenüber den Intendanten und Direktoren der Rundfunkgesellschaften postuliert, der Rundfunk sei „das allermodernste" und „allerwichtigste Massenbeeinflussungsinstrument, das es überhaupt gibt" und werde dafür sorgen, dass zukünftig an jedem „großen Vorgang" das „Volk in seiner Gesamtheit"[2] teilnehme. Dem Rundfunk falle die Aufgabe zu, „100 Prozent" der Bevölkerung für den Nationalsozialismus zu gewinnen, er müsse die Menschen „innerlich durchtränken mit den geistigen Inhalten unserer Zeit, dass niemand mehr ausbrechen kann", zugleich aber jeglichen Anschein von Indoktrination vermeiden:

> „Nur nicht langweilig werden. Nur keine Öde. Nur nicht die Gesinnung auf den Präsentierteller legen. Nur nicht glauben, man könne sich im Dienst der nationalen Regierung am besten betätigen, wenn man Abend für Abend schmetternde Märsche ertönen läßt. […] Gesinnung muß sein, aber Gesinnung braucht nicht Langeweile zu bedeuten. Die Phantasie muß alle Mittel in Anspruch nehmen, um die neue Gesinnung modern, aktuell und interessant den breiten Massen zu Gehör zu bringen."[3]

Diesem monodirektionalen Verständnis zufolge würde gefällige Unterhaltung für Sympathie sorgen, die Radiohörenden zugewandt und damit empfangsbereit für politisch-propagandistische Botschaften machen.[4] Entsprechend formulierte auch

---

1 Joseph Goebbels in seiner Ansprache anlässlich der Eröffnung der Funkausstellung in Berlin am 18.8.1933, zit. n. Latour, Conrad F.: „Goebbels' ‚Ausserordentliche Rundfunkmassnahmen' 1939–1942", in: *Vierteljahrshefte für Zeitgeschichte,* 11. Jg. (1963), Heft 4, S. 418–435, hier S. 418.

2 Rede Joseph Goebbels' abgedruckt in *Mitteilungen der Reichsrundfunkgesellschaft* v. 30.3.1933, zit. n. Sarkowicz, Hans: „‚Nur nicht langweilig werden …' Das Radio im Dienst der nationalsozialistischen Propaganda", in: Heidenreich, Bernd; Neitzel, Sönke (Hg.): *Medien im Nationalsozialismus,* Paderborn (Ferdinand Schöningh) 2010, S. 205–234, hier S. 209.

3 Ebd.

4 Vgl. Keulei, Häberle und Pfleiderer, S. 78.

Egon Hadamovsky, Reichssendeleiter und Direktor der Reichs-Rundfunkgesellschaft, die Funktion der Musik zur Erzeugung einer affirmativen Grundstimmung:

> „Die Musik muß den Hörer entspannen und erst einmal an den Lautsprecher heranholen."[5]

Goebbels gelang es, die rundfunkrelevanten Bereiche aus Innen- und Postministerium im RMVP zusammenzuziehen und seinem Ministerium die Hälfte der Rundfunkgebühren zu sichern. 1934 mussten die Länder ihre Anteile an das Reich als alleinigen Aktionär der „Reichsrundfunk-Gesellschaft" abtreten; die Rundfunkabteilung des RMVP etablierte sich als dessen Befehlszentrale.[6]

1933 gab Goebbels die Entwicklung und Produktion von sogenannten „Volksempfängern" in Auftrag, preisgünstige Rundfunkgeräte mit verminderter Empfangsqualität, mit denen die deutschen Mittel- und Langwellenprogramme zu empfangen waren, nicht jedoch ausländische Sender.[7] Mit staatlich festgesetzten Preisen von zunächst RM 76,--, ab 1938 sogar nur noch RM 35,-- wurden Radios für nahezu alle Einkommensschichten erschwinglich. Nach dem „Anschluss" Österreichs ließ das Regime 20.000 „Volksempfänger" kostenlos an die „Ostmärker" verteilen.[8] Zudem wurden reichsweit in größeren Städten öffentliche Plätze mit Großlautsprechern ausgestattet, die wichtige Radiosendungen wie etwa Reden des „Führers" übertrugen; bis Kriegsbeginn entstand ein Netz von 6.000 „Reichslautsprechersäulen".[9] Das Regime stülpte das sich in privater Häuslichkeit etablierende Medium Rundfunk in den öffentlichen Raum um, womit eine erhebliche soziale Kontrolle einherging: wer blieb womöglich nicht stehen, um einer Übertragung zu lauschen, wer kommentierte das Gehörte mit welcher Mimik und Gestik?

Der Propagandaminister nahm sich auch des Radioempfangs in Gaststätten an. Musste ursprünglich für Radiogeräte in Lokalen Vergnügungssteuer entrichtet werden,[10] rang Goebbels dem Finanzministerium einen Steuererlass ab, wenn die Apparate ausschließlich für die Übertragung von politischen Nachrichten, Reden und Wehrmachtsberichten genutzt wurden. Im Anschluss daran ließ er am 1. August 1940 verbreiten,

---

5   Hadamovsky, Egon: *Dein Rundfunk. Das Rundfunkbuch für alle Volksgenossen*, München (Zentralverlag der NSDAP) 1934, S. 50, zit. n. Drechsler, Nanny: *Die Funktion der Musik im deutschen Rundfunk 1933–1945 (Musikwissenschaftliche Studien, Bd.3)*, Pfaffenweiler (Centaurus) 1988, S. 29.

6   Vgl. Sösemann, Bernd: „Propaganda und Öffentlichkeit in der ‚Volksgemeinschaft'", in: ders. (Hg.): *Der Nationalsozialismus und die deutsche Gesellschaft. Einführung und Überblick*, Stuttgart, München (DVA) 2002, S. 114–154, hier S. 130.

7   Vgl. ebd., S. 139; Latour, Rundfunkmaßnahmen, S. 418.

8   Sösemann, Propaganda und Öffentlichkeit, S. 139.

9   Vgl. ebd., S. 128.

10 Boelcke, Kriegspropaganda, S. 337f.

„daß selbstverständlich das gesamte Abendprogramm von 19 bis 24h mit in diesen politischen Nachrichtendienst falle, da politische Meldungen ja zwischen die musikalischen Darbietungen immer wieder eingestreut würden. Ebenso gehören selbst verständlich Märsche, Wunschkonzerte usw. ebenfalls zum politischen Nachrichtenprogramm".[11]

Damit schien im propagandistischen Interesse des Regimes eine umfassende Erreichbarkeit der Bevölkerung durch den Rundfunk gegeben.

Hier offenbarte sich eine kurzschlüssige deterministische Grundannahme (nicht nur) nationalsozialistischer Propaganda, die die Rezipient*innen quasi als „Reflexamöben"[12] wahrnahm, den Intentionen hilflos ausgesetzt und in ihren Reaktionen vorhersehbar und planbar. Die Medien- und Propagandaforschung[13] hat offengelegt, dass es fruchtbar ist, die Frage, was die Propaganda mit den Menschen anstelle, umzudrehen und zu betrachten, was die Menschen mit der Propaganda machten.[14] In der kommunikativen Alltagspraxis agiert ein Eigensinn, der sich

---

11   Ebd., S. 443.

12   Bodo Rollka im Geleitwort zu Bussemer, Propaganda und Populärkultur, S. V.

13   Neben der Arbeit von Bussemer ist speziell zum Thema akustisches Propagandaregime der NS-Zeit zu nennen Birdsall, Nazi Soundscapes. Allgemeiner zum Bereich Propaganda und Medien Kundrus, Birthe: „Totale Unterhaltung? Die kulturelle Kriegsführung 1939 bis 1945 in Film, Rundfunk und Theater", in: Echternkamp, Jörg (Hg.): *Die Deutsche Kriegsgesellschaft 1939 bis 1945. Ausbeutung, Deutungen, Ausgrenzung (Das Deutsche Reich und der Zweite Weltkrieg, Band 9, Halbband 2)*, München (Deutsche Verlags-Anstalt) 2005, S. 93–157; Mühlenfeld, Daniel: „Was heißt und zu welchem Ende studiert man NS-Propaganda? Neuere Forschungen zur Geschichte von Medien, Kommunikation und Kultur während des ‚Dritten Reiches'", in: *Archiv für Sozialgeschichte*, 49. Jg. (2009), S. 527–559; Ross, Corey: *Media and the Making of Modern Germany: Mass Communications, Society, and Politics from the Empire to the Third Reich*, Oxford (Oxford University Press) 2008; Zimmermann, Clemens: *Medien im Nationalsozialismus. Deutschland 1933–1945, Italien 1922–1943, Spanien 1936–1951*, Wien, Köln, Weimar (Böhlau) 2007; Sösemann, Bernd; Lange, Marius: *Propaganda. Medien und Öffentlichkeit in der NS-Diktatur. Eine Dokumentation und Edition von Gesetzen, Führerbefehlen und sonstigen Anordnungen sowie propagandistischen Bild- und Textüberlieferungen im kommunikationshistorischen Kontext und in der Wahrnehmung des Publikums (Beträge zur Kommunikationsgeschichte, Bd. 25)*, Stuttgart (Franz Steiner) 2011; Stahr, Gerhard: *Volksgemeinschaft vor der Leinwand? Der nationalsozialistische Film und sein Publikum*, Berlin (Hans Theissen) 2001; Faulstich, Werner: *Die Mediengeschichte des 20. Jahrhunderts*, München (Wilhelm Fink) 2012 sowie die Beiträge im Sammelband Kuchler, Christian (Hrsg.): *NS-Propaganda im 21. Jahrhundert. Zwischen Verbot und öffentlicher Auseinandersetzung*, Köln (Böhlau) 2014. Vgl. zum Thema nationalsozialistische Medienkontrolle auch Daniel, Ute: „Die Medienlogik des ‚Dritten Reichs' und Goebbels' Sportpalastrede vom 18. Februar 1943" in: dies.: *Beziehungsgeschichten. Politik und Medien im 20. Jahrhundert*, Hamburg (Hamburger Edition) 2018, S. 181–203.

14   Dieser Ansatz einer Betrachtung von „uses and gratification" geht zurück auf Katz, Elihu: „Mass Communication Research and the Study of Popular Culture", in: *Studies in Public Communication*, Jg. 1959, Heft 2, S. 1–6, der als Ausweg aus der Sackgasse der Medienwirkungsforschung vorschlug, die Perspektive zu verändern und die Frage „What do media do

durchaus gegen einen manipulativen Zugriff der Massenmedien zur Wehr setzt.[15] So sind die umfassenden Unterhaltungsangebote, die „trojanischen Pferde der NS-Propagandisten",[16] zwar freudig konsumiert worden, das bedeutete jedoch nicht, dass zugleich auch die doktrinären politischen Inhalte rezipiert wurden. Vielmehr nutzten die Konsument*innen die Kommunikationsangebote in ihrem Sinn, unterlegten ihnen eigene Bedeutungen, integrierten sie in ihre Erlebniswelt, deuteten sie um oder wiesen sie zurück.[17] Nach Einschätzung Bussemers ist ein solcher „‚parasitäre[r]' Umgang" mit der propagandistisch unterlegten Unterhaltungskultur als „typisches Rezeptionsmuster" anzusehen,[18] zudem widerlegt er den Mythos vom „vermeintlich genialen wie diabolischen Propagandagenie und dem verführten Volk".[19] Um sich eine breite Zustimmung zu sichern, musste das Regime auf die Interessen der Bevölkerung eingehen; Populärkultur erweist sich somit auch unter den Bedingungen einer Diktatur nicht als top-down gesteuertes Herrschaftsinstrument, sondern als das Ergebnis von Aushandlungsprozessen,[20] wie sich im Verlauf des Kapitels anhand der Kontroversen um die Akzeptanz von Jazzmusik zeigen lässt.

Dem Rundfunk als neuem, modernem Medium erwuchs ein hohes Prestige. Radiohören nahm Einfluss auf das Alltags- und Freizeitverhalten, es schuf mit seinen regelmäßigen Sendeformaten veränderte Tages- und Wochenstrukturen und kreierte neue Hörgewohnheiten. Von April 1933 bis Dezember 1942 vervierfachte sich die Zahl der Rundfunkteilnehmenden von rund 4 Millionen auf über 16 Millionen.[21]

---

to the people?" durch „What do people do with media?" zu ersetzen; vgl. hierzu auch Bussemer, Propaganda, S. 49.

15   Vgl. Habermas, Jürgen: *Theorie des kommunikativen Handelns. Band 2: Zur Kritik der funktionalistischen Vernunft*, Frankfurt/Main (Suhrkamp) 1981, S. 574f., zit. n. Bussemer, Propaganda, S. 3.

16   Rollka in Bussemer, Propaganda, ebd.

17   Ebd., S. VI.

18   Bussemer, Propaganda, S. 3. Diese Erkenntnis schließt auch an die mittlerweile zahlreichen Forschungen zur Populärkultur an, vgl. für den deutschsprachigen Raum vor allem die Arbeiten von Kaspar Maase (neben *Grenzenloses Vergnügen. Der Aufstieg der Massenkultur 1850–1970* auch „Spiel ohne Grenzen. Von der ‚Massenkultur' zur ‚Erlebnisgesellschaft': Wandel im Umgang mit populärer Unterhaltung", in: Göttlich, Udo; Winter, Rainer (Hg.): *Politik des Vergnügens. Zur Diskussion der Populärkultur in den Cultural Studies*, Köln (Herbert von Halem) 2000, S. 75–102) sowie im englischsprachigen Bereich Stuart Hall (u. a. „Encoding, Decoding", in: ders. (Hg.): *Culture, Media, Language*, London (Routledge) 1987, S. 128–140) und John Fiske (u. a. *Understanding Popular Culture*, London (Taylor & Francis) 1989).

19   Würmann, Carsten; Warner, Ansgar: „Einleitung", in: dies. (Hg.): *Im Pausenraum des Dritten Reiches. Zur Populärkultur im nationalsozialistischen Deutschland (Publikationen zur Zeitschrift für Germanistik, Neue Folge, Bd. 17)*, Bern usw. (Peter Lang) 2008, S. 7–19, hier S. 8.

20   Vgl. ebd.

21   Vgl. BArch, R 55/862, fol. 26. Zur Popularität des Radios vgl. auch Pater, Monika; Schmidt, Uta C.: „‚Vom Kellerloch bis hoch zur Mansard' ist alles drin vernarrt' – Zur Veralltäglichung des Radios im Deutschland der 1930er Jahre", in: Röser, Jutta (Hg.): *MedienAlltag. Domes-*

Bereits Anfang April 1941 lag die Rundfunkdichteziffer bei 63,4, d. h., von 100 Haushalten im Deutschen Reich waren 63,4 Rundfunkteilnehmende, der Anteil stieg in den Folgejahren noch weiter.[22] Parallel dazu wurde vor allem mit Kriegsbeginn die Zahl der Sender vermehrt: waren es im September 1939 noch 41 Mittel- und Langwellen- sowie 9 Kurzwellensender, kamen bis Ende 1940 weitere 55 (vor allem Soldaten-)Sender hinzu.[23]

Versorgungsengpässe bei der Truppe

Die einberufenen Männer nahmen ihre Vorliebe fürs Radiohören in die Wehrmacht mit. Rundfunk stellte ein zentrales Medium sowohl zur Information als auch für die Unterhaltung dar und wurde in Feldpostbriefen häufig als Kriterium für die Akzeptanz einer Unterkunft benannt:

> „Unser Radio ist z.Zt. kaputt, sollen es aber in den nächsten Tagen wiederbekommen. Wenn es nun nicht der Spieß beschlagnahmt, der in einem anderen Haus wohnt, dann haben wir also alles was man sich hier so für seine Wohnung wünschen kann."[24]

> „Hier ist ein fürchterliches Sauwetter. Der Schlamm steht wirklich bis an die Waden. Regen, immer Regen, habe aber mit meinem Chef eine sehr gemütliche Stube. […] Haben Licht und Radio. Wenn Ihr jetzt abends Hamburg u.s.w. hört, denkt ich säße mit am Radio nur daß ich 2.000 km entfernt bin."[25]

Rundfunkempfang sorgte nicht nur für Ablenkung und Zerstreuung, ihm wurde darüber hinaus auch eine beträchtliche emotionale Aufladung zuteil: Er fungierte als Transmitter von Heimat, sorgte für die Illusion einer Anbindung an Zuhause und vermittelte ein Gefühl von Normalität im Ausnahmezustand:

> „Jetzt kann ich regelmäßig Nachrichten hören, Tanzmusik und Volkskonzerte einschalten. Da merke ich nicht, daß wir in Rußland sind."[26]

> „Dann half uns das Radio, die Brücken zu bauen zu euch. In Gedanken war ich immer in der Heimat."[27]

---

tizierungsprozesse alter und neuer Medien, Wiesbaden (VS Verlag für Sozialwissenschaften) 2007, S. 103–116.

22 In Europa lag dieser Wert nur in Großbritannien, Dänemark und Schweden noch höher; vgl. Vossler, Propaganda, S. 228. Latour schreibt, um 1940 hätten 70% der Haushalte im Deutschen Reich über Rundfunk verfügt; vgl. Latour, Rundfunkmassnahmen, S. 418.

23 Vgl. ebd., S. 227.

24 Feldpostbrief v. Heinz S., 8.9.1942; Museum für Kommunikation Berlin, Feldpost-Archiv Berlin, Sign.-Nr. 3–2002-0827.

25 Feldpostbrief v. Günther S.-A., 22.10.1939, ebd., Sign.-Nr. 3–2002-7145.

26 Feldpostbrief v. Richard M., 16.11.1942, zit. n. Löffler, Aufgehoben, S. 145.

27 Feldpostbrief v. Willi H., 24.12.1943; Museum für Kommunikation Berlin, Feldpost-Archiv Berlin, Sign.-Nr. 3.2002.7234.

Die Versorgung der Einheiten mit Radiogeräten war ein zentrales Anliegen der Truppenbetreuung, blieb aber alle Kriegsjahre hindurch unzureichend. Sowohl in Feldpostbriefen[28] als auch in den Tätigkeitsberichten der Ic-Offiziere[29] tauchten immer wieder Klagen auf, es gäbe nicht genügend Rundfunkgeräte. Goebbels mahnte in seinen täglichen Ministerkonferenzen mehrfach die beschleunigte Belieferung der Wehrmacht mit Radioempfängern an,[30] kriegsbedingt konnte die Produktion den Bedarf jedoch nicht decken. Neben Ankäufen durch die Abteilung BeKA im RMVP[31] und das Beschaffungsamt der Wehrmacht wurde versucht, mittels Spendenaufrufen Radiogeräte für die Soldaten zu erhalten, was allerdings nur wenig fruchtete, da die privaten Haushalte auf ihre zumeist noch neuen Rundfunkapparate nicht verzichten wollten. Lediglich einzelne größere Spenden wie beispielsweise 200 Geräte durch den NS-Reichskriegerbund im Februar 1940 trafen zur Verteilung ein.[32] Im Juli 1942 ließ das RMVP auf Geheiß Goebbels' in Frankreich 17.000 und in den Niederlanden 23.000 Radiogeräte kaufen, die für die Truppen an der Ostfront bestimmt waren – weniger als ein Fünftel des mit 250.000 Stück bezifferten Bedarfs.[33] Zudem erwiesen sich die für den zivilen Gebrauch konstruierten Apparate im Feldeinsatz als zu wenig robust. Das OKH ging dazu über, im Osten spezielle Wehrmacht- bzw. Heeres-Rundfunkempfänger zu verteilen, bis Anfang 1943 konnte jedoch das Soll von zwei Empfängern je militärischer Einheit nur zur Hälfte erfüllt werden. Dabei war die psychosoziale Bedeutung des Radiohörens gerade für die Truppen an der Ostfront nachdrücklich formuliert worden:

> „In dem mit der Dauer des Krieges immer wichtigeren Gebiet der Truppenfürsorge spielt der Rundfunk eine besondere Rolle."[34]

Hinzu kam, dass viele Geräte nicht bei den Verbänden an der Front ankamen, sondern in den rückwärtigen Schreibstuben behalten wurden.[35] Ein Merkblatt der Ic-Abteilung beim Truppenbefehlshaber in Nordfrankreich mahnte ausdrücklich an, angesichts der „Mangellage" dürfe „keine Häufung von Geräten bei Stäben" vor-

---

28 Vgl. z. B. Museum für Kommunikation Berlin, Feldpost-Archiv Berlin, Walter N., 21.3.1941, Sign.-Nr. 3-2002-0947; Heinz S., 25.7.1942, 3-2002-0827; Gerhard L., 26.4.1943, 3-2002-0883.

29 Beispielsweise Befehlshaber Nordwestfrankreich, Abt. Ic, 29.3.1944, BA-MA, RW 35/1227; Gen. Kdo. XXVI. A.K. Ic Tätigkeitsbericht 7.7.1940–31.5.1941, BA-MA, RH 24–26/124; XXXXIX. Ak.K. 17.4.1943, BA-MA, RH 24–49/210; 9. Inf. Div., Abt Ic, 18.9.1942, BA-MA, RH 26–9/90; 17. Division Ic, 1.1.1943, BA-MA, RH 26–17/33; Ic-Tätigkeitsbericht Sept. 1943, BA-MA, RH 27–1/141; Ic-Tätigkeitsbericht Sept. 1943, BA-MA, RW 27–1/141.

30 Vgl. Hirt, Heimat, S. 194.

31 Vgl. hierzu das Kapitel „Versorgung der Soldaten mit Musikinstrumenten, Rundfunkgeräten und Grammophonen".

32 Vgl. Hirt, Heimat, S. 195.

33 Ebd., S. 196.

34 General Hubert Lanz, I. Geb.-Div. (im Russland-Feldzug), 31.3.1942; BA-MA, RH 28–1/156.

35 Vgl. Vossler, Propaganda, S. 240.

kommen, stattdessen sei die „Berücksichtigung von Aussenstellen, Wachen usw."[36] dringend geboten.

Bisweilen sorgten die Soldaten selbst für Abhilfe, sowohl auf undurchsichtige Weise:

> „Seit gestern haben wir einen Radioapparat hier auf dem Zimmer. Es ist ein kleiner Volksempfänger mit ziemlich ausgeleierten, wackligen Knöpfen und ich weiß nicht, wo Schwenn ihn eigentlich aufgetrieben hat, aber er macht uns Musik und das ist die Hauptsache."[37]

als auch durch Erwerb im Handel vor Ort:

> „Sonnabend haben wir uns ein Radio gekauft. Jeder gab 5 RM und nun haben wir immer die beste Musik."[38]

> „Die Nachbarstube hat sich ein Radio gekauft für 210 RM."[39]

Etliche tausend Rundfunkgeräte, mit denen Truppeneinheiten, Soldatenheime und Lazarette ausgestattet wurden, stammten aus jüdischem Besitz. Bereits 1939 waren in Deutschland die Radiogeräte der jüdischen Bevölkerung beschlagnahmt und an die Wehrmacht verteilt worden.[40] Auch die eingezogenen Rundfunkapparate von Zivilpersonen, gegen die wegen des Hörens ausländischer Sender Anklage erhoben wurde,[41] kamen zur Verteilung. Nach Kriegsbeginn wurden in den besetzten Ländern Geräte konfisziert. Im Generalgouvernement war der einheimischen Bevölkerung Radiohören verboten worden, sämtliche Geräte mussten abgeliefert werden, in Frankreich wurden für requirierte Rundfunkapparate zumindest teilweise Entschädigungen gezahlt.[42] In Norwegen wurde der größte Teil der Rundfunkgeräte, die als Strafmaßnahme gegenüber der Bevölkerung eingezogen wurden,[43] unsachgemäß gelagert und nach einiger Zeit unbrauchbar. Nur rund 23.000 der angeblich 500.000

---

36 Befehlshaber Nordwestfrankreich – Abt. Ic/NSFO –, 29.3.1944: Merkblatt über nationalsozialistische Truppenführung und Truppenbetreuung, II. Allgemeines betr. Durchführung der Betreuungsarbeit; BA-MA, RW 35/1227.

37 Feldpostbrief v. Jochen H., 2.1.1943, Museum für Kommunikation Berlin, Feldpost-Archiv Berlin, Sign.-Nr. 3–2002-7181.

38 Feldpostbrief v. Johannes H., 22.10.1940; Museum für Kommunikation Berlin, Feldpost-Archiv Berlin, Sign.-Nr. 3–2002-7234.

39 Feldpostbrief Franz S., 3.5.1942; Museum für Kommunikation Berlin, Feldpost-Archiv Berlin, Sign.-Nr. 3–2002-1262.

40 Vgl. ebd., S. 239.

41 Am 7.9.1939 war die „Verordnung über außerordentliche Rundfunkmaßnahmen" im Reichsgesetzblatt veröffentlicht worden (Reichsgesetzblatt 1939, Nr. 169, S. 1683), die „das Abhören ausländischer Sender oder die Verbreitung der von diesen gesendeten Nachrichten" unter Androhung von Gefängnis-, in schweren Fällen Zuchthausstrafen verbot; vgl. Latour, Rundfunkmassnahmen, S. 421; Hensle, Michael P.: *Rundfunkverbrechen. Das Hören von „Feindsendern" im Nationalsozialismus,* Berlin (Metropol) 2003.

42 Vgl. Hirt, Heimat, S. 196.

43 Vgl. Abschnitt „Beschlagnahmung norwegischer Rundfunkgeräte" im Kapitel „Skandinavien und Sowjetunion – zur Truppenbetreuung in ‚zweierlei Weltkriegen'".

Geräte wurde an Truppen in Norwegen und Lappland verteilt sowie etwa 102.000 Apparate an andere Wehrmacht- und SS-Dienststellen oder nach Deutschland geliefert.[44]

Durch die beschlagnahmten, gekauften und gespendeten Geräte kam in der Wehrmacht ein Sammelsurium von insgesamt 400 unterschiedlichen Gerätetypen zusammen, was die Wartung, Reparatur, Versorgung mit verschiedenen Stromquellen, Batterien oder Ersatzteilen wie Röhren höchst kompliziert machte.[45]

Aus der Ukraine wurde über fehlerhaften Umgang gemeldet:

> „Es mehren sich die Fälle, dass [...] Wehrmacht-Rundfunkempfänger abgegeben werden, die durch die unsachgemässe Behandlung bei der Truppe ausfielen. In den meisten Fällen wurden falsche Stromquellen angeschlossen, sodass dadurch die Röhren durchbrannten, oder es wurden im Gerät Änderungen vorgenommen, die den Ausfall herbeiführten.
>
> Der Nachschub an Elementen für Wehrmacht-Rundfunkempfänger ist zur Zeit sehr schlecht, sodass viele Geräte ausser Betrieb bleiben müssen. Wenn aber durch falsche Stromquellen doch für kurze Zeit das Gerät in Betrieb genommen wird, so ist in den meisten Fällen der Betrieb nur für eine Stunde gewährleistet. Der Schaden aber, der dadurch entsteht, ist so gross, dass oft Wochen vergehen, bis das Gerät wieder in Betrieb genommen werden kann."[46]

Das Afrikakorps stellte im April 1941 fest, die gelieferten Rundfunkapparate aus deutscher Produktion seien „den Anforderungen der subtropischen Zone in keiner Weise gewachsen" und verlangte batteriebetriebene Geräte, die Kurzwellensender empfangen konnten.[47]

Das Wunschkonzert für die Wehrmacht – Inszenierung der ‚Einheit von Heimat und Front'

Die beliebteste Radiosendung der ersten Kriegsjahre war das *Wunschkonzert für die Wehrmacht*, eine opulente, vierstündige Unterhaltung im Stil Bunter Programme, bei der alle Künstlerinnen und Künstler auftraten, die im Musik-, Film- und Theaterbereich Rang und Namen hatten. Kurz nach Kriegsbeginn am 1. Oktober 1939 gestartet, wurde es wöchentlich zur besten Sendezeit am Sonntagnachmittag (zunächst bis Ende 1939 auch noch mittwochsabends) aus dem großen Sendesaal des Reichsrundfunks Berlin live übertragen. Das anwesende Publikum bestand aus Soldaten auf Urlaub, Kriegsverwundeten nebst DRK-Helferinnen und verdienten Parteimitgliedern. Das musikalische Spektrum reichte von Filmschlagern über Mär-

---

44 Vgl. Vossler, Propaganda, S. 239.
45 Vgl. Hirt, Heimat, S. 197.
46 9. Inf. Div., Abt Ic, Betr.: Wehrmacht-Rundfunkempfänger, Nov. 1942; BA-MA, RH 26–9/90.
47 Hirt, Heimat, S. 197.

sche bis zu Operettennummern und populären Stücken ernster Musik, ergänzt um Wortbeiträge wie Sketche, Anekdoten und pathetische Rezitationen. Dazu kamen launige Berichte verdienter Männer der Front (bevorzugt der ‚glamourösen' Marine und Luftwaffe)[48] von Heldentaten und Landseridyllen, die den Krieg als Abenteuer und verlängertes Zeltlager erscheinen ließen.[49] Kernstücke jeder Sendung waren die Verlesung von Grußbotschaften, verknüpft mit Musikwünschen, die gegen eine Geld- oder Sachspende für das Winterhilfswerk erfüllt wurden, sowie die „große Kindsparade" genannten Geburtenmeldungen – eingeleitet durch Säuglingsgeschrei von einer Schallplatte wurde verkündet, welcher Soldat Vater geworden war.

Für Joseph Goebbels galten die *Wunschkonzerte* als Propagandainstrument erster Güte, er ließ sich vorab das Programm jeder Sendung vorlegen[50] und bestimmte die Auswahl und Reihenfolge der Musikstücke – die Wünsche wurden nur erfüllt, wenn sie ins ideologische und dramaturgische Konzept passten.

> „Sie [die Wunschkonzerte] sind sehr wichtig für die Stimmung des Volkes und müssen deshalb mit größter Sorgfalt vorbereitet und durchgeführt werden. Nicht zu hohes Niveau, aber immer gute Haltung und beste Ausführung. Da darf nichts zu gut und zu schade sein."[51]

Auch die „Geheimen Lageberichte" des Sicherheitsdiensts der SS waren von der propagandistischen Bedeutsamkeit des *Wunschkonzerts* überzeugt und vermerkten akribisch die Reaktionen der Zivilbevölkerung auf jede Sendung.[52]

Das OKW, Abt. Wehrpropaganda, kontrollierte die Grußtexte und beaufsichtigte mit mehreren Offizieren den Ablauf der Sendungen. Bei unbeabsichtigter Preisgabe von Informationen über Lage oder Bewaffnung von Truppeneinheiten konnten sie die Übertragung – als technischen Defekt deklariert – abbrechen.[53]

Leiter und Moderator des *Wunschkonzerts* war der Rundfunksprecher Heinz Goedecke, dessen gereimte Ansagetexte der Autor Wilhelm Krug schrieb. Die Künstlerinnen und Künstler hatten ihre Auftritte unentgeltlich zu absolvieren,[54] was die meisten freudig taten – die Sendungen wirkten als Katalysator für Prestige und Popularität, zudem übte der Propagandaminister persönlich Druck aus, falls eine Teilnahme abgelehnt wurde.[55]

---

48 Vgl. Drechsler, Funktion, S. 133.
49 Vgl. Hirt, Heimat, S. 186.
50 Vgl. Drechsler, Funktion, S. 133.
51 Goebbels, Tagebücher, Bd. 8, S. 78f., zit. n. Koch, Wunschkonzert, S. 202.
52 Vgl. Koch, Wunschkonzert, S. 226ff.
53 Vgl. Jockwer, Wunschkonzert zwischen Popularität und Politik, S. 477; Vossler, Propaganda, S. 233.
54 Vgl. Koch, Wunschkonzert, S. 319.
55 So wurde Hans Albers von Goebbels mit einem Ultimatum konfrontiert, als er dem *Wunschkonzert* unter einem Vorwand absagte; vgl. Boelcke, Kriegspropaganda, S. 293; Vossler, Propaganda, S. 230.

Nachgerade gebetsmühlenartig als „Brücke zwischen Heimat und Front" beschworen, suggerierte das *Wunschkonzert* die Aufhebung räumlicher und sozialer Distanz, militärischer Disziplin und familiärer Bürgerlichkeit. Dabei knüpfte das Bild der durch das Radio geschaffenen Brücke an die zu Beginn des Rundfunkzeitalters weit verbreitete Vorstellung an, der Schall würde durch überall vorhandene, weder sicht- noch spürbare Ätherwellen übertragen, die weiteste Distanzen zu überbrücken vermochten und eine unsichtbare Gemeinschaft der Hörenden schufen.[56] Diese para-okkulte Imagination erfuhr in der Unmittelbarkeit der *Wunschkonzert*-Übertragung ihre Manifestation. Der Live-Charakter mit dem Publikum im Sendesaal, das die Refrains mitsang und begeistert applaudierte sowie den Kulissengeräuschen ließen an den Lautsprechern den Eindruck entstehen, direkt in das Erlebnis eingebunden zu sein.[57] Der Rundfunk schuf einen virtuellen Raum für die Soldaten an der Front und die Zivilbevölkerung zu Hause, der das Getrenntsein für die Dauer der Sendung scheinbar dispensierte. Gleichzeitig mobilisierte das Konzept der Wunscherfüllung gegen Spende die Opferbereitschaft der Einzelnen für das große Ganze – ein gängiger Topos nationalsozialistischer Ideologie, der hier in der Verbindung mit Unterhaltung ein perfides Amalgam bildete. Die Sendung diente der Inszenierung der ‚Volksgemeinschaft‘, in deren Mittelpunkt der Krieg als große Gemeinschaftsleistung stand.

Der Aufbau mit stets wiederkehrenden Elementen wie Anfangsfanfare und Schlussmusik („In der Heimat, da gibt's ein Wiedersehn"), eingeblendeten Jingles, formelhaften Wendungen des Moderators[58] und gemeinsamem Gesang schufen einen Ablauf, der an religiöse Praktiken anknüpfte. Die geschickt arrangierte Mischung aus unterschwelliger Propaganda, Unterhaltung, Sentimentalität und Kriegsbegeisterung traf bei der Zivilbevölkerung und den Soldaten einen Nerv. Das *Wunschkonzert* bot gerade durch das Vertrautsein mit dem schematisierten Geschehen ein Ritual imaginierter Gemeinschaft,[59] das die kriegsbedingten Ängste und Sorgen emotional verarbeitbar zu machen schien und von dem sich noch über die Sendezeit hinaus zehren ließ, worauf auch die häufige Erwähnung der Sendungen in Feldpostbriefen hinweist.[60]

---

56 Vgl. Hagen, Wolfgang: *Das Radio: zur Geschichte und Theorie des Hörfunks – Deutschland/USA*. München (Fink) 2005, S. 72ff. Mein Dank für den Hinweis auf die Idee der Ätherwellen und Hagens Buch gilt Rebecca Wolf!

57 Vgl. Grull, Radio und Musik, S. 142.

58 So lauteten die Verse zur Abmoderation: „Das Wunschkonzert der Wehrmacht geht zu Ende,/die Front reicht ihrer Heimat jetzt die Hände,/die Heimat aber reicht der Front die Hand./Wir sagen gute Nacht, – auf Wiederhören,/wenn wir beim andern Male wiederkehren./Auf Wiedersehen sagt das Vaterland.", zit. n. Drechsler, Funktion, S. 132.

59 Carolyn Birdsall spricht – im Anschluss an Benedict Andersons Konzept der Nation als „imagined community" – von der „imagined listening community", die das NS-Regime mithilfe des Rundfunks kreierte; vgl. Birdsall, Nazi Soundscapes, S. 104.

60 Vgl. z.B. Museum für Kommunikation Berlin, Feldpost-Archiv Berlin, Walter N., 29.10.1939, 25.11.1939, 24.1.1940, 20.10.1940, 3.12.1940, 15.12.1940, 25.12.1940, 5.1.1941, 15.1.1941, 27.1.1941, 3.2.1941, 9.2.1941, Sign.-Nr. 3–2002-0947; Willi S., 23.2.1941, Sign.-Nr. 3.2002.0326.

Beim besonders festlich gestalteten 50. *Wunschkonzert* am 1. Dezember 1940 sprach der Propagandaminister über das „richtige Volksereignis", das die Sendung „für Front und Heimat" bedeute, wobei er, den Topos der unverbrüchlichen Einheit variierend, eine Hierarchie zwischen militärischer und ziviler Sphäre postulierte:

> „Sie [‚alle unsere Soldaten'] sollen wissen, daß wir immer bei ihnen sind, daß wir durch unermüdliche Arbeit ihrer würdig sein und ihnen nach besten Kräften helfen wollen, daß der Sieg bald komme. […] schlagen wir wiederum […] die Brücke von hüben nach drüben und schlingen ein festes Band um alle, die zu uns gehören."[61]

Damit wies Goebbels dem männlich konnotierten Militär den Platz an der Spitze der ‚Volksgemeinschafts'-Hierarchie zu, dem alle anderen Bereiche im – weiblich konnotierten – Status dienenden Helfertums verbunden waren.

Zudem hob er die Funktion der Sendereihe hervor, die „Freude, Erholung, Erbauung und Entspannung" brächte und damit den Beweis liefere,

> „daß man sehr wohl Krieg führen und seine Pflicht tun kann, ohne den Kopf hängen zu lassen und den Humor und die gute Laune zu verlieren. So soll es nicht nur bei den Wunschkonzerten, sondern so soll es überall im kriegerischen Leben der deutschen Nation auch für die Zukunft bleiben!"[62]

Nach der 75. Ausstrahlung am 25. Mai 1941 wurde die Reihe, zunächst als Sommerpause geplant, ausgesetzt. Die Fortführung ab September 1941 fand jedoch aufgrund der veränderten Kriegslage nicht mehr statt. Ab Juni 1941 ließen die vermehrten Bombenangriffe der britischen Royal Air Force mehrstündige Livesendungen riskant werden. Vor allem aber kam nach Beginn des „Unternehmens Barbarossa" zunehmend Feldpost von der Front, die das positive Bild des Kriegsverlaufs gehörig ins Wanken brachte und die forcierte optimistische Stimmung unglaubwürdig machte.[63] Überdies war der Erwartungsdruck hoch, das Niveau der Sendungen konnte aber auf Dauer nicht gehalten werden.[64] Möglicherweise nahm auch nach fast zwei Jahren Kriegsdauer die Spendenbereitschaft ab – angeblich hatte das *Wunschkonzert* bis dahin fast 15,5 Millionen Reichsmark an Geld- und Sachspenden eingespielt.[65]

Am 1. März 1942 begann mit *Fortsetzung folgt …* eine straffere Nachfolgesendung, ebenfalls von Goedecke moderiert, die auf lange Namens- und Spendenlisten verzichtete. Doch bereits ab 21. Mai 1942 griffen verschärfte Kontrollmaßnahmen des RMVP. Die Zunahme besorgniserregender Nachrichten von der Ostfront veränderte die Stimmung in der Zivilbevölkerung gravierend und ließ damit das Konzept von Wunschsendungen riskant werden, weshalb Goebbels generell alle *Wunschkon-*

---

61 Goebbels, Joseph: Ansprache zum 50. Wunschkonzert für die Wehrmacht, in: *Rundfunkarchiv. Zeitschrift für Rundfunkrecht und Rundfunkwirtschaft. Mitteilungsblatt der Deutschen Rundfunkarbeitsgemeinschaft*, Heft 12, Bd. 14, Dez. 1940, S. 419–421, hier S. 419.

62 Ebd., S. 421.

63 Vgl. Drechsler, Funktion, S. 134.

64 Vgl. Koch, Wunschkonzert, S. 220ff., 234; Jockwer, Wunschkonzert, S. 487f.

65 Vgl. Koch, Wunschkonzert, S. 234f., Vossler, Propaganda, S. 235.

zert-ähnlichen Sendeformate untersagte.[66] Zuvor hatte er bereits, um subversive, anspielungsreiche Moderationen zu unterbinden, jegliche Art von Conférence strikt verboten; gestattet waren nur noch die schlichten An- und Absagen von Musiktiteln und Künstler*innen – ein Erlass, der sich nur schwer durchsetzen ließ und im Verlauf der Kriegsjahre wiederholt in Erinnerung gebracht wurde.[67]

Daneben existierte in der Rundfunkabteilung des RMVP eine über die Jahre immer wieder aktualisierte Liste von Titeln, die für den Einsatz im Radio gesperrt waren. Gegen Ende des Kriegs wurden dabei einige zuvor sehr beliebte, oft gespielte Titel sentimentalen Charakters mit der Begründung verboten, sie seien angesichts der zunehmend härter werdenden Kriegslage im Osten zu rührselig und „unmännlich".[68]

Der Anteil unterhaltender Musiksendungen nahm ab November 1941 noch weiter zu[69] – getreu der Überzeugung, mit unbeschwert-heiterer Musik einen Zuversicht stimulierenden Einfluss ausüben zu können, wie Goebbels verschiedentlich formulierte:

> „Ohne Optimismus ist kein Krieg zu gewinnen; er ist genau so wichtig wie die Kanonen und die Gewehre. Gerade in kritischen Stunden hilft der Optimismus Schwierigkeiten überwinden und Hindernisse beiseiteschieben."[70]

---

66 Vgl. Drechsler, Funktion, S. 134; Vossler, Propaganda, S. 235.

67 Verbot des Conférence- und Ansagewesens, Erlass vom 30.1.1941: „[...] 1.) Jegliche sogenannte Conférence oder Ansage wird ab sofort für die ganze Öffentlichkeit grundsätzlich verboten. Es ist dabei gänzlich gleichgültig, ob sie sich mit Dingen der Politik, der Wirtschaft, der Kultur oder sonstigen Angelegenheiten des öffentlichen oder privaten Lebens befassen will. 2.) Glossierungen von Persönlichkeiten, Zuständen oder Vorgängen des öffentlichen Lebens, auch angeblich positiv gemeinte, sind in Theatern, Kabaretts, Varietes und sonstigen öffentlichen Unterhaltungsstätten verboten. [...]" Wiedergegeben bei: Befehlshaber der deutschen Truppen in Dänemark, Verfügungen für KdF-Veranstaltungen; BA-MA, RM 38/61, vgl. auch Sösemann, Propaganda. Medien und Öffentlichkeit, Dokument Nr. 597, S. 603. Die DAF-Gauwaltung München-Oberbayern ließ allen Kreisleitern ein Sammelrundschreiben zukommen: „Betr. Ansage bei Veranstaltungen: Wir weisen erneut darauf hin, daß die Anordnung des Reichsministers für Volksaufklärung und Propaganda, Parteigenossen Goebbels weiterhin besteht, wonach das Auftreten von Ansagern bei Kameradschafts-, Varieté- und KdF.-Veranstaltungen sowie bei Veranstaltungen für Verwundete usw. grundsätzlich zu unterbleiben hat." Wiedergegeben im Sammelrundschreiben Nr. 39/41 vom 20.8.41; Staatsarchiv München, Bestand NSDAP 554. Am 30.3.1943 sah sich Hans Hinkel genötigt, in einer Anweisung an alle Reichssender das Verbot erneut zu bekräftigen: Zwischenansagen im Rundfunk blieben bei Androhung von Bestrafung untersagt, lediglich die kurze Nennung von Titel und Interpret*innen war gestattet; vgl. BArch, R 55/1254, fol. 126.

68 Vgl. BArch, R 56 I/41, fol. 18.

69 Bekanntgabe der Parteikanzlei am 26.11.1941 über „Leichte Unterhaltungsmusik im Rundfunk"; vgl. Sösemann, Propaganda, Medien und Öffentlichkeit, Dokument Nr. 632, S. 626.

70 Goebbels, Joseph: *Die Zeit ohne Beispiel. Reden und Aufsätze aus den Jahren 1939–1941*, München (Eher) 1941, S. 219, zit. nach Koch, Wunschkonzert, S. 303.

Mediale Nutzung des Wunschkonzert-Erfolgs

Der enorme Erfolg der *Wunschkonzerte* wurde auch anderweitig medial genutzt. Der Kinofilm *Wunschkonzert* von 1940 mit Ilse Werner und Carl Raddatz in den Hauptrollen (Regie führte Eduard von Borsody, das Drehbuch schrieben der Regisseur, Joseph Goebbels und Felix Lützkendorf) avancierte mit 26 Millionen Zuschauer*innen neben *Die große Liebe* mit Zarah Leander zum erfolgreichsten Film der NS-Zeit. In eine sentimentale Liebesgeschichte voller Entsagungs- und Opferbereitschaft waren Wochenschau-Ausschnitte heroischen Kriegsgeschehens sowie Filmsequenzen von *Wunschkonzert*-Sendungen eingebunden,[71] wobei der Topos der unverbrüchlichen Einheit von Heimat und Front in vielfältigen Varianten im Mittelpunkt stand.

Aus demselben Jahr stammt das Buch *Wir beginnen das Wunschkonzert für die Wehrmacht* von Heinz Goedecke und Wilhelm Krug,[72] das, reich bebildert, anhand (fiktiver) humoristischer und sentimentaler Begebenheiten den Erfolg der Sendereihe nacherzählte. Dabei trat in einzelnen Episoden ein ideologisch-moralischer Duktus zutage, der die Funktion psychohygienischer Ratgeberliteratur übernahm. So verlegten die Autoren gleich in die erste Sendung im Oktober 1939 ein propagandistisch höchst schlicht gestricktes, aber überaus rührseliges Geschehen um den Musikwunsch einer trauernden Mutter, deren Sohn kurz zuvor im Krieg umgekommen war:

> „Eine Mutter rief an – eine von vielen Müttern. Aber die Qual ihres Mutterherzens war noch zu neu. Es war ihr noch nicht möglich, sich in das Schicksal von tausend anderen Müttern mit einzuordnen und zu wissen: Ich trage nicht allein an diesem Leid! […] Sie sagte: ‚Ich habe hier das Notizbuch meines lieben Jungen. Auf der letzten Seite stehen die Worte eines Liedes, das er immer so gern gesungen hat. Das Lied heißt: ‚Gute Nacht, Mutter‘. Jetzt ist mein Junge gefallen. Er schläft in Polen – und diese Zeilen sind wohl sein letzter Gutenachtgruß an mich …‘ [Allgemeine Betroffenheit machte sich breit. Angeblich war Wilhelm Strienz, der Interpret des Lieds, rein zufällig im Sendesaal anwesend und erklärte sich selbstlos und spontan bereit, den Titel zu singen.] Eine halbe Stunde später. Die Mutter saß wieder am Rundfunkapparat – da erzählte der Sprecher die Geschichte mit dem Notizbuch. Alles war still – im Sendesaal und überall in der Welt, wohin die Erzählung des Sprechers reichte. – Und jetzt wusste die Mutter: Walter ist nicht allein für dich, sondern für alle gefallen! ‚Gute Nacht, Mutter …‘ sang der Lautsprecher."[73]

---

71 Vgl. Witte, Karsten: „Film im Nationalsozialismus", in: Jacobsen, Wolfgang; Kaes, Anton; Prinzler, Hans Helmuth (Hg.): *Geschichte des deutschen Films*, Stuttgart, Weimar (Metzler) 2004², S. 117–165, hier S. 145; vgl. zur Rezeption des Films auch Boberach, Meldungen aus dem Reich, Bd. 6, SD-Bericht vom 17.2.1941, S. 2007f.

72 Goedecke, Heinz; Krug, Wilhelm: *Wir beginnen das Wunschkonzert für die Wehrmacht*, Berlin, Leipzig (Nibelungen) 1941.

73 Goedecke, Krug, Wunschkonzert, S. 43ff. Diese Episode ist auch im Film *Wunschkonzert* enthalten.

Abb. 5:
Buchcover *Wir sind bei Euch –*
Ihr seid bei uns. Ein Buch schlägt
eine Brücke, Kaiserslautern
(Pfälzische Presse) 1941

Hier wurde das „angemessene" Verarbeiten eines Kriegstods vorgezeichnet. Dabei imaginierte die Darstellung die Mutter als isoliertes Wesen, das über kein soziales Umfeld zu verfügen schien und deren einziges Gegenüber „der Lautsprecher" war. Erst der Rundfunk schuf eine Verbindung zur Welt, er übernahm die paternalistische Rolle eines fürsorglichen Trösters und durch ihn realisierte sich für die Mutter die ‚Volksgemeinschaft', für die sich der Sohn als Märtyrer geopfert hatte – die Analogie zum christlichen Glauben ist evident.

Dem Vorbild des *Wunschkonzert*-Buchs schloss sich *Wir sind bei euch – Ihr seid bei uns. Ein Buch schlägt eine Brücke* an,[74] das die Abteilung BeKA [wie in der Einleitung im Abschnitt ‚Überblick über die Arbeit' bereits erwähnt] in mehreren hunderttausend Exemplaren an die Front schickte. Nach einem Vorwort von Hans Hinkel präsentierte es in der Manier eines Bunten Programms Cartoons, Scherzhaftes und unverfänglich Nachdenkliches aus dem Soldatenleben sowie seitenweise Fotos vornehmlich weiblicher Stars aus dem Film- und Unterhaltungsgeschäft.

Eine Steigerung erfuhr die Fiktion der durchs Radio vereinten ‚Volksgemeinschaft' bei den Weihnachts-Ringsendungen mit ihren Live-Schaltungen zu verschiedenen Fronten, die der Großdeutsche Rundfunk über sämtliche Reichs- und Wehrmachtsender übertrug. Dieses totalitäre – es gab kein anderes Radioprogramm zu hören –

---

74 Hgg. v. K. B. Metzmacher, Kaiserslautern (Pfälzische Verlagsgesellschaft) 1941.

und technisch höchst anspruchsvolle Unterfangen wurde von 1940 bis 1943 jeweils am Heiligabend bewerkstelligt. 1942 erlebte es seinen Höhepunkt, als nacheinander an 30 Standorten entlang den Fronten von wehmütig-inniger Weihnachts-Kriegs-kameradschaft berichtet wurde und zum Abschluss alle Sendeorte gleichzeitig den Gesang der Soldaten mit dem Lied „Stille Nacht" übertrugen.[75]

Das Bedürfnis nach „leichter" und „gefühlvoller" Musik

Um die Programmgestaltung des Rundfunks, insbesondere die in Kriegszeiten ge-botene Musikauswahl, wurden bis zum Ende des nationalsozialistischen Regimes Auseinandersetzungen geführt. Goebbels legte im Juni 1941, kurz vor Beginn des Kriegs gegen die Sowjetunion, in einem Grundsatzbeitrag „Der Rundfunk im Krie-ge" seine Prämissen dar, wobei auffällt, dass von dem ideologisch aufgeladenen Sen-dungsbewusstsein rund um das hehre deutsche Kulturgut Musik überhaupt nicht die Rede war – im Gegensatz zu der kulturpolitischen Funktionalisierung, die Musik zur selben Zeit in den besetzten Gebieten erfuhr.[76] Und auch der so oft formulierte erzieherische Impetus, ‚das Volk an gute Musik heranführen' zu wollen, schien be-deutungslos geworden zu sein gegenüber Entlastung, Ablenkung und Stimmungs-aufhellung:

> „Unser Volk ist heute in einer Weise in die Kriegsarbeit eingespannt, daß es mit Recht verlangen kann, in seinen seltenen Mußestunden Entspannung zu erhalten, von der Schwere des Alltags abgelenkt zu werden und in einer leichten und gefälligen Unter-haltung ein gewisses Gegengewicht zu den harten Anforderungen der Zeit zu finden. […] Das hat gar nichts mit Leichtfertigkeit oder gar Frivolität zu tun. Das ist einfach ein Ausgleichen von Belastungen, das ebenso natürlich wie notwendig erscheint. Es ist kein Zufall, daß der Wunsch nach einem aufgelockerten Rundfunkprogramm am stärksten seitens der Front, der man doch gewiß keine Leichtfertigkeit oder Frivo-lität dem Krieg und seinen Erfordernissen gegenüber vorwerfen kann, zum Aus-druck gebracht wird. […] Leichte, unterhaltsame, einschmeichelnde Musik, die zu nichts verpflichtet […]. Wer wollte ihnen dieses harmlose Vergnügen nicht gönnen, und wer ist pharisäisch genug zu bestreiten, daß er selbst auch gelegentlich solche Anwandlungen verspürte? […] Im Kriege ist alles notwendig und wichtig, was die Kampfkraft und die innere Haltung der Nation stärkt […]."[77]

---

75 Vgl. Grull, Radio, S. 148; Birdsall, Nazi Soundscapes, S. 113. Über musikpraktische Fragen wie die Vereinbarung einer gemeinsamen Tonart und -höhe oder wie der Einsatz des Ge-sangs organisiert worden war, gibt es leider keine Information.

76 Vgl. hierzu den Abschnitt „Exkurs: Hegemoniale Strategien der Kulturpolitik in den besetz-ten Ländern" im Kapitel „Stosstrupp der Freude' – Spielgruppen der Wehrmacht".

77 Zuerst abgedruckt als Leitartikel in *Das Reich*, Heft 24/15. Juni 1941, S. 1f.; auf Goebbels' Betreiben wurde es von ihm verlesen im Reichsrundfunk gesendet und mehrfach nachge-druckt, u. a. in *Rundfunkarchiv. Zeitschrift für Rundfunkrecht und Rundfunkwirtschaft. Mittei-lungsblatt der Deutschen Rundfunkarbeitsgemeinschaft*, Heft 6, Bd. 14, Juni 1941, S. 211–214.

Um das „ewige Gemeckere unserer Volksgenossen" zu beenden, fasste Goebbels als Quintessenz seiner Vorgaben zur Ausrichtung des Rundfunkprogramms zusammen:

> „Die einen wollen nur Opern hören, die anderen Symphonien, andere wieder Märsche oder Tanzmusik usw. Die Front – das ist ja das wesentliche – braucht Entspannung, sie will leichte, heitere Musik."[78]

Mit dem Argument, die Bedürfnisse der Front hätten die maßgebliche Richtschnur zu sein, bediente Goebbels sich eines Aspekts des Narrativs von der ‚Einheit von Heimat und Front', der die Zivilbevölkerung zu Dankbarkeit gegenüber den ihr Leben einsetzenden Soldaten verpflichtete. Die Etablierung einer solchen Hierarchie zielte darauf, jeglicher Kritik am Rundfunkprogramm die Berechtigung abzusprechen. Die Sorge um die Zustimmung der Frontsoldaten war jedoch vor allem dadurch motiviert, sie als Hörer für den Reichsrundfunk zu erhalten und nicht den „Feindsendern" mit ihren modernen Musikprogrammen und anderslautenden Nachrichten zu überlassen, wie der Reichsintendant und Generaldirektor der Reichs-Rundfunk-Gesellschaft Heinrich Glasmeier freimütig bekannte:

> „Wir müssen verhindern, daß unsere Soldaten, die nach Entspannung verlangen, fremde Sender einzustellen gezwungen sind und somit auch den englischen Nachrichtendienst über sich ergehen lassen müssen."[79]

Die Mehrheit der Bevölkerung und der Soldaten, so Glasmeier weiter, müssten einhellig zu dem Urteil kommen: „Einen besseren Rundfunk wie den deutschen gibt es nicht."[80]

Im Herbst 1941 erfolgte eine vertrauliche Erhebung unter NSDAP-Parteimitgliedern in der Wehrmacht über musikalische Präferenzen der Truppe und die Meinung zu politischen Sendungen im Rundfunk, die den neuen unterhaltungsorientierten Kurs bestätigte. Zwei beispielhafte Meldungen lauteten:

> „Der Soldat liebt nach wie vor lediglich sogenannte ‚moderne Musik', das heisst Tanz- und Schlagermusik. Ausserdem leichtere Opern- oder Operettenmusik. Jede Art schwerer oder Militärmusik lehnt er ab. … Ausser den jetzt bereits im Rundfunk bestehenden politischen Sendungen werden zusätzlich keine Darbietungen politischer Art gewünscht."[81]

> „Ich unterscheide in grobem Aufriss zwei Haufen, von denen der eine sich Hott-Musik wünscht, am besten Importe, und der andere streikt, weil er den nicht hören

---

78 „Die Auflockerung des Rundfunkprogramms im Krieg", BArch, R 58/1090, fol. 6; vgl. auch Koch, Wunschkonzert, S. 335; Drechsler, Funktion, S. 135.

79 Reichsintendant Glasmeier auf der Arbeitstagung der Abteilungsleiter zum Thema Musik des Großdeutschen Rundfunks, 2./3.10.1941; BArch, R 55/695, zit. n. Drechsler, Funktion, S. 134.

80 Ebd., S. 135.

81 Unteroffizier Bruno Walter; BArch, NS 18/1000, fol. 167.

kann, der braucht Unterhaltung auf der Linie der Wunschkonzerte. Gelegentlich der Wunsch nach guter Kammermusik, kleinen Konzerten – anspruchsvoller ist mir „der Soldat" nicht begegnet."[82]

Bereits in Zusammenhang mit dem *Wunschkonzert* und dann erneut in seinem Beitrag „Der Rundfunk im Kriege" hatte Goebbels einem Bedürfnis nach sentimentaler Musik nachdrücklich Raum gegeben. So äußerte er, gegen Musikwünsche, die „nach strengem Maßstab kitschig" wären, sei nichts einzuwenden,[83] und stellte fest, dies sei „ein Zeichen dafür, daß auch das härteste Männerherz nach einer schweren Belastung einen Ausgleich sucht".[84] Er betonte damit einmal mehr die Kompensations- und Ventilfunktion, die dem Musikhören zugewiesen wurde und hob zugleich seine Position als „Soldatenversteher" hervor, der sich mit der „Erlaubnis" zur Sentimentalität, der Effeminierung der ‚heroischen' Männer, deren Bedürfnissen annahm. Der Topos des harten Soldatenherzens, das bei gefühlvoller Musik weich wurde, kam auch in vielen Feldpostbriefen zum Ausdruck und schien zum Grundinventar im Emotionshaushalt der Wehrmacht zu gehören:

> „Wundervolle Schlager tönen aus unserem Wehrmachtsempfänger. Ganz weich wird mir ums Herz, wenn Will Glahé Melodien von Franz Grothe spielt."[85]

> „Wunderbare Musik, ‚Hörst Du mein heimliches Rufen'. Wie weich kann da nur ein Herz werden!"[86]

> „Man wird ja manchmal beim Hören schöner Melodien ganz weich."[87]

Thomas Kühne hat in seinen Arbeiten zu soldatischer Männlichkeit und Vergemeinschaftung auf die Komplementarität von militärischer Härte und emotionaler Weichheit hingewiesen: es sei Ausweis überlegener Männlichkeit gewesen, in bestimmten Situationen gefühlvoll sein zu können. Neben dem soldatisch-heroischen Schulterschluss der Kampfgemeinschaft gegen den Feind bot die militärische Zwangsgemeinschaft auch eine Art Familienersatz mit paternalistisch organisierten familienanalogen Rollenaufteilungen (der „Spieß" – Kompaniefeldwebel – als „Mutter der Kompanie"), in der die Männer Gefühle erfahren und ausleben konnten.[88]

---

82 Soldat Günther Bartel; ebd., fol. 168. Eine weitere Umfrage im Sommer 1944 erbrachte ähnliche Einschätzungen; vgl. BArch, R 55/557, fol. 64–79.

83 Zit. n. Drechsler, Funktion, S. 134.

84 Goebbels, Rundfunk im Kriege.

85 Willi S., Russland, 23.10.1942; Museum für Kommunikation Berlin, Feldpost-Archiv Berlin, Sign.-Nr. 3.2002.0326.

86 Felix Landau, Mitglied einer SS-Division in Russland, 15.7.1941, in: Kempowski, Echolot, S. 243.

87 Hans-Joachim S., 24.10.1944, zit. n. Wolf, Rebecca: „Musik und Nationalgefühl? Emotionaler Weltzugang in der ersten Hälfte des 20. Jahrhunderts", in: Zalfen, Müller, Besatzungsmacht Musik, S. 85–101, hier S. 92.

88 Vgl. Kühne, Thomas: „Kriegskameradschaft und Männlichkeit im 20. Jahrhundert", in: ders. (Hg.): *Männergeschichte – Geschlechtergeschichte. Männlichkeit im Wandel der Moderne*, Frankfurt/Main (Campus) 1996, S. 174–192, hier S. 186.

Die Nähe von Kampf und Tod erlaubte es, Geborgenheit und Fürsorge in die exklusiv männliche Kameradengemeinschaft einzubinden und damit emotional autonom – unabhängig von Frauen – zu sein.[89]

Jazz im Rundfunk

Besonders um die zeitgenössische Tanzmusik im Rundfunk und deren Abgrenzung zum offiziell als ‚undeutsch' verpönten Swing und Jazz entstanden vielfältige Kontroversen.[90] Am 12. Oktober 1935 hatte der Reichssendeleiter und Direktor der Reichsrundfunkgesellschaft Eugen Hadamovsky zwar den „Niggerjazz" im Rundfunk verboten;[91] angesichts der Unmöglichkeit, die modernen Genres und Stile hinreichend eindeutig voneinander abzugrenzen, nahm sich dies aber eher wie eine „nationalsozialistische Pflichtübung"[92] aus. Mit dem Verbot als äußerer Fassade wurde konservativen und ideologisch stramm ausgerichteten Forderungen genüge getan, das Fehlen konkret umsetzbarer Direktiven hielt hingegen Spielräume offen, die das Verbot innerlich aushöhlten: Je nach politischer Opportunität und regionalen oder kommunalen Gegebenheiten konnte ein enger oder lockerer Begriff, was als Jazz oder aber „arteigene arische Tanzmusik"[93] zu fassen sei, angewandt werden.[94] Zur Stabilisierung des Herrschaftssystems galt es Rücksicht auf kulturelle Präferenzen der Bevölkerung zu nehmen,[95] und Swing und Jazz waren auch in Deutschland längst zum Massenphänomen geworden, dem mit Zensur nicht beizukommen war, wie auch in der musikalischen Fachwelt festgestellt wurde:

> „Wenn aber eine Einrichtung derart im Volke Wurzeln geschlagen hat wie der Jazz, dann ist es nahezu unmöglich, mit Verboten allein Erfolge erzielen zu wollen, wenn man nichts Besseres an die Stelle der Jazzband zu setzen weiß."[96]

---

89 Vgl. Kühne, Zärtlichkeit und Zynismus, S. 183.

90 Zum Thema Jazz im Nationalsozialismus vgl. Kater, Gewagtes Spiel; Polster, Bernd (Hg.): *Swing Heil: Jazz im Nationalsozialismus*, Berlin (Transit) 1989; Kapitel „Jazz" in: Wulf, Musik im Dritten Reich, S. 383–396.

91 „Niggerjazz im Rundfunk verboten", in: *Berliner Lokal-Anzeiger, 12.10.1935, Abendausgabe*, zit. n. Wulf, Musik, S. 385.

92 Hasenbein, Heiko: „Unerwünscht – toleriert – instrumentalisiert. Jazz und Swing im Nationalsozialismus", in: *1999. Zeitschrift für Sozialgeschichte des 20. und 21. Jahrhunderts*, Jg. 1995, Heft 4, S. 38–52, hier S. 39.

93 Vgl. Weidemann, Alfred: „Betrachtungen zur Unterhaltungs- und Tanzmusik", in: *Musik im Kriege*, Jg. 1943, Heft 8/9, S. 81–84, hier S. 82; vgl. auch Hasenbein, Unerwünscht, ebd.

94 Vgl. Hasenbein, Unerwünscht, ebd.

95 Vgl. Mühlenfeld, Was heißt, S. 547.

96 Stege, Fritz: „Gibt es eine deutsche Jazzkapelle?", in: *Zeitschrift für Instrumentenbau*, Jg. 1936, Heft 56, S. 251, zit. n. Kater, Gewagte Spiel, S. 115; vgl. auch Hasenbein, Unerwünscht, S. 38. Dass es dieser Feststellung zum Trotz bekanntlich brutale Repressionen und Strafen vor allem gegenüber der so genannten „Swing-Jugend" gab, soll damit nicht kleingeredet oder negiert werden; vgl. hierzu Kater, Gewagtes Spiel, S. 200ff.; ders.: „Jazz as Dissidence in the

Darüber hinaus bestanden langfristige Verträge der international agierenden Plattenfirmen über den Austausch von Schallplattenmatrizen, die aus devisenrechtlichen Gründen nicht gekündigt werden konnten. So wurde weiterhin aus Großbritannien und den USA aktuelle Tanzmusik importiert und im Gegenzug lief der Export von deutschen Musikproduktionen, an deren Spitze Aufnahmen der Berliner Philharmoniker mit Furtwängler standen. Diese Deviseneinnahmen genossen auch für das NS-Regime Vorrang vor weltanschaulichen Standpunkten.[97]

Goebbels steckte jedoch für den Rundfunk völkische und rassische Grenzen ab, in denen sich die Musikauswahl zu bewegen hätte: was von Juden stamme, englische Texte habe oder nur aus Rhythmus ohne Melodie bestehe, müsse ausgemerzt werden.[98]

Nicht nur die Soldaten, auch der Großteil der Zivilbevölkerung bevorzugte moderne Populärmusik, wie eine Umfrage der Rundfunk-Zeitschrift *Radio Illustrierte* ergeben hatte: eine deutliche Mehrheit von 66% wünschte „neue Tanzmusik" und „leichte rhythmische Unterhaltungsmusik", mithin Jazzverwandtes.[99]

Im Frühjahr 1942 vollzog Goebbels eine organisatorische und inhaltliche Reform des Rundfunks, mit der er die Programmaufsicht der in seinen Augen unfähigen RRG entzog und seinem unmittelbaren Machtbereich unterstellte. Die übergeordnete Leitung des neuen unterhaltenden und künstlerischen Programmbereichs fiel dabei an Hans Hinkel, der Goebbels' Linie von „optimistischen" Schlagern[100] zur Entspannung von Heimat und Front und dem Vorrang für die Wünsche der Soldaten nach moderner Populärmusik offensiv vertrat.[101] Freilich riss der Strom der Unmutsäußerungen über das Musikprogramm insgesamt und speziell zu Jazzmusik im Radio nicht ab.[102] Hinkel quittierte dies mit der verächtlichen Bemerkung, die

---

‚Third Reich'", in: Mäusli, Theo (Hg.): *Jazz und Sozialgeschichte* (Colloqui del Monte Verita), Zürich 1994, S. 47–68.

97   Vgl. Hasenbein, Unerwünscht, S. 42.

98   Vgl. Boelcke, Kriegspropaganda, S. 762.

99   Umfrage vom Sommer 1939, zit. n. Hasenbein, Unerwünscht, S. 44.

100   Goebbels, Joseph: „Rede zur Jahrestagung der Reichskulturkammer und NS-Gemeinschaft ‚Kraft durch Freude' am Montag, dem 27. November 1939 im Theater des Volkes, Berlin", in: *Die Bühne. Zeitschrift für die Gestaltung des deutschen Theaters*, Heft 23/5.12.1939, S. 460–462, hier S. 460.

101   Vgl. Jockwer, Unterhaltungsmusik, S. 492; Kater, Gewagtes Spiel, S. 239f.

102   Beispielsweise ging ein wutschäumendes Schreiben des Verlagsdirektors Norbert Salb, Wien, am 18.7.1943 an Hans Hinkel, er möge endlich den Jazz aus dem Rundfunk tilgen; BArch, R 56 I/41, fol. 2; das RPA München-Oberbayern teilte am 8.5.1944 dem RMVP per Fernschreiben mit, es kämen immer wieder Klagen aus der Bevölkerung über die „amerikanische Negermusik" im Deutschen Rundfunkprogramm; BArch, R 55/557, fol. 51; Der Korpsführer Generaloberst Keller vom Nationalsozialistische Fliegerkorps Gruppe 17 beschwerte sich am 15.8.1944 über das Rundfunkprogramm: „[…] die ‚Musik'-Programme [beinhalten] fast 50 v.H. jüdisch-amerikanische Erzeugnisse, die man nicht mehr als Musik ansprechen kann, und die geeignet sind, ein musikalisches Ohr und unser deutsches Empfinden zu verletzen."; BArch, R 55/557, fol. 104, vgl. auch Jockwer, Unterhaltungsmusik, S. 488f. Der Unmut betraf

kritischen Anmerkungen stammten zumeist von denjenigen, die „aufgrund ihrer Pensionsberechtigung besonders viel Zeit zur Fertigung von Hörerbriefen" hätten.[103]

In einem Erlass formulierte Hinkel „Richtlinien für die Ausführung von Unterhaltungsmusik", in denen er sich an der Nobilitierung der Populärmusik abmühte. Die „künstlerische Wertarbeit" hervorhebend, die die Erfüllung der „berechtigten Ansprüche des Volkes auf Entspannung und Erheiterung" bedeute, stellte er anschließend fest:

> „Entscheidend für Wert oder Unwert der aufgeführten Unterhaltungsstücke ist der von jeher als Sinnbild unseres Kunstempfindens geltende melodische Gehalt. Im Hinblick auf den Stil der musikalischen Ausführung besteht kein Anlaß, den gesunden Fortschritt im Klanglichen, Rhythmischen u.s.w. zu unterbinden. Nicht der Einsatz des immer noch fälschlich als Negerinstrument bezeichneten Saxophons oder die Verwendung von gestopften Blechinstrumenten und dergleichen sind von allein maßgeblicher Bedeutung, sondern die Art ihrer sinngemäßen Verwendung. [...] Abwegig ist jede Art verweichlichenden, unmännlichen Musizierens durch Refrainsänger, die mit Fisteltönen, Flüsterstimmen u. a. den äußeren Effekt über den künstlerischen Gehalt stellen."[104]

Auch diese Bestimmungen glänzten durch auslegungsbedürftige Leerstellen – was meinte Hinkel beispielsweise mit der „sinngemäßen Verwendung" gestopften Blechs? –, die Freiraum für situativ geboten erscheinende Interpretation ließen. Daneben verfehlte die willkürliche Entgegensetzung von „äußerem Effekt" und „künstlerischem Gehalt" einen wesentlichen Aspekt des ästhetischen Reizes von Jazz vollkommen, den aber sowohl Musiker*innen als auch Hörer*innen goutierten, wie beispielsweise ein begeisterter Soldat per Feldpostbrief berichtete:

> „Da kann niemand ruhig sitzen bleiben. Jeder hopst herum, schlägt mit den Händen den Takt dazu und begleitet mit merkwürdigen Jazztönen die Melodien, [...] eine ganz verrückte Musik kommt eben aus dem Radio. Ein Foxtrott jagt den anderen. Die niedrige, muffige Russenbude wird zur feinsten Tanzdiele mit Barbetrieb."[105]

1944 häuften sich Beschwerden, das Programm möge endlich Rücksicht auf die Kriegssituation nehmen und nach Bombenangriffen nicht weiter unbekümmerte

---

freilich genauso die Live-Darbietungen von Unterhaltungskapellen. Bereits im März 1941 hatte sich der SD in seinen *Meldungen aus dem Reich* der „Lage auf dem Gebiet der Unterhaltungsmusik" gewidmet und zahlreiche Beispiele von „Verjazzungsdarbietungen in jüdisch-amerikanischem Stil" aufgelistet; vgl. SD-Bericht vom 6.3.1941, in: Boberach, Meldungen, Bd. 6, S. 2075ff. Ein Querschnitt durch zeitgenössisches Schrifttum gegen Jazzmusik findet sich bei Wulf, Musik im Dritten Reich, S. 383–396.

103 Hinkel in einem Vermerk an Goebbels, 8.11.1941, BArch, R55/1254, 27ff., zit. n. Jockwer, Unterhaltungsmusik, S. 488.

104 Veröffentlicht in *Zeitschrift für Musik*, H. 1/110. Jg., Januar 1943, S. 23f., vgl. auch Sösemann, Propaganda, Medien und Öffentlichkeit, Dokument Nr. 656, S. 642.

105 Willi S., Russland, 23.10.1942; Museum für Kommunikation Berlin, Feldpost-Archiv Berlin, Sign.-Nr. 3.2002.0326.

Tanzmusik senden.[106] Das RMVP antwortete auf Hörer*innen-Briefe mit vorgefertigten Antwortschreiben, in denen die Musikauswahl begründet wurde.[107] Im Oktober 1944 rechtfertigte Hans Fritzsche, ab 1942 Leiter der Rundfunkabteilung im RMVP und gegen Kriegsende „Generalbevollmächtigter für die politische Organisation des Großdeutschen Rundfunks",[108] ein weiteres Mal die „leichte rhythmische Unterhaltungsmusik" mit den Bedürfnissen der Soldaten, denen „aufrüttelnde Impulse dieser Musik befreiende Entspannung nach großen Anstrengungen und neuen Auftrieb" gebe. An die ‚Volksgenossen', die glaubten, darin „eine weltanschauliche Gefährdung sehen zu müssen", richtete er die Bitte, „jede unfruchtbare Diskussion darüber auf Kriegsdauer einzustellen".[109]

Die andauernde Kritik am Rundfunkprogramm kann aber auch als eine Ausweichbewegung von Teilen der Bevölkerung gelesen werden – ein Dissens mit dem Regime war nicht offen äußerbar, über das Radio jedoch konnte man sich gefahrlos ereifern.

Das Deutsche Tanz- und Unterhaltungsorchester

Zeitgleich mit den Planungen für die Reorganisation des Rundfunks im Oktober 1941 setzte Goebbels die Gründung des „Deutschen Tanz- und Unterhaltungsorchesters" (DTUO) durch, ein mit erstklassigen Instrumentalisten aus dem Bereich der Jazz- und Populärmusik besetztes Ensemble, das dem RMVP für Repräsentationszwecke und Rundfunkaufnahmen zur Verfügung stand und dem Ministerium direkt unterstellt war.[110] Als Starthilfe bewilligte das Reichsfinanzministerium einen einmaligen Zuschuss von RM 200.000,--, ansonsten hatte sich das Orchester aus Rundfunkgebühren zu finanzieren.[111] Eine erste Kalkulation sah einen Jahresetat von RM 666.000 vor:

Gehälter für 40 Musiker	600 000,-	RM
Geschäftsführer	12 000,-	RM
Orchesterdiener	4 000,-	RM
Honorar f. Arrangeure/Bearbeiter einschl. notwendiger Kopien	50 000,-	RM[112]

---

106 Vgl. BArch, R 55/557, fol. 51.

107 Vgl. Hasenbein, Unerwünscht, S. 46f.

108 Bonacker, Max: *Goebbels' Mann beim Radio. Der NS-Propagandist Hans Fritzsche (1900–1953)*, München (Oldenbourg) 2007, S. 151.

109 Aufsatz „Rundfunk im totalen Krieg", in: *Reichsrundfunk*, Jg. 1944/45, Heft 13/14, S. 136, zit. n. Boelcke, Macht des Radios, S. 509f.

110 Das DTUO war als GmbH organisiert mit dem Deutschen Reich, vertreten durch das RMVP, als alleinigem Gesellschafter. Die Vorgänge zum DTUO finden sich in BArch, R 55/200, R 55/242, R 55/852 und R 56 I/34; zur Gründung des DTUO vgl. auch Boelcke, Kriegspropaganda, S. 176; Jockwer, Unterhaltungsmusik, S. 496: Kater, Gewagtes Spiel, S. 241.

111 Vgl. BArch, R 2/4764, fol. 79 und R 55/242, fol. 30. Schreiben RMVP an Finanzministerium vom 27.5.1943, dass sich seit 1.7.1942 das DTUO finanziell selbst trägt, ebd. fol. 145.

112 BArch, R 55/10367.

Die Summe erhöhte sich nach Aufstellung des vorläufigen Haushaltsvoranschlags noch um Sachausgaben wie Bürokosten.[113]

Mit dem DTUO wollte Goebbels für sich das Prestige eines auf internationalem Niveau konkurrenzfähigen Jazz-Orchesters reklamieren können. Analog zum Renommee der Berliner Philharmoniker auf dem Gebiet der Kunstmusik sollte es für die „Weltgeltung der Deutschen Tanz- und Unterhaltungsmusik"[114] sorgen.

Um den Anstoß für die Orchestergründung ranken sich kleine Mythen. Georg Häntzschel, Pianist des DTUO, erinnerte sich, der Film-Komponist, Dirigent und spätere DTUO-Bandleader Franz Grothe sei 1941 am Eibsee im Erholungshotel für die hochdekorierten Luftwaffen-Piloten gewesen, die freimütig erzählt hätten, bei ihren Bombardierungsflügen nach England immer Jazz auf BBC zu hören, denn was der Reichsrundfunk brächte, sei musikalisch uninteressant, es gäbe in Deutschland keine adäquaten Orchester. Grothe hätte ihnen beigepflichtet, aber darauf bestanden, es gäbe genügend exzellente Musiker, die das machen könnten. Dieses Gespräch sei Goebbels zugetragen worden, der daraufhin das DTUO initiierte, um die Kampfpiloten vom BBC-Hören abzubringen.[115] Einer leicht abweichenden Legende zufolge hätte sich der berühmte Kampfflieger Werner Mölders im Winterurlaub 1940/41 in Zürs bei Grothe über das Fehlen eines guten Swing-Orchesters in Deutschland beschwert und bei nächster Gelegenheit auch Goebbels gegenüber seine Klage vorgebracht, was diesen zum Handeln veranlasste.[116] Vor allem aber hatte Major Martin, Leiter der Abteilung Wehrmacht-Propaganda und Verbindungsmann des OKW beim RMVP, wiederholt von den Gepflogenheiten der Soldaten aller Wehrmachtteile berichtet, wegen der besseren Musik bei jeder Gelegenheit ausländische Sender zu hören,[117] und Gegenmaßnahmen angemahnt.

Mit dem Aufbau des DTUO wurden die erfahrenen Experten Häntzschel und Grothe betraut, ihnen oblag auch die Zusammenstellung des Ensembles. Die auserkorenen Musiker aus ihren bestehenden Engagements oder der Wehrmacht herauszulösen[118] bedurfte dann jedoch teilweise nachdrücklicher Interventionen seitens des RMVP.

Das Orchester setzte sich aus je drei ersten, zweiten und dritten Geigen, drei Bratschen, zwei Celli, zwei Bässen, einem Saxofon- sowie Klarinettenquartett, drei Trompeten, vier Posaunen, einer Gitarre, Klavier, Akkordeon und doppeltem Schlagzeug zusammen, dazu kamen mit Häntzschel und Grothe noch zwei Dirigen-

---

113 BArch, R 55/242, fol. 9.

114 BArch, R56 I/34, 53ff.; vgl. auch Jockwer, Unterhaltungsmusik, S. 497.

115 Vgl. Transkript des Interviews von Michael H. Kater mit Georg Häntzschel; Clara Thomas Archives & Special Collections, York University Toronto, Sammlung Michael H. Kater, 2006–030/003 (01), S. 26.

116 Vgl. Jockwer, Unterhaltungsmusik, S. 495.

117 Vgl. ebd., S. 474ff.

118 Diesbezügliche Anschreiben an Kapellenleiter und das OKW in BArch, R56 I/34, 53ff. Vgl. auch Kater, Gewagtes Spiel, S. 242.

ten.[119] Auffallend ist die Streicherlastigkeit: gemäß der Auffassung, ‚deutsche' Musik sei melodiebetont, lautete die Vorgabe, swingende Arrangements zu schaffen, die der melodischen Gestaltung Vorzug gegenüber dem Rhythmischen gaben sowie auf jazztypische Instrumentalsoli zu verzichten.[120]

Am 1. April 1942 nahm das DTUO seine Probenarbeit auf,[121] im Frühsommer – früher als ursprünglich geplant – bestritt das Orchester erste Rundfunksendungen. Die Arbeit für den Rundfunk blieb die Haupttätigkeit des Ensembles; mit der RRG bestand ein Vertrag über laufende Produktionen für den Rundfunk im Gegenwert von RM 50.000,-- monatlich, was den laufenden Gehaltskosten entsprach.[122] Das DTUO spielte Livemusik-Sendungen und machte – eine technische Neuerung – Aufnahmen mit einem Magnetophon-Tonbandgerät für die Reichs- und Soldatensender, daneben war es auch für den Film tätig[123] und trat bei Veranstaltungen vor Truppeneinheiten auf. Wegen der häufigen Bombardements von Berlin wurde das Orchester ab 1. November 1943 nach Prag verlegt[124] – wie zuvor bereits die Babelsberger Filmproduktion.

Auslandspropaganda

Ein weiteres Jazz-Ensemble war während des Kriegs im Auftrag des RMVP tätig, seine Arbeit blieb jedoch geheim. „Charlie and his Orchestra" nannte sich die 16-köpfige Formation aus exzellenten Jazzmusikern unter der Leitung des Saxofonisten Lutz Templin, die ausschließlich für die englischsprachige Auslandspropaganda der Sendung „Germany Calling" eingesetzt wurde. Zwischen Dezember 1940 und August 1944 entstanden 250 Schallplatten mit Jazzmusik angloamerikanischen Stils und englischen Propagandatexten. Ergänzt wurden die Musiktitel um Wortbeiträge, die der mit der NSDAP sympathisierende Ire William Joyce („Lord Haw-Haw" genannt) in bemühtem Oxfordenglisch sprach: Verunglimpfungen des britischen Premierministers Winston Churchill und Appelle an die englischen Soldaten, sich angesichts ihrer angeblich aussichtslosen Lage zu ergeben. Die Aufnahmen wurden von deutschen Richtsendern im besetzten Westen nach Großbritannien ausgestrahlt, in Kriegsgefangenenlagern eingesetzt und hinter den Linien der Alliierten per Flugzeug abgeworfen. Der propagandistische Erfolg blieb jedoch aus, die Texte

---

119 Stege, Fritz: „Das ‚Deutsche Tanz- und Unterhaltungsorchester'. Ein Beitrag zum Aufführungsstil unserer Zeit", in: *Das Podium der Unterhaltungsmusik*, Nr. 2925, 20.8.1942; vgl. auch Jockwer, S. 497.

120 Vgl. Hasenbein, Unerwünscht, S. 45; Jockwer, Unterhaltungsmusik, S. 483. In Kreisen eingefleischter Jazzfans galt solche Musik jedoch als unerträglich „zickig", vgl. Transkript des Interviews von Michael H. Kater mit Georg Häntzschel; Clara Thomas Archives & Special Collections, York University Toronto, Sammlung Michael H. Kater, 2006–030/003 (01), S. 26.

121 BArch, R 55/242.

122 Ebd., fol. 41.

123 Ebd., fol. 49, 54, 96.

124 Ebd., fol. 99.

waren zu grob in ihrer Machart und wirkten überdies durch den Verlauf des Kriegs zunehmend lächerlich bis absurd.[125]

Aber auch die Alliierten nutzten Jazz zu Propagandazwecken, so spielte Glenn Miller mit seiner Army Air Force Band bis zu seinem Tod bei einem Flugzeugabsturz im Dezember 1944 für den Rundfunk der Allied Expeditionary Forces (AEF), der vor allem von den deutschen Soldaten in Westeuropa gehört wurde.[126] Daneben genoss der von der britischen Armee betriebene Soldatensender Calais mit seiner Jazz- und Swingmusik große Popularität bei den in Frankreich stationierten Wehrmachtsoldaten. Er nutzte die gleiche Frequenz wie der Deutschlandsender, sodass zunächst unklar war, dass es sich um einen „Feindsender" handelte.[127]

Soldatensender

In der Wehrmacht galt für die Kampftruppen die Anweisung, bei der Eroberung neuer Gebiete bestehende Rundfunkanlagen nicht zu zerstören, da die „schnellstmögliche Inbetriebnahme der bisher feindlichen Sender […] für die Führung des Propagandakrieges und für die Truppenbetreuung von größter Wichtigkeit" war.[128]. Radiostationen sollten bereits bei Eintreffen der Hauptstreitkräfte den Sendebetrieb aufnehmen können. Die Soldatensender wurden von den Propagandakompanien betrieben. Ihnen oblagen neben dem Sendebetrieb für die Soldaten auch fremdsprachige Programmteile für die Bevölkerung in den okkupierten Gebieten, die die Einheimischen der Besetzung gewogen machen sollten – der im obigen Zitat benannte „Propagandakrieg".

Im Gegensatz zu den Reichsrundfunkanstalten unterstanden die Soldatensender als Teil der Wehrmacht nicht unmittelbar der RRG und dem RMVP. Die personellen Verflechtungen waren jedoch eng, denn die Propagandakompanien rekrutierten sich zum Großteil aus Mitarbeitern des RMVP: Ende 1940 verrichteten 80% der Sprecher und 30% der Techniker des Deutschen Rundfunks ihren Wehrdienst in den Reihen der Propagandakompanien.[129]

Je nach Lage und Reichweite konnten die Soldatensender auch im Deutschen Reich empfangen werden. In deutlich geringerem Maße als die Reichsrundfunkanstalten den Vorgaben des RMVP ausgesetzt, machten sie Programme, die auf die Bedürfnisse der Soldaten als ihrer primären Zielgruppe zugeschnitten waren. Dabei konnten sie es sich erlauben, Anweisungen und Verbote, die für die Sender im Reich gültig waren, zu missachten. So erfreuten sich die ganze Kriegszeit hindurch

---

125 Vgl. Hasenbein, Unerwünscht, S. 48ff.; Kater, Gewagtes Spiel, S. 246ff.
126 Vgl. Hasenbein, Unerwünscht, S. 51f.; Vossler, Propaganda, S. 250f.
127 Vgl. Vossler, Propaganda, ebd.
128 BA-MA, RH 19 III/483, fol. 189, Anweisung des OKW an OKH, OKM und ObdL, 20.8.1941, zit. n. Vossler, Propaganda, S. 240.
129 Vgl. Vossler, Propaganda, S. 112.

Wunschkonzert-Sendungen bei mehreren Soldatensendern großer Popularität und auch das Conférence-Verbot wurde ignoriert. Ebenso wurden Titel, die für den Reichsrundfunk gesperrt waren, weiterhin gespielt.[130] Neben *Lili Marleen*, dessen Fassung mit Lale Andersen seit Ende 1942 nicht mehr gesendet werden durfte,[131] wurde Marika Rökks Schlager *Warum soll ich treu sein, wie ein Reh so scheu sein* 1943 verboten, weil der Text geeignet sei, Soldaten im Glauben an die Treue ihrer Ehefrauen zu beunruhigen,[132] und Anfang 1944 hatte Hans Hinkel auch Wilhelm Strienz Titel *Tapfere kleine Soldatenfrau*, der in den ersten Kriegsjahren sehr beliebt war,[133] für den Reichsrundfunk untersagt – angesichts der veränderten Kriegslage wich die zunächst von Goebbels propagierte permissive Haltung gegenüber Kitsch und Sentimentalität der Forderung, die Musikauswahl dürfe nicht länger „rührselig, schmalzig und unmännlich" sein.[134]

Die Missachtung seiner Vorgaben untergrub Hans Hinkels Autorität. Beschwerdebriefe von Hörer*innen konfrontierten ihn mit der Forderung, er möge endlich die Soldatensender an die Kandare nehmen – die Differenzierung der Rundfunkverantwortlichkeiten war nicht allgemein bekannt.[135] Vor allem aber befürchtete er ein empfindliches Nachsehen für den Reichsrundfunk im Konkurrenzkampf um die Gunst des Publikums und damit um propagandistische Einflussmöglichkeiten, wenn ideologisch motivierte Restriktionen, die beliebte Sendeformate oder Musikstücke betrafen, uneinheitlich gehandhabt wurden. Im Einvernehmen mit Goebbels startete Hinkel deshalb wiederholt Vorstöße, um die Soldatensender auf die Linie des RMVP zu verpflichten. So auch im Juni 1943, als er den Leiter der Rundfunkabteilung, Ministerialdirektor Hans Fritzsche, empört aufforderte, seinen Einfluss beim OKW geltend zu machen,

> „da die Mehrzahl dieser Sender [...] hot hotter am hottesten in der Gegend herumtingelt."[136]

Das OKW wies derlei Ansinnen jedoch stets zurück und beharrte auf der „Freiheit der Programmgestaltung unserer Wehrmachtsender".[137] Eine neue Gelegenheit bot sich Hinkel Anfang 1944 mit der Kritik, die Programme der Soldatensender wären „für die immer härter gewordene Kampflage im Osten" „unpassend" und „zu tingeltangel-ähnlich", zudem machten die Sender

---

130 Vgl. BArch, R. 56 I/41, fol. 12f. u. fol. 17; R 55/557, fol. 60; vgl. auch Vossler, Propaganda, S. 235.

131 Zum Verbot des Lieds und der zeitweiligen Auftrittssperre für Lale Andersen vgl. den Abschnitt „Zum Phänomen ‚Lili Marleen'" im Kapitel „Rahmung".

132 BArch, R 55/696, fol. 108, zit. n. Koch, Wunschkonzert, S. 295f.

133 BArch, R 55/557, fol. 60.

134 Memorandum Hinkels an Goebbels, 10.1.1944; BArch, R 56 I/41, fol. 18.

135 Ebd.

136 Ebd., fol. 177.

137 Schreiben von Wedels an Hinkel vom 22.11.1943; ebd., fol. 166.

„gänzlich unbekümmert mit zahllosen erweiterten An- und Durchsagen bunteste Sendungen, wie sie bereits schon vor Stalingrad nicht mehr in unserem innerdeutschen Programm verwendet werden durften."[138]

Anschließend kam er auf den Kern seines Ansinnens:

„Die diesbezügliche Lage hat sich nun in den letzten Tagen dadurch noch besonders weiterentwickelt, weil entsprechend den rückläufigen Bewegungen an der Ostfront mehrere Soldaten-Sender ihre Standorte weit ins Hinterland verlegt haben und unter Umständen in Kürze in die Nähe der früheren deutschen Grenzen [...] gelangen. [...] Meine Besprechungen [...] haben unter anderem ergeben, dass die meisten dieser Soldaten-Sender heute die Möglichkeit hätten, das innerdeutsche Programm zu übernehmen [...]. Hinzu kommt, dass bei den genannten Wehrmacht-Sendern größere, ja zum Teil größte künstlerische und technische Apparate (und das entsprechende Menschenmaterial!) vorhanden sind, an denen bei einer möglichst intensiven Zusammenschaltung mit dem innerdeutschen Programm meines Erachtens viel eingespart werden könnte."[139]

Hinkel trachtete danach, bei einer stärkeren Überlappung der Sendegebiete von Soldaten- und Reichsrundfunksendern sich der Soldatensender mit ihren unbotmäßigen Programmen zu entledigen und den Großteil deren Personals für den Fronteinsatz freizugeben. Diesen Vorschlag, der einen massiven Eingriff in die Kompetenzen des OKW bedeutet hätte, wagte der Minister jedoch nicht aufzugreifen, er beauftragte Hinkel lediglich, mit Fritzsche ein „Statut für die Soldatensender" auszuarbeiten.[140] Die daraufhin formulierten „Richtlinien für die künstlerischen und unterhaltenden Sendungen der Soldatensender" kamen dann über unverbindliche Aufforderungen nicht hinaus, sich in der „Tendenz" an die Vorgaben für den Großdeutschen Rundfunk zu halten und „im allgemeinen" nur „jene Arten von Unterhaltungsmusik" zu spielen, die „im innerdeutschen Programm erlaubt sind". Ausdrücklich wurde sogar „das Recht zur sogenannten erweiterten Ansage" eingeräumt, mithin für die Soldatensender das Conférence-Verbot aufgegeben.[141]

Die Soldatensender sahen keinen Anlass, ihre Programmgestaltung zu ändern. Zur demonstrativen Bestätigung ihres Kurses befassten sich im April 1944 die Sendeleiter auf einer Tagung auch mit den Musikwünschen der „aktiven Truppe": Während auf der Krim 70% der Soldaten moderne Tanz- und Unterhaltungsmusik forderten, der Luftwaffe die Programme „nicht ,heiss' genug" sein konnten und in Lappland die Devise „je verrückter, je lieber" galt, wollten die Gebirgsjäger im Norden hingegen „vornehmlich Wiener Musik, Wiener Operette, Volkslieder, aber auch Deutsche Meistermusik". Aus der Ukraine kam eine Differenzierung nach militärischem

---

138 Memorandum Hinkels an Goebbels, 10.1.1944; ebd., fol. 18.
139 Ebd.
140 Schriftliche Anweisung vom 13.1.1944; ebd., fol. 17.
141 Ebd., fol. 12f.

Rang, wonach „vom Bataillonskommandeur abwärts moderne, rhythmische Musik" favorisiert wurde, „vom Stabsoffizier aufwärts" jedoch „ernste bis schwere Musik".[142]

Wenig später ergab folglich eine Umfrage innerhalb der Wehrmacht, dass die Programme der Soldatensender gegenüber denen der zivilen Rundfunkstationen bevorzugt wurden. Während an den Reichsrundfunkprogrammen ausführlich Kritik geübt wurde, hieß es zu den Soldatensendern, sie würden „in allen […] Fällen positiv beurteilt".[143] Die neuerliche Frage nach den Musikpräferenzen erbrachte erwartungsgemäß, „der Landser" wünsche „in erster Linie die sogenannte ‚Hot-Musik'",[144] bzw. „der Soldat, der im Kampf an der Gefechtsfront steht, will leichte Musik, Tanz und Jazz".[145] Lobende Erwähnung fand der Ansager eines Soldatensenders, der die Verlesung der Nachrichten mit dem Satz beendet habe „Und jetzt, liebe Landser, bringen wir das, was Ihr von uns hören wollt, nämlich schwungvolle Tanzmusik".[146] Im Übrigen wären die Soldaten ausdrücklich „nicht geneigt, künstlerische Sendungen zu hören".[147]

Ausstattungsmängel

Im Juni 1944 erfasste eine Zusammenstellung die Probleme der Soldatensender.[148] So gut wie alle Sender monierten einen Mangel an sendefähigem Material, es fehlten nicht nur Schallplatten, sondern auch ausreichend Schallfolien, die als sogenannte „PK-Produktion" in Berlin hergestellt und an die Sender verteilt wurden[149] und Folien-Umschnitte mit Sendungen des Großdeutschen Rundfunks, die auf dem Weg des Programmaustauschs zur Verfügung gestellt wurden. Zudem kamen gravierende technische Probleme zur Sprache: dem Sender Finnmark fehlte eine eigene Studioausrüstung, die Sender Martha und Gustav kämpften mit Stromschwankungen, der Sender Ursula und der Kampfsender Viktoria in Italien hätten schlechte Kabelleitungen. Die technischen Probleme bestätigte auch ein in Frankreich stationierter Rundfunkfachmann, der die unzureichende Empfangsqualität der deutschsprachigen Radiostationen beklagte: die Sendesignale seien so schwach, dass „englisches Funkfeuer" (gezielt eingesetzte Störsender) alles überlagerte. Der Bericht gipfelte in dem bissigen Kommentar:

---

142 Tagung der Sendeleiter der Soldatensender am 23.4.1944 in Potsdam; BArch, R 56 I/41, fol. 9f. Zu den musikalischen Vorlieben der aus Österreich stammenden Truppen in Nordnorwegen vgl. auch Abschnitt „Die ‚Ostmärker' im Norden Norwegens" im Kapitel „Skandinavien und Sowjetunion – zur Truppenbetreuung in ‚zweierlei Weltkriegen'".

143 Zusammenfassung der Antworten auf eine Programm-Umfrage bei den Wehrmachtsangehörigen der RRG, 31.7.1944; BArch, R 55/557, fol. 64–79, hier fol. 64.

144 Ebd., fol. 69.

145 Ebd., fol. 76.

146 Ebd., fol. 70.

147 Ebd.

148 BArch, R 55/559, fol. 28–38.

149 Dabei handelte es sich um Sprechszenen und Kurzvorträge; vgl. Vossler, Propaganda, S. 245.

„Der Erfolg ist, daß sehr viel ausländischer Rundfunk gehört wird, wobei die englischen Sender an Lautstärke und Klang-Qualität alles einwandfrei überbieten, ein
Zustand, der sich nun bereits über Jahre hinzieht, mangelnde Rundfunk-techni-
sche Aufrüstung ausweist und propagandistisch geradezu als Nachweis dafür ausgewertet werden kann, daß wir niemals die Absicht hatten, uns überall in Europa
festzusetzen."[150]

Musikprogramme von Tonträgern und Live-Darbietungen

Die Soldatensender mit eigenen Funkhäusern in den besetzten Gebieten gestalteten
einen Teil ihrer Programme mit Tonträgern aus ihren Schallarchiven.[151] Daneben
bestand ein großer Teil der Musiksendungen – wie an allen Funkhäusern üblich –
aus Live-Übertragungen, die von den sendereigenen Sinfonie- und Unterhaltungs-
orchestern bestritten wurden.[152] Die Klangkörper setzten sich aus deutschen und
einheimischen Instrumentalmusikern[153] unter deutscher Leitung zusammen. Für
Abwechslung sorgten Kammermusik- oder Unterhaltungs-Formationen, die aus
den Orchestern gebildet wurden.

Von enormer Bedeutung für ein abwechslungsreiches Programm waren die Auftritte von Künstler*innen und Ensembles, die im Rahmen einer Gastspielreise oder für
längere Zeit bei einzelnen Sendern konzertierten[154] – auch dies, wie die Truppenbetreuungstourneen, ein ausgedehntes Feld professioneller künstlerischer Betätigung
im Krieg. Dabei gerieten Auftritte bei Soldatensendern bisweilen in Konflikt mit den
Engagement-Verpflichtungen in der Truppenbetreuung. Das OKW beklagte, einzelne KdF-Künstler*innen würden bereits vereinbarte Verpflichtungen nicht einhalten,
weil sie einem höher dotierten Engagement bei einem Soldatensender den Vorzug
gaben.[155] Daraufhin traf Generalmajor von Wedel mit Hinkel die Abmachung, die
Honorare der Soldatensender hätten sich im Rahmen der Truppenbetreuungs-

---

150 BArch, R 55/557, fol. 73. Zur Situation der zivilen Radiosender im besetzten Frankreich vgl.
     Le Bail, Music on the Airwaves.
151 Zu den Problemen wegen Material- und Personalknappheit vgl. BArch, R 55/559, fol. 11 und
     fol. 30–32.
152 Vgl. zu den Verpflichtungen eines Rundfunk-Unterhaltungsorchesters das Beispiel der Ka-
     pelle Wehner in Oslo, Abschnitt „Musikensembles in der Truppenbetreuung" im Kapitel
     „Skandinavien und Sowjetunion – zur Truppenbetreuung in ‚zweierlei Weltkriegen'".
153 Das im Rahmen der Truppenbetreuung bestehende Verbot des Einsatzes von Ausländern
     oder Staatenlosen (vgl. BA-MA, RW 38/61) galt für die Soldatensender nicht.
154 Das RPA Ausland meldete für 11.10.1943 im bulgarischen Soldatensender eine „Lore-Fi-
     scher-Stunde" aus Anlass der Konzertreise Lore Fischers; vgl. IfZ München, MA 603, fol.
     20872ff. Die Sängerin Evelyn Künneke schrieb in ihren Memoiren, sie wäre drei Monate am
     Sender Belgrad engagiert gewesen – leider ohne genauere Zeitangabe; vgl. Künneke, Evelyn:
     Mit Federboa und Kittelschürze. Meine zwei Leben, Frankfurt/Main, Berlin (Ullstein) 1991,
     S. 77f.
155 BArch, R 56 I/41, fol. 178.

Gagen zu halten,[156] zudem seien alle Künstler*innen vor einem Engagement bei Soldatensendern vorab von der Künstler-Einsatzstelle der RKK hinsichtlich ihrer künstlerischen und persönlichen Eignung zu überprüfen.[157] Von Wedel bedankte sich ausdrücklich, Hinkels Dienststelle leiste damit Gewähr,

> „daß unseren Soldaten nur das Beste geboten wird von Künstlern, die in jeder Hinsicht einwandfrei sind."[158]

Auch bei den Ansage-Stimmen sorgten die Soldatensender für Abwechslung: Neben Künstlerinnen, die in längerem Engagement bei einem Sender standen und kurzfristig verpflichteten Schauspielerinnen auf Truppenbetreuungstournee setzten sie sprachlich geeignete Wehrmachthelferinnen ein.[159]

Mobile Soldatensender

Mit dem Rückzug der Fronten im Verlauf der letzten Kriegsjahre wurden die festen Sendestationen zugunsten mobiler Soldatensender aufgegeben. Im Oktober 1944 veranlasste von Wedel als Leiter der Propagandakompanien „zur Betreuung der eigenen Truppe und zur Durchführung von Rundfunkkampfpropaganda in den Feind" die Aufstellung „Fahrbarer Rundfunksender" in Nord-, Ost- und Südeuropa.[160] Diese mobilen „Kampfsendertrupps" bestanden aus 16 Personen, die mit zwei LKWs und einem PKW eine Sendeanlage nebst Schallarchiv durch das ihnen zugewiesene Gebiet zu manövrieren hatten. Der Stellenplan sah sechs Personen im Offiziersrang (Kampfführer/Kampfpropagandist, Programmreferent Musik, Programmreferent Wort, Ansager und Sprecher, Leiter vom Dienst und Technischer Leiter), sechs Personen im Unteroffiziersrang (Hilfskraft Musik, Hilfskraft Wort, Ansager – „kann durch eine Stabshelferin ersetzt werden" –, Schreiber und zwei Techniker) sowie als Mannschaftsdienstgrade eine Schreibkraft und drei Kraftfahrer vor. Wie sich diese Trupps zusammensetzten, ob sie aus den Belegschaften der aufgegebenen Funkhäuser rekrutiert wurden und wohin das an den Sendern beschäftigte künstlerische, technische und administrative Personal kam, geht aus den Akten nicht hervor.

Sender Belgrad

Geradezu legendär wurde der Ruf des Soldatensenders Belgrad, der untrennbar mit dem Erfolg von „Lili Marleen"[161] verknüpft ist. An idealem Standort auf sumpfigem Gebiet errichtet, was die Sendestärke außerordentlich begünstigte, verfügte der Sen-

---

156 Aktennotiz Hinkel v. 18.2.1944; ebd., fol. 11. Zum Thema Gagen vgl. das Kapitel „,… völlig ungesunde Kriegsgewinnlerverhältnisse …'. Personalknappheit und Gagensteigerungen'.

157 BArch, R 56 I/41, fol. 167.

158 Ebd., fol. 166.

159 Vgl. Vossler, Propaganda, S. 244f.

160 BArch, R 55/20803, fol. 1f.

161 Vgl. den Abschnitt „Zum Phänomen Lili Marleen" im Kapitel „Rahmung".

der über eine ungewöhnliche Reichweite und war von Nordafrika bis zum Nordkap, von England und den Pyrenäen bis in den Kaukasus und nach Persien zu empfangen.[162] Nach der Besetzung Serbiens im Frühjahr 1941[163] übernommen, vermochten die Rundfunkleute mit gutem Gespür für die Wünsche der Soldaten ein Programm zu machen, das auf breite Anerkennung traf. Neben 20 Propagandakompanie-Angehörigen waren rund 300 Zivilpersonen bei Radio Belgrad tätig, der Sendebetrieb lief von 5 Uhr morgens bis 1 Uhr nachts.[164]

Eine Lobeshymne auf den Belgrader Sender verfasste der zur Wehrmacht einberufene Schriftleiter der Leipziger AMZ im Frühjahr 1942, die – abgesehen von der traditionellen Musikologen-Schelte gegen „flache" Populärmusik – einige Aspekte der Programmstruktur verdeutlicht:

„Wenn man den Landser im Osten, der einigermaßen regelmäßig Gelegenheit zum Rundfunkhören hat, fragt, welcher Sender ihm am meisten zusagt, wird man wohl in den allermeisten Fällen die Antwort hören: Belgrad. Es ist wirklich erstaunlich, wie sich der Betrieb dieses Soldatensenders eingespielt hat, dessen Sendungen nicht nur im Südosten und Osten mit Freude aufgenommen werden, sondern eben überall da, wo jetzt deutsche Soldaten stehen, vor allem auch in Afrika, für dessen Kämpfer der Sender jetzt sogar eine eigene Sendereihe ‚Oase Heimat' eingerichtet hat.

Erstaunlich ist die Vielseitigkeit dieses Senders, der nicht bei der Verwendung von Schallplatten stehen geblieben ist, sondern beispielsweise in seiner ausgezeichneten Tanzkapelle und mit der Verpflichtung des von seiner Tätigkeit im Reich bestens bekannten Rundfunkdirigenten Soldat Dr. Hans Hörner für seine wertvollen Symphoniekonzerte treffliche Kräfte einzusetzen weiß.

Etwas ganz Besonderes haben sich die Männer des Senders Belgrad, die auch die Popularität des Liedes von der Lili Marleen verursacht haben, in ihrer jeden Mittwochabend von vielen Tausenden eifrig erwarteten Sendereihe „Das kennen Sie doch?" ausgedacht. Da spielen sie etwa ein Dutzend bekannter oder auch weniger bekannter Musikstücke, Ouvertüren, Potpourris, Arien, Lieder, Operettenstücke usw. ohne Angabe des Titels und des Komponisten mit der Aufforderung, diese zu finden und einzusenden. Für richtige Lösungen stehen Buchpreise zur Verfügung. [...] Neuerdings werden heimlich ein paar harte Nüsse beigegeben, die sicherlich manchen straucheln lassen. Die Ouvertüre zum ‚Barbier von Bagdad', Schumanns ‚Mondnacht' oder Bachsche Orgelwerke verlangen vom einfachen Landser schließlich schon einige Kenntnisse! Aber gerade, wenn man im Kreise von nicht ‚fachlich' infizierten Kameraden diesen Rätselrateabenden folgt, freut man sich, wie viel an ‚guter Unterhaltungsmusik' doch allgemein bekannt ist. Nicht nur durch anspruchsvolle Symphoniekonzerte, sondern gerade durch gute volkstümliche Konzerte kann

---

162   Vgl. Boelcke, Macht des Radios, S. 230.
163   Aufnahme des Sendebetriebs am 21.4.1941; vgl. Protte, Mythos „Lili Marleen", S. 367.
164   Boelcke, Macht des Radios, S. 231; Vossler, Propaganda, S. 235.

Abb. 6:
Pause bei den Proben zu Fidelio in
Athen, August 1944,
Hans Hörner (Dirigat),
Oskar Walleck (Regie),
Maria Kalogeropoulou (Leonore),
Antonis Delendas (Florestan),
Foto: Privatbesitz Stephan Hörner

der Damm gegen die Flachheit der durchschnittlichen ‚Unterhaltungskunst' gehalten werden."[165]

Der im Artikel so wohlwollend erwähnte Dirigent Hans Hörner (1903–1968) übernahm auch Gastdirigate für Opern und Ballette am Serbischen Nationaltheater Belgrad. Als er mit dem serbischen Nationalballett einen historischen Stoff aufführte, kam es zu antideutschen Kundgebungen. Hörner wurde daraufhin nach Athen strafversetzt, wo er das Sinfonieorchester des dortigen Soldatensenders aufbaute.[166] Am 14. und 19. August 1944 dirigierte er vor 5.000 Zuschauer*innen im antiken Theater Herodes Atticus im Rahmen einer gemischten Veranstaltung für Wehrmachtangehörige und die griechische Zivilbevölkerung zwei Aufführungen von Beethovens *Fidelio*, bei der die am Beginn ihrer Karriere stehende Maria Callas (damals noch unter ihrem Geburtsnamen Maria Kalogeropoulou) in ihrer ersten großen Partie als Leonore debütierte.[167]

---

165 Petzoldt, Richard: „Loblied auf einen Soldatensender", in: *AMZ*, 69. Jg., Nr. 7, 3.4.1942, S. 60.

166 Zu den griechischen Radiosendern während der deutschen Besatzungszeit vgl. Charamis, Elli: "Music in Greek Broadcasting in Wartime (1940–1950): Complicity and Resistance", in: Grant, Soundtrack, S. 75–84.

167 Mein herzlicher Dank gilt Stephan Hörner für diese Informationen! Die Callas-Biografieschreibung tut sich schwer mit dem Umstand, dass die Sängerin für die Besatzungsmacht tätig war. So stellt z. B. Gunna Wendt die *Fidelio*-Aufführungen als rein griechische, politisch widerständige Opernereignisse dar; vgl. Wendt, Gunna: *Meine Stimme verstörte die Leute. Diva assoluta Maria Callas*, München (Albrecht Knaus) 2006, S. 84f. Bei Jürgen Kesting

Das Unterhaltungsorchester des Senders Belgrad setzte sich neben einigen deutschen Musikern vor allem aus serbischen und kroatischen Instrumentalisten zusammen. Der Pianist, Arrangeur und Bandleader Friedrich Meyer, ab Juli 1942 in
Belgrad tätig, äußerte seine Dankbarkeit für die einheimischen Musiker, die den am
Sender tätigen Soldaten und Zivilisten ihre „wunderbaren Drückeberger"[168]-Posten
ermöglicht hätten.

> „In Belgrad habe ich Schallplatten am Flügel durch Überleitungen verbunden, die
> Sendung hieß ‚Bunte Träume'. Da habe ich Material genommen aus ‚Shall We Dance',
> ‚Broadway Melody'. [...] In Belgrad habe ich mir ein Orchester meiner Wahl gebil-
> det, zunächst ein großes Streichorchester [...]. Dann hatten wir in Radio Belgrad
> auch ein Symphonieorchester, mit zwei Dirigenten, [...] dann noch zwei Unterhal-
> tungsdirigenten. Da war viel Oper, ziemlich mäßig. Dann habe ich das große Unter-
> haltungsorchester neu aufgebaut, mit Streichern, vier Saxofonen, drei Posaunen. Der
> Blechsatz war nicht so doll, die Saxofone waren gut [...]. Wir haben Revuen gemacht
> in kleinen Theatern mit dem Orchester. Es war eine wunderschöne Zeit. Denn es
> kam nur noch auf die Musik an."[169]

Zudem traten am Sender noch regelmäßig ein serbischer Volkschor und ein Tambu-
rizza-Orchester mit serbischer Volksmusik[170] auf und auch einheimische Solist*innen
wurden engagiert.[171] Wie beim Sender Oslo, der sein Orchester ebenfalls mit einheimischen Instrumentalisten besetzte[172] und den für die Truppenbetreuung im Osten
engagierten ukrainischen und russischen Spielgruppen[173] galt damit auch für die
Soldatensender in Südosteuropa das so genannte „Ausländerverbot"[174] nicht.

Ein Überblick über die Aktivitäten des Senders Belgrad nebst Kurzwellensender
Belgrad II vom Frühjahr 1944 veranschaulicht einerseits die auf die einheimische
Bevölkerung gerichtete Propagandatätigkeit gegen die vom späteren jugoslawischen
Präsidenten Tito geleiteten Partisanengruppen, und zudem die musikalische Pro-

---

kommt das Engagement im erzählenden Text gar nicht vor, in der peniblen Auflistung „Die
Auftritte der Maria Callas. Opernaufführungen und Konzerte zwischen 1938 und 1974" werden die *Fidelio*-Aufführungen unter dem Dirigat von August Höner benannt; vgl. Kesting,
Jürgen: *Maria Callas*, Düsseldorf (Claasen) 1990, S. 377–395, hier S. 378, und David Bret
erwähnt zwar äußerst knapp eine „Feindarbeit", die Maria Callas geleistet habe, münzt die
beiden Aufführungen aber in flammende patriotische Demonstrationen um; vgl. Bret, David: *Callas. Biographie*, Hamburg (Europäische Verlagsanstalt/Rotbuch) 2000, S. 41.

168 Interview Michael H. Kater mit Margot Hielscher und Friedrich Meyer, 4.6.1988; Clara Thomas Archives & Special Collections, York University Toronto, Sammlung Michael H. Kater,
Akten-Nr. 2006–030/003 (14), S. 3.
169 Ebd., Akten-Nr. 2006–030/003 (3), S. 15f.
170 Vgl. Grull, Radio, S. 161.
171 Vgl. Vossler, S. 307.
172 Vgl. Abschnitt „Musikensembles in der Truppenbetreuung" im Kapitel „Skandinavien und
Sowjetunion – zur Truppenbetreuung in ‚zweierlei Weltkriegen'".
173 Vgl. Abschnitt „Klagen über KdF-Ensembles und Einsatz einheimischer Gruppen" ebd.
174 Vgl. BA-MA, RW 38/61.

grammarbeit, die Sendungen mit ausführlichen Conférencen sowie die Kooperationen der Rundfunkmacher:

> „Neben der umfangreichen politischen Arbeit zur Bekämpfung der Banden in dem Balkan-Raum werden laufend Truppenbetreuungssendungen in der Form von bunten Abenden unter Mitwirkung von deutschen Künstlern veranstaltet. Zur weiteren Belebung der Originalsendungen innerhalb des Abend-Programms wurde aus dem Tanzorchester ein zweites kleines Orchester gebildet, für das besondere Arrangements angefordert wurden. In den Schallplatten-Unterhaltungssendungen wurde besonderer Wert auf erweiterte Textgestaltung gelegt. Zur Belebung des Programms waren in diesen Sendungen jeweils mehrere Sprecher eingesetzt. Darüber hinaus wurden Folien-Umschnitte geeigneter Film-Musiken aus den der Propaganda-Abteilung zur Verfügung stehenden Filmen und Aufnahmen mit den am Sender Belgrad im Monat März tätig gewesenen Künstlern aus dem Reich angefertigt, sie dienten der Erweiterung des für die Durchführung des Programms benötigten Musikbestandes. Im Rahmen der Zusammenarbeit […] wurde in Prag mit dem DTUO Fühlung genommen, aus dessen Beständen an Notenmaterial dem Tanzorchester des Senders Belgrad viel zur Verfügung gestellt werden konnte."[175]

Im September 1944 wurde der Großteil der Rundfunkbelegschaft nach Wien verlegt, am 16. Oktober erfolgte die letzte Sendung aus Belgrad und bis zur Kapitulation 1945 agierte der Soldatensender als mobiler Kampfsendertrupp von Wien aus.[176]

Die Soldatensender boten mit ihren Programmen einen Resonanzraum für die Bedürfnisse, Sehnsüchte und Energien ihrer Hörerschaft. Inwieweit ihre Abgrenzung gegenüber Reichsrundfunk und RMVP politisch motiviert war oder eine wohlfeile nachträgliche Distanzierung vom Regime darstellt, muss dahingestellt bleiben. Eine wichtige Rolle werden Aspekte wie eine selbstbewusst vertretene professionelle Fachkompetenz gespielt haben. Die Soldatensender sahen sich den Wünschen der Soldaten verpflichtet und nutzten zur großen Zufriedenheit ihres Zielpublikums die bestehenden Freiräume.

---

175 BArch, R 55/559, fol. 35.
176 Vgl. Grull, Radio, S. 162.

4.5 „... völlig ungesunde Kriegsgewinnlerverhältnisse ...".[1] Personalknappheit und Gagensteigerungen

Gegen Ende der 1920er Jahre hatte sich die ökonomische Situation von Musikerinnen und Musikern in Deutschland drastisch verschlechtert. US-amerikanische Unterhaltungsmusik eroberte den europäischen Markt, Gastspielreisen populärer Orchester und Revuen aus Übersee sorgten für Verdrängungsprozesse in den großstädtischen Vergnügungsszenen. Hinzu kam, dass im Zuge der Weltwirtschaftskrise Gaststätten, Cafés und Unterhaltungsetablissements wegen hoher Umsatzeinbußen die Engagements von Musikensembles beenden mussten. Mit dem Aufkommen des Tonfilms wurden die Kinoorchester aufgelöst und rund 12.000 Musiker*innen entlassen.[2] Überdies war die Förderung der so genannten Kulturorchester von staatlicher Seite zurückgefahren worden, was Stellenabbau und Gehaltskürzungen bis zu 40% zur Folge hatte.[3] Der Musikalienhandel und der Absatz von Schallplatten brachen ein, zudem konnten immer weniger Menschen die Kosten für privaten Instrumentalunterricht aufbringen.

Noch 1936 lag bei rund 80% der Musiker*innen das monatliche Einkommen deutlich unter dem durchschnittlichen Verdienst von Arbeitern; die Arbeitslosenquote in diesem Berufsfeld betrug mehr als 20%, während sie ansonsten bereits auf unter 10% gesunken war[4] – der allgemeine wirtschaftliche Aufschwung kam erst mit zeitlicher Verzögerung im Kultursektor an.

Im Juni 1933 ergab eine Erhebung die Zahl von 93.857 hauptberuflichen Musikschaffenden,[5] von denen mehr als die Hälfte dem Bereich Populärer Musik zuzurechnen war. Eine Differenzierung nach Geschlecht wurde hierbei leider nicht wiedergegeben. 1941 waren nach Angaben der Reichsmusikkammer 23.500 Frauen in musikalischen Berufen tätig,[6] davon 16.790 private Musiklehrerinnen (gegenüber 9.511 privaten Musiklehrern). In den so genannten Kulturorchestern gab es außer 72 Harfenistinnen keine weiteren Musikerinnen. Im Bereich Unterhaltungsmusik arbeiteten 3.000 Frauen, die meisten in Damenkapellen; gemischte Ensembles existierten so gut wie gar nicht. Daneben waren noch etwa 250 Organistinnen sowie 795 Instrumentalsolistinnen tätig, die zumeist auch unterrichteten.[7] Im Berufsfeld

---

1   Regierungsrat Reimer, RMVP, am 5.3.1942 in einer Sitzung mit Vertretern sämtlicher in der Truppenbetreuung involvierter Dienststellen, IfZ München, MA 234.

2   Vgl. Wicke, Peter: „Populäre Musik im faschistischen Deutschland", in: Schutte, Sabine (Hg.), *Ich will aber gerade vom Leben singen. Über populäre Musik vom ausgehenden 19. Jahrhundert bis zum Ende der Weimarer Republik*, Reinbek (Rowohlt) 1987, S. 418–430, hier S. 422.

3   Vgl. Kater, Mißbrauchte Muse, S. 23f.

4   Ebd., S. 24.

5   Prieberg, Musik im NS-Staat, S. 47.

6   Raabe, Peter: „Die Frau im musikalischen Leben", in *Zeitschrift für Musik*, 108. Jg., Heft 8, August 1941, S. 501–508, hier S. 506.

7   Ebd.

Musik traten Frauen öffentlich – wie auch die Besetzung der Truppenbetreuungsensembles zeigt[8] – fast ausschließlich als Sängerinnen in Erscheinung.

Kontroll- und Lenkungsinstrument Reichskulturkammer

Im Herbst 1933 hatte Minister Goebbels mit der Gründung der Reichskulturkammer, die im RMVP angesiedelt wurde, die Macht über den gesamten Bereich von Kunst und Kultur erlangt. Die RKK mit ihren berufsständisch verfassten sieben Fachkammern[9] verleibte sich die bestehenden Berufsverbände[10] und Kultur-Organisationen ein und etablierte umfassende staatliche Zugriffsmöglichkeiten auf sämtliche kulturellen Institutionen sowie die sozialen und wirtschaftlichen Belange der in diesem Sektor Berufstätigen. Das Regime intendierte neben der politischen ‚Säuberung' und der ‚Entjudung der deutschen Kultur' (der entscheidende Hebel hierfür war das „Gesetz zur Wiederherstellung des Berufsbeamtentums", das am 7. April 1933 erlassen wurde und als §3 den berüchtigten „Arierparagraphen" enthielt)[11] eine Umwälzung kulturellen Selbstverständnisses im Sinne völkisch-nationalsozialistischer Ideologie. Künstlerisch/kulturell Tätige hatten ihr Schaffen in den ‚Dienst an der Volksgemeinschaft' zu stellen,[12] für ihre Berufsausübung war fortan die Mitgliedschaft in einer der Fachkammern zwingend notwendig. Die Mitgliedschaft konnte einer Person entzogen werden, die „die für die Ausübung ihrer Tätigkeit erforderliche Zuverlässigkeit und Eignung nicht besitzt".[13] Eine fehlende Mitgliedschaft bedeutete Berufsverbot.[14] Diese Zwangsmitgliedschaft gewährte den

---

8   Vgl. BArch, RK Y 32; vgl. auch das Kapitel „Diachrone Betrachtung: Die Bunte Frontbühne Bernt Komm – Alltag der Truppenbetreuung". Eine Ausnahme bildete das im Februar 1941 in den Niederlanden tourende Ensemble Bernstein, das aus zwei Männern (Reiseleitung und Conference) und sieben Frauen (darunter die Pianistin Carmen Osorio und die Bandoneon-Virtuosin Manja Nolepa) bestand, vgl. BA-MA, RH 34/233.

9   Reichsschrifttumskammer, Reichsfilmkammer, Reichsmusikkammer, Reichstheaterkammer, Reichspressekammer, Reichsrundfunkkammer und Reichskammer der Bildenden Künste.

10   Damit errang Goebbels einen Sieg im Machtkampf mit Robert Ley, zu dessen DAF die Berufsverbände eigentlich gehört hätten; vgl. Rathkolb, Führertreu, S. 14.

11   Reichsgesetzblatt Teil I 1933, Nr. 34, Faksimile unter http://alex.onb.ac.at/cgi-content/alex?a id=dra&datum=1933&page=300&size=45 (Aufruf am 16.4.2017).

12   Vgl. Dahm, Volker: „Anfänge und Ideologie der Reichskulturkammer. Die „Berufsgemeinschaft" als Instrument kulturpolitischer Steuerung und sozialer Reglementierung", in: *Vierteljahrshefte für Zeitgeschichte*, 34. Jg. (1986), Heft 1, S. 53–84, hier S. 56.

13   § 10 der Ersten Verordnung zur Durchführung des Reichskulturkammergesetztes vom 1.11.1933, RGBl. Teil I 1933, Nr. 123, S. 797, Faksimile unter http://alex.onb.ac.at/cgi-con tent/alex?aid=dra&datum=1933&page=922&size=45 (Aufruf am 16.4.2017).

14   Vgl. hierzu Fetthauer, Sophie: „‚Unerlaubtes' Musizieren und Unterrichten. Die Ordnungsverfahren der Reichsmusikkammer nach Paragraph 28 der ‚Ersten Durchführungsverordnung des Reichskulturkammergesetztes'", in: Geiger, Friedrich (Hg.): *Musikkulturgeschichte heute. Historische Musikwissenschaft an der Universität Hamburg (Hamburger Jahrbuch für Musikwissenschaft, Bd. 26)*, Frankfurt/Main (Peter Lang) 2009, S. 149–163; Knickmann, Tobias. „Die ‚Strolche' der Reichsmusikkammer – Entstehung, Entwicklung und Personal

Kammern weitreichende Reglementierungs-, Disziplinierungs- und Repressions-
möglichkeiten.[15] Der RKK und ihren Fachkammern erwuchsen zudem erhebliche
finanzielle Spielräume, denn sämtliche Mitglieder mussten 1% ihres Einkommens
als Beitrag abführen.[16]

Mit einer Reihe von Maßnahmen verbesserte die Reichsmusikkammer die Situation ihrer Mitglieder spürbar: eine einheitliche Mindestbesoldung, die Einführung
einer Altersversorgung für Orchestermitglieder, Arbeitsschutzregelungen wie
Sechs-Tage-Woche und eine Arbeitsstunden-Obergrenze,[17] Regelungen für Be-
rufsabschlüsse und Examina sowie eine starke Einschränkung der Tätigkeit von
Laien-Musiker*innen, die bis dahin das umkämpfte Feld der ‚Muggen' (musikalische Gelegenheitsgeschäfte, Kurzengagements für Einzelveranstaltungen) durch
Dumpingpreise verdorben hatten.[18] Die Vertreibung jüdischer und politisch nicht
angepasster Musikerinnen und Musiker aus Orchestern und Ensembles sorgte für
Vakanzen, die RMK-Mitglieder übernahmen. Zudem schuf die Neugründung zahlreicher Partei- und Militärkapellen im Zuge der forcierten Militarisierung neue
Stellen.[19]

Anfängliche Planungen

Nach dem Überfall auf Polen hatte das OKW „künstlerische Darbietungen an der
Front" in den ersten Kriegswochen für unnötig erklärt; erst für die im Land verblei-
benden Besatzungstruppen würde eine Betreuung erforderlich, ebenso im Westen,

---

der Berliner Kontrollabteilung 1933–1940", in: *Die Musikforschung*, 71. Jg., Heft 1, 2018,
S. 33–42.

15 So konnte zudem die Veröffentlichung des Ausschlusses aus einer Fachkammer in den entsprechenden Fachzeitschriften als Mittel zur Abschreckung eingesetzt werden; vgl. z. B. *Die
Bühne. Zeitschrift für die Gestaltung des deutschen Theaters*, Heft 21/22, November 1943,
S. 230 unter der Überschrift „Die Reichstheaterkammer teilt mit": „Betr.: Artistin Anna
Olschewski (Künstlernamen Anny Vanmoli), Stuttgart, Ludwigstraße 1, Mitgliedsnummer
2091 Die Obengenannte ist am 28. Oktober 1943 mit sofortiger Wirkung aus der Reichstheaterkammer ausgeschlossen worden, da sie sich geweigert hat, in dem Soldatenheim „Der
Kreisel" in Leipzig aufzutreten. Es ist Ehrenpflicht eines jeden Künstlers, vor den Angehörigen der Wehrmacht, die ihnen durch ihren heldenhaften Einsatz erst die Ausübung ihres
Berufs ermöglichen, zu spielen. Die entgegengesetzte Auffassung eines Kulturschaffenden ist
ein Beweis seiner Unzuverlässigkeit."

16 Vgl. Rathkolb, Führertreu, S. 23f.; Riethmüller, Albrecht; Custodis, Michael (Hgg.): *Die
Reichsmusikkammer. Kunst im Bann der Nazi-Diktatur*, Wien (Böhlau) 2015.

17 Vgl. Transkript des Interviews von Michael H. Kater mit dem Schlagzeuger Freddie Brocksieper; Clara Thomas Archives & Special Collections, York University Toronto, Sammlung
Michael H. Kater, 2006–030/002 (11), S. 10.

18 Vgl. Potter, Deutscheste der Künste, S. 34f.

19 Vgl. Abschnitt „Ausbildung und Personalsituation" im Kapitel „Mit klingendem Spiel".

„wenn es längere Zeit zu erheblichen aktiven Kriegshandlungen gekommen" wäre.[20] Ab Ende August 1939 entwickelten RMVP und KdF – in steter Konkurrenz um Einflusssphären und die eigene Bedeutsamkeit besorgt[21] – Pläne für eine Betreuung der Soldaten. Der westliche Frontbereich wurde in fünf Abschnitte eingeteilt, in denen jeweils eine Theaterbühne, ein Varieté, eine Bauernbühne, ein Bunter Abend, vier Kammermusikveranstaltungen mit Rezitationen, zehn Vortragsveranstaltungen, eine musikalische Brauchtumsgruppe, eine Gymnastik- und Sportgruppe, ein Ballett, zwei Kleinkunst-Kabaretts sowie zwei Tonfilmwagen eingesetzt werden sollten. Nach einem Monat sollten die Ensembles in den nächsten der fünf Abschnitte wechseln, sodass man insgesamt eine Bespielung für fünf Monate auf die Beine gestellt sah. Die Kalkulationen gingen von monatlichen Kosten in Höhe von RM 550.000,-- für diese insgesamt 100 unterschiedlich großen und aufwändigen Veranstaltungen aus.[22] Dabei waren – abgesehen von Tagesgeldern und Fahrtkosten – Honorarzahlungen nur für diejenigen Künstlerinnen und Künstler vorgesehen, die nicht in einem dauerhaften Engagement standen. Alle übrigen, die als Mitglieder fester Bühnen und Ensembles die Truppen betreuten, sollten im Rahmen des Kriegsleistungsgesetzes diesen „Ehrendienst" unentgeltlich erfüllen, „wie es für jeden anderen Volksgenossen für irgendeine Arbeitsleistung üblich"[23] war.

Am 11. September 1939 konkretisierte die Theaterabteilung im RMVP in einem Fernschreiben an die Reichspropagandaämter der fünf Abschnitte ihre Anforderungen:

> „Ich bitte Sie, umgehend bei den in Ihrem Gau gelegenen Stadttheatern vertraulich anzufragen, mit welchem Werk und ab welchem Zeitpunkt […] die Ensembles dieser Stadttheater für den genannten Zweck eingesetzt werden können. Das bedeutet nun nicht, daß die Städtischen Bühnen ihren normalen Betrieb einschränken sollen, sondern daß sie zusätzlich für die in Ruhestellung befindlichen Truppen einige Veranstaltungen durchführen und damit eine Ehrenpflicht der Theaterschaffenden der Wehrmacht gegenüber erfüllen. […] In erster Linie werden Lustspiele, Singspiele, kleinere Operetten- und evtl. auch kleine Opernaufführungen, darüber hinaus die Beteiligung von Solisten im Rahmen eines Bunten Programms in Frage kommen."[24]

Wie die Stadttheater in der laufenden Spielzeit eine dauernde, umfangreiche Frontbetreuung gewährleisten sollten, blieb offen. In der Folge etablierte sich ein Spielbetrieb, der nur in geringem Maß mit Künstlerinnen und Künstlern aus bestehenden

---

20   RMVP-interne Mitteilung von Ministerialdirektor Gutterer an Minister Goebbels, 10.9.1939, BArch, R 55/20261, fol. 13f. Nach der Kriegserklärung Frankreichs und Großbritanniens an das Deutsche Reich am 3.9.1939 hatte an der Grenze zu Frankreich eine kampflose Phase, der so genannte „Sitzkrieg", begonnen, der am 10.5.1940 mit dem Beginn des Westfeldzugs beendet wurde.

21   Vgl. BArch, R 55/20261, fol. 6, 9, 13, 20.

22   Ebd., fol. 14. Zur Finanzierung der Truppenbetreuung vgl. den Abschnitt „Truppenbetreuung – Zuständigkeiten, Organisation und Finanzierung" im Kapitel „Rahmung".

23   BArch, R 55/20261, fol. 14.

24   Ebd., fol. 16f.

Engagements bestritten wurde. Die Truppenbetreuung erwies sich vor allem für Freischaffende als Chance, endlich verlässliche Einkünfte zu erzielen.

Personal- und Gagenquerelen

Den Großteil der Truppenbetreuung verantwortete KdF,[25] die sich jedoch außer Stande erklärte, die gesamte umfangreiche Arbeit organisatorisch zu leisten und das unternehmerische Risiko dafür zu tragen.[26] Neben ihrem eigenen Deutschen Veranstaltungsdienst (DVD) beauftragte sie kurzerhand Gastspieldirektionen und Künstleragenturen damit, die wachsende Zahl an Ensembles und Programmen zusammenzustellen. Den Gastspieldirektionen standen dafür 15% der vereinbarten Honorare als Vermittlungsgebühr zu[27] – unter diesen Konditionen einte Künstler*innen und Gastspieldirektionen ein vitales Interesse an steigenden Gagen.

Im August 1940, fast ein Jahr nach Beginn des Kriegs, mahnte Minister Goebbels in einem Aufruf:

> „Ich erwarte, daß jeder deutsche Kunstschaffende, an den der Ruf zur Mithilfe ergeht, sich freudig und gern dem großen Werk der Truppenbetreuung zur Verfügung stellt. Wer sich hier zu drücken versucht, ist nicht wert, in dieser geschichtlichen Zeit zu leben und ihrer Segnungen teilhaftig zu werden."[28]

Bei den weniger Prominenten rannte er damit offene Türen ein, sie hatten bereitwillig den Dienst in der Truppenbetreuung aufgenommen. Der Aufruf zielte vor allem in Richtung der großen Stars, sich für Gastspiele zur Verfügung zu stellen oder unentgeltlich beim *Wunschkonzert für die Wehrmacht* im Reichsrundfunk aufzutreten. Neben KdF – und in bewusster Abgrenzung zu deren vielfach kritisierten minderwertigen Massenprogrammen – engagierte sich das RMVP in der Betreuung der Soldaten mit dem Ende 1939 eigens gegründeten Sonderreferat Truppenbetreuung,[29] das 1940 Hans Hinkels Abteilung „Besondere Kulturaufgaben" (BeKA) eingegliedert wurde.[30] Außer den „Berliner Künstlerfahrt"-Tourneen, die in großen Orten ein buntes Programm mit berühmten UFA-, Konzert- und Rundfunk-Stars, zumeist von Hinkel

---

25 Vgl. hierzu und dem Folgenden die Abschnitte „Truppenbetreuung – Bedeutungszuweisung und Umfang" sowie „Truppenbetreuung – Zuständigkeiten, Organisation und Finanzierung" im Kapitel „Rahmung".

26 Vgl. BArch, R 56 III/358. Ein Veranstalter hatte z. B. die Haftung für Gagenzahlungen sowie Ausfallleistungen bei Urlaub, Krankheit oder Unfällen zu tragen.

27 BArch, R 56 I/37, fol. 17.

28 *Die Bühne*, Heft 10, Aug. 1940, S. 1, identisch in *Die Musik*, 33. Jg., Heft 1, Okt. 1940, S. 21.

29 Vgl. Boelcke, Kriegspropaganda, S. 130.

30 Brief Hinkels an den Dramatiker und „Kultursenator" Staatsrat Hanns Johst, 3.7.1940: „[...] Inzwischen ist das eingetreten, was ich Dir bei Deinem letzten Hiersein ankündigte: Ich habe zu meiner Abteilung noch den Posten des Hauptgeschäftsführers der Reichskulturkammer und die gesamte Truppenbetreuung übernommen, sodass dadurch zwei gerade heute entscheidende Hebel in meiner Hand sind." BArch, R 56 I/93, fol. 71.

persönlich geleitet und moderiert, spielten, standen verschiedene qualitativ bessere Truppenbetreuungsensembles und einzelne Künstler*innen[31] teilweise über Jahre hinweg beim Amt Truppenbetreuung unter Vertrag, zudem bewerkstelligte BeKA die Instrumenten-, Radio-, Grammophon- und Schallplattenkäufe[32] sowie weiteres Material zur Unterhaltung der Truppen.

Mit Kriegsbeginn setzten in RMVP und RKK erste Sondierungen bezüglich Gagenkürzungen ein.[33] Die Kriegswirtschaftsverordnung vom 4. September 1939 Abschnitt III, § 18, Abs. 1 ermöglichte dem Reichsarbeitsminister eine Kürzung sämtlicher Löhne, Entsprechendes sollte auch im kulturellen Bereich Anwendung finden. Formaler Entscheidungsträger war dabei der „Sondertreuhänder der Arbeit für die kulturschaffenden Berufe" (ursprünglich zur „Entjudung" des Kulturlebens gedacht, oblagen ihm umfassende personelle Kontrollaufgaben). Diese Funktion hatte auf Betreiben Goebbels' ab Juli 1941 ebenfalls Hinkel inne.[34] Eingriffe in die Gagenhöhen wurden jedoch als nicht opportun und zudem nur schwer durchführbar erkannt – schließlich galt es, die Künstlerschaft dem Regime gewogen zu halten.[35]

Querelen um die Höhe künstlerischer Gagen zogen sich durch die gesamte Kriegszeit. Erst ab Januar 1944 wirkten umfassend angewandte Maßnahmen nach der Kriegsdienstverordnung gagendämpfend, jedoch nur um den Preis rapide abflauenden Interesses bei arrivierten Künstlerinnen und Künstlern, sich in der Truppenbetreuung zu engagieren.

Anfang 1941 erschien in der *Zeitschrift für Musik* ein Beitrag zum Thema Gagenentwicklung im Krieg, der die Situation schlichtweg auf den Kopf stellte:

„[…] Ein beängstigendes Ansteigen der Honorare von Jahr zu Jahr gibt es nicht mehr. […] Ihre innere vorbildliche Haltung haben die deutschen Künstler während des jetzigen Krieges bekräftigt. Als es darauf ankam, die Kriegswirtschaftsverordnung und insbesondere die Lohnstopverordnung […] sinngemäß anzuwenden, gingen unsere deutschen prominenten Künstler mit gutem Beispiel voran und erklärten sich im Interesse der Aufrechterhaltung des deutschen Kulturlebens sofort bereit, auch persönliche Opfer zu bringen. Diese Einsatzbereitschaft der deutschen Kulturschaffenden hat nicht zuletzt dazu beigetragen, das Kulturleben im Gegensatz zum feindlichen Ausland intakt zu halten und durch die Stillung des allgemeinen Hungers

---

31   Eine Auflistung dieser Ensembles und ihrer Mitglieder sowie eine „Sondereinsatzliste" mit Einzelkünstler*innen für die Jahre 1943 und 1944 enthält BArch, R 56 I/84, fol. 168ff.

32   Vgl. hierzu das Kapitel „Versorgung der Soldaten mit Musikinstrumenten, Rundfunkgeräten und Grammophonen".

33   Vgl. BArch, R 55/949, fol. 2ff.

34   BArch, R 55/129, fol. 221.

35   BArch, R 55/949, fol. 82f. Vgl. hierzu auch Hirt, Truppenbetreuung, S. 425.

nach seelisch-geistigen Werten inmitten des uns aufgezwungenen nationalen Daseinskampfes die innere Front zu stärken."[36]

Anders als verklausulierten Appell lässt sich dieser Artikel nicht lesen, richtete er sich doch an ein Fachpublikum, dem die Gegebenheiten bekannt waren. Tatsächlich spitzte sich die Situation 1941 durch die weitere Einberufung männlicher Künstler und den zugleich steigenden Bedarf der Truppenbetreuung drastisch zu. Im April sandte das RPA Pommern einen Brandbrief an Minister Goebbels wegen dringender Personal- und Finanzsorgen. Die Neugründungen deutschsprachiger Drei-Sparten-Häuser in Städten wie Krakau, Warschau, Straßburg, Mühlhausen, Lille, Den Haag, Oslo und etlichen anderen Orten, mit denen sich die zivilen Statthalter in den besetzten Gebieten schmückten, sowie die Einberufung von Schauspielern, Sängern und Orchestermitgliedern zur Wehrmacht brächten die Provinzbühnen in eine außerordentlich schwierige Lage. Die Theater wären mit „überspannte[n] Gagenforderungen und Gagenüberbietungen" konfrontiert, „[d]ie Stimmung der Herren Intendanten muß als eine verzweifelte gekennzeichnet werden".[37] Der Briefschreiber präsentierte zur Veranschaulichung der Misere eine Liste der Abwanderung künstlerischen Personals aus dem pommerschen Schneidemühl:

Operettentenor bislang	5.600,-- jährlich	jetzt 9.000,-- (Zwickau)
Operetten-Soubrette	2.800,--	jetzt 7.200,-- (Thorn)
Operetten-Sängerin	1.800,--	jetzt 3.600,-- (Elbing)
Koloratur-Sängerin	2.000,--	jetzt 5.500,-- (Linz)
Opern-Buffo	3.200,--	jetzt 4.000,-- (Cottbus)
Kapellmeister	1.120,--	jetzt 4.200,-- (Krakau)
Chor-Bassist	1.840,--	jetzt 3.120,-- (Oldenburg)[38]

Ein Bericht des SS-Sicherheitsdienstes aus dem gleichen Zeitraum griff das Thema ebenfalls auf, wobei hier die Zusammenhänge mit der Truppenbetreuung benannt wurden:

„[...] daß insbesondere die Bühnen in den zurückgewonnenen Gebieten außerordentlich hohe Gagen zugesagt hätten. Die Folge davon sei z. B. bei den niederschlesischen Theatern, daß nahezu 75% der solistischen Kräfte die alten Verträge gelöst, neue Engagements gesucht und gefunden hätten. Bei Orchestermusikern und Chormitgliedern liege der Prozentsatz noch höher. [...] In Kreisen der Bühnenschaffenden werde weiter die Entwicklung der Gagen bei der Truppenbetreuung teilweise mit ausserordentlicher Unruhe verfolgt. Es werde verschiedentlich davon gesprochen, daß ein Durchschnittseinkommen bei der Truppenbetreuung von RM 1.000,-- gang

---

36   Leinveber, Gerhard: „Künstlergagen im Kriege", in: *Zeitschrift für Musik*, 108. Jg., Heft 1, Januar 1941, S. 19f.

37   RPA Pommern an Goebbels, 5.4.1941, IfZ München, MA 234 und BArch, R 55/129, fol. 242ff. Ein ähnliches Schreiben hatte das RPA Essen im Februar 1941 ebenfalls an Goebbels gesandt, vgl. BArch, R 55/129, fol. 238ff.

38   IfZ München, MA 234 und BArch, R 55/129, fol. 242.

und gäbe sei. Die Bezeichnung ‚Kriegsgewinnler' für die an der Truppenbetreuung beteiligten Künstler laufe im Kreise der Bühnenschaffenden um. [...] Es zeige sich dabei, daß die Bühnenvermittler ein großes Interesse an diesen Gagensteigerungen und Ensembleauflösungen hätten, da sich ihre Einnahmen im gleichen Ausmaße mit dem Personalwechsel steigerten."[39]

Das RPA Saarpfalz forderte seinen obersten Dienstherrn Goebbels auf, „energisch und beschleunigt" einzugreifen und

„[...] insbesondere zu prüfen, ob es nicht endlich an der Zeit wäre, [...] die Anzahl der Tourneen, die ja weiter nichts sind als geschäftliche Unternehmungen geschäftstüchtiger Agenten, auf ein erträgliches Maß herabzuschrauben."[40]

Auch seitens OKW und Partei-Kanzlei wurde an RKK und RMVP die Erwartung herangetragen, geeignete Gegenmaßnahmen zu ergreifen.[41] Nachdem erste Versuche mit einer „Gehaltsstopverordnung (2. Durchführungsverordnung zur Kriegswirtschaftsverordnung)" im November 1939 und „Anordnungen zur Überwachung der Gagengestaltung" für Bühnenschaffende, Filmschaffende und Gaststättenmusiker, wirksam ab 1. März 1940, mehreren Rundschreiben sowie Besprechungen mit den Konzertdirektionen[42] nicht gefruchtet hatten, trat am 15. Juli 1941 mit der „Anordnung zur Überwachung der Gagengestaltung bei Gaststätten- und Truppenbetreuungsverträgen" ein weiterer administrativer Versuch in Kraft, das Problem der unmäßigen Gagensteigerungen in den Griff zu bekommen. Diese Anordnung brachte erheblichen bürokratischen Mehraufwand mit sich: Sämtliche neuen Verträge zwischen Gastspielunternehmen, KdF, DVD oder auch Gaststätten und Künstler*innen waren zusammen mit einem Antragsformular binnen drei Tagen nach ihrem Abschluss der Dienststelle des Sondertreuhänders vorzulegen. Die Künstlerin bzw. der Künstler musste dazu einen weiteren Vordruck beibringen, der die bislang erzielten Gagen dokumentierte. Erst wenn vom Sondertreuhänder nicht innerhalb einer Woche Bedenken mitgeteilt wurden, galt der Vertrag als genehmigt.[43] Tatsächlich wurde diese Anordnung aber nur in seltenen Fällen befolgt, KdF sowie etliche Veranstalter reichten die Verträge nicht ein und im RMVP fehlte es an Personal, um die Bestimmungen durchzusetzen. Zudem wurde die geforderte Dokumentation der Gagen umgangen, indem die Veranstalter es der Künstlerin/dem Künstler ohne weitere Prüfung überließen, die bisherige Gagenhöhe nach eigenem Gutdünken zu beziffern. Damit war eine wirksame Eingrenzung von Gagensteigerungen ausgehebelt.[44]

---

39   SD-Bericht Nr. 179 vom 17. April 1941, S. 3, in: Boberach, Meldungen aus dem Reich, hier Bd. 6, S. 2207ff.

40   BArch, R 55/949, fol. 249f., hier 250.

41   Vgl. BArch, NS 18/291, fol. 269.

42   Vgl. BArch, R 55/949, fol. 86f., 164f., 178ff., 200f.

43   Vgl. hierzu die Erläuterungen in *Das Deutsche Podium*, 9. Jg., Nr. 32, 8.8.1941, S. 8f.

44   Vgl. Schreiben RMVP, Leiter der Personalabteilung Kohler an Sondertreuhänder vom 10.5.1941, IfZ Munchen, MA 234; BArch, R 55/129.

Darüber hinaus sorgte das Geltungsbedürfnis einzelner Partei- und Künstler-Granden dafür, dass die Bemühungen ins Leere liefen. So hatte Ende 1939 Hermann Göring ein erstes Gagenstopp-Ansinnen abgelehnt und für die ihm unterstehende Preußische Staatsoper großzügige Gagenerhöhungen durchgesetzt.[45] Das rief Clemens Krauss, Generalmusikdirektor und Intendant des Bayerischen Nationaltheaters, auf den Plan, der sich die Unterstützung Hitlers sicherte. Der „Führer" wünschte eine ebenbürtige Bedeutung der bayerischen Oper, und Krauss konnte unter Umgehung des Sondertreuhänders neue, hochdotierte Verträge abschließen.[46] Aber auch Hans Hinkel selbst, der über maßvolle Gagenzuwächse wachen sollte, ließ es sich nicht nehmen, für seine „Berliner Künstlerfahrt" Privilegien zu beanspruchen. Er begründete die Sondergagen mit den erhöhten Strapazen, die diese Tourneen mit sich brächten[47] – auch wenn allgemein bekannt war, dass die exklusiven Ensembles nur in sicheren und komfortabel ausgestatteten Etappenstädten auftrat. Lale Andersen beispielsweise erhielt für ihr Mitwirken bei der „Berliner Künstlerfahrt" im September 1941 eine Monatsgage von RM 3.500,--.[48]

Im Orchesterbereich führte die Personalknappheit dazu, dass Peter Raabe, Präsident der RMK, im August 1941 nolens volens feststellte, „der Zwang der Zeit" erfordere sogar, „daß die Frauen auch zur Anstellung in den Kulturorchestern herangezogen"[49] werden müssten, obgleich er überzeugt war, „die Geigerin, die Cellistin und auch die zweite Flötistin [wäre] noch besser untergebracht, wenn sie die Frau eines Musikers und die Mutter vieler Nachwuchs-Musikanten ist, als wenn sie selbst spielen muß."[50] Es ging Raabe demnach um das temporäre Auffüllen von Tutti-Stellen mit Frauen; Konzertmeisterinnen oder Stimmführerinnen lagen offenbar außerhalb seines Horizonts.

Die Spannung zwischen einer sinkenden Zahl von verfügbaren Musikern wegen Einberufung zur Wehrmacht und dem gleichzeitig steigenden Bedarf durch neue Orchester und die Truppenbetreuung blieb aktuell. Mit Blick auf den Zeitraum 1941/42 konstatierte ein Funktionär der RMK:

> „Man kann ohne Übertreibung sagen, daß heute nicht nur jeder einigermaßen leistungsfähige Solist voll beschäftigt, sondern überdies allenthalben ein fühlbarer Mangel an künstlerischen Kräften eingetreten ist."[51]

---

45   BArch, R 55/949, fol. 2, vgl. auch Vossler, Propaganda, S. 291, Fn. 500.

46   BArch, R 55/129, fol. 390ff.

47   BArch, R 56 I/93, fol. 50.

48   RKK Truppenbetreuung, Kochanowski an Haushaltsreferat, Knittel am 17.10.1941, BArch, RK J 2 fol. 2310; ebd., fol. 2312 enthält den Vertrag mit Andersen.

49   Raabe, Frau im musikalischen Leben, S. 505.

50   Ebd.

51   Morgenroth, Alfred: „Aus der berufsständischen Selbstverwaltung. Arbeitsbericht der Reichs-Musikkammer", in: *Jahrbuch der deutschen Musik*, 1. Jg. (1943), S. 27–41, hier S. 35.

Das wirkte sich ebenso im Bereich der Populären Musik aus, wo

> „[…] gerade an dem überwiegend von Männern ausgeübten Beruf des deutschen Unterhaltungsmusikers die wehrpflichtigen Jahrgänge einen außergewöhnlich starken Anteil haben.“[52]

Ein hoher Anteil ausländischer Künstler*innen fing die personellen Engpässe in Cafés und Tanzlokalen im Deutschen Reich auf – in der Truppenbetreuung war der Einsatz nicht-deutscher Kräfte untersagt.[53] Vom 1. Oktober 1941 bis 30. September 1942 wurden in Gaststätten und bei Truppenbetreuungstourneen insgesamt 12.733 Musiker*innen eingesetzt, davon kam mit 4.269 rund ein Drittel aus anderen Staaten. Von 2.893 Ensembleleitungen besaßen 741 eine andere Staatsangehörigkeit.[54]

Dienstverpflichtungen

Der Druck auf die Verantwortlichen in RMVP und RKK wegen der weiter steigenden Gagen wuchs, denn auch die Zivilbevölkerung nahm zunehmend daran Anstoß:

> „Mit ganz besonderem Nachdruck wird immer wieder aus Theaterkreisen selbst, in steigendem Maße aber auch aus weiteren Bevölkerungskreisen auf die Einnahmen der in der Truppenbetreuung eingesetzten Schauspieler hingewiesen. Hierbei würden Gagen bezahlt, „dass man beim bloßen Anhören schwindlig werde“. Die Bezahlung beim Wehrmachtseinsatz führe dazu, dass auch zweit- und drittrangige Kräfte mit Forderungen in die Heimat zurückkämen, die nur noch als „grotesk“ zu bezeichnen seien, dass ein erheblicher Teil […] gerade den Wehrmachtseinsatz aber nicht als eine Art Kriegseinsatz sehe, sondern nur als eine nie wiederkehrende Gewinnchance.“[55]

Nachdem sich die „Anordnung zur Gagenüberwachung“ vom Sommer 1941 als wirkungslos erwiesen hatte, berief Hans Hinkel für den 2. März 1942 alle Vertreter der RMVP-Abteilungen und Unterkammern der RKK zu einer Sitzung zum Thema „Gagenstop für Truppenbetreuung“ ein. Als verantwortlich für die Misere wurde bei dieser Gelegenheit KdF erkannt:

---

52 Ebd., S. 37f.

53 Rundschreiben des OKW vom 23.3.1940, Az. 31 – J (II c), BA-MA, RW 38/61.

54 Morgenroth, Berufsständische Selbstverwaltung, S. 38. Eine Aufschlüsselung der Zahlen der ausländischen Musiker*innen liegt leider nicht vor. Viele Ensembles und Einzelkünstler*innen kamen nicht nur aus verbündeten Staaten wie Italien oder Spanien. Bekanntermaßen war Zarah Leander Schwedin, Rosita Serrano stammte aus Chile, der Swing-Bandleader Teddy Stauffer aus der Schweiz und sein Kollege Arne Hülphers (der spätere Ehemann Leanders) aus Schweden – um nur einige der bekanntesten Namen zu nennen. BArch, RK/Z 33, fol. 1003ff. enthält Vorgänge, die Musiker*innen aus anderen Staaten betrafen.

55 Als „vertraulich“ gekennzeichnetes Schreiben von Schmidt-Schwarzenberg, Ministerialrat im Reichsfinanzministerium, an Hinkel und Schlösser, mit Verweis auf Bericht des SD, 7.3.1942; BArch, R 56 I/22, fol. 1ff.

„Während bei Hinkel mäßige Gagen bewilligt werden, ist die Gagenpolitik von KdF ins Unermeßliche gewachsen, sodaß völlig ungesunde Kriegsgewinnlerverhältnisse entstanden sind […]. Um dem endlich zu steuern, soll KdF von der politischen Seite her angepackt und mit Unterstützung der Parteikanzlei und OKW verpflichtet werden, nach bestimmten Richtlinien zu arbeiten."[56]

Man kam überein, es sei vordringlich, die im Auftrag von KdF agierenden Gastspieldirektionen auszuschalten und auf die Künstler Druck auszuüben, „dass sie trotzdem weitermachen", zudem müssten die Richtlinien „unbedingt gesetzliche Anordnung sein, damit sie bindend wären".[57] Goebbels beauftragte Hinkel, Höchstgagen von monatlich RM 3.000 bzw. RM 100,-- pro Abend durchzusetzen. Drei Tage später vereinbarten RMVP, Sondertreuhänder und KdF die Einführung eines einheitlichen Vertragsformulars, das Gagenhöchstgrenzen enthalte. Den Einsatz der Gastspieldirektionen erklärte KdF jedoch für unverzichtbar, womit, wie der Protokollant des RMVP festhielt, das „kriegsgewinnlerische Unternehmertum" weiter bestand.[58]

Martin Bormann, Leiter der Parteikanzlei, sandte am 1. April 1942 ein Schreiben an Goebbels in seiner Funktion als Präsident der RKK:

„Der Führer hält es für notwendig, daß für die weitere Dauer der Kriegszeit unverzüglich von Ihnen eine Anordnung herausgegeben wird, die weitere Gagenerhöhung verbietet. […] Der Gagenstop soll sich insbesondere auch auf die großen Berliner Bühnen erstrecken."[59]

Zum 1. September 1942 trat daraufhin ein Erlass[60] in Kraft, der die RKK im Einvernehmen mit dem RMVP ermächtigte, gegenüber Mitgliedern von RMK, RTK oder RFK Dienstverpflichtungen mit einer festgesetzten Monatsgage auszusprechen.[61] Dabei wurde zugesichert, dass eine „maßvolle Handhabung" den „berechtigten Wünschen der Betroffenen" Rechnung trug.[62]

---

56 Vermerk Regierungsrat Reimer, RMVP, vom 5.3.1942, IfZ München, MA 234; BArch, R 55/129, fol. 59f.

57 Ebd.

58 Vermerk Regierungsrat Reimer, RMVP, vom 7.3.1942, ebd., fol. 63f.

59 BArch, NS 18/748, fol. 3. Neben der dringlichen Handlungsaufforderung war dies ein Schuss vor den Bug von Goebbels und Göring, die ihre Rivalität auch im Berliner Kulturleben austrugen; vgl. hierzu den Abschnitt „Exkurs: Hegemoniale Strategien der Kulturpolitik in den besetzten Ländern" im Kapitel „Stosstrupp der Freude" – Spielgruppen der Wehrmacht".

60 Erlaß des Generalbevollmächtigten für den Arbeitseinsatz beim Beauftragten für den Vierjahresplan vom 30.7.1942 – V a Nr. 5552.33/17 – betreffend Kriegseinsatz Kulturschaffender; vgl. BArch, RK Y 32, fol. 1392.

61 Die RKK hatte dazu bei dem für die jeweilige Person zuständigen Arbeitsamt einen Antrag auf Dienstverpflichtung zu stellen. Das Arbeitsamt verfügte dann die Verpflichtung zum Dienst bei der RKK; vgl. Zimmerreimer, Kurt: „Die künstlerische Dienstverpflichtung", in: *Musik im Kriege. Organ des Amtes Musik (Gemeinschaftszeitung von „Die Musik", „Zeitschrift für Musik", „Allgemeine Musikalische Zeitung", „Neues Musikblatt")*, 1. Jg. April 1943–März 1944, S. 36f., hier S. 37.

62 Ebd.

Für die beim Amt Truppenbetreuung der RKK bereits unter Vertrag stehenden Künstlerinnen und Künstler liefen die Kontrakte weiter, sie wurden aber nun mit dem Stempel „dienstverpflichtet" versehen.[63] Gestaltet wie Festanstellungen überwies das Amt Truppenbetreuung monatlich die Gagen und entrichtete die Sozialabgaben.

An die Gastspieldirektionen, die nach eigenem Gutdünken hochdotierte Verträge für die KdF-Truppenbetreuung abschlossen, war auch mit diesem Verfahren kein Herankommen, da KdF sie nach wie vor keiner Kontrolle unterzog und für die RKK eine flächendeckende Dienstverpflichtung nicht durchsetzbar war. Hier offenbarte sich ein Dilemma der Kulturpolitik: das Regime wollte unter allen Umständen das kulturelle Angebot im Deutschen Reich während der Kriegsjahre in gleichem Umfang wie zu Friedenszeiten aufrechterhalten, um den Anschein von Normalität zu wahren und das Wohlwollen der Zivilbevölkerung zu sichern, zudem wurde Prestige aus der Leistungsfähigkeit auf diesem Gebiet gewonnen. Der zivile Kulturbereich genoss Vorzug vor der Truppenbetreuung, sodass ein Engagement an einer deutschen Bühne Vorrang vor einem Einsatz in der Truppenbetreuung hatte.[64] Künstler*innen konnten auf diese Weise einer Dienstverpflichtung in der Truppenbetreuung ausweichen – die Parole „Für den Soldaten ist das Beste gerade gut genug"[65] blieb auch angesichts der angespannten Personalsituation im künstlerischen Bereich reine Behauptung. Die Truppenbetreuung war auf eine überdurchschnittliche Bezahlung angewiesen, um künstlerische Kräfte rekrutieren zu können.

Unter den Wehrmachtsoldaten sorgten die hohen Gagen, noch dazu bei den oft bemängelten geringen Leistungen der KdF-Ensembles, für große Verärgerung und Unverständnis. Von der Ostfront kam die Klage:

> „Allmählich wird durch den häufigen Einsatz von KdF-Gruppen und Alleinunterhaltern die von niemand zu verstehende hohe Bezahlung dieser Leute bekannt und in immer weiteren Kreisen kritisiert. Es wurde mir zugetragen, daß eine Dame als Akkordeonspielerin für den Tag RM 60,-- bezahlt erhält. […] Für diese Überbezahlung hat, das darf ruhig ausgesprochen werden, die Front kein Verständnis. Es ist unglaublich, daß, von ihren Kenntnissen ganz abgesehen, eine Frau oder ein Mann für ihre, leider muß es gesagt werden, meist sehr dürftigen Vorträge im Monat durchschnittlich RM 1.800,-- verdienen. Dieses Honorar dürfte höher sein, als das Gehalt eines Kommandierenden General!"[66]

Derartige Verwerfungen hatte Joseph Goebbels schon befürchtet:

---

63 Vgl. z. B. den Vertrag mit dem Leiter einer Unterhaltungskapelle Joachim Bund; BArch, RK Y 32, fol. 1388ff.

64 Vgl. Hirt, Deutsche Truppenbetreuung, S. 424.

65 Beispielsweise zitiert Hans Hinkel diesen Ausspruch Goebbels' in einem Schreiben an den Truppenarzt Walther Camerer, 31.3.1943; BArch, R 56 I/83, fol. 8.

66 Hauptmann Schuster, Ic-Offizier beim Generalkommando XXXXIX. (Geb.) A.K. an Major Balzer, Verbindungsoffizier OKH/RMVP am 31.8.1943; BA-MA, RH 24–49/210.

„Wenn das unsere Soldaten wüßten, würden sie wahrscheinlich die Künstler ganz anders behandeln, als sie das gegenwärtig tun."[67]

Dies offenbart die besondere Brisanz der Gagen-Problematik, ging es doch nicht nur um ausufernde Kosten, sondern darum, dass ein zentraler Baustein des ‚Volksgemeinschafts'-Konstrukts im Krieg, das allerorten beschworene Bild der beglückenden Einheit von Heimat und Front,[68] konterkariert wurde und sich als propagandistische Floskel entlarvte.

Im Februar 1943 wandte sich General Reinecke, Chef des Allgemeinen Wehrmacht-amts im OKW, an Hans Hinkel:

> „Mir liegen hier wiederum Klagen vor, z. B. brüstet sich – wie mir berichtet wird – ein gewisser Rigon, Tenor von der Oper in Venedig, […] damit, daß er für eine Tages-gage von RM 300,-- für die deutsche Truppe singt. Dies bewies er sogar durch Vorzeigen eines Kontraktes! Auch Befehlshaber […] sprechen mich sehr besorgt und abfällig über die hohen Gagen an, die in keinem Verhältnis zu den Leistungen stün-den. Dies ist mir ein Beweis, daß dieses Thema in der Truppe noch keineswegs zur Ruhe gekommen ist und auch Ihre Maßnahmen, von denen Sie mir s. Zt. sprachen, in der Praxis sich offenbar leider noch nicht ausgewirkt haben."[69]

Hinkel erwiderte, als Sondertreuhänder habe er dem Sänger lediglich die übliche Abendgage von RM 60,-- bewilligt, es handele sich demnach um einen rechtswidri-gen Vertrag „und der Vertragspartner des Italieners (es kann nur eine Gastspieldi-rektion oder der Veranstaltungsdienst von KdF sein!) hat sich strafbar gemacht".[70] Anschließend erläuterte er die gültige Gagenregelung:

> „Wie bereits erwähnt, ist die Solisten-Höchstgage pro Veranstaltung auf RM 75,--, wenn es sich um einen freiarbeitenden […] Künstler besonderer Qualität oder be-sonderer Bewährung handelt. Ebenso sind die Diäten zwischen Ihrer Dienststelle, KdF und meinen Dienststellen gemeinsam und genaustens für alle gültig festge-setzt.[71] […] Im Übrigen habe ich auf Grund meiner Berechtigung zur Kriegsdienst-verpflichtung von Künstlern veranlasst, daß von meinem Amt Truppenbetreuung, der Reichskulturkammer und unserem Ministerium aus nur noch kriegsdienstver-pflichtete Künstler eingesetzt werden. Für sie gilt die durch Anordnung festgesetzte Monats-Höchstgage von RM 800,--. Zu diesen kriegsdienstverpflichteten Künstlern

---

67 Eintrag vom 26.2.1942, in Goebbels' Tagebücher, Teil II, S. 377; vgl. auch Vossler, Propagan-da, S. 302.

68 „Wir sind bei Euch – Ihr seid bei uns" lautete die Formel für diesen Mythos beim überaus populären „Wunschkonzert" im Reichsrundfunk; vgl. den Abschnitt „Mediale Nutzung des *Wunschkonzert*-Erfolgs" im Kapitel „Rundfunk in der Truppenbetreuung".

69 Brief v. 9.2.1943, BArch, NS 18/748, fol. 17.

70 Antwortschreiben v. 19.2.1943, ebd., fol. 19f.

71 Die Tagesdiäten betrugen bei Auslandstourneen RM 20,--, im Reichsgebiet RM 15,-- und bei Einsätzen ohne auswärtige Übernachtung RM 8,--; vgl. BArch, RK/Y 32 (Truppenbetreuung ab 1943) und RK/V 17 (Gagenüberwachungen im Einzelfall), vgl. dazu auch den Abschnitt „Gagenhöhe" im Kapitel „Diachrone Betrachtung – die Bunte Frontbühne Bernt Komm".

können nur noch Künstler im Fest-Engagement kommen, die ihre Freizeit zur Verfügung stellen müssen und dann für Truppenbetreuungsveranstaltungen nur Diäten erhalten. […] Dass Parteigenosse Dr. Lafferentz und seine Mitarbeiter in der Reichsleitung [von KdF] ihre Gesamtorganisation diesbezüglich sehr schwer übersehen und nicht immer auf zuverlässige und geeignete Leiter ihrer Außenstellen rechnen können, ist uns gemeinsam bekannt."[72]

Damit lag der Schwarze Peter wieder bei KdF als nicht straff geführte Organisation, die unfähig war, die Auswüchse der von ihr beauftragten Gastspielunternehmen zu unterbinden.

Neuregelung der Truppenbetreuung ab Januar 1944

Anfang 1944 erlangte Hans Hinkel mit der Einrichtung der Künstlereinsatzstelle im Amt Truppenbetreuung der RKK die angestrebte Kontrolle über die Höhe der Gagen und die Arbeit von KdF.[73] Einsätze von Künstler*innen in der Truppenbetreuung erfolgten nur noch auf dem Weg der Kriegsdienstverpflichtung. KdF konnte lediglich Gastspieldirektionen, die von der RTK genehmigt worden waren, mit der Durchführung von Tourneen betrauen, zudem wurde die von KdF unterhaltene Künstlerdienst GmbH (Deutscher Veranstaltungsdienst) aufgelöst. KdF hatte der Künstlereinsatzstelle eine Liste sämtlicher Künstlerinnen und Künstler, die auf Truppenbetreuungs-Tournee geschickt werden sollten, zu melden. Die neue Instanz registrierte die Personen, überprüfte die Kammerzugehörigkeit, übernahm die Regelung der uk-Stellungen der männlichen Künstler und beantragte die Kriegsdienstverpflichtungen bei den jeweiligen Arbeitsämtern.[74] Erst im Anschluss an diese Prozeduren konnte ein Einsatz starten. Im zunehmenden Durcheinander des Kriegs, bei dem sowohl Dienststellen als auch Zivilpersonen wegen Bombenschäden mit vernichteten Karteien und Dokumenten zu kämpfen hatten, sorgten die neuen Abläufe für erhebliche Verzögerungen. Amtsleiter Stemmer vom Amt Truppenbetreuung bei KdF schrieb Mitte Februar 1944 an Hinkel:

> „Von den rd. 5000 im Einsatz befindlichen und rd. 2500 in der Einsatzvorbereitung begriffenen Künstlern sind […] noch nicht einmal 200 Künstler tatsächlich dienstverpflichtet worden. […] so sind z.B. beim Fliegerangriff am 30. Januar ds. Js. etwa 4000 ausgefüllte Formulare, die zur Einreichung an die Reichskulturkammer vorgesehen waren, verbrannt; in zahllosen Fällen ist die Zustellung des Arbeitsamtes an die Künstler nicht möglich, da die Künstler ausgebombt und ihre neuen Adressen unbekannt sind."[75]

---

72   BArch, NS 18/748, fol. 20.

73   Vgl. BArch, R 56 I/31, fol. 15f.

74   Staatssekretär Dr. Naumann, RMVP, an Oberbereichsleiter Marrenbach, DAF: Niederschrift der Vereinbarungen zwischen RMVP und KdF, 26.5.1944; BArch, R 56 III/358; Abschrift der Vereinbarung unter BArch R 56 I/28, fol. 28f.

75   BArch, R 56 I/28, fol. 38f., hier fol. 38.

Ob die Zahlenangaben Stemmers übertrieben waren oder der Realität entsprachen,[76] ist eher nebensächlich, das Schreiben verdeutlicht jedoch die Animositäten zwischen den Ämtern und die Genugtuung, die es für KdF bedeutet haben wird, das Verfahren des rivalisierenden Apparats als unzulänglich und dysfunktional kritisieren zu können – was sich auch in Bezug auf die Deckelung der Gagen erwies.

Mit der Dienstverpflichtung wurde ab Januar 1944 die monatliche Höchstgage auf RM 800,-- begrenzt, wobei, „um etwa entstehende Härten zu beseitigen", bis zu RM 1.200,-- zulässig waren für Künstler*innen, die bereits mindestens drei Jahre in der Truppenbetreuung tätig waren, für „qualitativ überdurchschnittliche Künstler" sowie „kriegsversehrte Künstler, die sich zu einem besonders wirksamen Einsatz in der Truppenbetreuung eignen". Diese höheren Gagen bedurften jedoch in jedem Einzelfall der Genehmigung des RKK-Präsidenten.[77]

Für die Mehrzahl der Künstler*innen in der Truppenbetreuung bedeuteten die neuen Modalitäten eine empfindliche Verringerung der Einkünfte. So hatte die Sopranistin Marion Ney, seit Juli 1942 in der Truppenbetreuung tätig, RM 50,-- Tagesgage erhalten.[78] Für ihr zweimonatiges Engagement auf dem Balkan im Sommer 1944 wurde ihre Gage auf monatlich RM 800,-- reduziert. Dem Formblatt zur Gagengenehmigung fügte die Sängerin eine handschriftliche Ergänzung bei, als Solistin beim Westdeutschen Rundfunk Köln Tagesgagen von RM 100,-- bis 150,-- bezogen zu haben,[79] was für die Künstlereinsatzstelle jedoch keinen Härtefall, der eine höhere Gage gerechtfertigt hätte, begründete.

Gegenüber Künstlerinnen und Künstlern, die bei Bühne oder Film in festen Engagements standen sowie hochdotierten Prominenten[80] wurde weiterhin die Forderung erhoben, sich sechs Wochen pro Jahr in den Dienst der Truppenbetreuung zu stellen. In der RKK meinte man sogar, diesem Anspruch mit einer deutlichen Warnung Nachdruck verschaffen zu müssen:

---

76 Eine Aufstellung der Künstler-Kriegseinsatzstelle von Ende August 1944 listete auf: Eingegangene Dienstverpflichtungsanträge 3.778. Anträge
a) durchgeführt wurden 1.191 Anträge, b) in Bearbeitung bei den Arbeitsämter 1.432 Anträge bei KdF zur Unterschrift 950 2.385 Anträge c) aufgehoben wurden 205 Anträge; vgl. BArch, R 56 I/28, fol. 29.

77 BArch, R 56 III/358.

78 BArch, RK/V 17, fol. 586.

79 Ebd., fol. 594.

80 Die berühmten Stars erzielten zu der Zeit folgende Jahresgagen: Benjamino Gigli RM 132.000,--, Lilian Harvey RM 120.000,--, Gustaf Gründgens RM 80.000,--, Victor de Kowa RM 50.000,--, Pola Negri RM 75.000,--, Hans Albers RM 120.000,--, Heinz Rühmann RM 80.000,--, Luis Trenker RM 60.000,--, Paula Wessely RM 120.000,-- und Zarah Leander RM 150.000,--; vgl. BArch, R 55/129.

„Von dieser Stelle aus können auch Dienstverpflichtungen ausgesprochen werden, die als Auszeichnung für den einzelnen zu betrachten sind, wie überhaupt die künstlerische Betreuung als Ehrendienst an der Nation zu betrachten ist […]"[81]

Dies lief jedoch ins Leere, da nach wie vor der Überzeugung Vorrang eingeräumt wurde, dass „bei der Ausübung eines Zwanges der Künstler unlustig arbeitet"[82] und de facto weiterhin nach dem Grundsatz verfahren wurde, dass ein ziviles Festengagement vor einer Kriegsdienstverpflichtung in der Truppenbetreuung abschirmte. Folglich zogen sich mit der Senkung der Gagen Künstler*innen ab Januar 1944 mehr und mehr aus den Wehrmachttourneen zurück und gingen Engagements an Theatern im Reich ein, die nun höher dotiert waren als Truppenbetreuungseinsätze. Im Mai 1944 zog Robert Ley, Reichsleiter der DAF, das Fazit, die Neuregelung habe sich

„[…] dahingehend ausgewirkt, daß die Qualitäten der Veranstaltungen sehr gelitten haben und die wirklich guten Künstler bei den niedrigen Gagen nicht mehr zur Verfügung standen."[83]

Dieses Argument kam Ley freilich auch gelegen, um die beständige Kritik an künstlerisch mangelhaften KdF-Tourneen umbiegen zu können. Immerhin bedeutete der letzte Punkt der neuen Vereinbarungen zur Truppenbetreuung einen weiteren empfindlichen Eingriff in die Autonomie von KdF und ein Zeugnis des Versagens ihrer Arbeit, wurde doch nun eine Begutachtung der von KdF beauftragten Ensembles durchgesetzt:

„Es findet eine Überprüfung aller im Einsatz befindlichen Künstlergruppen und ihre qualitative Verwendbarkeit unter massgeblicher Beteiligung der Reichskulturkammer statt."[84]

Anfang März 1944 meldete daraufhin das Reichspropagandaamt Pommern:

„Die erste derartige Abnahme hat nunmehr stattgefunden. Das Ergebnis war erschreckend. Von den 5 Programmen […] waren 3 so, dass die Wehrmacht ihre Abnahme rundweg verweigerte."[85]

---

81   BArch, R 56 I/31, fol. 124.
82   Schreiben von KdF, Arbeitsgebiet Truppenbetreuung, an RKK, Künstlereinsatzstelle, Betr. Kriegsdienstverpflichtung, 9.6.1944; BArch R 56 I/28, fol. 22f., hier fol. 22.
83   Abschrift eines Schreibens Leys an Goebbels, 8.5.1944; BArch, R 56 I/37, fol. 25; vgl. auch Hirt, Truppenbetreuung, S. 423.
84   BArch, R 56 III/358.
85   Auszug aus dem Tätigkeitsbericht für den Monat Februar Gau Pommern; BArch, R 56 I/37, fol. 30–33, hier fol. 30.

4.6   Das Tauziehen um uk-Stellungen

Durch die gesamte Kriegszeit zog sich für die mit der Truppenbetreuung befassten Institutionen das Problem, die männlichen, wehrfähigen Künstler vor der Einberufung zur Wehrmacht zu bewahren. War es zu Beginn des Kriegs noch relativ einfach, eine Freistellung zu erreichen, wurde im Verlauf der Jahre mit der Einberufung immer älterer Jahrgänge und geringerer Tauglichkeitsgrade der Kreis enger und der Nachweis zwingenden Erfordernisses höher.

Im Oktober 1939 war auf Anordnung Hitlers eine erste Liste unverzichtbarer Künstlerinnen und Künstler erstellt worden, von denen die Männer uk-gestellt – auch „abgeschirmt" genannt – wurden. Zu der Zeit war noch Hans Hinkel für die uk-Angelegenheiten zuständig,[1] bald darauf die Abteilung RV (Reichsverteidigung), die zur Personalabteilung des RMVP gehörte. Sie führte die sogenannte Sonderliste, die die dauerhafte uk-Stellung von Künstlern sicherte,[2] auch derjenigen, die im Auftrag von KdF eingesetzt wurden. Dazu kam im Sommer 1941 eine Nachtragsliste, die sämtliche Kapellen „für Truppenbetreuung und für die Aufrechterhaltung der inneren Front"[3] umfasste. Die Listen bedurften regelmäßiger Aktualisierungen, wofür die Abteilung RV von allen anderen mit der Truppenbetreuung befassten Dienststellen sowie KdF bis hinunter zu den Gastspieldirektionen, Konzertagenturen und einzelnen Ensembleleitungen mit den erforderlichen Informationen versehen werden musste – ein weites Feld für Nachfragen, Missverständnisse, Fehler und Versäumnisse, die für die betroffenen Künstler gravierende Folgen haben konnten.[4]

Zur Arbeitserleichterung und Vereinfachung der administrativen Abläufe vereinbarten die Abteilung RV, die RKK und die Reichsamtleitung KdF im Sommer 1943 ein einheitliches Verfahren, das die RKK stärker einbezog und die Abteilung RV vor allem von Besucherandrang entlasten sollte.[5]

Beim Überblick über die Vielzahl an Vorgängen im Zusammenhang mit den uk-Stellungen fällt auf, wie die verschiedenen Institutionen und Ämter eine Eigendynamik entwickelten in einer Art Machtpoker um einzelne Personen – RMVP, RPÄs und KdF traten in Konfrontation zum OKW, um uk-Stellungen zu befürworten und bereits eingezogene Künstler aus der Wehrmacht herauszulösen. Faktisch liefen die Eigeninteressen und damit verbundenen Prestigebedürfnisse der Dienststellen dem Postulat des „Totalen Kriegs", es würden alle Kräfte für den Endsieg gebündelt, zuwider.

---

1   Vgl. Vossler, Propaganda, S. 360, Fußnote 5.
2   Vgl. BArch, R 55/10367.
3   BArch, R 55/10365.
4   Vgl. hierzu verschiedene Vorgänge in BArch, R 55/10367 und R 55/10371.
5   Vgl. BArch, R 55/10371.

Uk-Stellungen als Disziplinierungsmittel

Anhand der überlieferten Akten zur Unterhaltungskapelle Ferdinand Brendgen lassen sich einige die uk-Stellungen betreffende Vorgänge skizzieren. Brendgen wurde bei KdF als „Kapellmeister, Arrangeur, Reiseleiter, Humorist und Stimmungssänger"[6] geführt, seine Kapelle, eine seit Jahren eingespielte Truppe, umfasste 15 Musiker. Er selbst sollte im Sommer 1941 eingezogen werden, obwohl eine Wehrmachttournee nach Dänemark unmittelbar bevorstand. Seine dauerhafte uk-Stellung kam rechtzeitig zustande. Auch Brendgens Ensemblemitglieder brauchten ihre Freistellungen. Die Abteilung RV begründete den Antrag für einen Musiker mit Argumenten, die gezielt das Interesse der Wehrmacht adressierten:

> „Hartmann ist Mitglied der Kapelle Ferdi Brendgen. Diese gehört zu den wenigen Unterhaltungskapellen die bisher in ihrer Stammbesetzung erhalten bleiben konnte. Die Kapelle ist in ihren künstlerischen Leistungen sowie in ihrer kulturpolitischen Haltung als einwandfrei zu bezeichnen. Sie wird demzufolge neben der Tätigkeit in repräsentativen Gaststätten auch im Rahmen der kulturellen Truppenbetreuung eingesetzt. Es muss nach Möglichkeit versucht werden, dass einige dieser Kapellen auch weiterhin spielfähig erhalten bleiben, da für besondere Aufgaben nur noch wenig derartige Kapellen zur Verfügung stehen. Hartmann ist Stammmitglied. Es wird daher aus geschilderten Gründen gebeten, für Hartmann die uk-Stellung zu verfügen."[7]

Ein halbes Jahr später erfolgte der Antrag auf uk-Stellung sowie Ausreisegenehmigung für ein weiteres Kapellenmitglied:

> „Winterscheidt ist Mitglied des Orchesters Brendgen, das laufend im Rahmen der kulturellen Truppenbetreuung eingesetzt ist. Um eine Stabilisierung der Wehrmachtsbetreuung zu erreichen, hat sich das Oberkommando der Wehrmacht bereit erklärt, in gemeinsamer Arbeit mit dem Ministerium eine Liste aufzustellen. Diese ist nunmehr zum Abschluss gekommen und wird in allernächster Zeit dem Oberkommando der Wehrmacht zur letzten Entscheidung vorgelegt. Winterscheidt ist auf dieser Liste benannt. Um das Orchester spiel- und einsatzfähig zu erhalten, bittet daher das Ministerium, Winterscheidt bis zur Entscheidung durch das Oberkommando der Wehrmacht uk zu stellen und ihm die Ausreisegenehmigung zu erteilen."[8]

Die gesamte Kapelle Brendgen wurde daraufhin in der Sonderliste geführt und war ständig im Truppenbetreuungseinsatz unterwegs. Anfang 1943 sah sich Brendgen jedoch zu Veränderungen gezwungen und bediente sich des Mittels der uk-Stellungen, um Probleme innerhalb des Ensembles zu lösen:

---

6   Schreiben des DVD, Bezirksleitung Berlin, 13.8.1941; BArch, R 55/10365.

7   Abt. RV 2/RMVP an Wehrbezirkskommando Calau/Niederlausitz, 29.9.1941, Betr. Uk-Antrag für Karl Hartmann; BArch, R 55/10365.

8   Abt. RV 2/RMVP an Wehrbezirkskommando Düsseldorf. 27.3.1942, Betr. Verlängerung der Uk-Stellung und Ausreisegenehmigung Heinrich Winterscheidt; ebd.

„[E]s ist im Guten und auch im Bösen nicht mehr zu machen, es ist eine Disziplinlosigkeit […] Die Leute sind tagtäglich betrunken lärmen und krachen nachts bis 4–5 Uhr in den Hotels herum daß es tatsächlich für die anderen Mitglieder nicht mehr möglich ist, ganz davon abgesehen, daß ich mich bis dorthinaus schämen muß, also die Leute hören einfach nicht. Sie wissen ja selbst was ich mir für Mühe gegeben habe, die Leute auf meine Liste zu bekommen und das ist nun der Dank. Drei Personen habe ich schon heraus geschmißen, aber meine Musik leidet zu sehr darunter in Paris.[9]

Er teilte mit, ab 1. Februar das Ensemble zu verkleinern und benannte vier Musiker, die er „zur Verfügung" stelle. Im März meldete er sich wieder, einige Musiker seien „am 11. 3. 43 wegen unhaltbaren Zuständen und Gefährdung der weiteren Tournee ausgeschieden", bereits am 25. Februar habe er einen weiteren Kollegen „wegen dauernden Trunkenseins" entlassen. Er bat „höflich" darum, die zuständigen Wehrbereichskommandos zu informieren, „es hat nämlich keinen Zweck derartige Leute auf Tournee zu schicken" – die Musiker sollten demnach von der Liste gestrichen und zur raschen Einberufung freigegeben werden.[10] Ende März meldete er, der Umbau des Ensembles sei abgeschlossen, es fehle aber die uk-Stellung eines neu hinzugenommenen Musikers:

„Ich habe mein Orchester reduziert auf 8 Herren, weil auf die Dauer mit den Herren welche ich hatte einfach nicht zu arbeiten ist, die Leute betrachten Wehrmachtstournee als Sauf und Organisationsreise, darum habe ich bis auf die 7 Herren alles zur Verfügung gestellt. Von diesen sieben ist bis auf den Cellisten, Ernst Hieke, geb. 18.12.00 […] alles auf der Liste. Ich möchte Sie bitten, wenn irgend möglich den Mann, nun als Ausgleich für die zur Verfügung gestellten Leute, auf die Liste zu setzen. Ich bin ja jetzt mit meinem Orchester sehr bescheiden geworden, aber die paar Leute brauche ich ja unbedingt. Ich werde in Kürze für Finnland und Rußland eingesetzt und hätte den ‚Hieke' gern noch in Ordnung gehabt, weil ich den Mann als Cellisten nicht entbehren könnte. Sehen Sie doch bitte mal zu ob das schnellstens erledigt werden kann, am 4. April hole ich mir dann beim Ministerium Bescheid."[11]

Größere Auseinandersetzungen gab es auch im Orchester des Stargeigers Barnabas von Geczy, nachdem er sein Ensemble dem Deutschen Tanz- und Unterhaltungsorchester eingegliedert hatte. Da er trotzdem noch Gastspiele in der alten kleinen Formation machte, gab es innerhalb seines Ensembles großen Unmut wegen zusätzlicher Proben, Rundfunksendungen und Auftritte. Wiederholt klagten von Geczy und der Geschäftsführer des DTO über Disziplinlosigkeiten der Musiker, Unwilligkeit bei Mehrarbeit, fehlende Atteste oder unerlaubte Wochenendspritztouren. Neben disziplinarischen Maßnahmen wie der Ablehnung von Aufenthaltsbewilligun-

---

9   Brendgen an Abt. RV/RMVP, 21.1.1943; ebd.
10   Brendgen an Abt. RV/RMVP, 21.3.1943; ebd. Rückfragen seitens der Abteilung RV bei den entlassenen Musikern oder anderweitige Überprüfung der Anschuldigungen liegen nicht vor.
11   Brendgen ab Abt. RV/RMVP, 25.3.1943; ebd.

gen für Familienangehörige (das Orchester war wegen der vielen Bombenangriffe auf Berlin nach Prag verlegt worden) bat der Geschäftsführer um die Aufhebung der uk-Stellungen für einige Musiker.[12]

Aber auch das RMVP nutzte – ähnlich wie die subtil oder offen eingesetzten Drohungen, die Zugehörigkeit zur jeweiligen RKK-Unterkammer zu entziehen – die uk-Stellungen als Instrument zur Disziplinierung von Künstlern. So ahndete ein Referent das unbotmäßige Verhalten eines Musikers, der im Ministerium wegen langer Wartezeit mit einer Beschwerde gedroht hatte:

> „Er steht nicht auf der Sonderliste und wird dem OKW zur Einziehung gemeldet."[13]

Ersatzgestellungen, Arbeitsurlaube und Auskämmlisten

Die Regelungen für uk-Stellungen waren ab 1943 verschärft worden. Neuaufnahmen in die uk-Liste des Ministeriums waren grundsätzlich nur noch „im Austauschverfahren Zug um Zug"[14] möglich, d.h. zur Abschirmung eines Künstlers musste ein anderer für die Wehrmacht freigegeben werden. Dabei gab es noch zusätzliche Ausschlusskriterien, denn für wehrpflichtige Künstler der Jahrgänge 1901 und jünger, die die hohen Tauglichkeitsgrade kv oder gvF hatten, gab es grundsätzlich keine Chance. Ausnahmen waren nur bei geringem Tauglichkeitsgrad möglich. Auf Befehl Hitlers mussten sogar sämtliche Wehrpflichtigen ab Jahrgang 1923 eingezogen werden. Generalfeldmarschall Keitel war jedoch bereit, in Einzelfällen eine uk-Stellung anzuordnen, wenn Goebbels dies für geboten hielt. Goebbels forderte von den zuständigen Referenten daraufhin jeweils „eine eingehende, nicht eine Seite übersteigende, fachliche und auch charakterliche Beurteilung", die noch dazu versichern musste, es handele sich um eine „einmalige künstlerische Begabung, [...] deren Verlust für das deutsche Kulturleben unersetzlich" sei.[15]

Herauslösungen von bereits Einberufenen waren sehr schwierig, sie mussten als „dringend erforderlich" gut begründet werden und durften nur ältere Soldaten, die beim Ersatzheer eingesetzt waren, betreffen; Offiziere waren kategorisch ausgeschlossen, zudem war eine Ersatzperson zu benennen.[16]

Im Sommer 1943 drohte ein empfindlicher Engpass in der Truppenbetreuung. Aufgrund der neuen Regelungen waren plötzlich nur noch 450 der rund 1.500 im Einsatz befindlichen männlichen Künstler „uk-mäßig gesichert", da nun auch ältere Jahrgänge zur Wehrmacht einberufen wurden und die Sonderliste entsprechend hätte erweitert werden müssen, was von der Abteilung RV übersehen worden war. Doch das OKW

---

12 Schreiben des Geschäftsführers des DTUO an den Präsidenten der RKK, 30.3.1944; BArch, R 56 I/34, fol. 17.

13 Abt. RV/RMVP, Ref. Jähnert, Vermerk v. 2.2.1943; BArch, R 55/10313.

14 Vereinbarung RMVP, RKK, KdF, 24.3.1943; BArch, R 55/10371.

15 Vgl. Abt. RV/RMVP an Leiter Abt. Musik, 4.6.1943; BArch, R 55/20588, fol. 35.

16 Ebd.

hatte Interesse an einer Fortführung der Truppenbetreuung im bisherigen Umfang und das Ministerium konnte die erforderlichen 1.500 Künstler abschirmen.[17]

Das Orchester des Berliner „Plaza", ein Revue- und Varieté-Theater von KdF, das monatlich vor 25.000 Soldaten spielte und den Titel „Wehrwirtschaftsbetrieb" trug,[18] sollte im Juni 1941 auf Truppenbetreuungstournee nach Dänemark gehen. Dafür wurde die Verlängerung der uk-Stellung des Schlagzeugers beantragt, laut „Plaza"-Direktion „der wichtigste Mann im Orchester". Die Abteilung RV antwortete spöttisch:

> „Dem Ministerium ist zwar nicht bekannt, dass der Schlagzeuger zu den wichtigsten Musikern im Orchester zählt, trotzdem wurde die Verlängerung der uk-Stellung beantragt. Im allgemeinen ist der Schlagzeuger nur dann der wirklich wichtigste Musiker im Orchester, wenn das Orchester schlecht ist und der Schlagzeuger die Misstöne zu verdecken hat."[19]

War das ein Seitenhieb aus dem RMVP, weil es sich um ein KdF-Theater handelte? Die Freistellung des Schlagzeugers wurde aber bewilligt.

Kapellmeister Paul Bèky sollte im Juni 1941 mit seinem berühmten Unterhaltungsorchester auf eine dreimonatige Wehrmachttournee gehen. Der Antrag auf Bèkys uk-Stellung wurde jedoch zunächst vom OKW abgelehnt. Das RMVP erhob Einspruch und führte aus:

> „Das Orchester Bèky gehört zu den bekanntesten und repräsentativsten Unterhaltungskapellen, dessen Erhaltung im kulturpropagandistischen Interesse liegt. Seine Einberufung würde zum Ausfall der Kapelle führen müssen und die Durchführung der Tournee unmöglich machen. Ein Ersatz ist für ihn nicht zu beschaffen, da nur B. in der Lage ist, das von ihm aufgebaute Orchester zu erhalten. Bei dem Mangel an wirklich guten Unterhaltungskapellen, die der Truppenbetreuung zur Verfügung gestellt werden, wäre die Auflösung des Orchesters nicht tragbar, da jahrelange Zusammenarbeit und besondere musikalische Voraussetzungen dazu gehören, um ein derartiges Orchester aufzustellen. Das Ministerium ist stärkstens daran interessiert, dass eine bestimmte Anzahl der besten Kapellen des Reiches aus kultur- und auslandspropagandistischen Gründen erhalten bleibt."[20]

Das RMVP konnte sich mit dieser Argumentation durchsetzen. Im Jahr darauf bekräftigte die Abteilung RV den Antrag auf Verlängerung der uk-Stellung recht schulmeisterlich:

> „Wenn auch ohne Zweifel den kämpfenden Soldaten in der Entscheidung des Krieges die Hauptaufgabe zufällt, so ist – vor allen Dingen im Winter – die Truppenbetreuung ein so wichtiger Faktor, dass man nicht achtlos an ihr vorübergehen kann."[21]

---

17 DAF/KdF Zentralbüro an Abt. RV/RMVP, 2.10.1943; BArch, R 55/10371.
18 Vgl. BArch, R 55/10367.
19 Ebd.
20 Schreiben Abt. RV an Wehramtsinspektion Berlin, 30.5.1941; BArch, R 55/10365
21 Schreiben Abt. RV an Wehramtsinspektion Berlin, 16.2.1942; ebd.

Bei den Anträgen für die uk-Stellungen der Musiker, Arrangeure und Kopisten von Goebbels' Prestigeprojekt Deutsches Tanz- und Unterhaltungsorchester[22] hob Hans Hinkel die nachgerade staatstragende Wichtigkeit des neuen Klangkörpers ganz besonders heraus, um von vornherein den Stellenwert der Unternehmung zu justieren und die Dringlichkeit der Freistellungen zu unterstreichen:

> „Auf Anordnung des Reichsministers für Volksaufklärung und Propaganda wird das Deutsche Unterhaltungsorchester aufgestellt, dem wichtigste kulturpropagandistische Aufgaben gestellt sind, und das bereits Ende Oktober zum Einsatz gelangen soll.
>
> Für dieses Orchester werden die besten Musiker verpflichtet, deren überdurchschnittliches Können die verlangte Spitzenleistung des Spielkörpers von vornherein garantiert. Das Orchester soll durch seinen regelmäßigen Einsatz im Rundfunk wie durch seine konzertante Tätigkeit deutsche Unterhaltungsmusik in künstlerischer Vollendung propagieren und wird damit zugleich der Erhaltung der Stimmung in der Heimatfront dienen. Desgleichen wird es alle repräsentativen Veranstaltungen von Staat und Partei musikalisch umrahmen."[23]

Trotzdem gab es eine Reihe von Problemen, wenn es darum ging, bereits an der Ostfront dienende Musiker herauszulösen.[24] Darüber hinaus wären die Anträge beinahe gescheitert, weil Hinkel mit seinem Vorpreschen den Dienstweg über die Abteilung RV nicht eingehalten hatte, wie ein verärgerter Referent in einem Vermerk festhielt.[25]

Von Februar bis August 1943 bemühten sich der Kurdirektor von Freudenstadt, der Landesleiter der RMK Württemberg-Hohenzollern, die RMK Fachschaft Orchester sowie der Standortarzt der Heeres-Sanitätsstaffel Freudenstadt, den Unteroffizier Wagner aus seinem Ersatzbataillon zu lösen, damit die Arbeit der Kurkapelle Freudenstadt fortgesetzt werden konnte. Der Arzt betonte die wehrwichtige Bedeutung der Musik:

> „Meines Erachtens können wir mit unseren 10 Lazaretten in Freudenstadt im Interesse der Betreuung unserer Verwundeten (1400) auf die Kurkapelle nicht verzichten. Die wöchentlichen Konzerte, welche Ihre Kurkapelle in unseren Häusern veranstaltet, ihre Mitwirkung bei Weihnachts- und Wehrmachtsfeiern und vor allem ihre täglichen Konzerte, würde ein so grosser Ausfall an freudigen Eindrücken sein, dass meines Erachtens alles getan werden müsste, um unter allen Umständen die Aufrechterhaltung der Kurmusik zu sichern. Auch das Bestehen dieser Kurkapelle gehört ohne Zweifel zu den kriegswichtigen Dingen."[26]

---

22   Vgl. hierzu Kapitel „Rundfunk in der Truppenbetreuung".

23   Schreiben Büro Hinkel an OKW, 6.10.1941; BArch, R 55/10367.

24   Ebd.

25   Vermerk Abt. RV/RMVP, Kormann, 3.10.1941; ebd.

26   Schreiben vom 22.2.1943; BArch, R 55/20573, fol. 68.

Die uk-Stellung Wagners scheiterte daran, dass kein kv-tauglicher Ersatzmann gestellt werden konnte.[27]

Manche Künstler durchlebten mehrfache Wechsel zwischen uk-Stellung und Einberufung. Der Pianist Rudolf Wille, zunächst von 1939 bis 1942 zur Wehrmacht eingezogen, wurde im November 1942 durch Intervention von Minister Goebbels abgeschirmt,[28] nachdem die prominenten Kammersänger Helge Roswaenge, Marcell Wittrisch, Willi Domgraf-Faßbender und Josef von Manowarda sich für ihn eingesetzt hatten. Die nächsten zwei Jahre war er „der meistbeschäftigte Konzertbegleiter"[29] und sollte auch im „Totalen Krieg" ab September 1944 freigestellt bleiben. Wille führte in einem Schreiben auf, wen er in den letzten über 200 Konzerten begleitet hatte:

Helge Roswaenge	Tille Briem
Domgraf-Faßbaender	Margarete Klose
Rudolf Bockelmann	Erika Rokyta
Jaro Prohaska	Käte Heidersbach
Rudolf Watzke	Alexander Kropholler
Margarete Teschemacher	Heinz Marten
Florizel van Reuter	Lore Fischer
Hilde Scheppan	Hildegard Hennecke
Camilla Kallab	Frida Leider
Fred Drissen	Nejiko Suwa
Marcell Wittrisch	Ferdinand Danyi[30]

Die uk-Stellung wurde jedoch aufgehoben, da er „für einen Einsatz in der Wehrmacht in Frage" kam.[31]

Wenn eine uk-Stellung nicht durchzusetzen war, gab es noch die Möglichkeit, in Ausnahmefällen Arbeitsurlaub zu beantragen, sodass ein Soldat für ein bis drei Monate von der Wehrmacht freigestellt wurde. Das RPA Hessen-Nassau reichte im Januar 1944 den Antrag auf uk-Stellung des Geigenbauers Paul Adolf Hoyer, Jahrgang 1890 (zu der Zeit wurden bereits verstärkt die vor 1900 Geborenen einberufen), ein. Laut Begründung war Hoyer der einzige Geigenbauer im gesamten Gebiet und für die Reparatur der Streichinstrumente aller Orchester (u. a. Reichssender Frankfurt und Rhein-Mainisches Landesorchester) unentbehrlich. Für Hoyer konnte nur durch Arbeitsurlaub eine zeitweilige Freistellung erreicht werden.[32]

---

27   Landesleiter RMK Württemberg-Hohenzollern an RMK Fachschaft Orchester, 23.8.1943; ebd., fol. 65.

28   Goebbels verfügte über die „Führerermächtigung" zu Einzelfallentscheidungen; vgl. BArch, R 55/10368.

29   Brief Rudolf Wille an Dr. Drewes, Leiter Abt. Musik/RMVP, 6.9.1944; BArch, R 55/20573, fol. 123–125, hier fol. 124.

30   Ebd.

31   Antwort von Borries, Abt. Musik/RMVP, an Wille, 13.9.1944; ebd., fol. 125.

32   Vgl. BArch, R 55/10368.

Dem Pianisten Alfred Jack, Jahrgang 1914, wurde im Juli 1944 von der RMK bescheinigt, er besäße „die künstlerische Eignung, um eine künstlerisch überdurchschnittliche, wertvolle Künstlergruppe für die Truppenbetreuung zu leiten". Da eine uk-Stellung nicht mehr möglich war, wurde ein dreimonatiger Arbeitsurlaub beantragt. Zur Begründung hieß es:

> „Die außergewöhnliche Verknappung von künstlerischem Personal wirkt sich insbesondere bei geeigneten Künstlern für die Künstlergruppen aus, die für die Truppenbetreuung eingesetzt werden sollen. Es ist oft nicht mehr möglich, Künstlergruppen zusammenzustellen, weil Pianisten oder Pianistinnen, die für den Aufbau des Programms das Rückgrat bilden, am Ende des vierten Kriegsjahres nicht mehr zur Verfügung stehen."[33]

In regelmäßigen Abständen wurden die Listen der freigestellten Künstler überprüft und verkleinert. Das OKW erhielt daraufhin sogenannte Auskämmlisten mit Namen und Tauglichkeitsgrad bislang uk-Gestellter, die zur Einberufung freigegeben wurden. Für die betroffenen Männer dürften die regelmäßig wiederkehrende Sorge und beängstigende Unsicherheit eine große Belastung gewesen sein. Der Unterhaltungs- und Jazz-Pianist Fritz Schulz-Reichel beschrieb die Situation so:

> „[…] die Wehrmachttourneen gingen dann 1942 weiter. Z. B. mit Otto Stenzel von der Scala zwei Monate Polen. […] Dann kam ich wieder zurück, es brannte mir ja der Boden unter den Füßen, ich war ja immer auf der Flucht. […] Ich traf […] Heinz Wehner auf dem Ku'damm, er kam gerade aus Oslo. Er hatte das Tanzorchester von der deutschen Sendung in Norwegen. Er hat mich gleich nach Oslo geholt. Also war ich 1942 bis Anfang 1943 in Oslo, dann hat das Stündlein geschlagen."[34]

Damit wurde Schulz-Reichel in der Auskämmliste vom Februar 1943 freigegeben. Danach waren nur noch auffallend wenige jüngere Männer abgeschirmt, jedoch wurden die Jahrgänge 1900 und älter in der Liste noch nicht einbezogen:

Truppenbetreuung und Einzelkünstler[35]

kv und gvF	Jgg. 1901–1907	Jgg. 1908 und jünger	insgesamt
Bestand am 20.2.43	360	39	399
am 23.2.43 wurden freigegeben	42	6	48
es verblieben	318	33	351

Die Auskämmliste ein Jahr später fiel dann allerdings so umfangreich aus, dass sich das OKW sogar zu Widerspruch veranlasst sah, weil speziell die für Truppenbetreu-

---

33   Ebd.

34   Interview Michael H. Kater mit Fritz Schulz-Reichel, 1.5.1987; Clara Thomas Archives & Special Collections, York University Toronto, Sammlung Michael H. Kater, Akten-Nr. 23.

35   BArch, R 55/103/1.

ung freigestellten Künstler auf ein Minimum reduziert, die Sparten Film, Rundfunk und Theater hingegen gar nicht tangiert wurden:

> „Obwohl gegen die Freigabe von uk-gestellten Künstlern der in Frage kommenden Jahrgänge und Tauglichkeitsgrade grundsätzlich nichts eingewandt wird, ist jedoch dem dortigen Vorhaben folgendes entgegenzuhalten:

> Die Liste der für die Truppenbetreuung uk-gestellten Künstler stellt eine Mindestliste dar. Gegenüber der Zahl der für die anderen Sektoren uk-gestellten Künstler beträgt diese noch nicht ein Zehntel. Da durch die Einberufung der älteren Jahrgänge keine Ausgleichmöglichkeit mehr gegeben ist, [...] sieht sich das Oberkommando der Wehrmacht in der Frage des Künstlereinsatzes gegenwärtig vor erhebliche Schwierigkeiten gestellt und ist zurzeit nicht in der Lage, die Anforderungen der Truppe hinsichtlich der Betreuung mit Spielgruppen annähernd befriedigen zu können. [...] umsomehr, wenn berücksichtigt wird, daß der Sektor der zivilen Betreuung keinerlei Einbuße erfahren hat und andererseits fast alle der zahlreichen ausgebombten Theater nur behelfsmäßig spielen und, soweit hier bekannt, an den kriegswichtigen Aufgaben der Truppenbetreuung, die gemäß Führerbefehl in verstärktem Maße und unter besonderen Gesichtspunkten der NS.-Führung vorzunehmen ist, bisher nur unwesentlich mitgewirkt haben."[36]

Zu diesem Zeitpunkt befand sich die Empörung über die qualitativen Mängel der KdF-Truppenbetreuung schon seit längerem auf einem hohen Niveau,[37] und die Auskämmlisten boten dem RMVP einen willkommenen Anlass, um die KdF-Ensembles deutlich zu verringern.

Mit den Maßnahmen zum „Totalen Kriegseinsatz" zum 1. September 1944 mussten dann sämtliche „verfügbaren kv-Wehrpflichtigen der Jahrgänge 1906 und jünger"[38] freigegeben werden.

Auch die Mitarbeiter im RMVP und bei KdF mussten uk-gestellt werden. Ab September 1944 ging es in den örtlichen KdF-Dienststellen, bei den Gastspieldirektionen und Agenturen vor allem darum, die Büros, die in der Blütezeit der Truppenbetreuung eröffnet worden waren, abzuwickeln und zu räumen. Das OKW teilte Ende Januar 1945 mit, dem Antrag auf Freistellung etlicher Gastspielunternehmer nicht entsprechen zu können,

> „Befürwortungen für Verlängerung von uk.-Stellungen können in diesem Falle nur für Angehörige der Jahrgänge 96 und älter, bed.kv. oder av., gegeben werden, und

---

36 OKW an RMVP, 14.4.1944; ebd.

37 Vgl. hierzu den Abschnitt „Klagen über KdF-Ensembles und Einsatz einheimischer Gruppen" im Kapitel „Skandinavien und Sowjetunion – zur Truppenbetreuung in ‚zweierlei Weltkriegen‘".

38 Vgl. BArch, R 55/10367.

zwar letztmalig bis zum 15.2.1945. Angehörige der Jahrgänge 97 und jünger (aller Tauglichkeitsgrade) sind sofort zur Einberufung für die Wehrmacht freizugeben."[39]

Bittgesuche

Auch Dritte, zumeist andere Künstler*innen, wandten sich mit Bitten um uk-Stellungen für einzelne Kollegen an das RMVP. Dabei wurden vor allem zwei Strategien genutzt: der Hinweis auf großen Einsatz und Unverzichtbarkeit im Dienste der Truppenbetreuung sowie der mehr oder weniger leise Vorwurf ungleicher Behandlung. So wandte sich Lale Andersen 1941 direkt an Hans Hinkel, um die Freistellung ihres langjährigen Klavierbegleiters Friedrich Pasche, mit dem sie sämtliche Auftritte, Reisen, Sendungen und Aufnahmen bestritt, zu erwirken:

> „Schauen Sie, genau so, wie es möglich ist, Frau Serrano seit Kriegsbeginn ein ganzes Jazz-Orchester zu bewilligen, muss es doch möglich sein, mir wenigstens meinen Pianisten zu bewilligen? Von Mai bis November 1940 war ich auf einer Wehrmachts-Tournee. [...] Ab ersten Mai, beginnend mit dreissig Tagen im Zelt-Theater Jüterborg, ist (abendfüllend, mit kleinem Orchester unter Pasches Leitung) eine zweite Wehrmachtstournee angeschlossen, an die sich Mitte Juli ein Gastspiel in Stockholm anschließt."[40]

Beim Städtischen Orchester Frankfurt/Oder musste im August 1942 sogar per Losverfahren entschieden werden, ob der Erste Oboist oder der Solo-Cellist die uk-Stellung verlor, „beide sind Jahrgang 1904, kv und ungedient", wie der Musikdirektor mitteilte, weshalb einer von beiden freizugeben war. Das Los fiel auf den Cellisten. Das Orchester, zu dem Zeitpunkt bereits auf 18 Stamm-Mitglieder reduziert, war kaum noch spielfähig:

> „Mit diesem hervorragenden Musiker und Solisten geht dem Orchester die wichtigste Kraft verloren. Außer Dienst in Oper und Operette stehen für die beginnende Saison 7 Symphoniekonzerte, 5 Kammerkonzerte, 2 Chorkonzerte, mehrere HJ-Konzerte auf dem Spielplan. Hinzu kommen neuerdings Verwundeten-Betreuung und ca. 10 Kammermusikkonzerte innerhalb des Gaues Mark Brandenburg.

> Damit die Spielfähigkeit unseres Orchesters nicht gänzlich unterbunden wird, bitte ich den Herrn Minister höflichst, auf Grund der geschilderten Verhältnisse noch einmal überprüfen zu wollen, ob nicht doch noch eine uk-Stellung für den Cellisten Paul Friebe erwirkt werden kann."[41]

Eine Schauspielerin versuchte, mit einem Brief an Minister Goebbels ihrem Mann die erhoffte uk-Stellung zu verschaffen:

---

39   OKW, NSF W/4 (J) IIc an Reichsbevollmächtigten für den totalen Kriegseinsatz, 29.1.1945; BArch, R 55/10371.

40   Lale Andersen an Hans Hinkel, 28.1.1941; BArch, RK J 2, fol. 2552.

41   Städt. Orchester Frankfurt/Oder an Abt. KV/RMVP, 3.8.1942; BArch, R 55/10367.

„Als unser Schirmherr der deutschen Kultur und Kunst möchte ich mich mit folgendem Anliegen an Sie wenden: Mein Mann ist in seinem Zivilberuf Solocellist [...]. Seit Juni 1941 ist mein Mann zum Wehrdienst eingezogen, war im Wintereinsatz 1941/42 in Rußland, ist Inhaber der Ostmedaille und des Verwundetenabzeichens. [...] Da mein Mann infolge dieser Verletzungen als Soldat nicht mehr vollprozentig dienstfähig ist,[...] wäre es doch vielleicht, da er Künstler ist, wertvoller, ihn als Vermittler deutscher Kultur, deutscher Musik, wieder für die Truppenbetreuung einzusetzen, was er voll und ganz erfüllen könnte. [...] Ich bin selbst hier am Theater tätig und weiß aus meinen Wehrmachtseinsätzen, wie wertvoll solche Truppenbetreuung ist, und wie der Soldat nach deutscher Kultur und Kunst verlangt und sie wieder als Kraftquell für neue Aufgaben dankbar empfindet."[42]

In seinem Antwortschreiben teilte der zuständige Referent jedoch sehr knapp mit, aus „militärischen Gründen" sei eine Herauslösung aus der Wehrmacht leider nicht möglich.[43]

---

42   Hildegard Schellenberger an Joseph Goebbels, 7.1.1943; BArch, R 55/20573, fol. 15.
43   Antwortschreiben RMVP, Rentrop, 4.2.1943; ebd., fol. 16.

4.7   Truppenbetreuung in den letzten Kriegsmonaten

Der „Erlaß des Führers für den totalen Kriegseinsatz" verkündete am 25. Juli 1944, die Kriegslage zwinge „zur vollen Ausschöpfung aller Kräfte für Wehrmacht und Rüstung". Göring als Vorsitzender des Ministerrats für die Reichsverteidigung wurde beauftragt, „das gesamte öffentliche Leben den Erfordernissen der totalen Kriegführung in jeder Beziehung anzupassen" und zugleich erhielt Goebbels zur Durchführung dieser Aufgabe das Amt des „Reichsbevollmächtigten für den totalen Kriegseinsatz". Er hatte damit für den „restlose[n] rationelle[n] Einsatz von Menschen und Mitteln" zu sorgen und „durch Stilllegung oder Einschränkung minder kriegswichtiger Aufgaben [...] das Höchstmaß von Kräften für Wehrmacht und Rüstung freizumachen".[1] Damit brachte Goebbels – zumindest auf dem Papier – auch die Truppenbetreuung vollständig unter die Regie seines Ministeriums. Die früheren Fachabteilungen des RMVP wurden stark verkleinert und zur neuen Abteilung Kult. zusammengefasst, zu der auch das Referat Künstler-Kriegseinsatzstelle, zuvor bei der RKK angesiedelt, transferiert wurde. Diese zentrale Schaltstelle entschied über den Einsatz aller Künstlerinnen und Künstler sowie sämtliche kulturellen Veranstaltungen. Die Abteilung leitete der „Reichsdramaturg", Chef der Theater-Abteilung im RMVP und bis 1938 Präsident der RTK, Ministerialdirigent Rainer Schlösser, was für Hans Hinkel im hausinternen Machtgerangel eine empfindliche Niederlage bedeutete.[2]

Am 24. August 1944 verfügte Goebbels mit Wirkung ab 1. September den „Totalen Kriegseinsatz der Kulturschaffenden", der die Schließung aller Theater, Orchester, Unterhaltungskapellen, Varietés, Museen, Galerien und Verlage bedeutete, auch hauptamtlich tätige private Musiklehrer*innen (soweit sie „dienstverwendungsfähig" waren)[3] und das „Modeschaffen" hatten die Arbeit einzustellen, es erschienen nur noch als „kriegswichtig" eingestufte technische und wissenschaftliche Zeitschriften. Die gesamte Truppenbetreuung wurde beendet, davon ausgenommen war lediglich die Betreuung Verwundeter in Lazaretten und sogenannten Verwundetenheimen.[4] Die auf Truppenbetreuungstournee befindlichen Ensembles wurden telegrafisch zur sofortigen Rückkehr aufgefordert. Allein in Norwegen und Finnland betraf das 1.380 Personen.[5] Im Auftrag von KdF waren zu der Zeit noch 700

---

1   RGBl I Nr. 34/1944, S. 161, vgl. auch Studt, Christoph: *Das Dritte Reich in Daten*, München (C. H. Beck) 2002, S. 234.

2   Vgl. zur Berufung Schlössers dessen Schreiben an Goebbels sowie an Hinkel, beide vom 7.9.1944; BArch, R 55/20252, fol. 246–249. Der größte Teil der Dokumente der Signaturen BArch, R 55/20252 sowie R 55/20252a finden sich auch im IfZ München unter MA 103/2.

3   Zunächst waren auch die Konservatorien und Musikschulen geschlossen worden, nach massivem Protest durch den Reichsminister für Erziehung, Wissenschaft und Volksbildung wurde dies Anfang Oktober 1944 aber wieder rückgängig gemacht; vgl. Schreiben RKK Hauptgeschäftsführung an Rechtsabteilung des RMVP, 7.10.1944; BArch, R 56 I/256.

4   Ebd.

5   BArch, R 43 II/648a, fol. 84.

Ensembles auf Tournee und 200 Gastspielunternehmen sowie Konzertagenturen standen unter Vertrag.[6] Auch den wehrmachteigenen Spielgruppen und Ensembles wurden weitere Aufführungen per OKW-Befehl untersagt.[7]

Schätzungen des RMVP zufolge sollten damit rund 115.000 Personen zusätzlich für Wehrmacht und „Totalen Kriegseinsatz" zur Verfügung stehen.[8] Die Erfassung lief über die Arbeitsämter, bei denen sich alle Kulturschaffenden zum 1. September zu melden hatten, auch galten sämtliche uk-Stellungen als aufgehoben.[9] Anfang Dezember 1944 musste allerdings eingeräumt werden, dass zum Stichtag 1. Oktober nur 45.000 Personen registriert werden konnten, von denen lediglich 26.000 einsetzbar waren, die übrigen 17.000 galten als untauglich.[10] Eine vollständige Kontrollmöglichkeit durch RKK oder die Arbeitsämter bestand nicht mehr, da die Mitgliederkarteien von RMK und RTK Bombenangriffen zum Opfer gefallen waren. Man kam überein, sich über die Partei an die Blockwalter zu wenden, die sämtliche Kulturschaffenden in ihrer Nachbarschaft an die örtlichen Arbeitsämter melden sollten.[11]

Angesichts der desolaten Kriegslage und der näher rückenden Fronten ließ sich eine Fortführung des umfangreichen Kulturbetriebs, der bei Zivilbevölkerung und Soldaten für Zerstreuung und Ablenkung sowie positive Stimmung gegenüber dem Regime hatte sorgen sollen, nicht länger aufrechterhalten. Goebbels legte aus Effektivitätserwägungen fest, „nur noch Film und Rundfunk" würden „den Soldaten an der Front und der schaffenden Heimat Entspannung geben und kulturelle Werte vermitteln" – die beiden Medien, die bei „geringstem Aufwand an Menschen und Material" den höchstmöglichen Wirkungsgrad erzielten.[12] Zugleich handelte es sich um die neuesten und populärsten Massenmedien (Fernsehen existierte zu der Zeit nur in sehr geringer Verbreitung), was Goebbels' Nimbus des modernen Lenkers von Propaganda und Volksmeinung entsprach.

Dabei fungierten die in der „Gottbegnadetenliste" aufgeführten Künstlerinnen und Künstler (mehr dazu s. u. im Abschnitt „Die ‚Gottbegnadeten'") als „Ausnahmen für den dringenden Bedarf von Rundfunk und Film",[13] die vom Einsatz in der Wehrmacht oder der Produktion freigestellt blieben. Alle anderen wurden einberufen bzw. in die Rüstungsindustrie und weitere kriegswichtige Fabriken sowie bei der Flak

---

6   Vgl. *Der Angriff. Tageszeitung der Deutschen Arbeitsfront, Nr. 178*, 21.7.1944, zit. n. Vossler, Propaganda, S. 362.
7   Ebd.
8   BArch, R 56 I/256. In BArch, R 43 II/648a, fol. 84 war sogar von 145.000 Personen die Rede. Die RKK umfasste zu dem Zeitpunkt rund 140.000 Mitglieder, wovon der RMK 35.000, der RTK 45.000 und der RFK 10.000 Personen angehörten; vgl. Rathkolb, Führertreu, S. 175.
9   BArch, R 55/20252, fol. 12.
10   BArch, R 56 I/256. Weitere Zahlen liegen nicht vor.
11   Ebd.
12   Vgl. BArch, R 55/20252, fol. 105, 112.
13   BArch, R 56 I/256.

dienstverpflichtet, sofern sie nicht wegen Alters, durch Attest oder anderen Nachweis dispensiert waren. Dabei waren aus Gründen sozialer und organisatorischer Kontrolle bestehende Ensembles „nach Möglichkeit straff zusammenzuhalten"[14] und geschlossen in einem Betrieb unterzubringen.

Die zahlreichen in deutschen Orchestern und Kapellen tätigen Musiker*innen aus anderen Staaten wurden ebenfalls dienstverpflichtet. Anders als ihre deutschen Kolleginnen und Kollegen konnten sie nicht zur Arbeit gezwungen werden, sie erhielten ggf. jedoch keine Gage oder staatliche Unterstützung.[15]

Die Inhaber privatwirtschaftlich betriebener Bühnen und Musikensembles hatten Anspruch auf „Stillegungsbeihilfe" – eine staatliche Unterstützung, um Insolvenz zu vermeiden.[16]

Dienstverpflichtung in der Produktion

Die Arbeitstage im „totalen Kriegseinsatz" waren lang, ab 31. August 1944 betrug die Arbeitszeit 60 bis 70 Stunden pro Woche.[17] Die dienstverpflichteten Künstlerinnen und Künstler bekamen von den Betrieben den jeweils üblichen Lohn gezahlt, hatten allerdings Anspruch auf Zahlung der Differenz bis zur Höhe ihrer bisherigen Bezüge.[18]

Die Entgelt-Frage war zunächst umstritten, Goebbels wollte über den „totalen Kriegseinsatz" eine Senkung der Gagen erreichen, Göring weigerte sich aber strikt, den Künstler*innen finanzielle Einbußen zuzumuten, er fühlte sich „durch seine persönliche Unterschrift unter die Verträge seinen Künstlern in Treue verpflichtet"[19] – ein bemerkenswertes Zeugnis für die bizarre Verflochtenheit, die das NS-Regime zur Künstlerschaft inszenierte: ein Amalgam aus Dienstbarmachen, Protektion, Spiegelung, Prestigesucht und Abhängigkeit vom Wohlwollen der Gegenseite. Goebbels plante daraufhin, diese „Großzügigkeit" propagandistisch auszuschlachten, würde doch „kein anderes System der Welt" so verfahren. Auch wenn es „bei der Labilität der Bühnenschaffenden […] nicht viel verschlagen würde", verspräche diese Aktion doch einen Imagegewinn für das Regime.[20]

---

14   BArch, R 55/20252., fol. 4.
15   BArch, R 56 I/256.
16   Ebd. Das Aktenkonvolut enthält zahlreiche Beihilfe-Anträge.
17   Vgl. Studt, Daten, S. 237.
18   BArch, R 55/20252, fol. 4; fol. 65f.; BArch, R 56 I/256. Vgl. hierzu auch den Bericht einer in der Truppenbetreuung tätigen Künstlerin in Szepansky, Blitzmädel, S. 202f.: „Es kam die nächste Dienstverpflichtung. Jetzt nicht mehr Arbeitsort Bühne, sondern Fabrikhalle. […] Wir haben von der Firma genau den Durchschnittslohn der Arbeiter bekommen. Ich habe 137 Mark die Woche verdient. Wir haben aber einen Ausgleich bis zur Höhe unseres alten Gehalts, das so um 1.000 Mark monatlich lag, erhalten."
19   Vgl. BArch, R 55/20252, fol. 65f.
20   Zit. n. Rathkolb, Führertreu, S. 174.

Eine Aufstellung der Berliner Bühnen im „totalen Kriegseinsatz" erfasste 3.605 Personen, die ab September 1944 in Fabriken dienstverpflichtet waren,[21] darunter bei Siemens 600 Frauen und Männer vom Preußischen Staatstheater sowie 500 vom Deutschen Opernhaus, die Belegschaft der Gastspieldirektion Bubenheim bei BMW, bei Telefunken arbeiteten die Ensembles mehrerer kleiner Sprech- und Revue-Theater, bei AEG das Schiffbauerdamm-Theater und weitere kleinere Bühnen, bei Osram u. a. die „Plaza"-Revue, die Volksoper Berlin sowie die Volksoper Hirschberg, bei der Spandauer Stahlindustrie waren das Städtische Orchester und das Kammerorchester von Benda tätig und bei Gustav Appel in Spandau, einem Betrieb, der vor allem Gewehrläufe fertigte, arbeiteten 220 Mitglieder des Nollendorf-Theaters. Zur Sicherung der Theatergebäude – sofern noch nicht bei Bombenangriffen zerstört – wurden jeweils nur ein oder zwei Männer freigestellt, die jedoch Jahrgang 1906 oder älter und zudem nicht wehrfähig sein mussten.[22]

Viele Künstlerinnen und Künstler gingen – ebenso wie andere Dienstverpflichtete – der Arbeit im „totalen Kriegseinsatz" wenig motiviert nach. Der Betriebsführer der Spandauer Appel-Werke klagte, die Hälfte des Nollendorftheater-Ensembles bliebe „teilweise für Tage, teilweise aber auch für längere Zeit" der Arbeit fern und brächte dafür Atteste, „deren Rechtmäßigkeit durchaus nicht immer anerkannt werden" könne.[23] Die Abteilung Kult. im RMVP schlug daraufhin vor, denjenigen, „die unentschuldigt fehlen oder sonst Schwierigkeiten bereiten", mit Ausschluss aus der RKK „wegen Unzuverlässigkeit" zu drohen, das wiege „wesentlich stärker" als die Androhung einer Geldstrafe oder Verwarnung.[24] Ob eine solche Maßnahme angesichts des absehbaren Endes des Regimes tatsächlich noch eine abschreckende, disziplinierende Wirkung zu entfalten vermochte, darf bezweifelt werden.

Das RPA Breslau meldete Anfang Januar 1945, angesichts der näher rückenden Roten Armee würden die „rüstungsverpflichteten Kulturschaffenden" scharenweise in ihre Heimatgaue abwandern, ohne sich weiter um die Bestimmungen zu kümmern.[25]

Sowohl die RPAs als auch Ensembles und Künstler*innen untereinander beargwöhnten vermeintliche Ungleichbehandlungen. Am 18. September 1944 beschwerte sich beispielsweise der Leiter des RPA Salzburg:

„Hier in Salzburg wurde mitgeteilt, daß die Mitglieder der Münchener Staatsoper bei der Firma Agfa in München untergebracht sind. Der Direktor der Firma erklärte aber, daß er keine Arbeit für die Mitglieder der Staatsoper habe. Es wird berichtet, daß diese jetzt in München spazierengehen. Begreiflicherweise erregt dies bei den

---

21 BArch, R 55/20252, fol. 68.
22 Vgl. ebd.
23 Vermerk Abt. Kult, Referent Scherzer, 19.9.1944; ebd., fol. 72–74, hier fol. 72.
24 Ebd.
25 Ebd., fol. 1.

Mitgliedern des Salzburger Landestheaters, die alle zum wirklichen Arbeitseinsatz herangezogen wurden, Aufsehen und Unwillen."[26]

Das RPA Oberbayern dementierte prompt und versicherte, das Ensemble der Staatsoper sei sehr wohl bei Agfa tätig.[27]

Grundsätzlich war beim Einsatz Rücksicht auf „die spätere Berufsausübung" der Künstlerinnen und Künstler zu nehmen, so sollten Orchestermusiker nicht „schweren Waffenfabriken" zugewiesen werden oder Sänger*innen in Werke kommen, „in denen der Staub von Maschinen oder Dämpfe den Stimmen schaden können".[28] So wurden bei der Firma Appel in Spandau Geiger statt in der Fertigung beim Werkschutz eingesetzt.[29] Trotzdem musste die Abteilung Kult. einräumen, es läge „eine grössere Anzahl begründeter Klagen"[30] vor. Eine Pianistin wandte sich deswegen an die RMK und unterfütterte ihr Anliegen mit dem Verweis auf angebliche Ungerechtigkeiten:

„Ich bin Konzertpianistin und bei der Reichsrundfunkgesellschaft als solche und als Korrepetitorin seit 1935 angestellt. Beim Reichssender Berlin war ich bis 1939 als Solistin in über 400 Sendungen tätig, wo ich z. B. ein ¾ Jahr täglich morgens unter dem Titel „Eine kleine Klaviermusik" zu hören war und außerdem in Kammermusikalischen Sendungen und als Begleiterin mitwirkte und auch mit Orchester spielte. [...] Ich war dann häufig vom Propagandaministerium aus auf Tourneen im Ausland. [Ab September 1944 war sie dienstverpflichtet bei BMW in Spandau.] Abgesehen davon, daß die Arbeit schwer ist, ist sie natürlich für die Hände überhaupt sehr unzuträglich, da ständig Öl über die zu fertigenden Gegenstände fließt und die Gefahr einer Verletzung bei Unaufmerksamkeit nicht ausgeschlossen ist. [...] An ein musikalisches Weiterarbeiten oder sich auf der Höhe halten ist natürlich nicht zu denken. Ich bitte Sie deshalb, sich meines Falles anzunehmen und mir eventuell einen Arbeitsplatz zuzuweisen, der nicht so anstrengend und gefährlich ist, zumal ich eine ganze Reihe Pianisten kenne, die auch heute überhaupt noch nicht zum totalen Kriegseinsatz verpflichtet wurden."[31]

Die RMK konnte gegenüber dem Arbeitsamt als Fürsprecherin für die Versetzung oder Freistellung einzelner Künstlerinnen und Künstler auftreten, wie sie es für zwei junge Pianistinnen im Januar 1945 unternahm:

„Hier übersende ich Ihnen Urteile über die Leistungen der beiden Nachwuchspianistinnen Ilse Günneberg und Lieselotte Gierth, die am 22.11.1944 vor Musiksachverständigen der Reichsmusikkammer Probe ihres Könnens abgelegt haben. [...]

---

26   Ebd., fol. 44.
27   Ebd., fol. 46.
28   Ebd., fol. 77.
29   Ebd., fol. 72f.
30   Ebd., fol. 77.
31   Brief Prudentia Olbrich, Charlottenburg, an den Landesleiter der RMK, 30.11.1944; BArch, R 56 I/256.

Aus den Beurteilungen: Ilse Günneberg [ist] eine zweifellos über dem Durchschnitt stehende pianistische Begabung. [...]

Lieselotte Gierth ist – was ihr auch von Wilhelm Furtwängler bezeugt wurde – als eine unserer hoffnungsvollsten pianistischen Nachwuchsbegabungen anzusehen.

[...] Was [den Arbeitseinsatz] anbetrifft, so wäre es zu begrüßen, wenn er in einer Form geschähe, die ihnen die Fortsetzung eines gründlichen Studiums, in dem sie sich zur Zeit noch befinden, ermöglichen würde. Eine diesbezügliche Regelung wird – in Anbetracht der besonderen Begabung der beiden Schülerinnen – von der Reichsmusikkammer wärmstens befürwortet."[32]

Mit der Stilllegung der Kulturbetriebe griffen restriktive Vorschriften zur künstlerischen Betätigung; in der Produktion eingesetzten Künstlerinnen und Künstlern waren selbst ehrenamtliche Auftritte strikt untersagt, was für Unmut und Unverständnis sorgte. Lediglich das „Laienschaffen" in Form von Betriebs-Spielscharen und Werks-Chören war erwünscht, um für etwas Ablenkung zu sorgen.[33] Nur die freigestellten Künstlerinnen und Künstler konnten mit Genehmigung der Künstler-Einsatzstelle Veranstaltungen durchführen, wobei es sich vor allem um Rezitations- und Musikprogramme für Fabrikbelegschaften oder Lazarette handelte. Eine Chemnitzer Opernsängerin im Rüstungseinsatz klagte:

„Die neue Verfügung, dass nur die freigestellten Künstler auftreten dürfen und den eingesetzten Künstlern als Dank für ihren Einsatz in der Rüstung das Auftreten verboten ist, hat eine ungeheure Verbitterung geschaffen. Wir hatten alle 14 Tage einen grossen Opernabend für die Rüstungswerke, haben in den Betrieben gesungen und auch in den Lazaretten. Nun ist uns plötzlich alles verboten, keine Stunde darf in der Rüstung versäumt werden. [...] Dazu kommt jetzt die traurige Tatsache, dass die zurückgestellten Dresdner Künstler nach Chemnitz kommen und für uns in den Betrieben singen, wo unsere Künstler an der Bohrmaschine stehen. [...] diese Ungerechtigkeiten verbittern und lähmen jede Arbeitsfreude."[34]

Der Krefelder „Seidenfaden-Varieté-Betrieb" beantragte bei der Künstler-Einsatzstelle die Genehmigung für die „Abhaltung musikalischer Darbietungen" abends von 19.30 bis 21.30 Uhr; die Musiker hätten im Auftrag der Kreisleitung der NSDAP seit Jahren schon Lazarettbetreuung geleistet, seien tagsüber anderweitig beschäftigt und spielten in ihrer Freizeit.[35] Die „freiwillige nebenberufliche Betätigung nach einem 10-stündigen Arbeitseinsatz in der Rüstungsindustrie" wurde jedoch kategorisch abgelehnt, auch als der Betrieb nachhakte, ob eine „Betreuung für Soldaten und Verwundete ehrenamtlich" möglich sei.[36]

---

32 RMK, Hermann, an Arbeitsamt Berlin, 6.1.1945, Betr.:Arbeitseinsatz der Ilse Günneberg und Lieselotte Gierth; ebd.
33 Vgl. BArch, NS 5/I/149.
34 Abschrift eines Schreibens, 25.10.1944; BArch, R 55/20252, fol. 171.
35 BArch, R 55/20473, fol. 60.
36 Ebd., fol. 61–63.

Die „Gottbegnadeten"

Am 26. August 1944 hatte Goebbels für sein Tagebuch diktiert:

> „Wir stellen eine sogenannte ‚Gottbegnadetenliste' auf, von etwa 300 bis 400 wirklich hervorragenden, über die Zeit hinaus wirkenden Künstlern, die von Front- und Arbeitsdienst freigestellt werden sollen. Diese Künstler rekrutieren sich aus allen Sparten unseres Kulturlebens."[37]

Zur Erfassung und Verwaltung der Daten dieser Künstler*innen entfaltete die Abteilung Kult. ein umfangreiches Listenwesen.[38] Die bei weitem umfangreichste Liste enthielt die beim Film Beschäftigten, die in einer bereits bereinigten, reduzierten Version[39] 700 Namen umfasste. Die Liste für Musik unterteilte sich in Komponisten (16 Personen), Dirigenten (15), Pianisten (12 Männer, 5 Frauen), Geiger (9), Cellisten (4), Organisten (2), Quartette (3) und Konzertsänger (5 Frauen, 4 Männer). Die Theater-Liste umfasste mit 82 Personen vor allem Opernsänger*innen, denn das Gros der Schauspieler*innen war auf der Film-Liste untergebracht.[40] Die Rundfunk-Liste benannte Dirigenten (5), Geiger (3), weitere Instrumental-Solisten (12), Pianisten (8), Sänger (11), Sängerinnen (16), Arrangeure (22), Kopisten (6), Autoren und Sprecher (11), drei Chöre (je ein Opernchor von 48 Mitgliedern beim Reichssender Berlin und Wien sowie die 32-köpfige Singgemeinschaft Rudolf Lamy, Berlin), Komponisten für Film und Funk (37) sowie Begleiter für Funk und Konzert (5). Die Liste der Instrumentalensembles umfasste neun Kulturorchester für Funk-, Film- und Konzerteinsatz (Berliner Philharmoniker, Preussische Staatskapelle Berlin, Wiener Philharmoniker, Münchner Staatskapelle, Dresdner Staatskapelle, Leipziger Gewandhausorchester, Bruckner Orchester Linz,[41] Hamburger Philharmonisches Staatsorchester und Philharmoniker Prag), vier Grosse Rundfunkorchester (Berlin, Hamburg, München und Frankfurt), drei Unterhaltungsorchester sowie 14 Unterhaltungs- und Tanzkapellen für Funk, Film und Konzert (u. a. das Deutsche Tanz- und Unterhaltungsorchester). Dazu kam noch eine Liste für Bildende Kunst[42] und als Anhang eine „Liste der im Rüstungseinsatz tätigen, aber für Stunden in Rundfunk und Konzert gelegentlich beschäftigten Künstler", die 126 Perso-

---

37 Goebbels, Tagebücher, S. 333.

38 Die Listen sind in BArch, R 55/20252 und R 55/20252a sowie IfZ München, MA 103/2 überliefert.

39 Vgl. ebd., fol. 228.

40 Vgl. Rathkolb, Führertreu, S. 175.

41 Das „Orchester des Führers" war ein spätes Prestigeprojekt des Regimes, das nicht nur nach künstlerischen, sondern auch „weltanschaulich-charakterlichen" Gesichtspunkten mit Instrumentalisten aus dem ganzen Reich zusammengestellt wurde – zum Verdruss der Orchester, aus denen die Musiker abgezogen wurden. Das Orchester residierte ordensähnlich im Bruckner-Stift St. Florian und war vor allem für Repräsentationszwecke und Rundfunkeinsätze gedacht; vgl.: BArch, R 55/20587, R 55/20588, R 56 I/27.

42 Sie schirmte auffallend viele Architekten ab, die für den Wiederaufbau nach dem Krieg zur Verfügung stehen sollten; vgl. Vossler, Propaganda, S. 359, Fußnote 3.

Abb. 7:   Wilhelm Furtwängler dirigiert die Berliner Philharmoniker bei einem Werkskonzert der AEG Berlin, Februar 1942 (Bundesarchiv Berlin, Bild 183-L0607-504/CC-BY-SA 3.0)

nen benannte.[43] Alle diese Listen wurden im Verlauf der folgenden Monate ständig aktualisiert und ergänzt.

Der Sonderstatus der „Gottbegnadeten" ging mit Erwartungen und Forderungen seitens des Regimes einher, worüber der Leiter der Abteilung Kult. informierte:

> „Diese Freistellung, die in Würdigung Ihrer besonderen künstlerischen Fähigkeiten ausgesprochen wurde, geschah unter der selbstverständlichen Voraussetzung, daß Sie sich vorbehaltlos einer umfassenden künstlerischen Betreuung zur Verfügung stellen, die im Rahmen der unter meiner Leitung entstandenen Künstler-Kriegseinsatzstelle im ganzen Reich durchgeführt werden wird. Ich bitte Sie, mich bei der Durchführung dieses meines Auftrages nicht nur zu unterstützen, sondern ihm auch mit jener freudigen Hingabe zu dienen, mit der Sie schon bisher der Kunst gedient haben. [...] Was die künftige materielle Wertung Ihrer Leistung anbelangt, darf ich mich heute darauf beschränken, aufklingen zu lassen, daß sie sich, worüber zweifellos von vornherein Übereinstimmung zwischen Ihnen und mir besteht, in jenen Bahnen bewegen muß, die bei voller Würdigung Ihres Lebensstandards vom Gesetz des sechsten Kriegsjahres, des totalen Kriegseinsatzes vorgeschrieben wird."[44]

---

43   BArch, R 55/20252a, fol. 10ff. In einem RMVP-Rundschreiben an sämtliche Gauleiter war von 84 der rund 45.000 Bühnenschaffenden und 77 der etwa 12.000 konzertierenden Künstler die Rede; vgl. BArch, R 55/20252, fol. 112f., hier 113.

44   Entwurf des Schreibens Leiter Kult., Schlösser, an sämtliche freigestellten Künstler*innen; BArch, R 55/20252a, fol. 67f.

Die „Gottbegnadeten" wurden noch einer Binnendifferenzierung unterzogen, denn „Künstler, die ein überragendes nationales Kapital darstellen", wozu laut vorläufiger Planung „nicht mehr als zehn oder zwölf Personen", u. a. Richard Strauss, Hans Pfitzner und Wilhelm Furtwängler, gerechnet werden sollten,[45] waren sämtlicher Verpflichtungen ledig, um ihrem Schaffen ungestört nachgehen zu können. Diese Personen, es waren schließlich 25, wurden in die sogenannte Sonderliste der „Gottbegnadetenliste" aufgenommen.

Die anderen freigestellten Künstlerinnen und Künstler galten als dienstverpflichtet, sie hatten für die Dispositionen der Künstler-Einsatzstelle zur Verfügung zu stehen bzw. sämtliche Auftritte vorab vom Referat genehmigen zu lassen: „Nicht die Künstler haben zu entscheiden, wo und vor welchem Kreis sie auftreten oder singen wollen."[46] Dabei durften sie nicht „untätig" sein, sondern ihr „kultureller Einsatz muß den Erfordernissen des Totalen Krieges entsprechen".[47] Sie erhielten weiter ihre Gagen bzw. konnten, wenn sie nicht in festem Engagement standen, Einkünfte wie in bisheriger Höhe erzielen, wobei jedoch eine Obergrenze von jährlich RM 48.000,-- gelten sollte.[48]

Die Sorge vor „Untätigkeit" war bei sämtlichen Maßnahmen des „Totalen Kriegseinsatzes" als Schreckgespenst im Hintergrund wirksam, damit Vorwürfen wegen Ungleichbehandlung kein Raum gegeben wurde – die Akten enthalten etliche Vermerke und Schreiben wegen der Auslastung von Orchestern und Einzelpersonen. Beispielsweise wurden Anfang September 1944 die RPÄ durch die Abteilung Kult. aufgefordert, binnen einer Woche „Gemeinschaftsveranstaltungen für Rüstungswerke und Lazarette" zu organisieren, um zu vermeiden, „daß bis zur Durchgabe der genaueren Ausführungsbestimmungen für die wenigen freigestellten Künstler ein Vacuum entsteht."[49] Wenig später erhielten sämtliche Gauleiter Bescheid, „dass dafür Sorge getragen werden muss und wird, diese Kräfte [freigestellte Künstler*innen] arbeitsmässig auszulasten",[50] und intern wurde konstatiert, die „Vollbeschäftigung" der „700 beim Film geführten Künstler" sei „sichergestellt".[51] Als Antwort auf eine Beschwerde erläuterte die Abteilung Kult. nochmals das Konzept des Künstler-Kriegseinsatzes: Für die Öffentlichkeit sollten nur die Konzerte der Berliner Philharmoniker unter Furtwängler und der Preußischen Staatskapelle unter Karajan zugänglich sein,

---

45   BArch, R 55/20252, fol. 21f.

46   Ebd.

47   Ebd.

48   Ebd., fol. 21 und 87. Diese Begrenzung wurde sehr flexibel gehandhabt, so konnte Elly Ney weiterhin eine Abendgage von RM 1.200,-- erzielen; ihre Einkünfte im Jahr 1943 hatten rund RM 190.000,-- betragen; vgl. BArch, RK N 28, fol. 716, 720.

49   Fernschreiben v. 14.9.1944, ebd., fol. 56.

50   Vgl. ebd., fol. 112.

51   Vgl. ebd., fol. 228.

„Um jedoch […] die übrigen prominenten Kulturschaffenden auszulasten, sind nur für Rüstungsbetriebe und Verwundete bestimmte, daher der Öffentlichkeit nicht offenstehende Veranstaltungen volkstümlicher Art vorgesehen, wie konzertante Opernabende, Stunden beschwingter Musik, musikalische Operettenquerschnitte usw. […] Für diese Aufführungen sind selbstverständlich auch Proben erforderlich."[52]

Im November 1944 ergab eine Aufstellung der Proben, Konzerte und Rundfunkeinsätze der Staatskapelle Berlin unter Karajan, das Orchester könne ebenfalls als „vollbeschäftigt" angesehen werden.[53] Vor allem in den letzten Kriegswochen nahm dies immer mehr den Charakter von unsinnigem Aktionismus und „organisatorischem Leerlauf"[54] an; vom Film berichtete der Schauspieler Gert Fröbe, die Aufnahmen seien „mit allen Finessen in die Länge gezogen"[55] worden, um emsiges Beschäftigtsein zu suggerieren, und auch Ufa-Star Ilse Werner erwähnte die „Besessenheit",[56] mit der gefilmt wurde.

Wehrmacht-Nachtkabaretts und Soldatenbühnen im Reichsgebiet

Bereits zum 1. April 1943 hatte das Amt Truppenbetreuung des RMVP gemeinsam mit der Berliner Stadtkommandantur, dem RPA Berlin und der Berliner NSDAP-Gauleitung ein „Wehrmacht-Nachtkabarett" im „Atlantis" am Potsdamer Platz ins Leben gerufen,[57] das Soldaten auf der Durchreise von Mitternacht bis fünf Uhr morgens unter dem Titel „Lachen ist gesund" Musik und Varieté-Unterhaltung im Stil Bunter Programme bot. Das Lokal fasste bis zu eintausend Personen, der Zutritt war ausschließlich uniformierten Wehrmachtangehörigen ohne Begleitung gestattet, Eintritt wurde nicht erhoben. Hier konnten die Soldaten unterkommen, um die Nachtstunden zu überbrücken. Berlin war Hauptkreuzungspunkt von Soldatenzügen und nachdem die großen Fernbahnhöfe zerbombt waren, standen den Soldaten während ihrer langen Umsteige-Wartezeiten keine Aufenthaltsmöglichkeiten mehr zur Verfügung, auch Übergangsplätze gab es wegen der requirierten Notquartiere für die ausgebombte Zivilbevölkerung und Flüchtlinge immer weniger.[58] Im Som-

---

52 Abt. Kult., Köhler, an SS-Obergruppenführer Schaub in Berlin, Okt. 1944 [genaues Datum unleserlich]; ebd., fol. 145.

53 Ebd., fol. 308.

54 Quadflieg, Will: *Wir spielen immer. Erinnerungen*, Frankfurt/Main (S. Fischer) 1976, S. 134.

55 Fröbe, Gert: *Auf ein Neues, sagte er … und dabei fiel ihm das Alte ein. Geschichten aus meinem Leben*, München (Knaus) 1988, zit. n. Murmann, Geerte: *Komödianten für den Krieg. Deutsches und alliiertes Fronttheater*, Düsseldorf (Droste), S. 261.

56 Werner, Ilse: *So wird's nie wieder sein … Ein Leben mit Pfiff*, Bayreuth (Hestia) 1981, S. 159.

57 Vgl. Vossler, Propaganda, S. 322. In *Der Adler. Zeitschrift der Luftwaffe* (Jg. 1943, Heft 7, S. 34) wurde das Nachtkabarett unter der Überschrift „Zwischen zwei Zügen" angepriesen mit „Schöne Frauen, schmissige Musik, Artistik und viel Humor, das ist eine Mischung, die dem Urlauber die sonst langweilige Wartezeit zwischen zwei Zügen wie im Fluge vergehen läßt.", zit. n. Witt-Stahl, But his soul, S. 150.

58 Vgl. BArch, R 55/20473, fol. 80.

mer 1944 wurde die Eröffnung eines zweiten Nachtkabaretts in Berlin erforderlich. Das RMVP plante allein für die beiden Etablissements – im Oktober 1944 waren es „Café Vaterland" und „Berolina"[59] – Kosten von einer Million RM für 1945 ein.[60]

Der „Totale Kriegseinsatz der Kulturschaffenden" brachte eine Beschränkung der Programme mit sich, ab September 1944 durfte nur noch Musik gespielt werden, artistische Darbietungen waren untersagt.[61]

Andere Großstädte zogen mit der Einrichtung von Nachtkabaretts nach, so rechnete das Kölner Wehrmacht-Nachtvarieté – das einzige im westdeutschen Raum – mit großem Andrang von Seiten der Soldaten; die Vorstellungen tagsüber standen auch der Zivilbevölkerung offen.[62]

Auch der Leipziger „Krystallpalast" betrieb ein Nachtkabarett für Soldaten. Nachdem das Gebäude im Dezember 1943 ausgebombt worden war, wurde in einem Ausweichquartier weitergespielt.[63] Anfang März 1944 wandte sich die Leitung des „Krystallpalast" mit dem Anliegen an Minister Goebbels, als „kriegswichtiger Betrieb" anerkannt zu werden:

> „[…] bemühen wir uns nach Kräften, wenigstens unser Varieté-Theater in einem der grössten Säle unserer Stadt wieder zu eröffnen, um damit zu unserem Teile beizutragen zur Förderung und Stützung der Stimmung weitester Bevölkerungskreise. Unser Varieté hatte vor dem Angriff monatlich 90–100.000 Besucher, darunter ungefähr 40% Wehrmachtsangehörige und 30% Rüstungsarbeiter. Allmonatlich fanden zwei Sondervorstellungen nur für die Wehrmacht statt und in erheblichem Umfange wurden für fast alle Vorstellungen Karten zu ermässigten Preisen geschlossen an Rüstungsbetriebe abgegeben. Auch geschlossene Vorstellungen für Rüstungswerke fanden allmonatlich statt.
>
> Als Ausweichbetrieb ist beabsichtigt, ab 1.4.1944 im Grossen Festsaal des hiesigen Zoologischen Gartens mit einem Fassungsvermögen von rund 2000 Personen unser Varieté wieder laufend zu bespielen. Da wir diesen Saal allwöchentlich nur an fünf Tagen pachten können, sind wir gezwungen, an den restlichen zwei Tagen mit

---

59 Vgl. BArch, R 55/20252a, fol. 329f.

60 „Voraussichtlicher Haushaltsplan der Künstler-Kriegseinsatzstelle", Nov. 1944; BArch, R 55/ 660, fol. 23.

61 Vgl. BArch, R 55/20473, fol. 74.

62 Ebd., fol. 40.

63 Ebd., fol. 39. Die Akten verdeutlichen auch, wie zeitraubend und langwierig die kriegsbedingte Mangelwirtschaft war: Da durch den Bombenschaden sämtliche Bühnenbauten und Dekorationen zerstört waren, beantragte die Varieté-Leitung im Februar 1944 bei der RTK 260 m² Plüsch und 150 m² einfachen Dekorationsstoff. Bewilligt wurden 410 m² Kunstseide, Plüsch gab es nicht. Abzuholen war der Stoff bei der Firma George in Berlin, dem Auslieferungslager der RTK – von Leipzig aus musste zunächst zu der Firma gefahren werden, um die Muster zu begutachten, danach ging es zur RTK, wo der Bezugsschein in Empfang zu nehmen war und anschließend wieder zurück zu der Auslieferungsfirma, die den Stoff dann aushändigte.

dem gesamten künstlerischen und technischen Apparat – ca. 60 Personen im Durchschnitt – in nächstgelegene grössere Städte zu reisen und dort zu gastieren. Dies geschieht in engster Zusammenarbeit mit den Kreisdienststellen der NS-Gemeinschaft Kraft durch Freude, durch die unser Programm nicht nur für den zivilen Sektor, sondern auch für die kulturelle Wehrmachtsbetreuung und für die Betreuung der Rüstungsarbeiter eingesetzt wird.

Der Betriebsführer und künstlerische Leiter unseres Hauses, Herr Gerhard Lange, ist gleichzeitig auch von der Wehrmacht seit April 1943 als künstlerischer Leiter des Wehrmacht-Nacht-Kabaretts in Leipzig eingesetzt."[64]

Am 14. März 1944 bestätigte das RMVP die „Kriegswichtigkeit" des Unternehmens, womit die uk-Stellung der dort tätigen Männer gesichert war.

Auch durch Bombenangriffe spielunfähig gewordene Bühnen waren verpflichtet, die Löhne, Gehälter und Gagen weiterzuzahlen, hatten aber Anspruch auf Erstattung der Leistungen aus einem Ausgleichsfonds (Reichsstock für den Arbeitseinsatz, finanziert aus den Beiträgen zur Arbeitslosenversicherung), die über das Arbeitsamt zu beantragen war.[65]

Im September 1944 wandte sich ein Künstler an die NSDAP-Gauleitung München mit dem Vorschlag, auch im Soldatenheim am Münchner Hauptbahnhof ein Nachtkabarett – „wie es in Berlin sogar zwei gibt die gegenwärtig spielen" – einzurichten und bot sich dafür als künstlerischer Leiter an. Das Programm sei komplett fertig, er habe es mit seiner Truppe zuletzt in Lazaretten gespielt. Zudem ließe sich das Nachtkabarett problemlos mit dem Rüstungseinsatz tagsüber kombinieren.[66]

In Dresden ließ das Wehrkreiskommando am 7. Oktober 1944 in den Räumen des seit 1. September 1944 stillgelegten Kabaretts „Frascati" eine Wehrmacht-Kleinkunstbühne eröffnen, „um die Soldaten von der Straße abzuziehen".[67] Das Programm bestritten Musiker der dort stationierten Militärkapelle. Bereits drei Tage später erklärte das OKW das Unterfangen für „unter keinen Umständen zulässig". Die Existenz einer solchen Bühne in Dresden würde bedeuten,

„daß die Maßnahmen des Reichsbevollmächtigten für den totalen Kriegseinsatz durchkreuzt oder unmöglich gemacht würden. Der Vergleich mit der Reichshauptstadt, wo für den zentralen Durchgangsverkehr zwei Nachtvarietés offengehalten werden müssen, trifft für Dresden nicht zu, da Dresden im Gegensatz zu der durch

---

64 Leipziger Krystall-Palast Aktien-Gesellschaft, Brief v. 2.3.1944, Betr. Gesuch um Zuerkennung des Charakters als kriegswichtiger Betrieb; ebd., fol. 41.

65 Ebd., fol. 38. Zum Reichsstock und dessen Mittelverwendung vgl. Kranig, Andreas: „Nationalsozialistische Arbeitsmarkt- und Arbeitseinsatzpolitik", in: Benöhr, Hans-Peter (Hg.): *Arbeitsvermittlung und Arbeitslosenversorgung in der neueren deutschen Rechtsgeschichte*, Tübingen (Mohr/Siebeck) 1991, S. 171–215, hier S. 199f.

66 Walter Buhse an Gauleitung NSDAP, Adjudant Flemisch, 11.9.1944; Staatsarchiv München, Bestand NSDAP, 1179. Ein Antwortschreiben ist nicht überliefert.

67 BArch, R 55/20473, fol. 70.

Feindeinwirkung stark in Mitleidenschaft gezogenen Reichshauptstadt über genügend Unterkünfte verfügt. [...] Es wird daher die sofortige Schließung der Wehrmachtbühne erwartet. Aus dem gleichen Grunde ist auch die ständige Abstellung von Wehrmachtangehörigen für künstlerische Zwecke nicht vertretbar."[68]

Unter leicht modifizierten Vorzeichen ließ sich jedoch eine musikalische Unterhaltung für die Soldaten aufrechterhalten:

„In der Wehrmachtsgaststätte Prager Strasse (früher Frascati, Wehrmachts-Kleinkunst-Bühne) werden zur Zeit nur freie Musikdarbietungen von Soldaten in ihrer Freizeit, die vom Generalkommando überwacht werden, zugelassen. Die Gaststätte darf nur von Wehrmachtsangehörigen mit ihrer Begleitung besucht werden."[69]

Ende Oktober 1944 beschwerte sich das RPA Wien darüber, im Lokal „Kaiserkrone" in Breslau sei für die Heeresstandortkommandantur mit Genehmigung des Landeskulturwalters und der Gauleitung eine Wehrmachtkleinkunstbühne eröffnet worden, man habe mehreren Wiener Artisten Verträge für diese Bühne angeboten. Der Schreiber bat darum, „gegebenenfalls [...] auch in Wien eine solche Wehrmachtsbühne eröffnen zu können."[70] Die Künstler-Kriegseinsatzstelle ordnete daraufhin zum 1. November 1944 die Schließung der Breslauer Wehrmachtbühne an, „soweit ein artistisches Programm geboten wird"[71] und antwortete dem RPA Wien, Wehrmachtbühnen würden „nach wie vor verboten bleiben".[72]

Aus Danzig ging ein empörtes Schreiben im RMVP ein, zum 1. Oktober 1944 würde das Konzertkaffee „Eulenspiegel" mit der Kapelle Fred Ilgner eröffnen:

„Wie ist es heute im 6. Kriegsjahr, wo alles auf den totalen Krieg eingestellt ist, noch möglich, daß derartige Betriebe neu zugelassen werden. Wenn geduldet wird, dass die [...] Varietés sich am totalen Krieg vorbeidrücken, [...] dann werden wir auf diesem Gebiet nicht viel Arbeitskräfte für Front und Rüstung freibekommen. Wo bleibt da die gerechte Verteilung der Lasten[...]?"[73]

Die Betriebsleitung entkräftete die Vorwürfe mit Verweis darauf, es handele sich um Ausgemusterte, die mit ausdrücklicher Zustimmung der Gauwirtschaftskammer für Soldaten auf der Durchreise Unterhaltung böten,

„[...] um einem dringenden Bedürfnisse der Wehrmacht nach Entspannung abzuhelfen [...]. Die Kapelle Fred Ilgner ist bereits seit 3 Jahren in unserem Haus tätig

---

68   OKW MSF W 4 (Inland) IIc Az.a an Wehrkreiskommando IV/Abt. NSF (10) Dresden, 10.10.1944, ebd.

69   Fernschreiben RPA Dresden an RMVP, Abt. Kult, 29.11.1944, ebd., fol. 84.

70   RPA Wien an RMVP, Abt. Theater, 21.10.1944, ebd., fol. 72.

71   Ebd., fol. 74.

72   Ebd., fol. 76.

73   Schreiben v. 2.10.1944 an Goebbels, unterzeichnet „In dem festen und unerschütterlichen Glauben an den Sieg [...] Mechanikermeister Dreher Monteur in einem Rüstungsbetrieb", ebd., fol. 64f.

und besteht aus 5 Mitgliedern. Vier dieser Mitglieder sind ausgemustert und vom Arbeitsamt ebenfalls vom Noteinsatz freigestellt worden [...]. Das fünfte Mitglied ist Soldat und spielt mit Genehmigung seines Stabsmusikmeisters täglich einige Stunden. Die Bedienung besteht aus zwei Kellnern, die ebenfalls beide infolge körperlicher Gebrechen vom Noteinsatz freigestellt wurden und von der Wehrmacht ausgemustert sind. [...] Wie gross das Bedürfnis für die Wehrmacht ist, geht daraus hervor, dass das Café, obwohl wir nichts Besonderes den Gästen zu bieten haben, jeden Abend völlig besetzt ist. Der Einlass wird nur Soldaten der Wehrmacht mit ihren Angehörigen gewährt. Eine Überprüfung von Ihrer Seite ergab, dass 90% der Besucher Wehrmachtsangehörige waren, von denen wieder 50% solche Soldaten waren, die auf der Durchreise von oder zur Front sich stundenweise in Danzig aufhielten."[74]

Truppenbetreuung ohne Genehmigung

Einzelne Truppenbetreuungs-Ensembles versuchten, die Aufforderung zur Rückkehr und Dienstverpflichtung in der Rüstungsindustrie zu umgehen. Die KdF-Spielgruppe Michael, bestehend aus zwei Künstlerinnen, war im Juli/August 1944 in Italien im Einsatz. Die beiden Frauen ließen sich kurzerhand vom Soldatensender Italien als Stabshelferinnen anstellen.[75] Die Propaganda-Kompanie, die den Sender betrieb, erklärte sie zu „unersetzlichen Fachkräften",[76] was freilich weder für das OKW noch den Oberbefehlshaber Südwest akzeptabel war.

Ende September 1944 informierte die Kanzlei des Führers den Reichsbevollmächtigten Goebbels, Marine, Luftwaffe, Heer und Waffen-SS seien dazu übergegangen, eine eigene Organisation für Truppenbetreuung zu schaffen und hätten dafür angeblich bereits Künstler-Engagements vorgenommen.[77] Die Abteilung Kult. erstellte daraufhin eine interne Zusammenfassung, welche Heeres- und Polizei-Spielgruppen sowie Frontbühnen weiterhin aktiv seien und berichtete, dass z. T. frisch eingezogene Künstler zur Unterhaltung der Kameraden abgestellt sowie in Rüstungsbetrieben dienstverpflichtete Künstlerinnen eigenmächtig für Wehrmachtbühnen engagiert worden waren.[78] Sie stützte sich dabei auf wöchentliche Tätigkeitsberichte des RMVP-Propagandastabs, die aus den Mitteilungen der RPÄ, Gaupropagandaleitungen sowie der Redner- und SD-Berichte destilliert wurden.[79] Goebbels' Antwort an

---

74 Ebd., fol. 66.

75 Abschrift im RMVP: Schreiben des OKW, Nr. 6582/44 WPSt/Ag WPr/Vw, 21.11.1944 an OB Südwest; BArch, R 56 I/82, fol. 116.

76 Ebd., fol. 121f.

77 BArch, R 55/20252, fol. 283.

78 Abteilung Kult., Referent Dr. Köhler an Minister Goebbels, 7.11.1944; ebd., fol. 299f.

79 Aus Würzburg wurde am 21.9.1944 gemeldet: „Nachdem die Truppenbetreuung in der Heimat verboten worden sei, könne nun beobachtet werden, daß die Wehrmacht durch Einsatz eingezogener Künstler diese Betreuung nun selbst aufzieht. Es seien Bestrebungen festgestellt worden, eigene Musikkapellen zu gründen, Tournées zusammenzustellen, Sängerinnen, die

die Führer-Kanzlei bemühte sich, das Bild zu vermitteln, der Reichsbevollmächtigte habe die Lage vollkommen im Griff:

> „Eine Truppenbetreuung findet weiterhin überhaupt nicht mehr statt; soweit die einzelnen Wehrmachtsteile versuchen, im eigenen Wirkungsbereich mit als Soldaten eingezogenen Künstlern Truppenbetreuung durchzuführen, werden derartige Versuche in direkten Gesprächen mit Heer, Marine, Luftwaffe und Waffen-SS unterbunden werden."[80]

Im November 1944 meldete jedoch das RPA Nürnberg sein Befremden darüber, dass die Wehrmacht „den Künstlern alle erdenklichen Sonderpöstchen" einräumt und zählte eine Reihe namhafter Künstler auf, „zum Teil Jahrgang 1910 und jünger, kv und ausgebildet, die sämtlich in der Truppenbetreuung eingesetzt" würden.[81]

Im November 1944 beschwerte sich dann das Referat Künstler-Kriegseinsatz bei der Reichsleitung von KdF, laut der *Deutschen Zeitung in Norwegen Nr. 253* seien dort immer noch KdF-Truppen unterwegs, namentlich die KdF-Truppe Günther Neumann mit der Veranstaltung „Buntes Allerlei" und ein weiteres Ensemble, das unter dem Motto „Zwei frohe Stunden" gastiere.[82]

Steigender Bedarf und schwindende Kontrolle

Das strikte Unterbinden kultureller Veranstaltungen ließ sich nicht aufrechterhalten. Spätestens im November 1944 wurde deutlich, dass mit den seit September freigestellten Künstlerinnen und Künstlern der Veranstaltungsbedarf nicht gedeckt werden konnte; die Listen der freigestellten Künstler*innen und Ensembles erfuhren sukzessive immer wieder Erweiterungen in sogenannten Nachtragslisten abzuschirmender Künstler.[83] So herrschte ein eklatanter Mangel an Begleitpianist*innen. Die vielfach in der Fabrikbetreuung eingesetzten Konzertsänger*innen baten dringend darum, ihre langjährigen Begleitungen ebenfalls freizustellen, „damit die künstlerische Qualität gesichert wird".[84] Die „Führerermächtigung" erlaubte es Goebbels, bereits einberufene Künstler aus der Wehrmacht herauszulösen und mit uk-Stellungen zu versehen, was im Dezember 1944 für acht Pianisten vorgenommen wurde.[85]

Bei den Orchestern hatte man in insgesamt neun Gauen zusätzlich sogenannte „Rumpforchester" aufgestellt, die die neun „Orchester der Sonderklasse" ergänz-

---

im Arbeitseinsatz stehen, beurlauben zu lassen und für Betreuungszwecke einzusetzen";
BArch, R 55/601, fol. 140.

80   Entwurf eines Antwortschreibens, 4.10.1944; ebd., fol. 286.

81   BArch, R 55/601, fol. 209.

82   BArch, R 55/20252a, fol. 355.

83   Vgl. beispielsweise BArch, R 55/20616, fol. 9.

84   Abt. Kult, Sachse, an Minister, Betr.: Uk-Stellung von Konzertbegleitern, 1.11.1944; ebd., fol. 104.

85   BArch, R 55/10368.

ten.[86] Darüber hinaus wurde die nachträgliche Freistellung des bewährten Kammer-orchesters von Benda für dringend erforderlich befunden:

> „Gerade die Werkbetreuung sei oft nicht möglich, da räumlich nur kleinere Ensembles Platz hätten. Zudem sei bei der Bevölkerung gerade ein Bedürfnis nach Kammermusik sehr groß.“[87]

Auch die Anzahl der Unterhaltungskapellen reichte bei weitem nicht aus. Die RPÄ waren dazu übergegangen, Ensembles in der Lazarettbetreuung einzusetzen, die „ausserhalb jeder Kontrolle in Bezug auf Einsatz, Zusammensetzung, Gagenregelung usw.“[88] standen, wie die Abteilung Kult. mahnte. Der Referent fuhr fort:

> „Die RPÄ […] erklären den Einsatz von Unterhaltungskapellen besonders in Lazaretten und Verwundetenheimen als unumgänglich notwendig, nachdem musikalische Darbietungen in Gaststätten nicht mehr statthaft sind. […] Um den aus fast allen Gauen herausgetragenen Wünschen gerecht zu werden und im Hinblick auf die bestehenden Verkehrsschwierigkeiten darf ich vorschlagen: Zusammenstellung von 30 bis höchstens 40 Unterhaltungskapellen mit durchschnittlich 10 bis 12 nicht wehr- oder arbeitseinsatzfähigen Musikern für den örtlichen Einsatz in den Gauen. Steuerung des Einsatzes durch die KKE über die RPÄ. Sind Sie damit einverstanden?“[89]

Anfang Dezember 1944 teilte die KKE dem Minister mit, die Anforderungen für Vorweihnachts-Feierstunden, Weihnachts- und Julfeiern würden sich „nunmehr lawinenartig häufen“,[90] wofür verstärkt auf Künstler*innen, die in der Rüstung tätig waren, zurückgegriffen werden musste. Die RPÄ wären „oft verstimmt“, da ihre Veranstaltungsanforderungen nicht berücksichtigt würden; Priorität genössen „die luftbedrohten Gebiete […], wenn dort überhaupt eine Bespielung möglich“ sei.[91] Anschließend würdigte der Referent die Einsatzplanung der KKE mit Elly Ney als vorbildlichem „Beispiel für die Einsatzfreudigkeit einiger Künstler“: Die Pianistin habe zwischen 6. Oktober und 14. November insgesamt 36 Veranstaltungen bestritten, „obwohl durch Reisetage heute mehr Zeit verlorengeht als unter normalen Bedingungen“. Am 22. Oktober sei sie in ihrem Heim in Tutzing drei Mal aufgetreten, „und zwar vormittags für die HJ, nachmittags für Verwundete und abends in einem öffentlichen Konzert“.[92] Im nächstfolgenden Rechenschaftsbericht wies der

---

86 Auflistung für Staatssekretär der noch bestehenden Orchester bzw. sog. Rumpforchester, 8.12.1944; ebd., fol. 71.

87 Abt. Kult, von Borries, an Minister, Betr. Kammerorchester von Benda, 17.11.1944; ebd., fol. 90.

88 Abt. Kult., Seeger, an Minister, Betr. Unterhaltungsmusik in Lazaretten und Rüstungsbetrieben, 11.12.1944; ebd., fol. 65ff.

89 Ebd.

90 Abteilung Kult., Kochanowski, an Minister, Betr. Tätigkeit der Künstler-Kriegseinsatzstelle, 2.12.1944; BArch, R 55/20252, fol. 315ff.

91 Ebd., fol. 316.

92 Ebd.

Referent anhand des Einsatzplans des Kammersängers Marcel Wittrisch eine weitere „erfreuliche Auslastung" gottbegnadeter Künstler*innen nach.[93]

Um den Jahreswechsel 1944/45 spitzte sich die Situation in der Rüstungsindustrie zu. Aufgrund von Rohstoff-, Gas- Strom- und Kohlenmangel konnten die Produktionskapazitäten nicht ausgeschöpft werden und es gab nicht genug Arbeit.

> „Künstler, die an Maschinen saßen und für die Reinigung der Maschine zurzeit einer normalen Produktion 10 Minuten verwandt haben, sitzen jetzt 6 Stunden und putzen ihre Maschinen nur um tätig zu sein. Wiederum andere erfüllen ihr Rüstungssoll solange das Material reicht und starren danach ihre Stunden absitzend Wände an."[94]

Das RPA Hannover schlug deshalb vor, die „reichseinheitlichen Bestimmungen" zu lockern und den Künstlerkriegseinsatz den RPÄ vor Ort zu überlassen. Man könne den Künstlern Gelegenheit geben, „sich in ihrem Fach durch ständige Übungen auf dem Laufenden zu halten". Zudem würde das diesjährige Weihnachtsfest nicht mit „materiellen Gütern gesegnet sein", weshalb „umsomehr […] auf eine ideelle Betreuung der Bevölkerung Wert zu legen" sei.[95]

Das RMVP befand sich bei der Vereinfachung der Vorschriften zumeist in der Defensive und versah lediglich nachträglich die in der Praxis bereits geschaffenen Tatsachen mit ministerieller Legitimierung. Im Februar genehmigte Goebbels den Einsatz ausländischer Künstler*innen, die bislang von der KKE nicht zugelassen worden waren. Zum 1. März 1945 ermächtigte Goebbels dann endgültig die RPÄ, die Veranstaltungen mit freigestellten Künstler*innen ohne Genehmigung der KKE selbst zu organisieren. Zur Begründung hieß es, die Maßnahme diene der Entlastung des Post- und Fernmeldeverkehrs.[96]

Die besonders prominenten „Gottbegnadeten" pflegten weiterhin einen regen Konzertbetrieb im Ausland, wobei Minister Goebbels sämtliche Anfragen für Gastspielreisen zu genehmigen hatte. Noch im Februar und März 1945 reisten beispielsweise der Sänger Heinrich Schlusnus in die Schweiz, die Sopranistin Viorica Ursuleac mit Clemens Krauss als Pianist nach Pressburg, die Preußische Staatskapelle mit Herbert von Karajan nach Spanien und der Geiger Georg Kulenkampff in die Schweiz.[97]

Der Schauspieler Will Quadflieg, wie seine Kollegen Matthias Wiemann und Bernhard Minetti als Rezitator zusammen mit einem Pianisten im Auftrag des OKH im Einsatz (eine statthafte Form reduzierter Truppenbetreuung), um „die Truppen mit Goethe und Schiller moralisch aufzurüsten",[98] schilderte seine Erfahrungen aus den letzten Kriegswochen:

---

93   Ebd., fol. 320f.

94   RPA Hannover an Leiter Abt. Kult., Betr. Künstlerkriegseinsatz, 30.11.1944; BArch, R 55/20252, fol. 180f.

95   Ebd.

96   Ebd., fol. 323.

97   Ebd., fol. 50ff.

98   Quadflieg, Erinnerungen, S. 129.

„So fuhr ich mit dem Pianisten Helmut Hidegheti durch mein chaotisch sich auf-
lösendes, von täglich irrsinnigeren Propagandaparolen überflutetes Vaterland [...].
Die Fronten rückten immer enger zusammen. Mit einem Marschbefehl in der Tasche, reiste ich zwischen Osten und Westen hin und her, in Zügen, die so überfüllt
waren, daß ich Mühe hatte, [...] überhaupt durch Türen oder Fenster hineinzugelan-
gen. [...] Wenn ich Glück hatte, fand ich tatsächlich auch noch den Truppenteil, zu
dem mich mein Marschbefehl beorderte. Manchmal war mein Besuch angekündigt,
manchmal war die Überraschung groß, wenn die Ankündigung nicht mehr durch-
gekommen oder nicht recht ernstgenommen worden war. [...] Es kam vor, daß die
Orte, zu denen ich reisen sollte, schon Frontgebiet oder in der Hand der Alliierten
waren. Oft war die Militäreinheit auch schon abgezogen."[99]

Noch im April 1945 bestritt Quadflieg eine Großveranstaltung:

Es lag noch eine Division im [Berliner] Olympischen Dorf, die man am nächsten
Tag an die Westfront – und das hieß in den Harz – transportierte. [...] Für sie wurde
ein besonderes Kulturprogramm arrangiert: Die Berliner Philharmoniker spielten
Beethoven, ich sprach Hölderlin."[100]

Die Hamburgische Staatsoper nahm auf Weisung des Gauleiters Ende Januar 1945
den Spielbetrieb wieder auf, wenn auch nur in geschlossenen Veranstaltungen. Die
letzte Vorstellung vor Wehrmachtsangehörigen bot am 9. April 1945 Puccinis „Ma-
dame Butterfly" für eine Flakdivision.[101]

Auseinandersetzungen zwischen RMVP und KdF im „Totalen Kriegseinsatz"

Bis zum Ende des NS-Regimes rissen die Querelen um Zuständigkeiten und Ein-
flussbereiche zwischen dem RMVP und der KdF nicht ab. Die KdF hatte im „Totalen Kriegseinsatz" das Nachsehen, ihr war nur noch die kulturelle Betreuung der
in Lagern untergebrachten deutschen und ausländischen Arbeiter zugewiesen. Die
Organisation wehrte sich aber gegen den Bedeutungsverlust und wollte nicht aus
der Kulturarbeit verdrängt werden – neben Prestigeerwägungen und der Pflege der
eigenen Seilschaften wird dabei auch das Interesse an dem Erhalt von uk-Stellungen
für das eigene Personal eine Rolle gespielt haben.[102] Die Abteilung Kult. im RMVP
sah hingegen die Chance, „endlich einmal das Kunstproletariat auszuschalten",[103]
was auch für die Zeit nach Kriegsende erklärtes Ziel war.[104]

Die KdF entwickelte eine eigene Lesart der ab 1. September gültigen Regelungen.
Laut DAF-Anordnung Nr. 36/44 vom 4. September 1944 sei in den Fabriken in

---

99   Ebd., S. 129ff.
100 Ebd., S. 134.
101 Vgl. Vossler, Propaganda, S. 364.
102 Vgl. Vermerk Abt. Kult., 19.9.1944; BArch, 55/20252a, fol. 240.
103 Abteilung Kult. an Staatssekretär RMVP, 29.9.1944; ebd., fol. 255f.
104 Leiter Abt. Kult an Goebbels, 15.12.1944; ebd., fol. 389, 414.

erster Linie die eigenschöpferische Betätigung der Betriebsgemeinschaften zu fördern. Die in Rüstungsbetrieben dienstverpflichteten Künstlerinnen und Künstler
könnten aber ehrenamtlich sowohl in dem Betrieb, in dem sie tätig wären als auch
in anderen Werken eingesetzt werden, wofür ihnen eine geringe Tagespauschale
zustehe – Hauptsache, die Produktion leide nicht darunter.[105] Das RPA Berlin meldete kurz darauf, beim Arbeitsamt sei „eine große Anzahl von Bescheinigungen"
eingetroffen, in denen Gastspieldirektionen unter Bezug auf KdF die Freistellung
von Künstler*innen forderten. Gesteuert würde das Ganze durch eine Musikein-
satzstelle beim (eigentlich bereits aufgelösten) Deutschen Veranstaltungsdienst von
KdF.[106] Auch aus anderen Gebieten wurde bekannt, dass die KdF Bescheinigungen
ausstellte, mit denen Künstlerinnen und Künstler sich als Mitglieder von Spielgruppen auswiesen.[107] Die KdF-Zentrale schob das Problem auf eigenmächtiges Handeln
nachgeordneter Dienststellen.[108] Die Kraftprobe zwischen dem RMVP und der KdF
schaukelte sich weiter hoch, bis ein Mitarbeiter der KKE „Anklage wegen Zerset-
zung der Rüstungskraft" gegen einen KdF-Mitarbeiter erhob.[109]

Zur Glättung der Wogen wurde im Dezember 1944 ein Gespräch zwischen der Abteilung Kult. und der Reichsleitung von KdF anberaumt, bei dem KdF in Aussicht
gestellt wurde, die RPÄ würden zukünftig für ihre kulturelle Arbeit die örtlichen
DAF/KdF-Stellen hinzuziehen.[110]

105 BArch, NS 5/I/149.
106 BArch, R 55/20252a, fol. 243.
107 Ebd., fol. 247, 295, 303, 304.
108 Ebd., fol. 249.
109 Mitteilung KKE an Leiter Abt. Kult., 19.10.1944; ebd., fol. 329f.
110 Vermerk KKE/Abt. Kult., 23.12.1944; ebd., fol. 395.

5. Ausblick: Nachkriegsstrategien

„Die Musik ist keine Arche, auf der man eine Sintflut überdauern kann.",[1] schrieb Bertolt Brecht Mitte der 1930er Jahre aus dem Exil an Paul Hindemith, der zu der Zeit noch mit der Entscheidung rang, das nationalsozialistische Deutschland zu verlassen,[2] – Musik ist, wie sämtliche Künste und wissenschaftlichen Disziplinen, mit der Entwicklung einer Gesellschaft verwoben und kann nicht in Anspruch nehmen, losgelöst abseits politisch-gesellschaftlichen Geschehens verortet zu sein. Klaus Mann in seiner Haltung als radikaler oppositioneller Zeitgenosse spitzte die Frage einer Verantwortung mit der Formulierung zu, Künstlerinnen und Künstler in Deutschland seien „Vasallen einer blutigen Macht" gewesen.[3] Kunstmusik diente dem nationalsozialistischen Regime als wichtiges Element zur Legitimierung eines Hegemonialanspruchs in Europa, der mit dem Krieg ab September 1939 durchgesetzt werden sollte, und auch der Populärmusik wurden herrschaftsstabilisierende Funktionen zugewiesen, wie die vorigen Kapitel gezeigt haben.

Die musikalische Truppenbetreuung in allen ihren Ausformungen – von der ‚Selbsthilfe' des Singens, Instrumentalspiels und den wehrmachteigenen Spielgruppen bis zu den Programmen der Tournee-Ensembles – hatte Anteil daran, die Soldaten „kriegsfähig" zu erhalten. Die in diesem Feld agierenden Künstler*innen werden sich Gedanken zu ihrer Rolle und ihrer Verantwortung gemacht haben. Die Frage nach der Reflexion eigenen Verstricktseins mit dem Regime intendiert dabei keine wie auch immer geartete Besserwisserei ex post, sondern greift Perspektiven auf, die von Zuweisungen in pauschalem Schwarz-Weiß-Denken wegkommen und öffnet für den Bereich der Musik Möglichkeiten eines differenzierten Blicks auf den Zweiten Weltkrieg. Musikerinnen und Musiker haben nach dem Krieg unterschiedliche Strategien des Umgangs mit dieser Frage genutzt, die im Folgenden anhand einiger weniger Personen exemplarisch skizziert werden. Dabei geht es nicht darum, „wie es gewesen ist" oder um diametrale Gegenüberstellungen von „wahr" und „falsch", sondern um eine Kontextualisierung (auto-)biografischer Darstellungen:[4] Welche Diskurse wurden mit den Reflexionen eröffnet, welche retrospektiven Narrative kristallisierten sich heraus?[5] Die Phänomene einer „Dynamik von Erinnern und Vergessen" fasst Aleida Assmann in dem Bild:

---

1   Brecht, Bertolt: Entwurf eines offenen Briefes an Paul Hindemith [ca. 1935], in: *Bertolt Brecht Werke, Berliner und Frankfurter Ausgabe*, hgg. v. Werner Hecht et al., Band 22,1 (Schriften 2, Bd. 1), Berlin, Frankfurt/Main (Aufbau, Suhrkamp) 1993, S. 101f., hier S. 102.

2   Bekanntlich emigrierten Gertrud und Paul Hindemith nach dem Aufführungsverbot, das 1936 für Hindemiths Werke verhängt wurde, und der Ausstellung „Entartete Musik" 1938 zunächst in die Schweiz, 1940 in die USA.

3   Zit. n. Rathkolb, Führertreu, S. 8.

4   Vgl. Unseld, Memorik-sensibilisierte Geschichtsschreibung.

5   Vgl. hierzu auch Berek, Mathias: *Kollektives Gedächtnis und die gesellschaftliche Konstruktion der Wirklichkeit. Eine Theorie der Erinnerungskulturen (Kultur- und sozialwissenschaftliche*

„Individuelles und kollektives Vergessen funktioniert wie ein Konturstift; es grundiert das Selbstbild und formt die Biographie."[6]

Die Berichte sind in ihrem zeitgenössischen Umfeld zu würdigen, das vor allem in den ersten Nachkriegsjahren und der jungen Bundesrepublik[7] geprägt war durch eine Atmosphäre des Beschweigens und Verleugnens[8] sowie einen gesellschaftlichen Konsens, sehr großzügig mit der Rehabilitierung nationalsozialistischer Parteimitglieder und Funktionsträger*innen zu verfahren.[9] Beispielsweise wurde Hans Hinkel (1901–1960), im RMVP zunächst unter anderem für die so genannte „Entjudung" des deutschen Kulturlebens zuständig, Leiter des Referats BeKA und in etlichen weiteren hohen Funktionen enger Mitarbeiter Joseph Goebbels', zudem „Blutordensträger" und in der Waffen-SS bis zum Gruppenführer aufgestiegen, der 1945 interniert und 1947 an Polen ausgeliefert worden war wegen des Vorwurfs, am Raub polnischer Kulturgüter beteiligt gewesen zu sein, nach seiner Freilassung 1952 im westdeutschen Entnazifizierungsverfahren als „Mitläufer" eingestuft.[10]

Positionen einzelner Musikerinnen und Musiker

Wesentliches Moment in der Rückschau von Musiker*innen – unabhängig von der jeweiligen politischen Positionierung – ist die Betonung, welche Freude und seelische Entlastung sie mit ihren Darbietungen den Soldaten bereitet hätten, wie

---

Studien/Studies in Cultural and Social Sciences, Bd. 2), Wiesbaden (Harrassowitz) 2009, S. 200.

6   Assmann, Aleida: *Formen des Vergessens*, Göttingen (Wallstein) 2016[2], S. 27.

7   Auf die Situation in der Sowjetischen Besatzungszone und der DDR, in der eine öffentliche Auseinandersetzung mit der NS-Vergangenheit nicht stattgefunden hat, gehe ich hier nicht ein; vgl. hierzu Dirks, Christian: *„Die Verbrechen der anderen". Auschwitz und der Auschwitz-Prozess der DDR. Das Verfahren gegen den KZ-Arzt Dr. Horst Fischer*, Paderborn (Ferdinand Schöningh) 2005.

8   Vgl. hierzu den seinerzeit bahnbrechenden, grundlegenden Essay von Margarete und Alexander Mitscherlich: *Die Unfähigkeit zu trauern. Grundlagen kollektiven Verhaltens*, München (Piper) 1967.

9   Vgl. zu diesem gesellschaftlichen Prozess beispielhaft Erdelmann, Jessica: *„Persilscheine" aus der Druckerpresse? Die Hamburger Medienberichterstattung über Entnazifizierung und Internierung in der britischen Besatzungszone (Hamburger Zeitspuren, Bd. 11)*, Hamburg (Dölling und Galitz) 2016; vgl. auch Niethammer, Lutz: *Die Mitläuferfabrik. Die Entnazifizierung am Beispiel Bayerns*, Bonn (Dietz) 1982; Frei, Norbert: *Vergangenheitspolitik. Die Anfänge der Bundesrepublik und die NS-Vergangenheit*, München (C. H. Beck) 1996. Alle vier Besatzungszonen untersucht der Sammelband Vollnhals, Clemens (Hg.): *Entnazifizierung. Politische Säuberung und Rehabilitierung in den vier Besatzungszonen 1945–1949*, München (dtv) 1991.

10   Vgl. Klee, Kulturlexikon, S. 226. In den westdeutschen Spruchkammerverfahren gab es bekanntlich fünf Kategorien, nach denen Personen eingeteilt wurden: Kategorie I – Hauptschuldige, Kategorie II – Belastete, Kategorie III – Minderbelastete, Kategorie IV – Mitläufer, Kategorie V – Entlastete.

wichtig die Unterhaltung zur Ablenkung von Sorgen und Ängsten gewesen sei. Die Künstlerinnen schildern die begeisterten Reaktionen des Publikums an der Front, zitieren aus der Fanpost, die sie von Soldaten erhalten hatten; und auch für männliche Künstler ist der Verweis auf Kurzweil und Zerstreuung, die die Soldaten ihr Dasein zeitweilig vergessen lassen sollten, das zentrale Argument in der retrospektiven Rechtfertigung des eigenen Tuns. Fragen nach politischer Verantwortung, Kollaboration und Korrumpiertheit werden zumeist vermieden, indem das Augenmerk darauf gelenkt wird, man habe Gutes für die Menschen geleistet.

Die Schauspielerin, Schlagersängerin und Kunstpfeiferin Ilse Werner (1921–2005) machte ab den 1940er Jahren eine steile Film- und Musikkarriere, war auf Truppenbetreuungstourneen[11] sowie bei Soldatensendern engagiert und trat häufig im *Wunschkonzert*[12] auf. In ihrer Autobiografie, die den Zweiten Weltkrieg nur aus einer Perspektive auf individuelle Ängste und Nöte wahrnimmt, beklagt sie, die Mitwirkung bei der überaus beliebten Radiosendung habe später – nachdem im Zuge der Studentenbewegung ab Mitte der 1960er Jahre der „Muff von 1000 Jahren" nicht nur „unter den Talaren"[13] ausgelüftet wurde – den Künstlerinnen und Künstlern „wie ein Kainsmal" angehaftet.[14] Dabei habe es sich doch mitnichten um eine „Durchhaltesendung" gehandelt, sondern um „eine Brücke der Sehnsucht nach den Mitmenschen; eine Möglichkeit der Verbindung".[15] Das *Wunschkonzert* sei nicht anders als heutige Quiz- oder Showsendungen gewesen, und ihre Auftritte habe sie oft und gern geleistet

> „in der Überzeugung, damit all jenen zu helfen, die hilflos waren, die Angst hatten, die ihre Furcht und ihre Sorgen für ein paar Augenblicke verdrängen wollten."[16]

Diese Bagatellisierung setzt sich fort, wenn Werner beschreibt, bereits 1945 von Hans Rosenthal – dem am Beginn seines beruflichen Erfolgs stehenden Rundfunk- und späteren Fernsehmoderator jüdischer Herkunft, der in einem Versteck in Berlin

---

11 Vgl. Werner, Ilse: *Ich über mich*, Berlin (Kranich) 1943.

12 Vgl. hierzu den Abschnitt „Das Wunschkonzert für die Wehrmacht – Inszenierung der ‚Einheit von Heimat und Front'" im Kapitel „Rundfunk in der Truppenbetreuung".

13 „Unter den Talaren – Muff von 1000 Jahren" stand bekanntlich auf einem Transparent, das am 9.11.1967 im Auditorium Maximum der Hamburger Universität anlässlich einer Rektoratsübergabe entrollt wurde und das zum Emblem des studentischen Protests gegen die Nicht-Aufarbeitung der NS-Zeit an bundesdeutschen Hochschulen und Universitäten wurde.

14 Werner, Ilse: *So wird's nie wieder sein ... Ein Leben mit Pfiff*, Bayreuth (Hestia), 1981, S. 106f.; vgl. auch Jockwer, Unterhaltungsmusik, S. 459. 1994 veröffentlichte Ilse Werner noch ein weiteres Buch: *Fotos aus meinem Privatarchiv. Erlebnisse mit Prominenten*, Kiel (Michael Jung), das sie wie in der Sommerfrische im September 1942 auf sonnenbeschienener Wiese Autogramme schreibend im Kreis von bewundernden Soldaten zeigt.

15 Werner, Pfiff, S. 109f.

16 Ebd., S. 110.

die NS-Zeit überlebte, nachdem seine Familie ermordet worden war[17] – zu einem Bunten Abend in den Sendesaal des Berliner Rundfunks geholt worden zu sein, „wo wenige Monate vorher immer das ‚Wunschkonzert' des Großdeutschen Rundfunks ausgestrahlt worden war"[18]: eine jedes politische Geschehen verharmlosende nivellierende Erzählung, die in der Feststellung gipfelt, es sei „unter anderen Vorzeichen, aber im gleichen Stil"[19] weitergegangen wie zuvor. Das einjährige Auftrittsverbot, das die Alliierten wegen ihrer Mitwirkung in nationalsozialistischen Propagandafilmen gegen sie verhängt hatten,[20] bleibt unerwähnt.

Evelyn Künneke (1921–2001) wurde von Ende 1939 bis Ende 1944 als Steptänzerin und Sängerin in der KdF-Truppenbetreuung und in mehrmonatigen Engagements an Soldatensendern eingesetzt.[21] Mit dem wehmütigen Schlager „Sing, Nachtigall, sing" (Text: Bruno Balz, Musik: Michael Jary) aus dem Helmut Käutner-Film „Auf Wiedersehen, Franziska" hatte sie 1941 großen Erfolg, das Lied vermochte durch seine melancholisch-entrückte Atmosphäre ähnlich anzurühren wie Lale Andersens „Lili Marleen". In den 1970/80er Jahren erlebte sie ein Revival als Star in der queeren Subkultur Westberlins, was auch den Duktus ihrer Lebenserinnerungen prägt: Sie charakterisiert sich als „Großstadtpflanze", „etwas dekadent und morbide wirkend, verrucht und völlig verswingt",[22] betont ihre Gegnerschaft zum nationalsozialistischen Regime und flicht in ihre ausführlichen Berichte von lebensgefährlichen[23] und entbehrungsreichen Truppenbetreuungs-Auftritten Details, die Momente subversiven Handelns vermitteln. So reklamiert sie für sich, „den Swing-Bazillus an die Ostfront getragen" zu haben, wie „das Propagandaministerium schließlich zähneknirschend zur Kenntnis" habe nehmen müssen.[24] Nachdem sie wegen defätistischer Äußerungen Ende 1944 inhaftiert worden war, aufgrund ihrer großen Bekanntheit aber wieder freikam, wurde sie bei den geheim gehaltenen Auslandspropaganda-

17 Zu Rosenthals Biografie vgl. Pröse, Tim: „‚Du kannst hierbleiben Hansi.' Wie sich Hans Rosenthal in einem Berliner Schrebergarten vor dem Holocaust versteckte", in: *Jahrhundertzeugen. Die Botschaft der letzten Helden gegen Hitler: 18 Begegnungen*, München (Heyne) 2016³, S. 244–256.

18 Werner, Pfiff, S. 169.

19 Ebd.

20 Vgl. Klee, Kulturlexikon, S. 594; LeMO – Lebendiges Museum Online des Deutschen Historischen Museums (https://www.dhm.de/lemo/biografie/ilse-werner; Aufruf am 27.12.2017).

21 Vgl. Künneke, Evelyn: *Sing Evelyn sing. Revue eines Lebens. In Szene gesetzt von Walter Haas,* Hamburg (Hoffmann & Campe) 1982, S. 47; dies.: *Mit Federboa und Kittelschürze. Meine zwei Leben,* Frankfurt/Main, Berlin (Ullstein) 1991, S. 65.

22 Künneke, Federboa, S. 72f.

23 Z. B. Ende 1942 im Kessel von Welikije Luki bei den von der Roten Armee eingekreisten Wehrmacht-Einheiten, vgl. Künneke, Sing, S. 59ff.

24 Künneke, Federboa, S. 73.

Aufnahmen von „Charlie and his Orchestra"[25] als Jazz-Sängerin im Stil von Ella Fitzgerald eingesetzt.[26]

Anders als andere Künstler*innen formuliert Künneke explizit eine Frage nach ihrer persönlichen Verantwortung, aber auch sie verweist in dem Zusammenhang auf die Entlastung und Freude, die ihre Auftritte den Soldaten, „die für uns den Kopf hinhalten mußten",[27] brachten:

> „Habe ich mich mitschuldig gemacht, weil ich dabei war? Weil ich für Ablenkung gesorgt habe und die Soldaten aufgeheizt habe? Ich habe mich das später oft gefragt, aber keine Antwort gefunden. [...] Trotzdem habe ich das Gefühl – bei aller Skepsis –, daß ich das Richtige getan hatte. Ich habe einigen Männern, die kaum etwas zu lachen hatten, etwas Freude bereitet – in einer Zeit, die alles andere als freudvoll war."[28]

Auffallend oft erwähnt Künneke Lale Andersen und „Lili Marleen" und setzt ihren eigenen Erfolg dazu in Beziehung. Von ihrem dreimonatigen Engagement am Soldatensender Belgrad berichtet sie, sie habe, nachdem Lale Andersens „Lili Marleen"-Version nicht mehr gesendet werden durfte, das Lied abends zur üblichen Stunde kurz vor 22 Uhr live gesungen, bis die Belgrader Rundfunkmacher es wagten, die Version von Lale Andersen wieder zu spielen.[29] Sie suggeriert, das berühmteste Lied des Zweiten Weltkriegs und den untrennbar mit ihm verbundenen Sender gerettet zu haben, womit ihr quasi ein Anteil an dem Ruhm dieses Titels zukomme. Auch die Schilderung der Verhaftung und Freilassung Künnekes steht in Parallelität zu den gegen Andersen ergriffenen Maßnahmen, in beiden Fällen werden die Popularität der Künstlerin sowie Aufsehen erregende Medienberichte in Großbritannien als entscheidende Faktoren benannt, die den Propagandaminister zum Einlenken zwangen.

Die (Auto-)Biografien Lale Andersens[30] (1905–1972) zitieren zahlreiche Passagen aus Feldpostbriefen, in denen Soldaten von der teilweise ergreifenden Bedeutung „Lili Marleens" berichteten:

---

25 Vgl. hierzu den Abschnitt „Auslandspropaganda" im Kapitel „Rundfunk in der Truppenbetreuung".

26 Vgl. Künneke, Sing, S. 75f.; dies., Federboa, S. 80.

27 Künneke, Sing, S. 60.

28 Künneke, Federboa, S. 74f.

29 Ebd., S. 78.

30 Neben der Künstlerin haben ihre beiden Kinder jeweils Biografien über ihre Mutter veröffentlicht. Andersen, Lale: *Der Himmel hat viele Farben. Leben mit einem Lied*, Stuttgart (Deutsche Verlags-Anstalt) 1972; Magnus-Andersen, Litta: *Lale Andersen – die Lili Marleen. Das Lebensbild einer Künstlerin. Mit Auszügen aus bisher unveröffentlichten Tagebüchern*, München (Universitas) 1981; Ahlborn-Wilke, Dirk: *Lale Andersen. Erinnerungen, Briefe, Bilder*, Lütjenburg (Gauke) 1985[1], 1990[4].

„Liebe Lili Marleen, ich bin 24 Jahre alt, seit ein paar Monaten kämpfe ich in Russland. Ihr Lied habe ich sehr oft gehört, bevor ich an die Front kam. Gestern fiel mein bester Kamerad. Ehe er starb, bat er, ihm noch einmal ‚Lili Marleen‘ vorzusingen.“[31]

Wesentlich drastischer ist eine Begebenheit, die Evelyn Künneke wiedergibt:

„Ich wusste, wie mir ein Soldat geschrieben hatte, daß man ihm – ohne Narkose – ein Bein amputiert hatte, und er darum gebeten hatte, daß während der Operation die ‚Nachtigall‘ gespielt wurde. Wenn es das Lied nur dafür gegeben hätte – dann hat es seinen Zweck erfüllt.“[32]

Im Gegensatz zu Künneke, die „Schmerz und Wut“[33] als dominante Empfindungen benennt, wenn sie sich an ihre Truppenbetreuungs-Einsätze erinnert, reflektiert Andersen vor allem „Dankbarkeit, Liebe und leuchtende Augen“[34] der Soldaten in Zusammenhang mit „Lili Marleen“. Mit der Schilderung von Alkoholexzessen der Offiziere und Hans Hinkels im Anschluss an eine Truppenbetreuungsveranstaltung der „Berliner Künstlerfahrt“[35] positioniert sich Andersen in Distanz zur ‚Obrigkeit‘. An anderer Stelle betont sie, die Popularität, mit der sie alle Kolleginnen übertraf, habe sie als Erste „ohne die Protektion des Propagandaministeriums“ erlangt.[36] Dies verstärkt sie noch mit einer Charakterisierung „Lili Marleens“ durch Grete Weiser:

„Du weißt ja, dass Goebbels’ Stolz das ‚Wunschkonzert‘ ist. Is seine Erfindung und steht unter seinem Protektorat. Dass nun Belgrad diese Sendung an Beliebtheit mehr als überrundete, passt Juppchen janich. Und auf dein Laternenlied, das muntere Krieger nachdenklich macht, anstatt sie zum Ballern zu animieren und in das verdächtigerweise auch alle beesen Feinde valiebt sind, auf das isser schon völlig sauer.“[37]

Diese angebliche Dissidenz des Lieds adaptiert sie stillschweigend auch für ihre Person, zudem war sie mit der Anschuldigung landesverräterischen Tuns, die ihr Ende 1942/Anfang 1943 eine zeitweilige Auftrittsperre und das Sendeverbot ihrer „Lili Marleen“-Version eintrug, als Gegnerin und Opfer des Regimes gekennzeichnet. Diese Erzählung einer ablehnenden Haltung gegenüber dem Nationalsozialismus erweitert Andersen noch um die Klage über die Bezahlung in der Truppenbetreuung; „Goebbels’ Gesetz vom Gagenstop“ habe dazu geführt, dass die Honorare „kaum fürs tägliche Leben, von Rücklagen für die Zukunft gar nicht zu reden“ gereicht hätten.[38]

---

31 Magnus-Andersen, Lebensbild, S. 149.
32 Künneke, Federboa, S. 72.
33 Künneke, Federboa, S. 73.
34 Magnus-Andersen, Lebensbild, S. 174.
35 Andersen, Himmel, S. 255f.
36 Ebd., S. 225.
37 Ebd., S. 252.
38 Ebd., S. 254f. Vgl. hierzu den Abschnitt „Personal- und Gagenquerelen“ im Kapitel „‚… völlig ungesunde Kriegsgewinnlerverhältnisse…‘. Personalknappheit und Gagensteigerungen“.

Das Ende des Zweiten Weltkriegs – sie wurde in den letzten Kriegsmonaten wie Künneke aufgrund ihrer internationalen Popularität für die Auslandssender eingesetzt[39] – erlebte Lale Andersen auf der Nordseeinsel Langeoog. Die britischen Besatzungstruppen waren begeistert, der „echten" Lili Marleen habhaft geworden zu sein, und bereits ab Juni 1945 machte Andersen Truppenbetreuung auf Bühnen und in Lazaretten für die britische Armee,[40] bekam Engagements am Norddeutschen Rundfunk in Hamburg und tourte durchs Land, um auch die französischen und amerikanischen Besatzer zu unterhalten.[41]

Elly Ney (1882–1968), wichtigste Protagonistin der „Beethoven-Manie"[42] während des ‚Dritten Reichs', wurde vom Regime mit zahlreichen Ehrungen bedacht[43] und stand auf der „Gottbegnadetenliste".[44] Als begeisterte Anhängerin Hitlers stellte sie sich ganz in den Dienst des nationalsozialistischen Regimes, dessen Organisationen ihr Strukturen boten, um ein Massenpublikum zu erreichen.[45] Sie trat unermüdlich auf und absolvierte Konzerte in der Truppenbetreuung, in Lazaretten, Werkshallen, Munitionsfabriken, Kriegsgefangenenlagern sowie vor HJ- und BDM-Versammlungen.[46] Nach dem Ende des Zweiten Weltkriegs setzte sie diese rastlose Auftrittstätigkeit fort und gastierte außer auf Konzertpodien beispielsweise auch im Grenzdurchgangslager Friedland für Vertriebene und ehemalige Kriegsgefangene sowie in Justizvollzugsanstalten.[47] In den beiden Versionen ihrer Autobiografie[48] verliert sie kein Wort über ihre nationalsozialistische Gesinnung, sondern stilisiert sich in ihrer Rolle als Hohepriesterin Beethovenscher Werke, deren Berufung es sei zu vermit-

---

39 Magnus-Andersen, Lebensbild, S. 226.

40 Ebd., S. 229; Andersen, Himmel, S. 375.

41 Ahlborn-Wilke, Erinnerungen, S. 9; Andersen, Himmel, S. 384ff.

42 Kraus, Elly Ney, S. 439.

43 Vgl. BArch, R 55/20616, fol. 64; BArch, RK N 28, fol. 691ff.; vgl. auch Klee, Kulturlexikon, S. 391.

44 Vgl. BArch, R 55/20252a, fol. 10ff.

45 Vgl. Kraus, Elly Ney, S. 439: Brief Elly Neys an Willem van Hoogstraten (Dirigent und Geiger, ihr erster Ehemann, Heirat 1911, Scheidung 1927) am 12.4.1937: „Meine ganzen Geschäfte werden von einem Büro in Berlin geleitet, das einem Schulungsleiter der D.A.F. untersteht. Sozusagen komme ich unter Kuratell u. das ist gut, alle Engagements gehen über dort, ich erhalte kein Honorar mehr zahle auch keine Rechnungen weder auf der Reise noch Privat erhalte festes Taschengeld." (Nachlass Elly Ney, Stadtarchiv Bonn); vgl. auch Schröder, Heribert: „Beethoven im Dritten Reich. Eine Materialsammlung", in: Loos, Helmut (Hg.): *Beethoven und die Nachwelt. Materialien zur Wirkungsgeschichte Beethovens*, Bonn (Beethoven-Haus) 1986, S. 187–221.

46 Vgl. die Zusammenstellung ihrer Auftritte Oktober/November 1944 in BArch, R 55/20252, fol. 180f.; vgl. hierzu auch Abschnitt „Steigender Bedarf und schwindende Kontrolle" im Kapitel „Truppenbetreuung in den letzten Kriegsmonaten".

47 Vgl. Kraus, Elly Ney, S. 439.

48 Ney, Elly: *Ein Leben für die Musik*, Darmstadt (Schneekluth) 1952; dies.: *Erinnerungen und Betrachtungen. Mein Leben aus der Musik*, überarb. Neuauflage Aschaffenburg (Pattloch) 1957.

teln, in „Versenkung" und „Verklärung" von der Musik „ergriffen" und „erschüttert" zu werden.[49]

Zu Beginn seiner Forschungen über Jazzmusik im Nationalsozialismus ging Michael H. Kater von der Hypothese aus, Jazzmusik berge so viel antitotalitaristisches Potenzial, dass Jazz-Musiker*innen und Fans gegen die Ideen des Nationalsozialismus sozusagen immunisiert waren, wie aus den Fragen an seine Interview- und Korrespondenz-Partner*innen hervorgeht.[50] In den Transkriptionen der Gespräche wird deutlich, dass die von Kater befragten Akteur*innen dieses exkulpatorische Angebot gern annahmen; ein kritisches Reflektieren der eigenen Rolle beispielsweise als Musiker im DTUO oder bei „Charlie and his Orchestra" fand den dokumentierten Gesprächsverläufen zufolge nicht statt. In seiner Publikation[51] rückt Kater jedoch von der vereinfachenden Sicht ab und kommt zu dem Ergebnis, Jazz könne nicht per se als dissident gelten, und die „politische Dimension der Jazzkultur" im nationalsozialistischen Deutschland sei besonders in den Jahren des Zweiten Weltkriegs „unendlich komplex" gewesen.[52]

Zur Entpolitisierung von Militärmusik nach 1945

Nach Ende des Zweiten Weltkriegs organisierten sich die demobilisierten Musikmeister in der Vereinigung „Musikmeisterkorps. Musikmeister der ehemaligen Wehrmacht"[53] und zusammen mit anderen Militärmusikern im Arbeitskreis Militärmusik innerhalb der Deutschen Gesellschaft für Heereskunde e. V., aus dem 1978 die eigenständige Deutsche Gesellschaft für Militärmusik e. V. hervorging. Deren Verbandsorgan *Mit klingendem Spiel. Militärmusik – einst und jetzt* verfolgte eine revisionistische Linie der vorsätzlichen Verharmlosung und Entpolitisierung als Strategie der Exkulpation.[54] Die der Militärmusik eingeschriebene politische Indienstnahme und die überhöhte ideologische Aufladung, die sie während des ‚Dritten Reichs' erfahren hatte,[55] wurden verleugnet. Unter Berufung auf die Glanzzeit des Militärs und der Militärmusik im Kaiserreich wurde an den ‚sauberen', ‚guten' Traditionen

---

49 Vgl. Kraus, Elly Ney, S. 436.

50 Vgl. das von Kater erhobene Material: Clara Thomas Archives & Special Collections, York University Toronto, Sammlung Michael H. Kater, Archiv-Nr. 2006–030/001 (01)-(29), 2006–030/002 (06)-(18), 2006–030/003 (01)-(33).

51 Vgl. Kater, Gewagtes Spiel.

52 Ebd., S. 214.

53 Die Vereinigung organisierte jährliche Treffen und führte Listen aller Mitglieder mit ihren beruflichen Werdegängen. 1983 umfasste die Liste noch 101 Namen, z. T. von den Witwen verstorbener Mitglieder; vgl. BA-MA, MSG 206/5.

54 Vgl. Frey, Heike: „‚… dass Märsche allen Menschen nur Frohsinn brachten'. Zur Entpolitisierung von Militärmusik", in: Westemeier, Jens (Hg.): *„So war der deutsche Landser …": das populäre Bild der Wehrmacht (Krieg in der Geschichte, Bd. 101)*, Paderborn (Ferdinand Schöningh) 2019, S. 267–286.

55 Vgl. das Kapitel „Mit klingendem Spiel – Musikkorps der Wehrmacht".

des Soldatischen festgehalten, von denen auch die Wehrmacht bestimmt worden sei und denen das nationalsozialistische Regime nichts hätte anhaben können; die Wehrmacht wurde als in einer eigenen Sphäre agierende Entität imaginiert. Ergänzt wurde dieses Narrativ um ein Beharren darauf, man habe ‚nur Musik‘ gemacht. Diese Argumentation erlaubte es zudem, die Militärmusik im Zuge der Gründung der Bundeswehr 1956 quasi unbefleckt wiederauferstehen zu lassen – die NS-Zeit wurde zu einer abgekapselten enigmatischen Episode, die aus einer positiven Traditionslinie ausgeklammert werden konnte.

Mit dem Topos von den Offizieren alten Schlags als Bewahrer echter deutscher Tugenden ging eine dünkelhaft abqualifizierende Distanzierung zum Nationalsozialismus einher. So erinnerte ein Autor an den Obermusikmeister des Ludwigsburger Infanterie-Regiments 13 Max Schmidt:

> „Für unseren Max galten überhaupt nur die Uniformen der drei Wehrmachtteile. Alle anderen Uniformen des Dritten Reiches hielt er nur für bessere Fastnachtskostüme.“[56]

Zentrale Figur der Militärmusik-Organisation war bis zu seinem Tod 1996 Joachim Toeche-Mittler. Der Militaria-Verlagsdynastie E.S. Mittler & Sohn entstammend, im Zweiten Weltkrieg Offizier bei der Flak, verfasste der glühende Verehrer von Militär und Militärmusik ab Mitte der 1960er Jahre das dreiteilige Werk *Armeemärsche*,[57] das neben zwei musikhistorischen Bänden ein vollständiges Verzeichnis sämtlicher deutscher Armeemärsche sowie aller bis 1918 existierenden Regimenter des Kaiserreichs mit ihren jeweiligen Parade- und Präsentiermärschen bietet. 1981 publizierte Toeche-Mittler noch die Biografie eines Musikmeisters.[58] Wie ein roter Faden durchzieht Toeche-Mittlers Schriften die Begeisterung für das Soldatisch-Zackige, Gedrillte und das Militär schlechthin als Garant deutscher Werte. Er attestierte dem von ihm verehrten Musikmeister Ahlers:

> „[…] durch und durch Soldat, ein eiserner Soldat. Als solcher ging er einen schnurgeraden Weg […], trotz der politischen Kurven von Ebert über Hindenburg zu Hitler. […] haben ihn keine 12 Jahre nationalsozialistischer Parteiherrschaft zu deren Kampfliedern bereit gefunden. […] Was Ahlers spielte, war beste Marschmusik, waren deutsche Heeresmärsche, waren preußische Armeemärsche, deren leibhaftige Inkarnation er wurde.“[59]

---

56 Simon, Siegfried: „Unsere Regimentsmusik“, in: *Mit klingendem Spiel*, 15. Jg. (1992), Nr. 4, S. 220–228, hier S. 221.

57 Toeche-Mittler, Joachim: *Armeemärsche. I.–III. Teil*, Neckargemünd (Kurt Vowinckel) 1966–1975. Der Vowinckel-Verlag ist dem politisch rechtsradikalen Spektrum zuzurechnen; vgl. Bundesamt für Verfassungsschutz, Verfassungsschutzbericht 2006, S. 142.

58 Toeche-Mittler, Joachim: *Musikmeister Ahlers. Ein Zeitbild unserer Militärmusik 1901–1945*, Stuttgart (Spemann) 1981.

59 Toeche-Mittler: Armeemärsche I, S. 17.

Das Deutsche Rundfunkarchiv Frankfurt birgt allerdings eine Aufnahme der „Marschfantasie über das Kampflied ‚Es zittern die morschen Knochen'" mit Ahlers als Dirigenten.[60]

Das nachgerade krampfhafte Bemühen um die Negierung jeglicher politischer Einflussnahme führte in Toeche-Mittlers Typoskript „Hitlers Einfluß auf die Militärmusik" zu der Behauptung, weder hätten die Militärkapellen „politischen Einfluß auf die Bevölkerung" genommen, noch hätten „höhere Dienststellen oder Regierungen" über die Militärkapellen verfügen können.[61]

Nachdem Achim Hofer in seiner Studie zur Geschichte des Militärmarschs[62] die politisch-ideologische Indienstnahme von Militärmusik zu problematisieren gewagt hatte, veröffentlichte Toeche-Mittler einen Verriss,[63] in dem er Hofer als Nestbeschmutzer verunglimpfte. Die Rezension gipfelte in dem Wunsch, auch Hofer möge „alsbald" erkennen, „daß Märsche allen Menschen nur Frohsinn brachten".[64]

Einen ähnlichen, vorgeblich apolitischen Impetus legt der Autor Fritz Bunge bezüglich der SS-Musikkorps an den Tag,[65] besonders deren Kameradschaft und musikalische Leistungen hervorhebend. Unter der Überschrift „Tönendes Soldatentum" benennt er Militärmusik eine „Urgewalt", die „bedingungslos" und „faszinierend" „die Führung" übernähme,[66] womit scheinbar nebenbei der militärische Kodex bedingungslosen Gehorsams aufgerufen wird. Der weitere Text ist geprägt von einem harmlosen, anekdotischen Ton, der sich der Begrifflichkeiten im Jargon der NS-Zeit und der SS-Rangbezeichnungen wie selbstverständlich weiterhin bedient. Das Schlusswort lautet:

---

60 Musikkorps des Wachregiments Berlin und Singschar der Kradschützenkompanie, Aufklärungs-Abteilung 3 Stahnsdorf, unter der Leitung von Friedrich Ahlers, Tondokument vom 24.2.1938, Deutsches Rundfunkarchiv 1570011–13; vgl. Prieberg, Handbuch deutsche Musiker, S. 296.

61 Toeche-Mittler, Joachim: „Hitlers Einfluß auf die Militärmusik", Typoskript vom 13.6.1990, Nachlass Toeche-Mittler; BA-MA, MSG 206/7, zit. n. Hofer, Achim: „Geliebt, bekämpft und ignoriert: Die ‚Luftwaffenmusik' im Rahmen nationalsozialistischer Militärmusik. Zu einem Forschungsdesiderat der deutschen Musikwissenschaft", in: Schramm, Michael (Hg.): *Hans Felix Husadel. Werk, Wirken, Wirkung (Militärmusik im Diskurs, Bd. 1)*, Bonn (Bundesamt für Wehrverwaltung) 2006, S. 143–154, hier S. 144.

62 Hofer, Achim: *Studien zur Geschichte des Militärmarsches*, Tutzing (Schneider)1988.

63 Toeche-Mittler, Joachim: „Betrachtungen zu Achim Hofer: Geschichte des Militärmarsches", in: *Mit klingendem Spiel*, 13. Jg. (1990), Nr. 1, S. 33–37.

64 Ebd., S. 37.

65 Bunge, Fritz: *Musik in der Waffen-SS. Die Geschichte der SS-Musikkorps*, Coburg (Munin) 1975, Lizenzausgabe Dresden (Winkelried) 2006 – beides rechtsextreme Verlage. Die Lizenzausgabe von 2006 enthält eine CD mit Originalaufnahmen der SS-Leibstandarte „Adolf Hitler". Bunges Vater war Musikmeister bei der Waffen-SS, zuletzt im Rang eines SS-Sturmbannführers, er selbst war Mitglied eines SS-Musikkorps.

66 Bunge, Musik, S. 5.

„Die Spielleute und Militärmusiker der Waffen-SS waren Spielleute und Militärmusiker wie andere auch! [...] deutsche Militärmusik war es, die die Waffen-SS pflegte, so wie sie Jahrhunderte vor 1933 komponiert und gespielt wurde und wie sie heute von den Musikkorps unserer Bundeswehr weitergetragen wird. Die Musik der Waffen-SS entbehrte jeden politischen Zeiteinschlages. Sie leistete einen angemessenen Beitrag zur Geschichte deutscher Militärmusik und verbleibt in ihr als ‚tönendes Soldatentum'."[67]

Damit konstruiert Bunge für die Musikkorps der Waffen-SS eine ‚ehrbare' Traditionslinie und leugnet deren Status als Teil einer verbrecherischen Organisation.

Georg Kandler, während des Nationalsozialismus Redakteur der *Deutschen Militär-Musiker-Zeitung*, hatte 1937 geschrieben, die deutsche Militärmusik sei „grundlegend [...] in der Weltanschauung des Nationalsozialismus verankert", 1940 erkannte er sie sogar als „eine der Wegbereiterinnen des Dritten Reiches".[68] Als Autor des Artikels „Militärmusik" in der ab 1949 erschienenen ersten Edition der Musik-Enzyklopädie *Die Musik in Geschichte und Gegenwart* sparte er jedoch politische Implikationen vollständig aus und benannte lediglich historische Einzelereignisse mit Jahreszahlen ohne jede Kontextualisierung – Militärmusik spielte sich dieser Darstellung nach quasi im luftleeren Raum ab, aber die zivile Welt des 19. Jahrhunderts hätte ihr zu verdanken,

> „daß breiteren Bevölkerungskreisen nicht nur vaterländische Weisen und entspannende Unterhaltungsmusik geboten wurden, sondern sie auch Werke großer Meister kennenlernen konnten."[69]

Der Militärmusikdienst der Bundeswehr baut seine Musikkorps nach dem Vorbild der Luftwaffe auf und knüpft damit nahtlos an den „modernsten" Teil der Wehrmacht an.[70] Auch das musikalische Repertoire greift auf die Zeit des ‚Dritten Reichs', darunter etliche Stücke des Luftwaffen-Musikinspizienten Hans Felix Husadel, zurück. Problematisch erscheinende Titel wurden dabei kurzerhand umetikettiert, so firmiert Husadels „Jagdgeschwader-Richthofen-Marsch" von 1935 unter seinem Untertitel „Favoritenmarsch" und sein Marsch „Fliegergeschwader Horst Wessel" heißt nun „Silberkondor". Erst in den letzten Jahren hat die Bundeswehr dieses Dilemma reflektiert. Der ehemalige Leiter des Militärmusikdienstes Michael Schramm löst es auf, indem er die rein musikalischen Verdienste Husadels für unbestritten erklärt, bezüglich der Person jedoch eine „vielschichtige, differenzierte Betrachtungsweise"

---

67   Bunge, Musik, S. 78.

68   Zit. n. Hofer, Luftwaffenmusik, S. 144. Die gleiche Stoßrichtung enthielt auch Kandlers Beitrag „Deutender Ausblick auf 1940"; vgl. BA-MA, MSG 206/33.

69   Kandler, Georg: Art. „Militärmusik", in *MGG*, Bd. 9, Sp. 305–335, Zitat Sp. 324.

70   Vgl. Schramm, Michael: „Hans Felix Husadel und die Militärmusik der Bundeswehr", in: ders., Husadel, S. 165–170.

fordert.[71] Noch 1990 waren solche Bedenken negiert worden: die Kompositionen seien „unnachahmlich" und die Titel hätten „zu den Stücken keinerlei Verbindung".[72]

In der 1956 gegründeten Nationalen Volksarmee der DDR stand Militärmusik zunächst pauschal unter Faschismusverdacht.[73] Die Musikkorps – auch sie nach dem Vorbild der Wehrmacht-Luftwaffe aufgebaut – pflegten neben traditionellen Märschen ein anderes Repertoire im Geist des sozialistischen Internationalismus mit Arbeiter- und Bauernliedern, das auch in Schulen und bei den Jungen Pionieren eingesetzt wurde.[74]

In manchen Milieus hat sich ein kritischer Umgang mit der nationalsozialistisch belasteten Vergangenheit (noch) nicht durchgesetzt. So spielten beim alljährlich am ersten Oktoberfest-Sonntag in München stattfindenden Trachten- und Schützenumzug im September 2017 zwei Blasmusikkapellen aus dem Zillertal den „Standschützenmarsch" von Sepp Tanzer, den der Komponist dem damaligen Gauleiter von Tirol, Franz Hofer, gewidmet hatte und den er im März 1940 neben dem „Badonviller Marsch" vor Hitler und Mussolini am Brenner dirigierte. Tanzer war bis zu seiner Einberufung zur Wehrmacht 1944 Tiroler Gaumusikleiter. Nach Ende des Zweiten Weltkriegs hatte er leitende Funktionen in der Tiroler Volksmusik, bei Radio Innsbruck, dem ORF Tirol und bei den Innsbrucker Festwochen der Alten Musik inne – die österreichische Zeitgeschichtsforschung nennt diese nahezu bruchlose Fortführung von Karrieren „Elitenkontinuität".[75] Auch Tanzers nach 1945 entstandene Werke enthalten nationalsozialistisch konnotierte Passagen und Codes.[76] Zwar sprach der Blasmusikverband des Landes Tirol 2013 die Empfehlung aus, den

---

71 Ebd., S. 169.

72 Jahnke, Heiko: *Die Militärmusik der deutschen Luftwaffe von 1935 bis 1945. Aufbau und Entwicklung sowie ihre Bedeutung für die sinfonische Blasmusik*, Diplomarbeit, Robert-Schumann-Hochschule Düsseldorf, 1990, S. 56, zit. n. Hofer, Luftwaffenmusik, S. 152.

73 Vgl. Rembach, Ernst: Schriftfassung eines Vortrags auf der Jahreshauptversammlung der Deutschen Gesellschaft für Heereskunde am 24.5.1990, in: *Mit klingendem Spiel*, 13. Jg., Nr. 2, Juni 1990, S. 74–77.

74 Vgl. Werkner, Ines-Jacqueline: „Musik im Militär – Bedeutung und Funktion am Beispiel des Großen Zapfenstreiches", in: Kümmel, Gerhard; Collmer, Sabine (Hg.): *Soldat – Militär – Politik – Gesellschaft. Facetten militärbezogener sozialwissenschaftlicher Forschung (Militär und Sozialwissenschaften, Bd. 35)*, Baden-Baden (Nomos) 2003, S. 103–113, hier S. 108f.

75 Vgl. Jelcic, Ivona: „‚Eindeutige NS-Codes'. Tanzer, Ploner und der Nationalsozialismus: Doch was sagt eigentlich die Musik? Wissenschaftler finden auch in Werken nach 1945 deutliche Hinweise auf die NS-Ideologie", in: *Tiroler Tageszeitung* vom 11.9.2013, http://www.tt.com/kultur/7144058-92/eindeutige-ns-codes.csp (Aufruf am 27.12.2017).

76 So verwendet Tanzer in seiner 1952 komponierten Suite für Blasorchester „Tirol 1809" im zweiten Satz den Choral „Wach auf, du deutsches Land" von Johann Walter. Die Choralmelodie fungierte 1934 bis 1938, während die Nationalsozialistische Partei in Österreich verboten war, als akustisches Erkennungszeichen der Parteianhänger; vgl. Brenner, Hans: „Wach auf, wach auf, du deutsches Land. Metamorphosen eines Liedes im historisch-politischen Kontext", in: Habla, Bernhard (Hg.): *Festschrift zum 60. Geburtstag von Wolfgang Suppan*, Tutzing (Schneider) 1993, S. 83–105.

„Standschützenmarsch" aus „Respekt vor den Opfern des NS-Regimes" nicht mehr zu spielen, aber, wie der Obmann des Zillertaler Blasmusikverbands äußerte, sei eine solche Empfehlung schließlich kein Verbot und das Stück „ein schöner Marsch".[77]

Späte Nebel[78]

Die Faszination für „Lili Marleen" ist auch Jahrzehnte nach Kriegsende nicht erloschen. 2005 erschien eine siebenteilige CD-Edition nebst Buch, die neben der Geschichte des Lieds annähernd 200 verschiedene Interpretationen von „Lili Marleen" in etlichen Sprachen und Stilen aus den Jahren 1939 bis 2004 versammelt.[79]

Mit klingendem Spiel, das bereits erwähnte Verbandsorgan der Deutschen Gesellschaft für Militärmusik e. V., brachte Ende der 1990er Jahren eine Reihe Wiederabdrucke von Artikeln aus der *Deutschen Militär-Musiker Zeitung* der Jahre 1940 bis 1943 – unkommentiert und der damaligen Verbandspolitik entsprechend, die Militärmusik als überzeitlichen, politikfreien Raum betrachtete. Das Dezember-Heft 1997 wartete mit „Das Lied von der ‚Lili Marleen‘ als Dienstgespräch. Militärmusik als Weihnachtsengel" auf.[80] Geschildert wird in sentimentalem Ton das aufopferungsvolle Engagement eines Musikkorps an der französischen Kanalküste am Weihnachtabend 1941, das es sich nicht nehmen ließ, in kleiner Besetzung die zahlreichen einsamen Bunkerstellungen aufzusuchen, um den Soldaten zu weihnachtlicher Stimmung zu verhelfen. Ausnahmslos alle Bunkerbesatzungen wünschten sich „Lili Marleen" als Zugabe, und als wegen widriger Wetter- und Sichtverhältnisse der letzte Bunker nicht mehr zu erreichen war, wurde jedem einzelnen der dortigen Soldaten per Feld-Fernsprecher „Lili Marleen" dargeboten. Der Artikel schließt mit der Stimmung unter den Regimentsmusikern nach Ende des Einsatzes:

---

77 Jordan, Thomas: „Oktoberfest: Tiroler Blaskapellen spielen Nazi-Marsch beim Wiesn-Umzug", in *Süddeutsche Zeitung* vom 20.9.2017, http://www.sueddeutsche.de/muenchen/okto berfest-tiroler-blaskapellen-spielen-nazi-marsch-beim-wiesn-umzug-1.3675764 (Aufruf am 27.12.2017).

78 „Wenn sich die späten Nebel drehn/Werd' ich bei der Laterne stehn/Wie einst, Lili Marleen" lauten die letzten Zeilen der Schlussstrophe von „Lili Marleen".

79 Bergmeier, Hans; Lotz, Rainer E.; Kühn, Volker (Hg.): *Lili Marleen an allen Fronten. Ein Lied geht um die Welt. Das Lied, seine Zeit, seine Interpreten, seine Botschaften*, Holste-Oldendorf (Bear Family Records) 2005. Neben dem „Original" mit Lale Andersen sind Versionen von Frank Sinatra, Bing Crosby, Marlene Dietrich, Al Martino, Perry Como, den Andrews Sisters, Freddy Quinn, Milva, Hank Snow, Amanda Lear, Dave Dudley, Connie Francis, Horst Winter, Bill Ramsey, Cornelia Froboess, Rudi Schuricke, Willy Schneider, Lolita, Adam & Eve und etlichen weiteren Künstler*innen und Ensembles enthalten.

80 *Mit klingendem* Spiel, 20. Jg., Heft 4, Dez. 1997: „‚Das Lied von der ‚Lili Marleen‘ als Dienstgespräch. Militärmusik als Weihnachtsengel‘. Von Oberfeldwebel und Korpsführer Alfred Schütt (entnommen der Deutschen Militär-Musiker Zeitung vom 5. Februar 1942)", S. 235–237.

„Wenn ein Kamerad die ‚Lili Marleen‘ pfiff, so huschte ein Lächeln über die Gesichter. So müssen früher die Weihnachtsengel gelächelt haben, wenn sie anderen eine Freude gemacht hatten. Wie mag es an dem Abend in den Bunkern gewesen sein? Ich glaube, wie bei uns. Manch einer hat in der Nacht vielleicht von Kinderweihnachten, mancher wohl auch von ‚Lili‘ geträumt.“

Dieses Genrebild konfliktfreier Kameradschaft ist gekennzeichnet durch die gezielte Verharmlosung der Kriegssituation, deren Reduzierung auf die Unbilden eines Weihnachtsfests fern der Heimat und die Infantilisierung der Soldaten. Mit dem Wiederabdruck machte sich *Mit klingendem Spiel* dessen Duktus zu eigen und schrieb ihn fort.

Nachdem „Lili Marleen“ frontenüberwindend zunächst die Wehrmacht und nachfolgend auch die gegnerischen Truppen erobert hatte, wird das Lied mittlerweile von der Bundeswehr vereinnahmt, die damit eine weitere Traditionslinie aus dem Zweiten Weltkrieg in die Gegenwart zieht und den Erinnerungsort „Lili Marleen“ für eine Identitätspolitik eigener Art nutzt. 1991 wurde das Lied in das Liederbuch der Bundeswehr aufgenommen und seit 1995 erklingt es allabendlich um 21.57 Uhr bei Radio Andernach, dem Rundfunksender der Bundeswehr, in der bekannten Aufnahme mit Lale Andersen. Dabei hat „Lili Marleen“ einen Transformationsprozess durchlaufen, der dem Lied den Status einer überzeitlichen Konstante innerhalb der militärischen Welt zuschreibt. Der Rückgriff auf die Inszenierung des allabendlichen Rituals, die „stilisierte Wiederholung“[81] in ihrem selbstreferentiellen Charakter hat dieses Lied zu einem Element im Kosmos der Erzeugung und Vergewisserung soldatischer Identität schlechthin gemacht.

---

81 Vgl. zum Konzept der Erzeugung von Identität durch stilisierte Wiederholung Fischer-Lichte, Erika: „Die verwandelnde Kraft von Aufführungen. Von vorübergehenden zu nachhaltigen Transformationen“, in dies.; Hasselmann, Kristiane (Hg.): *Performing the Future. Die Zukunft der Performativitätsforschung*, München (Wilhelm Fink) 2013, S. 177–190, hier S. 177.

Anhang

Militärische, politische und institutionelle Abkürzungen

AOK	Armeeoberkommando
Art.	Artillerie
BeKA	Abteilung für Besondere Kulturaufgaben im RMVP
Btl.	Bataillon
DAF	Deutsche Arbeitsfront
Div.	Division
DRK	Deutsches Rotes Kreuz
Flak	Fliegerabwehrkanone
Gen. Kdo.	Generalkommando
Gestapo	Geheime Staatspolizei
KdF	nationalsozialistische Gemeinschaft „Kraft durch Freude" in der DAF
KZ	Konzentrationslager
MdR	Mitglied des Reichstags
NSDAP	Nationalsozialistische Deutsche Arbeiterpartei
Offz.	Offizier
OKH	Oberkommando des Heeres
OKW	Oberkommando der Wehrmacht
OKW/WPr	Abteilung Wehrmachtspropaganda beim Oberkommando der Wehrmacht
OT	Organisation Todt
Pz.	Panzer
RAD	Reicharbeitsdienst
Res.	Reserve
Rgt.	Regiment
RJF	Reichsjugendführung
RKK	Reichskulturkammer mit ihren Unterkammern
RBK	Reichskammer der Bildenden Künste
RFK	Reichsfilmkammer
RMK	Reichsmusikkammer
RPK	Reichspressekammer
RRK	Reichsrundfunkkammer
RSK	Reichsschrifttumskammer
RTK	Reichstheaterkammer

RMVP	Reichsministerium für Volksaufklärung und Propaganda
RPÄ	Reichspropagandaämter
RRG	Reichsrundfunkgesellschaft
RSHA	Reichssicherheitshauptamt
SA	Sturmabteilung
SS	Schutzstaffel
Uffz.	Unteroffizier
WPr	Wehrmachtspropaganda

Stabseinheiten der Wehrmacht

Ia	Führung und Ausbildung
Ib	Quartiermeisterei
Ic	Feindlage, Abwehr, Nachrichtenwesen, wehrgeistige Führung
IIa und IIb	Personalverwaltung
III	Gerichtsbarkeit, Beurkundungen
IVa	Rechnungswesen, Verwaltung
IVb	Sanitätsdienst
IVc	Veterinärdienst
IVd	Seelsorge
V	Kraftfahrwesen

Militärische Tauglichkeitsgrade

k.v.	kriegsverwendungsfähig
bed. kv	bedingt kriegsverwendungsfähig
g.v.F.	garnisonsverwendungsfähig Feld
g.v.H.	garnisonsverwendungsfähig Heimat
z.u.	zeitlich untauglich
a.v.	arbeitsverwendungsfähig
w.u.	wehruntauglich
u.k.	unabkömmlich

Zu RMVP und RKK

Mit der „Verordnung über die Aufgaben des Reichsministeriums für Volksaufklärung und Propaganda" (RGBl. 1933 I, S. 449) vom 30.6.1933 hatte Hitler bestimmt: „Der Reichsminister für Volksaufklärung und Propaganda ist zuständig für alle Aufgaben der geistigen Einwirkung auf die Nation, der Werbung für Staat, Kultur und Wirtschaft, der Unterrichtung der in- und ausländischen Öffentlichkeit über sie und der Verwaltung aller diesen Zwecken dienenden Einrichtungen." Mehreren Ministerien wurden damit Aufgaben entzogen, beispielsweise dem Außenministerium Nachrichtenwesen und Aufklärung, Kunst, Film- und Sportwesen im Ausland, dem Innenministerium u. a. allgemeine Aufklärung und Staatsfeiern, Presse, Rundfunk, Kunst und Musik einschließlich des Philharmonischen Orchesters, Theater sowie Film, vom Wirtschafts- und Landwirtschaftsministerium kamen Wirtschaftswerbung, Ausstellungs-, Messe- und Reklamewesen zum RMVP, aus dem Verkehrsministerium der Bereich Verkehrswerbung sowie vom Postministerium sämtliche Rundfunkangelegenheiten einschließlich Sendeleitung und Technik.

Das RMVP war eine sich stetig ausdehnende Institution, allein von 1933 bis 1939 wuchs es von fünf Abteilungen mit 350 Beschäftigten auf 17 Abteilungen mit 2.000 Beschäftigten.

Rundfunk

Im Juni 1933 wurden die regionalen Rundfunkanstalten in die Reichs-Rundfunk-Gesellschaft im RMVP eingegliedert, 1939 erfolgte die Umbenennung in Großdeutscher Rundfunk. Ab Juni 1940 gab es nur noch ein Einheitsprogramm für alle angegliederten Rundfunkanstalten (Berlin, Breslau, Frankfurt/Main, Hamburg, Köln, Königsberg, Leipzig, München und Stuttgart).

Truppenbetreuung

Für Belange der Truppenbetreuung wurde 1940 die Abteilung Besondere Kulturaufgaben (BeKA) gegründet, der das 1939 eingerichtete Sonderreferat Truppenbetreuung eingegliedert wurde. Die Zuständigkeit für die uk-Stellungen von Künstlern ging 1940 aus dem Sonderreferat Truppenbetreuung in die Abteilung Reichsverteidigung (RV) der Personalabteilung über, hier wurde auch die sogenannte Sonderliste, die die dauerhafte uk-Stellung von männlichen Künstlern sicherte, geführt.

Weitere dem RMVP angegliederte Institutionen waren u. a. das Philharmonisches Orchester Berlin, die Deutsche Filmakademie, das Deutsche Opernhaus Berlin, das Messeamt Leipzig, der Werberat der Deutschen Wirtschaft und die Deutsche Bücherei.

Auf örtlicher Ebene agierten die Reichspropagandaämter des RMVP, die jeweils sieben Abteilungen umfassten. Die Anzahl der RPÄ erhöhte sich von 18 Ämtern

(1933) auf 41 im Jahr 1941 (es waren die von der Wehrmacht besetzten Gebiete hinzugekommen).

Reichskulturkammer

Dem RMVP angegliedert war die RKK mit ihren sieben Unterkammern Reichsfilmkammer, Reichsmusikkammer, Reichskammer der Bildenden Künste, Reichsschrifttumskammer, Reichstheaterkammer, Reichsrundfunkkammer und Reichspressekammer. Neben den zentralen Ämtern Information, Recht, Haushalt, Wirtschaft, Presse und Kultur – hier war das Amt Truppenbetreuung angesiedelt – bestand in den einzelnen Unterkammern eine Vielzahl von Fachverbänden, in der RMK waren das der Berufsstand der Deutschen Komponisten, die Reichsmusikerschaft mit den Fachschaften Orchestermusiker, Ensemble- und freistehende Musiker, Musikerzieher, Kapellmeister und Solisten, evang. und kath. Kirchenmusiker, das Amt für Konzertwesen mit Reichsverband für Konzertwesen, der Reichsverband für Konzertvermittlung, das Amt für Chorwesen und Volksmusik, der Deutsche Musikalien-Verleger-Verein, der Reichsverband der Deutschen Musikalienhändler, die Arbeitgemeinschaften Musikinstrumentengewerbe (Hersteller, Großhandel und Einzelhandel), die Zentralstelle für deutsche Kulturfunksendungen im Ausland sowie als korporative Mitglieder das Reichskartell der Musikveranstalter Deutschlands und die STAGMA.

Hinzu kamen in der RMK noch 13 Arbeitsausschüsse: Musikerziehungsfragen, Lehrlingswesen, Stimmbildungsfragen, soziale und Versicherungsfragen, Arbeitsvermittlungsfragen, Tariffragen, Theaterorchester- und Beamtenfragen, Rundfunkfragen, der Kurmusikausschuss, der Programmberatungsausschuss, die Arbeitsgemeinschaft für Hausmusik, der Hauptprüfungsausschuss und der Ausschuss für Auslandsgastspiele.

Regional existierten 14 Landesmusikerschaften der Reichsmusikerschaft, daneben arbeiteten auf regionaler Ebene 31 Landeskulturwalter (Landesstellenleiter des RMVP) gemeinsam mit den Landesleitungen der Einzelkammern.

Überblick nach Sösemann, Lange, Propaganda, Medien und Öffentlichkeit, S. 643–644 sowie Thrun, Martin: „Die Errichtung der Reichsmusikkammer", in: Heister, Klein, Musik und Musikpolitik, S. 75–90, hier S. 78–79.

Quellen

Archivalische Quellen

Bundesarchiv Berlin (BArch)

NS 5 Deutsche Arbeitsfront
NS 5/I/149 Broschüre KdF Truppenbetreuung September 1941, Korrespondenzen Gau-
    dienststellen KdF mit Kreisdienststellen KdF über Truppenbetreuungsveranstaltun-
    gen
NS 5/VI/6291 Artikel, Berichte zu KdF Truppenbetreuung

NS 6 Reichskanzlei
NS 6/338 R 149/42 Einsatz der NSDAP (Nationalsozialistische Volkswohlfahrt) in der
    Truppenbetreuung
NS 6/821 Einsatz der NSDAP (Nationalsozialistische Volkswohlfahrt) in der Verwun-
    detenbetreuung

NS 18 Reichspropagandaleitung der NSDAP
NS 18/3 Notiz für Pg. Witt, Betrifft: Hohe Gagen für Künstler der Truppenbetreuung
NS 18/93 Vorträge zu weltanschaulichen Fragen
NS 18/186 Nationalsozialistischer Reichskriegerbund: u. a. Betreuung von Wehrmachts-
    urlaubern, Lazarettbetreuung durch Kriegerbund
NS 18/206 Pressestelle Parteikanzlei: Gestaltung von Soldatenzeitungen
NS 18/291 Einsatz von Künstler*innen, Gagengestaltung
NS 18/312 Versorgung Verwundeter mit Rundfunkgeräten
NS 18/327 Rundfunkangelegenheiten
NS 18/328 Rundfunkangelegenheiten
NS 18/330 Rundfunkangelegenheiten
NS 18/331 Rundfunkangelegenheiten
NS 18/334 Reaktionen auf Verbot des Münchner Gauleiters, in seinem Gau Jazz zu spie-
    len, April 1943
NS 18/433 Grammophonapparate und Schallplatten für Lazarette und Fronttruppen
NS 18/483 Vertrauliche Umfrage zu Lektürevorlieben von Soldaten
NS 18/591 Auseinandersetzungen zum Thema Gagenstop
NS 18/647 Truppenbetreuung durch NSDAP
NS 18/748 Schriftwechsel und Vermerke Truppenbetreuung
NS 18/1000 Schriftwechsel und Vermerke Truppenbetreuung

NS 19 Persönlicher Stab Reichsführer SS
NS 19/750 Stimmungsberichte der Feld- u. Heimattruppenteile, Nachrichten für die
    weltanschauliche Abwehr
NS 19/1616 interne Auseinandersetzungen über Truppenbetreuung

R 1 Reichsinstitut für die Geschichte des neuen Deutschlands
R 1/38 Personalakt Hildegard Klemm

R 2 Reichsfinanzministerium
R 2/4764 Über- und außerplanmäßiger Haushalt RMVP 1940–1943

R 20/25 Reserve Polizeibataillon 51: Truppenbetreuung 1940–1942
R 20/235 Polizeibataillon 31, Litzmannstadt, Truppenbetreuung 1939–1940

R 43 II/648a Unterlagen der Reichskanzlei, Truppenbetreuung durch KdF August 1944

R 55 Reichsministerium für Volksaufklärung und Propaganda
R 55/32 Haushaltsüberwachung in den Haushaltsjahren 1941 und 1942, Mittel für Truppenbetreuung 1941–43
R 55/125 Schauspieler und Musiker; Besoldungs- und Versorgungsfragen; Dienstrecht
R 55/129 Besoldungs- und Entlohnungsfragen, Dienstordnungen, Gagenstop in der Truppenbetreuung
R 55/155 Deutsches Theater Oslo
R 55/242 Deutsches Tanz- und Unterhaltungsorchester
R 55/409 RMVP Abt. Ausland, u. a. Truppenbetreuungsmaßnahmen
R 55/448 Ankauf von Betreuungsmaterial in Frankreich und den Niederlanden für Ostfront 1942–44
R 55/515 Ankauf Betreuungsmaterial für Norwegen und Ostfront 1940–1942
R 55/557 Kritik von Parteidienststellen und Rundfunkhörern am Programm
R 55/559 Rundfunkangelegenheiten, u. a. technischer Zustand einzelner Soldatensender
R 55/600 Auseinandersetzungen zwischen Reichspropagandaämtern und örtlichen KdF-Stellen
R 55/601 Wöchentliche Tätigkeitsberichte des Leiter der Abteilung Propaganda – Chef des Propagandastabes – als Zusammenfassung der Berichte der Reichspropagandaämter, der Gaupropagandaleitungen sowie der Redner- und SD-Berichte
R 55/640 Einzelfälle Devisen- und Rechnungsangelegenheiten
R 55/641 Einzelfälle Devisen- und Rechnungsangelegenheiten
R 55/660 Künstler-Kriegseinsatz 1944
R 55/703 Ankauf Betreuungsmaterial für „fremdvölkische Arbeiter"
R 55/852 Auslandsstelle für Musik
R 55/862 Akten zum 10-jährigen Bestehen des RMVP
R 55/899 Anträge Haushaltsmittel für Aktive Propaganda der Reichspropagandaämter
R 55/904 Anträge Haushaltsmittel einzelner Propagandaämter
R 55/949 Bemühungen um Gagenstop in der Truppenbetreuung
R 55/999 Aufstellungen über die aus dem Sonderfond „Truppenbetreuung" zu begleichenden Ausgaben, 1941–1942
R 55/1254 Ministervorlagen von Hinkel zu Rundfunkangelegenheiten

R 55/1312 Anträge auf zusätzliche Mittel für die Truppenbetreuung durch Propaganda-ämter

R 55/1366 Kostenaufstellungen Truppenbetreuung

R 55/10313 Uk-Stellungen

R55/10365 Uk-Stellungen

R 55/10366 Uk-Stellungen

R 55/10367 Uk-Stellungen, Personalfragen Deutsches Tanz- und Unterhaltungsorchester

R 55/10368 Uk-Stellungen

R55/10371 Uk-Stellungen

R 55/10372 Uk-Stellungen

R 55/10373 Uk-Stellungen

R 55/20001a – 20001h Protokolle der täglichen Ministerkonferenzen

R 55/20252 Künstlerkriegseinsatz 1944/1645

R 55/20252a „Gottbegnadetenliste", Künstlerkriegseinsatz 1944/1945

R 55/20260 Sonderliste über Theater, Orchester, Truppenbetreuung und einzelne Künstler im Wehrkreis VIII

R 55/20261 Beginn der Truppenbetreuung ab September 1939, Organisation, Vereinbarungen, Aufstellungen

R 55/20473 Variétés und Kabaretts 1944/1945

R 55/20506 Gastspiele deutscher Bühnen im Ausland

R 55/20573 uk-Stellungen von Künstlern Jan. 1942–Okt. 1944

R 55/20586 uk-Angelegenheiten für Orchester Aug. 1944

R 55/20587 uk-Angelegenheiten für Orchester Mai 44–Sept. 44

R 55/20588 Orchesterangelegenheiten Mai 1940–Jan. 1945

R 55/20596 Musik – Allg. Planung Ausland 1942/43

R 55/20600 Reichsmusikprüfstelle

R 55/20601-20615 Gastspielreisen: Anträge einzelner Künstler*innen

R 55/20616 Unterlagen Staatssekretär v. Borries Okt. 1944–März 1945

R 55/20620 Sonderliste RMVP Wehrkreis VIII (Schlesien): Bühnen, Artist*innen, Orchester, Einzelkünstler*innen

R 55/20637 Rundfunk: Unterhaltungsmusik-Sendungen 1941–1942

R 55/20683 Sonderaktion Norwegen: Rundfunkgeräte für die Truppe 1943–1944

R 55/20803 Fahrbare Rundfunksender

R 55/21311 Rechnungen der Firma Schenker

R 55/21312 Lieferungen Musikinstrumente für die Truppenbetreuung Firmen A–K

R 55/21313 Lieferungen Musikinstrumente für die Truppenbetreuung Firmen L–W

R 55/21703 Sonderreferat Truppenbetreuung: Fragebogen Künstler*innen

R 55/23746 Künstlerkriegseinsatzstelle 1944–1945

R 55/23823 Stellenvermittlung, Bewerbungen

R 55/23824 Stellenvermittlung, Bewerbungen

R 55/23842 Stellenvermittlung, Bewerbungen

R 55/23843 Stellenvermittlung, Bewerbungen

R 55/23844 Stellenvermittlung, Bewerbungen

R 56 I Reichskulturkammer – Zentrale einschließlich Büro Hinkel

R 56 I/1 Äußerungen von Einheiten über Truppenbetreuung (Fotokopien), 1942/43

R 56 I/4 Truppenbetreuung durch die Frontbühne Bernt Komm, 1942/43

R 56 I/22 Kriegseinsatz: Künstler und Theaterwesen

R 56 I/27 Rundfunkangelegenheiten: Orchester, Beschwerden, Vermerke, Programmgestaltung

R 56 I/28 Künstlerkriegseinsatz, Dienstverpflichtungen 1944–1945

R 56 I/31 Künstlereinsatzstelle der Reichskulturkammer (Amt Truppenbetreuung), Unterlagen Leiter H. Grohe

R 56 I/34 Deutsches Tanz- und Unterhaltungsorchester

R 56 I/37 u. a. Beschwerden über die Qualität der KdF-Truppenbetreuung

R 56 I/38 Korrespondenz des Leiters der Abteilung Sonderaufgaben im Amt Truppenbetreuung der RKK, Buchstabe C–E

R 56 I/41 u. a. Programmgestaltung der Soldatensender, 1944

R 56 I/82 Hinkel Korrespondenz u. a. zu Truppenbetreuung

R 56 I/83 Hinkel Korrespondenz u. a. zu Truppenbetreuung

R 56 I/84 Hinkel Korrespondenz u. a. zu Truppenbetreuung

R 56 I/85 Hinkel Korrespondenz u. a. zu Truppenbetreuung

R 56 I/86 Hinkel Korrespondenz u. a. zu Truppenbetreuung

R 56 I/87 Hinkel Korrespondenz u. a. zu Truppenbetreuung

R 56 I/88 Hinkel Korrespondenz u. a. zu Truppenbetreuung

R 56 I/89 Hinkel Korrespondenz u. a. zu Truppenbetreuung

R 56 I/90 Hinkel Korrespondenz u. a. zu Truppenbetreuung

R 56 I/91 Hinkel Korrespondenz u. a. zu Truppenbetreuung

R 56 I/92 Hinkel Korrespondenz u. a. zu Truppenbetreuung

R 56 I/93 Hinkel Korrespondenz u. a. zu Truppenbetreuung in Norwegen, Korrespondenz mit Reichskommissar Terboven

R 56 I/108 Manuskripte Hinkel

R 56 I/114 Pressemeldungen zur Truppenbetreuung

R 56 I/125 Berichte und Stellungnahmen zur Wehrmachttournee der Städt. Bühnen Freiburg/Brsg. nach Frankreich 1940

R 56 I/133 Merkblatt des OKW vom 1. Okt. 1941: Rechtsstellung der in der Truppenbetreuung eingesetzten Zivilpersonen

R 56 I/255 RKK Dienststelle Truppenbetreuung: Anforderung von Musikinstrumenten für die Wehrmacht

R 56 I/256 Arbeitseinsatz von Kulturschaffenden 1944–1945

R 56 I/261 Hinkel Korrespondenz zur Truppenbetreuung

R 56 I/269 Hinkel Korrespondenz zur Truppenbetreuung

R 56 II Reichsmusikkammer

R 56-II/5-25 Amtliche Mitteilungen der Reichsmusikkammer

R 56 III Reichstheaterkammer

R 56 III/358 Wehrmachtsbetreuung: u. a. Kriegsdienstverpflichtung bei Wehrmachtbetreuung 1943–1944, Versorgung bei Verletzung oder Tod

R 56 III/535 u. a. Regelung der politischen Beurteilung von Künstler*innen, Mai 1944

R 56 III/536 u. a. Unterlagen zur Frontbühne „Oberland" Egern am Tegernsee

R 59/51 Volksbund für das Deutschtum im Ausland: Truppenbetreuung so genannter Volksdeutscher als SS-, Wehrmachts-, Polizei-, RAD-, OT-Angehörige

RK Akten Personalbestände Sonder-Datenbank

RK/N 28 Bild 691ff.: Elly Ney

RK/B 55 Bild 517: Waldemar Gibish

RK/H 125 Bild 2935ff.: Friedrich Pasche

RK/H 38 Bild 2767ff.: Franz Felix

RK/H 61 Bild 2623ff.: Kurt Heide

RK/H 73 Bild 2217ff.: Peter Igelhoff (Rudolf Ordnung)

RK/J 113 Bild 1347ff.: Isa Vermehren

RK/J 2 Bild 2191ff.: Lale Andersen

RK/N 3 Bild 2357ff.: Otto Bohnenkamp (Pat Bonen)

RK/N 37 Bild 269ff.: Fritz Schmitz

RK/N 31 Bild 1435ff.: Fritz Rambur

RK/R 24 Bild 129ff.: Erich Schneidewind

RK/R 27 Bild 191ff. und RK/W 6 Bild 1975ff.: Heinz (Heinrich) Wehner

RK/RSK II/I 602 Bild 1628ff.: Heinrich Karl Weckesser

RK/V 17 Bild 594ff.: Marion Ney

RK/V 8 Bild 1321ff.: Willy Behrens

RK/W 1 Bild 1458ff.: Gustav Havemann

RK/W 6 Bild 1269ff.: Otto Tittmann

RK/W 6 Bild 1312ff.: Rene Titz

RK/Y 31 Bild 2653ff. und RK/H 6 Bild 1169ff.: Kary Barnet (Alzbéta Carry Tremlová, Elisabeth Bader)

RK/Y 31 Bild 2670ff.: Erwin Bartels-Troje

RK/Y 32 Bild 0178ff.: Kapelle Fred Berd

RK/Y 32 Bild 0246ff.: Willi Berendt

RK/Y 32 Bild 0334: Rut Berglund

RK/Y 32 Bild 0340ff.: Irmgard Bergweiler

RK/Y 32 Bild 1383ff. und RK/R 4 Bild 2871ff.: Joachim Bund

RK/Y 32 Bild 1436ff.: Karl-Friedrich Burghardt

RK/Y 32 Bild 1454ff.: Käthe Burmeister

RK/Y 32 Bild 1520ff.: Eva Busch

RK/Y 32 Bild 1540ff.: Elsa Buss-Neesen

RK/Y 32 Bild 1548ff.: Franz Busschotz

RK/Y 32 Bild 1560: Hanni Bussenius

RK/Z 2 Bild 1961ff.: Paul Béky

RK/Z 33 Bild 1003ff.: Ausländische Musiker*innen, die im Deutschen Reich beschäftigt
    waren

Bundesarchiv Militärarchiv Freiburg (BA-MA)

MSg 2/5556
Militärgeschichtliche Sammlung: Musikkorps

MSG 206
Sammlung zu Militärmusik und Militärkapellmusikmeistern
MSG 206/5 Unterlagen der Vereinigung „Musikmeisterkorps. Musikmeister der ehema-
ligen Wehrmacht"
MSG 206/9a und 9b Sammlung Joachim Toeche-Mittler
MSG 206/33 und 34 Deutsche Militär-Musiker-Zeitung

RW 6/40
Anträge von ausländischen Künstler*innen, im Reich und in der Truppenbetreuung auftreten zu dürfen. Das OKW/Inland II hatte über die vom RMVP eingereichten Anträge
zu entscheiden.

RW 6/178
Merkblatt über die Rechtsstellung der in der Truppenbetreuung eingesetzten Zivilpersonen vom 28. Jan. 1942

RW 19/687
Fol. 124f.: Dienstanweisung für den Ic-Offizier für Truppenbetreuung bei einem Wehrmachtbefehlshaber, Dezember 1942

RW 35
Militärbefehlshaber Frankreich und nachgeordnete Dienststellen
Sammelakten u. a. zur Truppenbetreuung 1940–1944
RW 35/198, 1226, 1227, 1429

RW 38
Wehrmachtbefehlshaber in Dänemark
RW 38/58, 60, 61, 62, 65, 67, 67, 79, 71, 72, 73, 74, 75, 76, 77, 87, 91 Akten zu Truppenbetreuung, Berichte, Planungen: Konzerte, Film, Theater, Vorträge, Frontzeitungen
1940–1945

RW 59/37
Personalverwaltende Stellen der Wehrmacht 1933–1945, u. a. Truppenbetreuung

RW 60/4065
Luftgau VIII: Truppenbetreuung 1941–1942

RH 2/1833
Militärverwaltung in Deutschland und Italien, u. a. Truppenbetreuung

RH 9/169
Truppenübungsplätze 1939–1942, u. a. Truppenbetreuung

RH 14/9
Truppenbetreuung im Ersatzheer 1940–1941

RH 18/37
Der Beauftragte des Chefs der Heeresarchive in den Niederlanden, Bd. 6: 1942–1943, u. a. Sonderbefehl für die Truppenbetreuung

RH 19-I/96
Oberkommando der Heeresgruppe Süd (Oberbefehlshaber Ost), Heeresgruppe A (Oberbefehlshaber West), Heeresgruppe Süd, Heeresgruppe B, Allgemeine Angelegenheiten Juli–Okt. 1939, u. a. Truppenbetreuung

RH 20-9/257
AOK 9, Ic/WPr 30. Juli–2. Dez. 1941: Truppenbetreuung, Flugblätter, Propaganda

RH 21-3/485
Panzerarmee Oberkommando 3
RH 21-3/485, 497: Truppenbetreuung 1. Juli 1943–31. Dez 1943
RH 21-3/442 Frontzeitungen „Panzerfaust" 14. Aug. 1941–31. Jan. 1942

RH 21-3/497
Panzer-Armeeoberkommando 3/Ic, Tätigkeitsbericht Ic 1. Okt.–31. Dez. 1943

RH 24-12/69
XII. Armeekorps: u. a. Truppenbetreuung

RH 24-26/124
XXVI. Armeekorps: Anlagen zum Tätigkeitsbericht Ic 7. Juli 1940–31. Mai 1941, u. a. Truppenbetreuung

RH 24-49/210
XXXXIX. Gebirgskorps: Anlagen 12–25, u. a. Truppenbetreuung 4. Apr.–14. Sept. 1943

RH 26-3

3. Infanterie-Division/3. Panzergrenadier-Division: Kriegstagebücher 1939–1944

RH 26-3/31 Wehrgeistige Betreuung und Truppenbetreuung im Raum Rom 12. März 1943–28. Apr. 1944

RH 26-5

5. Infanterie-Division/5. Jäger-Division: Kriegstagebücher Mai 1940–Dez. 1943

RH 26-5/29 Tagesmeldungen, Truppenbetreuung 1.–30. Sept. 1943

RH 26-9

9. Infanterie-Division/9. Volks-Grenadier-Division: Kriegstagebücher März 1940–Aug. 1943

RH 26-9/90 Truppenbetreuung, Propaganda unter der Bevölkerung 31. Dez. 1941–1. Dez. 1942

RH 26-12

12. Infanterie-Division/12. Volks-Grenadier-Division: Kriegstagebücher Okt. 1939–1944

RH 26-12/89 Propaganda und Truppenbetreuung Mai/Juni 1943

RH 26-14

14. Infanterie-Division: Kriegstagebücher Mai 1940–Dez. 1943.

RH 26-14/64 Tätigkeitsbericht Ic 21. März–11. Aug. 1943

RH 26-17

17. Infanterie-Division: Kriegstagebücher 1939–1943

RH 26-17/33 Meldungen und Unterlagen zur Truppenbetreuung 8. Juni 1942–30. März 1943

RH 26-22

22. Infanterie-Division/22. Volks-Grenadier-Division: Kriegstagebücher 1939–1944

RH 26-22/80 Tätigkeitsbericht Ic 1. Jan.–31. Dez. 1943

RH 26-134

134. Infanterie-Division: Kriegstagebücher Mai 1941–Sept. 1943

RH 26-134/112 Truppenbetreuung 20. März–31. Dez. 1942

RH 26-258

258. Infanterie-Division: Kriegstagebücher Aug. 1939–Dez. 1942

RH 26-258/92 u. a. Truppenbetreuung 22. Feb.–20. Okt. 1942

RH 27–1
1. Panzer-Division
RH 27–1/134, 135, 136, 137, 138, 139, 140, 141 Tätigkeitsberichte Ic 21. Aug. 1940–16.
Okt. 1943

RH 27–2
2. Panzer-Division
RH 27–2/45, 46, 47,48 Tätigkeitsberichte Ic 4. Juni 1940–20. Sept. 1943

RH 27–3
3. Panzer-Division
RH 27–3/161, 162, 163, 164, 165 Tätigkeitsberichte Ic 9. Mai 1940–6. Feb. 1942

RH 27–4
4. Panzer-Division
RH 27–4/105 ,106, 107, 108, 109, 110, 111, 112, 113, 114, 115, 116, 117, 118, 124, 125,
128, 129, 131, 133, 134, 136, 137 Tätigkeitsberichte Ic 9. Mai 1940–31. Dez. 1943

RH 27–9
4. Leichte Division/9. Panzer-Division
RH 27–9/16 Tätigkeitsbericht Ic 1. Jan. 1940–12. Mai 1941
RH 27–9/81 Tätigkeitsbericht Ic 22. Juni 1941–22. Jan. 1942
RH 27–9/17 Tätigkeitsbericht Ic (Rußland) 1.–31. Dez. 1942
RH 27–9/18, 19 Tätigkeitsberichte 1. Jan. 1943–31. Okt. 1943

RH 27–12
12. Panzer-Division
RH 27–12/47, 48, 49, 50, 54, 55, 63, 64 Tätigkeitsberichte Ic 1. Nov. 1940–31. Mai 1943

RH 27–15
15. Panzer-Division
RH 27–15/24, 25, 26, 27, 28, 29, 30, 31, 32, 33 Tätigkeitsberichte Ic (Afrika) 1. Okt. 1942–
19. Apr. 1943

RH 28–1
1. Gebirgs-Division/1. Volks-Gebirgs-Division
RH 28–1/156 Truppenbetreuung 21. Juni 1941–25. Apr. 1942

RH 28–2
2. Gebirgs-Division
RH 28–2/120 Truppenbetreuung in Norwegen 1940

RH 29–1
1. Kavallerie-Division
RH 29–1/4, 5, 6, 7 Tätigkeitsberichte Ic 24. Juli 1941–7. Nov. 1941

RH 34
Truppenkommandanturen der Reichswehr und Wehrmacht
RH 34/232 Ortskommandantur Goes: Truppenbetreuung: Monatliche Planungen des Wehrmacht-Befehlshabers in den Niederlanden/Ic/WPr für Wehrmacht-Veranstaltungen Feb. 1942–Okt. 1943
RH 34/233 Ortskommandantur Terneuzen: Truppenbetreuung: Planungen des Wehrmacht-Befehlshabers in den Niederlanden/IC/WPr für Wehrmacht-Veranstaltungen Nov. 1940–Dez. 1941

RH 56
Versorgungs- und Verwaltungsdienststellen außerhalb des Feldheeres, Heeresverpflegungsstelle Toul – Zweigstelle Verdun
RH 56/241 Truppenbetreuung 1941–1942

RL 34
Feldverbände der Luftwaffe, Einheiten der Erdkampftruppe – Jäger-Regiment 32 (16. Luftwaffen-Felddivision)
RL 34/228
III. Bataillon: Truppenbetreuung Feb. 1943–Jan. 1944

Museum für Telekommunikation Berlin, Feldpostarchiv

3.2002.0966 Gustav B. an seine Eltern, Konvolut von 17 Briefen
3.2002.7130 Briefwechsel Adalbert H. mit seiner Ehefrau, Konvolut von 28 Briefen
3.2008.1747 Erich G. an seine Ehefrau, Konvolut von 12 Briefen
3.2002.0877 Ludwig S. an seine Schwester, Konvolut von 3 Briefen
3.2002.7145 Günther S.-A. an seine Eltern, Konvolut von 11 Briefen
3.2002.7139 Hellmuth H. an seine Familie
3.2002.0947 Walter N. an seine Eltern, Konvolut von 65 Briefen
3.2002.7227 Bruder an R. B.
3.2002.0817 Klaus K. an seine Eltern
3.2002.1378 Heinrich W. an seine Frau
3.2002.7234 Johannes H. an seine Eltern und Geschwister
3.2002.7236 Rudolf D. an seine Freundin Hilde, Konvolut von 8 Briefen
3.2002.7208 Alfred A. an seine Frau
3.2002.0326 Willi S. an seine Freundin Wandelgard
3.2002.0804 Siegfried Victor H. an seine Eltern, Konvolut von 8 Briefen
3.2002.1241 Albert S. an seine Frau, Konvolut von 3 Briefen
3.2002.7136 Rudolf S. an seine Eltern, Konvolut von 12 Briefen

3.2002.7193 Christian H. an seine Eltern

3.2002.1339 Friedrich N. an seine Familie

3.2002.1290 Otto E. an seine Frau und Kinder

3.2002.7250 Heino H. an seine Eltern

3.2002.0210 Eugen A. an seinen Freund Hans A., Konvolut von 14 Briefen

3.2002.0211 Hans A. an seinen Freund Eugen A., Konvolut von 12 Briefen

3.2002.7129 Michael B. an seine Frau

3.2002.1262 Franz S. an seine Familie, Konvolut von 10 Briefen

3.2002.0985 Leutnant Heinz R. an seine Familie

3.2002.0943 Ludwig N. an Eltern und Schwester, Konvolut von 48 Briefen

3.2002.0885 Kurt L. an seine Muter, Konvolut von 9 Briefen

3.2002.0883 Gerhard L. an seine Eltern, Konvolut von 16 Briefen

3.2002.0827 Heinz S. an seine Familie, Konvolut von 17 Briefen

3.2002.0302 Horst F. an seine Familie

3.2002.0237 Ludwig S. an seine Eltern, Konvolut von 9 Briefen

3.2002.7181 Jochen H. an seine Verlobte, Konvolut von 19 Briefen

3.2002.1202 Otto W. an seine Ehefrau

3.2002.0889 Anton B. an seine Schwester

3.2002.1317 Anonymer Schreiber an seine Familie

3.2008.1388 Karl N. an seine Eltern

3.2002.0274 Helmut N. an seine Frau

3.2002.0822 Ludwig K. an seine Tante

Institut für Zeitgeschichte, München (IfZ)

Db 72.34
Broschüren: Die KdF-Truppenbetreuung, Übersicht Oktober 1941
sowie Januar/Februar 1942

MA-103/2
RMVP – Auszüge aus Akten AKz.Nr. 2231/58, Akten der Künstlerkriegseinsatzstelle

MA 234
RMVP – Gagenstop-Angelegenheiten

MA 568
Oberkommando der Wehrmacht, Dienstanweisungen zur Truppenbetreuung

MA 602
NSDAP, Amt Rosenberg

MA 603
NSDAP, Amt Rosenberg

MA 679 Bd. 5
Militärbefehlshaber Heeresgebiet Generalgouvernement, Truppenbetreuung Monatsberichte 1942

MA 679 Bd. 6
Militärbefehlshaber Heeresgebiet Generalgouvernement, Truppenbetreuung Monatsberichte 1943

MA 679 Bd. 7
Militärbefehlshaber Heeresgebiet Generalgouvernement, Truppenbetreuung Monatsberichte 1944

MA 681
Kommandantur Warschau, Kommandanturbefehle 1940

MA 698
Anforderungen von beschlagnahmten Instrumenten beim Einsatzstab Reichsleiter Rosenberg

ED 880
Leopold Gutterer, Staatssekretär im RMVP: Dienstliche Korrespondenz zur Truppenbetreuung, dt. Filmwirtschaft, Veröffentlichungen, Personalangelegenheiten 1934–1944, insg. 25 Bände

MS 145
Bd. 29, Heft 13
Sammlung wehrrechtlicher Gutachten und Vorschriften
S. 95ff.: Anweisungen zum Einsatz von Frauen in der Wehrmacht

ZS 2178
Bestand Zeugenschrifttum
Akz 4710/71
Beckmann, Franz: Reserveoffizier, Philologe, Leiter der Aussenstelle des OKW für Truppenbetreuung auf dem Balkan von Oktober 1943 bis Kriegsende, letzter Rang Major. Eidesstattliche Erklärung 25. Mai 1948, betr. kulturelle Truppenbetreuung auf dem Balkan, Frontbuchhandlung

Clara Thomas Archives & Special Collections, York University Toronto, Sammlung Michael H. Kater

2006–030/001 Korrespondenzen
(01) Herbert Becke
(02) H. John Bessunger

(05) Kraft Bretschneider

(06) Werner Daniels

(10) Jutta Hipp

(14) Hilde Korseck

(17) Kurt Michaelis (Hot Geyer)

(24) Margot Reimann, geb. Friedländer

(25) Clark Reynolds

(29) Otto Stenzel

2006–030/002 Interview-Transkripte

(06) Joachim Ernst Berendt

(09) Günter Boas

(11) Freddie Brocksieper

(12) Werner Daniels

(13) Walter Dobschinski

(15) Hanne-Lore Evers-Frauboes

(16) Hellmuth Fehling

(18) Margot Friedländer-Reimann

2006–030/003 Interview-Transkripte

(01) Georg Häntzschel

(3) Margot Hielscher und Friedrich Meyer

(6) Hans Otto Jung

(8) Hans Klagemann

(9) Herbert Koleczek

(11) Erwin Lehn

(12) Emil Mangelsdorff

(13) Inga Madlung-Shelton

(14) Anmerkungen Friedrich Meyer und Margot Hielscher zum Interview (3)

(15) Kurt Michaelis (Hot-Geyer)

(19) Gerd Peter Pick

(20) Ursula Nielsen-Rönn und Herbert Rönn

(22) Gertie Molkenbur-Schönfelder

(23) Fritz Schulz-Reichel

(24) Dietrich Schulz-Köhn

(26) Coco Schumann

(27) Rosita Serrano und Will Williams

(28) Charlie Tabor

(31) Werner Wunderlich

(32) Helmut Zacharias

(33) Dieter Zimmerle

Staatsarchiv München, Bestand NSDAP

1773
Meldungen der NSDAP-Ortsgruppen an Kreisleitung Rosenheim der NSDAP, Amt Propaganda, über Veranstaltungen

1774
Meldungen der Ortsgruppe Endorf

1776
Meldungen der Ortsgruppe Raubling

1778
Statistische Auswertung der Veranstaltungen Ortsgruppe Rosenheim für Juli 1944

1781
Akten Gaupropagandaleitung München der NSDAP, Abt. Rednerwesen, Berichte über Veranstaltungen 1937–1943

1788
Veranstaltungsmeldungen DAF/KdF Rosenheim an Kreisleitung NSDAP Rosenheim 1940

1789
Veranstaltungsmeldungen an Kreisleitung Rosenheim 1944

1790
Veranstaltungsmeldungen an Kreisleitung Rosenheim 1941

1794
Kreisleitung Rosenheim, Berichte und Zeitungsausschnitte 1942

1814
Schriftwechsel DAF–KdF Rosenheim 1934–1944

2107
Unterlagen der Kreisdienststelle Wasserburg der DAF

2122
DAF/KdF Berchtesgaden 1940–1942

2245
DAF München-Oberbayern

2348
DAF München-Oberbayern 1933–1945, Korrespondenz mit W. Kohlhammer-Verlag über „Die bunten Hefte für unsere Soldaten" 1943

261
Unterlagen Gaumusikzug

262
Personalunterlagen des Gau-Spielmannszugs

270
Unterlagen Kameradschaftskasse des Organisations- und Personalamts, u. a. Sammlung für WHW-Wunschkonzert 1941

428
Propaganda-Abt. Gau München-Oberbayern Kreisleitung Berchtesgaden

551
DAF/KdF Kreisdienststelle Rosenheim Veranstaltungsaufstellung von KdF für März 1942

552
Rednereinsätze

553
Feiergestaltung

554
DAF-Sammelrundschreiben: DAF Gauwaltung München-Oberbayern an alle Kreisleiter

556
KdF Kreisdienststelle Rosenheim Veranstaltungsplanung Dezember 1942

971
DAF/KdF Gaudienststelle München-Oberbayern, Kreis Berchtesgaden, Veranstaltungsplanung Oktober 1940

1179
Angelegenheiten der Münchener Theater, Kunst, Bavaria Film

1747
Gaukulturamt in der Gaupropagandaleitung, Traditionsgau München-Oberbayern der NSDAP

F 255.1,3-5
Schriftenreihe zur Truppenbetreuung

10/720
Musiknoten für Einsatz in der Truppenbetreuung

Zeitgenössische Periodika

Allgemeine Musikzeitung, 67. Jg. 1939–70. Jg. 1943 (mit Heft 6, März 1943 Erscheinen eingestellt).

Das deutsche Podium. Fachblatt für Unterhaltungs-Musik und Musik-Gaststätten. Kampfblatt für deutsche Musik (Fortsetzung der Zeitschrift *Der Artist*), 7. Jg. 1939–9. Jg. 1941.

Das Reich. Deutsche Wochenzeitung, Heft 1/Mai 1940–Heft 14/April 1945.

Deutsche Dramaturgie. Zeitschrift für die Probleme der Darstellenden Künste. Herausgeber: Dr. Walter Stang und *Deutsche Dramaturgie. Neue Folge der „Bausteine zum deutschen Nationaltheater". Organ des Hauptamtes Kunstpflege bei dem Beauftragten des Führers für die Überwachung der gesamten geistigen und weltanschaulichen Schulung und Erziehung der NSDAP. Zugleich amtliche Theaterzeitschrift des Amtes „Feierabend" in der NS-Gemeischaft „Kraft durch Freude"*, 1. Jg. 1942–3. Jg. 1944 (danach Erscheinen eingestellt).

Deutsche Militär-Musiker-Zeitung, 61. Jg. 1939–66. Jg. 1944 (zum 1.9.1944 Erscheinen eingestellt).

Deutsche Musikkultur. Zweimonatsschrift für Musikleben und Musikforschung, hgg. v. Staatlichen Institut für deutsche Musik zu Berlin, 1. Jg. 1935, Heft 1–9. Jg. 1944 (mit Heft 3/4 Erscheinen eingestellt).

Deutsches Bühnenjahrbuch, 51. Jg. 1940–55. Jg. 1944.

Die Bühne. Zeitschrift für die Gestaltung des deutschen Theaters, Jg. 1939–Jg. 1944 (mit Heft 17/18, September 1944 Erscheinen eingestellt).

Die Einheit. Mitteilungen der Fachschaft Komponisten in der Reichsmusikkammer, Heft 1/ März 1934–Heft 6/November 1937 (danach Erscheinen eingestellt).

Die Frau. Monatsschrift für das gesamte Frauenleben unserer Zeit, 47. Jg. 1938/39–51. Jg. 1943/44 (danach Erscheinen eingestellt).

Die Musik. Organ der Hauptstelle Musik beim Beauftragten des Führers für die Überwachung der gesamten geistigen und weltanschaulichen Schulung und Erziehung der NSDAP, 33. Jg. Okt. 1940/41–35. Jg. 1942/43. Ab 1943 weitergeführt unter dem Titel *Musik im Kriege. Organ des Amtes Musik (Gemeinschaftszeitung von Die Musik, Zeitschrift für Musik, Allgemeine Musikalische Zeitung, Neues Musikblatt)*, 1. Jg. April 1943–März 1944 (danach Erscheinen eingestellt).

Jahrbuch der deutschen Musik. Im Auftrag der Abteilung Musik des Reichsministeriums für Volksaufklärung und Propaganda hgg. v. Hellmuth von Haase, Jg. 1/1943–Jg. 2/1944 (danach Erscheinen eingestellt).

Soldatenblätter für Feier und Freizeit. Herausgegeben vom Oberkommando der Wehrmacht Abteilung Inland in der Reihe der Tornisterschriften, Jg. 1/1940–Jg. 6/1945.

Zeitschrift für Musik, 106. Jg., Heft 10/Oktober 1939–110. Jg., Heft 3/März 1943 (danach
Erscheinen eingestellt).

Veröffentlichungen der Deutschen Arbeitsfront

„Die Deutsche Arbeitsfront im Kriege. Bearbeitet im Arbeitswissenschaftlichen Institut
der Deutschen Arbeitsfront", in: *Schriften für Politik und Auslandskunde,* hgg. v. Prof.
Dr. F. A. Six, Heft 66, Berlin (Junker und Dünnhaupt) 1940.

Die Deutsche Arbeitsfront NS-Gemeinschaft „Kraft durch Freude", Gau Köln-Aachen,
Ewald König, Landesbeauftragter für Belgien und Frankreich (Hg.): *Zwei Jahre
Wehrmachtbetreuung in Belgien und Frankreich im Auftrage des Oberkommandos
der Wehrmacht durch die Deutsche Arbeitsfront NSG-„Kraft durch Freude",* o.O. u. J.
[1942].

Führungsamt der DAF – Arbeitsgebiet Schulung (Hg.): *Die Deutsche Arbeitsfront. Ein
Beispiel der politischen und sozialen Revolution in Deutschland,* Berlin (Verlag der
Deutschen Arbeitsfront GmbH Berlin) o.J.

Oberdienstleiter Dr. Bodo Lafferentz: *10 Jahre NS-Gemeinschaft Kraft durch Freude. Leistungsbericht. Mosaiksaal der Reichskanzlei,* Stuttgart, Bad Cannstatt (Dr. Cantz'sche
Druckerei), o.J. [1943].

Literatur

Abraham, Lars Ulrich: „Musik für die Hitler-Jugend", in: *NZfM* 2, 1983, S. 10–13.

Ächtler, Norman: *Generation in Kesseln. Das Soldatische Opfernarrativ im westdeutschen Kriegsroman 1945–1960*, Göttingen (Wallstein) 2013.

Ahlborn-Wilke, Dirk: *Lale Andersen. Erinnerungen, Briefe, Bilder*, Lütjenburg (Gauke) 1985.

Ahrens, Rüdiger: *Bündische Jugend. Eine neue Geschichte 1918–1933*, Göttingen (Wallstein) 2015.

Allert, Tilman: *Der deutsche Gruß. Geschichte einer unheilvollen Geste*, Berlin (Eichborn) 2005.

Aly, Götz: *Hitlers Volksstaat. Raub, Rassenkrieg und nationaler Sozialismus*, Frankfurt/Main (S. Fischer) 2005.

Andersen, Ketil Gjølme: *Tvangsarbeidets politiske økonomi: Organisation Todt i Norge under andre verdenskrig*, https://www.tekniskmuseum.no/forskning/organisasjontodt-i-norge.

Andersen, Lale: *Der Himmel hat viele Farben. Leben mit einem Lied*, Stuttgart (Deutsche Verlags-Anstalt) 1972.

Andersen, Pablo Dominguez; Wendt, Simon (Hg.): *Masculinities and the Nation in the Modern World. Between Hegemony and Marginalization,* Basingstoke (Palgrave Macmillan) 2015.

Anderson, Benedict: *Imagined Communities: Reflections on the Origin and Spread of Nationalism*, London (Verso) 1991.

Antholz, Heinz: „Jugendmusikbewegung", in: *MGG2 Sachteil, Bd. 4,* Sp. 1569–1587.

Anzenberger, Friedrich: „Anmerkungen zur Finanzierung der Militärkapellen in Österreich-Ungarn", in: Schramm, Michael (Hg.): *Militärmusik zwischen Nutzen und Missbrauch (Militärmusik im Diskurs. Schriftenreihe des Militärmusikdienstes der Bundeswehr, Bd. 6)*, Köln, Bonn (Bundesamt für Wehrverwaltung) 2011, S. 39–56.

Applegate, Celia; Potter, Pamela (Hg.): *Music and German National Identity,* Chicago (University Press) 2002.

Arbeitsgruppe Exilmusik Hamburg: *Lebenswege von Musikerinnen im „Dritten Reich" und im Exil*, Neumünster (von Bockel) 2000.

Assmann, Aleida: *Erinnerungsräume: Formen und Wandlungen des kulturellen Gedächtnisses*, München (C. H. Beck) 2006³.

Assmann, Aleida: *Formen des Vergessens*, Göttingen (Wallstein) 2016².

Assmann, Jan: „Kollektives Gedächtnis und kulturelle Identität", in: ders.; Hölscher, Tonio (Hg.): *Kultur und Gedächtnis*, Frankfurt/Main (Suhrkamp) 1988, S. 9–19.

Assmann, Jan: *Das kulturelle Gedächtnis. Schrift, Erinnerung und politische Identität in frühen Hochkulturen*, München (C. H. Beck) 2002.

Aster, Misha: *„Das Reichsorchester". Die Berliner Philharmoniker und der Nationalsozialismus,* München (Siedler) 2007.

August, Wolf-Eberhardt: *Die Stellung der Schauspieler im Dritten Reich. Versuch einer Darstellung der Kunst- und Gesellschaftspolitik in einem totalitären Staat am Beispiel des „Berufsschauspielers",* Phil. Diss. München 1973.

Bade, Patrick: *Music Wars 1937–1945. Propaganda, Götterfunken, Swing: Musik im Zweiten Weltkrieg*, Hamburg (Laika) 2015.

Bajohr, Frank; Steinbacher, Sybille: *„… Zeugnis ablegen bis zum letzten" Tagebücher und persönliche Zeugnisse aus der Zeit des Nationalsozialismus und des Holocaust (Dachauer Symposien zur Zeitgeschichte, Bd. 15)*, Göttingen (Wallstein) 2015.

Bal, Mieke; Crewe, Jonathan; Spitzer, Leo (Hg.): *Acts of Memory. Cultural Recall in the Present*, Hanover, London (University Press of New England) 1999.

Baldoli, Claudia; Knapp, Andrew; Overy, Richard (Hrsg.): *Bombing, States and Peoples in Western Europe 1940–1945*, London (Continuum International Publishing Group) 2011.

Barbian, Jan-Pieter: „Die Beherrschung der Musen. Kulturpolitik im ‚Dritten Reich'", in: Sarkowicz, Hans (Hg.): *Hitlers Künstler. Die Kultur im Dienst des Nationalsozialismus*, Frankfurt/Main, Leipzig (Insel) 2004, S. 40–74.

Bartels, Ulrike: „Zwischen Anspruch und Wirklichkeit: Die Wochenschau als Propagandainstrument im Dritten Reich", in: Heidenreich, Bernd; Neitzel, Sönke (Hg.): *Medien im Nationalsozialismus*, Paderborn (Ferdinand Schöningh) 2010, S. 161–202.

Bath, Matthias: *Danebrog gegen Hakenkreuz. Der Widerstand in Dänemark 1940–1945*, Neumünster (Wachholtz) 2011.

Baumann, Hans (Hg. im Auftrag des OKW): *Morgen marschieren wir. Liederbuch der deutschen Soldaten*, Potsdam (Voggenreiter) 1939.

Becker, Gerhard: *„Ich wünschte, auf einen Schlag wären alle Räder viereckig" Briefe und Postkarten 1939/1940 und 1944/1945* (hgg. von Gerhard Becker jun.), Aachen (Helios) 2008.

Bedürftig, Friedemann: *Lexikon Drittes Reich*, München (Piper) 1997.

Behrenbeck, Susanne: „Heldenkult und Opfermythos. Mechanismen der Kriegsbegeisterung 1918–1945", in: van der Linden, Marcel; Mergner, Gottfried (Hg.): *Kriegsbegeisterung und mentale Kriegsvorbereitung. Interdisziplinäre Studien (Beiträge zur Politischen Wissenschaft, Bd. 61)*, Berlin (Duncker & Humblot) 1991, S. 143–159.

Behrenbeck, Susanne: *Der Kult um die toten Helden. Nationalsozialistische Mythen, Riten und Symbole 1923–1945 (Kölner Beiträge zur Nationsforschung, Bd. 2)*, Vierow (SH-Verlag) 1996.

Benjamin, Walter: *Berliner Kindheit um 1900. Fassung letzter Hand*, Frankfurt/Main (Suhrkamp Taschenbuch) 2010.

Benz, Ute (Hg.): *Frauen im Nationalsozialismus. Dokumente und Zeugnisse*, München (C. H. Beck) 1993.

Benz, Wolfgang: „Hitlers Künstler. Zur Rolle der Propaganda im nationalsozialistischen Staat", in: Sarkowicz, Hans (Hg.): *Hitlers Künstler. Die Kultur im Dienst des Nationalsozialismus*, Frankfurt/Main, Leipzig (Insel) 2004, S. 14–39.

Benz, Wolfgang; Graml, Hermann; Weiß, Hermann (Hg.): *Enzyklopädie des Nationalsozialismus*, München (Deutscher Taschenbuchverlag) 2007[5].

Berek, Mathias: *Kollektives Gedächtnis und die gesellschaftliche Konstruktion der Wirklichkeit. Eine Theorie der Erinnerungskulturen (Kultur- und sozialwissenschaftliche Studien/Studies in Cultural and Social Sciences, Bd. 2)*, Wiesbaden (Harrassowitz) 2009.

Berger, Steffen; Seiffert, Joana (Hg.): *Erinnerungsorte. Chancen, Grenzen und Perspektiven eines Erfolgskonzeptes in den Kulturwissenschaften (Veröffentlichungen des Instituts für soziale Bewegungen, Schriftenreihe A: Darstellungen, Bd. 59)*. Essen (Klartext) 2014.

Berghahn, Volker R.: „NSDAP und ‚Geistige Führung' der Wehrmacht 1939–1943", in: *Vierteljahreshefte für Zeitgeschichte* Jg. 17 (1969), Heft 1, S. 17–71.

Berghoff, Hartmut: *Zwischen Kleinstadt und Weltmarkt. Hohner und die Harmonika zwischen 1857 und 1961. Unternehmensgeschichte als Gesellschaftsgeschichte*, Paderborn (Ferdinand Schöningh) 2006².

Bergmann, Robert: „Militärisches Erleben der Krise", in: Schramm, Michael (Hg.): *Musik und Krise (Militärmusik im Diskurs, Bd. 2)*, Bonn (Militärmusikdienst der Bundeswehr) 2007, S. 19–23.

Bergmeier, Hans; Lotz, Rainer E.; Kühn, Volker (Hg.): *Lili Marleen an allen Fronten. Ein Lied geht um die Welt. Das Lied, seine Zeit, seine Interpreten, seine Botschaften*, Holste-Oldendorf (Bear Family Records) 2005.

Berlioz, Hector: *Memoiren*. Neu übersetzt von Dagmar Kreher, hgg. und kommentiert von Frank Heidlberger, Kassel usw. (Bärenreiter) 2007.

Berndt, Alfred-Ingemar: *Das Lied der Front*, Wolfenbüttel (Kallmeyer) 1940.

Bertram, Thomas: „Weltkrieg 1939–1945", in: Benz, Wolfgang; Graml, Hermann; Weiß, Hermann (Hg.): *Enzyklopädie des Nationalsozialismus*, München (Deutscher Taschenbuchverlag) 2007⁵, S. 358–365.

Biegl, Thomas: „Musik als Psychohygienikum", in: Schramm, Michael (Hg.): *Musik und Krise (Militärmusik im Diskurs, Bd. 2)*, Bonn (Militärmusikdienst der Bundeswehr) 2007, S. 124–141.

Birdsall, Carolyn: *Nazi Soundscapes. Sound, Technology, and Urban Space in Germany, 1933–1945*, Amsterdam (University Press) 2012.

Boberach, Heinz (Hg.): *Meldungen aus dem Reich 1938–1945. Die geheimen Lageberichte des Sicherheitsdienstes der SS*, 17 Bde., Herrsching (Pawlak) 1984.

Boberach, Heinz: „Überwachungs- und Stimmungsberichte als Quellen für die Einstellung der deutschen Bevölkerung zur Judenverfolgung", in: Büttner, Ursula (Hg.): *Die Deutschen und die Judenverfolgung im Dritten Reich*, Frankfurt/Main (S. Fischer) 2003, S. 47–68.

Bock, Gisela: „Der Nationalsozialismus und die Frauen", in: Sösemann, Bernd (Hg.): *Der Nationalsozialismus und die deutsche Gesellschaft. Einführung und Überblick*, Stuttgart, München (Deutsche Verlagsanstalt) 2002, S. 188–209.

Böhler, Jochen: *Auftakt zum Vernichtungskrieg. Die Wehrmacht in Polen 1939*, Frankfurt/Main (S. Fischer) 2006.

Boelcke, Willi A.: *Die Macht des Radios. Weltpolitik und Auslandsrundfunk 1924–1976*, Frankfurt/Main, Berlin, Wien (Ullstein) 1977.

Boelcke, Willi A. (Hg.): *Kriegspropaganda 1939–1941. Geheime Ministerkonferenzen im Reichspropagandaministerium*, Stuttgart (Deutsche Verlags-Anstalt) 1966.

Böll, Heinrich: *Man möchte manchmal wimmern wie ein Kind. Die Kriegstagebücher 1943 bis 1945*, hgg. v. René Böll, Köln (Kiepenheuer & Witsch) 2017.

Bohn, Robert: *Reichskommissariat Norwegen. „Nationalsozialistische Neuordnung" und Kriegswirtschaft*, München (Oldenbourg) 2000.

Bohse, Jörg: *Inszenierte Kriegsbegeisterung und ohnmächtiger Friedenswille. Meinungslenkung und Propaganda im Nationalsozialismus*, Stuttgart (J. B. Metzler) 1988.

Bonacker, Max: *Goebbels' Mann beim Radio. Der NS-Propagandist Hans Fritzsche (1900–1953)*, München (Oldenbourg) 2007.

Boog, Horst; Förster, Jürgen; Hoffmann, Joachim; Klink, Ernst; Müller, Rolf-Dieter; Ueberschär, Gerd R.: *Der Angriff auf die Sowjetunion (Das Deutsche Reich und der Zweite Weltkrieg, Bd. 4)*, Stuttgart (Deutsche Verlags-Anstalt) 1983.

Boresch, Hans-Werner: „Donnerblitzbubs deutscher Weg. Versuch zur Mozart-Rezeption im Nationalsozialismus zwischen Harmonisierung und Heroisierung", in: Grochulski, Michaela G.; Kautny, Oliver; Keden, Helmke Jan (Hg.): *Musik in Diktaturen des 20. Jahrhunderts (Musik im Metrum der Macht, Bd. 3)*. Mainz (Are) 2006, S. 21–42.

Brade, Anna-Christine: „BDM-Identität zwischen Kampflied und Wiegenlied – eine Betrachtung des Repertoires im BDM-Liederbuch ‚Wir Mädels singen'", in: Niedhart, Gottfried; Broderick, George (Hg.): *Lieder in Politik und Alltag des Nationalsozialismus*, Frankfurt/Main (Peter Lang) 1999, S. 149–165.

Brandt, Willy: *Krieg in Norwegen. 9. April–9. Juni 1940*, Zürich (Eurpoa) 1942, 2010².

Brenner, Hans: „Wach auf, wach auf, du deutsches Land. Metamorphosen eines Liedes im historisch-politischen Kontext", in: Habla, Bernhard (Hg.): *Festschrift zum 60. Geburtstag von Wolfgang Suppan*, Tutzing (Schneider) 1993, S. 83–105.

Bret, David: *Callas. Biographie*, Hamburg (Europäische Verlagsanstalt/Rotbuch) 2000.

Breuer, Fritz J.: *Das neue Soldatenliederbuch. Textbuch mit Melodien. Zweistimmig gesetzt von W. Drahts. Die bekanntesten und beliebtesten Lieder unserer Wehrmacht*, Mainz (Schott) o.J.

Breuer, Fritz J.: *Das zweite neue Soldatenliederbuch, Band II. Textbuch mit Melodien. Zweistimmig gesetzt von W. Draths. Die bekanntesten und beliebtesten Lieder unserer Wehrmacht*, Mainz (Schott) o.J.

Brockhaus, Gudrun: *Schauder und Idylle. Faschismus als Erlebnisangebot*, München (Antje Kunstmann) 1997.

Brockhaus, Gudrun (Hg.): *Attraktion der NS-Bewegung*, Essen (Klartext) 2014.

Browning, Christopher R.: *Ganz normale Männer. Das Reserve-Polizeibataillon 101 und die „Endlösung" in Polen*, Reinbek bei Hamburg (Rowohlt) 1993.

Brücker, Eva; Verein für kritische Geschichtsschreibung e. V. (Hg.): *Feldpostbriefe (WerkstattGeschichte, Bd. 22)*. Hamburg (Ergebnisse) 1999.

Brüstle, Christa: „‚Performance Studies' – Impulse für die Musikwissenschaft", in: Herr, Corinna; Woitas, Monika (Hg.): *Musik mit Methode. Neue kulturwissenschaftliche Perspektiven (Musik – Kultur – Gender, Bd. 1)*, Köln usw. (Böhlau) 2006, S. 253–268.

Bruhns, Wibke: *Meines Vaters Land*, Berlin (Ullstein) 2004.

Brusniak, Friedhelm: „Der Deutsche Sängerbund und das ‚deutsche Lied'", in: Loos, Helmut; Keym, Stefan (Hg.): *Nationale Musik im 20. Jahrhundert. Kompositorische und soziokulturelle Aspekte der Musikgeschichte zwischen Ost- und Westeuropa*, Konferenzbericht Leipzig 2002, Leipzig 2004, S. 409–421.

Brusniak, Friedhelm: „Das Volksliederbuch für Männerchor (‚Kaiserliederbuch‘) als ‚Volkslieder-Buch‘ und ‚Volks-Liederbuch‘", in: Salmen, Walter; Schubert, Giselher (Hg.): *Verflechtungen im 20. Jahrhundert. Komponisten im Spannungsfeld elitär – populär*, Mainz (Schott) 2005, S. 20–29.

Brusniak, Friedhelm: „Das Kaiserliederbuch im Zweiten Weltkrieg", in: *Tagungsbericht „Militär, Musik und Krieg. Musik und Massensuggestion im historischen Kontext"*, 1.2.2008, Köln, in: H-Soz-u-Kult, 10.3.2008, http://hsozkult.geschichte.hu-berlin.de/tagungsberichte/id=2034.

Brusniak, Friedhelm; Klenke, Dietmar (Hg.): *„Heil deutschem Wort und Sang!" Nationalidentität und Gesangskultur in der deutschen Geschichte* (Tagungsbericht Feuchtwangen 1994), Augsburg (Wissner) 1995.

Buchbender, Ortwin: *Das tönende Erz: Propaganda gegen die Rote Armee im Zweiten Weltkrieg*, Stuttgart (Seewald) 1978.

Buchbender, Ortwin; Sterz, Reinhold: *Das andere Gesicht des Krieges. Deutsche Feldpostbriefe 1939–1945*, München (C.H. Beck) 1982.

Buchheim, Christoph; Boldorf, Marcel (Hg.): *Europäische Volkswirtschaften unter deutscher Hegemonie 1938–1945 (Schriften des Historischen Kollegs, Kolloquien 77)*, München (Oldenbourg) 2012.

Buchholz, Wolfhard: *Die Nationalsozialistische Gemeinschaft „Kraft durch Freude": Freizeitgestaltung und Arbeiterschaft im Dritten Reich*, phil. Diss. München 1976.

Buggeln, Marc; Wildt, Michael (Hrsg.): *Arbeit im Nationalsozialismus*, München (Oldenbourg) 2014.

Bunge, Fritz: *Musik in der Waffen-SS. Ein Blick zurück auf die Entwicklung deutscher Militärmusik*, Osnabrück (Munin) 1975.

Burney, Charles: *Tagebuch seiner Musikalischen Reisen. Zweiter Band. Durch Flandern, die Niederlande und am Rhein bis Wien*. Aus dem Englischen übersetzt. Hamburg (Bode) 1773 (Reprint Kassel usw. (Bärenreiter) 2003 *(Documenta Musicologica, Erste Reihe: Druckschriften-Faksimiles, Bd. XIX))*.

Busch, Heinz: *Vom Armeemarsch zum Großen Zapfenstreich. Ein Lexikon zur Geschichte der deutschen Militärmusik*, Bonn (Der Kurier) 2005.

Bussemer, Thymian: *Propaganda und Populärkultur. Konstruierte Erlebniswelten im Nationalsozialismus*, Wiesbaden (Deutscher Universitäts-Verlag) 2000.

Celestini, Federico: „Musik und kollektive Identitäten", in: Calella, Michele; Urbanek, Nikolaus (Hg.): *Historische Musikwissenschaft. Grundlagen und Perspektiven*, Stuttgart, Weimar (J. B. Metzler) 2013, S. 318–337.

Charamis, Elli: „Music in Greek Broadcasting in Wartime (1940–1950): Complicity and Resistance", in: Grant, Morag Josephine; Stone-Davis, Férdia J. (Hg.): *The Soundtrack of Conflict: The Role of Music in Radio Broadcasting in Wartime and in Conflict Situations*, Hildesheim (Olms) 2013, S. 75–84.

Connell, Raewyn: *Der gemachte Mann. Konstruktion und Krise von Männlichkeiten (Geschlecht und Gesellschaft, Bd. 8)*, Wiesbaden (Verlag für Sozialwissenschaften) 1999 (Original: *Gender and Power. Society, the Person and Sexual Politics*, Stanford (University Press) 1987).

Conrad, Gerhard: *Heinz Wehner. Eine Bio-Discographie (Jazzfreund-Publikation Nr. 39)*, Menden (Interessengemeinschaft für Jazz) 1989.

Conrad, Gerhard: *Kurt Henkels. Eine Musiker-Biographie mit ausführlicher Diskographie*, Hildesheim usw. (Olms) 2010.

Custodis, Michael; Geiger, Friedrich: *Netzwerke der Entnazifizierung. Kontinuitäten im deutschen Musikleben am Beispiel von Werner Egk, Hilde und Heinrich Strobel (Münsteraner Schriften zur zeitgenössischen Musik, Bd. 1)*, Münster (Waxmann) 2013.

Dahm, Volker: „Anfänge und Ideologie der Reichskulturkammer. Die ‚Berufsgemeinschaft‘ als Instrument kulturpolitischer Steuerung und sozialer Reglementierung“, in: *Vierteljahrshefte für Zeitgeschichte*, 34. Jg. (1986), Heft 1, S. 53–84.

Dahm, Volker; Feiber, Albert A.; Mehringer, Hartmut; Möller, Horst (Hg.): *Die tödliche Utopie. Bilder, Texte, Dokumente, Daten zum Dritten Reich (Veröffentlichungen des Instituts für Zeitgeschichte zur Dokumentation Obersalzberg)*, München, Berlin (Verlag Dokumentation Obersalzberg im Institut für Zeitgeschichte) 2010.

Dammann, Clas: *Stimmen aus dem Äther – Fenster zur Welt. Die Anfänge von Radio und Fernsehen in Deutschland*, Köln (Böhlau) 2005.

Daniel, Ute: *Kompendium Kulturgeschichte. Theorien, Praxis, Schlüsselwörter*, Frankfurt/Main (Suhrkamp stw) 2001.

Daniel, Ute: „Geschichte schreiben nach der ‚kulturalistischen Wende‘“, in: *Archiv für Sozialgeschichte*, Jg. 2003, Heft 43, S. 576–599.

Daniel, Ute: „Die Medienlogik des ‚Dritten Reichs‘ und Goebbels' Sportpalastrede vom 18. Februar 1943“ in: dies.: *Beziehungsgeschichten. Politik und Medien im 20. Jahrhundert*, Hamburg (Hamburger Edition) 2018, S. 181–203.

Danuser, Hermann; Münkler, Herfried (Hg.): *Deutsche Meister – böse Geister? Nationale Selbstfindung in der Musik*, Schliengen (Argus) 2001.

Dean, Basil: *The Theatre at War*, London (Harrap) 1956.

Degele, Ludwig: *Die Militärmusik. Ihr Werden und Wesen, ihre kulturelle und nationale Bedeutung*, Wolfenbüttel (Verlag für Musikalische Kultur und Wissenschaft) 1937.

Delabar, Walter: „NS-Literatur ohne Nationalsozialismus? Thesen zu einem Ausstattungsphänomen in der Unterhaltungsliteratur des ‚Dritten Reiches‘“, in: Würmann, Carsten; Warner, Ansgar (Hg.): *Im Pausenraum der Dritten Reiches. Zur Populärkultur im nationalsozialistischen Deutschland (Publikationen zur Zeitschrift für Germanistik, Neue Folge, Bd. 17)*, Bern usw. (Peter Lang) 2008, S. 161–180.

de Vries, Willem: *Sonderstab Musik- Organisierte Plünderungen in Westeuropa 1940–45*, Köln (Dittrich) 1998.

Didczuneit, Veit; Ebert, Jens; Jander, Thomas (Hg.): *Schreiben im Krieg – Schreiben vom Krieg. Feldpost im Zeitalter der Weltkriege*, Essen (Klartext) 2011.

Dietrich, Marlene: *Nehmt nur mein Leben … Reflexionen*, München (Goldmann) 1979.

Dietrich, Marlene: *Ich bin, Gott sei Dank, Berlinerin. Memoiren*, Frankfurt/Main, Berlin (Ullstein) 1987.

Dirks, Christian: : *„Die Verbrechen der anderen“. Auschwitz und der Auschwitz-Prozess der DDR. Das Verfahren gegen den KZ-Arzt Dr. Horst Fischer*, Paderborn (Ferdinand Schöningh) 2005.

Döring, Jörg; Thielmann, Tristan (Hg.): *Spatial Turn. Das Raumparadigma in den Kultur- und Sozialwissenschaften*, Bielefeld (Transcript) 2008.

Dolaplis, Dimitrios: *Musik als Propagandainstrument im Nationalsozialismus. Politische und soziale Funktionen von Soldatenliedern im NS-Regime*, Baden-Baden (Tectum) 2019.

Dompke, Christoph: *Unterhaltungsmusik und NS-Verfolgung (Musik im „Dritten Reich" und im Exil, Bd. 15)*, Neumünster (von Bockel) 2011.

Drechsler, Nanny: *Die Funktion der Musik im deutschen Rundfunk 1933–1945 (Musikwissenschaftliche Studien, Bd. 3)*, Pfaffenweiler (Centaurus) 1988.

Drolshagen, Ebba D.: *Nicht ungeschoren davonkommen. Das Schicksal der Frauen in den besetzten Ländern, die Wehrmachtsoldaten liebten*, Hamburg (Hoffmann und Campe) 1998.

Drolshagen, Ebba D.: *Wehrmachtskinder – Auf der Suche nach dem nie gekannten Vater*, München (Droemer) 2005.

Düding, Dieter: *Organisierter gesellschaftlicher Nationalismus in Deutschland (1808–1847). Bedeutung und Funktion der Turner- und Sängervereine für die deutsche Nationalbewegung*, München (Oldenbourg) 1984.

Dümling, Albrecht: „Gefährlichste Zerstörer unseres rassemäßigen Instinkts". NS-Polemik gegen die Atonalität", in: ders. (Hg.): *Das verdächtige Saxofon. „Entartete Musik" im NS-Staat – Dokumentation und Kommentar*, Katalog zur gleichnamigen Ausstellung im Auftrag der Stiftung Berliner Philharmoniker und Tonhalle Düsseldorf, o.O. 1988, S. 81–95.

Dümling, Albrecht (Hg.): *Das verdächtige Saxofon. „Entartete Musik" im NS-Staat – Dokumentation und Kommentar*, Katalog zur gleichnamigen Ausstellung im Auftrag der Stiftung Berliner Philharmoniker und Tonhalle Düsseldorf, o.O. 1988.

Düsterberg, Rolf: „„Nun danket alle Gott" auf Bildpostkarten des Ersten Weltkriegs", in: Hanheide, Stefan; Helms, Dietrich; Glunz, Claudia; Schneider, Thomas F. (Hg): *Musik bezieht Stellung. Funktionalisierungen der Musik im Ersten Weltkrieg (Jahrbuch Krieg und Literatur, Bd. 19)*, Göttingen (V&R unipress) 2013, S. 221–241.

Dussel, Konrad: „Rundfunkgeschichte – Mediengeschichte – Zeitgeschichte. Der Rundfunk und die Entwicklung der westdeutschen Gesellschaft", in: Marßolek, Inge; von Saldern, Adelheid (Hg.): *Radiozeiten. Herrschaft, Alltag, Gesellschaft (1924–1960) (Veröffentlichungen des Deutschen Rundfunkarchivs, Bd. 25)*, Potsdam (Verlag für Berlin-Brandenburg) 1999, S. 39–56.

Ebert, Jens; Penkert, Sybille (Hg.): *Brigitte Penkert: Briefe einer Rotkreuzschwester von der Ostfront*, Göttingen (Wallstein) 2006.

Ebert, Jens: „Die Bedeutung der Feldpost bei der Prägung des Kriegsbildes im 20. Jahrhundert", in: Glunz, Claudia; Schneider, Thomas F. (Hg.): *Wahrheitsmaschinen. Der Einfluss technischer Innovationen auf die Darstellung und das Bild des Krieges in den Medien und Künsten (Schriften des Erich Maria Remarque-Archivs, Bd. 25)*, Osnabrück (V&R unipress) 2009, S. 207–216.

Echternkamp, Jörg (Hg.): *Das Deutsche Reich und der Zweite Weltkrieg, Bd.9/1: Die Deutsche Kriegsgesellschaft 1939 bis 1945. Politisierung, Vernichtung, Überleben*, Stuttgart (Deutsche Verlags-Anstalt) 2004.

Echternkamp, Jörg (Hg.): *Das Deutsche Reich und der Zweite Weltkrieg Bd.9/2: Die deutsche Kriegsgesellschaft 1939–1945. Ausbeutung, Deutungen, Ausgrenzung*, Stuttgart (Deutsche Verlags-Anstalt) 2005.

Echternkamp, Jörg: „Einführung", in: Zalfen, Sarah; Müller, Sven Oliver (Hg.): *Besatzungsmacht Musik. Zur Musik- und Emotionsgeschichte im Zeitalter der Weltkriege (1914–1949)*, Bielefeld (Transcript) 2012, S. 33–50.

Eickhoff, Thomas: *Kultur-Geschichte der Harmonika. Armin Fett – Pädagoge und Wegbereiter der Harmonika-Bewegung (Handbuch der Harmonika-Instrumente, Bd. 4)*, Kamen (Schmülling) 1991.

Eickhoff, Thomas: „‚Harmonika – Heil!' Über ein Musikinstrument und seine Ideologisierung im Nationalsozialismus", in: Sonntag, Brunhilde; Boresch, Hans-Werner; Gojowy, Detlef (Hg.): *Die dunkle Last. Musik und Nationalsozialismus (Schriften zur Musikwissenschaft und Musiktheorie, Bd. 3)*, Köln (Bela) 1999, S. 146–183.

Elias, Norbert: *Studien über die Deutschen. Machtkämpfe und Habitusentwicklung im 19. und 20. Jahrhundert*, Frankfurt/Main (Suhrkamp Taschenbuch) 1994².

Engelmann, Jan (Hg.): *Die kleinen Unterschiede. Der Cultural Studies-Reader*, Frankfurt/Main, New York (Campus) 1999.

Erdelmann, Jessica: *„Persilscheine" aus der Druckerpresse? Die Hamburger Medienberichterstattung über Entnazifizierung und Internierung in der britischen Besatzungszone (Hamburger Zeitspuren, Bd. 11)*, Hamburg (Dölling und Galitz) 2016.

Eribon, Didier: *Rückkehr nach Reims*, Frankfurt/Main (Edition Suhrkamp) 2016.

Erll, Astrid: *Kollektives Gedächtnis und Erinnerungskulturen. Eine Einführung*, Stuttgart (J. B. Metzler) 2005.

Evert, Urte: „Soldatenbraut und Mannesehre. Geschlechtsspezifische Symbolisierungen und Zuordnungen militärischer Waffen", in: Latzel, Klaus; Maubach, Franka; Satjukow, Silke (Hg.): *Soldatinnen. Gewalt und Geschlecht im Krieg vom Mittelalter bis heute (Krieg in der Geschichte, Bd. 60)*, Paderborn (Ferdinand Schöningh) 2011, S. 65–94.

Ewert, Sinje: „Musik im ‚Dritten Reich'. Ein Forschungsbericht", in: *Archiv für Kulturgeschichte*, 91. Jg. (2009), Heft 1, S. 193–232.

Fackler, Guido: *„Des Lagers Stimme" – Musik im KZ. Alltag und Häftlingskultur in den Konzentrationslagern 1933 bis 1936. Mit einer Darstellung der weiteren Entwicklung bis 1945 und einer Biblio-/Mediographie*, Bremen (Temmen) 2000.

Faulstich, Werner: *Die Mediengeschichte des 20. Jahrhunderts*, München (Wilhelm Fink) 2012.

Fauser, Annegret: "Cultural Musicology: New Perspectives on World War II", in: *Zeithistorische Forschungen/Studies in Contemporary History*, 8. Jg. (2011), Heft 2, S. 262–268.

Fauser, Annegret: *Sounds of War: Music in the United States During World War II*, New York (Oxford University Press) 2013.

Fawkes, Richard: *Fighting For a Laugh. Entertaining the British and American Forces 1939–1946*, London (Macdonald and James' Publishers) 1978.

Fetthauer, Sophie: „‚Unerlaubtes' Musizieren und Unterrichten. Die Ordnungsverfahren der Reichsmusikkammer nach Paragraph 28 der ‚Ersten Durchführungsverordnung des Reichskulturkammergesetztes'", in: Geiger, Friedrich (Hg.): *Musikkulturgeschich-*

te heute. *Historische Musikwissenschaft an der Universität Hamburg (Hamburger Jahrbuch für Musikwissenschaft, Bd. 26)*, Frankfurt/Main (Peter Lang) 2009, S. 149–163.

Finke, Gesa: „Mozart als Lichtgestalt. Alfred Einstein, Nationalsozialismus und Biographik", in: Kreutziger-Herr, Annette (Hg.): *Mozart im Blick. Inszenierungen, Bilder und Diskurse*, Köln (Böhlau) 2007, S. 78–92.

Firme, Annemarie; Hocker, Ramona (Hg.): *Von Schlachtenhymnen und Protestsongs. Zur Kulturgeschichte des Verhältnisses von Musik und Krieg*, Bielefeld (Transcript) 2006.

Fischer, Michael: „Nun danket alle Gott", in: *Populäre und traditionelle Lieder. Historisch-kritisches Liederlexikon*, http://www.liederlexikon.de/lieder/nun_danket_alle_gott.

Fischer, Michael: „Kirchenlied und nationalreligiöse Propaganda", in: Hanheide, Stefan; Helms, Dietrich; Glunz, Claudia; Schneider, Thomas F. (Hg): *Musik bezieht Stellung. Funktionalisierungen der Musik im Ersten Weltkrieg (Jahrbuch Krieg und Literatur, Bd. 19)*, Göttingen (V&R unipress) 2013, S. 205–220.

Fischer, Michael: „100 Jahre Deutsches Volksliedarchiv – Gründung des Zentrums für Populäre Kultur und Musik", in: ders.; Widmaier, Tobias (Hg.): *Lieder/Songs als Medien des Erinnerns (Jahrbuch des Zentrums für Populäre Kultur und Musik, Bd. 59)*, Münster (Waxmann) 2014, S. 9–18.

Fischer, Michael; Schmidt, Rebecca: „Ich hatt' einen Kameraden", in dies.: *„Mein Testament soll seyn am End. Sterbe- und Begräbnislieder zwischen 1500 und 2000 (Volksliedstudien, Bd. 6)*, Münster (Waxmann) 2005, S. 203–228.

Fischer-Lichte, Erika: *Ästhetik des Performativen*, Frankfurt/Main (Suhrkamp) 2004.

Fischer-Lichte, Erika: „Die verwandelnde Kraft von Aufführungen. Von vorübergehenden zu nachhaltigen Transformationen", in dies.; Hasselmann, Kristiane (Hg.): *Performing the Future. Die Zukunft der Performativitätsforschung*, München (Wilhelm Fink) 2013, S. 177–190.

Fiske, John: *Understanding Popular Culture*, London (Taylor & Francis) 1989.

Föllmer, Moritz: *„Ein Leben wie im Traum". Kultur im Dritten Reich (Die Deutschen und der Nationalsozialismus)*, München (C. H. Beck) 2016.

Föllmi, Beat A.; Grosch, Nils; Schneider, Mathieu (Hg.): *Music and the Construction of National Identities in the 19th Century*, Baden-Baden, Bouxwiller (Koerner) 2010.

Förster, Evelin: *Die Frau im Dunkeln. Autorinnen und Komponistinnen des Kabaretts und der Unterhaltung von 1901 bis 1935. Eine Kulturgeschichte*, Berlin (Edition Braus) 2013.

Foucault, Michel: „Die Machtverhältnisse durchziehen das Körperinnere. Ein Gespräch mit Lucette Finas", in: ders.: *Dispositive der Macht. Über Sexualität, Wissen und Wahrheit*, Berlin (Merve) 1978, S. 104–117.

Foucault, Michel: *Die Ordnung des Diskurses*, Frankfurt/Main (S. Fischer) 2010[11].

François, Etienne; Schulze, Hagen: „Einleitung", in: dies. (Hg.): *Deutsche Erinnerungsorte*, 3 Bde., München (C. H. Beck) 2001.

Frauen helfen siegen. Bilddokumente vom Kriegseinsatz unserer Frauen und Mütter. Mit einem Geleitwort von Gertrud Scholtz-Klink, Reichsfrauenführerin, Berlin (Zeitgeschichte-Verlag) 1941.

Frei, Norbert: *Vergangenheitspolitik. Die Anfänge der Bundesrepublik und die NS-Vergangenheit*, München (C. H. Beck) 1996.

Frevert, Ute: *„Mann und Weib, und Weib und Mann". Geschlechter-Differenzen in der Moderne*, München (C. H. Beck) 1995.

Frevert, Ute: „Gesellschaft und Militär im 19. und 20. Jahrhundert: Sozial-, kultur- und geschlechtergeschichtliche Annäherungen", in: dies. (Hg.): *Militär und Gesellschaft im 19. und 20. Jahrhundert (Industrielle Welt. Schriftenreihe des Arbeitskreises für moderne Sozialgeschichte, Bd. 58)*, Stuttgart (Klett-Cotta) 1997, S. 7–14.

Frevert, Ute: „Das jakobinische Modell: Allgemeine Wehrpflicht und Nationsbildung in Preußen-Deutschland", in: dies. (Hg.): *Militär und Gesellschaft im 19. und 20. Jahrhundert (Industrielle Welt. Schriftenreihe des Arbeitskreises für moderne Sozialgeschichte, Bd. 58)*, Stuttgart (Klett-Cotta) 1997, S. 17–47.

Frevert, Ute: „Das Militär als ‚Schule der Männlichkeit'. Erwartungen, Angebote, Erfahrungen im 19. Jahrhundert", in: dies. (Hg.): *Militär und Gesellschaft im 19. und 20. Jahrhundert (Industrielle Welt. Schriftenreihe des Arbeitskreises für moderne Sozialgeschichte, Bd. 58)*, Stuttgart (Klett-Cotta) 1997, S. 145–173.

Frevert, Ute: *Die kasernierte Nation. Militärdienst und Zivilgesellschaft in Deutschland*, München (C. H. Beck) 2001.

Frey, Heike: „Unterhaltung aus München", in: *Musik in Bayern. Halbjahresschrift der Gesellschaft für Bayerische Musikgeschichte*, Jg. 2000, Heft 59, S. 133–187.

Frey, Heike: „… ‚aber es war mal eine Abwechselung'. Truppenbetreuung im Spiegel von Feldpostbriefen", in: Didczuneit, Veit; Ebert, Jens; Jander, Thomas (Hg.): *Schreiben im Krieg – Schreiben vom Krieg. Feldpost im Zeitalter der Weltkriege*, Essen (Klartext) 2011, S. 419–428.

Frey, Heike: „Und jeden Abend ‚Lili Marleen'. Zur Truppenbetreuung im Zweiten Weltkrieg", in: Moormann, Peter; Riethmüller, Albrecht; Wolf, Rebecca (Hg.): *Paradestück Militärmusik. Beiträge zum Wandel staatlicher Repräsentation durch Musik*, Bielefeld (Transcript) 2012, S. 125–150.

Frey, Heike: „… dass Märsche allen Menschen nur Frohsinn brachten'. Zur Entpolitisierung von Militärmusik", in: Westemeier, Jens (Hg.): *„So war der deutsche Landser …": das populäre Bild der Wehrmacht (Krieg in der Geschichte, Bd. 101)*, Paderborn (Ferdinand Schöningh), 2019, S. 267–286.

Friedland, Roger: „Staat und Geschlecht. Die Erotisierung der Macht und die Verheißungen des Patriarchats", in: *Lettre international. Europas Kulturzeitung*, Jg. 2016, Heft 115, S. 7–9.

Frietsch, Elke; Herkommer, Christina (Hg.): *Nationalsozialismus und Geschlecht. Zur Politisierung und Ästhetisierung von Körper, „Rasse" und Sexualität im „Dritten Reich" und nach 1945*, Bielefeld (Transcript) 2009.

Frietsch, Ute; Rogge, Jörg (Hg.): *Über die Praxis des kulturwissenschaftlichen Arbeitens. Ein Handwörterbuch*, Bielefeld (Transcript) 2013.

Frith, Simon: *Performing Rites: On the Value of Popular Music*, Cambridge/Massachusetts (Harvard University Press) 1996.

Fritz Bauer Institut; Konitzer, Werner; Palme, David (Hg.): *„Arbeit", „Volk", „Gemeinschaft". Ethik und Ethiken im Nationalsozialismus (Jahrbuch zur Geschichte und Wirkung des Holocaust)*, Frankfurt/Main (Campus) 2016.

Fröhlich, Elke (Hg.): *Die Tagebücher von Joseph Goebbels*, 32 Bde., München (K. G. Saur), 1993–2008.

Frommann, Eberhard: *Die Lieder der NS-Zeit. Untersuchungen zur nationalsozialistischen Liedpropaganda von den Anfängen bis zum Zweiten Weltkrieg*, Köln (PapyRossa) 1999.

Frühling, Erich: „Wehrbetreuung bei der Kriegsmarine im Zweiten Weltkrieg", in: Sonderdruck aus *MOV-Nachrichten, Nachrichtenblatt der Marine-Offizier-Vereinigung*, 44. Jg., Nr. 9, Sept. 1969 (1. Teil), Nr. 10, Okt. 1969 (2. Teil).

Garau, Salvatore: *Fascism and Ideology. Italy, Britain, and Norway (Routledge Studies in Modern European History)*, London (Routledge Taylor & Francis Group) 2015.

Geiger, Friedrich: „Im Schatten der Diktaturen von Hitler, Stalin und Mussolini", in Riethmüller, Albrecht (Hg.): *Geschichte der Musik im 20. Jahrhundert: 1925–1945*, Laaber (Laaber) 2006, S. 217–242.

Geiger, Friedrich: „Deutsche Musik und deutsche Gewalt: Zweiter Weltkrieg und Holocaust", in: Riethmüller, Albrecht (Hg.): *Geschichte der Musik im 20. Jahrhundert: 1925–1945*, Laaber (Laaber) 2006, S. 243–268.

Gerdes, Aibe-Marlene: „Der Soldat, der Engel und die Hure – Frauenbilder im Soldatenlied des Ersten Weltkriegs", in: Strohmann, Nicole K.; Bork, Camilla; Finke, Gesa (Hg.): *Musikbezogene Genderforschung (Jahrbuch Musik und Gender, Band 5)*, Hildesheim (Olms) 2012, S. 67–90.

Gerdes, Aibe-Marlene: „Populäre Kriegslyrik als Sammelgegenstand. Die Weltkriegssammlungen im Deutschen Volksliedarchiv", in: Detering, Nicolas; Fischer, Michael; Gerdes, Aibe-Marlene (Hg.): *Populäre Kriegslyrik im Ersten Weltkrieg*, Münster (Waxmann) 2013, S. 97–120.

Gerdes, Aibe-Marlene: „Soldatenlieder als Volkslieder – Volkslieder als Soldatenlieder. John Meier und das deutsche Soldatenlied", in: Detering, Nicolas; Fischer, Michael; Gerdes, Aibe-Marlene (Hg.): *Populäre Kriegslyrik im Ersten Weltkrieg*, Münster (Waxmann) 2013, S. 191–216.

Gerhard, Anselm (Hg.): *Musikwissenschaft – eine verspätete Disziplin? Die akademische Musikforschung zwischen Fortschrittsglauben und Modernitätsverweigerung*, Stuttgart (Metzler) 2000.

Gerhard, Anselm: „Die Vorherrschaft der deutschen Musik". Voraussetzungen und Folgen eines musikästhetischen Paradigmenwechsels. In: Lehmann, Hartmut; Oexle, Otto Gerhard (Hg.): *Nationalsozialismus in den Kulturwissenschaften. Band 2: Leitbegriffe – Deutungsmuster – Paradigmenkämpfe. Erfahrungen und Transformationen im Exil (Veröffentlichungen des Max-Planck-Instituts für Geschichte, Band 211)*. Göttingen (Vandenhoeck & Ruprecht) 2004, S. 83–100.

Gerlach, Christian: *Krieg, Ernährung, Völkermord. Forschungen zur deutschen Vernichtungspolitik im Zweiten Weltkrieg*, Hamburg (Hamburger Edition) 1998.

Gerlach, Christian: *Kalkulierte Morde. Die deutsche Wirtschafts- und Vernichtungspolitik in Weißrußland 1941–1944*, Hamburg (Hamburger Edition) 2000.

Gétreau, Florence: „Instruments de soldats", in: dies. (Hg.): *Entendre la guerre: Silence, musiques et sons en 14–18*, Katalog zur gleichnamigen Ausstellung 2014, Paris (Gallimard/Historial de Péronne) 2014.

Giesbrecht, Sabine: „Lieb' Vaterland, magst ruhig sein'. Musik und Nationalismus im deutschen Kaiserreich", in: Lück, Hartmut; Senghaas, Dieter (Hg.): *Vom hörbaren Frieden*, Frankfurt/Main (Suhrkamp) 2005, S. 413–442.

Giesbrecht, Sabine: *Musik und Propaganda. Der Erste Weltkrieg im Spiegel deutscher Bildpostkarten (Beiträge zur Medienästhetik der Musik, Bd. 14)*, Osnabrück (epOS) 2014.

Ginzburg, Carlo: „Mikro-Historie. Zwei oder drei Dinge, die ich von ihr weiß.", in: *Historische Anthropologie*, 1. Jg., Heft 2, 1993, S. 169–192.

Goebbels, Joseph: „Ansprache zum 50. Wunschkonzert für die Wehrmacht", in: *Rundfunkarchiv. Zeitschrift für Rundfunkrecht und Rundfunkwirtschaft. Mitteilungsblatt der Deutschen Rundfunkarbeitsgemeinschaft*, Heft 12, Bd. 14, Dez. 1940, S. 419–421.

Goebbels, Joseph: *Die Zeit ohne Beispiel. Reden und Aufsätze aus den Jahren 1939–1941*, München (Eher) 1942.

Goedecke, Heinz; Krug, Wilhelm: *Wir beginnen das Wunschkonzert für die Wehrmacht*, Berlin, Leipzig (Nibelungen-Verlag) 1940.

Göttsch, Silke: „„Der Soldat, der Soldat ist der erste Mann im Staat …'. Männerbilder in volkstümlichen Soldatenliedern 1855–1875", in: Schmale, Wolfgang (Hg.): *MannBilder. Ein Lese- und Quellenbuch zur historischen Männerforschung (Innovationen. Bibliothek zur Neueren und Neuesten Geschichte, Bd. 4)*, Berlin (Berlin Verlag A. Spitz) 1998, S. 131–154.

Göttsch, Silke: „Archivalische Quellen und die Möglichkeiten ihrer Auswertung", in: Göttsch, Silke; Lehmann, Albrecht (Hg.): *Methoden der Volkskunde. Positionen, Quellen, Arbeitsweisen der Europäischen Ethnologie*, Berlin (Dietrich Reimer) 2001, S. 15–32.

Goffman, Erving: *Asyle. Über die soziale Situation psychiatrischer Patienten und anderer Insassen*, Frankfurt/Main (Suhrkamp) 1973.

Golovchansky, Anatoly u. a. (Hg.): *„Ich will raus aus diesem Wahnsinn". Deutsche Briefe von der Ostfront 1941–1945 aus sowjetischen Archiven*, Wuppertal (Hammer) 1991.

Grant, Morag Josephine: „Freund oder Feind? Thesen zu Musik und Konflikt", in: Schramm, Michael (Hg.): *Musik in Fremdwahrnehmung und Eigenbild (Militärmusik im Diskurs, Bd. 4)*, Bonn (Musikdienst der Bundeswehr) 2009, S. 78–85.

Grant, Morag Josephine: „Die Kindersoldaten von gestern: Vorbemerkungen zu einer Geschichte von Kindern als Militärmusiker im 18. und 19. Jahrhundert", in: Schramm, Michael (Hg.): *Militärmusik zwischen Nutzen und Missbrauch (Militärmusik im Diskurs. Schriftenreihe des Militärmusikdienstes der Bundeswehr, Bd. 6)*, Köln, Bonn (Bundesamt für Wehrverwaltung) 2011, S. 174–187.

Grant, Morag Josephine; Stone-Davis, Férdia J. (Hg.): *The Soundtrack of Conflict: The Role of Music in Radio Broadcasting in Wartime and in Conflict Situations*, Hildesheim (Olms) 2013.

Grieger, Manfred; Jansen, Christian; Wojak, Irmtraud (Hg.): *Interessen, Strukturen und Entscheidungsprozesse! Für eine politische Kontextualisierung des Nationalsozialismus*, Essen (Klartext) 2010.

Grischany, Thomas R.: *Der Ostmark treue Alpensöhne. Die Integration der Österreicher in die großdeutsche Wehrmacht, 1938–45 (Zeitgeschichte im Kontext, Bd. 9)*, Göttingen (V&R unipress) 2015.

Grönke, Kadja: „Methodenvielfalt, Methodenauswahl und wissenschaftliches Erkennt-nisinteresse am Beispiel des Tango argentino", in: Herr, Corinna; Woitas, Monika (Hg.): *Musik mit Methode. Neue kulturwissenschaftliche Perspektiven (Musik – Kul-tur – Gender, Bd. 1)* Köln (Böhlau) 2006, S. 139–155.

Grossbach, Michael; Altenmüller, Eckart: „Musik und Emotion – zu Wirkung und Wirkort von Musik", in: Bendikowski, Tillmann; Gillmann, Sabine; Jansen, Chris-tian; Leniger, Markus; Pöppmann, Dirk (Hg.): *Die Macht der Töne, Musik als Mittel politischer Identitätsstiftung im 20. Jahrhundert*, Münster (Westfälisches Dampfboot) 2003, S. 13–22.

Grotjahn, Rebecca (Hg.): *Deutsche Frauen, deutscher Sang – Musik in der deutschen Kul-turnation. Vorträge der Ringvorlesung am Musikwissenschaftlichen Seminar Detmold/ Paderborn*, München (Allitera) 2009.

Grull, Günter: *Radio und Musik von und für Soldaten. Kriegs- und Nachkriegsjahre 1939–1960*, Köln (Wilhelm Herbst) 2000.

Günther, Susann: „Der Hohensteiner Kasper an der Hauptkampflinie. Max Jacob im Zweiten Weltkrieg", in: Kolland, Dorothea (Hg.): *FrontPuppenTheater. Puppenspie-ler im Kriegsgeschehen* (Begleitbuch zur gleichnamigen Ausstellung im Puppenthe-ater-Museum Berlin, November 1997–Januar 1998), Berlin (Elefanten Press) 1997, S. 96–107.

Guggenheimer, Jacob; Isop, Utta; Leibetseder, Doris; Mertlitsch, Kirstin (Hrsg.): *„When we were gender …" – Geschlechter erinnern und vergessen. Analysen von Geschlecht und Gedächtnis in den Gender Studies, Queer-Theorien und feministischen Politiken*, Bielefeld (Transcript) 2013.

Guthmann, Friedrich: „Forderungen an die militärische Musik", in: *AMZ*, 9. Jg. (1807), Nr. 25, Sp. 391–395.

Hacker, Hanna: „Die Frau als Regimentsgeheimnis. Irritationen zwischen Front und Ge-schlecht im Ersten Weltkrieg", in: Eifler, Christine; Seifert, Ruth (Hg.): *Soziale Kon-struktionen – Militär und Geschlechterverhältnis (Forum Frauenforschung, Bd. 11)*, Münster (Westfälisches Dampfboot) 1999, S. 135–154.

Hämmerle, Christa: „Von den Geschlechtern der Kriege und des Militärs. Forschungs-einblicke und Bemerkungen zu einer neuen Debatte", in: Kühne, Thomas; Ziemann, Benjamin (Hg.): *Was ist Militärgeschichte? (Krieg in der Geschichte, Bd. 6)*, Paderborn (Ferdinand Schöningh) 2000, S. 229–262.

Häußler, Johannes: „Nordafrika 1941–1943", in: Haus der Geschichte Baden-Württem-berg (Hg.): *Mythos Rommel,* Katalog zur gleichnamigen Sonderausstellung im Haus der Geschichte Baden-Württemberg vom 19.12.2008 bis 30.8.2009, Stuttgart (Haus der Geschichte Baden-Württemberg) 2008, S. 56–77.

Haffner, Sebastian: *Geschichte eines Deutschen. Die Erinnerungen 1914–1933*, München (dtv) 2002.

Hagemann, Karen: „Heldenmütter, Kriegerbräute und Amazonen. Entwürfe „patrioti-scher" Weiblichkeit zur Zeit der Freiheitskriege", in: Frevert, Ute (Hg.): *Militär und Gesellschaft im 19. und 20. Jahrhundert (Industrielle Welt. Schriftenreihe des Arbeits-kreises für moderne Sozialgeschichte, Bd. 58).* Stuttgart (Klett-Cotta) 1997, S. 174–200.

Hagemann, Karin: *„Männlicher Muth und teutsche Ehre".* Nation, Militär und Gesellschaft zur Zeit der antinapoleonischen Kriege Preußens, Paderborn (Ferdinand Schöningh) 2000.

Hagemann, Karen: „Heimat-Front. Militär und Geschlechterverhältnisse im Zeitalter der Weltkriege", in: Hagemann, Karen; Schüler-Springorum, Stefanie: *Heimat-Front. Militär und Geschlechterverhältnisse im Zeitalter der Weltkriege (Geschichte und Geschlechter, Bd. 35).* Frankfurt, New York (Campus) 2002, S. 12–66.

Hagemann, Karen: „Krieg, Militär und ,Mainstream'. Geschlechtergeschichte und Militärgeschichte", in: Hagemann, Karen; Quataert, Jean H. (Hg.): *Geschichte und Geschlechter. Revisionen der neueren deutschen Geschichte (Geschichte und Geschlechter, Bd. 57)*, Frankfurt, New York (Campus) 2008, S. 92–129.

Hagen, Wolfgang: *Das Radio: zur Geschichte und Theorie des Hörfunks – Deutschland/ USA*, München (Fink) 2005.

Halbwachs, Maurice: *Das kollektive Gedächtnis*, Frankfurt/Main (S. Fischer) 1985.

Hall, Stuart: „Encoding, Decoding", in: ders. (Hg.): *Culture, Media, Language*, London (Routledge) 1987, S. 128–140.

Hammer, Ingrid; zur Nieden, Susanne (Hg.): *„Sehr selten habe ich geweint".* Briefe und Tagebücher aus dem Zweiten Weltkrieg von Menschen aus Berlin, Zürich (Schweizer Verlagshaus) 1992.

Hampf, M. Michaela; Lehmkuhl, Ursula (Hg.): *Radio Welten. Politische, soziale und kulturelle Aspekte atlantischer Mediengeschichte vor und während des Zweiten Weltkriegs (Studien zu Geschichte, Politik und Gesellschaft Nordamerikas, Bd. 23)*, Berlin (Lit Verlag) 2006.

Happe, Katja; Lambauer, Barbara; Maier-Wolthausen, Clemens (Bearb.): *Die Verfolgung und Ermordung der europäischen Juden durch das nationalsozialistische Deutschland 1933–1945, Band 12: West- und Nordeuropa Juni 1942–1945*, Berlin, München, Boston (De Gruyter/Oldenbourg) 2015.

Happe, Katja; Mayer, Michael; Peers, Maja (Bearb.): *Die Verfolgung und Ermordung der europäischen Juden durch das nationalsozialistische Deutschland 1933–1945, Band 5: West- und Nordeuropa 1940–Juni 1942*, München (Oldenbourg) 2012.

Harder, Matthias: *Erfahrung Krieg. Zur Darstellung des Zweiten Weltkrieges in den Romanen von Heinz G. Konsalik. Mit einer Bibliographie der deutschsprachigen Veröffentlichungen des Autors (1953–1996) (Epistemata, Reihe Literaturwissenschaft 232)*, Würzburg (Königshausen & Neumann), 1999.

Hartmann, Christian: *Wehrmacht im Ostkrieg. Front und militärisches Hinterland 1941/42 (Quellen und Darstellungen zur Zeitgeschichte, Bd. 75)*, München (Oldenbourg) 2009.

Hartmann, Christian: „Der Zweite Weltkrieg. Ursachen und Verlauf", in: Dahm, Volker; Feiber, Albert A.; Mehringer, Hartmut; Möller, Horst (Hg.): *Die tödliche Utopie. Bilder, Texte, Dokumente, Daten zum Dritten Reich (Veröffentlichungen des Instituts für Zeitgeschichte zur Dokumentation Obersalzberg)*, München, Berlin (Institut für Zeitgeschichte) 2010, S. 564–653.

Hartmann, Christian: *Unternehmen Barbarossa. Der deutsche Krieg im Osten 1941–1945*, München (C.H. Beck) 2011.

Hartmann, Christian; Pohl, Dieter; Hürter, Johannes; Lieb, Peter: *Der deutsche Krieg im Osten 1941–1944. Facetten einer Grenzüberschreitung*, München (Oldenbourg) 2009.

Harvey, Elizabeth: "Housework, domestic privacy and the 'German home'. Paradoxes of private life during the Second World War", in: Hachtmann, Rüdiger; Reichardt, Sven (Hg.): *Detlev Peukert und die NS-Forschung (Beiträge zur Geschichte des Nationalsozialismus*, Bd. 31), Göttingen (Wallstein) 2015, S. 115–131.

Harvey, Elizabeth; Hürter, Johannes; Umbach, Maiken; Wirsching, Andreas (Hg.): *Private Life and Privacy in Nazi Germany*, Cambridge (University Press) 2019.

Hasenbein, Heiko: „Unerwünscht – toleriert – instrumentalisiert. Jazz und Swing im Nationalsozialismus", in: *1999. Zeitschrift für Sozialgeschichte des 20. und 21. Jahrhunderts*, Jg. 1995, Heft 4, S. 38–52.

Hausen, Karin: „Öffentlichkeit und Privatheit. Gesellschaftspolitische Konstruktionen und die Geschichte der Geschlechterbeziehungen", in: dies.; Wunder, Heide (Hg.): *Frauengeschichte – Geschlechtergeschichte (Geschichte und Geschlechter, Bd. 1)*, Frankfurt, New York (Campus) 1992, S. 81–88.

Heber, Thorsten: *Der Atlantikwall 1940–1945. Die Befestigung der Küsten West- und Nordeuropas im Spannungsfeld nationalsozialistischer Kriegführung und Ideologie*, phil. Diss. Düsseldorf 2003, http://docserv.uni-duesseldorf.de/servlets/DocumentServlet?id=2613.

Hecht, Cornelia: „Desert Fox. Der ‚Wüstenfuchs' als Filmstar und Integrationsfigur", in: Haus der Geschichte Baden-Württemberg (Hg.): *Mythos Rommel*. Katalog zur gleichnamigen Ausstellung Dezember 2008 bis August 2009, Stuttgart (Haus der Geschichte Baden-Württemberg) 2008, S. 110–123.

Hecht, Werner et al. (Hg.): *Bertolt Brecht Werke, Berliner und Frankfurter Ausgabe*, Band 22,1 (*Schriften 2, Bd. 1*), Berlin, Frankfurt/Main (Aufbau, Suhrkamp) 1993.

Hecken, Thomas: *Theorien der Populärkutur*, Bielefeld (Transcript) 2007.

Heiber, Helmut (Hg.): *Goebbels Reden 1932–1939. Band 1*, Düsseldorf (Droste) 1971.

Heidler, Manfred: „Militärmusik als ‚emotionaler Kitt' zwischen Kulturen – oder Mozart zündelt am Amselfeld?!" in: Schramm, Michael (Hg.): *Musik und Krise (Militärmusik im Diskurs. Schriftenreihe des Militärmusikdienstes der Bundeswehr, Bd. 2)*, Bonn (Bundesamt für Wehrverwaltung) 2007, S. 176–182.

Heinsohn, Kirsten; Vogel, Barbara; Weckel, Ulrike (Hg.): *Zwischen Karriere und Verfolgung. Handlungsräume von Frauen im nationalsozialistischen Deutschland*, Frankfurt/Main (Campus) 1997.

Heister, Hanns-Werner; Klein, Hans-Günter (Hg.): *Musik und Musikpolitik im faschistischen Deutschland*, Frankfurt/Main (S. Fischer) 1984.

Heister, Hanns-Werner: „Maskierung und Mobilisierung. Zur Rolle von Musik und Musikern im Nazismus", in: Sarkowicz, Hans (Hg.): *Hitlers Künstler. Die Kultur im Dienst des Nationalsozialismus*, Frankfurt/Main, Leipzig (Insel) 2004, S. 313–345.

Heister, Hanns-Werner: „Zwischen Anheizen und Ablenken. Zu Wirkungen und Funktionen von Musik in der nazistischen Besatzungspolitik", in: Zalfen, Sarah; Müller, Sven Oliver (Hg.): *Besatzungsmacht Musik. Zur Musik- und Emotionsgeschichte im Zeitalter der Weltkriege (1914–1949)*, Bielefeld (Transcript) 2012, S. 159–186.

Hellbeck, Jochen: *Die Stalingrad-Protokolle. Sowjetische Augenzeugen berichten aus der Schlacht*, Frankfurt/Main (S. Fischer) 2012.

Helms, Dietrich; Phleps, Thomas (Hg.): *Geschichte wird gemacht. Zur Historiographie populärer Musik (Beiträge zur Popularmusikforschung, Bd. 40)*, Bielefeld (Transcript) 2014.

Henningsen, Bernd; Klein, Janine; Müssener, Helmut; Söderlind, Solfrid (Hg.): *Wahlverwandtschaft. Skandinavien und Deutschland 1800–1914*, Berlin (Jovis) 1999.

Hensle, Michael P.: *Rundfunkverbrechen. Das Hören von „Feindsendern" im Nationalsozialismus*, Berlin (Metropol) 2003.

Hentschel, Frank: „Unfeine Unterschiede: Musikkultur(en) und Musikwissenschaft", in: Calella, Michele; Urbanek, Nikolaus (Hg.): *Historische Musikwissenschaft. Grundlagen und Perspektiven*, Stuttgart, Weimar (J. B. Metzler) 2013, S. 255–265.

Herbert, Ulrich: *Geschichte Deutschlands im 20. Jahrhundert*, München (C. H. Beck) 2014.

Herbert, Ulrich: *Das Dritte Reich. Geschichte einer Diktatur*, München (C. H. Beck) 2016.

Herkommer, Christina: *Frauen im Nationalsozialismus – Opfer oder Täterinnen? (Forum Deutsche Geschichte, Bd. 9)*, München (m-press) 2005.

Herr, Corinna; Kreutziger-Herr, Annette: „Methoden, Konzepte, Perspektiven – ein Dialog", in: Herr, Corinna; Woitas, Monika (Hg.): *Musik mit Methode. Neue kulturwissenschaftliche Perspektiven (Musik – Kultur – Gender, Bd. 1)*, Köln (Böhlau) 2006, S. 1–43.

Hindrichs, Thorsten; Linsenmann, Andreas: „Zum Verhältnis von Musik und Geschichtsschreibung – Hobsbawm, Newton und Jazz", in: dies. (Hg.): *Hobsbawm, Newton und Jazz. Zum Verhältnis von Musik und Geschichtsschreibung*, Paderborn (Ferdinand Schöningh) 2016, S. 7–30.

Hirt, Alexander: „Die deutsche Truppenbetreuung im Zweiten Weltkrieg. Konzeption, Organisation und Wirkung", in: *Militärgeschichtliche Zeitschrift*, 59. Jg. (2000), Heft 2, S. 407–434.

Hirt, Alexander: „*Die Heimat reicht der Front die Hand". Kulturelle Truppenbetreuung im Zweiten Weltkrieg 1939–1945. Ein deutsch-englischer Vergleich*. https://ediss.uni-goettingen.de/bitstream/handle/11858/00-1735-0000-0006-B49C-A/hirt.pdf?sequence=1.

Hodek, Johannes: *Musikalisch-pädagogische Bewegung zwischen Demokratie und Faschismus. Zur Konkretisierung der Faschismuskritik Th. W. Adornos*, Weinheim, Basel (Beltz) 1977.

Hodek, Johannes: „„Sie wissen, wenn man Heroin nimmt …'. Von Sangeslust und Gewalt in Naziliedern", in: Heister, Hanns-Werner; Klein, Hans-Günter (Hg.): *Musik und Musikpolitik im faschistischen Deutschland*, Frankfurt/Main (S. Fischer), 1984, S. 19–35.

Höfele, Bernhard: *Die deutsche Militärmusik. Ein Beitrag zu ihrer Geschichte*, Köln (Luthe) 1999.

Höfele, Bernhard: „Militärmusik", in *MGG2* Sachteil Bd. 6, Sp. 269–292.

Hörner, Fernand (Hg.): *Kulturkritik und das Populäre in der Musik (Populäre Kultur und Musik, Bd. 18)*, Münster (Waxmann) 2016.

Hofer, Achim: *Studien zur Geschichte des Militärmarsches*, Tutzing (Schneider)1988.

Hofer, Achim: „Geliebt, bekämpft und ignoriert: Die ‚Luftwaffenmusik' im Rahmen nationalsozialistischer Militärmusik. Zu einem Forschungsdesiderat der deutschen Musikwissenschaft", in: Schramm, Michael (Hg.): *Hans Felix Husadel. Werk, Wirken, Wirkung (Militärmusik im Diskurs, Bd. 1)*, Bonn (Bundesamt für Wehrverwaltung) 2006, S. 143–154.

Hofer, Achim: „Joseph Goldes (1802–1886) ‚Fest-Reveille' (1858) über den Choral ‚Nun danket alle Gott' für Militärmusik", in: Moormann, Peter; Riethmüller, Albrecht; Wolf, Rebecca (Hg.): *Paradestück Militärmusik. Beiträge zum Wandel staatlicher Repräsentation durch Musik*, Bielefeld (Transcript) 2012, S. 217–238.

Hoffmann, Freia: *Instrument und Körper. Die musizierende Frau in der bürgerlichen Kultur*, Frankfurt/Main, Leipzig (Insel) 1991.

Hoffmann, Freia: „Weibliche Kunstproduktion als visuelle Inszenierung", in: Zacharias, Wolfgang (Hg.): *Schöne Aussichten? Ästhetische Bildung in einer technisch-medialen Welt*, Essen (Klartext) 1991, 179–190.

Hoppe, Bert (Bearb.): *Die Verfolgung und Ermordung der europäischen Juden durch das nationalsozialistische Deutschland 1933–1945, Band 8: Sowjetunion mit annektierten Gebieten II*, Berlin (De Gruyter) 2015.

Hoppe, Bert; Glass, Hildrun (Bearb.): *Die Verfolgung und Ermordung der europäischen Juden durch das nationalsozialistische Deutschland 1933–1945, Band 7: Sowjetunion mit annektierten Gebieten I*, München (Oldenbourg) 2011.

Horlacher, Stefan; Jansen, Bettina; Schwanebeck, Wieland (Hg.): *Männlichkeit. Ein interdisziplinäres Handbuch*, Stuttgart (J. B. Metzler) 2016.

Hürter, Johannes (Hg.): *Notizen aus dem Vernichtungskrieg. Die Ostfront 1941/42 in den Aufzeichnungen des Generals Heinrici*, Darmstadt (Wissenschaftliche Buchgesellschaft) 2016.

Hürter, Johannes; Raithel, Thomas; Zarusky, Jürgen: „Podium Zeitgeschichte: Cultural Turn und NS-Geschichte. Einführung", in: *Vierteljahrshefte für Zeitgeschichte*, Jg. 65 (2017), Heft 2, S. 219–221.

Hughes, John Graven: *The Greasepaint War. Show Business 1939–45*, London (New English Library, Barnard's Inn, Holborn) 1976.

Humburg, Martin: „‚Jedes Wort ist falsch und wahr – das ist das Wesen des Worts'. Vom Schreiben und Schweigen in der Feldpost", in: Didczuneit, Veit; Ebert, Jens; Jander, Thomas (Hg.): *Schreiben im Krieg – Schreiben vom Krieg. Feldpost im Zeitalter der Weltkriege*, Essen (Klartext) 2011, S. 75–85.

Irigaray, Luce: *Speculum, Spiegel des anderen Geschlechts*, Frankfurt/Main (Suhrkamp) 1980.

Irrgang, Astrid: *Leutnant der Wehrmacht Peter Stölten in seinen Feldpostbriefen. Vom richtigen Leben im falschen (Historiae, Bd. 20)*. Freiburg, Berlin, Wien (Rombach) 2007.

Jacobs, Annelies; Bijsterveld, Karin: „Der Klang der Besatzungszeit. Amsterdam 1940 bis 1945", in: Paul, Gerhard; Schock, Ralph: *Sound des Jahrhunderts. Geräusche, Töne, Stimmen 1889 bis heute*, Bonn (Bundeszentrale für politische Bildung) 2013, S. 252–257.

Jäger, Ralf Martin: „Janitscharenmusik", in *MGG2*, Bd. 4, Sp. 1316–1329.

Jahn, Peter: „Krieg und Kriegserfahrung im 20. Jahrhundert. Der Krieg im Osten 1941 bis 1945", in: Kolland, Dorothea (Hg.): *FrontPuppenTheater. Puppenspieler im Kriegsgeschehen.* Begleitbuch zur gleichnamigen Ausstellung im Puppentheater-Museum Berlin, November 1997 bis Januar 1998, Berlin (Elefanten Press) o.J., S. 15–23.

Jasch, Hans-Christian; Kaiser, Wolf: *Der Holocaust vor deutschen Gerichten. Amnestieren, Verdrängen, Bestrafen*, Ditzingen (Reclam) 2017.

Jasper, Andreas: *Zweierlei Weltkriege? Kriegserfahrungen deutscher Soldaten in Ost und West 1939 bis 1945 (Krieg in der Geschichte, Bd. 66)*, Paderborn (Ferdinand Schöningh) 2011.

Jelcic, Ivona: „‚Eindeutige NS-Codes'. Tanzer, Ploner und der Nationalsozialismus: Doch was sagt eigentlich die Musik? Wissenschaftler finden auch in Werken nach 1945 deutliche Hinweise auf die NS-Ideologie", in: *Tiroler Tageszeitung* vom 11.9.2013, http://www.tt.com/kultur/7144058-92/eindeutige-ns-codes.csp.

Jockwer, Axel: *Unterhaltungsmusik im Dritten Reich*, phil. Diss. Konstanz 2004.

Jockwer, Axel: „Ein ‚Wunschkonzert' zwischen Popularität und Politik: Was charakterisiert Unterhaltungsmusik im Dritten Reich?", in: Crivellari, Fabio; Kirchmann, Kay; Sandl, Marcus; Schlögl, Rudolf (Hg.): *Die Medien der Geschichte. Historizität und Medialität in interdisziplinärer Perspektive*, Konstanz (UVK) 2004, S. 465–496.

John, Eckhard: „Musik und Konzentrationslager. Eine Annäherung", in: *Archiv für Musikwissenschaft*, 48. Jg. (1991), Heft 1, S. 14–36.

John, Eckhard: „Deutsche Musikwissenschaft. Musikforschung im ‚Dritten Reich'", in: Gerhard, Anselm (Hg.): *Musikwissenschaft – eine verspätete Disziplin? Die akademische Musikforschung zwischen Fortschrittsglauben und Modernitätsverweigerung*, Stuttgart (Metzler) 2000, S. 257–279.

Jordan, Thomas: „Oktoberfest: Tiroler Blaskapellen spielen Nazi-Marsch beim Wiesn-Umzug", in *Süddeutsche Zeitung* vom 20.9.2017, http://www.sueddeutsche.de/muenchen/oktoberfest-tiroler-blaskapellen-spielen-nazi-marsch-beim-wiesn-umzug-1.3675764

Jureit, Ulrike: „Zwischen Ehe und Männerbund. Emotionale und sexuelle Beziehungsmuster im Zweiten Weltkrieg", in Verein für kritische Geschichtsschreibung e.V. (Hg.): *WerkstattGeschichte, Bd. 22*, Hamburg (Ergebnisse) 1999, S. 61–73.

Kandler, Georg: „Militärmusik", in: *MGG*, Bd. 9, Sp. 305–335.

Karbusicky, Vladimir: „Die Instrumentalisierung des Menschen im Soldatenlied", in: ders.: *Ideologie im Lied. Lied in der Ideologie*, Köln (Hans Gerig) 1973, S. 152–177.

Kaschuba, Wolfgang: „‚Turns' und ‚Tunes': Zur Historizität ethnologischen Wissens", in: *Zeitschrift für Volkskunde*, 109. Jg., Heft 1, 2013, S. 1–27.

Kater, Michael H.: „Jazz as Dissidence in the ‚Third Reich'", in: Mäusli, Theo (Hg.): *Jazz und Sozialgeschichte (Colloqui del Monte Verita)*, Zürich 1994, S. 47–68.

Kater, Michael H.: *Gewagtes Spiel. Jazz im Nationalsozialismus*, Köln (Kiepenheuer & Witsch)1995.

Kater, Michael H.: *Die mißbrauchte Muse. Musiker im Dritten Reich,* München, Wien (Europa) 1998.

Kater, Michael H.: *Hitler-Jugend*, Darmstadt (Primus) 2005.

Katz, Elihu: „Mass Communication Research and the Study of Popular Culture", in: *Studies in Public Communication*, Jg. 1959, Heft 2, S. 1–6.

Kauffmann, Matthias: *Operette im „Dritten Reich". Musikalisches Unterhaltungstheater zwischen 1933 und 1945*, Neumünster (Von Bockel) 2017.

Kaufmann, Erika: *Medienmanipulation im Dritten Reich. Ziele und Wirkungsabsichten mit dem Einsatz von Theater und Fronttheater*, phil. Diss. Universität Wien 1987.

Kauppert, Michael: „Der Erfahrungsraum", in: ders.: *Erfahrung und Erzählung. Zur Topologie des Wissens*, Heidelberg (Springer) 2010, S. 189–210.

Keden, Helmke Jan: „‚Jeder Sänger ist ein SA-Mann für das deutsche Lied'. Ein Beitrag zur Ideologisierung des deutschen Männergesangs im ‚Dritten Reich'", in: Grochulski, Michaela G. (Hg.): *Musik in Diktaturen des 20. Jahrhunderts (Musik im Metrum der Macht, Bd. 3)*, Mainz (Are) 2006, S. 43–56.

Keilig, Wolf: *Das deutsche Heer 1939–1945*, 3 Bde. Loseblattsammlung, Bad Nauheim (Podzun) 1956.

Keller, Sven: *Volksgemeinschaft am Ende. Gesellschaft und Gewalt 1944/45 (Quellen und Darstellungen zur Zeitgeschichte, Bd. 97)*, München (Oldenbourg) 2013.

Kempowski, Walter: *Das Echolot. Barbarossa '41. Ein kollektives Tagebuch*, München (Albrecht Knaus) 2002.

Kempowski, Walter: *Das Echolot. Abgesang '45. Ein kollektives Tagebuch,* München (Albrecht Knaus) 2005[2].

Kennedy, Paul M.: *The Rise and Fall of the Great Powers. Economic Change and Military Conflict from 1500 to 2000*, New York (Random House) 1987.

Kershaw, Ian: *Der Hitler-Mythos. Führerkult und Volksmeinung*, Stuttgart (Deutsche Verlags Anstalt) 1999.

Kershaw, Ian: *Das Ende. Kampf bis in den Untergang NS Deutschland 1944/45*, München (DVA) 2011.

Kesper-Biermann, Sylvia: „‚Jeder Soldat ist Staatsbürger': Reformen im Militärstrafrecht in Deutschland 1800 bis 1872", in: Lutz, Karl-Heinz; Rink, Martin; von Salisch, Marcus (Hg.): *Reform, Reorganisation, Transformation. Zum Wandel in deutschen Streitkräften von den Preußischen Heeresreformen bis zur Transformation der Bundeswehr*, München (Oldenbourg) 2010, S. 131–150.

Kesting, Jürgen: *Maria Callas*, Düsseldorf (Claasen) 1990.

Keuler, Ulrich: *Häberle und Pfleiderer: zur Geschichte, Machart und Funktion einer populären Unterhaltungsreihe (Veröffentlichungen des Ludwig Uhland Instituts, Bd. 78)*, Tübingen (Tübinger Vereinigung für Volkskunde) 1992.

Kilian, Jürgen: *Krieg auf Kosten anderer. Das Reichsministerium der Finanzen und die wirtschaftliche Mobilisierung Europas für Hitlers Krieg (Das Reichsfinanzministerium im Nationalsozialismus, Bd. 3)*, Berlin (De Gruyter Oldenbourg) 2017.

Kilian, Katrin A.: „Kriegsstimmungen. Emotionen einfacher Soldaten in Feldpostbriefen", in: Echternkamp, Jörg (Hg.): *Die Deutsche Kriegsgesellschaft 1939 bis 1945. Ausbeutung, Deutungen, Ausgrenzung (Das Deutsche Reich und der Zweite Weltkrieg, Band 9, Halbband 2)*, München (Deutsche Verlags-Anstalt) 2005, S. 251–288.

Killius, Rosemarie: *Frauen für die Front. Gespräche mit Wehrmachtshelferinnen*, Leipzig (Militzke) 2003.

Kipp, Martina: *„Großreinemachen im Osten". Feindbilder in deutschen Feldpostbriefen im Zweiten Weltkrieg*, Frankfurt/Main (Campus), 2014.

Kjendsli, Veslemøy: *Kinder der Schande*, München (dtv) 1995.

Klaus, Elisabeth: „Macht und Ohnmacht des Publikums. Oder: Wer macht das Publikum?", in: Marßolek, Inge; von Saldern, Adelheid (Hg.): *Radiozeiten. Herrschaft, Alltag, Gesellschaft (1924–1960) (Veröffentlichungen des Deutschen Rundfunkarchivs, Bd. 25)*, Potsdam (Verlag für Berlin-Brandenburg) 1999, S. 183–205.

Klee, Ernst: *Kulturlexikon zum Dritten Reich. Wer war was vor und nach 1945*, Frankfurt/Main (S. Fischer) 2009.

Klein, Gabriele: „Popkulturen als performative Kulturen. Zum Verhältnis von globaler Imageproduktion und lokaler Praxis", in: Göttlich, Udo; Albrecht, Clemens; Gebhardt, Winfried (Hg.): *Populäre Kultur als repräsentative Kultur. Die Herausforderung der Cultural Studies*, Köln (Herbert von Halem) 2010, S. 192–212.

Klemperer, Victor: *LTI. Notizbuch eines Philologen*, Leipzig (Reclam) 1975.

Klenke, Dietmar: *Der singende „deutsche Mann". Gesangvereine und deutsches Nationalbewusstsein von Napoleon bis Hitler*, Münster u. a. (Waxmann) 1998.

Klenke, Dietmar: „Der Gesangverein", in François, Etienne; Schulze, Hagen (Hg.): *Deutsche Erinnerungsorte, Bd. III*, München (C. H. Beck) 2001, S. 393–407.

Kloosterhuis, Jürgen: *Menzel militaris. Sein „Armeewerk"und das „Leuthen"-Bild im militärhistorischen Quellenkontext*, Berlin (Geheimes Staatsarchiv Preußischer Kulturbesitz) 2015.

Klusen, Ernst: *Singen. Materialien zu einer Theorie*, Regensburg (Gustav Bosse) 1989.

Knapp, Gabriele: *Das Frauenorchester in Auschwitz. Musikalische Zwangsarbeit und ihre Bewältigung*, Hamburg (von Bockel) 1996.

Knickmann, Tobias: „Die ‚Strolche' der Reichsmusikkammer – Entstehung, Entwicklung und Personal der Berliner Kontrollabteilung 1933–1940", in: *Die Musikforschung*, 71. Jg. (2018), Heft 1, S. 33–42.

Knoch, Habbo: „Völkische Verantwortung und nationale Kameradschaft. Geschlechterverhältnisse in der nationalsozialistischen Aufwertungsdiktatur", in: Archiv der Münchner Arbeiterbewegung e. V. et al. (Hg.): *Macht und Gesellschaft. Männer und Frauen in der NS-Zeit. Eine Perspektive für ein künftiges NS-Dokumentationszentrum in München*, Tagungsband München 2004, S. 42–60.

Koch, Hans-Jörg: *Das Wunschkonzert im NS-Rundfunk (Medien in Geschichte und Gegenwart, Bd. 20)*, Köln, Weimar, Wien (Böhlau) 2003.

Koch, Hans-Jörg: *Wunschkonzert. Unterhaltungsmusik und Propaganda im Rundfunk des Dritten Reichs*, Graz (Ares) 2006.

Kohlschmidt, Werner: *Das deutsche Soldatenlied. Nach seinen Hauptmotiven und ihrer Entwicklung ausgewählt (Literarhistorische Bibliothek, Bd. 16)*, Berlin (Junker und Dünnhaupt) 1935.

Kohlschmidt, Werner: *Selbstgefühl und Todesschicksal im Lied der deutschen Soldaten. Untersuchungen zur Geschichte des deutschen Soldatenliedes und zur Bestimmung des „sentimentalen" Volksliedes (Deutsche Forschungen, Bd. 35)*, Frankfurt/Main (Diesterweg) 1940.

Koldau, Linda Maria: „Interdisziplinarität als Methode. Annäherungsstrategien an eine musikalische Kulturgeschichte der Frühen Neuzeit", in: Herr, Corinna; Woitas, Monika (Hg.): *Musik mit Methode. Neue kulturwissenschaftliche Perspektiven (Musik – Kultur – Gender, Bd. 1)*. Köln (Böhlau) 2006, S. 269–285.

Koll, Johannes: *Arthur Seyß-Inquart und die deutsche Besatzungspolitik in den Niederlanden (1940–1945)*, Wien (Böhlau) 2015.

Kolland, Dorothea: *Die Jugendmusikbewegung. „Gemeinschaftsmusik" – Theorie und Praxis*, Stuttgart (Metzler) 1979.

Kolland, Dorothea (Hg.): *FrontPuppenTheater. Puppenspieler im Kriegsgeschehen*. Begleitbuch zur gleichnamigen Ausstellung im Puppentheater Museum Berlin, November 1997 bis Januar 1998, Berlin (Elefanten Press) o.J.

Kolland, Dorothea: „Faust, Soldatenlieder und ‚Wunschkonzert'. Deutsche Frontbetreuung", in: dies. (Hg.): *FrontPuppenTheater. Puppenspieler im Kriegsgeschehen*. Begleitbuch zur gleichnamigen Ausstellung im Puppentheater Museum Berlin, November 1997 bis Januar 1998, Berlin (Elefanten Press) o.J., S. 33–55.

Konsalik, Heinz G.: *Fronttheater*, Sonderausgabe Bergisch Gladbach (Lingen) 1973.

Koonz, Claudia: *Mütter im Vaterland*, Freiburg/Br. (Kore) 1991.

Korff, Gottfried (Hg.): *KriegsVolksKunde. Zur Erfahrungsbindung durch Symbolbildung (Untersuchungen des Ludwig Uhland Instituts der Universität Tübingen, Bd. 98)*, Tübingen (TVV-Verlag) 2005.

Koselleck, Reinhart: „‚Erfahrungsraum' und ‚Erwartungshorizont' – zwei historische Kategorien", in: ders.: *Vergangene Zukunft: Zur Semantik geschichtlicher Zeiten*, Frankfurt/Main (Suhrkamp) 2010, S. 349–375.

Kramer, Dieter: „‚Kreativität' in der ‚Volkskultur'", in: *Zeitschrift für Volkskunde,* Jg. 1972, Heft 68, S. 20–42.

Kramer, Nicole: „Krieg und Partizipation. ‚Volksgenossinnen' in den NS-Frauenorganisationen", in: Hikel, Christine; Kramer, Nicole; Zellmer, Elisabeth (Hg.): *Lieschen Müller wird politisch. Geschlecht, Staat und Partizipation (Zeitgeschichte im Gespräch, Bd. 4)*. München (Oldenbourg) 2009, S. 73–84.

Kramer, Nicole: *Volksgenossinnen an der Heimatfront. Mobilisierung, Verhalten, Erinnerung (Schriftenreihe der Historischen Kommission bei der Bayrischen Akademie der Wissenschaften, Bd. 82)*, Göttingen (Vandenhoeck & Ruprecht) 2011.

Kranig, Andreas: „Nationalsozialistische Arbeitsmarkt- und Arbeitseinsatzpolitik", in: Benöhr, Hans-Peter (Hg.): *Arbeitsvermittlung und Arbeitslosenversorgung in der neueren deutschen Rechtsgeschichte*, Tübingen (Mohr/Siebeck) 1991, S. 171–215.

Kraus, Beate Angelika: „Elly Ney und Thérése Wartel. Beethoven-Interpretation durch Pianistinnen – eine Selbstverständlichkeit?", in: Bartsch, Cornelia; Borchard, Beatrix; Cadenbach, Rainer (Hg.): *Der „männliche" und der „weibliche" Beethoven. Bericht über den Internationalen musikwissenschaftlichen Kongress vom 31. Oktober bis 4. November 2001 an der Universität der Künste Berlin*, Bonn (Beethoven-Haus) 2003, S. 429–447.

Kroener, Bernhard R.: „‚Frontochsen' und ‚Etappenbullen'. Zur Ideologisierung militärischer Organisationsstrukturen im Zweiten Weltkrieg", in: Müller, Rolf-Dieter; Volkmann, Hans-Erich (Hg.): *Die Wehrmacht. Mythos und Realität*, München (Oldenbourg) 1999, S. 371–384.

Kuchler, Christian (Hrsg.): *NS-Propaganda im 21. Jahrhundert. Zwischen Verbot und öffentlicher Auseinandersetzung*, Köln (Böhlau) 2014.

Kühberger, Christoph: „Von Frauen und Feiern. Die inszenierte Integration von Frauen in den NS-Staat", in: Hikel, Christine; Kramer, Nicole; Zellmer, Elisabeth (Hg.): *Lieschen Müller wird politisch. Geschlecht, Staat und Partizipation (Zeitgeschichte im Gespräch, Bd. 4)*. München (Oldenbourg) 2009, S. 63–72.

Kühl, Stefan: *Ganz normale Organisationen. Zur Soziologie des Holocaust*, Berlin (Suhrkamp) 2014.

Kühn, Volker: „Der Kompass pendelt sich ein. Unterhaltung und Kabarett im ‚Dritten Reich'", in: Sarkowicz, Hans (Hg.): *Hitlers Künstler. Die Kultur im Dienst des Nationalsozialismus*, Frankfurt/Main, Leipzig (Insel) 2004, S. 346–391.

Kühne, Thomas: „Kriegskameradschaft und Männlichkeit im 20. Jahrhundert", in: ders. (Hg.): *Männergeschichte – Geschlechtergeschichte. Männlichkeit im Wandel der Moderne*, Frankfurt/Main (Campus) 1996, S. 174–192.

Kühne, Thomas: *Kameradschaft. Die Soldaten des nationalsozialistischen Krieges und das 20. Jahrhundert*, Göttingen (Vandenhoeck & Ruprecht) 2006.

Kühne, Thomas: „Zärtlichkeit und Zynismus. Militärische Vergemeinschaftung 1918–1945", in: Borutta, Manuel; Verheyen, Nina (Hg.): *Die Präsenz der Gefühle. Männlichkeit und Emotion in der Moderne*, Bielefeld (Transcript) 2010, S. 179–202.

Künneke, Evelyn: *Sing Evelyn sing. Revue eines Lebens. In Szene gesetzt von Walter Haas*, Hamburg (Hoffmann & Campe) 1982.

Künneke, Evelyn: *Mit Federboa und Kittelschürze. Meine zwei Leben*, Frankfurt/Main, Berlin (Ullstein) 1991.

Kuna, Milan: *Musik an der Grenze des Lebens. Musikerinnen und Musiker aus böhmischen Ländern in nationalsozialistischen Konzentrationslagern und Gefängnissen*, Frankfurt/Main (Zweitausendeins) 1993.

Kundrus, Birthe: „Nur die halbe Geschichte. Frauen im Umfeld der Wehrmacht zwischen 1939 und 1945 – Ein Forschungsbericht", in: Müller, Rolf-Dieter; Volkmann, Hans-Erich (Hg.): *Die Wehrmacht. Mythos und Realität*, München (Oldenbourg) 1999, S. 719–735.

Kundrus, Birthe: „Widerstreitende Geschichte. Ein Literaturbericht zur Geschlechtergeschichte des Nationalsozialismus", in: *Neue Politische Literatur* 45 (2000), S. 67–92.

Kundrus, Birthe: „Totale Unterhaltung? Die kulturelle Kriegsführung 1939 bis 1945 in Film, Rundfunk und Theater", in: Echternkamp, Jörg (Hg.): *Die Deutsche Kriegsgesellschaft 1939 bis 1945. Ausbeutung, Deutungen, Ausgrenzung (Das Deutsche Reich und der Zweite Weltkrieg, Band 9, Halbband 2)*, München (Deutsche Verlags-Anstalt) 2005, S. 93–157.

Länderrat des amerikanischen Besatzungsgebiets (Hg.): *Statistisches Handbuch von Deutschland, 1928–1944*, München (Ehrenwirth) 1949.

Lange, Horst H.: *Jazz in Deutschland. Die Deutsche Jazz-Chronik bis 1960*, Hildesheim, Zürich, New York (Olms) 1996.

Larsen, Stein Ugelvik; Sandberg, Beatrice; Dahm, Volker (Hg.): *Meldungen aus Norwegen 1940–1945. Die geheimen Lageberichte des Befehlshabers der Sicherheitspolizei und des SD in Norwegen (Texte und Materialien zur Zeitgeschichte)*, München (Oldenbourg) 2012.

Latour, C. F.: „Goebbels' ‚Ausserordentliche Rundfunkmaßnahmen' 1939–1942", in: *Vierteljahrshefte für Zeitgeschichte*, 11. Jg. (1963), Heft 4, S. 418–455.

Latzel, Klaus: „Kriegsbriefe und Kriegserfahrung: Wie können Feldpostbriefe zur erfahrungsgeschichtlichen Quelle werden?", in: Verein für kritische Geschichtsschreibung e. V. (Hg.): *WerkstattGeschichte, Bd. 22*, Hamburg (Ergebnisse) 1999, S. 7–23.

Latzel, Klaus; Maubach, Franka; Satjukow, Silke (Hg.): *Soldatinnen. Gewalt und Geschlecht im Krieg vom Mittelalter bis heute (Krieg in der Geschichte, Bd. 60)*, Paderborn (Ferdinand Schöningh) 2011.

Laubhold, Lars E.: „Ein ‚bombastischer Abgesang'. Musik und nationalsozialistische Ideologie im Tobis-Film *Philharmoniker* (D 1944)", in: *Die Musikforschung*, 68. Jg. (2015), Heft 4, S. 386–416.

Le Bail, Karine: "Music on the Airwaves in Occupied France", in: Grant, Morag J.; Stone-Davis, Férdia J. (Hg.): *The Soundtrack of Conflict. The Role of Music in Radio Broadcasting in Wartime and in Conflict Situations (Göttinger Studien zur Musikwissenschaft, Bd. 4)*, Hildesheim, Zürich, New York (Olms) 2013, S. 43–55.

Lebovic, Sam: "'A Breath from Home': Soldier Entertainment and the Nationalist Politics of Pop Culture during World War II", in: *Journal of Social History*. 47. Jg. (2013), Heft 2, S. 263–296.

Lehmann, Albrecht: *Erzählstruktur und Lebenslauf. Autobiographische Untersuchungen*, Frankfurt/Main (Campus) 1983.

Lehnstedt, Stephan: *Okkupation im Osten. Besatzeralltag in Warschau und Minsk 1939–1944 (Studien zur Zeitgeschichte, Bd. 82)*, München (R. Oldenbourg) 2010.

Leibovitz, Liel; Miller, Matthew: *Lili Marleen. Ein Lied bewegt die Welt*, München (C. Bertelsmann) 2009.

Lemmermann, Heinz: *Kriegserziehung im Kaiserreich: Studien zur politischen Funktion von Schule und Schulmusik 1890–1918. Bd. 1: Darstellung, Bd. 2: Dokumentation*, Lilienthal/Bremen (Eres) 1984.

Lenk, Carsten: „Medium der Privatheit? Über Rundfunk, Freizeit und Konsum in der Weimarer Republik", in: Marßolek, Inge; von Saldern, Adelheid (Hg.): *Radiozeiten. Herrschaft, Alltag, Gesellschaft (1924–1960) (Veröffentlichungen des Deutschen Rundfunkarchivs, Bd. 25)*, Potsdam (Verlag für Berlin-Brandenburg) 1999, S. 206–217.

Leo, Per: *Flut und Boden*, Stuttgart (Klett-Cotta) 2014.

Lepenies, Wolf: „Es gibt keine deutschen Meister mehr", in: Danuser, Hermann; Münkler, Herfried: *Deutsche Meister – böse Geister? Nationale Selbstfindung in der Musik*, Schliengen (Argus) 2001, S. 106–120.

Levi, Erik: *Mozart and the Nazis. How the Third Reich abused a Cultural Icon*, New Haven, London (Yale University Press) 2010.

Levy, Daniel: „Das kulturelle Gedächtnis", in: Gudehus, Christian; Eichenberg, Ariane; Welzer, Harald (Hg.): *Gedächtnis und Erinnerung. Ein interdisziplinäres Handbuch*, Stuttgart (J. B. Metzler) 2010, S. 93–101.

Lexikon verfolgter Musiker und Musikerinnen der NS-Zeit (LexM), Universität Hamburg, 2005–2017, https//:www.lexm.uni-hamburg.de.

Lidegaard, Bo: *Die Ausnahme. Oktober 1943: Wie die dänischen Juden mithilfe ihrer Mitbürger der Vernichtung entkamen*, München (Blessing) 2013.

Lieb, Peter: „Täter aus Überzeugung? Oberst Carl von Andrian und die Judenmorde der 707. Infanteriedivision 1941/42", in: *Vierteljahrshefte für Zeitgeschichte*, Jg. 2002, Heft 50, S. 523–557.

Lindgren, Astrid: *Die Menschheit hat den Verstand verloren. Tagebücher 1939–1945*, Berlin (Ullstein) 2015.

Lixfeld, Hannjost: „Soldatenlied", in: Brednich, Rolf Wilhelm; Röhrich, Lutz; Suppan, Wolfgang (Hg.): *Handbuch des Volksliedes, Bd. 1: Die Gattungen des Volksliedes*, München (Fink) 1973, S. 833–862.

Löffler, Klara: *Aufgehoben; Soldatenbriefe aus dem Zweiten Weltkrieg. Eine Studie zur subjektiven Wirklichkeit des Krieges (Regensburger Schriften zur Volkskunde, Bd. 9)*, Bamberg (WVB) 1992.

Lönnecker, Harald: „,Nie kehrst du wieder, gold'ne Zeit, so froh und ungebunden!' Studentische Lieder der Erinnerung im 19. und 20. Jahrhundert", in: Fischer, Michael; Widmaier, Tobias (Hg.): *Lieder/Songs als Medien des Erinnerns. Lied und populäre Kultur/Song and Popular Culture (Jahrbuch des Zentrums für populäre Kultur und Musik)*, 59. Jg. (2014), S. 38–73.

Logemann, Jan: "The Consumers on the Home Front: Second World War Civilian Consumption in Comparative Perspective", in: *Bulletin of the German Historical Institute Washington DC*, Jg. 2014, Heft 1, S. 131–136.

Longerich, Peter: *Goebbels. Biographie*, München (Siedler) 2010.

Lorenz, Ferdinand; Strube, Adolf (Hg.): *Handbuch für die Singleiter der Wehrmacht*, Leipzig (Merseburger) o.J.

Losleben, Katrin: „Musik", in: Horlacher, Stefan; Jansen, Bettina; Schwanebeck, Wieland (Hg.): *Männlichkeit. Ein interdisziplinäres Handbuch*, Stuttgart (J. B. Metzler) 2016, S. 347–357.

Lower, Wendy: *Hitlers Helferinnen. Deutsche Frauen im Holocaust*, München (Hanser) 2014.

Lubrich, Oliver (Hg.): *Reisen ins Reich. 1933 bis 1945. Ausländische Autoren berichten aus Deutschland*, München (Random House/btb) 2009.

Lucas, James: *Handbuch der Wehrmacht 1939–1945*, Wien (Tosa) 2000.

Lüdtke, Alf: „Funktionseliten. Täter, Mit-Täter, Opfer? Zu den Bedingungen des deutschen Faschismus", in: ders. (Hg.): *Herrschaft als soziale Praxis. Historische und sozialanthropologische Studien*, Göttingen (Vandenhoeck & Ruprecht) 1991, S. 559–590.

Luga, Joe [d.i. Joachim Gaul]: *So bin ich. Bekenntnisse von Inge und Joe*, Hamburg (Himmelstürmer) 2000.

Maase, Kaspar: *Grenzenloses Vergnügen. Der Aufstieg der Massenkultur 1850–1940*, Frankfurt/Main (S. Fischer) 1997.

Maase, Kaspar: „Spiel ohne Grenzen. Von der ,Massenkultur' zur ,Erlebnisgesellschaft': Wandel im Umgang mit populärer Unterhaltung", in: Göttlich, Udo; Winter, Rainer

(Hg.): *Politik des Vergnügens. Zur Diskussion der Populärkultur in den Cultural Studies*, Köln (Herbert von Halem) 2000, S. 75–102.

Maase, Kaspar: „Das Archiv als Feld. Überlegungen zu einer historischen Ethnographie", in: Eisch, Katharina; Hamm, Marion (Hg.): *Die Poesie des Feldes. Beiträge zur ethnographischen Kulturanalyse (Untersuchungen des Ludwig-Uhland-Instituts der Universität Tübingen, Bd. 93)*, Tübingen (Tübinger Vereinigung für Volkskunde) 2001, S. 255–271.

Maase, Kaspar: „Selbstfeier und Kompensation. Zum Studium der Unterhaltung", in: Maase, Kaspar; Warneken, Bernd Jürgen (Hg.): *Unterwelten der Kultur. Themen und Theorien der volkskundlichen Kulturwissenschaft*, Köln (Böhlau) 2003, S. 219–242.

Maase, Kaspar: *Die Kinder der Massenkultur. Kontroversen um Schmutz und Schund seit dem Kaiserreich*, Frankfurt/Main (Campus) 2012.

Maase, Kaspar: *Populärkulturforschung. Eine Einführung*, Bielefeld (Transcript) 2019.

Macdonald, Helen: *Falken. Biographie eines Räubers*, München (C. H. Beck) 2017.

Magnus-Andersen, Litta: *Lale Andersen – die Lili Marleen. Das Lebensbild einer Künstlerin. Mit Auszügen aus bisher unveröffentlichten Tagebüchern*, München (Universitas) 1981.

Maier, Robert (Hg.): *Akustisches Gedächtnis und Zweiter Weltkrieg (Studien des Georg-Eckert-Instituts zur internationalen Bildungsmedienforschung, Bd. 126)*, Göttingen (V&R unipress) 2011.

Mallmann, Klaus-Michael; Rieß, Volker; Pyta, Wolfram (Hg.): *Deutscher Osten 1939–1945. Der Weltanschauungskrieg in Photos und Texten (Veröffentlichungen der Forschungsstelle Ludwigsburg der Universität Stuttgart, Bd. 1)*, Darmstadt (Wissenschaftliche Buchgesellschaft) 2003.

Marßolek, Inge: „‚Aus dem Volke für das Volk'. Die Inszenierung der ‚Volksgemeinschaft' im und durch das Radio", in: Marßolek, Inge; von Saldern, Adelheid (Hg.): *Radiozeiten. Herrschaft, Alltag, Gesellschaft (1924–1960) (Deutsches Rundfunkarchiv (Hg.): Veröffentlichungen des Deutschen Rundfunkarchivs, Bd. 25)*, Potsdam (Verlag für Berlin-Brandenburg) 1999, S. 121–125.

Marßolek, Inge: „‚Ich möchte Dich zu gern mal in Uniform sehen'. Geschlechterkonstruktionen in Feldpostbriefen", in: Brücker, Eva et al. (Hg.): *Feldpostbriefe. WerkstattGeschichte*, 8. Jg. (Juli 1999), Heft 22, S. 41–59.

Marßolek, Inge; von Saldern, Adelheid (Hg.): *Zuhören und Gehörtwerden. Radio im Nationalsozialismus. Zwischen Lenkung und Ablenkung*, Tübingen (Edition Diskord) 1998.

Marßolek, Inge; von Saldern, Adelheid: „Massenmedien im Kontext von Herrschaft, Alltag und Gesellschaft. Eine Herausforderung an die Geschichtsschreibung", in: dies. (Hg.): *Radiozeiten. Herrschaft, Alltag, Gesellschaft (1924–1960) (Veröffentlichungen des Deutschen Rundfunkarchivs, Bd. 25)*, Potsdam (Verlag für Berlin-Brandenburg) 1999, S. 11–38.

Martin, Hans-Leo: *Unser Mann bei Goebbels. Verbindungsoffizier des Oberkommandos der Wehrmacht beim Reichsministerium für Volksaufklärung und Propaganda 1940–1944*, Neckargemünd (Kurt Vowinckel) 1973.

Matis, Herbert; Stiefel, Dieter: *Grenzenlos. Die Geschichte der internationalen Spedition Schenker 1931–1991*, München (Redline Wirtschaft/Überreuther) 2002.

Matthäus, Jürgen; Bajohr, Frank (Hrsg.): *Alfred Rosenberg. Die Tagebücher von 1934 bis 1944*, Frankfurt/Main (S. Fischer) 2015.

Maubach, Franka: „Expansionen weiblicher Hilfe: Zur Erfahrungsgeschichte von Frauen im Kriegsdienst", in: Steinbacher, Sybille (Hg.): *Volksgenossinnen. Frauen in der NS-Volksgemeinschaft (Beiträge zur Geschichte des Nationalsozialismus, Bd. 23)*. Göttingen (Wallstein) 2007, S. 93–113.

Maubach, Franka: *Die Stellung halten. Kriegserfahrungen und Lebensgeschichten von Wehrmachthelferinnen*, Göttingen (Vandenhoeck & Ruprecht) 2009.

Maubach, Franka: „Zwischen Selbstermächtigung und Ernüchterung: Erfahrungen weiblicher Hilfe für die Wehrmacht im Ausnahmezustand des Krieges", in: Latzel, Klaus; Maubach, Franka; Satjukow, Silke (Hg.): *Soldatinnen. Gewalt und Geschlecht im Krieg vom Mittelalter bis heute (Krieg in der Geschichte, Bd. 60)*, Paderborn (Ferdinand Schöningh) 2011, S 279–299.

Maubach, Franka; Satjukow, Silke: „Zwischen Emanzipation und Trauma: Soldatinnen im Zweiten Weltkrieg (Deutschland, Sowjetunion, USA)", in: *Historische Zeitschrift*, 288. Jg. (2009), Heft 2, S. 347–384.

Meier, John: *Das deutsche Soldatenlied im Felde (Trübners Bibliothek, Bd. 4)*, Straßburg 1916[1].

Meier, John: *Kunstlieder im Volksmunde. Materialien und Untersuchungen*, Halle (Niemeyer) 1906, Nachdruck mit einem Nachwort von Rolf Wilhelm Brednich, Hildesheim (Olms) 1976.

Merriman, Andy: *Greasepaint and Cordite. The Story of ENSA and Concert Party Entertainment during the Second World War*, London (Aurum Books) 2013.

Merziger, Patrick: *Nationalsozialistische Satire und ‚Deutscher Humor'. Politische Bedeutung und Öffentlichkeit populärer Unterhaltung 1931–1945 (Beiträge zur Kommunikationsgeschichte, Bd. 23)*, Stuttgart (Franz Steiner) 2010.

Metzmacher, K. B. (Hg.): *Wir sind bei Euch, Ihr seid bei uns*, Kaiserslautern (Pfälzische Verlagsanstalt) 1941.

Meuser, Michael: „Konstruktion, Rekonstruktion und Dekonstruktion von Geschlecht. Methodologische Überlegungen aus soziologischer Perspektive", in: Herr, Corinna; Woitas, Monika (Hg.): *Musik mit Methode. Neue kulturwissenschaftliche Perspektiven (Musik – Kultur – Gender, Bd. 1)*, Wien, Köln, Weimar (Böhlau) 2006, S. 287–297.

Meuser, Michael; Scholz, Sylka: „Hegemoniale Männlichkeit. Versuch einer Begriffserklärung aus soziologischer Perspektive", in: Dinges, Martin (Hg.): *Männer – Macht – Körper. Hegemoniale Männlichkeit vom Mittelalter bis heute*, Frankfurt/Main, New York (Campus) 2005, S. 211–227.

Mitchell, Allan: *Nazi Paris. The History of an Occupation 1940–1944*, New York (Berghahn) 2008.

Mitscherlich, Margarete und Alexander: *Die Unfähigkeit zu trauern. Grundlagen kollektiven Verhaltens*, München (Piper) 1967.

Modelmog, Ilse: „Kriegsbegeisterung! Kriegsbegeisterung? Zur soziologischen Dimension des Kriegserlebnisses", in: van der Linden, Marcel; Mergner, Gottfried (Hg.):

Kriegsbegeisterung und mentale Kriegsvorbereitung. Interdisziplinäre Studien (Beiträge zur Politischen Wissenschaft, Bd. 61), Berlin (Duncker & Humblot) 1991, S. 161–178.

Mogge, Winfried: *„Ihr Wandervögel in der Luft …"* *Fundstücke zur Wanderung eines romantischen Bildes und zur Selbstinszenierung einer Jugendbewegung*, Würzburg (Königshausen & Neumann) 2009.

Mommsen, Hans: „Militär und zivile Militarisierung in Deutschland 1914 bis 1938", in: Frevert, Ute (Hg.): *Militär und Gesellschaft im 19. und 20. Jahrhundert (Industrielle Welt. Schriftenreihe des Arbeitskreises für moderne Sozialgeschichte, Bd. 58)*. Stuttgart (Klett-Cotta) 1997, S. 265–276.

Mommsen, Hans: „Forschungskontroversen zum Nationalsozialismus", in: *Aus Politik und Zeitgeschichte*, Jg. 2007, Heft 14–15, http://www.bpb.de/apuz/30541/forschungs kontroversen-zum-nationalsozialismus?p=all.

Montagu, Jeremy: "Military Music", in: *New Grove Dictionary of Music and Musicians, Second Edition*, Bd. 16, S. 683–690.

Moormann, Peter; Riethmüller, Albrecht; Wolf, Rebecca (Hg.): *Paradestück Militärmusik. Beiträge zum Wandel staatlicher Repräsentation durch Musik*, Bielefeld (Transcript) 2012.

Morat, Daniel (Hg.): *Sounds of Modern History. Auditory Cultures in 19th- and 20th-Century Europe*, Oxford (Berghahn Books) 2014.

Mozart Briefe und Dokumente – Online-Edition, Salzburg, Internationale Stiftung Mozarteum; Bibliotheca Mozartiana, http://dme.mozarteum.at/DME/briefe/letter. php?mid=1243&cat.

Mühlenfeld, Daniel: „Was heißt und zu welchem Ende studiert man NS-Propganda? Neuere Forschungen zur Geschichte von Medien, Kommunikation und Kultur während des ‚Dritten Reiches'", in: *Archiv für Sozialgeschichte*, 49. Jg. (2009), S. 527–559.

Mühlhäuser, Regina: „Rasse, Blut und Männlichkeit. Politiken sexueller Regulierung in den besetzten Gebieten der Sowjetunion (1941–1945)", in: *Feministische Studien*, 25. Jg., Heft 1, 2007, S. 55–69.

Müller, Rolf Dieter: *Der Zweite Weltkrieg*, Darmstadt (Wissenschaftliche Buchgesellschaft) 2015.

Müller, Rolf-Dieter: *An der Seite der Wehrmacht: Hitlers ausländische Helfer beim „Kreuzzug gegen den Bolschewismus" 1941–1945*, Berlin (Ch. Links) 2007.

Müller, Sven Oliver: „Politischer Genuss durch erlernte Emotionen? Aufführungen der Berliner Philharmoniker im Zweiten Weltkrieg", in: Zalfen, Sarah; Müller, Sven Oliver (Hg.): *Besatzungsmacht Musik. Zur Musik- und Emotionsgeschichte im Zeitalter der Weltkriege (1914–1949)*, Bielefeld (Transcript) 2012, S. 103–128.

Müller, Sven Oliver; Osterhammel, Jürgen: „Geschichtswissenschaft und Musik", in: *Geschichte und Gesellschaft, Zeitschrift für historische Sozialwissenschaft*, 38. Jg. (2012), Heft 1: Musikalische Kommunikation, S. 5–20.

Müske, Johannes: *Klänge als Cultural Property: Technik und die kulturelle Aneignung der Klangwelt*, Zürich (Chronos) 2015.

Murmann, Geerte: *Komödianten für den Krieg. Deutsches und alliiertes Fronttheater*, Düsseldorf (Droste) 1992.

Neitzel, Sönke: „Die Banalität des Kriegsalltags. Anmerkungen zu den Wahrnehmungen und Deutungen deutscher Soldaten im Totalen Krieg", in: Konrad, Helmut; Botz, Gerhard; Karner, Stefan; Mattl, Siegfried (Hg.): *Terror und Geschichte (Veröffentlichungen des Clusters Geschichte der Ludwig Boltzmann Gesellschaft, Bd. 2)*, Wien, Köln, Weimar (Böhlau) 2012.

Neitzel, Sönke; Welzer, Harald: *Soldaten. Protokolle vom Kämpfen, Töten und Sterben (Schriftenreihe der Bundeszentrale für politische Bildung, Bd. 1139)*, Lizenzausgabe Frankfurt/Main (S. Fischer) 2011.

Ney, Elly: *Ein Leben für die Musik,* Darmstadt (Schneekluth) 1952.

Ney, Elly: *Erinnerungen und Betrachtungen. Mein Leben aus der Musik*, überarb. Neuauflage Aschaffenburg (Pattloch) 1957.

Nieberle, Sigrid: „An den Schwellen performativen Handelns. Medialität und Performanz am Beispiel der biographischen Sängerinnen-Inszenierung", in: Oster, Martina; Ernst, Waltraud; Gerards, Marion (Hg.): *Performativität und Performance. Geschlecht in Musik, Theater und MedienKunst (Focus Gender, Band 8)*, Hamburg (Lit Verlag) 2008[1], S. 250–265.

Niedhart, Gottfried: „Sangeslust und Singediktatur im nationalsozialistischen Deutschland", in: ders.; Broderick, George (Hg.): *Lieder in Politik und Alltag des Nationalsozialismus,* Frankfurt/Main (Peter Lang) 1999, S. 5–13.

Nieper, Lena; Schmitz, Julian (Hg.): *Musik als Medium der Erinnerung. Gedächtnis – Geschichte – Gegenwart*, Bielefeld (Transcript) 2016.

Niessen, Anne: *„Die Lieder waren die eigentlichen Verführer". Mädchen und Musik im Nationalsozialismus*, Mainz (Schott) 1999.

Niethammer, Lutz: *Die Mitläuferfabrik. Die Entnazifizierung am Beispiel Bayerns,* Bonn (Dietz) 1982.

Noa, Miriam: *Volkstümlichkeit und Nationbuilding. Zum Einfluss der Musik auf den Einigungsprozess der deutschen Nation im 19. Jahrhundert (Populäre Kultur und Musik, Bd. 8)*, Münster u. a. (Waxmann) 2013.

Oberkommando des Heeres: *Bestimmungen für Musik- und Trompeterkorps des Heeres – (Mus.Best.) – vom 1. September 1936,* Berlin (Verlag „Offene Worte") 1936.

Oechsle, Siegfried; Sponheuer, Bernd: *Kunstreligion und Musik 1800–1900–2000 (Kieler Schriften zur Musikwissenschaft, Bd. 53)*, Kassel (Bärenreiter) 2015.

Oesterle, Kurt: „Die heimliche deutsche Hymne", in: *Schwäbisches Tagblatt* Nr. 264, 15.11.1997, http://www.reporter-forum.de/fileadmin/pdf/Theodor-Wolff-Preis/1998_Oesterle_Die_heimliche_deutsche_Hymne.pdf.

Okrassa, Nina: *Peter Raabe. Dirigent, Musikschriftsteller und Präsident der Reichsmusikkammer (1872–1945)*, Köln, Weimar, Wien (Böhlau) 2004.

Oldag, Harald: *Das Berufslied des deutschen Soldaten von 1914 bis 1918: Untersuchung über die Beziehungen von soldatischem Beruf und Soldatenlied,* phil. Diss. München 1924.

Olsen, Kåre: *Vater: Deutscher. Das Schicksal der norwegischen Lebensbornkinder und ihrer Mütter von 1940 bis heute,* Frankfurt/Main (Campus) 2002.

Olt, Reinhard: *Krieg und Sprache,* 2 Bde., Giessen (Wilhelm Schmitz) 1981.

Opitz, Reinhard: „‚Raum‘, ‚Rasse‘, ‚Volk‘. Über den Zusammenhang von Programm, Ideologie und Ideologiepolitik des deutschen Faschismus“, in: Heister, Hanns-Werner; Klein, Hans-Günter (Hg.): *Musik und Musikpolitik im faschistischen Deutschland*, Frankfurt/Main (S. Fischer) 1984, S. 37–56.

Overmans, Rüdiger: *Deutsche militärische Verluste im Zweiten Weltkrieg (Beiträge zur Militärgeschichte, Bd. 46)*, München (Oldenbourg) 2004.

Palmatier, Thomas H.: "Military Music on the Modern Battlefield", in: Schramm, Michael (Hg.): *Musik und Krise (Militärmusik im Diskurs. Schriftenreihe des Militärmusikdienstes der Bundeswehr, Bd. 2)*, Bonn (Bundesamt für Wehrverwaltung) 2007, S. 59–72.

Panoff, Peter: *Militärmusik in Geschichte und Gegenwart*. Berlin (Karl Siegismund) 1938.

Pasdzierny, Matthias: *Wiederaufnahme? Rückkehr aus dem Exil und das westdeutsche Musikleben nach 1945*, München (Edition Text + Kritik) 2014.

Pater, Monika; Schmidt, Uta C.: „‚Vom Kellerloch bis hoch zur Mansard‘ ist alles drin vernarrt‘ – Zur Veralltäglichung des Radios im Deutschland der 1930er Jahre“, in: Röser, Jutta (Hg.): *MedienAlltag. Domestizierungsprozesse alter und neuer Medien*, Wiesbaden (VS Verlag für Sozialwissenschaften) 2007, S. 103–116.

Paulus, Julia; Röwekamp, Marion (Hg.): *Eine Soldatenheimschwester an der Ostfront. Briefwechsel von Annette Schücking mit ihrer Familie (1941–1943), (Forschungen zur Regionalgeschichte Landschaftsverband Westfalen-Lippe, Bd. 76)*, Paderborn (Ferdinand Schöningh) 2015.

Petrick-Felber, Nicole: *Kriegswichtiger Genuss. Tabak und Kaffee im „Dritten Reich“ (Beiträge zur Geschichte des 20. Jahrhunderts, Bd. 17)*. Göttingen (Wallstein) 2015.

Peukert, Detlev: *Volksgenossen und Gemeinschaftsfremde: Anpassung, Ausmerze und Aufbegehren unter dem Nationalsozialismus*, Köln (Bund) 1982.

Phleps, Thomas: „‚Es geht eine helle Flöte …‘. Einiges zur Aufarbeitung der Vergangenheit in der Musikpädagogik heute“, in: *Musik & Bildung*, 27. Jg. (1995), Heft 6, S. 64–74.

Pöpping, Dagmar, *Kriegspfarrer an der Ostfront. Evangelische und katholische Wehrmachtseelsorge im Vernichtungskrieg 1941–1945*, Göttingen (Vandenhoeck & Ruprecht) 2017, S. 9.

Pohl, Dieter: *Die Herrschaft der Wehrmacht. Deutsche Militärbesatzung und einheimische Bevölkerung in der Sowjetunion 1941–1944*, München (Oldenbourg) 2008.

Polster, Bernd (Hg.): *Swing Heil: Jazz im Nationalsozialismus*, Berlin (Transit) 1989.

Potter, Pamela M.: *Die deutscheste der Künste. Musikwissenschaft und Gesellschaft von der Weimarer Republik bis zum Ende des Dritten Reichs*, Stuttgart (Klett-Cotta) 2000.

Potter, Pamela M.: „Musikwissenschaft und Nationalsozialismus. Der Stand der Debatte“, in: Lehmann, Hartmut; Oexle, Otto Gerhard (Hg.): *Nationalsozialismus in den Kulturwissenschaften. Bd. 1: Fächer – Milieus – Karrieren (Veröffentlichungen des Max-Planck-Instituts für Geschichte, Bd. 200)*, Göttingen (Vandenhoeck & Ruprecht) 2004, S. 129–141.

Potter, Pamela M.: „Wissenschaftler im Zwiespalt“, in: Dümling, Albrecht (Hg.): *Das verdächtige Saxophon. „Entartete Musik“ im NS-Staat – Dokumentation und Kommen-*

tar, Katalog zur gleichnamigen Ausstellung 2007/2008, Stiftung Berliner Philharmoniker und Tonhalle Düsseldorf, 2007[4], S. 155–161.

Prieberg, Fred K.: *Musik im NS-Staat*, Frankfurt/Main (S. Fischer) 1982.

Prieberg, Fred K.: *Handbuch Deutsche Musiker 1933–1945*, CD-ROM, Auprès de Zombry, 2004.

Probst-Effah, Gisela: „Das Lied im NS-Widerstand. Ein Beitrag zur Rolle der Musik in den nationalsozialistischen Konzentrationslagern", in: Nauck-Börner, Christa (Hg.): *Musikpädagogik zwischen Traditionen und Medienzukunft (Musikpädagogische Forschung, Bd. 9)*, Laaber (Laaber) 1989, S. 79–90.

Pröse, Tim: „,Du kannst hierbleiben Hansi.' Wie sich Hans Rosenthal in einem Berliner Schrebergarten vor dem Holocaust versteckte", in: *Jahrhundertzeugen. Die Botschaft der letzten Helden gegen Hitler: 18 Begegnungen*, München (Heyne) 2016[3].

Proskuriakov, Alexander: *Feldpost aus Stalingrad. Kriegswahrnehmung und soziales Bewusstsein deutscher und russischer Soldaten*, Berlin (Dr. Köster) 2004.

Protte, Katja: „Mythos ,Lili Marleen' – Ein Lied im Zeitalter der Weltkriege", in: *Militärgeschichtliche Zeitschrift*, Jg. (2004), Heft 63, S. 355–400.

Pufleau, Luis Velasco: „Betrachtungen zu Musik und Propaganda", in: Weber, Stephanie; Mühling, Matthias (Hg.): *After the Fact. Propaganda im 21. Jahrhundert*, Katalog zur gleichnamigen Ausstellung 30. Mai–17. September 2017, Städtische Galerie im Lenbachhaus und Kunstbau, München 2017.

Quadflieg, Will: *Wir spielen immer. Erinnerungen*, Frankfurt/Main (S. Fischer) 1976.

Rathkolb, Oliver: *Führertreu und gottbegnadet. Künstlereliten im Dritten Reich*, Wien (ÖBV) 1991.

Reichel, Peter: „Aspekte ästhetischer Politik im NS-Staat", in: Herrmann, Ulrich; Nassen, Ulrich (Hg.): *Formative Ästhetik im Nationalsozialismus. Intentionen, Medien und Praxisformen totalitärer ästhetischer Herrschaft und Beherrschung*, Weinheim, Basel (Beltz) 1993, S. 13–31.

Rhode-Jüchtern, Anna-Christine: *Schrekers ungleiche Töchter. Grete von Zieritz und Charlotte Schlesinger in NS-Zeit und Exil (Berliner Musik Studien, Bd. 30)*, Sinzing (Studio) 2008.

Riederer, Günter: „Hitlers Krieger im Wüstensand. Zur medialen Konstruktion des militärischen Mythos ,Rommel' nach 1945", in: Crivellari, Fabio; Kirchmann, Kay; Sandl, Marcus; Schlögl, Rudolf (Hg.): *Die Medien der Geschichte. Historizität und Medialität in interdisziplinärer Perspektive (Historische Kulturwissenschaft, Bd. 4)*. Konstanz (UVK Verlagsanstalt) 2004, S. 569–588.

Rieger, Eva: „,… in jauchzenden Tonweisen den errungenen Sieg'. Militär und Musik", in Rode-Breymann, Susanne (Hg.): *1914: Krieg. Mann. Musik (Jahrbuch Musik und Gender, Bd. 9)*, Hildesheim usw. (Olms) 2017, S. 127–141.

Riethmüller, Albrecht; Custodis, Michael (Hg.): *Die Reichsmusikkammer. Kunst im Bann der Nazi-Diktatur*, Wien (Böhlau) 2015.

Ritzel, Fred; Thiele, Jens: „Kritik oder Blasphemie? Über die Rekonstruktion von Musikereignissen der Nazizeit in R.W. Fassbinders ,Lili Marleen'", in: AMPF (Hg.): *Musikpädagogische Forschung, Bd.10*, Essen (Blaue Eule) 1990.

Rode-Breymann, Susanne (Hg.): *1914: Krieg. Mann. Musik (Jahrbuch Musik und Gender, Bd. 9)*, Hildesheim (Olms) 2017.

Röger, Maren: *Kriegsbeziehungen. Intimität, Gewalt und Prostitution im besetzten Polen 1939 bis 1945*, Frankfurt/Main (S. Fischer) 2015.

Römer, Felix: *Der Kommissarbefehl: Wehrmacht und NS-Verbrechen an der Ostfront 1941/42*, Paderborn (Ferdinand Schöningh) 2008.

Römer, Felix: „Gewaltsame Geschlechterordnung. Wehrmacht und ‚Flintenweiber‘ an der Ostfront 1941/42", in: Latzel, Klaus; Maubach, Franka; Satjukow, Silke (Hg.): *Soldatinnen. Gewalt und Geschlecht im Krieg vom Mittelalter bis heute (Krieg in der Geschichte, Bd. 60)*, Paderborn (Ferdinand Schöningh) 2011, S. 331–351.

Römer, Felix: *Kameraden. Die Wehrmacht von Innen*, München, Zürich (Piper) 2012.

Römer, Felix: *Die narzisstische Volksgemeinschaft. Theodor Habichts Kampf 1914 bis 1944*, Frankfurt/Main (S. Fischer) 2017.

Rogg, Matthias: *Kompass Militärgeschichte. Ein historischer Überblick für Einsteiger* (hgg. v. Zentrum für Militärgeschichte und Sozialwissenschaften der Bundeswehr, Freiburg/Br. (Rombach) 2013.

Rogge, Jörg (Hg.): *Kriegserfahrungen erzählen. Geschichts- und literaturwissenschaftliche Perspektiven*, Bielefeld (Transcript) 2016.

Ross, Corey: *Media and the Making of Modern Germany: Mass Communications, Society, and Politics from the Empire to the Third Reich*, Oxford (Oxford University Press) 2008.

Ross, Corey: "Radio, Film and Morale: Wartime Entertainment between Mobilization and Distraction", in: Swett, Pamela E.; Ross, Corey; d'Alemida, Farbice (Hg.): *Pleasure and Power in Nazi Germany*, Basingstoke (Palgrave Macmillan) 2011, S. 154–174.

Rother, Rainer; Prokasky, Judith (Hg.): *Die Kamera als Waffe. Propagandabilder des Zweiten Weltkriegs*, München (Richard Borberg) 2010.

Rothkamm, Jörg; Schipperges, Thomas: *Musikwissenschaft und Vergangenheitspolitik. Forschung und Lehre im frühen Nachkriegsdeutschland. Mit den Lehrveranstaltungen 1945 bis 1955 (Kontinuitäten und Brüche der Nachkriegszeit)*, München (edition text + kritik) 2015.

Rühmkorf, Peter: Über das Volksvermögen. Exkurse in den literarischen Untergrund, Reinbek (Rowohlt) 1967[1].

Sarkowicz, Hans (Hg.): *Hitlers Künstler. Die Kultur im Dienst des Nationalsozialismus*, Frankfurt/Main, Leipzig (Insel) 2004.

Sarkowicz, Hans: „‚Nur nicht langweilig werden …‘ Das Radio im Dienst der nationalsozialistischen Propaganda", in: Heidenreich, Bernd; Neitzel, Sönke (Hg.): *Medien im Nationalsozialismus*, Paderborn (Ferdinand Schöningh) 2010, S. 205–234.

Schaal, Richard: „Jugendmusik", in: *MGG*, Bd. VII, Sp. 286–306.

Schäfer, Hans Dieter: *Das gespaltene Bewußtsein. Über deutsche Kultur und Lebenswirklichkeit 1933–1945*, Frankfurt/Main, Berlin (Ullstein) 1981.

Schanetzky, Tim: *„Kanonen statt Butter". Wirtschaft und Konsum im Dritten Reich (Die Deutschen und der Nationalsozialismus)*, München (C.H. Beck) 2015.

Scheibling, Christoph: „Erfahrungen mit Militärmusik im Einsatz", in: Schramm, Michael (Hg.): *Musik und Krise (Militärmusik im Diskurs. Schriftenreihe des Militär-*

musikdienstes der Bundeswehr, Bd. 2), Bonn (Bundesamt für Wehrverwaltung) 2007, S. 170–175.

Schepping, Wilhelm: „„Lili Marleen'. Eine denkwürdige Liedbiographie", in: Stambolis, Barbara; Reulecke, Jürgen (Hg.): *Good-bye memories? Lieder im Generationengedächtnis des 20. Jahrhunderts*, Essen (Klartext) 2007, S. 199–242.

Schildt, Axel: „Das Radio und sein jugendliches Publikum von den Zwanzigern zu den Sechziger Jahren – Eine Skizze", in: Marßolek, Inge; von Saldern, Adelheid (Hg.): *Radiozeiten. Herrschaft, Alltag, Gesellschaft (1924–1960) (Veröffentlichungen des Deutschen Rundfunkarchivs, Bd. 25*), Potsdam (Verlag für Berlin-Brandenburg) 1999, S. 251–266.

Schilling, Gustav: „Militärmusik", in: ders.: *Encyclopädie der gesammten musikalischen Wissenschaften oder Universallexicon der Tonkunst*, Stuttgart 1834–38 (1840–42²), Bd. IV (1837), S. 697–699.

Schleuning, Peter: „„Die Wacht am Rhein'. Deutsche Soldatenlieder. Typen, Traditionen und Inhalte an Einzelbeispielen", in: Greive, Wolfgang (Hg.): *Der Geist von 1914. Zerstörung des universalen Humanismus? (Loccumer Protokolle18/1989)*, Rehburg-Loccum (Evangelische Akademie Loccum) 1990, S. 77–117.

Schmiechen-Ackermann, Detlef (Hrsg.): *,Volksgemeinschaft': Mythos, wirkungsmächtige soziale Verheißung oder soziale Realität im ,Dritten Reich'? Zwischenbilanz einer kontroversen Debatte (Nationalsozialistische ,Volksgemeinschaft', Bd. 1*), Paderborn (Ferdinand Schöningh) 2011.

Schmid, Birgitta Maria: „Musikwissenschaft im ,Dritten Reich'", in: Sonntag, Brunhilde; Boresch, Hans-Werner; Gojowy, Detlef (Hg.): *Die dunkle Last. Musik und Nationalsozialismus (Schriften zur Musikwissenschaft und Musiktheorie, Bd. 3*), Köln (Bela) 1999, S. 92–110.

Schmid, Manfred Hermann: „Musik und Krieg", in: Firme, Annemarie; Hocker, Ramona (Hg.): *Von Schlachthymnen und Protestsongs. Zur Kulturgeschichte des Verhältnisses von Musik und Krieg*, Bielefeld (Transcript) 2006, S. 13–20.

Schmidt, Hartmut: *Kriegswirklichkeit und Soldatenalltag während des Zweiten Weltkriegs in Nordnorwegen. Im Spiegel der persönlichen Erinnerungen des „Stadtbauführers" Paul Schmidt aus Rotenburg an der Fulda. Eine Studie zur Vergangenheitstradierung durch das „Familiengedächtnis"*, Stuttgart (Ibidem) 2006.

Schmidt, Hermann: „Militärmusik und Marschmusik", in: Müller-Blattau, Joseph (Hg.): *Hohe Schule der Musik. Handbuch der gesamten Musikpraxis, Band IV*, Potsdam (Athenaion) 1935.

Schmidt, Ute C.: „Der Volksempfänger. Tabernakel moderner Massenkultur", in: Marßolek, Inge; von Saldern, Adelheid (Hg.): *Radiozeiten. Herrschaft, Alltag, Gesellschaft (1924–1960) (Veröffentlichungen des Deutschen Rundfunkarchivs, Bd. 25*), Potsdam (Verlag für Berlin-Brandenburg) 1999, S. 137–159.

Schmidt, Wolfgang: „Die Mobilisierung der Künste für den Krieg. Maler in Uniform", in: Czech, Hans-Jörg; Doll, Nikola (Hg.): *Kunst und Propaganda im Streit der Nationen 1930–1945. Katalog zur gleichnamigen Ausstellung im Deutschen Historischen Museum Berlin, 26. Januar bis 29. April 2007*, Dresden (Sandstein) 2007, S. 284–297.

Schmitz-Berning, Cornelia: *Vokabular des Nationalsozialismus*, Berlin, New York (Walter de Gruyter) 1998.

Schmitz-Köster, Dorothee: *Der Krieg meines Vaters. Als deutscher Soldat in Norwegen*, Berlin (Aufbau) 2004.

Schnebel, Hanns-Helmut: „Griechenlands Militärmusik zur Zeit König Ottos I. (1832–1862) – Ein Einstieg", in: *Musik in Bayern*, Bd. 78/2013, S. 85–91

Schramm, Michael: „Hans Felix Husadel und die Militärmusik der Bundeswehr", in: Schramm, Michael (Hg.): *Hans Felix Husadel. Werk, Wirken, Wirkung (Militärmusik im Diskurs, Bd. 1)*, Bonn (Bundesamt für Wehrverwaltung) 2006, S. 165–170.

Schrecker, Heinz Hermann: *Die Erotik im Soldatenlied*, phil. Diss. München 1921.

Schröder, Hans-Joachim: *Die gestohlenen Jahre. Erzählgeschichten und Geschichtserzählungen im Interview: der Zweite Weltkrieg aus der Sicht ehemaliger Mannschaftssoldaten (Studien und Texte zur Sozialgeschichte der Literatur, Bd. 37)*, Tübingen (Niemeyer) 1992.

Schröder, Heribert: „Beethoven im Dritten Reich. Eine Materialsammlung", in: Loos, Helmut (Hg.): *Beethoven und die Nachwelt. Materialien zur Wirkungsgeschichte Beethovens*, Bonn (Beethoven-Haus) 1986, S. 187–221.

Schubert, Jochen (Hg.): *Heinrich Böll. Briefe aus dem Krieg 1939–1945*, Köln (Kiepenheuer & Witsch) 2001.

Schütz, Brigitte: „Hitler – Kult – Visualisierung", in: Czech, Hans-Jörg; Doll, Nikola (Hg.): *Kunst und Propaganda im Streit der Nationen 1930–1945*. Katalog zur gleichnamigen Ausstellung im Deutschen Historischen Museum Berlin, 26. Januar bis 29. April 2007, Dresden (Sandstein) 2007, S. 268–283.

Schuhmacher, Wilhelm: *Leben und Seele unseres Soldatenlieds im Weltkrieg*, Frankfurt/Main (Diesterweg) 1928.

Schulte, Regina: *Die verkehrte Welt des Krieges. Studien zu Geschlecht, Religion und Tod*, Frankfurt/Main, New York (Campus) 1998.

Schultze, Norbert: *Mit dir, Lili Marleen. Die Lebenserinnerungen des Komponisten Norbert Schultze*, Zürich, Mainz (Atlantis) 1995.

Schwab, Heinrich W.: „Das Vereinslied des 19. Jahrhunderts", in: Brednich, Rolf Wilhelm; Röhrich, Lutz; Suppan, Wolfgang (Hg.): *Handbuch des Volksliedes, Bd. 1: Die Gattungen des Volksliedes*, München (Fink) 1973, S. 863–898.

Schwartz, Manuela: „,Unser letzte Bollwerk der Sympathie'. Musik als Kulturarbeit, Kulturpolitik und Kulturpropaganda deutscher Außenpolitik im Zweiten Weltkrieg in Frankreich", in: Mecking, Sabine; Wasserloos, Yvonne (Hg.): *Inklusion & Exklusion. ,Deutsche' Musik in Europa und Nordamerika 1848–1945*, Göttingen (V&R unipress) 2016, S. 271–303.

Schwilk, Heimo: *Ernst Jünger. Ein Jahrhundertleben. Die Biografie*, München (Piper) 2007.

Seefelder, Maximilian: „Steuerung des Musiklebens während der NS-Zeit. Fallbeispiele aus Niederbayern", in: Seifert, Manfred; Helm, Winfried (Hg.): *Recht und Religion im Alltagsleben. Festschrift für Walter Hartinger zum 65. Geburtstag (Neue Veröffentlichungen des Instituts für Ostbairische Heimatforschung der Universität Passau, Bd. 56)*, Passau (Dietmar Klinger) 2005, S. 113–132.

Seidler, Franz-W.: *Frauen zu den Waffen? Marketenderinnen, Helferinnen, Soldatinnen*, Bonn (Bernard & Graefe) 1998.

Seidler, Franz W.: *Blitzmädchen. Helferinnen der Wehrmacht*, Augsburg (Bechtermünz) 2003.

Seifert, Ruth: „Militär und Geschlechterverhältnisse. Entwicklungslinien einer ambivalenten Debatte", in: Eifler, Christine; Seifert, Ruth (Hg.): *Soziale Konstruktionen – Militär und Geschlechterverhältnis (Forum Frauenforschung, Bd. 11)*, Münster (Westfälisches Dampfboot) 1999, S. 44–70.

Seixas, Xosé M. Núñez: *Die spanische Blaue Division an der Ostfront, 1941–1945. Zwischen Kriegserfahrung und Erinnerung*, Münster (Aschendorff) 2016.

Selheim, Claudia; Schmidt, Alexander (Hg.): *Grauzone. Das Verhältnis zwischen bündischer Jugend und Nationalsozialismus. Beiträge der Tagung im Germanischen Nationalmuseum 8. und 9. November 2013*, Nürnberg (Verlag des Germanischen Nationalmuseums) 2017.

Sieb, Rainer: *Der Zugriff der NSDAP auf die Musik. Zum Aufbau von Organisationsstrukturen für die Musikarbeit in den Gliederungen der Partei*, phil. Diss. Universität Osnabrück 2007.

Siegel, Tilla: „Die gekaufte Arbeiterklasse? – Lohnpolitik im nationalsozialistischen Deutschland", in: *Gewerkschaftliche Monatshefte*, 35. Jg., Heft 9, 1984, S. 533–545.

Simon, Siegfried: „Unsere Regimentsmusik", in: *Mit klingendem Spiel*, 15. Jg. (1992), Nr. 4, S. 220–228.

Sørlie, Sigurd Christian: *Sonnenrad und Hakenkreuz. Norweger in der Waffen-SS 1941–1945*, Paderborn (Ferdinand Schöningh) 2019.

Sösemann, Bernd: „Propaganda und Öffentlichkeit in der ‚Volksgemeinschaft'", in: ders. (Hg.): *Der Nationalsozialismus und die deutsche Gesellschaft. Einführung und Überblick*, Stuttgart, München (DVA) 2002, S. 114–154.

Sösemann, Bernd; Lange, Marius: *Propaganda. Medien und Öffentlichkeit in der NS-Diktatur. Eine Dokumentation und Edition von Gesetzen, Führerbefehlen und sonstigen Anordnungen sowie propagandistischen Bild- und Textüberlieferungen im kommunikationshistorischen Kontext und in der Wahrnehmung des Publikums (Beträge zur Kommunikationsgeschichte, Bd. 25)*, Stuttgart (Franz Steiner) 2011.

Sonntag, Brunhilde; Boresch, Hans-Werner; Gojowy, Detlef (Hg.): *Die dunkle Last. Musik und Nationalsozialismus (Schriften zur Musikwissenschaft und Musiktheorie, Bd. 3)*, Köln (Bela) 1999.

Sontag, Susan: „Faszinierender Faschismus", in: dies.: *Im Zeichen des Saturn. Essays*, Frankfurt/Main (S. Fischer) 1983, S. 96–125.

Spieckermanns, Anna: „Als Flakwaffenhelferin im Einsatz 1944/45. Ein Bericht", in: *Feministische Studien*, 3. Jg. 1984, Heft 2, S. 27–38.

Sponheuer, Bernd: *Musik als Kunst und Nicht-Kunst. Untersuchungen zur Dichotomie von ‚hoher' und ‚niederer' Musik im musikästhetischen Denken zwischen Kant und Hanslick (Kieler Schriften zur Musikwissenschaft, Bd. XXX)*, Kassel (Bärenreiter) 1987.

Squire, William Barclay; Farmer, H. G.; Tarr, Edward H: "Military calls", in: *New Grove Dictionary of Music and Musicians*, Bd. 12, S. 316–320.

Stahr, Gerhard: *Volksgemeinschaft vor der Leinwand? Der nationalsozialistische Film und sein Publikum*, Berlin (Hans Theissen) 2001.

Stambolis, Barbara: „Lieder im Generationengedächtnis", in: dies.; Reulecke, Jürgen (Hg.): *Good-bye memories? Lieder im Generationengedächtnis des 20. Jahrhunderts*, Essen (Klartext) 2007, S. 11–23.

Stambolis, Barbara; Reulecke, Jürgen (Hg.): *Good-bye memories? Lieder im Generationengedächtnis des 20. Jahrhunderts*, Essen (Klartext) 2007.

Stark, Joachim (Hg.): *Raymond Aron: Über Deutschland und den Nationalsozialismus. Frühe politische Schriften 1930–1939*, Opladen (Leske und Budrich) 1993.

Stein, Fritz; von Knorr, Lothar (Hg.): *Chorliederbuch für die Wehrmacht*, Leipzig (Peters) 1940.

Steinbacher, Sybille (Hg.): *Volksgenossinnen. Frauen in der NS-Volksgemeinschaft (Beiträge zur Geschichte des Nationalsozialismus, Bd. 23)*, Göttingen (Wallstein) 2007.

Steinkamp, Peter: "Pervitin (Metamphetamine): Test, Use and Misuse in the German Wehrmacht." in: Eckart, Wolfgang U. (Hg.): *Man, Medicine and the State. The Human Body as an Object of Government Sponsored Medical Research in the 20th Century (Beiträge zur Geschichte der Deutschen Forschungsgemeinschaft, Bd. 2)*, Stuttgart (Franz Steiner) 2006, S. 61–71.

Steinkamp, Peter: *Pervitin und Kalte Ente, Russenschnaps und Morphium. Zur Devianzproblematik in der Wehrmacht: Alkohol- und Rauschmittelmissbrauch bei der Truppe*, phil. Diss. Universität Freiburg 2008, http://www.freidok.uni-freiburg.de/volltex te/5681/pdf/SteinkampDiss.pdf.

Steinweis, Alan E.: *Art, Ideology, & Economics in Nazi Germany. The Reich Chamber of Music, Theater, and the Visual Arts*, Chapel Hill & London (University of North Carolina Press) 1993.

Stern, Carola: *Auf den Wassern des Lebens. Gustaf Gründgens und Marianne Hoppe*, Köln (Kiepenheuer & Witsch) 2005[3].

Sternberger, Dolf: „Marlene Dietrich" in: Renken, Sabine (Hg.): *Chanteusen. Stimmen der Großstadt*, Mannheim (Bollmann) 1997, S. 97–103.

Stites, Richard: *Culture and Entertainment in Wartime Russia*, Bloomington, Indianapolis (Indiana University Press) 1995.

Stollberg-Rilinger, Barbara: *Rituale*, Frankfurt/Main (Campus) 2013.

Storeide, Anette H.: *Norske Krigsprofitører. Nazi-Tysklands velvillige medløpere*, Oslo (Gyldendal) 2014.

Stoverock, Karin: „Bündische Lieder in der Hitler-Jugend", in: Niedhart, Gottfried; Broderick, George (Hg.): *Lieder in Politik und Alltag des Nationalsozialismus*, Frankfurt/Main (Peter Lang) 1999, S. 35–60.

Studt, Christoph: *Das Dritte Reich in Daten*, München (C. H. Beck) 2002.

Sudendorf, Werner: „Marlene Dietrich", in: François, Etienne; Schulze, Hagen (Hg.): *Deutsche Erinnerungsorte, Bd. II*, München (C.H. Beck) 2001, S. 620–636.

Sullivan, Jill M.: *Bands of Sisters. U.S. Women's Military Bands during World War II*, Lanham (Sarecrow) 2011.

Szczepaniak, Monika: *Militärische Männlichkeiten in Deutschland und Österreich im Umfeld des Großen Krieges. Konstruktionen und Dekonstruktionen*, Würzburg (Königshausen & Neumann) 2011.

Szepansky, Gerda: *,Blitzmädel', ,Heldenmutter', ,Kriegerwitwe'. Frauenleben im Zweiten Weltkrieg*, Frankfurt/Main (S. Fischer) 1986.

Taylor, Eric: *Showbiz Goes to* War, London (Hale) 1992.

Theweleit, Klaus: *Männerphantasien*, 2 Bde., Frankfurt/Main (Stroemfeld/Roter Stern) 1977[1].

Thrun, Martin: „Die Errichtung der Reichsmusikkammer", in: Heister, Hanns-Werner; Klein, Hans-Günter (Hg.): *Musik und Musikpolitik im faschistischen Deutschland*, Frankfurt/Main (S. Fischer) 1984, S. 75–90.

Timpe. Julia: *Nazi-Organized Recreation and Entertainment in the Third Reich (The Holocaust and its Contexts)*, London (Palgrave Macmillan) 2017.

Toeche-Mittler, Joachim: *Armeemärsche, I. Teil. Eine historische Plauderei zwischen Regimentsmusiken und Trompeterkorps rund um die deutsche Marschmusik*, Neckargemünd (Kurt Vowinckel) 1966.

Toeche-Mittler, Joachim: *Armeemärsche, II. Teil: Die Armeemarsch-Sammlung. Die Regimenter mit Angabe ihrer Präsentier- und Parademärsche. Komponisten-Lexikon*, Neckargemünd (Kurt Vowinckel) 1971.

Toeche-Mittler, Joachim: *Armeemärsche, III. Teil: Die Geschichte unserer Marschmusik*, Neckargemünd (Kurt Vowinckel) 1975.

Toeche-Mittler, Joachim: *Musikmeister Ahlers. Ein Zeitbild unserer Militärmusik 1901–1945*, Stuttgart (Spemann) 1981.

Toeche-Mittler, Joachim: „Betrachtungen zu Achim Hofer: Geschichte des Militärmarsches", in: *Mit klingendem Spiel*, 13. Jg. (1990), Nr. 1, S. 33–37.

Tönsmeyer, Tatjana: „Besatzungsgesellschaften. Begriffliche und konzeptionelle Überlegungen zur Erfahrungsgeschichte des Alltags unter deutscher Besatzung im Zweiten Weltkrieg", Version: 1.0, in: *Docupedia-Zeitgeschichte*, 18.12.2015, http://docupedia.de/zg/Besatzungsgesellschaften?oldid=108621.

Töppel, Roman: *Kursk 1943. Die größte Schlacht des Zweiten Weltkriegs*, Paderborn (Ferdinand Schöningh) 2017.

Torp, Claudius: *Wachstum, Sicherheit, Moral. Politische Legitimationen des Konsums im 20. Jahrhundert (Das Politische als Kommunikation, Bd. 4)*, Göttingen (Wallstein) 2012.

Torrie, Julia S.: *German Soldiers and the Occupation of France (Studies in the Social and Cultural History of Modern Warfare)*, Cambridge (Cambridge University Press) 2018.

Treutlein, Martin; Neitzel, Sönke: „Paris im August 1944", in: Welzer, Harald; Neitzel, Sönke; Gudehus, Christian (Hg.): *„Der Führer war wieder viel zu human, viel zu gefühlvoll". Der Zweite Weltkrieg aus der Sicht deutscher und italienischer Soldaten*, Frankfurt/Main (S. Fischer) 2011, S. 172–195.

Trümpi, Fritz: *Politisierte Orchester. Die Wiener Philharmoniker und das Berliner Philharmonische Orchester im Nationalsozialismus*, Wien (Böhlau) 2011.

Ulrich, Bernd: „Stalingrad", in: François, Etienne; Schulze, Hagen (Hg.): *Deutsche Erinnerungsorte, Bd. II*, München (C. H. Beck) 2001, S. 332–348.

Unseld, Melanie: „Auf dem Weg zu einer memorik-sensibilisierten Geschichtsschreibung", in: Herr, Corinna; Woitas, Minoka (Hg.): *Musik mit Methode. Neue kulturwissenschaftliche Perspektiven (Musik – Kultur – Gender, Bd. 1)*, Köln (Böhlau) 2006, S. 63–74.

Unseld, Melanie: „(Auto-)Biographie und musikwissenschaftliche Genderforschung", in: Grotjahn, Rebecca; Vogt, Sabine (Hg.): *Musik und Gender. Grundlagen – Methoden – Perspektiven (Kompendien Musik, Bd. 5),* Laaber (Laaber-Verlag) 2010, S. 81–93.

Unseld, Melanie: „Begleitmusik für die Transformation zum Helden", in: Hanheide, Stefan; Helms, Dietrich; Glunz, Claudia; Fischer, Thomas (Hg.): *Musik bezieht Stellung. Funktionalisierungen der Musik im Ersten Weltkrieg,* Göttingen (Vandenhoeck & Ruprecht) 2013, S. 31–62.

Uziel, Daniel: *The Propaganda Warriors. The Wehrmacht and the Consolidation of the German Home Front,* Bern (Peter Lang) 2008.

Vaget, Hans-Rudolf: Hitler's Wagner: Musical Discourses as Cultural Space, in: Kater, Michael H.; Riethmüller, Albrecht (Hg.): *Music and Nazism. Art under Tyranny 1933–1945*, Laaber 2003, S. 15–31.

van Creveld, Martin: *Kampfkraft. Militärische Organisation und Leistung 1939–1945*, Graz (Ares) 2005.

van Dyke, James: „Über die Beziehungen zwischen Kunst, Propaganda und Kitsch in Deutschland 1933 bis 1945", in: Czech, Hans-Jörg; Doll, Nikola (Hg.): *Kunst und Propaganda im Streit der Nationen 1930–1945*. Katalog zur gleichnamigen Ausstellung im Deutschen Historischen Museum Berlin, 26. Januar bis 29. April 2007, Dresden (Sandstein) 2007, S. 250–256.

van Gennep, Arnold: Übergangsriten, Frankfurt, New York (Campus) 2005[3], Original: *Les rites de passage. Étude systématique des rites*, Paris (Nourry) 1909.

Vermehren, Isa: *Reise durch den letzten Akt,* Hamburg (Christian Wegner) 1946.

Vogel, Detlef: „Der Kriegsalltag im Spiegel von Feldpostbriefen (1939–1945)", in: Wette, Wolfram (Hg.): *Der Krieg des kleinen Mannes. Eine Militärgeschichte von unten*, München, Zürich (Piper) 1995[2], S. 199–212.

Vogel, Jakob: „Stramme Gardisten, temperamentvolle Tirailleurs und anmutige Damen. Geschlechterbilder im deutschen und französischen Kultus der ‚Nation in Waffen'", in: Frevert, Ute (Hg.): *Militär und Gesellschaft im 19. und 20. Jahrhundert (Industrielle Welt. Schriftenreihe des Arbeitskreises für moderne Sozialgeschichte, Bd. 58)*, Stuttgart (Klett-Cotta) 1997, S. 245–262.

Vollnhals, Clemens (Hg.): *Entnazifizierung. Politische Säuberung und Rehabilitierung in den vier Besatzungszonen 1945–1949*, München (dtv) 1991.

von Braun, Christina; Stephan, Inge (Hg.): *Gender@Wissen. Ein Handbuch der Gender-Theorien*, Köln, Weimar, Wien (Böhlau) 2013[3].

von der Nüll, Edwin: *Lebendige Musik, herausgegeben von der Wehrbetreuung der Luftwaffe*, Leipzig (Schwarzhäupter) o.J. [1943].

von Foerster, Isolde; Hust, Christoph; Mahling, Christoph-Hellmut (Hg.): *Musikforschung – Faschismus – Nationalsozialismus*, Mainz (Are) 2001.

von Gersdorff, Ursula: *Frauen im Kriegsdienst 1914–1945 (Beiträge zur Militär- und Kriegsgeschichte, Bd. 11),* Stuttgart (DVA) 1969.

von Haken, Boris: *Der „Reichsdramaturg". Rainer Schlösser und die Musiktheater-Politik in der NS-Zeit*, Hamburg (von Bockel) 2007.

von Reeken, Dietmar; Thießen, Malte: ,*Volksgemeinschaft' als soziale Praxis. Neue Forschungen zur NS-Gesellschaft vor Ort (Nationalsozialistische „Volksgemeinschaft", Bd. 4)*, Paderborn (Ferdinand Schöningh) 2013.

Vossler, Frank: *Propaganda in die eigene Truppe. Die Truppenbetreuung in der Wehrmacht 1939-1945 (Krieg in der Geschichte, Bd. 21)*, Paderborn (Ferdinand Schöningh) 2005.

Wagner, Patrick: „Die letzte Schlacht der ,alten Kämpfer'. Isolation, Vergemeinschaftung und Gewalt nationalsozialistischer Aktivisten in den letzten Kriegsmonaten 1945", in: *Mittelweg 36*, 14. Jg. (2015), Heft 4, S. 25–50.

Walter, Michael: „Lili Marleen. Germanische Hegemonie oder Kriegsbeute?", in: Zalfen, Sarah; Müller, Sven Oliver (Hg.): *Besatzungsmacht Musik. Zur Musik- und Emotionsgeschichte im Zeitalter der Weltkriege (1914–1949)*, Bielefeld (Transcript) 2012, S. 277–297.

Warneken, Bernd Jürgen: *Die Ethnographie populärer Kulturen. Eine Einführung*, Wien, Köln, Weimar (Böhlau) 2009.

Wasserloos, Yvonne: „Deutsch, nordisch oder national(sozialistisch)? Gesangspropaganda und -protest in Dänemark 1934–1940", in: Mecking, Sabine; Wasserloos, Yvonne (Hg.): *Inklusion & Exklusion. ,Deutsche' Musik in Europa und Nordamerika 1848–1945*, Göttingen (V&R unipress) 2016, S. 229–251.

Wedel, Gudrun: *Autobiographien von Frauen. Ein Lexikon*, Köln (Böhlau) 2010.

Wedel, Michael: *Der deutsche Musikfilm. Ärchaologie eines Genres 1914–1945*, München (Edition Text + Kritik) 2007.

Wegmann, Günter: *„Das Oberkommando der Wehrmacht gibt bekannt." Der deutsche Wehrmachtbericht: Vollständige Ausgabe der 1939–1945 durch Presse und Rundfunk veröffentlichten Texte*. Osnabrück (Biblio Verlag) 1982.

Wegner, Bernd: *Das deutsche Paris. Der Blick der Besatzer 1940–1944*, Paderborn (Ferdinand Schöningh) 2019.

Wegner, Matthias: *Ein weites Herz. Die zwei Leben der Isa Vermehren*, München (Claassen) 2003.

Welzer, Harald; Neitzel, Sönke; Gudehus, Christian (Hg.): *„Der Führer war wieder viel zu human, viel zu gefühlvoll". Der Zweite Weltkrieg aus der Sicht deutscher und italienischer Soldaten*, Frankfurt/Main (S. Fischer) 2011.

Wendt, Gunna: *Meine Stimme verstörte die Leute. Diva assoluta Maria Callas*, München (Albrecht Knaus) 2006.

Wendt, Imke: *Im Osten Krieg – im Westen „Badebetrieb und Winterschlaf"? Der Zweite Weltkrieg an der Ost- und der Westfront aus Sicht ehemaliger Wehrmachtsangehöriger*, 3 Bde., Norderstedt (Books on Demand) 2016.

Wenzel, Silke: „Von der musikalischen Lust am Kriegerischen", in: Lück, Hartmut; Senghaas, Dieter (Hg.): *Vom hörbaren Frieden*, Frankfurt/Main (Edition Suhrkamp) 2005, S. 305–325.

Wenzel, Silke: „Das musikalische Befehlssystem von Pfeife und Trommel in der Frühen Neuzeit", in: Moormann, Peter; Riethmüller, Albrecht; Wolf, Rebecca (Hg.): *Parade-*

stück Militärmusik. Beiträge zum Wandel staatlicher Repräsentation durch Musik, Bielefeld (Transcript) 2012, S. 277–298.

Wenzel, Silke: *Lieder, Lärmen, ‚L'homme armé'. Musik und Krieg 1460–1600 (Musik der Frühen Neuzeit, Bd. 4)*, Neumünster (von Bockel) 2018.

Werkner, Ines-Jacqueline: „Musik im Militär – Bedeutung und Funktion am Beispiel des Großen Zapfenstreiches", in: Kümmel, Gerhard; Collmer, Sabine (Hg.): *Soldat – Militär – Politik – Gesellschaft. Facetten militärbezogener sozialwissenschaftlicher Forschung (Militär und Sozialwissenschaften, Bd. 35)*, Baden-Baden (Nomos) 2003, S. 103–113.

Werner, Frank: „Soldatische Männlichkeit im Vernichtungskrieg. Geschlechtsspezifische Dimensionen der Gewalt in Feldpostbriefen 1941–1944", in: Didczuneit, Veit; Ebert, Jens; Jander, Thomas (Hg.): *Schreiben im Krieg, Schreiben vom Krieg. Feldpost im Zeitalter der Weltkriege*, Essen (Klartext) 2011, S. 283–294.

Werner, Ilse: *Ich über mich*, Berlin (Kranich) 1943.

Werner, Ilse: *So wird's nie wieder sein … Ein Leben mit Pfiff*, Bayreuth (Hestia) 1981.

Werner, Ilse: *Fotos aus meinem Privatarchiv. Erlebnisse mit Prominenten*, Kiel (Michael Jung) 1994.

White, Hayden: „Das Problem der Erzählung in der modernen Geschichtstheorie, in: Rossi, Pietro (Hg.): *Theorie der modernen Geschichtsschreibung*, Frankfurt/Main (Suhrkamp) 1987.

Wicke, Peter: „Populäre Musik im faschistischen Deutschland", in: Schutte, Sabine (Hg.), *Ich will aber gerade vom Leben singen. Über populäre Musik vom ausgehenden 19. Jahrhundert bis zum Ende der Weimarer Republik*, Reinbek (Rowohlt) 1987, S. 418–430.

Widmaier, Tobias: „Heil dir im Siegerkranz. Patriotisches Liedgut im Deutschen Kaiserreich", in: Paul, Gerhard; Schock, Ralph (Hg.): *Sound des Jahrhunderts. Geräusche, Töne, Stimmen 1889 bis heute*, Bonn (Bundeszentrale für politische Bildung) 2013, S. 46–49.

Wildt, Michael: *Geschichte des Nationalsozialismus*, Göttingen (Vandenhoeck und Ruprecht) 2008.

Witt-Stahl, Susann: „… *But his soul goes marching on.“ Musik zur Ästhetisierung und Inszenierung des Krieges (Forum Jazz Rock Pop, Bd. 3)*, Karben (Coda) 1999.

Witte, Karsten: „Film im Nationalsozialismus", in: Jacobsen, Wolfgang; Kaes, Anton; Prinzler, Hans Helmuth (Hg.): *Geschichte des deutschen Films*, Stuttgart, Weimar (Metzler) 2004[2], S. 117–165.

Wolf, Rebecca: „Musik und Nationalgefühl? Emotionaler Weltzugang in der ersten Hälfte des 20. Jahrhunderts", in: Zalfen, Sarah; Müller, Sven Oliver (Hg.): *Besatzungsmacht Musik. Zur Musik- und Emotionsgeschichte im Zeitalter der Weltkriege (1914–1949)*, Bielefeld (Transcript) 2012, S. 85–101.

Würmann, Carsten; Warner, Ansgar (Hg.): *Im Pausenraum des Dritten Reiches. Zur Populärkultur im nationalsozialistischen Deutschland (Publikationen zur Zeitschrift für Germanistik, Neue Folge, Bd. 17)*, Bern usw. (Peter Lang) 2008.

Wulf, Joseph: *Musik im Dritten Reich. Eine Dokumentation*, Gütersloh (Mohn) 1963.

Wulf, Joseph: *Theater und Film im Dritten Reich. Eine Dokumentation*, Frankfurt/Main, Wien, Berlin (Ullstein) 1966.

Zalfen, Sarah; Müller, Sven Oliver (Hg.): *Besatzungsmacht Musik. Zur Musik- und Emotionsgeschichte im Zeitalter der Weltkriege (1914–1949)*, Bielefeld (Transcript) 2012.

Zalfen, Sarah; Müller, Sven Oliver: „Eine Fortsetzung des Krieges mit musikalischen Mitteln? Hegemoniale Funktionen von Musik im Europa der Weltkriege", in: dies. (Hg.): *Besatzungsmacht Musik. Zur Musik- und Emotionsgeschichte im Zeitalter der Weltkriege (1914–1949)*, Bielefeld (Transcript) 2012, S. 9–30.

Zaugg, Franziska A.: *Albanische Muslime in der Waffen-SS. Von „Großalbanien" zur Division „Skanderbeg" (Krieg in der Geschichte, Bd. 96)*, Paderborn (Ferdinand Schöningh) 2016.

Zentrum für Populäre Kultur und Musik Freiburg/Br.: *Liederlexikon*, http://www.volks liederarchiv.de.

Zimmermann, Clemens: *Medien im Nationalsozialismus. Deutschland 1933–1945, Italien 1922–1943, Spanien 1936–1951*, Wien, Köln, Weimar (Böhlau) 2007.

Zimmermann, Harm-Peer: „Der gute Kamerad. Ludwig Uhlands freiheitliche Konzeption des militärischen Totenkults", in: *Zeitschrift für Volkskunde*, 95. Jg. (1999), Heft 1, S. 1–13.

Zinner-Frühbeis, Carola: *Wir waren ja die Größten. Deutsche Jazz- und Unterhaltungsmusiker zwischen 1920 und 1950*, Frankfurt/Main (Eisenbletter und Naumann) 1991.

Zur Nieden, Susanne: „„Die Liebe wächst ja bekanntlich im Quadrat der Entfernung'. Anmerkungen zum Soldatenalltag im Zweiten Weltkrieg", in: Kolland, Dorothea (Hg.): *FrontPuppenTheater. Puppenspieler im Kriegsgeschehen*. Begleitbuch zur gleichnamigen Ausstellung im Puppentheater-Museum Berlin, November 1997 bis Januar 1998, Berlin (Elefanten Press) o. J., S. 24–32.